中国耐火材料工业年鉴

2015～2018

中国耐火材料行业协会　编

北京
冶金工业出版社
2020

图书在版编目(CIP)数据

中国耐火材料工业年鉴.2015~2018/中国耐火材料行业协会编.—北京：冶金工业出版社，2020.1

ISBN 978-7-5024-8428-6

Ⅰ.①中… Ⅱ.①中… Ⅲ.①耐火材料工业—中国—2015~2018—年鉴 Ⅳ.①F426.7-54

中国版本图书馆CIP数据核字(2020)第026212号

出 版 人 陈玉千
地　　址 北京市东城区嵩祝院北巷39号 邮编 100009 电话 (010)64027926
网　　址 www.cnmip.com.cn 电子信箱 yjcbs@cnmip.com.cn
责任编辑 俞跃春 刘林烨 美术编辑 彭子赫 版式设计 孙跃红
责任校对 王永欣 责任印制 李玉山
ISBN 978-7-5024-8428-6
冶金工业出版社出版发行；各地新华书店经销；北京捷迅佳彩印刷有限公司印刷
2020年1月第1版，2020年1月第1次印刷
787mm×1092mm 1/16；25.75印张；44彩页；978千字；470页
480.00元

冶金工业出版社 投稿电话 (010)64027932 投稿信箱 tougao@cnmip.com.cn
冶金工业出版社营销中心 电话 (010)64044283 传真 (010)64027893
冶金工业出版社天猫旗舰店 yjgycbs.tmall.com

(本书如有印装质量问题，本社营销中心负责退换)

《中国耐火材料工业年鉴》

2015～2018

编辑委员会

（按姓氏笔画排序）

编辑出版说明

2015年出版发行的，由中国耐火材料行业协会编纂的《中国耐火材料工业年鉴》（2010～2014），在《中国耐火材料工业60年》（1949～2009）的基础上，记录了2010～2014年，中国经济新常态条件下，我国耐火材料工业在各级政府主管部门的关心指导和相关行业的支持下，围绕国民经济和社会发展“十二五”规划纲要，着力产业结构优化调整，加快行业发展方式转变，坚持创新驱动，调整产品结构，淘汰落后产能，推进节能减排，培育“绿色耐材”，不断提高行业发展质量和综合实力的整体状况。为了客观、全面地保留耐火材料工业的历史资料，协会七届理事会于2017年5月26日印发了“关于组织开展《中国耐火材料工业年鉴》（2015～2018）编撰出版工作的通知”。在过去的两年多时间里，根据《年鉴》编辑的指导思想和基本原则，我们完成了资料查询、收集、约稿、编审等各个阶段的工作任务，《中国耐火材料工业年鉴》（2015～2018）将在近期出版发行，与广大读者见面。

《中国耐火材料工业年鉴》（2015～2018）秉承为耐火材料行业和企业发展服务的宗旨，以党的十八大、十九大精神为指导，为推动中国耐火材料工业高质量发展，宣传党和国家的各项方针政策，深入贯彻落实工业和信息化部《关于促进耐火材料产业健康可持续发展的若干意见》及《耐火材料行业规范条件》，引导耐火材料工业在新的历史时期，抓住新机遇，迎接新挑战，实现新跨越。

《中国耐火材料工业年鉴》（2015～2018）系统收录了中国2015～2018年耐火材料工业运行的有关情况（不含港、澳、台地区），正文内容分9个篇章：(1)专论专文；(2)政策法规；(3)中国耐火材料工业运行情况；(4)中国耐火材料工业统计；(5)中国耐火材料工业科技进步；(6)中国耐火材料行业重点企业和重点科研院所简介；(7)中国耐火材料行业协会及各省市地方协会简介；(8)行业媒体简介；(9)附录，主要介绍耐火材料标准、获得国家专利的耐火材料产品及耐火材料行业企业信用等级评价A级以上企业目录。

《中国耐火材料工业年鉴》（2015～2018）所涉及的4年时间节点内的耐火材料行业统计数据，主要来源为耐火材料行业月度生产统计体系及各省市地方协会。有关中国耐火材料工业生产经营的历年综合数据，系国家统计局发布的年报数据。

本年鉴的编辑出版工作，得到了业内重点骨干企业、相关专业院校、研究院所及各省市地方耐材协会的大力支持和积极协助，在此一并表示诚挚的谢意！

年鉴的编辑出版工作是一个较为复杂的系统工程，由于水平和时间的关系，在编辑过程中肯定存在漏误之处，敬请业内人士和读者批评指正。

《中国耐火材料工业年鉴》编辑委员会

2020年1月

中国耐火材料行业协会第七次会员代表大会

中国耐材协会2016年专家委员会全体会议及团体标准制订工作启动仪式

中国耐火材料行业2017年度生产统计工作会议

中国耐火材料行业协会七届七次常务理事会

“废弃及低品位菱镁矿制备高纯致密烧结镁砂关键集成技术”科技成果评价会

瑞泰马钢智能化生产线

营口金龙耐火材料集团

营口金龙耐火材料集团位于中国著名的镁都辽宁省大石桥市，是集科研、生产、销售、服务于一体的综合性企业，是全球较大的镁质耐火材料生产基地之一。

集团现有内资企业6个，外资企业4个。其外资企业有：同日本黑崎播磨株式会社合资的营口黑崎播磨耐火材料有限公司；同韩国朝鲜耐火株式会社合资的营口光阳耐火材料有限公司；同德国雷法水泥耐火技术有限责任公司合资的营口雷法耐火材料有限公司；同日本住商CRM、日本东和合资的营口和泉耐火材料有限公司。

集团拥有各类进口及国产压砖机76台及相应的配套设施，年可生产免烧耐火砖23万吨，烧成砖16万吨，各类散状耐火材料5万吨，溅渣护炉用轻烧镁（碳）球4万吨，电熔镁砂8万吨。

集团拥有雄厚的技术力量，先后被批准为省级企业技术中心和省级工程技术研究中心，现有耐火材料专业、炼钢专业及其他各类专业高级工程师20多名，拥有先进及完善的科研与试验检测设备。近年来，集团投入大量的人力、物力、财力制定并实施了以强化耐火材料使用技术、新产品研发及行业关键技术研究为主的研发战略，发挥人才及区域优势，不断完善自我管理，开发生产新产品。

集团先后通过了ISO9001质量管理体系认证和ISO14001环境管理体系认证以及OHSAS18001职业健康安全管理体系认证。并于2006年被评为全国耐火行业仅此一家“国家环境友好企业”。同年，集团的“钢友”牌镁碳质产品被评为辽宁省名牌产品称号。

金龙集团的“钢友”牌产品，除部分满足国内冶金及建材行业的需求之外，产品大量出口到美国、日本、韩国、德国、俄罗斯、乌克兰、英国、越南、津巴布韦、南非、加拿大、印度、泰国、澳大利亚等国家和地区，其主导产品出口量达75%以上，产品性能及使用效果优良、安全、稳定，深受客户青睐。

金龙集团始终坚持“科技先导、精品制造、创新求实、服务周到”的质量方针，全面地满足国内外客户的需要。金龙集团与国际交往广泛，与世界40余个国家、地区的大型企业在经营、技术等方面建立了密切的合作关系，在行业内享有较高的国际知名度。

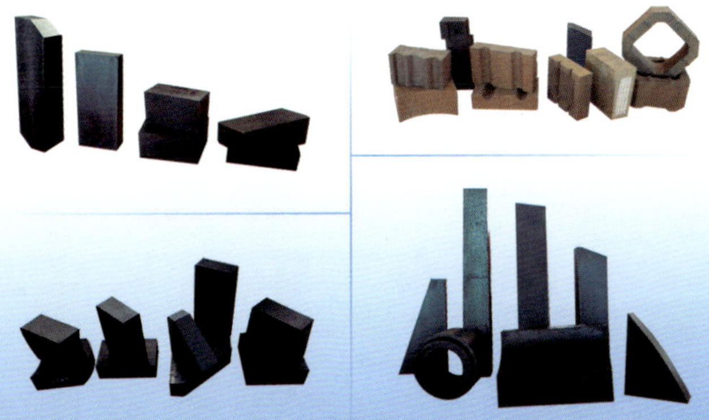

地址：辽宁省大石桥市金龙工业园区
电话：0417-5211225 5211134 5211398 5211468 5211369
传真：0417-5211228 5211478 5211004 5211768
邮编：115100
网址：www.jinlonggroup.com　www.jinlonggroup.cn

中钢集团洛阳耐火材料研究院有限公司

中钢集团洛阳耐火材料研究院有限公司（简称中钢洛耐院）始建于1963年，是原冶金工业部直属重点科研院所。1999年加入中钢集团公司，是中国耐火材料专业领域集科技创新、生产经营和行业服务于一体的大型综合性科技实体。经营范围涵盖耐火材料产品及检测仪器、硬质材料加工工具生产，耐火及窑炉工程咨询、设计与承包，耐材性能检测与仲裁，信息咨询与《耐火材料》《CHINA'S REFRACTORIES》及《耐火材料信息》等专业刊物出版，专业人员的技术培训等多种服务。

中钢洛耐院建有先进耐火材料国家重点实验室、耐火材料国家工程研究中心、国家认定企业技术中心、博士后科研工作站、院士工作站等科技创新平台，并拥有硕士学位授予权。开展耐火材料应用基础、新工艺、新技术研究与新产品开发、技术咨询等业务，建院以来承担国家耐火材料领域各类科技开发计划和科技攻关项目312项，获得包括国家技术发明奖、国家科技进步奖在内的国家、部省级以上科技奖励232项，近十年来，共授权专利279项，其中发明专利142项，牵头制修订国家、行业标准41项，组织国内外行业会议17次。建成了以“耐火材料国家工程研究中心”和“国家高技术产业化特种耐火材料示范工程”为主体的产业基地，年产高中档耐材6万余吨，是国内实力雄厚的耐火材料研发生产基地。为高温工业客户提供耐火材料成套解决方案。

中钢洛耐院是中国耐火材料行业技术、学术、信息及服务的辐射中心，连任3届（2008—2016）耐火材料国际标准化委员会主席单位。是中国耐火材料标准化技术委员会、中国金属学会耐火材料分会、中国耐火材料行业协会技术质量标准部、国家耐火材料质量监督检验中心等行业机构的依托单位。

地址/邮编：河南省洛阳市西苑路43号 / 471039

电话：0379-64206021　64206022

邮箱：kjfz@lirrc.com　sales@lirrc.com

网址：www.lirrc.com

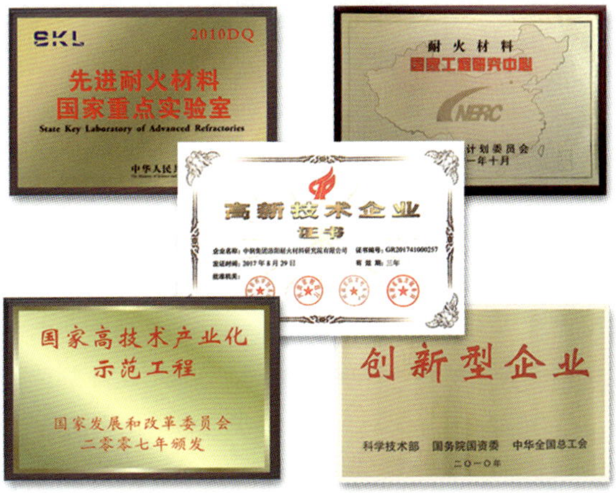

复合材料生产线自动配料系统

连铸三大件生产线

复合材料生产线氮化炉群

不定形耐材生产线

部分耐火材料行业的供货业绩

中钢集团

鞍钢集团

国亮特耐

濮耐股份

海城后英集团

辽宁青花集团

武钢耐火

云南昆钢

瑞泰科技

大石桥冠城

唐山时创

营口金龙耐火

江苏诺明

河南卫辉熔金

金鑫恒拓

山西高科耐火

江苏嘉耐

江西博丰

山东耐火集团

洛阳迈乐

产品案例图

RH砖项目干燥窑

滑板砖项目干燥窑

水口滑板砖项目干燥窑

透气砖项目干燥窑

镁质砖干燥窑

23米中温窑项目

中温窑项目

36米高温隧道窑

58米高温隧道窑

80米高温隧道窑

山西道尔耐火材料有限公司

道尔公司

山西道尔耐火材料有限公司是山西道尔投资有限公司投资建设的全资子公司。公司位于铝土矿资源十分丰富的山西省吕梁市交口县，主要生产铝硅质耐火原料。公司董事长、法人代表霍平先生是山西省著名的民营企业家。

公司固定资产约2亿元人民币，职工人数约120人。公司主要生产装备和产品有：年处理20万吨的浮选尾矿除铁车间，年产约15万吨耐火材料行业和陶瓷行业使用的低铁高铝生料。正在建设的2座高温莫来石竖窑，年产莫来石约3万吨。4座机械化天然块竖窑，年产铝矾土熟料5万吨，主要产品为80、83、85、88级高铝熟料。

公司是山西省耐火材料工业协会的会长单位，中国耐火材料行业协会的副会长单位。热忱欢迎耐火材料和陶瓷高温材料行业的领导和专家莅临指导交流。

地　址：山西省吕梁市交口县温泉乡

联系人：霍　平　13903586090

武晓煜　13934529508

道尔竖铝矾土窑熟料质量标准

等级	Al_2O_3，%	Fe_2O_3，%	TiO_2，%	体密，g/cm^3	吸水率，%
80料	79.5-80.0	<2.0	3.5	2.95-3.10	3.5-3.0
83料	82.5-83.0	1.8-1.5	3.5	3.10-3.15	3.5-3.0
85料	84.5-85.0	1.8-1.5	3.5	3.15-3.25	3.0-2.5
88料	87.5-88.0	<1.5	3.5	3.25-3.40	2.5-2.0

正在建设的年产3万吨高温合成莫来石竖窑生产线

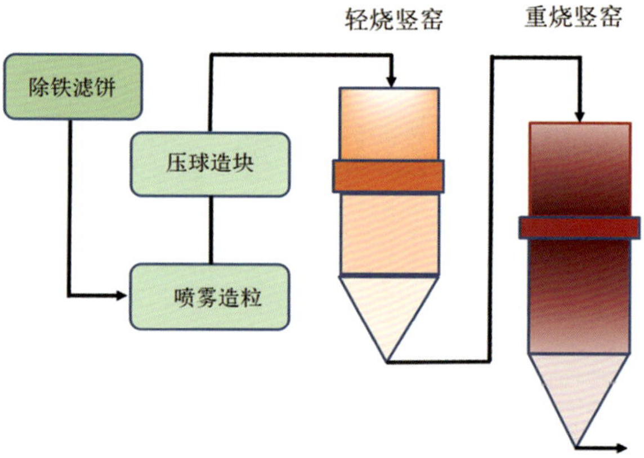

圣泉集团
SQ GROUP
共筑绚丽中国梦
圣泉提供系列高品质酚醛树脂，助力您的企业转型升级！
山东圣泉新材料股份有限公司
0086-531-81692356
www.shengquan.com

目　　录

第一篇　专论专文

第二篇　政策法规

第三篇　运行分析

第四篇　统计分析

第五篇 科技创新

第六篇　企事业概况

第七篇　行业协会概况

第八篇　行业媒体

第九篇　附　　录

[特殊版]

[目录前插页]

企业风采

[后特页]

第一篇

专论专文

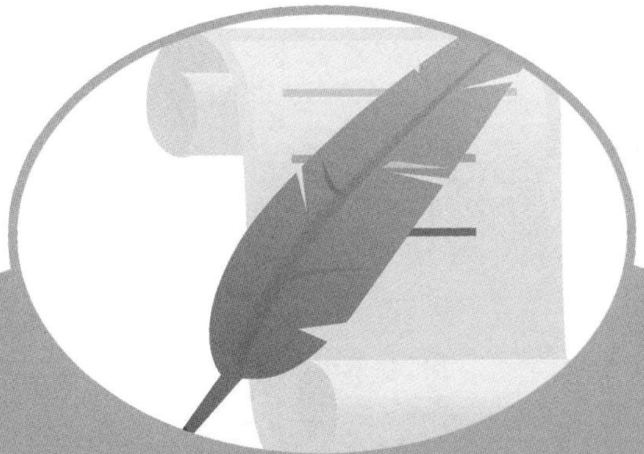

努力适应新常态　转型升级促发展
切实提高我国耐火材料工业的综合实力

——在中国耐材协会第七次会员代表大会上的工作报告

（2015年9月22日）

中国耐火材料行业协会会长　刘百宽

各位代表：

中国耐火材料行业协会第六次会员代表大会于2011年9月召开，至今已整四年，按照协会章程规定，第六届理事会任期届满。现在，我代表六届理事会向本次大会报告工作情况，请予以审议。

一、2011~2014年耐火材料行业生产运行情况

1. 2011~2014年耐火材料生产情况

“十二五”期间，我国耐火材料产量呈现了稳中趋降的态势。2011年，我国耐火材料产量达到峰值的2949万吨。2012~2014年全国耐材产量分别为2818万吨、2928万吨和2797万吨。

2015年上半年同口径比较耐材产量1121吨，同比降低12.17%。

2011~2014年间，耐火材料重点生产地区中，河北、江苏、浙江的耐材产量保持增长，但增速明显下降；北京、山西、辽宁、山东、河南等省市的耐材产量均保持稳中略降的趋势。这种稳中有降的情况出现的原因，一是耐材行业和下游产业产能严重过剩，二是我国经济进入转型阶段，增速明显放缓。

2011~2014年间，我国耐火材料产品结构进一步调整，更加适应市场需求，也更能够满足节能环保的要求。2008~2010年，不定形耐火材料在耐火制品的平均占比为35%左右，2011~2014年，此占比提高至39%。

2. 2011~2014年耐火材料进出口情况

2011~2014年，我国耐火原材料出口量维持在530万吨左右。2014年出口量最大，为566万吨；2013年最少，为503万吨。其中，耐火制品平均出口量约为190万吨，2012年制品出口量最大，为204万吨，2013年最小，为177万吨；耐火原料平均出口量约为340万吨，2014年原料出口量最大，为380万吨，2013年最小，为326万吨。

四年间，耐火制品出口平均价格稳步增长，但耐火原料出口平均价格持续下降。耐火原料的大量出口是对我国资源的消耗，出口价格下降不仅影响了耐火原料企业的效益，也损害了我国耐材行业的整体利益，进而也不利于资源的保护。希望耐火原料出口量，尤其是销售价格问题能够引起相关耐材企业重视。

近年来，我国耐火原材料的进口量较小，年平均进口量约33万吨，其中制品约2万吨，原料约31万吨。制品进口量仅占我国耐火材料产量的0.1%左右，说明我国耐火材料的生产已经能够完全满足国内高温工业生产的需求。

3. 耐火材料工业运行面对的困难和存在的问题

耐火材料行业经过近年来的发展，取得了显著的成效，但仍有很多不容忽视的问题。

一是行业面临的产能过剩和下游市场的协调问题。工信部运行检测协调局副局长黄利彬指出，当前产能过剩问题是经济运行中的突出问题。经济运行中存在的一些困难和问题，都与产能过剩有直接关系。目前比较困难的也都是产能过剩行业。经过21世纪以来的快速发展，耐材行业目前处于全面过剩状态，产能利用率不足80%，甚至更低。首先，我国钢材、水泥、玻璃等行业产品需求经过2000年以来的高速增长，已逐步进入峰

值弧顶区，产品产量和耐材需求量将相对稳定。其次，耐火材料的主要下游行业均属产能严重过剩行业，未来几年固定资产投资，特别是新建项目将快速减少，因此基建用耐火材料需求量将逐渐下降。最后，随着耐火材料的品种研发和质量的稳定提高，单位产品耐材消耗将逐步降低。这意味着耐材行业面临的产能过剩问题将日趋严重。

二是产能过剩导致的无序竞争问题。产能过剩导致耐材市场竞争加剧，为了争夺市场，部分耐材企业采取低价竞销、先发货后付款等不良竞争手段。直接导致耐材市场价格走低，用户拖欠货款现象增多。不仅将自己的企业置于资金链断裂的危险之中，而且严重损害了行业经营秩序和整体利益。目前耐材行业生产集中度低，存在大量生产技术水平落后的小企业，在规范行业经营秩序时难以管理。更加剧了行业内的无序竞争。

三是环境和资源保护问题。虽然我国耐火矿产资源储量丰富，但长期以来对矿产资源配置规划不合理，重开发轻保护，滥采滥挖、破坏和浪费现象较严重。耐材行业作为高温工业中的重要一环，不仅自身需要不断降低能源消耗，也承担着为下游行业提供“绿色耐材”的重要责任。环境、资源保护及国家生态建设战略对耐火材料无铬化和用后耐材回收再利用提出了更高的要求。

四是科研创新能力不足的问题。由于耐火材料行业的利润水平不断下降，全行业的研发投入增长较慢，研发平台建设落后于形势要求；缺乏公益性的研究机构，研发资源的配置不合理，基础研究相对薄弱，一些中小企业创新意识不强，创新能力明显不足。同时，研发项目前瞻性不强，生产与应用的衔接不够顺畅，成果转换或者应用过程中的问题解决不够及时精确，难以很好地引领和支撑耐火材料行业今后的发展。

二、2011～2014年耐火材料行业发展取得的成绩

1. 产业政策不断完善，引导行业向健康有序方向发展

行业要想在正确道路上发展，需要政策引领发展路线并保驾护航。“十二五”期间，国家、地方和行业层面的政策进一步完善，为耐火材料行业向健康可持续方向发展创造了条件。

2013年2月，工业和信息化部给各省、市、自治区工业和信息化主管部门及有关行业协会印发了《工业和信息化部关于促进耐火材料产业健康可持续发展的若干意见》（工信部原［2013］63号）。这是中国耐火材料工业64年发展史上第一次由政府主管部门制发有关行业发展意见的专门文件。耐火材料作为国民经济和高温工业不可或缺的基础材料的重要地位得到了确认，耐火材料工业作为一个独立的产业，对其进行管理和调控，纳入了政府主管部门的管理程序。

2014年底，酝酿多时的《耐火材料行业规范条件（2014年本）》出台。《规范条件》的出台意在全面落实《工业和信息化部关于促进耐火材料产业健康可持续发展的若干意见》，引导合理投资，遏制低水平重复建设，加快结构调整，促进耐火材料产业健康可持续发展。《规范条件》在投资融资、土地供应、环境评价、节能评估、生产许可、安全生产监管和淘汰落后等方面对耐材生产企业进行了约束和规定。

《意见》和《规范条件》两个文件的出台，分别从国家政策和行业发展两个层面为耐火材料产业加快联合重组进程、提高生产集中度、推进节能环保和安全生产奠定了良好的政策基础。

2. 各地区采取积极举措，推动行业转型升级

工信部《关于促进耐火材料产业健康可持续发展的若干意见》发布后，不仅在业内产生了很大的反响，我国耐火材料工业相对集中的各级地方政府也非常重视，河南、辽宁、山东、山西、浙江等地方政府的主管部门相继出台措施，制定实施方案，以改组、改制、改造优化企业的组织结构，管理结构和产品结构，以集聚、集约、集效，促进空间布局优化，资源集约利用，功能集合构建，启动了以淘汰落后产能，推进联合重组，加快转型升级步伐为重点的新型耐火材料产业化示范基地的创建工作。

针对辽宁矿山环境保护和恢复治理滞后的问题，辽宁各级政府与辽宁省非金属矿工业协会联合开展矿业整治，关停了上百家开采手续不齐全、环保指标不达标的矿山企业。海城市还制定了投资1.2亿元，完成4000亩矿山植被恢复，烟尘、粉尘下降15%的治理目标。营口市耐材协会协同营口市开展耐材企业安全生产管理考核，建立失信企业黑名单，加大惩处力度，为当地建立健康有序的行业发展道路奠定基础。

河南省耐材协会充分发挥37家省级高新技术

耐材企业的示范作用，在全省耐材行业推进传统工艺优化、传统装备升级等方面发挥了积极作用。新密地区按照市委、市政府《关于推动全市耐火材料企业联合重组的意见》，将在三年时间内分阶段将全市390家耐材企业通过兼并重组、联营等方式重组到97家，并且全面推进窑炉改造，将以煤为直接燃料的倒焰窑全部改为以天然气等清洁能源为燃料的隧道窑，大大降低了能源消耗。

山东省耐材协会与政府主管部门合作，在淄博市争创优质耐火材料生产基地的过程中，提出实行“5S”现场管理，整合重组，取优弃劣，淘汰落后产能，推进节能减排和环保治理；配合政府主管部门制定了《耐火材料企业环保治理规范》，对耐火材料生产企业的原料存储、煤质监管、煤气站管理等提出明确要求。对重点燃煤行业企业实施环保限期治理，推动直燃煤企业关停，严厉责处环保不达标企业。

浙江省耐火材料行业协会把耐材企业最集中的长兴县作为节能减排工作的重点，提出“没有污染的行业，只有污染的企业”的理念，全面推进耐火产业转型升级工作。配合长兴县在推进支撑县域经济发展的工业产业整合改革实践中出台“重组一批、提升一批、淘汰一批”和“要素保障优先、政策兑现优先、服务审批优先”的耐火材料行业整合政策。目前，全县165家耐火企业已全部制定了“6S”现场管理提升方案。

山西阳泉地区针对在引用天然气，推进倒焰窑改造后，该地区耐火材料工业存在的技术工艺提升速度滞后，产品档次参差不齐等问题，多次组织专题研讨，有针对性地提出了通过强强联合，加快产品结构调整，优化产业升级等促进耐火企业健康发展的建议和措施。

多地政府部门会同地方协会，采取积极举措，在节能环保、安全生产等方面对企业提出更高的要求，推进了耐材产业的转型升级和健康发展。

3. 优势企业队伍发展壮大，产业集中度有所提高

“十二五”期间，浙江金磊、河南熔金、江苏晶鑫、山东圣泉等企业相继上市，使耐材上市企业队伍进一步扩大。在政策扶持和地方政府支持下，优势企业开展多种形式的联合重组，进一步优化了产业结构，提高了行业生产集中度。

濮耐股份根据公司资源战略发展计划，相继百分之百或部分收购了海城琳丽矿业、海城华银高新材料、马鞍山雨山冶金新材料和郑州汇特、郑州华威等公司。实现了公司在建材和有色用耐火材料领域的扩展，通过与标的资产之间的优势互补，资源互补，充分发挥协同效应，完善公司产品结构，拓宽公司的市场领域和市场份额，使公司的持续盈利能力和抗风险能力有了明显提升。

营口青花集团冷静应对日趋复杂的国内外经济形势，调整销售战略，凭借自身实力，建立了石棚峪原料生产基地，不仅稳定了欧洲、韩国、非洲等国际市场，扭转了独联体市场的被动局面，还新开辟了日本水泥窑市场。

通达耐火把深化创新驱动作为推进企业转型升级的着力点，不但巩固并扩大了水泥、钢铁等传统市场，还开拓了余热发电、垃圾焚烧、煤化工等新兴热工产业领域。

北京利尔近几年以独资或合资形式投资成立了辽宁利尔、包钢利尔和青岛斯迪尔盛新材料有限公司，收购了马鞍山开元新材料科技有限公司和上海新泰山高温工程材料有限公司，以发行股份购买资产的方式对辽宁中兴集团和辽宁金宏矿业公司进行重组。通过一系列的并购重组整合，北京利尔形成了镁质原料合成、镁质制品生产、耐火材料国际贸易三大业务板块，资源配置得到优化，运营和管理成本将降低，公司盈利能力不断提高。

瑞泰科技股份投资成立了郑州瑞泰、华东瑞泰、宜兴瑞泰、枣庄盖泽窑炉工程有限公司和无锡机械科技有限公司，并购重组了安徽宁国市开源电力耐磨材料有限公司、湘钢宜兴耐材公司，使公司实现了耐火材料主营业务全部覆盖钢铁、水泥、玻璃、有色、电力、石化及煤化工等行业。

鲁阳股份在不断加强和提升对内蒙古、贵州、新疆、济南等五家子公司的管理的同时，不断探索走出国门发展的路子。2014年美国奇耐公司收购鲁阳29%的股份，交易完成后奇耐公司将成为鲁阳的最大股东。同时鲁阳购买奇耐联合纤维（苏州）有限公司100%的股权。此举将鲁阳多年积累的市场影响及销售能力与奇耐苏州的技术优势相结合，有力提升了鲁阳的核心竞争力。

面对市场需求低迷的不利形势，攀钢冶材、马钢耐火、鞍钢耐火、武钢耐火、济钢耐火等企业，依托集团，在努力争取政策支持和市场保证的同时，以降本增效为中心，加大对标挖潜和管理提升的工作力度，保主体、拓市场，严管理、炼队伍，顺利完成了所在集团下达的生产经营考

核指标。

辽宁金鼎、江苏嘉耐、海城后英、郑州东方、河南春胜、振东科技等企业，在非耐火材料领域积极寻求新的经济增长点，既增强了企业自身发展后劲，也为耐火材料产业结构调整、转变经济发展方式提供了有益的借鉴。

4. 产学研用一体化促进行业技术进步，科技创新

创新是发展的动力。只有抓住技术进步的车轮，耐火材料产业才能更快更好地发展。近年来，很多耐材企业与科研院所开展合作，充分利用科研院所的研发优势和耐材企业的科技转化能力，加快产学研用一体化步伐，推进耐材技术创新，保障高温工业技术进步。

武汉科技大学拥有省部共建耐火材料与冶金国家重点实验室。利用自身在耐火材料研发和人才培养方面的优势，与耐材产业相对集中的地方政府合作，在山东、江苏等地建立了耐火材料研究院，在主要下游行业组建了耐火材料联合实验室。该校完成的“洁净钢冶炼用功能化耐火材料关键技术与工业应用”项目，在多家钢铁企业和耐材企业实施，为耐材企业创造了巨大效益，获得国家科学技术二等奖。李楠教授在人民大会堂全国科学技术奖励大会上接受了表彰。

辽宁科技大学与政府主管部门及大型企业共同建立了6大科研平台，还承担了4项“十二五”科技研发项目。2013年，该校安排优秀师资力量，为海城、大石桥地区的耐材企业培训了300余名实用型生产技术骨干，为当地镁质耐火材料工业健康可持续发展做出了巨大贡献。

河南科技大学高温材料研究院已成功举办了十届耐火材料知识培训，并多次为耐火材料企业提供上门技术培训和咨询。受训学员普遍反映，培训内容丰富，形式多样，针对性强，高效适用，在培训中不仅系统学习和巩固了专业基础知识，而且对耐火材料领域的新知识、新技术和新动态有了更多了解，增加了与同行沟通、交流与合作的渠道，收获颇丰。

此外，江苏振球集团与安徽工业大学签署合作协议，建立了产学研战略伙伴关系；山东圣泉集团国家级博士后科研工作站于2013年11月获得授牌；中钢洛耐院与洛阳理工学院签订了全面战略合作框架协议，双方将在耐火材料研究领域开展全方位合作。校企合作模式再创新局面，为耐火材料的创新发展提供动力保障。

中钢洛耐院作为耐火材料国家工程研究中心，充分发挥自身优势，组织申报各类科研项目数十项，并组建了先进耐火材料国家重点实验室。中钢耐火公司申报的国家级科技创新平台——绿色节能新型耐火材料国家地方联合工程实验室获得通过。该创新平台的成功建设，表明公司科技研发整体能力和科研竞争实力在不断提升，凸显了公司科技战略工作的成效。

通达耐火技术股份有限公司与北京化工大学开启了校企合作，在耐材仿真模拟领域实现了耐火衬里和锚固件的温度场及应力场仿真分析，并在垃圾焚烧炉、回转窑、循环流化床锅炉等项目上成功应用，开拓了智能化辅助设计的新领域。2012年在通达落户的全国耐材行业第一家院士专家工作站于2014年被评为“优秀院士专家工作站”。由于工程服务化能力和技术支持水平的显著提升，该公司在2013年获得了“全国用户满意企业”的荣誉。

山东耐火材料有限公司在企业重组后确立了技术创新组织结构模式，制定了技术创新战略和规划。2012年完成了工艺改进30余项，使干熄焦装置用新型耐火材料等多项产品保持了国际先进水平，仅鲁耐窑业公司就有6个新产品通过省级鉴定。

营口青花、中钢耐火、浙江自立、北京利尔、瑞泰科技、山东鲁中等企业在水泥窑、RH精炼炉用耐火材料的无铬化上取得了巨大进展，为耐火材料向环境友好的方向发展奠定了基础。河南安耐克、河北瀛都、山东鲁阳等企业设计了多种达到国际先进水平的轻质隔热耐火材料，孝义和中兴等企业积极探索窑炉节能环保技术，为耐材企业和下游行业创造了极大的经济效益。

我们很高兴地看到，越来越多的耐材企业和科研院所开展合作，加快技术成果转化，研发出更多资源节约、环境友好的耐材产品。

5. 登上国际舞台，为世界耐材行业发展贡献力量

随着我国经济实力增强，中国越来越多地参与国际事务，中国耐火材料行业也加强了与世界的交流，在国际耐火材料舞台上扮演着日益重要的角色。

濮耐股份、山东耐材集团、中钢耐火公司、武钢耐火、营口金龙、江苏苏嘉、济南镁碳砖等

企业，努力适应经济全球化的形势发展需求，发挥自身品牌、技术、服务优势，积极参与国际耐材市场竞争，不仅给企业创造了可观经济效益，也拓宽了中国耐火材料产品的国际市场领域，提升了中国耐火材料工业在国际上的地位和影响。

2013年开始，中国耐材协会全程参与了世界耐火材料协会的成立筹备工作和章程拟定。随着世界耐材协会的成立，中国耐材协会和加入世界耐材协会的重点企业将积极参与国际耐材行业秩序维护、市场规则制定等事务，共同在世界贸易平台上维护中国耐材行业利益，促进中国耐材行业健康发展。能在耐火材料行业的国际舞台上争取到话语权，中国耐材协会的声音能得到响应，是我国耐火材料工业不断发展壮大的必然结果，更是会员企业对协会工作大力支持的客观反映。

2012年7月，中国耐材协会代表团一行10人，应欧盟耐火材料制造者联合会及奥镁、维苏威和英格瓷等国际著名耐材企业的邀请，赴欧洲奥地利、比利时和法国进行了考察和访问。在考察期间，代表团与受访单位的主要负责人就双方企业的发展历程、经营状况及行业组织的现状等方面进行了交流和讨论，参观了上述企业的工厂、研发中心和矿山。通过参观考察、实地感受和广泛深入的交流，扩大了视野，获取了信息，丰富了知识，加深了认识。中国耐材协会与欧盟耐材制造者联合会就加强两会之间交往与合作达成了共识。双方还利用各自协会的专业网站搭建加强沟通、交往与互利合作的工作平台。

2014年9月初，中国耐材协会组织重点企业代表赴台湾交流考察。在台期间，考察团拜会了台湾中钢集团、台湾经济研究院、台湾钢铁公会以及成功大学耐火新材料研究单位的有关专家教授。考察团此行了解了台湾耐火材料行业生产经营状况，就台湾和大陆钢铁、水泥等耐火材料下游行业运行状况和耐火材料需求开展交流，寻求大陆与台湾在耐材贸易和生产上的合作。在了解了台湾中钢吨钢耐材消耗仅7~8公斤后，考察人员认识到了我们的差距以及今后应该努力的方向。

通过走出去与世界各地的耐材和上下游企业的交流，不仅拓展了视野，增长了见识，而且认识到自己的不足以及改进的方向，也让世界对中国耐火材料行业的快速发展有了更深入的了解。相信随着中国耐火材料产业技术进步和与世界交流的增多，中国耐材行业将对世界耐材工业，乃至世界高温工业产生更重要的影响。

三、协会六届理事会的工作回顾

4年以来，协会一直秉承为行业服务、为企业服务、为政府服务的宗旨，加强协会自身建设，为行业技术发展、规范市场秩序、国内外交流等方面做了很多工作。

1. 着力协会建设，完善服务职能

为了使理事会的工作顺利开展，协会每年都制定详细的工作计划。以理事扩大会议、常务理事扩大会议、会长会议、秘书处会议为时间节点，将一年的工作分时段完成，并及时总结，向理事会和全体会员汇报。不断加强和完善网站、期刊的管理，提高运行质量，努力做到及时宣传形势和政策，快速传递上下游行业运行及市场信息。

自2008年开始依法认真履行行业生产统计职能以来，不断规范和完善行业生产统计体系的管理，坚持按规定催报，定期在《钢铁统计月报》上公布重点耐材统计企业的主要产品产量。在将统计数据进行分析后，每季度都以《情况通报》的形式发布耐材行业运行分析报告。此外，坚持每年召开年度统计工作会议，对统计人员进行表彰和培训，对一年来的统计工作进行总结部署。尽管协会生产统计工作仍然存在覆盖面不全，统计项目偏少等问题，但我们的工作得到了中国钢铁工业协会和广大会员企业的一致肯定。

2014年6月中国耐火材料行业协会刚玉分会在河南郑州成立，11月协会重新组建了协会专家委员会，制定了《专家委员会工作条例》，提升了协会工作的专业化水平，提高了协会的工作效率。专家委员会成立后马上开展工作，于2015年1月召开了规范耐材制成品储存保质管理问题的研讨会，并启动了《中国耐火材料工业“十三五”发展规划建议》的编制工作。

根据《国务院办公厅关于社会信用体系建设的若干意见》（国办发［2007］17号）文件精神，协会于2011年、2012年开展了行业企业信用等级的评价工作。协会信评办会同第三方评价机构严格按评价方案规定的每一个程序开展工作，按照设定的要素权重分析评定，提出了全部参评企业的《企业信用评价报告》，并给A级以上信用等级的企业颁发了证书和牌匾。

《中国耐火材料工业60年》一书顺利出版发行后，协会又组织编辑出版了《耐火材料工业年

鉴（2010～2014）》。两书分专论专文、政策法规、运行分析、统计分析、科技创新等条目，对新中国成立以来耐火材料行业的发展进行了总结。

2011～2015年间，山西、贵州、湖南、河北等省级耐火材料行业协会相继挂牌组建并开展工作，耐材行业的协会工作网络进一步完善，工作效率也将进一步提高。

2. 加强创新成果交流推广，加快行业转型升级步伐

为了营造大众创业、万众创新的行业健康发展氛围，我们协同各省市地方协会开展了一系列推进产业创新驱动发展的专项活动，支持部分重点企业举办了新工艺、新技术、新产品研讨交流和创新成果发布会议。对行业共同关注的技术改革、转型升级问题，组织专家进行专题讨论，开展技术交流，为原料生产企业提供市场信息、技术咨询、现场指导等服务，对提高耐材生产水平，推进企业转型升级起到了一定的作用。

2012年开始，协会每年组织业内企业集中申报"冶金科学技术奖"。企业将申报项目报送协会，经协会专家组严格按照标准进行初步评审后，统一向冶金科学技术奖奖励委员会推荐。几年来共推荐科技创新项目40余项，获奖比例约25%。

近几年协会分别支持山西阳泉市和河南巩义市政府协同地方耐材协会举办了"耐火材料行业发展研讨会"，支持并参与了由河南、辽宁、山东等六省市耐材协会举办的"促进耐火材料行业健康发展高峰论坛"。2012年11月在武汉科技大学召开了科技创新推进会议。2014年6月在江苏盐城召开了长寿命钢包用新材料技术与应用创新研讨会。2014年8月协会在山西省太原市组织的"新形势下全国耐火原料发展战略研讨会"，吸引了全国各地高校、科研机构和企业的近200人参会，13位专家学者和企业高管进行了认真精彩的演讲和交流，还征集32篇专业技术论文，编撰成集，向与会人员发放。

2014年10月中国耐火材料行业协会主办的新常态下耐火材料行业转型升级研讨推进会议在浙江省长兴县举行。会议有针对性地讨论了耐火材料行业在新常态经济形势下的转型升级问题，重点交流了业内几家重点优势企业调整结构、并购重组、创新转型的经验和做法，在全行业产生了十分积极的反响。

3. 反映企业诉求，维护行业利益

协会一贯以为会员单位服务为宗旨，认真对待会员企业的各类诉求，及时协调处理。对会员单位申请上市、申报品牌、注册商标和申评科技成果奖励的需求，实事求是地给予支持。对企业提出的工艺、技术、装备及市场动态等各类咨询，努力做到有求必应，有问必答，不推诿、不拖延。

2011年，针对下游行业压价及拖欠货款等问题，协会除了向有关主管部门反映情况，与相关行业协会交流沟通外，还借中国钢铁工业协会组织召开冶金炉料信息及贸易洽谈会的机会，在大会发言中向钢协和各钢厂陈述了耐材行业生产经营的困难，呼吁上下游行业互相理解，团结互助，携手共度寒冬。为保护耐材企业权益，维护行业利益，协会根据会员企业的诉求，将钢铁企业拖欠货款和降点付款的不诚信行为，专门拟制文件向工信部原材料司反映，希望能借助政府部门的力量使这一问题得到解决。

2014年4月和2015年7月，根据地方耐材协会及部分生产企业的诉求，协会调研了耐火材料制品生产许可证管理制度的实行状况，两次拟制了《关于建议撤销部分耐火材料制品生产许可证的请示》，并送呈国家质量监督检验检疫总局和国家工业产品生产许可证办公室。

去年协会协调刚玉分会展开调研，并拟制文件送呈国家海关总署、国家税务总局和国家外汇管理局，建议加强对刚玉产品出口贸易商证件和手续的检查。还根据企业反映的情况，向海关总署提交了耐火材料现行海关编码修改的建议。

协会平均每年印制五期《情况通报》，及时向各会员单位发放，将协会的工作以及行业动态实时向会员通报，获得了会员单位的认可。

4. 注重行业自律，规范耐材市场秩序

为规范镁质耐火材料市场秩序，加强镁质耐材企业沟通交流，协会于2014年4月26日在辽宁省大石桥市召开了"全国主要镁质耐火制品重点生产企业产品销售联席会议"。来自全国28家镁质耐材生产企业的代表对规范耐材市场秩序提出了具有建设性的意见和建议。

2014年，协会依据《中华人民共和国价格法》《反垄断法》《反不正当竞争法》《合同法》等相关国家法律法规，结合耐火材料行业面对的市场现状对《中国耐火材料行业行规公约》进行

了修订。明确规定了耐火材料企业在维护行业秩序、推动行业发展中应遵守的法律法规，应承担的义务，以及违反规约将接受的处罚。与此同时，我们还在广泛征求各省市地方协会和部分重点骨干企业意见的基础上，对2010年制定的《耐火材料产品自律指导价格汇编》进行了修订。

5. 加强行业调研，为政府主管部门提供服务

几年来，协会加强了与政府部门的沟通交流，积极向相关政府部门反映企业诉求，为主管部门政策出台提供专业咨询和技术支持。积极参与政府主管部门的政策调研，不但密切了协会与政府各主管部门的合作关系，争取到了在国家制定有关耐火材料产业政策过程中的知情权和话语权，重要的是让主管部门对我国耐火材料工业的综合情况有了更客观、更全面、更及时地了解，使政府宏观调控政策能够更切合产业实际，为耐火材料工业的发展谋求更大、更有利的空间和条件。

2011年协会先后承接了工信部产业政策司关于《促进耐火材料工业结构升级的政策措施研究》和原材料工业司关于《耐火黏土、菱镁矿和耐火材料产业发展思路研究》的调研课题。还承担了环保部产业政策司组织的关于“国家环保经济政策配套综合名录”中有关耐材产品的调研任务。在行业重点骨干企业的支持，相关科研院校的配合和业内知名专家的参与下，几项调研顺利完成，为《若干意见》《规范条件》的出台和《管理办法》的发布提供了有效的参考依据。

《工业和信息化部关于促进耐火材料产业健康可持续发展的若干意见》发布后，协会第一时间印发了《中国耐火材料行业协会贯彻落实工业和信息化部关于促进耐火材料产业健康可持续发展的若干意见的工作方案》，明确了贯彻落实《若干意见》的工作指导思想，成立了专门工作领导小组，拟定了“十二五”期间的十项工作目标，制定了八条具体工作措施。充分利用网站、期刊等媒体向全行业进行宣传，并在协会年度工作会议上，请工信部《若干意见》起草编制负责人进行解读，大力宣传加强耐火材料行业管理的重要性、紧迫性和贯彻落实《若干意见》的必要性。

2014年，协会帮助山东省淄博市王村镇编制了《王村镇耐火材料产业五年发展规划》。此外，还分别与浙江省长兴县、山西省阳泉市的政府主管部门及部分耐材重要产区的重点企业代表进行了座谈，了解当地耐材企业发展现状，介绍其他地区的改革经验与教训，对当地产业的进一步发展提出意见与建议。

为了协助商务部办公厅开展关于地区封锁行业垄断的调研，我们采取多种方式了解企业对商务部《消除地区封锁打破行业垄断工作方案》的意见，提出了在维护统一市场、公平竞争方面的建议，为政府部门制定政策、解决问题提供依据。

2014年7月，协会与中国非金属矿工业协会共同协助工信部举办了石墨、菱镁、滑石、耐火黏土等产品生产统计工作会议，宣传贯彻《工业和信息化部关于开展耐火黏土、萤石、石墨等产品生产统计的通知》，并进行重点统计样本企业报表填报培训。

根据工信部要求，我们完成了增加不定形耐火制品和镁炭、铝镁炭耐火制品单独税号的建议，并上报国务院关税税则委员会。希望通过协会和工信部的共同努力，促进耐火材料制品税则号列的完善，进一步规范耐火制品的进出口。

中国耐火材料行业协会协助工信部起草的《耐火材料行业规范条件（2014年本）》在2014年的最后一天正式发布。在《规范条件》公开征求意见和正式发布过程中，耐材协会先后起草发布了《〈耐火材料行业准入条件（征求意见稿）〉产品综合能耗限额准入值解读》《中国耐火材料行业协会宣传贯彻〈耐火材料行业规范条件（2014年本）〉的工作计划》以及《规范条件》解读。相信《规范条件》的出台，会使耐材行业进入节能、环保、安全、健康的发展轨道，对耐火材料行业产生积极深远的影响。

6. 加强与世界的沟通，提升中国耐材行业的地位和影响力

协会主办的中国国际耐火材料及工业陶瓷展览会和耐火材料生产与应用国际大会已经成为世界耐火材料界知名的新技术、新产品交流展示平台。每次活动的举办都会吸引众多来自世界各地的耐火材料生产与使用企业参与。

2013~2014年，中国耐材协会全程参与了世界耐火材料协会的筹备工作和章程拟定。协会在世界耐材协会的筹备会议上，对世界耐材协会的章程提出了自己的修改意见。筹备工作小组充分考虑了中国耐材协会的意见，将世界耐材协会入会门槛定为年销售收入2亿美元，理事会成员门槛定为年销售收入3亿美元。

2012～2015年间，第九、十、十一届中国国际耐火材料及工业陶瓷展览会成功举办。国际耐材展已经逐渐被打造成了国内耐火材料展览会的品牌，影响力也在逐年扩大。从第八届展会开始，我们与中国钢铁工业协会携手，依托主要下游产业，联合冶金贸促会，精心策划方案，提前启动运行，加大宣传力度，改进布展及展会期间的服务，与国际冶金工业展览会同期同展馆举办，方便了参展商与用户的交流，参观耐火展区的下游产业的客商明显增加。与下游行业联合办展，不仅提高了展会的档次，扩大了规模、增强了影响，为耐材企业展示生产、研发和经营成果搭建了平台，更为加强与下游产业的联系、合作创造了便利条件。

为了应对日趋复杂的国内外经济形势，促进国内外和上下游行业先进技术交流，每两年举办一届中国耐火材料生产与应用国际大会。迄今已分别在广州、无锡、上海成功举办了三届，累计吸引了国内外相关行业的专家、学者、企业代表一千余人参会。大会根据国内外经济形势的变化，适时调整会议主题，邀请来自国内外的钢铁、耐火材料行业专家做专题报告，组织与会者共同交流耐火材料生产与应用的最新技术动态，分析面临的经济形势及耐火材料行业的发展前景，探讨钢铁和耐火材料行业未来发展的趋势和战略，收到了预期效果。

四年来，协会六届理事会的工作卓有成效，离不开全体会员单位的积极协助和参与，在此谨代表六届理事会向全体会员单位表示衷心的感谢。协会在工作人员少、任务繁杂的情况下，克服困难，严谨认真地履行了协会职能。让我们用热烈的掌声对他们的辛勤工作表示诚挚的谢意。

四、今后一段时期内耐火材料行业的发展趋势及任务

1. 我国耐火材料工业面临的国内外经济形势

今后几年将是我国经济全面转型的时期，也是世界经济形势变幻莫测的时期。我国耐火材料工业的发展，既面临难得的历史机遇，也将面对诸多风险和挑战。

第一，从国际经济形势来看，世界经济复苏一波三折、不确定性因素增多。今后一段时间内，美国经济有望延续良好的复苏势头，但复苏基础还不牢固；考虑到贸易政策、税收政策、信贷政策等经济刺激手段无法在欧元区范围内统一协调，短期内欧洲经济疲弱的态势可能进一步显现；持续高涨的财政债务水平导致财政政策空间缩窄、财政债务风险升级、固定资产投资下滑，这些因素构成了日本经济前景的不确定性。此外，新兴市场经济平稳增长，但下行压力不小。2014年以来，以金砖国家为代表的新兴市场经济增长动能强弱不一，未来可能出现分化。

耐材行业面对的国际贸易环境不容乐观，金融危机加剧了贸易保护，贸易摩擦明显增加。这对我国耐材原料和制品的出口都造成不利影响。

第二，从国内形势看，随着国家经济增速放缓，我国耐火材料工业面临的风险和挑战也显而易见。“十二五”前期，我国经济总体运行平稳，国内生产总值保持了高速增长。自2014年开始，我国经济增速出现回落。2014年全国GDP增长7.4%，这是1990年以来的最低增速。2015年，经济下行压力依然较大，面临的困难可能更多。应该看到国内经济呈现产业结构不断优化、发展动力加快转化、地区和行业走势分化的明显特征。一些多年积累的结构性矛盾进一步显现，但经济长期向好的基本面没有改变，仍具有巨大的韧性、潜力和回旋余地。中高速增长将成为我国经济的新常态，“十三五”时期，转型创新发展将成为我国应对经济新常态的核心和关键。有经济学家预测，“十三五”期间，我国经济增长速度将在7%左右。

第三，从行业内来看，由于国家大规模基础设施建设为主的超常规固定资产投资已转入下行减速通道，国内固定投资对钢铁、水泥、玻璃等产业的需求会有一定减少，进而也会对耐材工业产生不利影响。其次，资源环境约束将进一步趋紧，全行业节能降耗，治污减排的任务十分繁重。

2. “十三五”期间我国耐火材料工业发展的机遇和任务

“十三五”时期的中国耐火材料工业，机遇与挑战并存。习近平总书记最近指出，当前我国经济发展呈现速度变化、结构优化、动力转换三大特点。适应新常态、把握新常态、引领新常态，是当前和今后一个时期我国经济发展的大逻辑。他强调，要深刻认识我国经济发展新特点新要求，着力解决制约经济持续健康发展的重大问题。这对于我们深刻认识和把握新常态，实现“十三五”

时期的创新发展具有十分重要的指导意义。

我们必须认清形势，坚定信心，牢固树立全局意识、国际视野和战略思维，切实抓住和用好重要战略机遇期，把行业持续健康发展建立在结构升级、产品优化、节能环保、综合实力提高的基础上，在发展中促转变，在转变中谋发展。

国家“一带一路”倡议正式实施，也为耐材发展提供了新思路，要牢牢把握这次机遇。“一带一路”倡议旨在开拓海上经济通道和战略发展空间，开发海上能源和港口航运。“一带一路”沿线大多是新兴经济体和发展中国家，总人口约44亿人，经济总量约21万亿美元，分别约占全球的63%和29%，这些国家普遍处于经济发展的上升期，开展互利合作的前景广阔。“一带一路”倡议预计撬动50万亿元投资。随着“一带一路”的建设，未来我国海外基础投资将增多，中国高铁会更多地进入国际市场，我国将更多地与周边国家开展能源合作区域建设，制造业“走出去”的步伐将加快。这一系列变化，都是我国高温工业的发展机遇。

此外，国务院正式印发了《中国制造2025》，标志着建设制造业强国的序幕全面拉开，提出了坚持创新驱动、坚持质量为先、坚持绿色发展、坚持结构优化、强化战略支撑和保障等五大战略举措，推动实施智能制造、工业强基、绿色制造、高端装备创新和制造业创新中心建设五项重大工程。耐材行业经过多年发展，产品结构、技术装备有一定进步，但距离《中国制造2025》的要求尚有差距。

耐材行业适应新常态、把握新常态，要积极主动进行结构调整和转型升级，不应纠结于短期的困难与得失，要认识到结构调整必将伴随痛苦的探索和挣扎的过程。为此，耐材行业要立足当前，深谋远虑，在“十三五”期间朝着建设“四个一流”、实现由大变强的目标而努力。

第一，创建“一流”的企业。目前我国耐材行业产能过剩，生产集中度低，没有进入国际排名前列的企业。我们距离《若干意见》制定的发展目标“到2020年，前10家企业产业集中度提高到45%”还有很大差距。在“十三五”期间，首要任务是淘汰落后、化解过剩产能，将耐材的供需关系引入正常范围。在化解过剩产能的过程中，通过各种兼并重组的方式扶优扶强，创建一批国际知名的“一流”企业。一要以等量或减量置换方式严格控制新增产能，二要加快淘汰落后产能，三要坚持推进兼并重组，四要在确保国内市场需求的前提下，鼓励优势企业“走出去”，加强与周边国家、新兴国家的合作。

第二，开发“一流”的技术。促进技术革新，加快产品结构调整，加快装备升级，提高产业自动化、信息化水平。耐材行业要以满足下游行业产品结构调整、技术进步和新兴产业对耐火材料的新需求为目标，充分发挥国家级创新平台、高等院校、产业技术创新战略联盟和企业技术中心的优势，大力发展先进耐火材料以及先进生产装备。牢记企业持续发展之基、市场制胜之道在于创新，要把创新牢牢抓住，不断增加创新研发投入，加强创新平台建设，培养创新人才队伍，促进创新链、产业链、市场需求有机衔接。“十三五”期间，要更好地发挥以企业为主导的创业创新体系的优势，要加大产学研用一体化的推进力度，要努力改变依赖外国先进工艺、技术提升企业竞争力的局面，靠自身力量解决耐材工业发展过程中的工艺技术问题，不仅出口产品，也向世界输出先进的技术。

第三，生产“一流”的产品。我国耐材产品品种齐全、产量巨大，但在国际上的竞争力不强。在“十三五”期间，不仅要以下游行业需求为基本要求提升产品档次，更要提升产品使用性能和质量稳定性。在一流企业和一流技术引领下，切实做到人无我有，人有我精——提升现有种类产品品质，打造同行业中的标杆产品；积极开发性能优良、节能环保的新产品，替代落后品种。目前我国耐材行业自动化水平低，很多生产环节依赖于人工作业，并且行业内企业生产技术水平参差不齐，管理方式过于粗放，导致我国产品质量稳定性差。因此要抓紧进行设备升级改造，提高生产线自动化、智能化，实行精细化管理，在产品质量和质量稳定性上下功夫。同时，在满足下游行业当前需求的情况下，不仅要着眼于未来，在产品研发方面切实做到生产一代，储备一代，研发一代。“十三五”期间，要以技术革新和装备升级带动耐材产业结构的优化和产品结构的提升，为下游产业的技术进步、产品升级提供“一流”的产品。

第四，营造“一流”的环境。行业健康发展离不开规范和谐的市场经营环境，也应与自然环境和谐相处。首先是要创建有序的市场环境。关于行业自律，协会呼吁多年，但效果不太理想。只一味要求别人自律，而自己却我行我素，是无法实现耐材市场的有序运行的。目前要渡过难关，最直接、最有效的方法就是共同坚守“不给钱不发货，没有合同不生产，低于成本不生产”的原则。面临国际市场上的贸易摩擦压力，我们既要自觉遵守国际贸易规则，更要加强团结，加强自律，共同维护行业、企业利益。其次是要提高资源综合利用率，降低能源消耗，将耐火材料打造为环境友好产业。随着资源消耗和高品位矿产资源的减少，资源综合利用迫在眉睫。未来一段时间内，资源发展重点为合理规划、分级开采，致力于废弃矿粉和中低品位矿石的综合利用，为实现《若干意见》提出的“到2020年，两种矿石资源综合利用率分别高于95%和90%”的目标努力。此外，要借鉴发达国家的成功经验，在用后耐火材料的综合利用上下功夫，变废为宝，实现废弃耐火材料的资源化，发展循环经济，争取到2020年，我国用后耐火材料回收再利用率高于75%。最后，面对能源危机，要以《耐火材料行业规范条件》为指导，降低单位产品能耗，加快清洁能源替代，重点研发和推广新型节能炉窑，开发综合节能技术。要加大“三废”排放的控制力度，提高“三废”资源化回收利用。

五、当前和今后一段时期内协会工作指导思想和主要任务

1. “十三五”期间全行业和协会工作的指导思想

以贯彻落实党的十八大和中央经济工作会议精神为主线，以工业和信息化部关于促进耐火材料产业健康可持续发展的若干意见为指导，以加快转型升级、严格控制产能为重点，深化改革、不断创新，推进产业结构调整和发展方式转变，加速重组整合、提升综合实力，优化产品结构、淘汰落后产能，着力节能减排、发展循环经济，规范市场秩序、增强保障能力，努力实现新常态下我国耐火材料工业健康稳定的发展目标。

2. “十三五”期间行业及协会的主要工作

今后协会应继续加强自身建设，完善服务项目，切实做好以下几方面的工作：

（1）认清形势、坚定信心，与会员企业携手并肩，共渡难关。面对新常态下，钢铁、水泥、玻璃等主要下游产业增速放缓，需求萎缩的客观现实，协会要与企业共同面对困难，敦促全行业把调整产业结构、淘汰落后产能、加快转型升级作为化解行业过剩产能的首要任务；引导各企业自觉遵守行规公约，规范市场行为，杜绝不正当竞争，维护行业整体利益，全力保证行业生产经营的正常运行秩序。

（2）围绕《工业和信息化部关于促进耐火材料产业健康可持续发展的若干意见》制定的发展目标和主要任务，主动配合各级政府主管部门做好宣传、贯彻、执行《耐火材料行业规范条件》及《管理办法》的相关工作。在贯彻《若干意见》、执行《规范条件》和《管理办法》的过程中，要紧密结合耐火材料工业的实际，紧紧抓住新常态下企业分化加快、产业布局调整的契机，规范管理、严格准入，努力实现《若干意见》制定的“十三五”行业发展目标，提升我国耐火材料工业的综合实力和核心竞争力。

（3）在全面总结“十二五”期间耐火材料工业发展经验和教训的基础上，引导行业在“十三五”期间向低碳、绿色、创新的方向发展。协会要配合政府主管部门加强宏观管理调控，推广业内节能降耗、治污减排的成功经验和先进工艺技术，推进清洁能源应用和用后耐火材料的回收与利用。引导企业与大专院校、科研机构合作，产学研用结合，协同创新、加快科技成果的转换。协会专家委员会要从宏观政策引导、行业整体发展方向把握、企业技术装备升级、产品市场开发、管理人才培训等多层面为会员单位提供咨询和服务。

（4）主动参与、积极配合，为政府主管部门决策调控提供良好服务。保持与工信部原材料司的联系，坚持履行积极反应诉求，争取政策支持，配合宏观调控的职能，行使话语权，认真服好务；根据耐火原材料出口贸易的发展趋势，配合商务部做好应对国际贸易摩擦的相关工作，保证耐火原材料出口贸易活动平稳运行；继续做好与耐火材料工业相关的国家环境经济政策的调研，收集耐火材料企业在执行新的环境保护法过程中的意见和建议，及时向政府主管部门进行反馈。

（5）完善自身建设，认真履行职能。充分发挥协会网站、微信公众平台等网络媒体和报纸杂志等传统媒体的作用，定期编发行业生产运行动态及市场运行分析的情况通报，及时为会员单位提供各类信息服务；根据钢协信息统计部工作要求，依法认真履行统计工作职能；加强与钢铁、水泥、玻璃、

陶瓷及有色金属等相关行业组织的联系，保持相互间信息交流渠道的畅通；积极反映企业诉求，做企业和政府主管部门沟通的桥梁；加强与各地方协会的相互联系，协调开展特色专项活动，共同促进我国耐火材料产业的健康可持续发展。

此外，协会要努力适应经济全球化和信息社会发展的客观需求，充分利用世界耐火材料协会搭建的交流平台，加大与国际同业组织间的联系和沟通，积极开展国际交流合作。在全球耐火材料领域和世界耐火材料协会争取更大的话语权，为更多的中国耐材企业走出国门，开拓国际市场创造条件，提供服务。

各位代表，今后一段时期内，国内外经济形势依然严峻，耐火材料工业生产经营和发展的任务异常艰巨。我们要抢前抓早加快行业转型升级步伐，应对新常态，直面新挑战。希望全体耐火材料行业同仁携手并肩，同舟共济，共同为耐火材料行业的健康发展而努力。

转型升级应对新常态　提质增效实现稳发展

——在中国耐材协会七届二次理事(扩大)会议上的报告

(2016年3月30日)

中国耐火材料行业协会　冯运生

各位理事、各位代表：

大家上午好！

现在我代表中国耐火材料行业协会常务理事会做年度工作报告，请予以审议。

2015年我国经济增长速度明显放缓，全国GDP同比增长6.9%，增速滑落至1990年以来的新低。耐火材料产量相比2014年进一步下降。2016年经济下行压力仍然很大，同时还要面临人民币贬值、出口回落等挑战。我国高温工业的寒冬仍将继续，耐火材料产业发展之路更加艰难。希望全行业能够认真总结经验教训，对面临的国内外经济形势进行全面分析预测，积极应对可能出现的各种挑战。

一、2015年全国耐火材料行业总体生产运行情况

1. 下行压力显现，耐材产量继续下降

2015年全国耐火材料制品产量2615.19万吨，同比降低6.51%。其中，致密定形耐火制品1527.86万吨，同比降低7.75%；保温隔热耐火制品47.35万吨，同比降低10.03%；不定形耐火制品1039.98万吨，同比降低4.44%。

2015年全国主要耐火材料生产地区中，大多数省市耐火制品产量明显下降，仅浙江、江苏两省产量有所增加。其中，河南省耐火制品产量1150万吨，同比减少10.7%；辽宁省耐火制品产量475万吨，同比减少4.7%；山东省耐火制品产量346万吨，同比减少3.7%；北京市耐火制品产量56万吨，同比减少15.1%；河北省耐火制品产量66万吨，同比减少6.0%；山西省耐火制品产量93万吨，同比减少16.4%；浙江省耐火制品产量106万吨，同比增长7.8%；江苏省耐火制品产量67万吨，同比增长2.2%。

全国经济进入新常态后，钢铁、水泥、玻璃等下游产业增速明显减缓，甚至出现负增长。在此种大环境中，耐火材料产量相比2014年进一步下降。在工业转型、需求萎靡的情况下，耐火材料行业产能过剩矛盾也会更加突出。

2. 2015年全国耐火材料进出口情况

2015年，全国耐火原材料进出口贸易总额30.62亿美元，比上年同期降低14.01%。其中，出口贸易额29.03亿美元，同比降低12.85%；进口贸易额1.59亿美元，同比降低31.08%。

全国耐火原材料出口总量516.43万吨，同比降低8.77%。其中，耐火原料出口量344.62万吨，同比降低9.28%；出口贸易额15.43亿美元，同比降低14.08%；出口平均价格同比降低5.29%。耐火制品出口总量171.81万吨，同比降低7.74%，出口贸易额13.59亿美元，同比降低11.40%；出口综合平均价格降低3.97%。

近年来，我国耐火原料出口量逐年增多，但出口平均价格一路走低。在海关查询的主要耐火原料出口品种中，除棕刚玉和白刚玉出口平均价格同比分别增长1.19%和3.69%外，其他主要品种均有不同程度的下降。特别是耐火铝黏土、电熔镁砂、烧结镁砂和碳化硅出口平均价格，分别降低10.38%、3.21%、2.21%和12.42%。这对资源保护、综合利用是不利的。希望能引起原料出口企业重视，努力扭转这一局面。

3. 经济形势复杂多变，行业转型升级压力增大

刚刚过去的2015年，我国经济遇到了很多困难和挑战，经济增速有所回落，但经济的基本面没有改变。随着经济发展进入新常态，耐火材料行业的发展阶段也出现了新变化，由原来的增量

发展向减量发展阶段过渡，由原来的规模扩张向集约高效发展阶段过渡。

在这种情势下，有以下几点值得企业注意：一是人工成本逐年增加，提高生产自动化水平和劳动生产率迫在眉睫；二是下游行业新建项目锐减、产量增速放缓，甚至降低，使得耐材行业产能过剩的矛盾将日益突出；三是近年来耐材企业应收货款持续处于高位，且不断攀升，已经到了影响企业经营安全的程度，耐材企业必须切实增强应收货款的催收力度，努力化解企业经营和财务风险。

分析协会统计的57家耐材重点企业经营状况，结果不容乐观。耐材产量、销售收入和实现利润均有不同程度下降，分别减少10.58%、4.87%和18.98%。主营业务收入利润率2.87%，同比降低1.4个百分点。从统计情况看，一直居高不下的应收货款是影响企业经营安全的重要因素。截至2015年末全部57家重点企业的应收货款均高于销售利润，应收货款142.57亿元，同比增加12.41亿元，增长9.54%。57家重点企业中应收货款占销售收入50%以上的企业22家。应收货款的持续高位带来企业资金链断裂的高风险，尤其是在当下钢铁等下游行业利润微薄（甚至全行业亏损）、生产经营情况极度困难的情况下，希望能够引起所有经营者的警觉。

当前全球经济复苏缓慢，经济走势偏弱，国内经济持续降速，结构调整逐步深入，对钢铁行业将产生深远影响。要辩证地分析当前形势，一方面经济增长降速以及结构优化对耐材的需求总量下降，对耐材发展的影响不可低估；另一方面我国仍然是世界上最大的耐材消费市场，并且随着“十三五”规划以及《中国制造2025》的有效实施，传统制造业的转型升级不仅对耐材产品质量和档次提升带来了机遇，还将创造广阔的新市场和新需求。耐材行业现在正处于重要的战略机遇期，协会希望优势耐材企业能够抓住发展方式转变、发展质量和效益提高的机遇，大家共同努力引领耐材行业开创新的发展局面。

二、2015年全行业应对新常态，转型促发展取得的成效

1. 中央地方齐发力，引导行业规范发展

行业要想在正确道路上发展，需要政策引领发展路线并保驾护航。耐火材料行业作为独立行业纳入国家主管部门的管理序列以来，工信部先后出台了《关于促进耐火材料产业健康可持续发展的若干意见》《耐火材料行业规范条件（2014年本)》和《耐火材料行业规范公告管理办法》，作为耐火材料产业淘汰落后产能、加快联合重组进程、提高生产集中度、推进节能环保和安全生产调控政策，为耐火材料行业转型升级、绿色发展指明了方向。

浙江省耐火材料行业协会把耐材企业最集中的长兴县作为节能减排工作的重点，提出“没有污染的行业，只有污染的企业”的理念，全面推进耐火产业转型升级工作。配合长兴县在推进支撑县域经济发展的工业产业整合改革实践中出台“重组一批、提升一批、淘汰一批”和“要素保障优先、政策兑现优先、服务审批优先”的耐火材料行业整合政策。县政府在政策和资金上支持耐火材料产业进行生产装备提升、淘汰低小散企业、落实产学研合作和窑炉改造。目前，全县耐火材料企业关停129家，保留162家。保留的耐火企业已全部制定了6S现场管理提升方案。2015年全县50家规上耐火企业完成产值40.68亿元，同比增长9.71%；162家耐火企业人均产值达到149.46万元，增长157.02%；企业人均产出税收达到9.71万元，增长43.85%。取得显著成效。

山西省阳泉市质监局向阳泉市政府提交了《阳泉市耐火制品生产企业质量状况分析报告》，作为市委、市政府科学决策的参考依据。该报告对阳泉市65家耐火制品生产企业，从基本情况、发展优势、存在问题等方面进行了研究和分析，提出了有针对性的对策措施，为企业转型发展指明了方向。

河南耐火材料行业规模大、品种全，是全国耐火材料主要生产基地。为进一步促进河南耐火材料工业健康有序发展，河南省耐火材料行业协会在往届专家委员会在册专家调整的基础上，组建成立了河南省耐材协会专家委员会，以期更好地发挥专家作用，为当地政府和企业提供专业化服务。

新密市政府不遗余力在耐材产业推广清洁能源。目前，该市拥有燃气管网280公里，基本覆盖全域。2014年，淘汰能耗高、污染重的窑炉28座，拆除单段煤气发生炉22台。该市耐材协会配合政府主管部门先后多次组织重点耐材企业就窑炉节能改造等问题，召开专家研讨会、企业观摩会，鼓励企业与科研部门合作，加强对窑炉技术改造的研发与投入。该市还争

取奖补资金840万元，奖励改用清洁能源企业。截至2015年底，全市345台煤气发生炉已拆除280余台；390家耐材企业有171家用上了天然气等清洁能源。

辽宁的镁产业的发展为我国冶金、建材等行业以及地区经济发展做出了巨大贡献，但产业链结构不合理、资源利用率低、企业研发和创新能力不足，缺乏拥有自主知识产权的核心技术和专利产品等要素，严重制约着镁产业的可持续发展。新常态下，辽宁非矿协会及营口、海城耐材协会积极配合省科技厅组织实施了“中国镁都可持续发展科技创新战略促进行动”，以调结构、转方式、优化和升级为主攻方向，以菱镁资源高效综合利用、电熔镁、重烧镁和轻烧镁综合治理、矿山生态修复和做大做强菱镁产业链为重点，运用循环经济、绿色洁净生产和系统工程等现代理论，着力使镁产业由粗放型向集约型转变。2015年初，“菱镁矿高效制备重烧氧化镁绿色生产装备研制”及“菱镁矿高效制备重烧氧化镁新技术研究”两个课题通过国家专家组共同验收评审。

山东省淄博市高性能耐火材料产业技术创新战略联盟共有成员单位15家，均是淄博市耐火材料行业的骨干企业，产品涉及水泥、钢铁、玻璃、化工、有色等行业的不同领域，具有较强的科研开发能力。联盟在淄博市耐火材料骨干企业之间搭起了合作创新平台及合作交流渠道，促进了联盟企业技术创新、协同发展，自成立以来已获批省级高新技术企业3家，国家级工程中心1家，建立院士工作站1个。联盟企业拥有多项自主知识产权的产品，代表淄博市耐火材料研发、生产、施工和技术服务的整体实力，主要产品达到了国内同行业的先进水平，促进了当地的耐材产业创新和发展。

多地政府部门还进一步采取举措，在节能环保、安全生产等方面对企业提出更高的要求，为地区产业转型升级和健康和谐发展，积极做好服务保障。

2. 优势企业积极寻求新发展，保持行业领航姿态

在国家和地方政策的鼓励下，越来越多的耐材企业抓住市场向优势企业倾斜的有利时机，积极创造条件争取上市，扩大兼并重组成果，不仅提高了企业竞争力，增强了企业抵御经营风险的能力，而且提高了产业集中度，提升了行业生产技术装备水平。

2015年，江苏晶鑫新材料股份有限公司、河南特耐工程材料股份有限公司、山东永安达耐材料科技股份有限公司、山西高科耐火材料股份有限公司等耐材企业陆续挂牌上市，开启资本市场之旅。

濮耐股份与济南新峨眉实业有限公司签署了《战略合作协议》，两公司在产品结构、市场分布、下游客户等方面具有互补性，合作有利于双方进一步开拓市场，提高盈利能力。

北京利尔公司拟通过发行股份购买资产方式收购青岛华冶高温材料有限公司100%股权。青岛华冶高温材料有限公司是连续铸钢用耐火制品的专业生产企业，主导产品为连铸用铝碳、铝锆碳及镁碳质系列制品。完成收购后，利尔股份的配套服务能力又将上一个台阶。

郑州安耐克公司以技术创新为企业发展的驱动力，充分发挥公司的专家技术团队的主导作用，依靠公司的院士工作站、博士后研发基地、技术中心和工程技术中心等平台建立了技术创新体系。同时企业实行规范化、标准化管理，提高工效、稳定质量。公司在2015年实现了“减员、提效、增收入”的目标。

圣泉集团在企业发展过程中，注重观念创新、科技创新、产业创新。不仅增加科研投入，加大与国内知名高校、研究院所的合作，从发达国家和地区聘请了世界行业科研水平前列的技术专家，而且发展延伸产业链，提高企业盈利能力，在企业内营造良好的创新氛围，提高企业经营质量。

鲁阳股份充分利用国家产业升级的契机，在国家关于节能、环保等方面的政策推动下，着力改善企业的经营质量。同时，鲁阳集团还加快国际化进程，完善全球市场布局，实现了与美国联合纤维公司的战略合作，提高了企业在行业严冬中的抗风险能力。

相信随着越来越多优势企业的上市、兼并重组、资源整合，耐火材料产业结构将更加合理，市场将更加有序，发展前景将更加光明。

3. 技术创新推节能环保，结构调整促降本增效

除了注重资本运作外，各重点耐材企业越来越重视自主创新和人才培养，与研究院所开展合作，加快产学研用一体化步伐，推进耐材技术创新，以技术手段推进节能环保、降本增效。

通达耐火技术股份有限公司、中国地质大学

(北京)、郑州大学等单位共同完成的“难处理耐火铝矾土高效提质均质料技术和其相关耐磨耐火材料性能优化研究”获得2015年度“中国建筑材料联合会·中国硅酸盐学会建筑材料科学技术奖”科技进步类的二等奖。该项目解决了难处理中低品位铝矾土的综合利用和耐火原料的均质稳定问题，集成采用连续在线自动配料系统技术和在线检测系统技术，实现了优质合成铝硅耐火原料的清洁化、集约化、规模化生产。

中钢耐火材料有限公司根据工业和信息化部“关于印发2012年第四批行业标准制修订计划的通知”要求制订了《耐火材料用隧道窑余热回收利用技术规范》，并顺利通过全国钢铁标准化技术委员会专家组审定。此项目将规范隧道窑和隧道窑余热利用的设计、施工安装、验收，有利于推动耐火材料行业的节能环保。

河南熔金股份与郑州大学签订了“品种钢冶炼用高温功能材料”的技术合作协议。山东钢铁集团设计的一座生产能力为160t/h的干熄焦装置创造了一项国内干熄焦炉耐火材料使用寿命的新纪录。洛阳利尔耐材自主研发的冶金行业精炼炉无铬化新型镁尖晶石砖已实现量产，该产品生产周期短，绿色环保，节能降耗，与国内70多家大中型钢铁企业签订整体承包合同，市场前景广阔。还有很多企业，如浙江自立、唐山国亮、江苏晶鑫等耐材企业在生产过程中开拓创新，申报了多项国家发明专利。

很多企业的科研成果受到了客户和主管部门的认可，收获了很多奖项。中钢集团洛阳耐火材料研究院有限公司的“大型铝电解槽用新型自结合碳化硅材料的研究开发与应用项目”获2015年度河南省工业和信息化科技成果奖二等奖。郑州安耐克公司的重大科研项目“大型高风温顶燃式热风炉技术装备开发与应用”在经过相关专家的评审之后，获得“河南省科技进步一等奖”。河南瑞泰耐火材料科技有限公司完成的“玻璃窑蓄热室用镁锆砖的设计和可控制设备”科技成果项目，巩义通达中原耐火技术有限公司、武汉科技大学、通达耐火技术股份有限公司完成的“水泥窑烧成带用无铬耐火材料方镁石-复合尖晶石砖的研制与应用”科技成果项目获得了河南省科技进步二等奖。在河南省建材行业2015年技术革新奖评审中，耐火材料有12个项目获一等奖，显示了耐材行业的技术创新提升。

4. 走上国际舞台，开展国际合作，拓展国际市场

随着我国经济实力增强，中国越来越多地参与国际事务，中国耐火材料行业同仁也加强了与国际的交流，在世界耐火材料舞台上扮演着日益重要的角色。

2015年3月31日~4月3日，第十一届中国国际耐火材料及工业陶瓷展览会在上海虹桥中国博览会会展综合体举行。本次展会吸引了来自国内外的六十余家耐材企业参展，同期同展馆参加冶金工业展的有国内外十余家钢铁企业。展览会期间参观人员数以万计。第三届中国耐火材料生产与应用国际大会于2015年3月29~31日在上海成功举行。来自耐火材料及钢铁、有色、建材等下游行业的200多位国内外代表参加了会议。工业和信息化部、世界耐材协会、印度耐材联合会及钢铁、耐材、有色金属、建材等协会，国内外耐材企业、科研院所和钢铁企业的21位领导、专家做了专题报告，内容涵盖了当前经济形势和政策分析、国内外耐火材料及钢铁等下游产业发展现状、下游行业发展对耐火材料技术进步的需求等。会议还出版了包含33篇专题报告和学术论文的文集。

众多中国耐材企业也加强了与世界的交流合作，希望能够借助“一带一路”的机遇走向国际舞台。2015年青花集团出口比例达到20%，主要出口品种为镁钙砖、镁铝尖晶石砖等，出口市场分布于韩国、东南亚、欧洲等。濮耐股份产品打入东南亚、欧美等市场，出口产品约占总产量25%，且出口产品主要为中高端产品，产品附加值高，显著提高了企业的经营水平。利尔股份一直以来十分注重海外市场的拓展。在2015年台塑集团越南河静钢铁项目耐火材料的招标中中标2300多万美元，占据总承包份额的30%以上。利尔股份还将根据国家“一带一路”倡议布局，在东南亚一带建立耐火材料生产销售基地。

瑞泰科技与RHI（奥镁）达成了战略合作协议，希望能共同合作，加强技术交流，共同提高为客户提供优质服务的系统解决方案，维护市场秩序，促进行业健康发展。9月14日在奥地利维也纳召开的世界耐材协会会员大会上，7家符合世界耐材协会入会标准的中国企业申请成为WRA会员，希望能借助世界耐火材料协会的平台加强与世界的交流。其中，濮耐、利尔已正式被吸纳为

世界耐材协会会员，并符合章程规定的理事资格，被推选为 WRA 理事候选单位。

三、2015 年协会开展的主要工作

过去一年来，协会坚持秉承为行业服务、为企业服务、为政府服务的宗旨，加强协会自身建设，为行业技术发展、规范市场秩序、国内外沟通交流等方面做了很多工作。

1. 加强协会自身建设，不断完善服务职能

根据 2014 年 12 月协会会长工作会议精神，协会秘书处扩大会议在认真总结回顾 2014 年工作的同时，研究制定了协会 2015 年的工作计划，于 2015 年 3 月 27 日，在江苏宜兴召开中国耐火材料行业协会工作暨理事扩大会议，在总结协会 2014 年各项工作的基础上，提出了 2015 年协会工作的总体要求，明确了指导思想，部署了重点工作和秘书处编制的年度具体工作计划。一年来，协会各项工作都得到了推进，计划基本实现。

2015 年，协会多地走访，持续关注新常态下行业运行状况和企业经营情况。协会负责人带领协会秘书处工作人员及相关专业工作部门的负责人先后赴辽宁、江苏、河南、浙江等耐火材料重点生产地区进行调研，走访了多家企业，并与当地重点企业进行座谈，了解不同地区耐火材料产业生产运行情况，特别是企业生产经营活动中遇到的困难，共同分析原因，寻求应对措施。

行业 2015 年的生产统计工作顺利进行，为总结成绩、表彰先进、部署工作，协会于 2015 年 11 月 19 日在江苏扬州召开了 2015 年度统计工作会议。会议对 2015 年全国耐火材料行业统计工作做了总结，并对 2016 年统计工作进行了部署，对 56 名先进统计个人进行了表彰。

协会专家委员会的成立提升了协会工作的专业化水平，提高了协会的工作效率。一年来，专家委员会不仅集中力量开展调研，四易其稿完成了《中国耐火材料工业“十三五”发展规划建议》的编制工作，还根据行业生产经营运行的需求组织了管理及生产技术骨干培训。针对会员企业提出的产品库存储运期的保质问题组织专题调研。专家委员会的专家充分发挥自身优势，对会员单位在实践中碰到的疑惑及技术装备等方面的问题，进行分析诊断，出谋划策，得到了大家的肯定。

去年 8 月，协会组织编辑出版的《耐火材料工业年鉴（2010～2014）》正式发行，并免费发放给会员企业。

2. 积极宣传贯彻《规范条件》，引导行业健康发展

2014 年的最后一天，酝酿多时的《耐火材料行业规范条件（2014 年本）》出台。在《规范条件》公开征求意见和正式发布过程中，耐材协会先后起草发布了《〈耐火材料行业准入条件（征求意见稿）〉产品综合能耗限额准入值解读》《中国耐火材料行业协会宣传贯彻〈耐火材料行业规范条件（2014 年本）〉的工作计划》以及《规范条件》解读。

2015 年 8 月工信部开始对《耐火材料行业规范公告管理办法》征求意见。中国耐材协会第一时间转发相关文件，并收集整理重点企业的意见上报工信部。10 月工信部正式印发《耐火材料行业规范公告管理办法》后，协会立刻制发了《关于转发〈耐火材料行业规范公告管理办法〉的通知》，并在网站、报刊、微信平台等多种媒体渠道发布，在行业内广而告之，并号召符合条件的企业积极申请公告。

3. 专家委员会开展工作，完成行业“十三五”规划

2014 年协会专家委员会成立后立即开展行业“十三五”发展规划的编制工作。专家委员会分为 5 个子课题组进行规划子课题报告的调研、编写。2015 年 7 月 21 日，协会组织专家对五个子课题报告进行了总结。11 月 3 日在北京通达召开“十三五”规划初审会议，对《规划》初稿进行了审定。大家一致认为，耐材行业在“十三五”期间的重要任务是淘汰落后产能、提升创新能力、改善行业生存环境、综合利用资源，《规划》应引导我国耐材行业向“创建一流企业、生产一流产品、开发一流技术、营造一流环境”的目标迈进。

11 月 27 日，中国耐火材料行业协会专家委员会全体会议在浙江省长兴县召开。会议专题讨论了《耐火材料行业“十三五”发展规划》。对于《规划》的内容，大家一致认为应该以易于实施、切实可行，并以引导行业淘汰落后产能、发展绿色耐材、开发新技术、提高装备技术水平为重点。经会长工作会议审议修订后的行业“十三五”规划已呈报政府主管部门、上级主管单位，并向全行业发布。

4. 加强为企业服务意识，开展行业专业培训

2015年7月，根据地方耐材协会及部分生产企业的诉求，协会调研了耐火材料制品生产许可证管理制度的管理现状，再次拟制了《关于建议撤销部分耐火材料制品生产许可证的请示》，并送呈国家质量监督检验检疫总局和国家工业产品生产许可证办公室。

根据棕刚玉生产企业反映，为了规范棕刚玉产品对外贸易经营秩序，堵塞逃税漏洞，减少国家税收损失，10月中国耐材协会协调刚玉分会展开调研，并拟制文件送呈国家海关总署，建议加强对刚玉产品出口贸易商证件和手续的检查。

过去的一年，协会秘书处加强与相关职能部门及下游产业的联系，收集数据，捕捉信息，认真筛选分析，编制运行情况通报和市场需求预测，共印制《情况通报》4期，及时向各会员单位进行了发放，将协会的工作以及行业动态实时向会员通报，为企业提供尽可能全面迅速的信息服务，获得了会员单位的认可。

2015年8月，由中国耐火材料行业协会主办，洛阳冶金工业学校与河南科技大学高温材料研究院联合承办的“2015年度耐火材料综合知识培训班”在洛阳冶金工业学校顺利进行。培训采取授课与交流互动并重，紧贴耐火材料行业面临的新常态和企业经营管理实践的需要，有的放矢，学用结合，取得了很好的效果。

5. 召开第七次会员代表大会，完成换届选举工作

按照协会章程规定，根据协会六届五次常务理事扩大会议审议通过并报钢铁协会审批的换届选举筹备工作方案，我们历时半年多，紧张有序地筹备，认真组织召开了协会第七次会员代表大会，顺利完成了换届选举等工作。

2015年9月22日，中国耐火材料行业协会第七次会员代表大会在河南省郑州市顺利召开。刘百宽会长代表协会第六届理事会做了题为《努力适应新常态转型升级促发展，切实提高我国耐火材料工业的综合实力》的工作报告。报告总结了我国耐火材料行业近几年取得的成绩和存在的问题，对协会六届理事会的工作进行了回顾，提出了协会“十三五”期间工作的指导思想和目标。会议通过了《中国耐火材料行业协会章程（修订稿）》以及换届选举办法等议案，选举产生了189名理事，组成了协会第七届理事会。22日下午召开的第七届理事会第一次会议选举产生了63名常务理事。目前，选举结果已获中国钢铁工业协会和国资委批准，民政部的报备手续已经完成。经协会七届一次常务理事会议审议，协会秘书处也完成了组织机构及人员的调整，按章程规定承担起了协会日常工作的各项职能。

6. 加强与世界的沟通交流，努力提升中国耐材行业的地位和影响

2015年3月29日，第三届中国耐火材料生产与应用国际大会召开期间，中国耐火材料行业协会会长刘百宽、常务副会长徐殿利与印度耐火材料制造者联合会会长J. N. Tiwari先生在上海会面，交流了中国和印度的耐火材料工业发展现状，就双方共同关心的问题交换了意见。

2015年3月31日，世界耐火材料协会（WRA）召开视频会议，展示了WRA官方网站模板，重申了会员、理事会成员的资质，通报了WRA筹备进展，商讨了WRA新会员入会申请、统计、海关编码、会费等事务。

9月14日，世界耐材协会会员大会在奥地利维也纳召开。中国耐火材料行业协会副秘书长柴俊兰代表协会参加了会议。在企业自愿报名申请的情况下，协会推荐了7家符合世界耐材协会入会标准的中国企业为WRA会员。会议对此进行了讨论，并将在理事会议上进行决议。世界钢铁协会会长Wolfgang Eder博士介绍了世界钢铁行业的情况。会议还对WRA的会费进行了审议，讨论了海关编码修订事宜。

过去的一年，协会负责人还在北京、辽宁等地以多种方式与多国同业组织及知名企业进行了沟通交流，加深相互之间的了解。

协会在2015年的工作中，完善工作制度、规范管理程序，把为会员企业服务放在首位，把维护行业利益，促进行业健康持续发展作为开展协会工作的出发点和点，组织调研、召开会议、制发文件、办理会务，时时处处坚持从会员企业利益出发，全力维护行业的整体权益。协会自身建设得到了加强，办事效率、工作质量有了不同程度的提高。同时也还存在若干不足，如协会人员年龄老化、结构不合理，工作专业化、信息化程度参差不齐，统计覆盖面不全等。

四、2016年工作指导思想和主要任务

中央经济工作会议明确提出，要在适度扩大总需求的同时，着力加强供给侧结构性改革。推进供给侧结构性改革，是适应和引领经济发展新常态的重大创新，是适应国际金融危机发生后综合国力竞争新形势的主动选择，是适应我国经济发展新常态的必然要求。

（一）2016年协会工作的指导思想

在党的十八届五中全会精神指导下，以贯彻执行《工业和信息化部关于促进耐火材料产业健康可持续发展的若干意见》为主线，严格控制生产总量，加快转型升级步伐，深化改革、不断创新，大力推进节能减排、淘汰落后产能和兼并重组，着力优化产业结构和产品结构，发展循环经济，规范市场秩序，增强保障能力，提升质量和效益，满足国内高温工业需求，拓展国际耐火材料市场，努力开创“十三五”开局之年耐火材料行业健康稳定发展的新局面。

（二）2016年协会的主要工作任务

1. 认真贯彻落实党的十八届五中全会精神，按照中央关于经济工作的总体部署，引导会员企业认清形势，冷静分析国内外错综复杂的经济形势，坚定信心，沉着应对新常态下耐火材料工业面临的矛盾和困难。要使大家充分认识耐火材料工业产能严重过剩对行业发展产生的危害，对耐火材料市场的危害和对行业整体利益，对企业利益的冲击。团结会员企业尊重市场规律，规范市场行为，自觉以市场为导向进行经营决策，切实控制生产总量，降低产品库存，自觉遵守行规公约，杜绝不正当竞争。重点骨干企业尤其是会长、副会长单位应带头营造全行业生产经营的良好氛围和正常秩序，维护自身乃至全行业的整体利益。

2. 在《工业和信息化部关于促进耐火材料产业健康可持续发展的若干意见》指导下，按《耐火材料行业规范公告管理办法》，切实推进《耐火材料行业规范条件（2014年本）》的实施。首先是要继续大力宣传贯彻《若干意见》的精神，使促进行业健康可持续发展的指导思想、基本原则、发展目标和保证措施深入人心，让全体会员单位和广大耐材企业深刻认识自觉贯彻《若干意见》、实施《规范条件》的必要性和紧迫性。其次要采取多种方式引导协调会员企业，对照《规范条件》所列出的各项指标要求，在加强和完善企业内部基础管理工作的前提下，努力创造条件，积极申请公告。最后是协会要实时关注各地区乃至整个行业申报、核查、复核的工作动态，在保持与工信部主管司、处的密切联系的基础上，加强与各地方协会的沟通与交流，协调地方协会主动介入，帮助本地区符合条件的耐材企业申报，协助当地政府主管部门核查。此外，还要注意了解在《规范条件》申报、核查、复核工作过程中存在的问题，收集会员单位及地方协会的意见，及时向政府主管部门反馈，共同努力，推进《耐火材料行业规范条件》的顺利实施。2016年要积极争取工信部对《规范条件》（2014年本）进行修订，扩大覆盖范围，避免遗漏与缺失。

3. 围绕国家和行业“十三五”发展规划纲要，在全面总结“十二五”期间耐火材料行业经验和教训的基础上，认真分析研究耐火材料工业面临的新情况、新问题、新挑战。准确把握耐火材料工业的发展现状，科学预测行业未来5年乃至更长时期的发展趋势和变量，引导行业在“十三五”期间向低碳、绿色、创新的方向发展，立足点和着力点仍然应坚持推进联合重组、优化产业布局、强化节能降耗，严格环境管理，发展高端产品，鼓励技术创新、淘汰落后产能、加强安全生产等八个方面。要引导会员企业围绕“十三五”期间行业发展方向、结合自身生产经营的实际，根据国家宏观经济政策从需求管理向供给管理转向的新趋势，制定或调整生产经营战略，谋划新的更大的发展空间，全行业齐心协力，共同在淘汰落后产能、加快转型升级、兼并重组、做大做强等方面寻求新的突破，协会将当好桥梁、做好服务，从而保证我国耐火材料工业在“十三五”期间健康持续发展，不断提升在国际耐火材料领域的竞争实力。

4. 坚持做好行业生产运行的监测、分析和出口贸易风险预警工作，维护行业生产经营运行安全。第一是密切关注行业生产经营运行状况和发展趋向，充分利用协会获取的各类信息资源，运用行业统计体系提供的数据，加强趋势性、倾向性的分析和研究，按时发布运行情况通报，为企业生产经营运行提供决策依据，为政府主管部门履行宏观调控职能提供信息服务。第二是要保持与主要下游行业协会的联系与交流，及时了解耐火材料市场的供需动态和价格变化，引导企业坚持“以销定产”的原则，坚持按合同组织生产，

坚持不付款不发货，坚持维护耐材市场秩序，坚持保障企业的基本利益。第三是要扎实做好对国际耐材市场的监测，加强出口预警工作，为有出口贸易的会员企业了解国际耐材市场动态信息提供服务，帮助他们规避国际贸易风险，有序扩大耐火材料出口，不断拓展国际市场。

5. 坚持科技创新，提高行业发展质量和效益。一要不断强化企业的创新主体地位和主导作用，努力形成以企业为主体，以市场为导向，政产学研用相结合的技术创新体系，发挥企业在科技创新中的主体作用，倡导协同创新，搭建跨区域跨行业的集成创新研发平台，协同开发、延伸耐火材料产业链，抓住“一带一路”建设的机遇，坚持开放创新，坚持引进消化吸收再创新和原始创新相结合，不断提高我国耐火材料工业科技创新的国际水平。二要突出重点，扩大行业科研技术交流领域，加快科技成果的推广应用。2016 年乃至“十三五”期间，在组织企业和科研院所专家研究提出行业科技发展需求和重点技术创新方向的基础上，围绕耐火材料新技术、新工艺、新品种的研发，在耐火材料资源的综合利用，耐火材料绿色智能制造技术集成项目，提高耐火材料生产线的自动化和智能化技术等方面争取有新的突破。三要根据国家“十三五”规划提出的坚持绿色发展，着力改善生态环境的要求，不断提升耐火材料工业节能减排和资源综合利用的效率。要加快先进节能减排技术的推广和应用，加强企业节能减排，资源综合利用技术和成果交流，在研究、开发环境生态友好型耐火材料的同时，还应注重用后耐火材料的回收与利用。四要根据国家安全监管总局发布的《陶瓷生产和耐火材料制造企业粉尘危害专项治理工作方案》的要求，配合相关地区安全监管部门在全行业进行宣传、调研、整治，敦促耐材生产企业发展生产线降尘技术，对生产者和管理者加强培训、劳动保护和健康检查，控制、减少、消除耐材生产中的粉尘危害，保障从业人员职业健康权益。五要发挥协会专家委员会在行业健康持续发展过程中的支撑作用。作为行业公益性组织，协会专家工作委员会不仅要从宏观政策、技术、装备、研发等方面为行业整体运行，为会员单位提供技术咨询和服务，更要有针对性的组织科技攻关，开展新技术、新工艺、新产品、新装备研发，引领创新，增强全行业的自主创新能力。

6. 加强国际交流与合作，提升中国耐材工业的地位和影响。

当前全球经济体系和规则面临重大调整，国际经济合作和竞争局面正在发生深刻变化，这应该是我国耐火材料工业在新常态下审时度势、抓住机遇，在全球范围谋篇布局的有利时机。我们要引导，也希望行业的龙头企业、上市企业充分发挥自身优势，积极践行党的十八届五中全会提出的“开放发展”的理念，用好国际国内两个市场、两种资源，在国家实施“一带一路”的战略中走出去，拓展市场、投资建厂，寻求新的发展空间。我们还要用好世界耐火材料协会这个平台，加大与国际间同业组织的联系、交流与沟通，了解传递有关耐火材料技术研发、经营管理、市场需求等各方面的信息，为会员企业了解国外动态，开展国际交流合作创造条件，提供服务。2016 年，要继续加强与美洲、欧盟、东南亚等地区耐材协会的联系，关注新兴经济体及周边国家地区的耐火材料需求动态，力求使我国耐材工业对外开放的深度和广度达到一个新水平。同时还要在总结经验教训的基础上，继续加强与中国钢铁工业协会的合作，认真策划，精心组织好第十二届中国国际耐火材料及工业陶瓷展览会。

7. 加强协会自身建设，不断提升工作效率和服务质量。

①认真贯彻执行中办国办关于行业协会商会与行政机关脱钩的总体方案，按照明确权责，依法自治，发挥作用的要求，完成各项工作任务。不断健全完善各项规章制度，努力规范协会机关管理程序，切实提高协会工作效率和服务质量。

②坚持依法履行行业生产统计职能，在认真总结行业统计体系运行 8 年的经验教训的基础上，以完善规范统计工作制度为前提，克服困难，坚持执行统计工作制度，不断提高为政府主管部门和企业提供信息服务的质量，为行业发展助力。

③加强协会体系内各网站、杂志的协调管理，继续保持与中国冶金报、中国建材报的友好合作，实时发布有关耐火材料工业的各类信息，为会员单位提供快捷的信息服务，按时定期编发协会情况通报。

④认真办理协会第七届理事会的备案审理手续，及时调整协会秘书处机构及人员，保持协会选举换届后各项工作的稳定性及连续性。

⑤加强与工信部等政府主管部门的联系与沟通，主动参与积极配合政府主管部门对耐材行业

的宏观控制，及时反馈下情，认真传达上情，发挥桥梁与纽带作用。2016 年争取对《耐火材料行业规范条件（2014 年本）》进行修订。

⑥坚持不懈，继续认真及时地反映会员企业诉求，争取在完善生产许可证管理和加强刚玉产品出口资格审查方面能得到质监总局和海关总署的关注与重视。

⑦落实协会第七届理事会的总体工作计划，主动协调，争取各省市地方协会的支持，相互尊重，相互支持，加强交流与合作。积极支持配合各地方协会组织开展具有各自区域优势和产业特色的活动，共同搭建促进耐火材料产业健康可持续发展的协会工作网络。

各位代表，2016 年国内外经济形势依然严峻，耐火材料工业生产经营和发展的任务异常艰巨。我们要认真实施好“耐火材料行业‘十三五’发展规划”，要在协会以往工作的基础上，努力按照第七次会员代表大会提出的总体工作部署，与时俱进，深入研究分析耐材行业面临的新形势、新问题、新矛盾，切实结合行业生产经营运行实际，坚定信心、抓住机遇、迎接挑战、全力打好去产能、去库存、去杠杆、降成本、补短板的攻坚战；着力引领行业创新驱动、转型升级，切实加强技术创新、产品创新、服务创新、管理创新和商业模式创新。我们要把影响行业发展的关键、共性问题与企业合理诉求，积极反映给有关政府部门；要进一步加强自身建设，完善管理，尽心竭力履行职能，不断增强服务意识和服务能力；为推动耐火材料工业健康可持续发展继续努力，赢得行业应有的尊严和繁荣！

调整结构促转型　稳中求进谋发展

——中国耐材协会七届三次理事(扩大)会议工作报告

(2017年3月24日)

中国耐火材料行业协会　高长贺

各位理事、各位代表:

大家上午好!

现在我受协会常务理事会的委托，向大会报告工作，请予审议。

2016年是实施国家“十三五”发展规划的开局之年。中国经济缓中趋稳、稳中向好，经济运行保持在合理区间，质量和效益提高，取得了来之不易的成绩。我国耐火材料工业面对总体需求低迷，产能严重过剩，市场竞争激烈，企业效益下滑的严峻形势，积极应对各种困难，采取多种措施，克服不利因素影响，以较为稳定的运行，保证了下游行业用户生产的需求，为经济社会的平稳健康发展做出了积极的贡献。

一、2016年全国耐火材料工业总体运行状况

1. 经济新常态下高温工业的投资增速持续回落，基建用耐火材料市场需求低迷，全国耐火材料产量进入下行通道。

根据协会统计体系提供的数据显示，2016年，全国耐火材料产量2391.24万吨，同比降低8.56%。其中：致密定形耐火制品1358.52万吨，同比降低11.08%；保温隔热制品46.72万吨，同比降低1.32%；不定形耐火制品985.99万吨，同比降低5.19%。

致密定形耐火制品中，黏土质砖284.32万吨，同比降低11.27%；高铝质砖202.99万吨，同比降低13.10%；硅质砖116.79万吨，同比降低37.59%；镁质砖173.83万吨，同比降低5.96%；特种耐火制品（包括含碳制品、熔铸制品、功能性耐火材料）367.32万吨，同比降低3.04%。

全国主要耐火材料生产地区，河南省耐火材料产量1045.25万吨，同比降低9.14%；辽宁省耐火材料产量431.43万吨，同比降低9.21%；山东省耐火材料产量320.55万吨，同比降低7.38%；浙江省耐火材料产量109.08万吨，同比增长3.18%；山西省耐火材料产量84.03万吨，同比降低9.72%；河北省耐火材料产量65.29万吨，同比降低1.92%；江苏省耐火材料产量64.21万吨，同比降低3.56%；北京市耐火材料产量44.74万吨，同比降低20.62%。

2. 世界经济环境的不确定性增高，国际耐火材料市场复苏缓慢，主要耐材制品的出口贸易量及平均外销价格明显下降。

2016年，全国耐火原材料进出口贸易总额27.48亿美元，比上年同期降低10.25%。其中出口贸易额25.65亿美元，同比降低11.62%；进口贸易额1.83亿美元，同比增长14.52%。

耐火原材料出口总量520.42万吨，同比增长0.77%。其中耐火原料出口量356.35万吨，同比增长3.40%，出口贸易额15.48亿美元，同比增长0.27%。耐火制品出口总量164.07万吨，同比降低4.51%，出口贸易额11.03亿美元，同比降低18.87%。

2016年，耐火原材料出口综合平均价格同比降低8.58%。其中耐火原料出口平均价格同比降低10.51%；耐火制品出口平均价格同比降低1.96%。

需要关注的是，近年来，随着耐火原料出口平均价格的一路走低，耐火制品的出口平均价格也连续两年下滑。分析原因，一方面可能是我国政府出口贸易政策调整而产生的影响，而更重要的应该还是中国耐材行业产能严重过剩导致的“价格战”在国际耐火材料市场的反应。不管什么原因，也不论国内市场或国际市场，打价格战，受益的只会是下游用户，而受伤的则肯定是我们自己，损害的是全行业的整

体利益。

3. 国内外经济形势复杂多变，耐火材料产业生产运行困难重重。

2016年，复杂多变的国际国内经济形势，尤其是持续加大的经济下行压力，决定了在宏观经济新常态下的高温工业、耐火材料工业的生产运行所面临的困难前所未有，挑战日趋严峻。首先是由于全球经济复苏缓慢，发达国家经济回暖的基础不牢固，新兴经济体和发展中国家因内生增长动力不足，通胀压力未减等问题而导致外需疲软，使我国耐火材料的出口贸易量、贸易额及平均出口价格持续下降，对行业整体运行的质量和效益产生了不良影响。其次是随着我国经济进入从高速增长转向中高速增长的新常态，尽管经济发展趋稳向好的基本面没有变，但经济社会运行中存在的产能过剩和需求结构升级的矛盾，经济增长内生动力不足等问题，对耐火材料产业的影响有增无减。作为国民经济工业产业链中的一个环节，耐火材料工业一方面要承受上游原燃料及动力价格波动和劳动力成本攀升形成的巨大压力，另一方面更要面对自身产能严重过剩而引发的市场无序竞争和下游产业打压价格、拖欠货款，企业生产经营效益下滑的窘境。

2017年初，我们对业内62家重点骨干耐材生产企业2016年的生产经营情况进行了调研，对统计数据相对完整的52家耐火制品生产企业的生产经营状况做了对比分析：第一，52家重点企业2016年的产量下降4.80%，在23家产量下降的企业中，销售收入排名前十位的企业有6家；第二，重点企业2016年销售收入同比下降3.66%，下降企业比例为50%，其中销售收入排名前十位的企业有4家；第三，重点企业2016年利润同比增长7.28%，有25家企业利润下降，其中销售收入排名前十位的企业有2家；第四，重点企业截至2016年底的应收账款同比下降4.93%，仍有24家企业的应收账款处于上升状态，应收账款达到或超过年销售收入总额50%的企业也有24家，占被调查企业数的46.11%。从以上几组数据的分析可以让我们看到，2016年我国耐火材料行业生产经营的总体态势稳中趋缓，运行艰难，前景不容乐观。虽然总体利润小有增长，利润率也略有提升，但应收账款的数额之大，以及对企业资金链形成的潜在威胁十分令人担忧。

二、2016年耐材行业不畏困难，创新转型取得的成绩

过去的一年，面对经济结构分化过程中新旧发展动力的转换和变幻莫测的市场风云，耐火材料企业积极应对挑战，以顽强的拼搏精神拓展市场，提升管理，抓科研创新，促产业转型，保障了全行业的稳定运行，也推动了各项工作的进展。

1. 深入贯彻《若干意见》精神，促进耐材行业健康发展。

工业和信息化部关于促进耐火材料产业健康可持续发展的若干意见及《规范条件》和《管理办法》出台后，得到了协会会员单位的积极响应，广大耐材企业克服市场形势严峻，生产经营压力不断增大的困难，认真领会政府主管部门关于规范耐火材料产业管理的一系列文件精神，认真按照《规范条件》所列各项申报标准的要求，着力加强和完善企业内部管理的基础工作，严格按申报标准规范提升管理，努力创造条件，按管理办法规定的程序申请公告。去年上半年，协会根据辽宁、湖南两省部分企业在申请公告复核过程中出现的相关问题，积极配合工信部原材料司开展相应工作，协调各省市地方协会主动介入，协助地方政府主管部门推动规范公告的申报。2016年下半年，耐火材料产业相对集中的河南、山东、江苏、浙江等省的一批企业顺利进入了规范公告的申报程序。濮阳濮耐股份、浙江自立、中钢耐火公司、中钢洛耐院、郑州振东、江苏晶鑫等重点企业带头示范，为全行业实施工信部《规范条件》树立了榜样。按计划进度安排，第一批规范公告的耐火材料企业，有望在今年上半年完成复核公示，列入工信部规范公告序列。

2. 以市场为导向，寻求更大发展空间，着力推进耐火材料行业的供给侧结构性改革。

2016年，广大会员企业认真领会中央经济工作会议精神，积极践行产业供给侧结构性改革，一批重点骨干企业，发挥自身优势，采取强强整合、资源共享、联合经营、融合互补等多种方式开展合作，不仅使自身优势得到了充分发挥，巩固拓展了发展空间，也为提高全行业的综合实力做出了示范。濮阳濮耐股份与中钢洛耐院建立了全方位的战略合作关系，双方约定将共同在产品研发、项目合作、产品互销、市场共同开发、技术交流、投资等方面进行长期合作；浙江自立股份作为耐材总承包供应商，强化服务意思，配合

宝钢湛江钢铁顺利实现了一期项目的达产目标，被评为优秀供应商，迈出了由“产品制造商”向“耐材整体承包运营服务商”转变的坚实步伐；通达耐火充分利用在水泥窑用耐材领域的市场和技术优势，携手业内同行企业共享市场资源，协同为用户提供精准服务，尝试以诚信、包容与责任理念，营造良好的市场秩序，为全行业提供了借鉴。马钢耐火以推进合资工作，实现整体搬迁为重点，坚持去行政化，建新机制的方针，努力提升耐材总包服务水平，扩大了产品自给率，保障了生产经营局面的稳定；武钢耐火着力加快由传统产品供应商向“产业链式服务商”转型升级的步伐，以延伸服务的优势，与上市企业方大特钢建立了战略合作关系，2016 年还与维苏威续签了为期 10 年的合资协议；攀钢冶材大力推进商业服务模式创新，在巩固钢铁、钒钛整体总包市场的基础上，又开辟了钒业公司总包项目，自我发展潜能有了新的提升；为了助力耐火材料行业供给侧结构性改革，成联电商打造的“银耐联”，通过在线供应链模式，实现了耐火材料产业的国内及跨境在线融资、支付及结算，提升了耐火材料产业链的运行效率和竞争力。2016 年，河南合成新材料、浙江锦成新材料在新三板挂牌，重庆博赛为扩大产业链，丰富产品深加工业务，购买了南邦铝业 51%的股份，拥有了旗下第二家控股公司。

3. 创新驱动推进科技研发，耐材产品结构不断优化。

由中钢洛耐院、濮阳濮耐股份、武汉科技大学、河南熔金股份主要完成的“冶金功能耐火材料关键服役性能协同提升技术及在精炼连铸中的应用”获得 2016 年度国家技术发明二等奖。

山东鲁阳股份研发的硅酸镁纤维环盾憎水毯，作为一种更为新型的节能环保材料，产品导热系数更低，抗拉强度更高，最关键是实现了针刺毯产品的良好憎水性能。

北京利尔股份研发的“环保无碳中间包干式料”项目，被科技部认定为国家火炬计划产业化示范项目。2016 年，公司还获得授权专利 37 项，其中发明专利 19 项。

海城中兴高档镁质砖公司承担并完成的“高热震性镁尖晶石耐火材料的研发与产业化”项目，被列入 2016 年度引进国境外技术管理人才项目计划，将获得国家外国专家局的专项资金资助。

山东耐材鲁耐窑业公司研发申报的“高强度、高热震氧化铝实心球砖及其制备方法”“高炉用抗渗透低铝莫来石砖及其制备方法”“高炉用抗侵蚀莫来石砖及其制备方法”等三项发明专利获得授权。

由通达耐火、巩义通达及北科大共同完成的“红土镍矿回转窑高温配套耐火材料的研发与应用”项目通过了成果鉴定。

河南科技大学高温材料研究院联手业内优势企业，走出国门与美国材料技术创新公司合作，在球形骨料多元化的研制与应用方面开展工作，取得了明显成效。

由瑞泰科技为主组织完成制定的《玻璃窑用耐火材料使用规程》规范了玻璃窑用耐火材料应用的设计、生产、选材、施工、使用与维护，达到了国内先进水平。

中钢耐火公司承担完成的省级重大科技专项“RH 精炼炉用优质环保无铬耐火材料关键技术研究”项目，产品在宝钢、鞍钢等单位使用，浸流管、环流管使用寿命 110 炉，下部槽 335 炉，上部槽约 1.3 年，超过了镁铬砖使用寿命。不仅拥有了完整知识产权，还获得授权国家发明专利 4 项，实用新型专利 5 项。

河南五耐集团与河科大、北科大联合研发的“高炉炉缸炉底用碳复活砖”使用寿命 20 年以上，达到了国际先进水平，获得国家发明专利和冶金科学技术奖。

中钢洛耐院承担完成的“新材料产业用氧化锆材料的开发及产业化”成果，应用于国内外蓝宝石、纳米金属和钨相制品等领域，填补了国内在大于 2200℃超高温领域耐火材料的空白。

濮阳濮耐股份完成的“大型钢包用铝镁质喷射料及造衬施工技术开发与应用”和“精炼钢包用铝镁质机压无碳衬砖的开发与应用”项目，在材料、制备、施工方面及整体技术达到国际先进水平，通过了省级成果鉴定。

淄博鲁中耐材公司完成的《水泥窑用绿色节能耐火材料研发和成套方案研究与应用》项目，首次提出了水泥窑用耐材绿色节能方案，实现了水泥窑用耐火材料无铬化，综合成果达到了国际领先水平。

2016 年，武汉科技大学“耐火材料与冶金省部共建国家重点实验室建设与运行方案”通过了科技部论证。中钢洛耐院“国家耐火材料质量监督检验中心”也顺利通过了国家认可委员会的复评审和扩项评审。此外，“郑州市炼铁用耐火材料院士工作站”和“水泥用功能型耐火材料院士工作站”分别在郑州安耐克公司、郑州瑞泰挂牌。

4. 强化生态文明建设理念，推进行业节能减排和环保治理。

山东省耐火材料产业最集中的淄博市，制定绿动力提升工程实施意见，组织全市303家耐火材料生产企业进行能源结构调整和窑炉节能改造。该市从引导企业转变认识，树立绿色观念入手，深入企业指导制定具体实施方案，大力推广天然气置换或集中煤制气，开展窑炉节能技术改造，有效减少了工业烟尘、二氧化硫和氮氧化物的排放量。

辽宁营口以大石桥市为重点，开展耐火材料制造业粉尘危害专项治理，明确主体责任、投入专项资金、确定整改时限，动员全社会力量实施粉尘危害专项治理，保护劳动者的健康权益，收到了预期效果。

海城市为减少工业烟尘排放，改善空气质量，集中力量，积极推进镁砂行业的污染和粉尘排放治理，他们按照国际标准，把治理任务落实到每一家企业，对每一个节能减排项目进行督导，有力推动了全地区的环保治理。2016年，该市菱镁新产业基地成功入选国家新型工业化产业示范基地。

浙江长兴县在推动耐火材料产业转型升级的过程中，始终把树立绿色制造理念，突出环境治理放在首位，淘汰落后产能设备1.1万余台，腾出能耗空间2.5万吨标煤。该县58家耐材企业投入专项资金1.56亿元，对101座炉窑全部实施煤（油）改气，有效改善了厂区及周边大气环境。据统计，整治后二氧化硫、粉尘及碳的年排放量分别减少60吨，50吨和6.5万吨。

瑞泰科技专门在郑州瑞泰搭建了低碳节能高温材料科技服务站，公司开发的节能新产品“多层复合硅莫砖”成为水泥产业用户首选，市场占有率明显提高，“863”计划成果产品“环境友好碱性耐火材料”作为含铬产品的主要替代品，进入了工信部新材料产业重点产品目录。

为进一步改善作业环境，减轻员工劳动强度，郑州振东公司投入专项资金，组织专业技术力量对成型压力机的供料系统进行科技攻关，成功研制出了安全系数高，单重计量准、原料混配均匀的自动加料设备，不仅提高了成型系统的自动化程度，还实现了一人一机，人工成本降低50%的创效目标。湖州父子岭集团为了增强企业整体竞争力，投入近两千万元，对混料、成型系统进行改造升级，改善了环境，提高了自动化程度，顺利通过了产业转型升级的验收。

湖南冷水江华科高新是一家特殊钢行业用耐材制品的专业供应商，为提高资源利用率，减少废弃物排放，投资数千万元新建了废旧耐火材料回收加工利用生产线，尽管目前每年只能回收加工利用废旧耐火材料1.5万吨，新增产值1亿元，但这个举措对我国废旧耐火材料的循环利用起到了良好的示范与推动作用。

三、围绕行业健康发展，积极有效地开展协会工作

1. 积极宣传《规范条件》精神，推进《管理办法》的贯彻执行。

按照2013年工业和信息化部关于促进耐火材料产业健康可持续发展的若干意见部署，工信部于2014年12月公告发布了《耐火材料行业规范条件》（2014年本），在此基础上，又于2015年9月以（工信部原［2015］325号）文件的形式，印发了《耐火材料行业规范公告管理办法》。新中国成立以后，第一次由政府主管部门为耐火材料产业制定的一系列文件，不仅确定了耐火材料工业在国民经济工业产业链中的地位，明确了促进耐火材料产业持续健康发展的指导思想、基本原则和发展目标，还制定了贯彻《若干意见》精神，着力控制产能、严格准入门槛、提高产业集中度，推进行业转型升级的具体措施，即《规范条件》和《管理办法》。大力宣传《若干意见》、认真贯彻《规范条件》、积极执行《管理办法》是协会当前和今后一个时期的一项十分重要的工作。2016年，根据协会会长工作会议的意见，我们首先是在思考全年工作，拟制年度工作计划的过程中，把宣传贯彻执行《若干意见》《规范条件》和《管理办法》列为协会和秘书处工作的重中之重，统筹全局、突出重点、精心安排，努力做到计划可行、措施具体、时间明确、责任到位。其次是除了充分运用协会工作体系的几家网站、杂志等新闻媒体，坚持开展不同形式的宣传活动外，还在协会组织召开的每一次会议上都一定要安排对工信部系列文件的宣讲、辅导和解读。继2015年宜兴、上海会议宣讲《规范条件》后，2016年在太原召开的协会年度工作会议上，我们又特别邀请了工信部原材料工业司主管工程师就《耐火材料行业规范公告管理办法》的贯彻落实做了宣贯和解读。再次是加强与各地方协会的工作协调，

利用协会工作网络系统宣传动员，引导企业贯彻执行工信部系列文件，并注重收集贯彻执行过程中的各种意见，整理后及时向主管部门进行反馈。最后是主动参与，热心服务，积极配合工信部开展工作。《管理办法》自2015年11月施行后，部分地方开始了受理企业申请规范公告的相关工作，在配合工信部对各地推荐申报企业进行复核的过程中，我们了解到各地贯彻执行《管理办法》的工作进度不平衡，对审核企业环保达标和能耗指标的方法上存在差异的情况后，及时向原材料司反馈信息，提出工作建议。在征得主管部门同意后，于2016年6月中旬召开了有地方耐材协会负责人参加的协会秘书处专项工作会议，对前期工作中出现的问题认真分析，提出了加大宣传力度，动员重点企业带头示范，主动配合当地主管部门核查，明确并统一环保能耗考核指标的意见。会议以后，河南、山西、浙江、辽宁、山东等省市地方协会积极配合政府主管部门开展工作，有力推进了贯彻执行《管理办法》的不断深入。截至2016年底，河南、山东、浙江等地都有部分重点骨干企业申请规范公告并通过了初审。

2. 认真贯彻落实党的十八届五中全会精神，按中央经济工作会议要求，结合实际确定总体工作思路，引导行业健康发展。

为了应对国内外错综复杂的经济形势，协会于2015年12月中旬召开了会长工作会议，在认真总结行业生产运行和协会工作的基础上，依据中央经济工作会议精神，对国内外经济运行态势进行了分析，结合行业生产经营实际，针对产业面临的产能严重过剩，市场秩序紊乱，应收货款增长、企业效益下滑等突出问题，讨论了保持行业健康稳定发展的对策和措施，提出了协会2016年工作的总思路，在3月太原协会年度工作会议上进行了部署。协会秘书处根据会长工作会议确定的工作总思路和七届二次理事（扩大）会议的决议，认真拟制了协会2016年的工作计划，同时在对协会换届后秘书处及各专业工作部门调整定位的基础上，对列入计划的主要工作任务进行了分解，明确了各专业工作部门的责任，落实了推进工作计划的各项具体措施。一年来，协会秘书处围绕工作总思路，贴近产业生产经营实际，突出重点，循序渐进地开展各项工作，认真履行职能，有效地保障了全行业的稳定运行和协会工作计划的落实。

3. 交流创新成果、推广先进经验，加大耐火材料工业自主创新力度，加快行业转型升级步伐。

面对全行业呈现出来的产能严重过剩，竞争日趋激烈，货款回收困难，经营举步维艰的窘境，全行业都在思考新常态下耐火材料产业如何才能经受冲击，迎接挑战，怎样才能抓住机遇，应对困难，走出困境。也有不少企业以电话、微信、邮件等方式找协会咨询、探讨。为了让广大会员企业对行业面临的形势有一个客观的认识，增强战胜困难的信心，推动新常态下全行业自主创新、转型升级的不断深入，我们根据协会年度工作的总体安排，利用召开理事扩大会议的机会，专门组织了一次“行业转型升级创新发展”工作经验交流活动。交流了山东鲁阳股份从提升管理入手，促进创新增强综合竞争能力，根据客户需求转结构、调方式、提高风险防控能力；安耐克实业有限公司着力技术创新、开展优势营销、夯实管理基础、强基固本，实现了产量、产值同比上升10%以上，三项费用降低18.2%的经营预期目标；江苏晶鑫新材料有限公司从推进管理方法、服务模式、经营战略入手，实现了内在质态、市场定位和发展层次上的新突破，以骄人的业绩于2015年3月在全国股转系统“新三板”成功上市；圣泉集团作为耐材工业最大的酚醛树脂供应商，坚持体制创新、科技创新、产业创新，推动企业全面创新，公司在酚醛树脂和复合材料领域生产规模名列全球前三位，不仅入选中国民营企业制造业500强，还以山东省市值第二名的排名入围新三板创新层；营口创兴科技有限公司，突出以人为本，注重科技创新，在激烈的市场竞争中探寻发展途径，企业连年盈利，生产经营始终保持着强劲态势的经验。六家有代表性的企业不仅在会议做了交流发言，协会还将他们的经验装订成册，发给每一位参会者共享。

这次活动，还特别邀请了耐材产业相对集中的辽宁、山西省经信委、营口市、淄博市、河南新密、浙江长兴等地方政府主管部门的领导参加会议。专门安排河南新密市介绍了他们举全市之力，推进联合重组、提升装备水平、推广清洁生产，打造绿色耐材产业的工作经验；浙江长兴县则重点交流了该县以政策托底促进创新，传统产业升级转型的经验与成果。邀请耐材主产地区政府部门参加会议，安排在耐火材料产业转型升级过程中先行先试并取得成效的地方政府做专题发言，不仅让广大会员企业感受到了政府主管部门对耐火材料产业的关心和支持，也给其他地区推动新常态下耐火材料工业的转型升级，创新发展提供了借鉴。

4. 增强服务意识，拓宽服务领域，提高服务水平。

第一，服务行业生产经营运行，认真履行统计工作职能。今年以来，协会统计体系克服重重困难保持稳定运行，坚持按钢铁协会要求按时收集汇总上报月度生产报表，坚持在《钢铁统计月报》上发布重点统计耐材企业的生产信息，坚持季度行业生产运行及市场动态分析，并实时在协会网站、杂志上登载，在微信平台上发布，还坚持了每季度一期情况通报的印发。实时动态发布和有规律的统计信息交流，为会员企业在复杂多变的国内外经济形势下把握局面，正视困难，调整策略，规避风险，保持健康稳定运行提供了良好的信息服务。在各地方协会和重点骨干企业的支持下，2016 年度行业生产统计工作会议顺利召开，总结成绩、表彰先进、交流经验、部署工作，收到了预期效果。

第二，深化行业信用体系建设。按照国资委和商务部统一部署在全行业开展的第一轮耐材企业信用等级评价工作，得到了广大会员企业的积极响应，取得了预期效果。随着国家社会信用体系建设的不断深入，主要下游产业用户对供货商信用等级资质的要求也进一步提高，根据业内一些耐材企业希望继续开展信用等级评价的需求，协会印发（中耐发办字［2016］9 号）文件，于二季度启动了行业第二轮第一批耐材企业信用等级评价工作。为了保证第二轮耐材企业信用等级评价工作的顺利进行，我们对换届后的协会信用等级评价组织机构组成人员进行了调整，针对国家加大产业环境治理力度，严格节能减排管理的实际，积极与信用评价的第三方交流协商，加大了耐材行业信用等级评价体系中环保和节能降耗考核指标的权重。行业第二轮第一批 29 家信用等级评价申报企业的资料在协会初审后交付第三方中介机构评价机构进行了审核，按规定，相关网站进行了公示，于 2016 年 9 月 26 日经行业信用评价工作委员会及信评办联席会议审议通过，完成了获得 A 级以上信用等级的耐材企业颁证授牌。全部评价结果还由商务部通过网络和纸媒向国内外发布。

第三，适应形势发展需求，积极参与标准化工作改革。2016 年 3 月 1 日，根据国务院深化标准化工作改革方案的精神，质检总局和国家标准委印发了《关于培育和发展团体标准的指导意见》（国质检标联［2016］109 号），确定具有法人资格和相应专业技术能力的协会可协调相关市场主体自主制定发布团体标准。在对行业现行标准管理工作进行调研，广泛征求耐材企业及业内专业技术人员意见的基础上，协会于 2016 年二季度始启动了耐火材料产品团体标准制定的准备工作。6 月 28 日，协会组织相关专业人员拟制的《中国耐火材料行业协会团体标准管理办法（试行）》在全国标准信息平台上进行了公示，7 月 29 日，国家标准信息平台以邮件方式通知，“中国耐火材料行业协会公示期已满，且没有收到异议或经协商无疑义。即日起正式成为团体标准信息平台团体用户，可登录平台公布团体标准和团体动态”。协会七届二次常务理事扩大会议对《中国耐火材料行业协会团体标准管理办法》（试行）进行了审议，并获通过。2016 年 10 月 20 日协会在浙江上虞举行了行业团体标准制定工作启动仪式，目前第一批团体标准的项目申报审批及编制工作已经进入了规定的工作流程。

第四，根据科技部 2016 年第十七号令，“决定对《科学技术鉴定办法》等规章予以废止。科技成果鉴定改变管理方式，不再作为行政审批，今后各级科技行政管理部门不得再自行组织科技成果评价工作，由行业组织或中介机构实行自律管理”的精神，协会秘书处拟制了《耐火材料行业科技成果评价暂行办法》，提交协会七届三次常务理事（通讯）会议审议通过。2016 年 11 月 22 日，以中耐协发办字（2016）33 号文件的形式，印发了“关于开展耐火材料及相关领域科技研发成果评价工作的通知”，主动及时地承担责任，并将组织开展耐火材料及相关领域科技研发成果的评价工作。

第五，充分发挥协会专家委员会的作用、扩大工作范围，提高履职效率。由协会组织专家委员会专家历时一年多，经过分组调研，分专题撰写，召开专题会议讨论，精心修改，统稿汇编，几易其稿，在协会专家委员会全体会议讨论定稿后，协会会长工作会议审议通过的《耐火材料工业“十三五”发展规划建议》于 2016 年初呈送政府主管部门和上级主管单位，并在协会网站和冶金报、建材报等媒介进行了宣传，为会员单位制定企业发展规划，为全行业的健康稳定发展提供了借鉴和参考。在组织协调专家委员会成员发挥自身专长，为会员企业答疑解惑，提供技术咨询服务的同时，近年来，协会还利用由相关高校专家教授组成的师资力量，协调业内重点骨干企业，连续举办了三期耐火材料综合知识培训班。2016年8月，由协会主办，河南工业大学和河南科技大学承办的第三期耐火材料综合知识培训班，报名参加培训的学员达80人次，分别来自14个省28个市县的48家企业。培训分三个板块，以基础知识、专业英语授课和专题讲座为主，辅之以讨论交流、实验室实习、工厂实地考察等方式，教学相长、学学相长，使学员不仅增强了对耐火材料基础知识的了解，还获取了耐火材料工业前沿技术及科技研发的信息；既对行业当前面临的国内外经济形势有了客观认识，也对耐火材料市场的动态，政府主管部门宏观调控的重点，行业在新常态下控制产能、重组兼并、转型升级的发展趋势有了更全面的把握。2016年协会专家委员会全体会议，回顾了“十三五”开局之年耐火材料工业的运行态势，根据行业“十三五发展规划建议”，对行业2017年的发展方向及协会专家委员会的工作提出了意见和建议。与会专家还就编制行业年度技术发展报告和举办耐火材料专家论坛的工作提案进行了讨论，希望协会整理归纳后拟制出具体工作方案组织实施。

第六，主动协调支持、完善全国耐材协会的工作网络。在完成协会第七届理事会负责人的报批备案手续后，协会及时对七届理事会秘书处的组成人员进行了调整，保证了协会机关工作的持续性和稳定性。由于各主产区省级协会和重点地区协会负责人都承担了协会秘书处的工作任务，全行业协会工作网络的良好运行也有了保障。今年以来，行业协会与主产区地方协会互相配合，主动协调支持，卓有成效地组织开展了一系列工作。辽宁省非矿协会在与政府主管部门脱钩后，及时调整工作人员，建章建制，保证了协会工作的稳定运行。山西省协会深入基层开展调研，对造成产业开工率低下的原因进行了认真分析，以客观求实的态度向政府主管部门提出工作意见和建议。山东、河南两省协会，主动配合政府主管部门着力推动环境治理，淘汰落后产能取得了显著的工作成果。浙江省协会把耐材企业最集中的长兴县列为工作重点，协同当地政府开展工作，在深入调查研究的基层上，出台了长兴县耐火材料产业转型升级的实施意见，严格按耐火企业转型升级标准淘汰落后产能，推动联合重组，全面推进耐火产业转型升级工作。全县291家耐材企业关停129家，保留的162家企业严格实行6S现场管理方法，确保了耐材生产企业的绿色发展方向。2016年4月，协会根据长兴县人民政府关于申报中国耐火材料行业转型升级示范区的申请，组织了由业内专家、企业高管和地方协会负责人组成的考评组对该县耐火材料产业的综合状况进行了实地考察，对照标准评价审查。依据考评验收专家组的评审意见，做出了授予浙江长兴县“耐火材料行业转型升级示范区”称号的决定。目前，全国耐火材料主产区协会组织的工作网络运行状态良好，除了全行业性的大型会议、会展外，省际、跨区域的交流活动、专业技术论坛也开展得有声有色有效果。

5. 积极参与，加强交流，不断扩大在全球耐火材料领域的影响。

国力的强大，行业的持续发展，使中国耐火材料行业协会及重点耐材企业在全球耐火材料领域的地位得到了提升，影响力也不断增强。作为国际组织，2015年底正式注册的世界耐火材料协会，与2016年4月28日在英国伦敦召开第一次理事会议。在会长冯斯万先生主持下，会议总结了协会开展的各项工作，批准了费用预算，在交流各个国家、地区协会工作的基础上，讨论制定了2016～2017年的工作计划。会议根据章程规定，任命了中国耐材协会徐殿利、濮阳濮耐股份刘百宽、北京利尔股份赵继增为理事。在世界耐材协会17位理事会成员中，中国有3个席位，占17.6%。

为寻求新常态下耐火材料工业提升装备水平，增强竞争实力，加快转型升级步伐的途径，协会于2016年4月下旬组织部分企业赴欧洲进行了专项考察调研。考察组一行8人参观考察了专业从事高温炉窑设计制造的百年老企业威斯特拉公司及其下游用户企业，与公司高管就高温窑炉的节能降耗及减少排放问题进行了交流。在英国伦敦维苏威公司总部，公司冯斯万总裁详细介绍了维苏威公司的发展沿革，管理模式及近年来的生产经营概况，并就有关国际间合作、中国市场等问题与考察组成员进行了讨论、交流和沟通。

2016年5月在北京举办的“第十二届中国国际耐火材料及工业陶瓷展览会”，与第十六届国际冶金展、十四届国际铸造展和工业炉展同期同地同时开幕，吸引了数以万计的国内外观众。在全球经济形势复杂多变的背景下举办国际展会，旨在向外界和主要下游行业展示中国耐材工业在新常态下应对严峻局面、抢抓机遇、迎接挑战、转型升级的发展成果，同时也为耐火材料企业了解国内外经济发展及主要下游产业的需求趋向搭建了工作平台。

7月上旬，协会负责人冯运生、徐殿利在北京接待了专程来协会访问的德国雷法耐火技术有限公司总裁贝恩德·舒埃贝尔一行，双方围绕共同关心的水泥工业用耐火材料产业的现状、发展及耐火材料市场秩序等问题进行了交流与沟通。对雷法公司表达的入会要求和为中国耐火材料工业健康发展尽一份责任的意愿，中国耐材协会表示了欢迎和感谢。

2016年是“十三五”的开局之年，也是协会第七届理事会的第一个工作年，秘书处按照协会第七次会员代表大会确定的工作思路和会长工作会议的部署，注重加强自身建设，不断完善内部管理，认真履行服务职能，努力提高工作效率，较圆满地完成了各项工作任务。同时，由于协会机关人员紧张，调整频繁，年龄老化，所以在日常工作中时有信息传递不及时，统计数据收集上报滞后的现象发生，工作质量和效率也有待进一步提高。

四、2017年行业及协会的工作任务

2017年协会工作的指导思想是：以党的十八届五中、六中全会精神为指导，认真领会中央经济工作会议精神，深入贯彻落实工业和信息化部关于促进耐火材料产业健康可持续发展的若干意见。加快转型升级，淘汰落后产能，创新驱动、推进产业结构调整和发展方式转变，重组整合、提升产业集中度和综合竞争实力，优化产品结构，增强保障能力，着力节能减排和环保治理，发展循环经济保护生态环境，加强行业自律，规范市场秩序，努力开创我国耐火材料工业健康稳定发展新局面，以优异成绩迎接党的十九大胜利召开。

2017年行业及协会的主要工作

1. 认真贯彻中央经济工作会议精神，面对当前世界经济的复杂形势和风险挑战，充分认识由于上一轮科技和产业革命提供的动能面临消退，新一轮增长动能尚在孕育，全球经济在深度调整中曲折复苏，正处于新旧增长动能转换的关键时期。要对经济向形态更高级、分工更优化、结构更合理的中国经济发展新常态充满信心。客观冷静地应对复杂多变的国内外经济形势对我国耐火材料工业的影响，特别是要清醒地认识和面对我国耐火材料工业大而不强，大而不优，长期以来依靠资源、资本、劳动力等要素投入支撑经营效益增长和生产规模扩张的产业发展方式已不可持续的残酷现实。面对全国耐火材料产量进入下行通道且仍将继续下降的形势，我们必须也只能以市场为导向调整经营战略，确定我们的产量。我们必须也有责任克服困难保证下游产业所需耐火材料的供应，共同促进我国高温工业的健康发展，我们还必须也有义务自觉遵守行规公约，努力杜绝不正当竞争，共同维护国内外耐火材料市场秩序，维护耐火材料行业的整体利益。

2. 继续深入贯彻落实工信部关于促进耐火材料产业健康可持续发展的若干意见精神，紧紧抓住新常态下耐火材料工业进入深度调整期，市场资源向优势企业集中的有利时机，调整产业结构，转变发展方式，加快重组整合。要按市场化原则，尽快培育更多具备专业化，区域化优势和自主创新能力，综合竞争能力强劲的旗舰企业或优势企业集群，努力打造具有国际竞争实力的耐材航母。2017年要在支持耐材主产区创建具有区域特色的新型耐火材料产业示范基地的同时，引导会员企业深刻领会，正确把握工信部《若干意见》《规范条件》和《管理办法》的精神实质，对照规范条件要求，努力创造条件，积极申请公告。要协调各省市地方协会，争取支持，主动介入，共同推动《耐火材料行业规范公告管理办法》的贯彻执行。

3. 加强行业生产运行的监测、分析，了解耐材进出口贸易态势，实时发布出口预警和产业生产经营安全警示，维护企业个体的经营安全和行业整体利益。一是关注行业总体运行走势和重点骨干企业的生产经营状态，充分运用协会掌握的各类信息资源，依据行业生产统计体系提供的数据，加强趋势性、倾向性问题的分析和研究，按时发布运行情况通报，为企业应对市场形势，调整经营战略，为政府主管部门加强产业管理和宏观调控提供服务；二是加强与主要下游行业协会的联系与交流，及时了解下游产业的生产经营运行情况，了解耐火材料市场的需求动态和价格变化，传递信息，引导企业坚持“以销定产”的原则，坚持依法行使合同规定的权力和义务，加大货款回收力度，保证企业资金链的安全，保障企业的基本利益；三是坚持做好对国际耐火材料市场的监测，帮助会员企业实时了解国际耐材市场

的动态和相关地区贸易保护主义抬头的信息，加强出口贸易预警工作，有效规避国际贸易风险，努力争取我国耐火材料企业在拓展海外市场过程中的操作规范有序，经销合法安全。

4. 深刻领会中央确立的“创新、协调、绿色、开发、共享”五大发展理念的内涵，着力加强科技创新，优化耐火材料产品结构。首先是要不断完善以企业为主体，以市场为导向，产学研用相结合的产业技术创新体系，充分发挥企业在科技创新实践中的主体作用，倡导协同创新，搭建共性技术研发平台，协同开发延伸耐材产业链，坚持开放创新，切实提高我国耐材工业科技创新的国际化水平。其次是要结合我国耐材工业生产经营的实际，突出重点，扩大行业科技研发和新产品的交流领域，加快科技成果的转换和推广应用。2017 年，要根据行业“十三五”发展规划建议提出的行业发展目标和推荐的技术改造及重点建设项目，围绕耐火原材料新技术、新工艺、新产品的研发，在中低品位铝土矿综合利用、菱镁矿高效提纯、轻质合成原料及新型合成原料的研究与开发，在耐火材料绿色智能制造技术集成，结构功能一体化智能型连铸用功能耐火材料、新型干法水泥窑用耐火材料的全面无铬化等方面的研究争取有新的突破。最后是要根据国家“十三五”发展规划提出的“绿色”发展理念的要求，强化危机意识，加大全行业节能减排和循环经济发展的力度。耐火材料生产企业要从履行社会责任，对子孙后代负责，保证行业健康发展的高度出发，不断增强企业节能减排，环保治理，建设生态文明的内生动力，自觉严格按照新的环境保护法，改进工艺和装备，降低能耗，减少排放，提高资源综合利用率，在推进践行绿色耐材战略和循环经济发展方面多做贡献。行业协会在配合政府主管部门加强管理调控的同时，要认真开展调研，实事求是地反映情况，积极争取政策支持，更要引导企业在先进破粉碎、混练、成型、施工、烘烤、残衬解体等装备开发，在提升耐火材料生产线的自动化和智能化技术，在高温烧成装备节能与智能集成技术等方面开展研发创新，取得成效。

5. 顺应经济全球化的新形势，大力开展国际交流与合作。在全球经济治理以开放为导向，以合作为动力的发展阶段，我国耐火材料行业践行“一带一路”发展战略走出国门，拓展产业发展空间的前景越来越宽阔。我们要抓住机遇，加大与国际间同业组织的联系、交流与沟通，充分利用世界耐火材料协会这个平台，帮助会员企业了解国际耐火材料行业的市场信息和技术发展趋向，为中国耐火材料企业开展国际交流与合作创造条件，提供服务。2017 年，在继续保持与欧盟、美国、日本等发达国家地区同业组织联系的同时，要更加关注金砖国家、东南亚及周边发展中国家高温工业发展对耐火材料的需求动态，争取有更多的中国耐材企业走出国门，开拓国际市场，投资合作，不断提升我国耐火材料工业的国际地位和影响力。2017 年，我们要按计划精心策划、筹备召开“第四届中国耐火材料生产与应用国际大会”，还将组团参加世界耐火材料协会会员大会。若条件具备，与中国钢铁协会联合举办的国际耐材展也将继续进行。

6. 不断完善协会自身建设，努力提升管理效率，更好地履行服务职能。

①根据中央关于行业协会商会与行政机关真正脱钩的改革部署，2017 年将结束所有协会商会与政府主管单位的挂靠关系。我们要遵循中央提出的“明确权责、依法自治、发挥作用”的总体要求，按照“行业有威信、国内有影响、国际有地位”的目标，完善协会各项规章制度，规范协会管理程序，提高协会工作效率，更好地履行协会服务职能。

②坚持依法履行行业生产统计职能，努力提高为政府主管部门和企业提供信息服务的质量。要认真总结协会生产统计体系运行 9 年来的工作经验和教训，不断完善规范统计工作体系的管理，克服困难，坚持不懈，确保统计体系的正常运行秩序。2017 年，要根据行业生产运行实际对重点统计耐材企业进行调整；要争取条件加强统计工作人员队伍的建设；要提高季度生产运行情况通报的及时性、准确性。

③保持与政府主管部门的交流与沟通，在主动配合主管部门加强行业宏观调控、管理的同时，要创造条件及时反映会员企业诉求，争取有利于行业健康发展的政策支持。2017 年，要着力配合各级工信管理部门推进《规范条件》和《管理办法》的贯彻执行，引导更多的耐材企业创造条件申报并获准进入工信部公告（白皮书）系列。此外，还要加强与国资委党建局、商务部信用办、海关总署、民政部民间事务局等单位联系，争取他们对行业和协会工作的支持与指导。

④根据协会七届二次常务理事扩大会议审议

通过的《中国耐火材料行业协会团体标准管理办法（试行）》，加大宣传力度，发挥标准化技术委员会的作用，严格按《管理办法》规定程序组织开展耐火材料产品团体标准的制定工作。2017 年，遵循团体标准制定的适用性和先进性的原则，既要根据市场需求，抓紧尚无国家和行业标准而已进入市场的产品标准的制定，填补空白；又要对现行的已不能满足用户需求的部分产品标准重新进行修订，尤其是要针对耐材产品服务领域较宽，同一炉窑不同部位耐材制品技术性能差异大的特点，在产品团体标准的细化方面开展工作。

⑤在改革不断深化，政府主管部门坚持简政放权的新形势下，依据 2016 年 6 月 23 日科技部第 17 号令，“决定对《科学技术鉴定办法》等规章予以废止。科技成果鉴定改变管理方式，不再作为行政审批，今后各级科技行政管理部门不得再自行组织科技成果评价工作，由行业组织或中介机构实行自律管理”的精神，协会已主动及时地承担起了耐火材料及相关领域科技研发成果评价的工作。根据 2016 年 11 月协会七届三次常务理事（通讯）会议审议通过的《耐火材料行业科技成果评价暂行办法》，要充分发挥协会专家委员会的作用，组织专门班子，严格按程序开展耐火材料及相关领域科技研发成果的评价工作，为加快耐火材料行业科技创新成果的转换提供及时的服务。

⑥按照国资委和商务部的统一部署，继续推进耐火材料行业的信用体系建设。2017 年，要坚持自愿的原则，根据会员企业实际需求，严格按行业信用体系建设工作方案规定的程序，组织第二轮第二批耐火材料企业信用等级评价的工作。同时还要按主管部门要求组织开展每年一次的复评。

⑦根据新常态下我国耐火材料工业创新驱动和耐材企业转型升级发展的需求，由协会专家牵头，整合武科大、辽科大、河科大、河南工业大学等院校的师资力量，争取各省市协会及重点骨干企业的支持，继续举办“耐火材料综合知识培训班”，为会员企业培训高素质、梯队化的管理人才，工程技术人才和“耐火工匠”。2017 年，可尝试选择与耐火材料主产区的地方协会联合举办有区域和专业特色的培训，还要探寻利用协会网站办学或开展网上培训的教学途径。

⑧加强与各省市地方协会的工作联系，主动协调、相互尊重、争取支持，保持全国耐火材料协会工作网络的健康有序运行。要从促进全行业健康稳定发展的大局出发，支持并积极配合地方协会组织开展具有各自区域优势和产业特色的活动，引导并协调地方协会之间的省际、市际交流活动，共同搭建为耐材企业为行业健康发展服务的工作平台。2017 年全国耐材协会工作网络的重点工作，一是主动参与配合各级工信部门贯彻落实《耐火材料行业规范条件》和《管理办法》；二是互相支持共同推进耐火材料产品团体标准的制定工作，争取早日制定发布一批企业生产经营急需的，市场和用户认可的耐火材料产品团体标准；三是协调配合，在耐材工业科技研发成果的评价、推广、应用，在加快科技成果转换方面共同开展工作，提供良好服务；四是加强交流沟通，关注国内外耐火材料市场供需动态及发展趋势，引导会员企业自觉遵守行规公约，自觉抵制互相打压价格和低价倾销的不正当竞争行为，努力营造良好的市场秩序，维护企业个体及行业整体利益。

⑨落实协会第七届理事会的总体工作计划，制定《中国耐火材料工业年鉴》（第二部）（2015～2018）编制方案，争取在 2017 年第二季度启动《年鉴》（第二部）资料收集整理工作。《年鉴》的资料收集整理、编纂及出版发行工作是一个复繁的系统工程，希望能得到各省市协会及重点骨干企业的大力支持！

各位理事、同志们，2017 年是实施“十三五”发展规划的关键一年，也是耐火材料行业深化供给侧结构性改革，经受市场形势严峻考验，克服困难、奋力拼搏的攻坚之年，我们要坚定信心、扑下身子抓管理提升，撸起袖子促创新转型，共同为全行业的稳定运行和健康发展而努力！

凝心聚力开启新征程 提质增效推动新发展

——在中国耐材协会七届四次理事(扩大)会议上的工作报告

(2018年3月23日)

中国耐火材料行业协会 刘伟

各位理事、各位代表:

大家上午好!

现在我代表协会常务理事会做年度工作报告,请予审议。

2017年我国经济运行总体平稳,经济增长好于预期,保持了稳中向好的发展态势。在钢铁、水泥、玻璃、有色、化工等主游下游产业触底反弹,产量利润增长,经营质量明显提升的影响下,我国耐火材料工业以满足高温工业发展需求和提高自身发展质量为目标,积极应对各种困难与挑战,努力消除不利因素的影响,全行业始终保持了较为稳定的运行秩序,为服务高温工业,保障我国经济稳中向好的发展态势做出了奉献。

一、2017年全国耐火材料工业生产的总体运行情况

1. 生产组织难度不断加重,耐火材料产量持续下降

2017年全国耐火材料制品产量2292.54万吨,同比降低4.13%。其中,致密定形耐火制品1297.19万吨,同比降低4.51%;保温隔热耐火制品51.46万吨,同比增长10.13%;不定形耐火制品943.90万吨,同比降低4.27%。致密定形耐火制品中,黏土质砖、高铝质砖、硅质砖、镁质砖同比分别下降3.41%、1.05%、13.98%和5.42%;特种耐火制品、含碳制品及功能材料则同比分别增长了2.53%、2.72%和6.82%。

2017年主要耐火材料生产地区中,辽宁省耐火材料产量334.81万吨,同比降低22.40%;山西省耐火材料产量68.69万吨,同比降低18.25%;山东省耐火材料产量286.87万吨,同比降低10.51%;江苏省耐火材料产量60.81万吨,同比降低5.28%;北京市耐火材料产量43.42万吨,同比降低2.95%;河北省耐火材料产量75.65万吨,同比增长15.88%;浙江省耐火材料产量116.72万吨,同比增长7.01%;河南省耐火材料产量1098.25万吨,同比增长5.07%。

自2014年以来,我国耐火材料制品的产量从2013年的2928.25万吨,降至2017年的2292.54万吨,连续4年下降。究其原因,除市场总量中的基建用耐火材料需求明显减少外,近年来,尤其是2017年政府主管部门加大环保治理力度,迫使一批环保指标不合格的企业停产、控排限产造成矿石资源及耐火原料缺供也是一个重要因素。耐火材料产业在工业社会转型过程中,生产组织的难度不断加重,产能严重过剩的矛盾更加突出,全行业持续发展的压力巨大。

2. 2017年全国耐火材料进出口概况

2017年,全国耐火原材料进出口贸易总额33.10亿美元,比上年同期增长20.45%。其中,出口贸易额30.76亿美元,同比增长19.90%;进口贸易额2.34亿美元,同比增长28.31%。

耐火原材料出口总量638.95万吨,同比增长22.78%。其中,耐火原料出口量469.49万吨,同比增长31.75%;出口贸易额18.02亿美元,同比增长16.42%。耐火制品出口总量169.46万吨,同比增长3.29%;出口贸易额12.74亿美元,同比增长15.52%。

纵观2017年耐火材料出口贸易态势,我们扭转了耐火原料和制品出口量连续二年下降的局面,出口贸易总额又攀升到了30亿美元以上,也止住了耐火制品出口综合价格连续二年下滑的趋势,尤其是碱性耐火制品出口平均价格高幅上涨了近20%。但是耐火原料出口综合平均价格自2012年开始连续6年下降,2017年轻烧镁粉出口平均价格同比大幅下降了24.55%。在全球耐火原料供应

吃紧，国内镁质耐火原料趋于断供，制品企业出现限产停产的形势下，烧结镁砂等关键耐火原料的出口价格却持续下滑的怪象，应该引起全行业，尤其是从事原料出口贸易企业的关注，更值得我们从保护不可再生的宝贵资源的角度，从维护民族耐火材料工业整体利益的高度来分析、思考、应对。

3. 经济形势复杂，行业下行压力增大，企业生产经营艰辛

过去的一年，是我国耐火材料工业进入 21 世纪以来面临的形势最严峻、行业生产经营运行环境最复杂、压力最大的一年。从国际看，世界经济复苏仍然缓慢，不稳定性、不确定性因素增多，对耐火材料消费需求的拉动力不强。发达国家政治波动、国际汇率变化以及贸易保护主义倾向的发展，既影响了国际正常贸易，也增加了我们拓展全球耐火材料市场的难度。从国内看，经济运行中还存在不少矛盾和问题，面临着许多新情况，实体经济运行的困难也不断增大。耐火材料工业不仅要承受原料供应紧张、成本不断增长、市场秩序紊乱的压力和冲击，更要根据环保专项治理的要求加大资金投入，按照主管部门规定错峰生产、限产减排，克服重重困难，保持了全行业生产的稳定运行。通过行业统计体系对综合实力排名靠前的 66 家重点耐火材料企业进行调研分析，2017 年重点骨干耐材企业的产量、销售收入和利润同步增长，应收账款也开始回落，基本实现了预期目标。

二、2017 年全行业应对困难，迎接挑战，创新创效取得的成绩

1. 着力创新驱动，新技术、新产品研发成果丰硕

由中钢耐火公司研发完成的“大型焦炉用新型高导热高致密砖节能技术”入选国家发改委公告的《国家重点节能低碳技术推广目录（2016 本，节能部分）》。该项目解决了高导热硅质材料制备和挂釉预制材料制备等关键技术，对降低焦炭企业能耗、减少污染、节约成本、提高效益具有重要作用。2017 年，中钢耐火公司积极实施科技创新发展规划，不断提升自主研发能力，不仅取得了冶金科技一等奖等八项成果奖，，而且还荣获了“2017 中国建材服务业 100 强”荣誉称号。

瑞泰科技应用在线热态喷注造衬技术、低温可塑高温快速固化新型树脂技术和基质原位生成非氧化物陶瓷相技术，研发系列高炉运行过程关键不定形耐火材料，完善了我国高炉维护成套技术，有效降低了成本，同时还较大幅度改善了炉前工作环境，为高炉运行安全、环保及长寿提供了有力保障。该公司研发的有色冶炼炉用吹氧管涂抹料，降低了在铜冶炼过程中耐火材料的消耗，为有色冶炼行业带来了效益，也推动了有色金属工业用耐火材料的技术进步。

通达耐火以市场为导向，强化科技引领，推动技术创新，产品研发和耐火设计的能力不断提升。2017 年，公司根据太原 132#发射项目的工况特点，研发出了平均烧蚀率为 0.318 低烧蚀率的 506 号产品，并深入工程现场提供指导和服务，取得了 132 号工程总承包资格，项目得到了基地领导和安装总队的认可，实现了航天耐材领域大工程包工包料的突破。

濮耐股份研发的《节能型中间包轻质喷涂料的研制与应用》项目，针对传统中间包涂料存在的体积密度大、导热系数大等问题，研制了施工性能好，体积密度小、热导率低的新型中间包轻质喷涂料；《矿热炉用碱性环保镁质炮泥的研制与应用》项目，根据矿热炉炉况条件复杂，使用条件苛刻等特点，开发了消耗低、抗侵蚀性能优良的环保碱性炮泥。经省行业协会组织专家鉴定，两个项目都达到了国际先进水平。

辽宁丰华实业联合北京大学和辽科大承担的《菱镁矿高效利用绿色生产技术》项目，研发建造了容积 300 立方米的大型全密闭哑铃型结构自动化清洁生产重烧氧化镁竖炉，吨产品能耗大幅降低，烟气进行脱硫处理，粉尘排放低于 30 毫克，通过科技部验收，环保符合国家标准。新型竖炉的诞生，不仅填补了国内空白，在国际重烧氧化镁生产领域也处于领先地位。

中国洛耐院作为中国钢铁工业“十二五”科技工作先进单位，仅 2017 年就承担了 6 项国家科研任务，该院研发的《长寿命优质耐火材料生产示范线建设项目》成功入选工业和信息化部 2017 年度工业企业技术改造升级导向计划；国际合作项目《高温烟尘过滤用梯度多孔碳化硅基变向陶瓷合作研究》顺利通过了验收；《水煤浆气化装置用高性能耐火材料及工程应用技术研究》项目，经鉴定总体技术达到国际领先水平。

淄博裕民公司投资 5000 万元建成的高致密耐

火材料项目，采用先进的等静压机、高温节能梭式窑炉、数控机床、喷雾造粒机等高端技术装备，研发生产高致密锆英石砖、氧化铬砖、旋转管等系列产品，产品质量达到和超过了国内先进企业水平，不仅增加了产品的附加值，也提高了高端高致密耐火材料生产的质量和档次。

安耐克第四代新型顶燃热风炉技术走出国门。以“低投资、低运营、低维护、高风温、长寿命”为核心优势，具有自主知识产权的第四代新型顶燃式热风炉技术，落户印度 Rashmi 公司，并签订了热风炉耐材集成供货合同，标志着中国热风炉技术进入国际市场，打破了国外对热风炉技术的垄断。

由冷水江市华科高新材料有限公司与武科大共同完成的《合金钢冶炼用中频炉感应炉衬材料关键技术及应用》项目，针对国内中频炉炉衬材料存在的问题，通过采用原位反应技术和复合尖晶石技术，开发出梯度烧结的复合刚玉——尖晶石质捣打料，使用寿命与稳定性均达到国际领先水平，填补了国内中频炉高质量中性炉衬材料的空白。该成果的应用提高了合金钢冶炼用中频感应炉炉衬的使用寿命，取得了明显的经济效益和社会效益。

2017 年 10 月 30 日，工信部印发了《产业关键共性技术发展指南（2017）》，在原材料工业的建材类中选入了耐火材料技术和用后耐火材料再生利用技术。其中，耐火材料关键共性技术的主要技术内容包括耐火材料生产线自动化和智能化技术，耐火材料在役诊断、造衬维护集成技术，新型合成原料研发和产业化技术，具有微米、纳米孔径、闭孔结构的系列轻质合成原料相关技术，新型高效、安全、环保隔热耐火材料产业化技术，新型干法水泥窑用耐火材料配置及全面无铬化技术，耐火材料绿色智能制作集成技术。这将成为我国耐火材料行业在“十三五”乃至今后一个时期科技研发创新、工艺技术进步的遵循。

2. 推进转型升级，优化结构、增强产业综合实力

瑞泰科技股份有限公司作为业内第一家上市公司，坚持创新驱动持续发展转变的经营发展战略，努力探索国有企业改革深化和转型升级的有效途径，在巩固拓展水泥工业用耐火材料市场的同时，通过重组建立华东瑞泰、收购湘钢宜兴耐材公司，成功进入钢铁领域后，又实现了与马钢（集团）控股有限公司的合作。2017 年 5 月 19 日，瑞泰马钢新材料科技有限公司在安徽马鞍山市注册成立，2017 年 11 月 1 日开始正式运行。目前，瑞泰科技股份的业务面已覆盖水泥、玻璃、钢铁、化工、电力等多个领域。2017 年，瑞泰公司实现销售收入 21.86 亿元，同比增长 24.51%。

北京利尔高温材料股份有限公司抓住市场资源向优势企业转移的时机，加大纵向发展、横向拓展战略实施力度，加快国内产业布局，重点加强了原料板块的建设，辽宁中兴合成材料公司镁砂基地、洛阳利尔中晶 40 万吨/年热陶瓷原料及制品项目、海城利尔年产 10 万吨的镁碳砖产能基本形成。北京利尔、洛阳利尔、马鞍山利尔、海城利尔及海城中兴合成材料均顺利通过了高新技术的复审认定，为公司保持持续创新发展能力奠定了扎实的基础。

山东耐材集团以市场结构调整、企业转型发展、管理创新提升为主线，突出抓好非钢市场开拓，装备水平提升，内部市场化推进和亏损企业治理，通过抓市场、练内功，取得了好于预期的经营业绩。2017 年，在受环保制约影响生产 79 天的困难条件下，主营业务收入、利润总额，同比都较 2016 年有了明显增长。

浙江红鹰集团积极应对外部环境变化，实施管理变革，转变经营理念，坚持多元发展促转型，2017 年公司耐火材料、矿山、冶金辅料及商贸行业等板块的生产经营稳中有进，集团营业收入增长 41.3%，利润增长 66.2%。

2017 年是唐山时创高温材料股份有限公司的“管理年”，该公司通过完善制度建设和规范公司管理，优化人力资源结构，加大环保治理，加强质量控制和工艺改进，顺利实现了产量、销售、利润和职工收入“四增长”的经营目标。

过去的一年，攀钢冶金材料有限公司围绕“做优存量、做好增量”两大核心任务，实施“创新驱动、深化改革、管理耕植、价值提升、文化引领”五项措施；武钢耐火以“聚焦融合、创新发展”为战略引领，坚定推行“瘦身健体、聚焦发展、精准管控、提质增效”的发展方针；瑞泰马钢在合资重组过程中，以高效规范的管理组织体系，确保耐材总包业务平稳运行；在为钢铁主业生产经营保驾护航的同时，深化改革、强化管理、创新驱动、拓展新的发展空间，都取得了可喜的效绩。

面对环保治理力度不断增强的巨大压力和原

燃材料价格持续高幅上涨的严峻形势，鲁中耐火眼睛向内，降本挖潜，不断规范财务管理、设备和原材料管理，加强成本核算，在货款回收上花气力、下功夫，保证了企业稳定运行和可观的经营效益。淄博工陶作为国家认定的企业技术中心和国际科技合作基地，坚持以市场为导向，以创新促进发展，2017 年在产量下降近四分之一的条件下，创造了利润增长 67.6%的新纪录。海城镁矿总厂克服全年没有矿山爆破作业，矿石原料严重短缺的困难，以强化经济责任制考核为切入点，制定科学的营销战略，严格把控生产规模、坚持生产跟着合同走，价格随着市场变的原则，实现年利润 2343.42 万元，扭亏为盈，彻底扭转了生产经营的被动局面。

2017 年，浙江自立新材料股份有限公司、海城市东和新材料股份有限公司、北京联合荣大工程材料股份有限公司先后在北京全国中小企业股份转让系统成功挂牌、登陆“新三板”。据悉，浙江红鹰集团进军“新三板”和青岛正望钢水控制股份有限公司在沪深股市上市的准备工作也正在紧锣密鼓地进行。

为推动耐火材料工业的转型升级，全国耐火材料制品企业最为集中的河南新密市引导耐材企业技术创新、争名创优、增资扩产、增值优势企业、创建名牌产品和著名商标，推动了耐材产业结构优化升级和发展方式转变，被评审认定为“河南省新型耐材产业知名品牌示范区”；为了深入贯彻工信部关于促进耐材产业健康可持续发展的若干意见精神，山东淄博周村区和淄川区，先后出台耐火材料产业精准转调方案，并分别制定规划将打造占地 3560 亩和 3000 亩的新型耐火材料产业创新示范园区；为加速推进菱镁矿产资源的有效整合，辽宁海城市以海城镁矿耐材总厂的采矿权作价出资、联合濮耐股份、利尔股份等企业组建国有控股的菱镁矿业公司，将从整治矿山安全、改善和治理矿区环境、实现矿山环保达标及规范有序开采的角度，重新制定总体开发规划，科学编制勘探开采方案，统一规划和开采菱镁矿，按市场需求定价，统筹供给矿石。

为提高产业集中度，山西孝义市耐材工业协会充分发挥本地铝硅系矿产资源丰富的优势，拟制了组建孝义市耐火材料工业园的方案；经过重组整合，盂县鲁中耐火材料集团的 18 家分公司，集中在盂县东山工业园区建造环保节能型竖窑、全部使用清洁能源，将形成年产 34 万吨优质耐火材料的生产能力。

鲁阳节能材料股份有限公司，在企业产品升级、客户升级、管理升级三个方面下功夫，通过固化规章制度、管理节点、工作流程和管理网络，有效增强了企业的综合管理水平和市场竞争力，2017 年打造爆品 17 个，推出的威顿系列产品、热防护涂料等引爆市场，填补了国内空白。

营口金龙集团冷静应对镁质原料供应紧张，价格持续上涨的经营压力，讲诚信履行合同赢得客户信任，凭质量跟踪服务拓展市场空间，2017 年销售镁碳砖 15.65 万吨，创历史新高，出口创汇 1.15 亿美元，实现利润 7654 万元。

由唐山成联电子商务有限公司依托中国耐材之窗网资源建设的银耐联电子交易平台，经过近 10 个月的上线试运行后，已在耐火材料及上下游行业广泛推广并开始正式运营。旨在适应新时代形势发展需求，以重塑交易规则、构建诚信体系为核心运营理念，实现耐火材料全产业链在线交易为追求的银耐联电子交易平台，运行近一年，已有 1200 多家企业加盟，完成交易 6000 多笔，交易金额超过 3 亿元。

3. 履行社会责任，标本兼治，积极践行绿色耐材发展战略

2017 年，耐火材料行业经历了最严苛的“环保风暴”洗礼。按照国务院强化源头防控、实施专项治理、实行全程管控的部署，协会坚持把节能减排和环保治理摆在行业发展与进步的重要位置，在认真调查研究的基础上，引导会员企业响应政府号召积极实施环保治理措施，协调地方协会配合政府主管部门推进环保专项治理和产业调控，编制“耐火材料工业大气污染排放标准”为行业环保整治提供依据，卓有成效地推动了全行业节能减排和环境治理。

辽宁非金属矿协会针对镁质耐火材料产业存在的环保技术及装备的瓶颈问题，以提升镁砂窑炉装备水平为重点，深入企业调研，组织专家学者研讨，推介环保新技术、新工艺，使该地区多层炉、新式竖窑、悬浮窑等新型煅烧窑炉的研发项目取得了新的突破。2017 年，非金属矿协会还配合政府主管部门、联合相关院校和企业拟制了镁质耐火材料工业大气污染排放标准。山东省耐火材料行业协会根据该地区环保治理起步早、标准高、考核严的实际，在引导耐材企业配合政府主管部门按“减量置换”原则淘汰落后产能、整

合组建新型耐火材料工业园区的同时，还发动重点骨干企业加大环保治理投入，研制配置适应耐材工业高温窑炉生产需求的减排设备，标本兼治，效果良好。作为耐火材料制品工业大省，河南省耐火材料行业协会，围绕提高产业集中度，构建资源节约、环境友好的现代耐火工业体系目标，协调组建新型耐火材料制造业创新中心，引导企业开发关键核心技术、发展新型耐火材料，有力推进了全省耐材产业的节能环保和绿色生产。浙江省耐火材料行业协会在完成创建全国首个耐火材料行业转型升级示范区的基础上，坚持把引导企业注重生态建设，加强环保治理作为协会工作的重点，为政府主管部门实施环保治理措施提供配合与支持，为企业加快绿色、环保和节能型耐火材料工厂建设助力，发挥了积极的作用。

辽宁大石桥市的镁质耐材企业，为全面推行节能减排，按照“气化辽宁”的部署，加快推进天然气代替重油，完成了12条高温隧道窑和4条梭式窑油改气工程，对38台电熔镁炉进行了升级改造；河南新密市耐火材料行业，共拆除煤气发生炉354台，关闭不符合环保等要求的企业85家，铺设燃气管网300多公里，市域企业实现了用气全覆盖，全市305家耐材企业全部使用天然气或电能等清洁能源，2017年全市耐材行业综合能耗下降了12.5%。

业内重点骨干企业和相关科研院所，积极践行绿色耐材理念，坚持产学研用结合，研制新材料、研发新品种、采用新工艺、应用新技术，有力推进了全行业的节能减排、环保治理和绿色制造。由瑞泰科技牵头承担的国家重点研发计划课题“低导热、长寿命新型隔热耐火材料研发与应用示范”正式启动，将针对我国高温工业用隔热耐火材料易发生蜕化变质、安全服役寿命短、节能性能有待提高等问题展开研究；武汉科技大学与锦州国泰等企业共同完成的“钛铁合金及金属铬冶炼的固废资源化关键技术及其产业化生产和应用”项目、由北京联合荣大研发的《环保型“水基”转炉大面修补料》项目顺利通过了中国耐火材料行业的科技成果评价；贵州海镁斯科技有限公司投资两亿元建成的清洁能源烧制均化料生产线成功投入生产；振东科技狠抓清洁化生产和设备升级改造，投资1000多万元，对40多台压力机装配自动上料系统，混炼配料系统实现了信息传输和数据监控，还对所有除尘设备安装喷雾装置，不仅减轻了职工劳动强度，更有效改善了生产作业环境；继郑州瑞泰获得工信部首批“绿色工厂”称号后，浙江自立成功进入工信部第二批“绿色工厂”公告行列，成为钢铁用耐火材料企业的第一家“绿色工厂”，该公司与武科大合作完成的“节能高效高端氧化铝原料制备技术与工业应用”项目，还获得了省科技进步二等奖；河南熔金股份与北科大等单位共同完成的“树脂结合Si-Al-Al_2O_3复合滑板研制与应用”项目，满足了超低碳钢和特种钢冶炼需求，顺利通过了省级技术成果评定；江苏中磊节能科技发展有限公司，实施全过程、全系统的节能环保措施，成为全省第一家获得“绿色工厂”的耐火材料企业。

三、协会2017年开展的主要工作

1. 认真贯彻中央经济工作会议精神，结合实际确定行业总体工作思路，突出重点实施工作计划。首先是领会中央精神，分析面临形势，明确总体工作思路。于2016年12月下旬召开的协会会长工作会议，在全面总结一年工作的基础上，客观全面地分析了复杂多变的国内外经济形势对我国耐火材料工业的影响，根据新常态下我国耐火材料工业大而不强，大而不优，传统优势亦不复存在的现实，确定了“创新驱动、推进产业结构调整和发展方式转变，重组整合、提升产业集中度和综合竞争力，淘汰过剩产能，加快转型升级”的总体思路；面对全国耐火材料产量进入下行通道的现实，提出了以市场为导向调整经营战略，克服困难组织生产保障下游产业所需耐火材料的供应，自觉遵守行规公约，杜绝不正当竞争，维护行业整体利益，共同促进高温工业健康发展的工作目标。其次是围绕年度工作的总体思路和目标，协会秘书处认真制定工作计划并组织实施。在三月召开的协会年度工作会议上，除了按会长工作会议精神总结、部署全年工作，还专门组织了以形势宣传和引导为主要内容的专题讲座，向与会人员通报全国工业经济运行情况，介绍国内国际政治经济形势，进行下游产业生产经营及市场运行态势分析，帮助会员企业认识形势，把握形势，引导大家树立信心，调整策略，严格按合同组织生产，加大货款催收力度，强化资金管理，降低经营风险，确保平稳运行。此外，还充分发挥协会网站、杂志及媒体的作用，及时发布政府宏观调控、原燃材料价格走势及下游产业需求预测和耐材市场动态信息，定期印发耐火情况通报，宣传形势，传递信息，提供服务。一年来，协会秘书处根据会长工作会议确定的总体思路和工作目标，按常务理事会议和理事扩大会议的决议，围绕产业生产经营实际，循序渐进地开展各项工作，取得了预期效果。

2. 深入贯彻工业和信息化部关于促进耐火材料产业健康可持续发展的若干意见，推进《耐火材料行业规范公告管理办法》的有效实施。宣传贯彻工信部《若干意见》和《规范条件》精神，实施《管理办法》是最近一个时期耐火材料产业发展和行业协会工作的一项十分重要的任务。为贯彻《若干意见》，工信部相继于2014年底发布了《耐火材料行业规范条件》，2015年9月出台了《耐火材料行业规范公告管理办法》。这两个文件制定了控制淘汰产能、严格产业准入门槛、提高产业集中度、建设绿色耐材工业、推进全行业转型升级的具体措施。近三年来，我们除了坚持利用网站、杂志及业内外媒体广泛宣传外，还在协会召开的所有会议上进行宣讲、辅导和解读，把文件印发至每一个会员单位，引导耐材企业把握政府主管部门关于行业持续健康发展的政策导向，认真贯彻执行工信部一系列文件，紧紧抓住新常态下耐火材料工业进入深度调整期，市场资源向优势企业转移的时机，调整结构、创新转型，积极创造条件，主动申请公告，争取尽早进入规范企业的行列。2017年，河南、辽宁、山东、江苏、浙江等省区21家企业的37条生产线，已通过了主管部门的初审、复核，第一批符合规范公告条件的生产线和企业由工业和信息化部发布了公告。

3. 主动参与、深入调研，配合政府主管部门加强环保治理，为耐材工业争取健康有序的生产运行条件。2017年是中国的“环保年”，国务院出台的《“十三五”生态环境保护规划》，明确提出要强化源头防控、实施专项治理、实行全程管控，积极推进环保治理体系和能力现代化。随着中央环保督查工作力度的不断加大，辽宁、河南、山东、山西等耐火材料主产区的耐火材料企业，或因环评手续不全，或因环保措施不力，或因排放检测不达标，基本处于歇业、半停产或停产整顿状态。进入二季度，首先是镁质耐火原料吃紧，紧接着镁质制品企业也因原料断供面临全线停产。耐火材料企业一片迷茫，深感困惑和无奈。下游工业尤其是钢铁企业也特别担心因耐火材料停供而影响生产。面对严峻的形势，我们抓紧与几个主产区地方协会和部分重点耐材企业联系沟通，收集信息。了解到，造成当前紧张局势，主要是由于国家没有制定耐火材料工业高温窑炉大气污染排放限值标准，地方政府主管部门将其纳入其他窑炉系列，以比钢铁、水泥、玻璃、有色等下游产业高温窑炉大气污染排放限制标准更严的指标考核耐火材料企业所至。那么，耐火材料工业高温窑炉大气污染排放限值指标怎样确定？耐火材料企业环保治理怎样进行？什么样的环保措施（脱硫脱硝装备）才能满足耐火高温工业窑炉排放达标的要求？带着一系列问题，我们首先向中国钢铁工业协会做了专题汇报，向钢铁协会及工业和信息化部呈递了“关于镁质耐火材料即将影响钢铁生产的紧急报告”，陈述了镁质耐火原料、制品生产企业的基本状况，提出了希望对耐材工业高温窑炉大气排放控制单列管理考核，结合实际制定科学合理的耐火材料工业高温窑炉氮氧化物排放标准的建议。其次，自五月中旬始，多次赴辽宁鞍山、营口调研，协调中冶焦耐院到山东考察座谈，利用互联网等通讯方式了解河南、山西及其他地区的情况。在此基础上，委托中冶焦耐院等几家业内重点企业依据调研结果，参照发达国家耐火高温窑炉排放标准、参考主要下游行业高温窑炉大气污染排放控制限值，拟制我国耐火材料工业大气污染物排放的行业团体标准，在按规定完成评审、公示、发布程序的同时，呈报工信部、环保部，争取早日出台符合耐火材料工业实际的管理政策。目前这项工作正在紧张有序地进行中。

4. 满足市场需求、服务行业发展，认真组织开展耐火材料行业团体标准的制定工作。培育发展团体标准是发挥市场在标准化资源配置中的决定性作用，加快构建国家新型标准体系的重要改革举措。按照国务院《深化标准化工作改革方案》的总体要求，为贯彻执行质检总局和国家标准委《关于培育和发展团体标准的指导意见》文件精神，中国耐材协会在2016年6月就开始了团体标准制定的相关筹备工作，在完成全国团体标准信息平台注册后，根据协会七届二次常务理事扩大会议审议通过的《中国耐火材料行业协会团体标准管理办法（试行）》，于2016年10月召开团体标准化技术委员会第一次会议，正式启动了耐火材料产品团体标准制、修订的工作。在组织制定耐火材料产品团体标准的过程中，我们严格遵守国家法律、法规、方针、政策及强制性国家标准，坚持市场主体自主制订、自由选择、自愿采用的原则，不折不扣地按《管理办法》规定的工作流程，由团体标准制订工作领导小组牵头，协调标准化技术委员会，对团体标准立项、起草、征求意见、审查报批、公告发布及出版发行各个阶段的每一个工作环节，严格把关，保证了团体标准制订工作的质量。2017 年 7 月 24 日，中国耐材协会《2017 年第 1 号（总第 1 号）团体标准公告》在全国团体标准信息平台发布了由瑞泰科技、浙江自立、营口青花等 9 家企业参与，历时七个月编制的“熔铸锆刚玉莫来石砖”“镁钙碳砖”等 5 个耐火材料产品团体标准，并已交付冶金工业出版社出版发行。第二批 6 个耐材行业团体标准已完成审批立项、起草编制、审查等各环节的工作。

5. 不断完善行业生产统计体系管理，坚持做好行业生产运行分析和国内外市场信息发布工作。行业生产统计体系自 2008 年组建运行至今已进入第十个年头了，在各省市地方协会的支持、重点骨干耐材企业和耐材之窗网的配合下，我们克服各类困难，依法履行工作职责，认真按时点催收月报，及时汇总分析上报。除定期通过《钢铁统计月报》发布重点统计耐材企业信息外，还充分利用统计系统提供的数据，综合与上下游行业和海关总署建立交流渠道获取的信息，对行业生产运行情况，耐火材料进出口贸易情况及上下游行业的生产经营动态和市场需求走向进行客观求实的分析。发布信息、查摆问题、探寻缘由、提出建议，帮助会员企业认清形势、坚定信心、正视困难、调整策略、规避风险，努力保持健康稳定的生产经营秩序。协会秘书处每半年组织一次的重点骨干耐材企业生产经营综合情况统计调研工作，得到了各省市耐材协会的大力支持。耐材之窗网在冶金工业报每一期耐火材料专栏发布的原料市场行情信息，不仅为业内供需双方提供了良好服务，也为下游行业了解耐火材料工业的综合信息提供了参考。

6. 顺利举办了“第四届中国耐火材料生产与应用国际大会”。以“世界经济调整期的耐火材料产业”为主题的“第四届中国耐火材料生产与应用国际大会”，于 2017 年 6 月底在我国耐火材料主产区河南郑州市，新密市顺利召开。来自欧盟、美国、南非、东南亚等地区和国家的钢铁和耐火材料行业的专家、企业家，国内大型钢铁企业和建材行业的代表，相关高等院校的专家学者和一百多家耐材企业的二百余名代表参加了会议。与往届国际大会相比较，这次会议一是联合举办单位增加了武汉科技大学省部共建耐火材料与冶金国家重点实验室，扩大了活动的影响力和覆盖面；二是根据主要下游产业的需求特征，在进行了一天主会场的综合交流后，分别在郑州安耐克实业有限公司和郑州瑞泰耐火材料科技有限公司组织了“钢铁”和“建材”两个企业分会场的专题活动。为期一天半的会议，近二十位国内外专家学者和企业家与大家交流研讨，共同分析了耐火材料行业发展和市场供求形势，展望了全球耐火材料工业的格局调整和发展趋向，增进了耐材行业与钢铁、建材、有色等主要下游产业用户的交流沟通，也一定会对推动耐火材料生产与应用的技术进步，为促进我国耐火材料工业的健康稳定发展产生积极的影响。

7. 圆满组织了第四期耐火材料综合知识培训。根据协会七届三次理事扩大会议制定的与耐火材料主产区地方协会联合举办有区域和专业特色培训的计划，中国耐材协会与浙江省耐火材料行业协会于 2017 年 8 月中旬在浙江长兴举办了第四期耐火材料综合知识培训班，来自河南、山西、江苏、河北、湖南、福建、上海、浙江湖州及长兴地区的近 150 名学员参加了培训。由河科大、武科大、河南工业大学的 6 位专家学者组成的师资团队，按照培训计划，分三个板块，理论联系实际，讲授了“耐火材料的传热学基础知识及轻量化的技术与实践”“耐火材料的结合与性能的关联”“耐火材料骨料工程化的原理和实践”及“新型再生耐火原料的开发与应用”等专业课程，徐殿利秘书长作了“我国耐火材料行业的现状及发展战略”的专题报告，还结合行业和企业实际，向参训人员宣讲、解读了工业和信息化部关于促进耐火材料产业持续健康发展的相关政策，通报了耐材行业团体标准制定工作的进展情况。为期四天的学习，给参加培训的企业管理人员提供了学习新知识的便利条件，搭建了业内同仁互相沟通的平台。课堂内外互动交流，联系实际学用结合，收到了预期效果。培训期间，由中国耐材之窗网开发的“耐材专家”APP 正式上线启动，协会为会员单位服务的窗口又增加了一位新成员，行业培训也增添了新的途径。

8. 加强自身建设，规范内部管理，脱钩不忘履责，提高服务能力。

一是按中央关于行业协会商会与行政机关真正脱钩的改革部署，在国资委和中国钢铁工业协会的领导下，认真制定了中国耐材协会脱钩试点实施方案，完成了协会资产清查、财务审计、办公用房清理上报等具体工作。2018 年始协会将按改革后的新模式运行。

二是遵循“明确权责、依法自治、发挥作用”的总体要求，在不断完善协会各项规章制度，规范内部管理程序的基础上，结合耐火材料工业生产经营实际组织各类专项活动，开展调研，及时向政府主管部门和上级主管单位反馈耐火材料工业生产经营运行中的重要信息，反映企业诉求，全心全意为会员单位服务，全力维护行业的整体利益。

三是不断加强与各省市地方协会的工作配合与联系，主动协调、相互尊重、争取支持，保证了全国耐火材料行业协会工作网络的良好运行。2017 年以来，全国耐材工业跨区域的交流，体现地区专业特色的活动都得到了广大耐材企业的响应和支持。钢铁大省河北省耐材协会于 2017 年 3 月在唐山挂牌成立，辽宁营口市耐材协会顺利完成换届，使全国耐材协会网络的工作基础得到了进一步夯实。

四是根据行业信用体系建设的需求，组织进行了第二轮第二批耐火材料企业信用等级评价的工作。

五是努力保持了与主要下游行业协会的沟通交流和海关总署的工作联系，为及时了解下游产业生产运行及市场需求动态，了解耐火材料进出口价格及国际市场贸易秩序，实时发布预警信息，帮助企业规避经营风险创造了较便利的工作条件。

六是按协会七届理事会议的总体工作计划，制发了关于组织开展《中国耐火材料工业年鉴》（第二部）编纂出版工作的通知，成立《年鉴》编辑委员会并确定了编纂栏目。目前正在进行相关资料的收集工作。

四、2018 年协会工作设想

2018 年行业和协会工作的指导思想

在习近平新时代中国特色社会主义思想引领下，认真贯彻党的十九大和中央经济工作会议精神，以工业和信息化部关于促进耐火材料产业健康可持续发展的若干意见为主线，加快转型升级，加力创新驱动，加速重组整合，推进产业结构调整和产品结构优化，严格控制产能，着力治理环境，发展循环经济，规范市场秩序，增强保障能力，服务高温工业，努力开创新时代耐火材料行业健康发展新局面。

2018 年的主要工作任务

1. 认真学习、全面贯彻党的十九大精神，用心领悟新时代中国特色社会主义思想。按照习近平总书记提出的，加快建设制造强国、加快发展先进制造业，推动互联网、大数据、人工智能和实体经济深度融合，支持传统产业优化升级，瞄准国际标准提高水平的要求，我们要树立信心，强化新时代要有新气象新作为的意识，根据耐火材料工业由机械化向自动化、智能化转换、从传统产业向现代化产业跨越，不断做强做优的客观需求，以贯彻工信部《若干意见》和推进《规范条件》的实施为抓手，以严格控制产能为重点，以加大环保治理力度为切入点，朝着产业价值链的高端攀升，尽快提高产业集中度，提升工艺和装备水平，满足高温工业生产发展和技术进步的要求，切实提质增效，为振兴民族耐火材料工业展现新的作为。

2. 认清形势，攻坚克难，努力保障耐火材料工业在“十三五”关键一年的健康稳定运行。要充分认识处于大发展大变革大调整时期的国际社会面临的不稳定性不确定性，应看到全球经济复苏依旧缓慢，国际市场对原材料产品的需求低迷。更要充分认识新常态下国内经济的下行压力依然较大，国内需求也不会有大的增长的客观现实。关注钢铁、水泥、玻璃、有色等主要下游行业因产能释放节奏调整而导致的耐材市场波动，坚持以市场需求为导向，以严格控制产能为前提，调整经营战略，坚持按合同组织生产，自觉遵守行规公约，规范市场行为，维护企业和全行业的共同利益。2018 年，不管是耐火原料还是耐材制品生产企业，都将继续承受政府主管部门加大环保整治力度所形成的巨大压力，原料短缺，供应趋紧，价格持续上涨，耐火制品生产企业的原料成本也高幅上涨，生产成本压力异常。我们希望广大会员企业积极践行党中央推进的绿色发展战略，理性面对，在挑战中寻找机遇，一方面要在规范市场秩序的基础上，遵循市场经济规律，及时合理地调整耐火原料和耐材制品的价格，另一方面要攻坚克难，强化管理，千方百计保证企业生产的安全稳定运行，保障下游行业生产所需耐火材料的供应，为新时代经济社会的持续健康发展履职尽责。

3. 深入贯彻《工业和信息化部关于促进耐火材料产业健康可持续发展的若干意见》，按《耐火材料行业规范公告管理办法》，切实推进《耐火材料行业规范条件》的实施。首先是要继续加大学习宣传贯彻《若干意见》精神的工作力度，使促进行业健康可持续发展的指导思想、基本原则，发展目标和保证措施深入人心，让全体会员单位和广大耐材企业深刻认识自觉贯彻《若干意见》，实施《规范条件》的必要性和紧迫性。其次是要采取各种有效方式引导会员企业，对照《规范条件》设定的各项指标要求，不断加强和完善企业内部基础管理，切实提升管理效率，努力创造条件，积极申请公告。行业协会要密切关注各地区乃至整个行业申报、核查、复核等环节的工作动态，保持与工信部主管司、处的联系，加强与各省市地方协会的沟通交流，协调地方协会主动介入，为本地区符合申报条件的耐材企业给予服务和指导，协助当地政府主管部门核查把关。此外还要注意了解在按《规范公告管理办法》申报、核查、复核工作过程中发现的问题，收集会员单位、申报企业及地方协会的意见和建议，及时向主管部门反馈。结合近两年的工作实践，总结第一批规范公告申请审核工作的经验和教训，积极争取工信部对《规范条件（2014 年本）》进行修订，扩大公告覆盖范围，尽可能地避免遗漏与缺失。共同努力，上下同心，推进《耐火材料行业规范条件》的顺利实施，营造耐火材料行业健康向上的良好发展氛围。2018 年，我们还要配合主管部门推进耐火材料企业创建“绿色工厂”的工作。

4. 坚持做好行业生产运行的动态检测、数据信息分析和出口贸易情况了解等工作，维护行业生产经营运行安全。首先是密切关注耐火原料的供应和制品企业的生产经营运行状况及发展趋向，利用协会获取的各类信息，结合行业统计体系提供的数据，进行趋势性、倾向性的分析研究，及时发布运行情况通报，为会员企业生产经营运行提供参考依据，为政府主管部门宏观调控提供信息服务。其次是要保持与主要下游行业协会的联系与交流，掌握耐火材料市场的供需动态和价格变化，引导企业以销定产、按合同组织生产，坚持不付款不发货，合理调整产品价格，理直气壮地维护自身利益。银耐联网上交易平台，要以第三方的身份，为供需双方的交流、交易、付款提供信誉保障。第三是要认真做好对国际耐材市场的监测，加强出口预警工作，为有出口贸易的会员企业了解国际耐材市场动态信息提供服务，帮助他们规避国际贸易风险，规范操作，保证安全，不断拓展国际市场。

5. 牢固树立创新是引领发展的第一动力的理念，建立以企业为主体、市场为导向、产学研深度融合的技术创新体系，促进科技成果转化。要深刻领会中央确立的创新发展理念的内涵，不断强化企业的创新主导地位，发挥企业在科技创新中的主体作用，倡导协同创新，搭建跨区域跨行业的集成创新研发平台，协同开发、拓宽服务领域、延伸耐火材料产业链。要积极践行“一带一路”倡议，抓住机遇，坚持开放创新。加强与国际耐火材料学术界的交流，瞄准国际先进，坚持引进消化吸收再创新，提升耐火材料工业科技研发的国际影响，努力提高我国耐火材料工业科技创新的实力和国际化水平。要根据协会专家委员会提出的“十三五”后期耐材行业新工艺、新材料、新技术、新产品研发的主攻方向，以及行业“十三五”发展规划建议提出的产业发展目标和推荐的技术进步及重点技术改造项目，在耐火原料资源的综合利用，耐火材料绿色智能制造技术集成项目，提高耐火材料生产线的自动化程度和智能化技术水平等方面努力，不断优化完善耐火材料产品结构，满足高温工业生产和技术进步的需求。

6. 要积极响应党中央部署，建立功在当代、利在千秋的社会主义生态文明观，推进绿色耐材发展战略。首先是要积极应对政府为主导、企业为主体，社会组织和公众共同参与的“提高污染排放标准，强化排污者责任”的大气污染防治行动，自觉按新环保法和新的大气污染物排放标准、改进工艺和装备，降低能耗，减少排放。其次是要在加快先进节能减排技术的推广和应用，不断提升耐火材料工业节能减排效果的同时，注重资源综合利用技术的成果交流、研究，开发环境友好型耐火材料产品，加大用后耐火材料回收与利用的力度。再次是行业协会在配合政府主管部门加强整治、严格管控的过程中，要协同各地方协会深入企业开展调研，引导企业创建绿色工厂，当前要重点开展高温烧成装备节能减排与智能集成新技术的研发创新，着力提升耐火材料生产线的自动化和智能化技术。第四是要协调发挥业内专业院所和协会专家委员会的作用，结合企业生产实际，根据耐火材料工业高温窑炉的特点，制定切实可行的耐火材料产品能耗指标，参照发达国家的控排指数和下游高温工业的排放指标体系，拟制耐材工业高温窑炉大气污染排放标准，在按管理办法规定完成行业团体标准制定各个环节的程序并公示发布的同时，争取中国钢铁工业协会的支持指导，向工业和信息化部申报制定耐火材料工业高温窑炉大气污染物排放行业标准。

7. 党的十九大提出，要以“一带一路”建设为重点，坚持引进来和走出去并重，加强创新能力开放合作，形成陆海内外联动，东西双向互济的开放格局，谋求开放创新、包容互惠的发展前景。我们要树立“开放发展”理念，抓住全球经济体系和规则面临重大调整，国际经济合作和竞争局面正在发生深刻变化的有利时机，引导行业重点骨干企业审时度势，发挥自身优势，统筹国际国内两个市场，在国家推进“一带一路”的战略中走出去，扩展国际市场，拓宽服务领域，争取更大的发展空间。要充分利用好世界耐火材料协会搭建的各类平台，加强与国际间同业组织的联系、交流和沟通，了解全球耐火材料工业的整体发展状态，互相传递有关耐火材料技术进步、工艺、装备创新，企业管理及市场需求变化等信息，为会员企业了解国际动态，也为国外同行了解中国创造条件，为开展更广泛的国际交流提供服务。我们要按照党的十九大提出的加快培育国际经济合作和竞争新优势的方针，继续加强与欧盟、美洲、东南亚等地区耐材协会的联系，关注新兴经济体尤其是“一带一路”沿线国家地区的耐火材料需求动态，努力推动我国耐火材料工业对外开放的深度和广度达到一个新水平。2018 年，要在总结经验教训的基础上，继续与中国钢铁工业协会携手合作，认真策划，广泛宣传，精心筹备组织好“第十四届中国国际耐火材料及工业陶瓷展览会”。同时还要积极协调相关会员企业参加世界耐火材料协会的各类会议和交流活动。

8. 加强协会自身建设，努力提升工作效率和服务质量。

（1）2018 年是协会与行政机关脱钩后开始独立运行的第一年。要在国资委行业协会党建工作局的领导下，按照明确权责，依法自治，发挥作用的总体要求，依据管办分离，强化公益属性的原则，不断健全完善协会工作的各项制度，努力规范协会机关的管理程序，认真履行为政府服务、为会员服务、为行业发展服务的职能。

（2）加强与工信部等政府主管部门的联系与沟通，主动参与积极配合政府主管部门对耐材行业的宏观调控，及时反馈下情，认真传达上情，切实发挥桥梁与纽带的作用。2018 年，要与各地方协会共同努力，配合各级工信管理部门贯彻施行《规范条件》和《管理办法》，争取有更多符合条件的耐材生产企业进入申请规范条件公告的行列。

（3）坚持依法履行行业生产统计工作职能，在认真总结耐材行业生产统计体系运行 10 年来工作经验和教训的基础上，进一步完善规范统计工作制度，克服困难，强化管理，坚持执行统计工作制度，注重统计工作人员队伍建设，保持行业生产统计体系的健康运行，不断提高为政府主管部门和会员企业提供信息服务的质量。

（4）加强行业协会体系内各网站、杂志及微信平台的协调管理，继续保持与中国冶金报、中国建材报的友好合作，办好耐火材料专栏，实时发布有关耐火材料工业的各类信息，为会员企业提供快捷的服务，定期编发协会情况通报。

（5）认真总结第一、二批协会团体标准制定工作取得的成果、经验和存在的不足，紧密结合行业生产发展的实际，继续组织开展耐火材料产品团体标准的制定工作。市场主体自主制订、自由选择、自愿采用的原则要坚持，《管理方法》规定的程序必须执行，严格控制从立项到发布的全过程，确保团体标准的质量。

（6）充分发挥协会专家委员会在行业创新驱动发展中的支撑和动力作用。一是按《耐火材料行业科技成果评价暂行办法》要求，组织专门力量，严格按程序开展对耐火材料及相关领域科技研发成果的评价，加快产业科技创新成果的转换；二是尽快启动中国耐火材料工业科技创新研发“白皮书”的编辑工作；三是由协会牵头，协调业内相关院校和地方协会，继续主办“耐火材料综合知识培训班”，为会员企业提供人才培养服务。

（7）根据中耐协发办字（2017）13 号文件关于组织开展《中国耐火材料工业年鉴》（第二部）编辑出版工作的通知要求，协调各省市地方协会和重点骨干企业，按编辑计划确定的时间节点组织完成《年鉴》各类资料的收集、整理工作。

各位理事、各位同仁，2018 年是贯彻党的十九大精神的开局之年，新时代要有新气象，更要有新作为。我们要坚定信心、知难而进，凝心聚力开启新征程，提质增效推动行业新发展，为高温工业服好务，为新时代经济社会的健康稳定发展做贡献！

提质增效稳运行　开拓进取促发展

——中国耐火材料行业协会七届五次理事(扩大)会议工作报告

（2019 年 3 月 21 日）

中国耐火材料行业协会　刘　伟

各位理事、各位代表：

大家上午好！

现在我代表协会常务理事会做年度工作报告，请予审议。

2018 年是全面贯彻落实党的十九大精神的开局之年。全国经济运行坚持稳中求进的工作总基调，按照高质量发展的要求，保持了持续健康发展。我国耐火材料工业努力适应经济运行从高速增长向高质量发展转换时段的新理念、新环境、新要求，积极应对耐火材料工业进入新时代面临的新形势，克服各种困难和不利因素的影响，抓住钢铁、建材、有色等主要下游产业经营态势趋好、盈利能力显著提升的有利时机，广大企业奋力拼搏、辛勤努力，不仅保障了全行业的健康稳定运行，还取得了产量、产值、利润全面增长，销售收入和利润增幅高于产量增幅，整体经营质量和效益明显好转的优良业绩。

一、2018 年耐火材料工业生产经营运行的总体情况

1. 借助主要下游产业稳中向好的运行态势，耐材市场需求增加，全国耐火材料产量止住四连降，实现小幅增长。

根据协会统计体系提供的数据显示，2018 年，全国耐火材料产量 2345.22 万吨，同比增长 2.30%。其中：致密定形耐火制品 1327.38 万吨，同比增长 2.33%；保温隔热耐火制品 54.10 万吨，同比增长 5.14%；不定形耐火制品 963.74 万吨，同比增长 2.10%。

致密定形耐火制品中，黏土质砖 245.36 万吨，同比降低 10.66%；高铝质砖 186.09 万吨，同比降低 7.35%；硅质砖 140.61 万吨，同比增长 39.97%；镁质砖 213.64 万吨，同比增长 29.95%；特种耐火制品（包括含碳制品、熔铸制品、功能性耐火材料）390.04 万吨，同比增长 3.56%。

全国主要耐火材料生产地区，河南省耐火材料产量 1076.98 万吨，同比降低 1.94%；辽宁省耐火材料产量 431.42 万吨，同比增长 28.85%；山东省耐火材料产量 234.74 万吨，同比下降 18.17%；浙江省耐火材料产量 134.18 万吨，同比增长 14.95%；河北省耐火材料产量 79.68 万吨，同比增长 5.32%；江苏省耐火材料产量 67.50 万吨，同比增长 11.00%；山西省耐火材料产量 43.11 万吨，同比下降 37.24%；北京市耐火材料产量 40.31 万吨，同比下降 7.16%。

2. 国际耐火材料市场波动趋缓，全国耐火原材料出口贸易态势良好。

2018 年全国耐火原材料进出口贸易总额 44.44 亿美元，比上年同期增长 34.26%。其中出口贸易额 41.69 亿美元，同比增长 35.55%；进口贸易额 2.75 亿美元，同比增长 17.24%。

耐火原材料出口总量 635.49 万吨，同比降低 0.5%。其中耐火原材料出口量 454.95 万吨，同比降低 3.10%；耐火制品出口量 180.54 万吨，同比增长 6.54%。

全国耐火原材料出口综合平均价格同比增长 36.29%。其中耐火原材料出口平均价格同比增长 31.32%；耐火制品出口平均价格同比增长 38.25%。

2018 年耐火原材料及制品出口贸易额突破 40 亿美元，达 41.69 亿美元，又创历史新高。耐火制品出口贸易额也首次突破了 20 亿美元，而且还呈现出了出口贸易额增幅高于出口量增幅的良好势头，表明全行业耐火原材料出口贸易的质量有了明显提升。

3. 回顾行业 2018 年生产经营的总体运行情况，盘点 67 家业内重点骨干企业的经营结果，我们较为欣喜地看到，处于大发展、大变革、大调

整时期的中国耐火材料工业，面对全球经济复苏缓慢的现实，应对国内经济下行压力较大的形势，抓住钢铁、建材、有色等主要下游行业产能释放的机遇，坚持以市场为导向，以严控产能为前提，实现了各项经济技术指标明显增长的发展目标。同时我们也应十分清醒地认识到，耐火制品企业的经营质量虽然同比增长幅度较大，但实际效益与全国工业企业平均水平相比，仍然存在较大差距；重点企业中亏损面有所下降，但亏损企业的亏损额同比增幅很大；特别是重点企业应收货款又呈现出了上升态势，上升面为 64.18%，有些企业的应收货款额同比上升了 50%以上。此外，全行业生产集中度的提升速度与工信部确定的目标也存在一定距离，耐火材料工业环保治理的任务依然十分繁重。

二、2018 年耐火材料行业的发展成效

过去的一年，耐火材料行业在党的十九大精神和新时代中国特色社会主义思想指导下，以推进供给侧结构性改革为主线，坚持新发展理念，正视困难，内外兼修，围绕提升产业发展质量和效益开展工作，实现了持续稳定、健康向上的行业发展目标。

2018 年是耐火材料企业管理提升，经营质量和效益显著提高的一年。

濮耐股份积极把握国家供给侧结构性改革深化、下游行业呈现持续回暖的机遇，冷静面对经济下行压力大、环保治理管控严的现实，努力克服投资减缓、流动性不足、债务风险等困难，着力推进技术进步、质量提升和企业内部各项管理工作的持续优化，通过完善集团管控模式，建立销售、技术与相关系统联动机制，整合资源、提质增效。2018 年实现销售收入 38.63 亿元，取得了量价齐升的不菲业绩。

瑞泰科技股份着力实施市场开拓和成本控制等措施，通过外抓市场、内挖创新和管控，推进区域化管理，经营效益得到全面提升。全年销售收入 38.26 亿元，同比增长 75.77%，实现利润 9230 万元，同比增长 64.41%。2018 年，公司投资建设的瑞泰马钢“节能环保型高温材料智能化制造基地”顺利竣工并投入运行，实现了智能化制造技术在耐火材料生产线的全过程应用，为推进全行业智能制造和两化融合起到了引领作用。

北京利尔股份在国家持续推进供给侧改革和环保治理力度持续加大的宏观环境下，抓住下游产业运行稳中向好，钢铁企业盈利水平普遍提升的利好，积极调整经营战略，制定了“立体创新、精准发力”的管理方针，以持续推进研发创新作为拓展市场的技术支撑，根据客户需求提供定制化方案。在对耐材综合配置及工艺的优化中，敢于创新、善于创新，有效提升了部分高端特种钢冶炼所需耐火材料的使用寿命，刷新了客户使用记录。2018 年实现销售收入 37.31 亿元，各项经营指标达到了历史新高。

营口青花集团坚持加强对管理人员的系统培训，摒弃固化思维，强化各级管理者的责任意识和合作意识。在生产经营活动中坚持根据下游用户需求，确定有针对性的生产工艺布局，实行严格的标准化生产，按照不同行业的特点和窑型，提供配套服务，并努力在材质、配置、砌筑及售后服务等方面追求最佳效果。2018 年，集团销售收入、利润及上缴税金同比分别增长了 22.63%、116%和 73.59%。还实现出口创汇 5854 万美元，同比增长了 46%。

中钢耐火传承建厂 60 年培育的严细管理的企业风格，围绕“稳增长、促改革、调结构、惠员工”的目标强化企业管理，抢抓市场机遇，通过打好供给侧结构性改革、防范化解重大风险和市场服务拓展三大攻坚战，有效提升了企业风险管控，市场研判，应对复杂环境和新技术、新产品、新服务转化的四大能力，2018 年完成营业收入 9.5 亿元，实现利润 8061 万元，开启了变革、新生高质量发展的新局面。

在过去的一年中，围绕管理提升和提质增效，海城后英、营口金龙、浙江自立、江苏嘉耐、鲁阳股份、武钢耐火、辽宁奥镁、江苏苏嘉、瑞泰马钢、辽宁金鼎、浙江红鹰、辽宁中镁控股和海城镁矿等企业，在严格管理、拓展市场、降本增效方面都实施了各具特色的有效举措。营口金龙以打造同行业一流企业为目标，在降低成本、提升质量、改善环境、安全生产、职业健康和提高员工素质方面实行精细化管理。2018 年镁碳和铝镁碳砖系列产品销量创历史新高，缴纳税金首次破亿元，达 1.33 亿元。浙江自立面对部分市场下行的压力，着力健全完善公司内部管理，强化执行和考核，在生产组织和销售经营过程中推行工序专管员管理，使生产经营的管控力明显增强。江苏嘉耐依靠高质量发展带动企业整体快速提升，以“炼好钢要用嘉耐品牌”的市场效应，以稳定的质量和优良的服务巩固了与国内近十家优特钢

企业的战略合作关系。海城镁矿总厂在镁质耐火原料供应趋紧的“卖方市场”条件下，始终坚持安全第一、质量至上的经营方针，安全管理绝不懈怠，产品生产严控质量，营销管理依法守规，内部管理从严求实，矿山管理科学规范。2018年总厂销售收入首次突破了十亿元大关。浙江红鹰在调整产业结构、优化产品结构的实践中，以用户需求为己任，为保障宝钢湛江钢铁生产需求，在短短半年时间内，完成了耐材预制件和不定形生产线的安装调试并顺利投产，得到了用户企业的充分肯定。为了优化产品结构，辽宁金鼎投资近2个亿新建的年产10万吨高纯镁砂生产线，配置了高标准环保装置，选用了先进的工艺技术，预计在2019年投入运行。面对变化莫测的经济形势和市场竞争，浙江金磊积极采取应对措施，立足原料自给，保证生产稳定运行，优化客户资源，提升了优质客户供应比例，2018年实现了生产销售双丰收。

2018年是耐火材料产业转型升级，产业结构不断优化的一年。

为做大做强菱镁产业，更为了科学开发和利用不可再生的菱镁资源，辽宁海城市在推动传统产业转型升级的过程中，实施多种举措、全力推进菱镁资源整合，于2018年9月30日正式挂牌成立了辽宁菱镁矿业有限公司。整合后的海城菱镁产业，采取优势互补、强强联合的新模式，实现科学勘探、矿山环保达标、统一规划、有序开采，将有效改变菱镁资源的供给秩序，稳定镁质原料的供求预期。不仅有利于菱镁产业链接的发展，也一定会对中国耐火材料工业的发展产生积极的影响。

在过去的一年中，业内优势耐火材料企业，在优化产业结构、推动转型升级的过程中，根据经济社会新旧动能转换的客观需求，顺势而为，充分利用自身优势，发挥了积极的引领作用。重庆博赛集团在高铝熟料和棕刚玉产销量居全球之首的基础上，经营战略重点向海外转移，在美洲圭亚那和非洲加纳投资建厂，在德国成立出口贸易公司，2018年生产铝土矿650万吨，高铝熟料30万吨，棕刚玉20万吨，在全球拥有3亿多吨优质铝土矿储量，公司发展前景可观。攀钢冶材公司把2018年定为“新冶材”建设转型升级的起步之年，聚焦契约化管理练内功、聚焦资源综合利用、聚焦市场化体制机制建设，推动公司经营迈上了新台阶。山西道尔充分运用先进工艺的装备优势，根据市场变化调整采选精品产品品位，扩大低品位和超低品位原矿的配矿用量，全年完成原矿下矿量100.7万吨，销售选精产品56万吨。唐山时创以市场和产品为主线，努力打造产品和服务两大品牌，依靠科技创新驱动和精细化管理提升综合竞争力，圆满完成了年度经营目标。武钢耐火在划归宝武集团后，以“聚焦向外、转型发展、精准管控、提质增效”为发展方针，快速融入宝武，积极治僵脱困，取得了销售收入15.7亿元的经营业绩。江苏苏嘉十分重视新产品、新工艺、新装备的研发和生产智能化改造，独家为宝武“全国首创无人化大包连铸平台”提供钢包滑动机构及耐火材料，收到了预期效果。山东耐材积极推进“新旧动能转换三年行动计划”，努力构造“五位一体”协同机制，提升了本质化运营水平，保持了公司稳定向上的良好态势。山西高科在以持续科技创新稳定主营业务的同时，跨行发展投资建造了2兆瓦光伏发电项目，还开辟了休闲农业、生态旅游、康复医院等新的发展之路。浙江父子岭以客户需求为企业的追求，创新驱动、调整优化产品结构，成功研发出了炼钢用调制剂、混合精炼渣并已进入市场。青岛正望着力推进全体员工及供应商全覆盖质量政策教育，创建“万众一心、以用户为中心”的经营文化，拓展国内外客户达200余家。通达耐火以“精、准、细、实”为经营管理的核心原则，持续优化市场结构，将核心目标聚焦在水泥、冶金、能源环保三大领域，培育产品研发和耐火设计方面的核心竞争力，巩固服务优质客户，开发拓展新市场，奋力拼搏，提前超额完成了2018年绩效任务指标。

2018年是耐火材料工业创新驱动深入推进的一年。

中钢洛耐院加大科研创新平台建设，先进耐火材料国家重点实验室和国家企业技术中心分别通过了科技部和国家发改委组织的年度综合评估；“中原学者科学家工作室”申报成功。具有国际技术领先水平的“冷壁式气化炉用关键耐火材料的研究与应用”和“碎煤溶渣气化装置用耐火材料的研制与应用”两个项目顺利通过了成果鉴定。2018年还荣获各类科技奖励14项。

武科大与攀钢冶材等单位合作的“钒钛磁铁矿冶炼用耐火材料关键技术与应用”项目获湖北省科技进步一等奖，与浙江自立等企业合作的“低维相结合碳复合材料关键技术与应用”项目获湖北省技术发明一等奖。为促进耐火材料产业升级，该校与瑞泰科技建立了以科技成果转化、人才培养交流、资源共享为主要内容的校企全面战略合作关系，与武汉耐材共建了工程研究中心，还与北京利尔共建了联合实验室。

辽科大作为辽宁镁质材料产业技术创新联盟的重点依托单位，与海城峰驰耐材总公司合作共建“辽宁科技大学峰驰镁建材学院”，将在新型镁建材新产品、新技术、新工艺的研发及相关工业性试验和行业人才培养方面开展合作。2018 年该校获授权的国家专利 12 项，与相关企业开展了 38 项课题的合作。

鲁阳股份主导起草的《建筑装置及工业设备用绝热材料硅酸铝棉制品规范》，作为中国绝热节能材料行业的首个国际标准正式发布。为深化两化融合，推进智慧鲁阳建设，公司全年组织了 360 余次技术交流，不断完善考核评价体系，全面开展细分行业滚动开发工作。2018 年还顺利通过了海关 AED（高级）企业认证。公司开发的“玄武岩纤维”作为高端建筑保温材料已成为建筑节能领域的产品新秀。

联合荣大拥有自主知识产权、具有创新性与实用性及广泛推广价值的“环保型水基转炉大面修补料”项目顺利通过了行业科技成果鉴定。该项技术的推广应用，不仅能解决转炉炼钢炉衬修补难题，消除有毒有害烟气排放、降低劳动强度、改善作业环境，还可大幅提高炉龄，降低大量固废的排放。该产品获得了国家发明专利。

2018 年，河南熔金股份“一种可抑制高温裂纹的钢包水滴形滑板”顺利通过了德国知识产权局授权，还成功注册并获得了欧盟商标证书。江苏中磊拥有自主知识产权的“抗侵蚀莫来石热回收焦炉集气管内衬砖、炉门衬砖和高温胶泥”，不仅占领了国内市场制高点，还出口到了印度、巴西、越南、印尼、伊朗、哥伦比亚等多个国家。巩义五耐依托武科大、北科大、中钢洛耐院等院校开发的热风炉用低蠕变系列、抗热震蠕变系列、微孔刚玉砖、碳复合砖等产品，均达到了国际先进水平，填补了国内空白。鲁中耐材研发的“水泥窑用绿色节能耐火材料”成功入选工信部《建材工业鼓励推广应用的技术和产品目录》。郑州振中开发的“耐侵蚀的大结晶稳定氧化锆”新产品，使用寿命可提高 40%。淄博工陶企业技术中心顺利通过了国家发改委复审，该公司作为国际科技合作基地，还建立了博士后科研工作站和院士工作站等创新平台。辽宁东和研发的“高效电熔镁节能综合利用产业示范”和“菱镁矿浮选体系矿物交互影响机制及纳米镁盐形貌调控研究”项目，分获省科技进步二等奖和自然科学三等奖。

“银耐联”作为耐火材料产业构建诚信环境、打造高效供应链、深化两化融合的窗口和平台，以四种措施作保证，采用两种担保支付方式，三种付款模式，四种交易方式，运行日趋规范。2018 年电商平台交易规模突破 10 亿元，入驻企业数量已达 2000 余家。

浙江省耐材协会按照新时代的新要求，引导企业积极践行“大众创业、万众创新”活动，2018 年有 45 个耐火材料产品被认定为浙江省新产品试制计划项目。

辽宁丰华、瑞泰马钢、湘钢瑞泰、包钢利尔及冷水江华科高新等企业在 2018 年耐火材料工业的自主创新实践中也都交出了体现各自特色的满意答卷。

2018 年是耐火材料行业绿色发展进一步深化的一年。

为了推动传统支柱产业转型升级，进一步提升耐火材料产业的整体环境质量和综合竞争力，河南新密市耐材企业投入数亿元资金，合力打造“耐火材料高新技术特色产业基地”，按绿色耐材生产和智能制造的要求，采用新工艺、建新生产线、上先进环保装备、配置排放监测仪器、增加厂区绿化面积、推行自动化数控管理系统，使全市耐火材料工业的综合素质和整体竞争力有了明显提高。

辽宁营口市在推进镁质耐火制品工业转型升级、提标改造的实践中，以坚决实施限量排放为抓手，淘汰落后产能，整合资源，加强新工艺新装备的推广应用和智能化改造，培育壮大优势企业，制定切实可行的实施方案，抓整治、促转型，坚持生产与提标改造两手抓、两促进，收到了良好效果。

中冶焦耐在推进耐火材料行业生态文明建设、节能减排、深化环保治理的过程中，积极配合协会开展调研，主动承担并顺利编制完成了《耐火材料工业大气污染物排放行业团体标准》，解决了耐火材料工业没有本行业排放标准的历史遗留问题，为政府主管部门强化管理和耐材企业环保治理提供了借鉴。2018 年，他们还编制了辽宁省地方强制标准《镁质耐火材料工业大气污染物排放标准》。

郑州振东在全面启动智能化、自动化生产技

术改造的工程中，以建设一流的现代化绿色工厂为目标，投入大量资金对从原料制备到机压成型和成品检选包装的全部工序进行一体化改造，努力从根本上实现清洁化生产，打造振东绿色耐材。

在过去的一年中，淄博裕民瞄准绿色耐材发展趋势，投资建造具有强度高、耐侵蚀、不污染玻璃的玻璃窑用高端耐火材料生产线。江苏晶鑫在推进全方位装备信息化和智能化建设的同时，以完善环保设施为重点，投资改造了微粉生产线，促进了生产与环境的和谐发展。北方窑业把绿色制造的观念融入耐火窑炉设计、施工及运行的全过程，在北京利尔年产15万吨重烧镁砂项目工程中，烟气净化系统采用袋式除尘加先进脱硫脱硝技术，实现了达标排放。唐山国亮坚持企业技术改造与环境治理同步推进，为进一步改善现场环境，2018年投资建造了两条气力输送不定形耐材生产线。圣泉集团助力耐火材料行业绿色发展，按照低加入量、低气味、低弹性后效、低气孔率、低侵蚀速率的标准，研发推广5L绿色酚醛树脂，使传统耐材用酚醛树脂实现了全面升级。

近年来，我们协同辽宁、河南、山东、山西、浙江、贵州、湖南等耐材主产区地方协会，把推进全行业的环保治理列为贯彻落实工信部《若干意见》和《规范条件》的重中之重，深入开展调查研究，组织编制耐材工业大气污染物排放行业团体标准，配合政府主管部门强化环保治理，引导企业认真履行社会责任，投资配置符合排放要求的环保装备，收到了较为明显的效果。

三、2018年协会开展的主要工作

2018年，进入新时代的中国耐火材料行业，面临着稳中有变的国内经济形势和不断演变的中美贸易摩擦，深化供给侧结构性改革的任务繁重，环保治理压力山大，生产经营运行困难重重。协会秘书处按照七届四次理事（扩大）会议确定的总体工作思路，根据协会的职能和定位，认真履责，开展了一系列工作，取得了一定的成效。

1. 认真贯彻党的十九大和中央经济工作会议精神、结合行业实际确定协会总体工作思路，抓住重点推进年度工作计划的实施。根据耐火材料工业进入新时代面临的新形势、新特点、新任务，为了应对复杂多变且日趋严峻的国际经济形势，协会于2017年12月中旬召开了会长工作会议，在认真总结2017年行业发展和协会工作的基础上，对国内外经济形势进行了分析，依据中央经济工作会议精神、结合行业生产经营实际，针对产业运行中存在的突出问题，讨论了我国耐火材料工业进入新时代保持持续健康稳定发展的对策和措施，确定了协会2018年工作的总体思路。协会秘书处据此拟制了协会2018年的工作计划，于3月下旬在山东淄博召开的协会年度工作会议上进行了部署。一年来，协会秘书处按照会长工作会议要求，根据协会七届四次理事扩大会议通过的关于年度工作的推进计划，突出质量效益，抓住重点难点，扎实有效地开展各项工作，保证了协会职能的顺利履行。

2. 加大调研力度，持续关注新形势下耐火材料产业的运行状态，深入了解会员企业的生产经营情况。2018年，进入新时代的耐火材料工业，面临着供给侧结构性改革深化，环保整治力度加大，耐火材料市场秩序紊乱，国际贸易环境变化无序等诸多问题，为了全面了解行业整体运行中存在的问题，确保全行业在复杂多变的形势下保持正常的生产经营秩序，刘伟会长、徐殿利秘书长及协会相关负责人，先后多次赴河南、辽宁、山东、山西、河北、江苏、浙江等耐火材料主产区开展调研，通过走访企业、深入现场，召开专题座谈会了解情况听取意见，与企业家交流，与地方政府主管部门沟通，了解不同地区及各类企业的综合情况，特别是企业生产经营活动及环保治理过程中遇到的困难。与企业家共同分析原因、寻求应对措施，与各地政府主管部门交流沟通，提出合理化建议。通过系列调研，使协会对各地区及各类企业的生产运行、技术创新、装备升级，市场营销和环保治理等方面的情况有了更进一步的了解。将会员企业反映集中的耐火材料工业高温窑炉大气污染排放标准、耐火材料产品工序能耗标准、耐火原料资源保障及工信部《规范条件》（2014年本）修订等问题，列为协会2018年工作重点，展开了相对应的工作。

3. 继续深入贯彻工信部关于促进耐火材料产业健康可持续发展的若干意见，推进《耐火材料行业规范条件》的实施。《若干意见》作为新常态下耐火材料工业进入深度调整期的指导性文件，对于加强政府主管部门对耐火材料行业的宏观管理调控，引导产业持续健康发展具有十分重要的意义。几年来，我们始终把贯彻落实《若干意见》及随后发布的《规范条件》和《管理办法》作为协会工作的重中之重，根据协会制定的工作方案中提出的十大工作目标和八条具体工作措施，采用多种方式引导耐火材料企业抓住新常态下企业分化加快，产业布局调整，资源向优势企业聚集的契机，加快重组兼并整合步伐，提升管理、调整产业结构、优化产品结构、努力提质增效，推动转型升级，取得了十分明显的成效。《规范条件》和《管理办法》的施行也有了实质性的进展，继 2017 年 12 月工信部第 59 号公告发布了第一批 18 家企业 40 条符合耐火材料行业规范条件的生产线名单后，2018 年又有浙江、山东等省市的耐火材料企业提出了规范条件公告申请。为了推进《规范条件》和《管理办法》的实施，我们协调各省市地方协会，在密切关注并主动配合规范条件申报、核查、复核等环节工作的同时，认真收集会员单位、申报企业的意见和建议，分析整理后主动向工信部主管司、处反馈，提出了对《规范条件》（2014 年本）进行修订、扩大申请公告覆盖范围的工作建议，引起了主管部门的关注。如果工作顺利，熔铸制品和功能性耐火制品企业将被纳入申请《规范条件》公告的范围。需要指出的是，第一批公告的十八家企业中，协会会长、副会长单位只有 9 家，尚有大部分重点骨干企业没有提出公告申请，希望引起关注和重视。

4. 积极落实国务院《深化标准化工作改革方案》的总体要求，认真组织开展耐火材料行业团体标准的制定工作。根据质检总局和国家标准委《关于培育和发展团体标准的指导意见》的文件精神，于 2016 年底启动的耐火材料行业团体标准制定工作，得到了广大会员单位及耐火材料企业的响应和支持，在完成了 2017 年第一批“熔铸锆刚玉莫来石砖”“镁钙碳砖”等 5 个耐火材料产品团体标准的编制、发布、出版发行工作后，2018 年上半年，我们又组织编制了“耐火材料工业大气污染排放标准”及“钢包用镁碳砖”“炼钢转炉用镁碳硅”等 6 个耐火材料产品的团体标准，于 2018 年 3 月发布，4 月出版发行。目前，第三批“电熔刚玉”“铬刚玉”“镁铁尖晶石砖”等 7 个耐火材料产品的编制工作也完成了审定公示和发布程序，已经出版发行。在组织制定耐火材料产品团体标准的过程中，我们自觉遵守国家法律、法规、方针、政策及国家强制性标准，始终坚持“市场主体自主制定、自由选择、自愿采用”的原则，不折不扣地执行《管理办法》规定的工作流程，由协会团体标准制定工作领导小组和标准化技术委员会分头把关，严格工作程序、宁缺毋滥，切实保证了团体标准制定工作的质量，收到了预期效果。

5. 主动配合、进言献策，为提高全行业环保治理的整体水平履职尽责。2018 年，协会积极响应党中央部署，努力践行绿水青山就是金山银山的社会主义生态文明理念，为推进行业绿色耐材战略开展了一系列工作。首先是应对政府为主导、企业为主体、社会组织和公众共同参与大气污染防治的举措，针对耐火材料工业没有全国统一的大气污染排放标准，各地执行治理整治考核标准差异大，企业无所适从的现状，组织以中冶焦耐工程技术有限公司为主要技术支撑的团体标准编制小组，经过对东北、河北、华东、中南等地区各类不同企业的调研，查阅了国内外的大量资料，多次召开有业内专家、工程技术人员和企业管理者参加的研讨座谈会，历时十个月，于 2018 年 3 月完成了我国第一个耐火材料工业大气污染排放团体标准的制定工作，公布发行后，为各个地区对耐材工业大气污染排放的防治和耐材企业的自身环保整治提供了借鉴和参考。其次是以耐火材料工业大气污染排放团体标准为基础，在 2018 年 5 月 12 日，以中耐发办字（2018）11 号文件的形式，向生态环境部大气司呈文，提出了主动配合政府主管部门加强并规范对耐火材料工业的环保整治，制定《耐火材料工业大气污染排放标准》的建议，对该标准应限制的污染物项目、颗粒物及相应的基准氧含量浓度、颗粒物无组织排放的限值及重点治理的污染物均做了较详尽的说明。再次是争取中国钢铁工业协会的支持，在冶金信息标准院的配合协调下，向工业和信息化部提交了制定耐火材料产品能源消耗限额行业标准的项目申请，工信部科技司发布（2018）31 号“关于印发 2018 年第二批行业标准制修订项目计划的通知”，同意由中国耐火材料行业协会组织镁质、铝硅质、特种耐火制品及耐火原料单位产品能源消耗 4 个项目的行业标准的制定工作。目前制定这 4 个项目行业能耗标准的企业调研、数据收集、分析整理等工作正在紧张地进行中。在竭力开展各项环境防治、环保治理基础工作的同时，我们还利用召开年度工作会议，开展各类专题活动的机会，组织企业家和专业管理人员，到环境治理起步早、力度大的山东、辽宁等地区参观考察，到生态文明建设意识超前、节能减排措施成效明显的企业学习交流，有力促进了先进节能减排技术在耐火材料行业的推广和应用，也有效推动了全行业的节能环保和环境治理工作。

6. 专家委员会围绕行业健康持续发展开展了卓有成效的工作。2018 年是调整充实后的中国耐火材料行业协会专家委员会开展工作的第四个年头了，各位专家委员会成员认真履行《工作条例》明确的职责，为政府主管部门提供宏观调控的参考意见，为行业发展出谋划策，为企业提供技术咨询服务，发挥了积极的作用。2018 年协会专家委员会的重点工作主要是在总结回顾“十三五”前期及协会七届理事会成立以来行业发展取得的成绩和经验，分析存在的问题，研判发展趋势的基础上，编写《中国耐火材料行业发展白皮书》。目前，6 个专题编纂工作组已完成了课题调研，数据统计整理、案例收集分析等前期工作，并形成了各专题的初稿，在根据专家委员会初审意见进行修改后，下一步将进入统稿、审议、编辑工作程序，争取尽快完成编纂工作任务。作为协会专家委员会的品牌工作项目，一年一度的耐火材料综合知识培训，于 2018 年 6 月上旬在河南焦作市举办，由武科大、河科大、河工大等高校教授及部分专家组成的师资团队，为来自全国 14 个省市，53 家企业的 86 名学员授课。通过 4 大板块，15 个专题的学习交流和研讨，使学员们对国内外耐火材料的研发动态、对耐火材料行业的现状及发展趋势有了较为全面的了解，培训期间还交流了部分优势企业应对新常态，在深化改革、企业管理及技术创新方面的经验，收到了预期效果。今年以来，专家委员会成员还按专业分工，参加了所有耐火材料行业产品团体标准的起草、编制和审定，参与了耐火材料及相关领域科技研发成果的评价工作。在各地区、各企业加大环保整治力度，改进工艺、提升装备水平的过程中、专家委员会成员的作用也得到了较好的发挥。

7. 加强国际交流与合作，不断提升中国耐火材料行业的影响力。第十四届中国国际耐火材料及工业陶瓷展览会于 2018 年 5 月 16~19 日在北京举行。同期同地举办的还有第十八届中国国际冶金工业展览会。本次参展的耐火材料企业 115 家，布展净面积 2181 平方米，参与企业数和展位面积均超过预期，尤其是耐材之窗与河北省耐火材料行业协会共同搭建的耐材专区大展室，集中了 26 家耐材及相关企业联展，成了本次国际耐材展的一个新亮点，参观人数之多，洽谈交流的业务量之大，值得关注，也值得总结推广。在国内外经济形势复杂，不确定因素增多的情况下，能成功举办如此规模的国际展会，不仅展示了我国耐火材料工业在新常态下深化改革、着力创新、推动产业转型升级的成果，也为广大耐材企业与上下游产业的交流与合作创造了便利条件。2018 年 3 月 5 日，新履职的世界耐火材料协会会长、奥镁集团首席执行官博格斯专程访问了中国耐火材料行业协会，双方在简单交流了对当下全球耐火材料工业的现状及发展趋势的看法后，主要围绕计划于 2018 年 11 月在中国北京召开世界耐材协会理事会议、会员大会，同期共同举办“耐火材料工业创新发展大会”的相关事宜进行了沟通。为了扩大与国际耐材业界的交流，徐殿利秘书长利用参加世界耐材协会理事会议的机会，召集了由利尔股份、浙江自立、郑州安耐克等骨干企业组成的 12 人代表团，赴德国、卢森堡和波兰三国，走访考察了米塔尔钢铁、德国雷法等企业，与受访企业就耐火材料及主要下游产业共同关心的产业发展创新、市场供需趋向、安全环保等问题进行了广泛深入的交流，加深了相互了解，也为今后的合作发展开通了路径。2018 年 11 月 16 日，由世界耐材协会与中国耐火材料行业联合主办的“耐火材料创新发展”国际会议在北京顺利举行，来自欧盟、拉美及亚洲等国家和地区的 150 多名耐火材料企业同仁，有关院校的专家、学者参加会议。在完成预定的会议交流后，中国耐材协会组织部分参会的外方企业管理人员赴河南参观考察了郑州安耐实业有限公司和郑州瑞泰耐火科技有限公司。11 月 15 日，中国耐材协会作为承办方还配合组织召开了世界耐材协会理事会议和会员大会。在这次会议上，青花集团、金龙集团、瑞泰科技、浙江自立及中钢集团耐材联盟等企业被吸纳为世界耐火材料协会会员。

8. 认真履行服务职能、为行业健康发展助力。按照中央关于行业协会商会与行政机关真正脱钩的改革部署，协会自 2018 年始以无上级主管的形式开始独立运行。我们遵循“明确职责、依法自治、发挥作用”的总体要求，不断完善各项规章制度，努力规范内部管理程序，坚持强化公益属性的原则，以服务政府、服务会员企业、服务行业发展为己任，主动配合政府主管部门加强对耐火材料工业的宏观调控管理，结合耐火材料工业生产经营的实际开展调查研究、组织各类专项活动，协调各省市地方协会共同围绕耐火材料行业的健康发展相互支持、双向助力，协会依法履行的生产统计职能坚持了正常运行，行业生产经营运行数据信息及分析报告通过耐材之窗、耐火材料信息、协会公用微信等互联网平台发布的渠道通畅，耐火材料工业年鉴资料的收集工作按计划进度推进。在协会与行政管理机关实现完全脱钩后，按国资委党建工作局和中国钢铁工业协会党委的要求，协会党支部完成了换届选举工作，按计划加强了党建和党风廉政建设工作。

四、2019 年行业及协会工作的设想

指导思想：以习近平新时代中国特色社会主义思想为指导，认真领会党的十九大和中央经济工作会议精神，以深入贯彻落实工业和信息化部关于促进耐火材料产业健康可持续发展的若干意见为主线，深化耐火材料行业供给侧结构性改革，转型升级、提高产业集中度，创新驱动、增强综合竞争实力，节能减排、推进绿色耐材战略，加强自律、营造良好市场秩序，为实现耐火材料工业高质量发展而努力。

2019 年行业及协会的主要工作

1. 认真学习领会党的十九大精神和习近平新时代中国特色社会主义思想，按照中央经济工作会议的总体部署，引导会员企业冷静分析国内外复杂多变的政治经济形势，树立信心，沉着应对进入新时代的我国耐火材料工业面临的矛盾和困难。要使大家充分认识在新常态下耐火材料工业从传统动能向新动能转变过程的复杂性、艰巨性，痛定思痛、严格控制产能，杜绝重复投资，重组整合、打造耐材航母，提高产业集中度，依法经营、遵守行规公约，规范耐材市场秩序，团结会员企业在深化产业供给侧结构性改革的实践中发挥微观主体的优势，不断增强自身活力、韧性和创造力，共同营造企业生产经营的良好氛围和行业生存发展的健康环境。2019 年全行业的生产经营运行，要根据我国经济总体平稳、稳中有进，但经济运行面临的不确定性、不稳定性因素有所上升的客观现实，关注钢铁、建材、有色等主要下游行业的运行动态，坚持以满足市场需求为导向，以保证企业生产经营安全和效益为前提，在保障高温工业生产发展所需耐火材料供应、为经济社会做贡献的同时，努力维护企业个体的利益和行业整体的健康发展。

2. 加强行业生产经营运行的监测、分析，努力收集耐火材料进出口贸易的数据信息，定期通报运行状况，实时发布对外贸易态势和出口贸易安全警示。一是关注全行业的总体运行情况，依据行业生产统计体系提供的数据和协会调研掌握的信息，分析整理后坚持每季度制发一期耐火情况通报；二是每半年组织一次对重点骨干企业进行的生产经营综合情况调研，结合行业总体运行状况，加强趋势性、倾向性问题的分析研究，提出引导性意见和建议，在向协会常务理事会议、会长工作会议报告的基础上，对全行业发布相关信息；三是加强与主要下游行业协会及相关媒体的联系与交流，及时了解下游产业的生产经营运行情况，了解耐火材料市场的需求动态和价格变化，传递信息，引导企业坚持市场导向，坚持以销定产、坚持依法行使合同确定的权利和义务、维护企业自身利益；四是克服困难收集海关进出口数据信息，坚持做好对国际耐火材料市场的监测，做好耐材出口贸易的预警工作。当前，针对某些国家和地区单边主义、贸易保护主义抬头的趋向，要引导有出口贸易业务的企业增强规避国际贸易风险的意识，在确保依法经营、规范操作的基础上，要敢于对不公平的交易说不，敢于抵制任何损害中国耐火材料企业个体和行业整体利益的行为，敢于终止违反自由贸易规则的任何关联交易。

3. 加大贯彻落实工信部关于促进耐火材料产业健康可持续发展的若干意见精神的工作力度，紧紧抓住新时代耐火材料工业进入深度调整期，各类资源向优势企业集中的有利时机，加快转型升级步伐，着力产业发展方式转变，推进企业重组整合。首先是要总结梳理《若干意见》出台 5 年来行业在控制耐火材料总量，推进节能减排、淘汰落后和兼并重组，优化产业结构，加强技术改造、发展循环经济，保护生态环境，提高产业集中度，提升发展质量和效益，增强保障能力等方面的情况。对《若干意见》制定的提高资源综合利用水平和保障能力，加大节能减排力度，提高产业集中度等三项主要发展目标的达标状态进行诊断，对八项主要工作任务的措施落实情况进行分析。其次是要在总结、诊断、分析的基础上，结合行业发展实际，有针对性地提出进一步落实《若干意见》的可行性意见和建议，协调各省市地方协会，动员重点骨干企业制定措施，组织落实。再次是要继续深入宣传贯彻《若干意见》《规范条件》和《管理办法》精神，让促进行业健康可持续性发展的指导思想、基本原则、发展目标、主要任务和保障措施深入人心，让全体会员单位和广大耐材企业深刻认识自觉贯彻《若干意见》的必要性和紧迫性。第四是要引导耐火材料生产企

业，对照《规范条件》所列出的指标要求，加强和完善企业内部基础管理，按照《管理办法》规定的程序，努力创造条件，积极申请公告。2019年，争取有更多的重点骨干企业进入符合规范公告的行列。

4. 坚持创新驱动和科技引领，切实提高我国耐火材料工业科技创新水平。一要不断强化企业的创新主体地位和主要作用，建立以企业为主体，市场为导向，产学研深度融合的技术创新体系，发挥企业在科技创新中的主体作用，倡导协同创新，搭建跨区域跨行业的集成创新研发平台，协同开发延伸耐火材料产业链，要在践行“一带一路”倡议的实践中，着力开放创新，瞄准世界耐材工业科技前沿，强化基础研究和应用基础研究，坚持引进消化吸收再创新和原始创新相结合，不断提高我国耐材工业的科技创新实力。二要突出重点，发挥政产学研用相融合的优势，扩展行业科研创新开放交流的领域，助力科技成果的转换和推广应用。“十三五”后期，要围绕耐火材料新技术、新工艺、新产品的研发，努力提高耐火材料资源的综合利用率，开放耐火材料绿色智能制造技术集成项目，提升耐火材料生产线的自动化和智能化技术水平。三要根据国家生态文明建设的总体部署，坚持绿色发展，在耐火材料低碳化、轻量化、不定形化、功能化和资源化方面做文章，下功夫、攻难关、出成果，争取在提高耐火材料资源综合利用效率，加快先进节能减排技术的推广应用，扩大用后耐火材料的回收与利用成果等方面有新的突破。四要充分发挥协会专家委员会在行业创新驱动和科技引领过程中的作用，以坚持专家委员会的公益属性为前提，采用多种形式，组织全体专家围绕行业发展和协会工作发挥聪明才智，发扬奉献精神，以客观公正的态度，严谨求实的作风，不仅要在宏观政策解读、技术、装备及自主创新方面为会员单位提供咨询和服务，更要为企业开展科技攻关，在新技术、新工艺、新材料、新产品、新装备的研发方面给予帮助和引导。2019年，协会专家委员会要以指导配合企业加强节能减排、着力环保整治、创建绿色工厂为重点开展工作，发挥作用。

5. 强化危机意识，加大全行业节能减排和环保治理力度。“持续推进工业污染源全面达标排放，将烟气在线监测数据作为执法依据，加大超标处罚和联合惩戒力度，未达标排放的企业一律依法停产整治。”这是（国发［2018］22号）文件，《国务院关于印发打赢蓝天保卫战三年行动规划通知》做出的明确规定。严厉的管理考核措施体现了国家治理环境的意志和决心，也给我们行业形成了巨大的压力。耐火材料生产企业作为环境责任的主体，必须从履行社会责任、对子孙后代负责的高度认识，从保证行业健康发展的大局出发，下大决心，加大投入，增强企业节能减排、环保治理的内生动力，按即将执行的超低排放标准，改进工艺装备，尽最大的努力降低能耗，减少排放，创建绿色工厂，为践行生态文明建设战略做贡献。行业协会应积极参与，配合政府主管部门加强宏观管理和调控，要深入企业开展调研指导，反映企业诉求，寻求政策支持。2019年，要在认真总结、宣传、推广行业节能降耗、治污减排成功经验和先进工艺技术的同时，加快制定耐火材料工业高温窑炉大气污染排放标准的工作进度，争取尽早审定发布。此外，还要在引导企业加大用后耐火材料回收与利用的力度，促进产业循环经济发展方面有所作为。

6. 加强国际交流，践行开放发展理念，提升中国耐火材料工业的影响力。在世界经济和全球经济治理进入调整期，面临新挑战的形势下，对世界经济复苏的艰难性和曲折性，发展失衡、治理困境等突出问题，特别是“逆全球化”思潮涌动，保护主义和内顾倾向上升要有充分的认识。我们要引导会员企业树立在竞争比较中取长补短，在交流互鉴中共同发展的理念，面对机遇与挑战，发挥自身优势，积极践行党的十九大提出的“开放发展”理念，在国家实施“一带一路”的战略中，坚持引进来和走出去并重的方向，用好国际国内两个市场、两种资源，学习先进、提升自我、拓展市场、寻求新的发展空间。我们还要充分利用世界耐火材料协会这个平台，加强与国际间同业组织的联系、交流与沟通，了解传递有关耐火材料科技前沿技术及先进管理模式和市场需求等方面的信息，为会员企业把握国外动态，开展国际交流合作提供服务、创造条件。2019年，要继续加深与欧盟、美洲、东南亚等地区耐材协会的联系，关注金砖国家及周边地区耐火材料产业的发展和需求情况，努力推进我国耐火材料工业的对外开放和发展。要根据企业需求和供需市场区域分布的特点，加强与主要下游产业和专业公司的合作，把北京、上海两个国际耐材展览会打造成新技术交流、新产品推介、系统服务新模式的展示平台。还要克服困难、创造条件，筹备召开

“第五届中国耐火材料生产与应用国际大会”。

7. 完善协会自身建设，不断提升管理效率，扎实履行服务职能。

（1）按照协会与行政机关脱钩后的明确权责、依法自治、发挥作用的原则，在国资委党建工作局和钢协党委的领导下，以加强协会党的建设为基础，不断健全和完善协会机关的各项规章制度，努力规范管理程序，围绕为政府服务、为会员服务、为行业发展服务扎扎实实地开展各项工作，切实提高协会的工作效率、管理水平和服务质量。

（2）保持与工信部等政府主管部门的交流与沟通，在主动配合主管部门加强行业宏观调控管理的同时，创造条件及时反映会员企业诉求。2019年，要认真总结行业实施《规范条件》和《管理办法》的进展情况，争取把修订《规范条件（2014年本）》的工作列入主管司局的年度计划，促进尽快落实。

（3）克服困难，认真履行行业生产统计职能。要努力争取各省市地方协会的支持与配合，争取重点骨干企业的理解与支持，在钢协信息统计部的指导下，不断完善统计工作制度，执行统计工作制度，保障行业生产统计体系的正常运行，切实提高为政府主管部门提供宏观调控参考依据，为企业经营提供信息服务的质量。

（4）加强协会体系内网站、杂志和信息平台的协调管理，继续保持与中国冶金报、中国建材报的友好合作，及时发布有关耐火材料工业运行、发展的各类信息，宣传推介会员企业在转型升级、创新驱动、重组整合、环保治理及深化产业供给侧结构性改革等方面的成功经验和典型。

（5）发挥协会专家委员会和标准化技术委员会的积极作用，以科学的态度、规范的程序，坚持做好行业团体标准的制定、耐火材料行业及相关领域科技成果评价的工作。协调、争取业内重点院校的支持，继续组织好耐火材料综合知识的培训，求真务实、注重效果，为促进耐火材料工业健康发展助力。今年上半年，还要认真完成《中国工业史》（钢铁卷·耐火篇）的撰稿任务。

（6）落实协会七届理事会的总体工作部署，确保在本届理事会任期内完成《耐火材料工业年鉴》（第二部）的编纂出版工作任务。

（7）在国资委党建工作局和中国钢铁工业协会党委的指导下，按照协会章程做好召开中国耐火材料行业协会第八次会员代表大会的工作。按上级要求制定筹备工作方案、拟制换届选举办法、完成协会章程修改、会费管理办法调整等前期准备工作，保证顺利进行换届选举，保持协会工作的正常秩序。

各位理事，各位同仁，我国耐火材料工业乘着改革开放40年的春风跨上了新时代的征程，新时代需要新担当，新形势需要新作为。让我们在新时代中国特色社会主义思想和党的十九大精神指引下，以坚如磐石的决心、只争朝夕的劲头、坚韧不拔的毅力，一步一个脚印，持续推进供给侧结构性改革，提质增效稳运行、开拓进取促发展，努力开创新时代我国耐火材料工业的新局面，以行业发展的优良业绩迎接中华人民共和国成立70周年！

我国耐火材料行业发展思考

——“十二五”回顾与“十三五”展望

徐殿利

摘　要：回顾了“十二五”期间耐火材料的生产、经营、进出口情况和耐火材料行业取得的成绩，介绍了2015年耐火材料及主要下游行业的运行情况及存在的问题，展望了“十三五”期间耐火材料面临的形势及行业发展走向。

关键词：“十二五”；耐火材料；“十三五”；生产；经营；运行情况；形势

耐火材料是高温工业不可或缺的重要基础材料，作为高温窑炉、高温容器或高温部件的结构材料广泛应用于钢铁、建材、有色金属、石化、机械、轻工、电力等高温领域。高温工业与耐火材料行业相互依赖、相互促进、共同发展。“十三五”期间高温工业的转型升级，实现节能环保、品种调整、绿色发展，仍须依靠耐火材料的技术进步。

1　“十二五”简要回顾

1.1　生产情况

“十二五”期间，我国耐火材料产量呈现了稳中趋降的运行态势。2011年，我国耐火材料产量达到峰值的2950万吨，2015年全国耐火材料产量为2615万吨，降低11.3%。主要品种变化见表1。

表1　“十二五”期间耐火材料产量品种变化情况　　（万吨）

项　目		2010年	2011年	2012年	2013年	2014年	2015年
致密定形耐火制品	黏土质砖	401.9	422.0	401.2	384.4	348.2	320.4
	高铝质砖	281.8	288.0	271.9	274.6	260.8	233.6
	硅质砖	247.4	263.4	241.4	232.4	211.8	187.1
	镁质砖	170.2	206.5	174.5	180.4	193.7	184.8
	特种耐火制品	433.5	407.2	377.0	409.9	404.2	378.8
	其他致密定形制品	164.1	178.1	167.9	249.0	237.5	223.1
	合计	1698.9	1765.2	1633.9	1730.7	1656.2	1527.8
隔热耐火制品		64.4	67.3	57.3	55.7	52.6	47.4
不定形耐火制品		1044.7	1117.1	1127.8	1141.8	1088.4	1040.0
耐火材料制品合计		2808	2950	2819	2928	2797	2615

“十二五”期间，耐火材料重点生产地区中，河北、江苏、浙江的耐火材料产量保持增长，但增速明显下降；北京、山西、辽宁、山东、河南等省市的耐火材料产量呈现稳中略降的趋势。分析原因，主要是我国经济进入转型阶段，增速明显放缓，市场需求萎缩所致。

此外，我国耐火材料产品结构进一步调整，不定形耐火材料在耐火制品的占比由2010年的37.2%，提高至2015年的39.8%。

1.2　经营情况

“十二五”期间，我国耐火材料生产企业经

营业绩总体呈现下降的态势。从重点耐火材料企业生产经营状况统计分析，2010年，重点耐火材料企业的单位产品销售收入和单位产品销售利润分别为3813元/t、294元/t，2015年下降到了3621元/t、104元/t。“十二五”期间的变化详见表2。

表2 “十二五”期间重点企业生产经营情况

经营指标	2010年	2011年	2012年	2013年	2014年	2015年
单位产值/元·t^{-1}	3813	4168	3730	3661	3232	3621
单位利润/元·t^{-1}	294	264	137	116	109	104
销售利润率/%	7.7	6.3	3.7	3.2	3.4	2.9

1.3 耐火原材料进出口情况

“十二五”期间，我国耐火原材料出口量每年在500万吨以上，其中，耐火原料每年出口量在320万吨以上，耐火制品出口量每年在170万吨以上，见表3。

表3 “十二五”期间耐火原材料出口量变化情况 （万吨）

品 种	2010年	2011年	2012年	2013年	2014年	2015年
耐火原料	390.5	333.1	326.3	325.8	379.9	344.6
耐火制品	179.3	195.4	204.0	176.9	186.2	171.8
耐火原材料合计	569.8	528.5	530.3	502.7	566.1	516.4

“十二五”期间，耐火制品出口综合平均价格稳步增长，由2010年的平均644美元/t，增长到2015年的平均791美元/t。但耐火原料出口平均价格持续下降，由2010年的平均485美元/t，下降到2015年的平均448美元/t。耐火原料的大量低价出口损害了我国耐火材料行业的整体利益，也不利于资源的保护。

近年来，我国耐火原材料的进口量较小，年平均进口量约33万吨，其中制品约2万吨，原料约31万吨。制品进口量仅占我国耐火材料需求量不到0.1%，说明我国耐火材料制品已经可以满足国内高温工业生产的需求。

1.4 “十二五”期间耐火材料行业取得的成绩

1.4.1 产业政策引导行业健康有序发展

“十二五”期间，国家、地方和行业层面的政策进一步完善，为耐火材料行业向健康可持续发展创造了条件。2013年，工业和信息化部以（工信部原［2013］63号）印发了《工业和信息化部关于促进耐火材料产业健康可持续发展的若干意见》，这是中国耐火材料工业64年发展史上第一次由政府主管部门发布的指导行业发展的专门文件。耐火材料作为国民经济和高温工业不可或缺的基础材料的重要地位得到了确认，耐火材料工业作为一个独立的产业，对其进行管理和调控，纳入了政府主管部门的管理程序。

2014年底，《耐火材料行业规范条件（2014年本）》出台。《规范条件》对全面落实（工信部原［2013］63号）文件精神，引导合理投资，遏制重复建设，加快结构调整，规范土地供应、环境评价、节能评估、生产许可以及安全生产监管，促进耐火材料产业健康可持续发展起到积极的促进作用。

1.4.2 各地区积极采取举措，推动行业转型升级

（工信部原［2013］63号）文件发布后，我国耐火材料工业相对集中的各级地方政府也非常重视，河南、辽宁、山东、山西、浙江等地方主管部门相继出台措施，制定实施方案，优化企业组织结构、管理结构和产品结构，促进空间布局优化，资源集约利用，功能集合构建，推进联合重组，加快转型升级步伐，创建新型耐火材料产业化示范基地。

辽宁省针对矿山环境保护和恢复治理滞后问题开展矿业整治，关停了上百家开采手续不齐全、

环保指标不达标的矿山企业；河南省充分发挥省级高新技术耐火材料企业的示范作用，在全省耐火材料行业推进传统工艺优化和装备升级；河南省新密地区按照市委、市政府要求，将全市390家耐火材料企业通过兼并重组、联营等方式重组到97家，并且全面推进煤改气窑炉改造；山东省在淄博市争创优质耐火材料生产基地的过程中，提出实行“5S”现场管理，整合重组，取优弃劣，淘汰落后产能，推进节能减排和环保治理，严厉责处环保不达标企业；浙江省把长兴县作为耐火材料企业节能减排工作的重点，配合长兴县在推进支撑县域经济发展的工业产业整合改革实践中出台了耐火材料行业整合政策，政府出资6000多万元，在全县291家耐火材料企业中，关停并转了129家，规范提升了162家，共淘汰落后设备1.1万余台（套），腾出土地820亩，腾出能耗空间2.5万吨标准煤，迈出了推进行业转型升级的坚实一步。山西省针对阳泉地区耐火材料工业存在的技术、产品档次参差不齐等问题，提出了通过强强联合，加快产品结构调整，优化产业升级等促进耐火企业健康发展的建议和措施。

1.4.3　优势企业队伍发展壮大，产业集中度有所提高

“十二五”期间，浙江、河南、江苏、山东等地一批耐火材料企业相继上市，在政策扶持下，企业开展联合重组，进一步优化了产业结构，提高了行业集中度。

濮耐股份通过收购多家企业，实现了公司在建材和有色领域的业务扩展；青花集团调整销售战略，建立了石棚峪原料生产基地，稳定并不断扩大了国际市场；通达耐火深化创新驱动，巩固和扩大了水泥、钢铁等传统市场，还开拓了余热发电、垃圾焚烧、煤化工等新兴产业领域；北京利尔近几年通过一系列的并购重组整合，资源配置得到优化；瑞泰科技股份实施战略投资布局全国市场，使公司实现了耐火材料主营业务各行业领域全覆盖；鲁阳股份在不断加强和提升国内子公司管理的同时，探索走出国门发展的路子，与美国企业相互参股，有力提升了企业的核心竞争力。

1.4.4　产学研用一体化促进行业技术进步，科技创新

“十二五”期间，很多耐火材料企业与科研院所开展合作，充分利用科研院所的研发优势和耐火材料企业的科技转化能力，加快产学研用一体化步伐，推进耐火材料技术创新，研发出更多资源节约、环境友好的耐火材料产品。

武汉科技大学拥有省部共建耐火材料与冶金国家重点实验室。利用研发和人才优势，在山东、江苏等地与地方政府合作建立了耐火材料研究院，在主要下游行业组建了耐火材料联合实验室；辽宁科技大学与政府主管部门及大型企业共同建立了6大科研平台。2013年，学校为地方耐火材料企业培训了300余名实用型生产技术骨干，为当地耐火材料工业健康可持续发展做出了贡献；河南科技大学已成功举办了十届耐火材料知识培训，并多次为耐火材料企业提供上门技术培训和咨询；安徽工业大学与江苏振球集团签署合作协议，建立了产学研战略伙伴关系；山东圣泉集团国家级博士后科研工作站于2013年获得授牌；中钢洛耐院与洛阳理工学院签订了全面战略合作框架协议，校企合作模式再创新局面；北京化工大学与通达耐火公司开启了校企合作，在耐火材料仿真模拟领域实现了突破；2012年在通达落户的全国耐火材料行业第一家院士专家工作站于2014年被评为“优秀院士专家工作站”。

中钢洛耐院作为耐火材料国家工程研究中心，充分发挥自身优势，积极组织申报各类科研项目，组建国家重点实验室；中钢耐火公司申报的国家级绿色节能新型耐火材料工程实验室获得通过。

1.4.5　强化了国际交流与合作，提升了行业国际影响力

“十二五”期间，中国耐火材料行业继续加强了与世界的交流，在国际耐火材料舞台上扮演着重要角色。目前有一批企业，努力适应经济全球化的形势发展需求，发挥自身品牌、技术、服务优势，积极参与国际耐火材料市场竞争，不仅使企业拓展了视野，给企业创造了经济效益，也让世界对中国耐火材料行业有了更深入的了解，扩大了中国耐火材料产品的国际市场领域，提升了国际地位和影响力。

2013年开始，中国耐火材料协会全程参与了世界耐火材料协会的成立筹备工作和章程拟定。随着世界耐火材料协会的成立，中国耐火材料行业将积极参与国际耐火材料行业秩序维护、市场规则制定等事务，共同在世界贸易平台上维护国家利益，促进中国耐火材料行业健康发展。

目前，中国耐火材料协会、濮耐股份和北京

利尔为世界耐火材料协会理事单位，占世界耐火材料协会17家理事的17.6%。

2 2015年耐火材料及主要下游行业运行情况及存在的问题

2015年，根据协会统计全国耐火材料产量2615.19万吨，同比降低6.51%。其中，致密定形耐火制品1527.86万吨，同比降低7.75%；保温隔热耐火制品47.35万吨，同比降低10.03%；不定形耐火制品1039.98万吨，同比降低4.44%。

2.1 主要下游行业的运行特点及存在的问题

2.1.1 主要下游行业的运行特点

2015年主要下游行业呈现了产量和经济效益双降的运行态势：

（1）产量下降趋势明显。主要下游行业除十种有色金属产量同比增长5.8%（增速下降1.4个百分点）外，粗钢、水泥和平板玻璃产量分别下降2.3%、4.8%和8.6%。特别是钢铁和水泥分别是近30年来和近25年来首次出现负增长。

（2）经济效益大幅下滑。钢铁行业2015年出现全行业亏损，重点统计钢铁企业销售收入2.89万亿元，同比下降19.05%，实现利税-13亿元；实现利润-645亿元。企业亏损面50.5%，同比上升33.67个百分点。有色金属工业实现主营业务收入5.73万亿元，同比增长0.2%，实现利润1799亿元，同比下降13.2%，但有色金属加工业实现利润1 080.4亿元，同比增长2.5%。水泥制造业和平板玻璃主营业务收入分别为8897亿元和596亿元，同比分别降低9.4%和14.3%；实现利润分别为330亿元和12亿元，同比分别降低58%和12.4%。

2.1.2 主要下游行业存在的主要问题

主要下游行业目前面临产能严重过剩和市场需求趋缓的双重压力。

2.1.2.1 产能过剩必然导致企业间的恶性竞争

目前耐火材料主要下游行业均为严重产能过剩行业，近年来产能利用率均在70%～75%左右。钢铁行业已降至70%左右。产能过剩必然导致企业间的恶性竞争，产品价格将始终在产品成本线上下徘徊。2015年钢材综合价格指数由年初的81.91点下跌到56.37点，下降25.54点，降幅31.1%。

2015年四季度，进口铁矿石到岸价基本维持在40美元/t左右，远低于国内矿山铁矿石生产成本，加之煤炭价格下降，本应加大钢铁冶炼企业的利润空间，结果却出现了全行业亏损，究其原因只有一个，严重产能过剩导致的企业间恶性竞争所致。

有色金属行业铜、铝、铅和锌现货年均价格分别同比下降16.8%、10.2%、5.5%和4.1%。规模以上有色金属工业企业主营业务收入5.73万亿元，同比增长0.2%，实现利润1799亿元，同比下降13.2%（亏损面近21%），但值得注意的是利润总额中有色金属加工业实现利润1080.4亿元，同比增长2.5%，占行业整体利润的60%，那与耐火材料相关的有色金属冶炼业经济效益下降幅度可能更大。

水泥制造业和平板玻璃实现主营业务收入同比分别降低9.4%和14.3%；实现利润分别同比降低58%和12.4%。

总体看，主要下游行业经营质量高幅下滑就是产能严重过剩导致市场恶性竞争所带来的恶果。

2.1.2.2 传统产业市场需求下降

随着全国固定资产投资增速放缓，房地产、汽车、家电等应用消费领域需求增速均出现了不同程度下降，其中：房屋新开工面积同比下降14%，家电行业产销率同比下降1.2%；汽车行业产量增速同比下降4%等。因此，传统产业消费需求不容乐观，特别是与基础设施建设相关的钢铁、水泥、玻璃和有色金属等消费均在下降。

2.2 耐火材料行业的运行特点及存在的主要问题

2.2.1 耐火材料行业的运行特点

2015年，全国耐火材料行业出现了产量、销售收入、利润、出口量、贸易额、出口平均价格全面下降的被局面，呈现了“六降一升”的运行态势，仅有应收货款上升。

2.2.1.1 生产经营运行情况

2015年，受国内、国际市场需求萎缩，特别是基建用耐火材料市场需求快速下降的影响，全国耐火材料产量同口径比较，比上年同期降低181.96

万吨，同比下降6.51%，降幅扩大2.03个百分点。

通过对57家耐火材料重点企业经营状况调研显示，耐火材料产量、销售收入和实现利润分别下降10.58%、4.87%和18.98%，2015年末应收货款142.57亿元，同比增加12.41亿元，增长9.54%。主营业务收入利润率2.87%，同比降低1.4个百分点，比全国规模以上工业企业主营业务收入利润率低2.89个百分点，不足全国规模以上工业企业主营业务收入利润率的一半。

57家重点企业中亏损企业9家，亏损面15.8%，同比扩大了3.73个百分点；亏损企业亏损额2.17亿元，同比增加0.43亿元，上升24.7%。

2.2.1.2 出口贸易情况

2015年，全国耐火原材料出口贸易是近15年来首次出现了出口量、贸易额和出口平均价格全面下降的被动局面。

耐火原材料出口量、贸易额和出口综合平均价格同比分别降低8.77%、12.85%和4.47%；其中：耐火原料出口量、贸易额和出口平均价格同比分别降低9.28%、14.08%和5.29%。耐火制品出口量、贸易额和出口平均价格同比分别降低7.74%、11.40%和3.97%。

2.2.2 存在的主要问题

2.2.2.1 资金问题仍然是威胁生产企业经营安全的首要问题

2015年末，重点耐火材料企业应收货款总额142.57亿元，同比增加12.42亿元，增长9.54%。其中：应收货款同比增长20%以上的企业13家，占22.8%。有的重点企业应收货款数额已接近年销售收入的水平。到2015年底，耐火材料主产区有近60%的中小耐火材料企业受市场和资金影响处于停产半停产状态，特别是货款难以回收，造成资金短缺，使耐火材料生产企业资金周转期大幅延长，给耐火材料生产的经营安全埋下了巨大的隐患。对此，再次提醒各位企业老板，为保证企业的经营安全，要注意以下三点：

（1）有的下游企业对陈欠款无力偿还。耐火材料主要下游行业受产能过剩的影响，经营质量大幅度下降，甚至出现全行业亏损。因此，有些下游生产企业已经失去偿还陈欠款的能力，如钢铁行业部分企业。2015年钢铁行业重点统计单位（101家）实现利润为-645亿元，亏损面50.5%；资产负债率70%，部分企业已资不抵债；应付账款净额比应收账款净额多3215亿元，所以，有一部分企业已经失去了偿还陈欠货款的能力。

（2）从目前的经营情况看，国有生产企业经营质量明显下降。以有色金属行业为例。全国国有及控股企业2015年实现利润5.7亿元，同比大幅下降96.5%，占行业利润总额的比重仅为0.3%，企业亏损面达41.7%，亏损总额373亿元，占有色金属行业亏损总额的66%。

（3）在目前经营形势下，耐火材料生产企业要理性应对。一是高度重视经营质量比盲目依靠增加应收货款来扩大市场占有率和企业规模更重要；二是想尽一切办法催收货款，（特别是陈欠货款）比到银行融资更重要。

因此，希望各生产企业密切跟踪市场变化，认真分析自己的客户结构，真正做到没有合同不生产，不给钱不发货，把催收货款放在企业生产经营的重要位置上，严防资金风险，保证企业的经营安全。

2.2.2.2 受国际市场需求趋缓的影响，耐火原材料出口量呈现明显下行态势

2015年出口贸易额29.03亿美元，比上年减少4.27亿美元，同比下降12.85%。其原因主要是出口平均价格下降所致。特别是耐火原料和耐火制品中出口量最大的两个品种出口平均价格降幅最大，应引起出口企业的高度重视。

一是耐火铝黏土出口量84.31万吨，同比下降2.93%，出口贸易额同比下降13.0%，比出口量降幅高10.07个百分点，出口平均价格同比下降10.38%；二是碱性耐火制品出口量82.44万吨，同比下降17.47%，出口贸易额同比下降25%，比出口量降幅高7.53个百分点，出口平均价格同比下降9.12%。

耐火铝黏土“十二五”期间出口平均价格连续五年下降，特别是2013年取消出口配额和出口关税后当年出口平均价格同比下降16.12%。2014年和2015年又分别持续下降2.95%和10.38%。

出口量占耐火制品出口总量50%左右的碱性耐火制品十几年来出口量和出口平均价格一直保持稳定的增长态势，2013年出现小幅波动，出口平均价格同比下降3.02%，2014年增长4.38%，2015年则高幅下降9.12%。

从2015年情况看，出口价格下降的主要原因是产能严重过剩，市场需求萎缩所导致的市场秩

序混乱，企业间低价竞争所致。

还应引起注意的是要防止贸易摩擦的发生。2015年我国净出口粗钢1.034亿吨，同比增长25.6%，占我国粗钢总量的12.8%。但针对我国钢铁产品的反倾销、反补贴案件多达37起，下一步出口阻力较大。因此，耐火材料出口企业要理性参与市场竞争，避免贸易摩擦的出现。

3 “十三五”期间面临的形势

3.1 市场需求大幅下滑，减量发展趋势不可逆转

“十五”至“十二五”期间，耐火材料的主要下游行业产能高速增长，经测算，2001～2014年，年均基建工程用耐火材料需求量高达500万吨左右。钢铁、水泥、玻璃等主要下游行业“十三五”期间减量发展已成定局，据此测算，各下游行业日常生产消耗用耐火材料需求量将逐步减少300万吨左右。此外，随着耐火材料的技术进步，产品品种的不断更新和产品质量的稳定提高，单位产品耐火材料消耗将有所降低，预计到“十三五”末，全国耐火材料产量将降至每年2000万吨左右（含出口量200万吨左右）。耐火材料行业目前处于全面过剩状态，产能利用率不足75%，“十三五”期间甚至会更低。

3.2 耐火材料企业面临的生产经营环境日趋严峻

（1）资金问题将直接影响生产企业的经营安全。近几年，主要下游行业经营质量下滑，拖欠货款现象愈演愈烈，导致耐火材料企业应收货款逐步上升，据调研统计，重点耐火材料生产厂家应收货款数额达本企业年销售收入总额50%以上比例的已超过一半，耐火材料生产企业资金风险和压力增大。

（2）耐火材料市场秩序混乱。耐火材料市场无序竞争的状况已困扰了耐火材料企业多年，无序竞争给生产企业造成的产品价格低迷和经营质量下降的压力仍将持续。

3.3 产业集中度低没有根本改善

根据国家统计局统计，全国耐火原料及制品生产规模以上企业近2000家，但年销售收入过亿元的耐火原料及制品生产企业仅100余家。在100余家企业中，排名前60家耐火制品生产企业销售收入只占全国耐火制品年销售收入的30%左右，排名前10家的耐火制品生产企业也仅占15%左右。“十二五”期间虽有所进步，但小、多、散的状况仍然没有得到彻底改变。

3.4 环境和资源保护任重道远

虽然我国耐火矿产资源储量丰富，但长期以来对矿产资源配置规划不合理，重开发轻保护，滥采滥挖、破坏和浪费现象较严重。耐火材料行业作为高温工业中的重要一环，不仅自身需要不断降低能源消耗，也承担着为下游行业提供“绿色耐火材料”的重要责任。环境、资源保护及国家生态建设战略对耐火材料无铬化和用后耐火材料回收再利用提出了更高的要求。

3.5 创新能力亟待提高

由于耐火材料行业的利润水平不断下降，全行业的研发投入增长较慢，研发平台建设落后于形势要求；缺乏公益性的研究机构，研发资源的配置不合理，基础研究相对薄弱；企业总体创新意识不强，创新能力明显不足。同时，研发项目前瞻性不强，生产与应用衔接不畅，难以很好地引领和支撑耐火材料行业的发展。

4 “十三五”期间耐火材料行业发展走向

“十三五”期间，中国耐火材料行业机遇与挑战共存。新常态下我国经济发展的变化为高温工业和耐火材料工业提供了新的发展空间。

减量发展，将带来规范市场秩序，联合重组，提高集中度的良好机遇。目前市场在向逐步规范的方向转化，市场份额向优势企业转移，优胜劣汰是必然趋势，这是耐火材料工业由大变强的极好机遇；“一带一路”倡议为耐火材料工业走出国门，拓展国际市场创造了条件；《中国制造2025》也给耐火材料产业自身工艺、装备的提升提供了动力。因此“十三五”期间的主要任务是实现耐火材料大国向耐火材料强国的转变。

何谓行业强国，中国钢铁工业协会提出了四个“一流”的概念，即一流的企业、一流的技术、一流的产品和一流的环境。四个“一流”的概念也同样适用于耐火材料行业。打造一流的企业，研发一流的技术，生产一流的产品，营造一流的环境，应该是“十三五”期间耐火材料工业适应新常态，着力供给侧结构性改革，推进行业转型

发展的中心任务。

4.1　打造“一流”的企业

目前我国耐火材料行业生产集中度低，没有进入国际排名前列的企业。与（工信部原［2013］63号）文件制定的发展目标“到2020年前10家企业产业集中度提高到45%”还有很大差距。“十三五”期间，要通过各种兼并重组的方式扶优扶强，打造3~5家至少2~3家在规模、技术、产品等诸多方面能够站在世界前沿的耐火材料企业集团。在当前形势下，是培育、打造一流耐火材料企业的极佳机遇期。

2014年国务院下发了《国务院关于进一步完善企业兼并重组市场环境的意见》（国发［2014］14号），对此，耐火材料优势企业要抓住有利时机，积极推进跨地区、跨所有制的联合重组，打造形成最具竞争力的耐火材料企业集团，在规模、技术、产品等诸方面真正站在世界耐火材料行业的前沿，从而提高耐火材料产业生产集中度。

同时，由于耐火材料品种繁多，专业化的中小企业应围绕某个产品做深、做透，做细、做精，形成自己的特色品牌。

4.2　研发“一流”的技术

一流的技术就是要改变过去走引进、消化、移植的路子。解决中国必须要有一批具有自主知识产权的耐火材料核心技术，不但满足自身需要，还能向国外输出先进技术。

“十三五”期间，应强化耐火材料基础理论研究，推进前沿技术，关键技术和新产品的研发，特别是强化综合利用工程集成技术，耐火材料绿色智能制造技术和结构功能一体化智能型耐火材料制备等关键技术的研发。力争到“十三五”末，我国耐火材料行业整体工艺技术水平再上一个新台阶，某些专项技术处于国际领先水平。要更好地发挥以企业为主导的创业创新体系的优势，加大产、学、研用一体化的推进力度。

4.3　生产“一流”的产品

耐火材料产品品种繁多，各种不同用途的工业窑炉对耐火材料的品种和质量均有不同的要求。耐火材料产品的合理结构应与下游行业对耐火材料产品品种的需求结构相适应。不应在耐火材料产品不同品种中划分高低端产品，应该是同类产品同品种中品质最好、最稳定的产品就是高端产品，一流产品。

目前，我国耐火材料产品品种齐全，基本满足国内下游行业生产和技术发展的需要。但反映出的问题是产品质量的稳定性较差。因此，“十三五”期间，要围绕以下三个方面调结构促升级，以保证产品品质稳定，生产一流产品：

一是，抓住耐火材料产品需求结构变化的新机遇。改变粗放式发展模式，规模效益型向创新效益型、质量效益型转变势在必行。

二是，强化管理，促进产品品质升级。耐火材料生产企业要建立健全完善的质量管理体系和岗位操作规程，从原料进厂开始，抓全工序产品质量来保证最终产品品质的稳定和提高。

三是，加强工艺技术改造，以适应产品品种生产和质量升级的需要。在产品研发方面切实做到“生产一代，储备一代，研发一代”。“十三五”期间，要以技术革新和装备升级带动耐火材料产业结构的优化和产品结构的提升。产品结构的调整要与市场的需求结构相匹配。

4.4　营造“一流”的环境

行业健康发展离不开规范和谐的市场经营环境。随着社会主义市场经济的逐步规范，目前耐火材料市场正在逐步向大型优势企业转移，这就给耐火材料行业进一步整合规范市场秩序提供了一个极好机遇。对此，在“十三五”期间，耐火材料生产企业，特别是大型优势企业，要通过企业间的协商合作，合理整合现有市场资源，进一步规范市场秩序，创造良好的市场环境。

5　结语

耐火材料行业在发展过程中仍处于爬坡期，“十三五”期间是攻坚阶段，耐火材料生产企业要理性应对挑战，适时把握机遇，求生存，谋发展。为我国耐火材料行业的由大转强做出更大贡献。

中国耐火材料工业40年改革开放历程回顾

陈建雄

一、新中国耐火材料工业的成长历程

耐火材料属无机非金属材料学科，其产品主要应用于冶金、建材、有色、化工、机械、电力和军工等高温工业生产过程中；是高温工业不可缺少的重要基础材料，在国民经济建设，特别是高温工业发展中有着不可替代的重要作用。

追溯历史，我国耐火材料早在殷商时期就开始制造并首先应用于陶瓷工业，距今已有三千多年的历史。然而由于长期的封建统治，闭关锁国，在漫长的历史进程中，我国耐火材料工业与其他工业部门一样，一直处于落后状态。1949年，全国耐火材料生产总量仅7.4万吨，高温工业所需耐火材料，甚至连一般锅炉用耐火材料都要靠从国外进口。

新中国成立后，随着国民经济恢复和建设的发展，我国耐火材料工业也不断发展壮大。新中国成立初期，国家投资近亿元改建了唐钢、太钢、鞍钢等一批耐火厂，同时将山东、河北、上海等地的几个玻璃砖瓦厂改建成耐火材料厂，还在苏联援建项目中，新建了具有较高机械化水平的鞍钢大石桥镁矿镁砖厂。在国民经济建设第一个五年计划期间，全国耐火材料生产总量达101万吨，比1949年提高12.6倍，生产出了具有中国资源特色的高铝砖、镁铝砖等一批新产品，开始改变了我国耐火材料产品品种单调的局面。以此为标志，耐火材料作为一个独立的产业进入了国民经济建设和发展的行列。

从“二五”开局到1978年的二十年期间，为满足高温工业，特别是钢铁工业发展的需求，根据国家工业建设的总体布局，继五十年代投资近四亿元陆续新建了洛阳、北京、王村、武钢、包钢、秦皇岛、德阳等一批耐火材料厂后，在“三五”、“四五”期间，为解决西南、西北地区钢铁工业发展的需要，又投资6亿元先后新建了攀钢、贵阳、西北等一批耐火材料厂。尽管经历了国民经济调整，全国耐火材料工业的产量仍然保持了持续增长，1978年达487万吨，耐材制品的产品质量和品种结构也得到了不断的改进和提高。

“十一届三中全会”以来，在党的“改革、开放”方针指引下，我国耐火材料工业从半封闭状态转向行业开放，从小生产状态向社会化大生产发展，开始了从数量型向品种质量型的转变，逐渐走上了依靠技术进步，内涵式扩大再生产的道路，企业综合素质，耐材品种质量，科技效益和生产规模等都取得了长足进步。进入21世纪以来，在高温工业新技术快速发展的强力拉动下，人们对耐火材料工业与高温工业发展相互依存，相互促进的辩证关系有了更深刻的认识，经营理念发生了根本性的变化，观念的更新为我国耐火材料工业的创新和发展营造了十分有利的外部环境。以20世纪80年代初宝钢新建推动耐火材料国产化为契机，中国耐火材料工业瞄准国际一流水平，通过引进、吸收、消化、移植、创新，不仅具备了向现代化大型钢铁联合企业成套提供具有国际先进水平的优质耐材的能力，还能保证大直径水泥窑，浮法玻璃生产线等其他高温工业（包括航天工业）所需特种耐火材料的供应，实现了耐火材料工业质的飞跃。据统计，我国目前规模以上耐火材料生产企业有2000家左右，分布在除西藏以外的各省、市、自治区，形成了完整的耐火材料工业体系，有近三十万从业人员。1950～2017年累计生产了51440.3万吨耐火材料。我国耐火材料制品产量最高的2011年生产量达2949.69万吨，为1949年的398.6倍，占全球耐火材料年生产总量的65%左右。

随着我国经济实力的整体提高，中国耐火材料工业在世界耐火材料行业的地位也不断提高。目前耐火材料工业所生产的品种和总量不仅基本满足了国内高温工业生产、发展的需求，产量位居世界第一，而且耐火制品的出口量也逐年递增，市场遍及东南亚多国和美洲、欧盟、俄罗斯等150多个国家（地区）。古老而又年轻的中国耐火材料工业，从小到大，从“土”到“洋”，从国内走向全球，已成长为名符其实的世界耐火材料生产、消耗和出口大国。

在我国政治、经济体制改革不断向纵深发展的进程中，伴随着耐火材料工业迅速发展壮大的步伐，中国耐火材料行业协会也应运而生，于1990年10月正式成立。中国耐火材料行业协会，是经民政部批准注册登记，独立承担民事责任的全国性民间组织。28年来，行业协会在国家指导下，坚持为企业服务，为政府和社会服务，积极向企业宣传、贯彻国家有关方针政策，进行行业调查，向政府反映企业诉求和行业的建议，协助政府主管部门制定耐材行业发展规划、政策，组织会员制定行规公约；针对耐火材料市场秩序紊乱的实际，积极引导开展行业价格自律，适时发布耐材产需信息，努力规范耐材市场秩序，维护企业的合法权益；举办各类专业培训、技术研讨、经验交流、新产品推广会及展览会，组织开展国内外经济技术交流活动，较好地发挥了政府和企业间的桥梁、纽带作用。先后荣获“全国先进工业行业协会”和“全国先进民间组织”称号。2009年5月，在民政部组织的首批全国性行业协会商会等级评估活动中，获得了3A等级证书。2013年2月12日，《工业和信息化部关于促进耐火材料产业健康可持续发展的若干意见》出台，这是新中国成立以来由政府主管部门制发的第一个专门针对耐火材料工业的指导文件，耐火材料作为国民经济和高温工业不可或缺的重要基础材料的地位得到了确认，它标志着耐火材料工业作为一个独立的产业，纳入了政府主管部门的管理序列。

二、耐火材料工业改革发展40年的主要成就

在改革开放的伟大实践中，我国耐火材料工业，坚持中国特色的发展方向，转变观念，转换机制，着力自主创新，促进了耐材产业结构的优化升级，推动了耐材产品结构的调整和技术研发的自主创新，加快了耐材工艺装备的更新换代，增强了中国耐材工业在世界耐材行业的竞争能力，为我国钢铁工业、高温工业的发展保证了基础材料的支撑，提供了优良的服务。

（一）改革开放促进了耐材产业结构的优化升级

改革初期的中国耐火材料工业虽已自成体系，初具规模，但仍处于半封闭状态，国有企业一统天下，耐材生产统购统销，整个行业以产品经济模式为主，以生产钢铁用耐火材料为主，产品单一，工艺流程僵化，呈现的是分散的、传统的小生产状态。经营机制传统，企业缺乏活力，行业总体的生产力水平较为低下。十一届三中全会以后，在党的改革开放方针指引下，特别是社会主义市场经济体制的建立，我国耐火材料工业的产业结构也随着改革开放的深入，不断优化，不断升级，发生了显著变化。回顾过去的四十年，耐火材料工业产业结构的优化升级大致可以划分为三个阶段。

第一阶段（20世纪80年代），在我国耐火材料工业体系中占主要地位的国有耐火材料企业（主要是国有商品厂和钢铁企业的二级厂），为适应有计划的商品经济体制的改革需求，在计划经济和商品经济共存的双轨制条件下，为增强企业活力，提高经济效益。一方面，不断完善经济责任制，大力推行多种形式的承包经营；另一方面，狠抓企业整顿提高管理效率，强化全面质量管理，建立健全质量保证体系。开始了企业由单纯生产型向经营生产型的转变。绝大部分企业的资金利税率逐年递增。与此同时，在改革开放政策的引领下，在拥有丰富的耐火原料资源的地区和改革开放的前沿省份，许多乡镇企业利用资源和低劳动力成本等优势，新建（或改建）了一批耐火材料厂，进入了耐火材料行业。这些乡镇（集体）耐火材料企业，尽管生产工艺和装备较落后，生产条件简陋，但经营机制活，应变能力强。它们的加盟，不仅是对耐火材料工业生产和品种数量的补充，作为一支生力军，还打破了国有企业一统天下的格局，给行业注入了新鲜血液，引入了竞争机制，增加了活力，促进了耐火材料行业产业结构的调整。

第二阶段（20世纪90年代），随着改革开放的不断深化，为适应社会主义市场经济体制逐步完善的客观需求，我国耐火材料行业产业结构优化升级也呈现出了良好的发展势头。进入20世纪90年代，为了加快产业结构调整的步伐，洛阳耐火材料厂，德阳耐火材料总公司，青岛耐火材料厂，上海泰山耐火材料公司，太湖耐火材料公司

等企业分别与港、台、德国及东南亚等国家和地区的外商组建合资公司，联营开发新产品；山东六家耐火材料厂（矿）整合组建了山东耐火原材料公司，上海耐火材料厂与上海第二耐火材料厂合并组建了上海泰山耐火材料有限公司，秦皇岛耐火厂更是打破行业界限，与该市浮法玻璃公司进行了整合。为了优化组织结构，原属鞍钢、太钢、武钢、大冶、重钢、包钢、攀钢、本钢、湘钢、唐钢等大型钢铁企业二级单位的耐火材料厂相继从主体剥离，组建了在生产经营上拥有相对独立地位，具备法人（委托）资格的耐火材料公司。特别应该指出的是，在这期间，我国河南、辽宁、山东、山西、江苏、浙江等地区的民营耐火材料企业，异军突起，他们顺应改革形势发展的浪潮，抓住商机，根据高温工业，特别是钢铁工业持续发展的市场需求，投资建厂，引进先进工艺技术和装备，以灵活的经营机制和雄厚的实力快速发展。国有企业的重组，整合、民营企业的迅猛发展，促进了耐火材料产业结构的优化升级，推动行业顺利实现了由简单再生产向扩大再生产的转变。

第三阶段，进入21世纪以来，特别是中国加入WTO后，我国耐材行业积极应对入世挑战，适时把握入世机遇，在国民经济快速增长，特别是在冶金、建材、有色等高温工业高速增长的影响拉动下，产业结构调整又有新的进展。首先是一些耐材企业通过强强联合、兼并重组、改革改制、相互持股等方式进行战略整合，推进了耐火材料工业组织结构的调整，优化和产业升级。如营口青花集团控股上海第二耐火材料厂，组建了上海青花二耐耐火材料有限公司；山西西小坪耐火材料有限公司收购上海泰山耐火材料有限公司，成立了上海新泰山耐火材料有限公司；北京通达耐火技术有限公司控股河南巩义中原耐火材料有限公司，又引入中国中财国际工程股份有限公司和北控高科技发展有限公司等战略投资者，组建了北京通达耐火技术股份有限公司。为了推进国有企业管理体制的转变，唐山时创坚持改革20年不停步，勇敢打破国有所有权铁板一块的格局，引入外资参股，让自然人股东持股，顺利完成了混合所有制改革，使企业管理质量和效益有了明显提升。其次是部分优势企业顺势而为，运作资本上市融资，不仅增强了企业发展后劲，更推动了全行业的转型升级。自2006年8月瑞泰科技作为第一家上市耐材企业在深交所挂牌以后，先后已有38家耐火材料企业和协会会员单位进入了资本市场，其中上交所、深交所上市17家，北交所挂牌16家，港交所及境外有5家。濮阳濮耐股份实施全产业链资源价值整合战略，旗下已有14家合资子公司、5家控股子公司，3家分公司和3家参股公司，总资产突破50亿元，2017年销售额达28.15亿元；瑞泰科技上市后注重资本运作，不断加快重组步伐，收购、设立了10家子公司和1家分公司，主营业务从单一的熔铸耐火材料生产发展覆盖了钢铁、建材、有色、电力、石化、煤化工等高温产业；北京利尔股份充分发挥资本优势，以独资或合资形式投资成立了10家子公司，并购重组了3家全资子公司，形成了镁质原料合成、镁质制品生产、耐火材料国际贸易三大主营业务板块，公司整体运营质量不断提升；山东鲁阳股份借助资本平台推动企业进步，引入外企提升核心竞争力，走出了一条项目带动、高端高质，跨越发展的成功之路。越来越多的上市公司和不断出现的联合重组，促进了耐材工业管理的提升和规范运营，不仅提高了全行业企业管理的现代化水平，更优化了产业结构，提高了行业生产集中度，推动了全行业转型升级。还有一批重点骨干企业，应对我国耐材工业不断快速扩张、经济增长粗放的实际，根据经济新常态下供给侧结构性改革的客观需求，在保证耐材主业稳定发展的同时，结合自身条件，不断拓展新的发展空间，打破耐材生产一元化的格局，努力提高“非耐比”，创造性地拓展资源综合利用空间，向建材、化工、镁合金、节能、环保、房地产和养老产业发展，探寻我国耐材工业经济增长的新途径，推进了我国耐火材料产业由内向型向外向型的转变，提高了耐材产业生产的集中度，增强了耐材行业的整体竞争能力。

（二）改革开放提升了耐材产品结构调整和技术研发自主创新的速度

新中国成立以后，我国耐火材料工业为适应钢铁、建材、有色、电子、化工等产业的发展需求，先后开发了高铝砖、镁铝砖、焦炉硅砖、不定形材料、焦油结合白云石砖、电炉顶高铝砖、烧结刚玉砖、熔铸砖、大型玻璃窑用硅砖和黏土砖、普通硅酸铝耐火纤维，熔融石英质浸入式水口，整体塞棒等连铸专用材料。从数量上保证了钢铁冶炼和建材、电力等高温工业的生产需求，但在质量和品种配套方面，与发达国家比还存在明显差距，也适应不了高温工业新技术的迅速发展。

在党的十一届三中全会精神指引下，为了适应国民经济迅速发展的要求，从“六五”计划开始，以引进、剖析、消化武钢“零七”工程，南钢氯化球团工程，抚钢 VOD/VHD 精炼炉项目，贵州铝厂“186”工程，化工系统的十三套合成胺项目，建材系统的大型水泥回转窑，浮法玻璃生产线等一批引进项目为契机，特别是宝钢引进项目所需耐材的逐步国产化，使我国高温工业用耐火材料的技术研发和品种结构出现了质的飞跃。

1. 耐火原料

业内重点企业和科研院所，大专院校非常重视耐火原料的研发，在采取提纯、均化等不同技术路线使天然原料的品位、质量发生质的飞跃的同时，还研发了大量的合成原料等优质新材料，为耐火制品的研发打下了坚定的基础。这期间，原料发展伴随着耐火产品的研制而研发，始终坚持了立足本土、自主创新的方向，如电熔致密刚玉、高纯烧结莫来石、电熔尖晶石、烧结标准尖晶石、电熔高纯镁砂、电熔大结晶镁砂、鳞片石墨，同时还有相应的结合系统用原料亦发展迅速，如酚醛树脂、高纯铝酸钙水泥、高铝水泥等逐步实现了规模化生产。进入 21 世纪后，伴随着我国高温工业的快速发展，耐火材料的产量逐年增加，耐火原料的用量也与日俱增。耐火原料的需求在对我国耐火相关产业带来机遇的同时，也增加的新的挑战，例如，资源的浪费问题、天然原料品质下降问题、传统耐火原料无法满足高档制品的要求等问题。可喜的是，在广大企业、科研院所和大专院校的共同努力下，经过十年余的创新发展，我国的耐火原料品种已逐渐得到完善，取得了一定的成就。

铝硅耐火原料方面：首先是矾土基均质料产品初具规模，已形成了比较完备的产品体系，在大幅提高资源利用率的同时，提升了铝硅耐火原料的品质，铝硅原料的稳定性得到了保障。目前我国已形成了年产百万吨的均质料生产产能，一些示范性企业，如通达耐火技术股份有限公司等不仅生产制造均质料，还深入开展了均质料的应用研究工作，承担了国家科技支撑计划项目，为我国铝硅耐火铝矾土的资源集约利用和品质提升做出了积极贡献。其次是本土板状刚玉的成长和壮大，目前我国已完全具备板状刚玉的自主供应能力，通过技术的消化和创新还形成了微孔刚玉、致密刚玉等新产品种类，为新型高端制品的研发和生产奠定了基础；除此之外，形如高纯莫来石、电熔锆莫来石、莫来石高硅氧玻璃等高档原料也逐渐进入市场，在特定的产品和使用环境中得到了充分的应用。再次是针对高品位矿匮乏，低品位矿亟待提质的问题，山西道尔集团投巨资建设了“年处理 200 万吨中低品位铝土矿浮选分级综合利用项目”，采用“三级五步浮选工艺”洗选高品位铝土矿，使尾矿铝硅比 A/S 从 3.0 以下提升到了 5.0~6.0；引进世界最先进的多级高梯度超导除铁技术，将产品 Fe_2O_3 降低至 1.2%以下，完全满足了耐火材料制品生产的需求。镁质耐火原料方面：镁砂的选矿技术得到应用，高纯镁砂、大结晶镁砂等高档镁砂原料形成产业化，为高档碱性耐材制品提供了较充裕的原材料；镁铝、镁铁、铁铝尖晶石得到广泛应用，相应的产品在建材、冶金、有色、环保节能等领域发挥着重要作用，相应的镁铬原料被环保的原材料所替代；镁钙原料的水化问题取得进展的同时，镁钙制品已突破传统思维，在冶金领域得到应用；堇青石、橄榄石等原料也吸引了广大科技人员的注意，相应的制品相继面世。近年来，红柱石作为一种优质原料，由于质量稳定、能耗低，也得到了广泛应用。我国的耐火原料种类更加齐全、品质更加稳定、性能更加优良。

2. 钢铁工业用耐火材料

在高炉长寿方面，巩义五耐以刚玉为主原料。采用微气孔结构的特殊工艺研制的高炉陶瓷杯用微孔刚玉砖，解决了抗碱浸蚀性、抗炉渣浸蚀性和微气孔三个技术关键，其综合使用性能达到或超过了国外陶瓷杯壁用棕刚玉浇注块的性能指标。他们研制的莫来石、硅线石、低蠕变砖三大类 9 个牌号的高炉热风炉系列高性能耐火材料产品。在武钢 5 号（3200 m^3）高炉使用，寿命达 16 年。中钢集团洛阳耐火材料研究院自主研发的赛隆结合刚玉产品，成功应用于宝钢 COREX——C3000 装置，打破了国外公司产品在 COREX 熔融炉用耐火材料的垄断地位，扭转了我国炼钢关键部位用耐火材料依靠进口的被动局面。中钢集团耐火材料公司研制的高炉风口区快干高强刚玉——氮化硅——碳化硅复合浇注料，在炼铁高炉使用效果良好，通过了省级科技鉴定。北京科技大学研发的金属复合氧化物非氧化物耐火材料，是具有自主知识产权的新型耐火材料，Si—SiC—棕刚玉高炉陶瓷杯材料已在国内多个大钢的100多座高炉使用。郑州安耐克公司研发的“锥柱复合结构顶燃式热风炉”，采用热风炉对称布置、三段式独立结构、三维混合燃烧器、高效小孔格子砖四大核心技术，在提高热风炉系统热效率，改善空煤气混合效果、降低煤气消耗、减少NO_x排放、降低工程投资等方面均取得了良好效果。投入市场后在国内20多家钢铁企业近70座热风炉上成功应用，还突破新日铁、卡鲁金等国外公司的技术壁垒和垄断，进入了国际市场。首钢二耐与北科大共同研发的“新型高性能大型高炉用无水泡泥”在使用性能上克服了传统产品的缺陷，在满足大型高炉冶炼及延长使用寿命方面取得了突破性提高。经首钢炼铁厂等大型高炉使用，其拔泡时间，平均出铁次数，吨铁泥耗和钻杆用量等指标均大幅下降。

在炼钢方面，转炉炉龄是耐火材料质量、冶炼条件及筑炉维护的综合反映，耐火材料质量是炉龄的基础。改革开放前，我国炼钢转炉炉龄一直很低，20世纪70年代末，原鞍钢大石桥镁矿研发的烧成油浸镁白云石砖，才使鞍钢150t大型转炉炉龄提高到1000次以上。随着宝钢引进项目所需耐火材料的逐步国产化，我国自己引进、移植、研发的镁碳砖问世（原辽镁公司、上海二耐及丹东四兴的镁碳砖产品首先在宝钢使用），使转炉炉龄大幅提高，也使我国炼钢转炉用耐火材料跃上了一个新台阶。到2003年转炉平均炉龄4674炉，溅渣护炉技术的推广，使转炉炉龄的世界纪录不断刷新，国内重点钢铁企业转炉的炉龄均突破了一万炉大关。武钢耐火公司研制生产的镁碳砖，1999年8月在武钢二炼钢厂2号转炉创下了15208炉的顶底复吹炉龄纪录，2002年12月以29942炉刷新了世界纪录，2003年3月，在武钢二炼钢1号转炉又创下了30368炉的最新世界纪录，实现了在溅渣护炉条件下，耐火材料使用寿命与转炉炉龄同步的突破。营口青花集团自主研制的CaO含量15%～50%镁钙砖系列产品，在太钢、宝钢、酒钢等一百多家钢厂的AOD炉上使用，产量仅次于LWB，居世界第二位，被列为国家星火计划项目。该公司等单位研制生产的RH炉用电熔再结合镁铬砖在武钢等大型钢铁企业使用，替代进口，取得了良好的使用效果。

在高效连铸方面，濮阳濮耐高温材料有限公司研制的“中包透气上水口”，生产成本低，生产效率高，被国家认定为享有知识产权的产品，他们采用板状刚玉，氧化锆，碳化硅等为原料研制的不烧优质滑板，具有扩孔小，抗氧化性能好，耐热震性好的特点。山东耐材集团，先后研制开发了“洁净钢用无碳无硅水口”“高效连铸用长寿命整体复合塞棒”“长寿命铝锆碳浸入式水口”和“长寿命不烘烤薄壁长水口”等新产品，进入市场后很快得到了用户的肯定，也顺利通过了省级科技鉴定。洛阳耐火材料研究院与武钢合作完成的“连铸洁净钢用无碳无硅水口”，采用铝镁尖晶石水口内衬主原料加入适量ZrO_2材料，具有良好的抗热震性和抗渣浸蚀性，内孔有良好的抗冲刷，抗浸蚀和抗氧化铝附着性，经武钢二炼钢使用，其性能可满足超低碳钢生产的需要。唐山时创耐材公司研制的金属——氮化物结合滑板，经过对原料CAN防水化研究，采用半干法成型—氮化烧结一次完成工艺，使滑板具有了较高的常温和高温强度，同时还具备了抗氧化性和抗浸蚀性。

在不定形耐火材料的应用方面，近年来我国不乏亮点和特色。如铁水包工作衬已越来越多地由砖衬改为整体浇注，使用寿命1000次左右。混铁炉工作衬采用了全部或部分整体浇注取代砖衬，使用寿命3年左右。鱼雷罐采用湿式喷射修补，寿命提高25%以上。为提高施工效率和避免极端气候的干扰，钢包也采用了浇注料预制件作工作衬。铁水包、钢包、中间包等的背衬采用体积密度为1.6～2.2g/cm^3的高强、低收缩的半轻质浇注料以减少热损失。大型和异形浇注料预制件的应用日益增多并出口国外，如加热炉烧嘴、烟道砖、锚固砖、高炉风口组合砖等，均采用浇注料预制件。浇注料预制件的制备，正成为一种新型的耐火材料成型方法。联合荣大自主研发的湿法喷注成套技术，包括成套设备及系列湿法喷注材料，不仅在国内外大小高炉维修维护过程中得到广泛应用，也开始推广至转炉喷注修补、钢包喷注修补、加热炉喷注筑炉，而且可望在不久的将来全面替代传统的耐火材料浇注工艺，实现耐火材料在各种应用环境下的无模具浇注。

3. 建材及其他行业用耐火材料

1986年以前，我国玻璃窑用电熔锆刚玉砖（AZS）和α-β刚玉砖的产品质量不达标，不能满足用户需求，该产品主要靠进口。为了扭转被动局面，沈阳耐火材料厂从美国CE公司引进了生产电熔锆刚玉砖的5吨电炉及配套装置，通过消化移植，采用了更合理的生产工艺，生产出41#氧化法无缩孔浇铸和普通浇铸等系列电熔锆刚玉熔铸制品。1992年，北京瑞泰公司研制生产的α—β刚玉砖在通辽玻璃厂试用成功。特别是2000年后，产品质量不断提升，生产规模不断扩大，保证了玻璃行业生产技术的发展需要，结束了大型浮法玻璃窑用耐火材料主要依赖进口的局面。营口青花集团等企业选用优质镁砂和高品位铬矿，采用不同工艺路线研制的水泥窑用直接结合镁铬砖，半再结合镁铬砖在国内大型水泥回转窑高温带使用，效果甚佳，替代了进口，同时还填补了国内空白。通达耐火技术股份有限公司自主研发的“新型干法水泥窑用新型板状刚玉浇注料”，不但满足了水泥生产需求，还获得了国家专利权。洛阳耐火材料研究院研制的氮化砖结合氮化硅耐火制品，2004年获国家科技进步二等奖，被列为国家重点新产品。在国内国际电解铝行业广泛应用，市场占有率达40%，已成为电解铝工业市场上的知名品牌。该院研制的系列高纯刚玉耐火制品及配套产品，在国内大型化工企业的市场占有率也在不断提高。

（三）改革开放加快了耐材行业生产工艺装备更新换代的步伐

由于我国耐火材料重点骨干企业大多是新中国成立后头两个五年计划新建、改建的，而后虽有所改进，但到20世纪80年代初，行业的总体装备水平与先进国家比仍差距较大，一些中小企业的装备水平更差。如破碎混碾工艺线，国外已采用变速反击破碎机，超细粉碎磨机及高速混合机，而我国仍在使用轮碾机，球磨机和湿碾机；成型工艺线，我国大多数企业使用的都是100吨、160吨、260吨及300吨以下小吨位的摩擦压力机，手动操作，安全性能差，能耗高，效率低，且质量也难控制，而国外当时已多采用400吨以上大吨位压砖机（包括液压式、杠杆式、摩擦式），更先进的还采用了液压机，复合式压砖机以及生产碳结合材料的真空压砖机，同时有的压机还配有计算机自动控制加压程序及外形尺寸、单重控制。

显而易见的差距，是历史的产物，是长期封闭、传统的习惯的经济体制的产物，唯有改革，唯有大胆引进，努力消化、吸收、移植、创新，才能从根本上缩小差距，扭转被动。在党的改革开放政策指导下，我国耐火材料工业在生产工艺装备的更新换代和完善方面，探索出了一条引进、吸收与消化、移植相结合，引进先进技术装备与国内科研创新互为补充，博采众长，溶于一体，为我所用的有效途径。

1. 1981~1985年第6个5年计划期间，以宝钢、贵溪有色冶炼厂、金川有色冶炼厂，大型合成氨化肥厂和大型水泥回转窑等重点国家引进项目急需解决配套耐火材料为契机，国家高效近10亿元改建了一批耐火材料厂。为宝钢配套的上海第二耐火厂从1983年开始改扩建，建设了镁白云石生产线，滑动水口等6条生产线和配套工程，从日本黑琦，品川引进了750吨复合压砖机，自动称量车，加热混练机，高压油浸装置，自动码砖机，机械手和82m超高温隧道窑等具有20世纪70年代末国际水平的设备36台（套）。1985~1990年，围绕宝钢建设，原辽宁镁矿公司从奥地利引进了超高温重油竖窑。从德国引进了悬浮炉，超细磨机，高压压球机等装备，新建了5万吨高纯镁砂生产线。以该公司与武钢耐火公司分别从日本引进的两台3000吨全自动液压机，机械手，混砂机和鞍钢耐火公司从德国引进的2200吨全自动液压机为标志，使我国重点耐火材料企业的装备水平上了一个台阶。

2. 1991~1995年“八五”期间，国家把优质合成镁钙砂和合成优质镁钙碳系列耐火制品列为重点科技攻关项目，新建各种天然原料和合成原料生产线十五条，先后研制出与之配套的大吨位（最大1600吨）抽真空双面加压摩擦机，强力混砂机等先进设备，自力更生，改造了1000吨摩擦压砖机，消化吸收研制了750吨复合压砖机，用于大型薄板坯和特异型制品的加压振动成型机及三相铁磁分离器等。鞍山焦耐院在这期间出色地完成了如750吨复合式摩擦机，长水口生产设备国产化，600L高速混合机，立式油浸系统及中间包浇注料施工机具等国家技术装备更新项目的任务。这些装备的引进、消化、改造和研制，以及在耐火材料工业生产中的推广应用，使国民经济急需的关键耐材产品生产装备，实现了国产化，部分达到了20世纪90年代的国际先进水平，我国耐材工业的总体装备水平也有了明显提高。

3. 21世纪以来，随着我国耐火材料工业的快速发展，耐火材料生产企业，特别是重点企业的装备水平又在不断升级。营口青花集团从日本三石深井和德国莱斯公司先后购进10台2000吨全自动液压机和机械手，还从德国购进了爱力许混砂机。海城后英集团在从德国莱斯公司购进7台2000吨全自动液压机后，又从日本购进7台机械手与之配套。瑞泰科技、濮阳濮耐、利尔股份、金龙集团、通达耐火、唐山时创、太钢耐火及浙江金磊等骨干企业也陆续配置了国外先进的成型、混碾及热工装备。福建海源、广东恒力泰公司开发的系列液压成型设备、辽锻公司和桑德机械等和企业研制的全自动数控电动螺旋压砖机，也在各类耐材生产企业得到了普遍认可和广泛应用。目前，从原料制备的超磨、高强混碾、电子自动称量，成型工序高吨位全自动液压机、机械手，到烧成工序的各类全程自动控制高温炉窑，还有高、精、尖检测设备和仪器，已在全行业各重点企业得到了广泛应用和推广。近年来，山东、辽宁、河南、江苏、浙江及河北等耐材主产区的重点企业，根据国家生态文明建设的统一部署，积极践行“绿色制造”战略，大力淘汰落后产能，投资为高温窑炉配置脱硫脱硝装备，全面提升了生产企业的节能减排能力，使我国耐火材料工业的装备水平发生了质的飞跃，也为做精做强我国耐火材料工业奠定了扎实基础。

（四）改革开放提升了我国耐材工业在国际耐材行业的竞争能力和影响力

改革开放初期，我国耐材工业开始由半封闭状态向开放型转变，陆续与日本、韩国、欧、美、澳等十多个国家建立了有技术交流合作的商务关系。不仅组团参加了一些规模较大的国际专业活动，还于1988年在我国首次举办了国际耐火材料学术会议，连续成功组织了十四届国际耐火材料工业展览，自2011年开始还接连主办了四届“中国耐火材料生产与应用国际大会”。随着国际交流的加强和耐材工业生产的发展，我国耐材工业的进出口贸易也逐渐呈现出了良好的发展趋势。

20世纪80年代末，我国耐材工业的出口贸易，基本上是以原料出口为主，1988年，全国共出口耐火原材料214.6万吨，耐火制品仅3.73万吨，仅占出口总量的1.74%。随着改革开放的不断深入，特别是进入21世纪以来，全行业在积极应对入世挑战的同时，抓住国家推行“一带一路”倡议的机遇，在着力优化产业结构、调整品种结构的基础上，充分运用国际通行规则发展和保护自己，使我国耐材工业的进出口贸易进入了持续、健康的发展轨道。

从2001年开始，全国耐火材料进出口贸易一直保持了强劲的增长态势，2005年，进出口贸易量为598.29万吨，比2000年增长51.14%，其中出口贸易量为579.84万吨，比2000年增长47.53%；进出口贸易总额为13.02亿美元，比2000年增长111.02%，其中出口贸易额11.45亿美元，比2000年增长112.04%。2010年，进出口贸易量为606.80万吨，比2005年增长1.42%，其中出口贸易量为569.76万吨，比2005年下降了1.74%；进出口贸易总额为32.78亿美元，比2005年增长151.85%，其中出口贸易额30.48亿美元，比2005年增长166.31%。受全球经济复苏缓慢的影响，2015年，进出口贸易量为544.07万吨，比2010年下降了10.34%，其中出口贸易量为516.43万吨，比2010年下降了9.36%；进出口贸易总额为30.62亿美元，比2010年下降了6.60%，其中出口贸易额29.03亿美元，比2010年下降了4.77%。

2017年，全国耐火材料进出口贸易量为677.69万吨，同比增幅22.57%，其中出口贸易量为638.95万吨，同比增幅22.78%；出口贸易量占全年进出口贸易总量的94.28%；进出口贸易额为33.10万吨，同比增幅20.46%，其中出口贸易额为30.76亿美元，同比增幅19.90%；出口贸易额占全年进出口贸易总额的92.92%。

在耐火材料出口贸易活动中，耐火制品出口量的持续增长是值得关注也值得骄傲的靓点。改革开放初期的1988年，全国耐火原材料出口总量为214.6万吨，其中耐火制品只有3.73万吨，仅占出口总量的1.74%。2008年，全国耐火原材料出口总量为494.26万吨，而耐火制品的出口量达到了209.94万吨，占出口总量的42.48%，制品出口量比1988年翻了56.28倍。

随着我国经济实力增强，中国越来越多地参与国际事务，中国耐火材料行业也加强了与世界的交流，在国际耐火材料舞台上扮演着日益重要的角色。濮耐股份、北京利尔、瑞泰科技、辽宁青花集团、山东耐材集团、中钢耐火公司、武钢耐火、营口金龙、江苏苏嘉、济南镁碳砖等企业，努力适应经济全球化的形势发展需求，发挥自身品牌、技术、服务优势，积极参与国际耐材市场竞争，不仅给企业创造了可观经济效益，也拓宽了中国耐火材料产品的国际市场领域，提升了中国耐火材料工业在国际上的地位和影响。2013年开始，中国耐材协会全程参与了世界耐火材料协会的成立筹备工作和章程拟定。随着世界耐材协会的成立，中国耐材协会和加入世界耐材协会的重点企业将积极参与国际耐材行业秩序维护、市场规则制定等事务，共同在世界贸易平台上维护中国耐材行业利益，促进中国耐材行业健康发展。能在耐火材料行业的国际舞台上争取到话语权，中国耐材协会的声音能得到响应，是我国耐火材料工业不断发展壮大的必然结果。

三、坚持改革、创新转型，实现耐火材料工业新的飞跃

40年改革风雨兼程，四十载打拼成果丰硕。在党的改革开放旗帜引领下，中国耐火材料工业蓬勃健康发展，不断壮大，为高温工业的持续发展做出了积极贡献，在经济社会工业领域的助力作用日益突出，在世界耐火材料行业的地位和影响也不断提高。然而我们也应该清醒的看到，发展中的我国耐火材料工业体量很大，但“大而不强”“多而不精”，在产业结构、装备水平、品种质量、资源保障、节能环保等方面仍然存在一些问题。产能严重过剩是市场秩序紊乱稳定发展的瓶颈，“绿色耐材”产量低、产品质量稳定性差是持续发展的短板，单位产品综合能耗偏高、耐材再生利用水平低、环境治理压力大是健康发展的障碍。

进入新时代的中国耐火材料行业工业，面临着复杂多变的国内外经济形势，机遇与挑战共存。新形势下，我国耐火材料行业当前和今后一个时期的总体发展思路是：以党的十九大和中央经济工作会议精神为指导，贯彻落实《关于促进耐火材料产业健康可持续发展的若干意见》和《耐火材料行业规范条件》，坚持走创新驱动和绿色发展道路，满足高温工业发展要求，以结构调整和转型升级为主线，以自主创新和装备升级为重点，加快联合重组，化解过剩产能，优化产业结构，提高装备水平，发展高端品质，促进节能环保，规范市场秩序，强化资源保障，提高国际化水平，促进由规模效益向创新效益转变，努力实现我国耐火材料工业由大变强的发展目标。

围绕总体发展思路，要重点抓好五个方面的工作：

第一，加快联合重组、提高产业集中度。紧紧抓住新常态下企业分化加快，产业布局调整的机遇，大力推进横向联合重组，纵向延伸产业链，协同发展生产性服务，组建大型耐火材料企业集团，提高产业集中度，化解过剩产能。在生产力要素和资源向优势企业聚集的过程中，要强化做精做专、做大做强，着力培育一批创新能力强、管理水平高，具有综合竞争实力的一流企业，组成中国耐火材料行业的领军企业团队。

第二，坚持创新驱动，强化科技引领。要加强基础理论研究促进产学研用结合，在注重耐火材料生产与使用主要相关过程的认知研究的同时，探索物联网、大数据等新一代信息技术在耐火材料设计研发、制造使用、管理营销等领域的应用。在“十三五”和今后一个时期，要重点开发加快前沿技术、关键技术和产品的开发。主要开发资源（自然及再生）综合利用工程集成技术、耐火材料绿色智能制造技术集成、结构功能一体化智能型耐火材料制备关键技术、氧化物-非氧化物复合耐火材料制备新技术、氧化物纳米粉体经济化制备及分散技术、耐火材料中低温烧成技术、不定形耐火材料无模造衬技术、耐火材料衬体轻量化技术、耐火材料在役诊断、使用维护及造衬修补集成技术、智能型超高温竖窑和超高温隧道窑集成技术等。重点开发高炉炼铁系统工业炉长寿化用关键耐火材料、非高炉炼铁系统用关键耐火材料；洁净钢冶炼及新一代高效连铸用长寿命、功能型耐火材料；第二代新型干法水泥回转窑用关键耐火材料；富氧和全氧燃烧玻璃窑用耐火材料；新型煤化工气化炉用耐火材料；有色金属富氧吹炼反射炉用关键耐火材料；具有微孔结构的高效节能新材料；新型蓄热储能材料、绿色环保型耐火材料、节能环保用特种耐火材料等。还要重点解决混练、成型、烧成、包装及施工设备落后的局面，有效提升全产业的装备水平。

第三，着力环境保护，强化节能管理。强化节能管理，对现有炉窑进行节能改造，采取保温隔热、余热利用等措施，提高窑炉热效率。开发新型节能技术和装备，推广新型节能窑炉、高效燃烧技术，采用清洁能源。提高单条生产线产能，降低单位产品综合能耗。大力发展绿色耐火材料新技术、新产品。提高不定形耐火材料占比，增加免烧、中低温烧成产品占比，提高用后耐火材料再生利用率。加大环境保护和综合治理力度。加强耐火材料全生命周期各环节的环境管理，减轻对生态环境的影响。推广应用先进技术、工艺及装备，加快淘汰能效低、污染重、隐患多、安全性差的落后工艺和设备。

合理规划开采矿山资源。提高资源综合利用率。重点研究开发提高资源综合利用水平的关键工程技术，提高废弃矿粉和中低品位矿石的综合

利用率，有效降低耐火资源消耗。深化用后耐火材料修复及再生利用研究，促进用后耐材的科学再生利用，高水平循环使用。推进资源再生利用产业规范化、规模化发展。

第四，树立开放发展理念，拓宽国际服务领域。要以“一带一路”建设为重点，坚持引进来和走出去并重，加强创新能力开放合作，形成陆海内外联动，东西双向互济的开放格局，谋求开放创新、包容互惠的发展前景。我们要树立“开放发展”理念，抓住全球经济体系和规则面临重大调整，国际经济合作和竞争局面正在发生深刻变化的有利时机，引导行业重点骨干企业审时度势，发挥自身优势，统筹国际国内两个市场，在国家推进“一带一路”的战略中走出去，扩展国际市场，拓宽服务领域，争取更大的发展空间。要充分利用好世界耐火材料协会搭建的各类平台，加强与国际间同业组织的联系、交流和沟通，了解全球耐火材料工业的整体发展状态，互相传递有关耐火材料技术进步、工艺、装备创新，企业管理及市场需求变化等信息，为会员企业了解国际动态，也为国外同行了解中国创造条件，为开展更广泛的国际交流提供服务。我们要按照党的十九大提出的加快培育国际经济合作和竞争新优势的方针，继续加强与欧盟、美洲、东南亚等地区耐材协会的联系，关注新兴经济体尤其是“一带一路”沿线国家地区的耐火材料需求动态，努力推动我国耐火材料工业对外开放的深度和广度达到一个新水平。

第五，加强协会自身建设，不断提高服务质量。按协会与行政机关脱钩后独立运行的模式，要在国资委行业协会党建工作局的领导下，按照明确权责，依法自治，发挥作用的总体要求，依据管办分离，强化公益属性的原则，不断健全完善协会工作的各项制度，努力规范协会机关的管理程序，认真履行为政府服务、为会员服务、为行业发展服务的职能。加强与工信部等政府主管部门的联系与沟通，主动参与积极配合政府主管部门对耐材行业的宏观调控，及时反馈下情，认真传达上情，切实发挥桥梁与纽带的作用。要与各地方协会共同努力，完善全国耐材协会的工作网络建设，互相支持、互相配合，共同打造全国耐火材料行业协会工作的交流，协作平台，加强联系，协调开展各项工作，共同促进我国耐火材料产业健康可持续发展。

第二篇

政策法规

工业和信息化部文件

工信部原〔2013〕63号

工业和信息化部关于促进耐火材料产业健康可持续发展的若干意见

各省、自治区、直辖市及计划单列市、新疆生产建设兵团工业和信息化主管部门，有关行业协会：

为深入贯彻《国务院办公厅关于采取综合措施对耐火黏土萤石的开采和生产进行控制的通知》（国办发〔2010〕1号）精神，加强耐火材料行业管理，引导产业持续健康发展，现提出以下意见：

一、充分认识加强耐火材料行业管理的重要性和紧迫性

耐火材料是钢铁、建材、有色、机械、化工、电力等高温工业发展不可或缺的基础材料，耐火黏土、镁砂、石墨、棕刚玉等是生产耐火材料的关键原料。改革开放以来，我国耐火材料产业取得了长足进步，已成为世界上最大的生产国、消费国和出口国。但我国耐火材料产业大而不强，还存在矿山生产无序，资源利用粗放，产业集中度低，生态恢复滞后等问题，制约着耐火材料产业的健康可持续发展。提升耐火材料产业发展水平，对于保障高质量耐火材料供给，支撑高温工业发展具有重要意义。因此，要进一步提高对耐火材料产业重要性和加强耐火材料行业管理紧迫性的认识，采取有效措施，发挥比较优势，增强资源保障能力，做强做优耐火材料特色产业。

二、指导思想、基本原则和发展目标

（一）指导思想

深入贯彻落实科学发展观，加快转变耐火材料产业发展方式，立足我国高温工业发展需要，严格控制耐火材料总量，大力推进节能减排、淘汰落后和兼并重组，优化产业结构，加强技术改造，发展循环经济，保护生态环境，提高产业集中度，提升发展质量和效益，增强高端耐火材料保障能力，促进耐火材料产业持续健康发展。

（二）基本原则

坚持保护性开发和综合利用，节约资源，保护环境，鼓励利用再生耐火材料；坚持控制总量和优化存量，规范行业准入，着力扶优扶强，实现规模效益；坚持合理布局，促进产品升级，立足资源和技术优势，发展高技术含量、高附加值、无次生污染的新产品；坚持“引进来”和“走出去”并重，统筹国内国际两个市场、两种资源，积极开展国际合作。

（三）发展目标

提高资源综合利用水平和保障能力。到2015年，高端耐火材料基本自给，菱镁矿石资源综合利用率不低于90%，耐火黏土矿石资源综合利用率不低于80%。到2020年，两种矿石资源综合利用率分别高于95%和90%。

加大节能减排力度。到2015年，主要耗能设备能效水平达到一级，主要产品的综合能耗比2010年降低20%以上，二氧化硫、氮氧化物排放总量比2010年分别下降8%和10%以上，用后耐火材料回收再利用率不低于50%。到2020年，用后耐火材料回收再利用率高于75%。

提高产业集中度。到2015年，形成2~3家具有国际竞争力的企业，创建若干个新型工业化产业示范基地，前10家企业产业集中度达到25%。到2020年，前10家企业产业集中度提高到45%。

三、主要任务

（一）推进联合重组

建立完善新建项目与联合重组、淘汰落后、节能减排联动机制，坚持等量或减量置换落后产能。严格控制产能增长，加快优化存量。规范市场化运作，支持行业内优势骨干企业以品牌、技术、资本等要素为纽带，大力推进横向联合重组，纵向延伸产业链，协同发展生产性服务业，组建大型耐火材料企业集团。

（二）优化产业布局

按照矿产资源规划和相关政策要求，加强资源整合，优化耐火黏土、菱镁等矿产资源配置，推进资源利用的规模化、集约化，实现优质优价优用。在菱镁资源富集的辽宁、山东等地区优先发展镁质耐火材料。在耐火黏土富集的河南、山西、山东、贵州等地区优先发展铝硅质耐火材料。支持辽宁、河南、山东、江苏、浙江等资源富集或产业基础好的地区创建新型工业化产业示范基地。

（三）强化节能降耗

加强节能管理，加大技术改造，提高高温窑炉等高耗能设备能效水平，降低单位耐火材料产品的综合能耗，推进高温窑炉轻型化、节能化、高效化。发展不定形耐火材料和免烧制品。开发产品质量优良、资源能源节约、生产过程清洁、使用过程无害的“绿色耐材”，鼓励用后耐火材料回收再利用。

（四）严格环境管理

加强耐火原料开采与运输、耐火材料生产、用后耐火材料储存和回收再利用等环节的环境管理，注重生态保护，防止六价铬等重金属和水土流失，减轻对生态环境的影响。加大粉尘治理，健全作业场所防尘、降尘和除尘设施，配备降噪设施，按规定配套建设脱硫、脱硝等设施，减少污染物排放。

（五）发展高端产品

围绕高温工业和新兴产业发展需求，发展优质合成、改性原料和长寿命、无污染、节能型耐火材料。开发适用于高温工业先进工艺装备关键部位的结构功能一体化的长寿命新型耐火材料、微孔结构高效隔热材料，施工便利的高性能不定形耐火材料，防止重金属污染的无铬耐火材料等高端产品。

（六）鼓励技术创新

坚持需求牵引和创新驱动并重，整合行业创新资源，建立上下游相关单位共同参与、产学研用相结合的产业技术创新联盟，搭建行业技术创新和交流平台。着重开展集成创新和引进消化吸收再创新。协同攻克耐火原料均化、改性、合成，先进耐火材料制备以及高温工业生产装备应用中的重大共性技术。加快先进技术工程化，推动科技成果产业化。

（七）淘汰落后产能

逐步提高行业准入门槛，加快淘汰能效低、污染重、隐患多的落后产能。2015 年底前，淘汰单线产能低于 3 万吨/年、吨产品综合能耗高于 240 千克标煤的回转窑，单线产能低于 2 万吨/年、吨产品综合能耗高于 285 千克标煤的隧道窑等落后耐火黏土熟料产能；淘汰有效容积低于 18 立方米、吨产品综合能耗高于 330 千克标煤的轻烧菱镁反射炉，有效容积低于 30 立方米的重烧镁砂竖窑，变压器功率低于 1400 千伏安的镁砂电熔炉等落后产能；淘汰变压器功率 3000 千伏安以下普通棕刚玉冶炼炉、变压器功率 4000 千伏安以下固定式棕刚玉冶炼炉、变压器功率 3000 千伏安以下碳化硅冶炼炉等落后生产设备。

（八）加强安全生产

健全安全生产责任制，制定完备的安全生产规章制度和操作规程，依法参加工伤保险。完善制品冲压成型等工伤多发工序安全防护措施，加强高温作业安全防护，防治矽肺病等常见职业病。严格建设项目安全管理，确保配套建设的安全生产设施和职业病防护设施与主体工程同时设计、同时施工、同时投入生产和使用。鼓励企业采用自控水平高的先进工艺和装备，提高本质安全。

四、保障措施

（一）加强组织领导

各地工业和信息化主管部门要切实加强对耐火材料行业的指导和管理，严格执行相关政策，加强部门协调，推动产业政策与环保、国土、安全生产、能源、金融、进出口、财税等政策联动，促进耐火材料产业健康发展。河南、辽宁、山东、山西、贵州、江苏、浙江等资源禀赋或产业基础好的地区，要在本地区产业发展规划中统筹耐火材料产业发展。

（二）严格行业准入

依据耐火材料产业发展态势，及时制修订耐火材料行业准入条件，规范行业准入。在规划布局、工艺装备、生产规模、产品质量、能源消耗、环境保护和生态恢复、综合利用和安全生产等方面强化准入要求。加大监督检查力度，公告符合行业准入条件的企业名单，对不符合准入要求的责令限期整改。

（三）严肃指令性计划

根据矿产资源规划确定的勘查开采总量，结合产业现状，完善耐火黏土指令性生产计划管理，强化与行业准入、联合重组、技术改造、进出口等环节的衔接。指令性生产计划优先向骨干企业分配，不下达给不符合准入条件的企业。加强对计划执行情况的监督检查，杜绝无计划生产和超计划生产。公告违规企业名单，接受社会监督。

（四）加大技术改造

以品种质量、节能减排、安全生产、装备升级和两化融合等为重点，支持耐火材料行业开展技术改造，发展循环经济，积极利用煤矸石、赤泥等尾矿资源以及用后耐火材料，降低对一次资源的依赖，提高资源综合利用水平和高端产品保障能力，提升行业整体水平。

（五）发挥行业组织作用

建立完善耐火材料经济运行统计制度，监测行业经济运行，发布行业经济运行报告。加强行业自律，反映行业诉求，维护企业合法权益，增强企业社会责任，维护市场秩序，抵制假冒伪劣产品，防止不正当竞争。开展技术交流和人员培训，提高从业队伍综合素质和能力。

（六）完善标准规范

依据行业技术进步和经济社会发展的新要求，适时制修订耐火材料行业的产品、检测、环保、安全以及生产、使用等相关标准和规范，完善耐火材料标准体系。充分发挥耐火材料产品检测第三方机构的作用，监督标准实施。加强行业标准化基础工作，强化与上下游协调联动，加快与国际标准接轨，促进行业健康发展，做大做强耐火材料产业。

工业和信息化部

2013年2月21日

中华人民共和国工业和信息化部

公　　告

2014 年　第 84 号

为落实《工业和信息化部关于促进耐火材料产业健康可持续发展的若干意见》（工信部原〔2013〕63 号），引导合理投资，遏制低水平重复建设，加快结构调整，促进耐火材料产业健康可持续发展，根据有关法律法规和产业规划政策，我部制定了《耐火材料行业规范条件》（2014 年本），现予公告。

有关方面在投资融资、土地供应、环境评价、节能评估、生产许可、安全生产监管和淘汰落后等工作中应参照执行。

附件：耐火材料行业规范条件（2014 年本）

工业和信息化部
2014 年 12 月 26 日

附件

耐火材料行业规范条件

（2014 年本）

工信部原 2014 年第 84 号

为引导合理投资，遏制低水平重复建设，加快结构调整，促进耐火材料产业健康可持续发展，根据《中华人民共和国清洁生产促进法》《中华人民共和国节约能源法》和《工业转型升级规划（2011～2015 年）》等法律法规和规划政策，制定本规范条件。

一、生产布局

（一）耐火材料项目应综合考虑资源、能源、环境容量和市场需求，符合主体功能区规划、产业发展规划、环境保护规划和项目所在地城乡规划，符合土地利用总体规划和土地使用标准。

（二）控制新增产能，鼓励实施等量或减量置换，依托现有耐火材料生产企业，通过联合重组，“退城入园”，开展技术改造，推进节能减排，生产和推广不定形耐火材料，优化产业结构，提高生产集中度。

（三）世界遗产地、风景名胜区、生态保护区、饮用水水源保护区等需要特别保护的区域和非工业建设规划区不得新建、扩建耐火材料项目。

上述区域内已有的耐火材料企业，达不到本规范条件的，要通过整改达到。

二、工艺与装备

（一）耐火材料厂区布局要符合《工业企业总平面设计规范》（GB 50187）、《工业企业设计卫生标准》（GBZ 1）的要求。

（二）采用《产业结构调整指导目录》鼓励类工艺和装备，使用列入《节能机电设备（产品）推荐目录》的产品或能效标准达到 1 级的机电设备。

（三）不采用《部分工业行业淘汰落后生产工艺装备和产品指导目录》《高耗能落后机电设备（产品）淘汰目录》等明令淘汰、限制的工艺和装备。

（四）使用本质安全的技术和装备，采用清洁能源（燃料）。应用原料精选、提纯、均化、合成等新技术，提升关键原料综合利用水平。通过以新带老，全面提升企业管理信息化、生产自动化水平。

三、质量管理

（一）建立完善的产品质量保障体系和产品质量追溯制度，具备健全的质量管理机构和质量检验实验室，配备专职质量管理和质量检验人员。

（二）耐火原料、耐火制品质量达到相应的国家标准或行业标准。

四、清洁生产

（一）原料堆场配建围墙和顶盖，破（粉）碎、筛分、均化、输送、成型和成品加工等易产生粉尘的环节，配套除尘装置，防止粉尘无组织排放。含尘气体经处理达标后排放。

（二）配套建设窑炉烟气除尘、脱硫、脱硝等治理装置。烟气经治理达标后排放。

（三）建立雨污分流系统。生产工艺废水回用率不低于 90%，污水经治理达标后排放。

（四）原料加工、制品成型等易产生噪声的工段，配套建设降噪设施。厂界噪声符合《工业企业厂界环境噪声排放标准》（GB 12348）。

（五）固体废物贮存、处置按《一般工业固体废物贮存、处置场污染控制标准》（GB 18599）执行。堆存含有重金属的原料和固体废物场所配套建设防渗漏设施。

（六）采取清洁生产技术，依法开展清洁生产审核。建立环境管理体系，制定突发环境事件应急预案。

五、节能降耗和综合利用

（一）依法开展工业节能评估与审查，采用节能环保型窑炉，并以新带老配套建设企业余热回收利用设施。

（二）耐火原料单位产品综合能耗限额符合表 1 的规定。

表 1 耐火原料单位产品能耗限额

产品名称	品种/工艺	耐火原料单位产品综合能耗限额（千克标煤/吨）
高铝矾土熟料		227
烧结镁砂	MS97	83
	MS95	200
	MS92	300
电熔镁砂		339
烧结刚玉		151
电熔刚玉	棕刚玉	295
	白刚玉	184
镁铝尖晶石	电熔法生产	193
	烧结法生产	482
莫来石	电熔法生产	175
	烧结法生产	447

注：折算标煤系数为 0. 1229kgce/（kW · h）。

（三）耐火制品单位产品综合能耗限额符合表 2 的规定。

表 2 耐火制品单位产品能耗限额

产品名称	品种/工艺	耐火制品单位产品综合能耗（千克标煤/吨）
黏土砖（含低蠕变）特异型砖≤40%	—	172①
高铝砖（含低蠕变）特异型砖≤20%	—	318①
硅砖特异型砖≤20%	—	338②
镁质制品	镁砖	184
	中档镁砖	232
	高纯镁砖	256
	镁铬砖	205
	直接结合镁铬砖	268
	镁钙砖	179
	镁铝尖晶石砖	245
含碳制品	镁碳砖及镁铝碳砖	31

续表 2

产品名称	品种/工艺	耐火制品单位产品综合能耗（千克标煤/吨）
不定形耐火制品		10

①特异型砖（含低气孔致密黏土砖）比例每增加 10%，综合能耗增加 15 千克标煤/吨；②特异型砖比例每增加 10%，综合能耗（标煤）增加 20kg/t；折算标煤系数为 0.1229kg/(kW·h)。

（四）回收再利用生产过程产生的碎矿、粉矿和回收的粉尘等固体废物，鼓励回收再利用用后耐火材料。

（五）年消耗标准煤 5000 吨及以上的耐火材料企业，应按照当地工业节能管理部门要求，定期提交本单位能源利用状况报告，提供可靠的能耗数据。

六、安全生产、职业卫生和社会责任

（一）严格遵守安全生产方面的法律、法规和标准。推进安全生产标准化建设，有健全的安全操作规程。新建、改扩建项目的安全生产设施与主体工程建设“三同时”。有重大危险源检测、评估、监控措施和应急预案。

（二）严格遵守职业病防治方面的法律、法规和标准，建立健全职业病防治责任制。新建、改扩建项目必须依法履行职业卫生“三同时”。配备岗位必需的劳动防护用品和职业病防护设施，工作场所的有害气体、粉尘浓度、噪声、高温等指标符合国家要求，严防尘肺病等职业病。

（三）依法纳税，足额缴纳养老保险、医疗保险、工伤保险、失业保险和生育保险费。

七、监督管理

（一）新建耐火材料建设项目需要达到规范条件。现有企业和生产线达不到规范条件的，要通过整改措施达到。

（二）地方工业和信息化主管部门监督本地区耐火材料企业执行本规范条件。

（三）工业和信息化部依企业申请，公告符合规范条件的耐火材料企业和生产线名单，接受社会监督并实行动态管理。

公告管理办法由工业和信息化部另行制定。

八、附则

（一）本规范条件适用于中华人民共和国境内（中国台湾、中国香港、中国澳门地区除外）耐火材料生产企业。

（二）本规范条件引用的法律法规、标准规范和相关政策，如遇修订，按新修订的执行。

（三）本规范条件自 2015 年 3 月 1 日起实施，由工业和信息化部负责解释。

耐火材料行业规范公告管理办法

第一章　总　　则

第一条　为实施《耐火材料行业规范条件（2014 年本）》，规范公告符合条件的耐火材料企业和生产线名单，制定本办法。

第二条　各省、自治区、直辖市及计划单列市、新疆生产建设兵团工业和信息化主管部门（以下简称省级工业主管部门）负责本地区耐火材料企业公告申请材料的受理、核查和推荐工作，监督检查规范条件执行情况。工业和信息化部负责组织对省级工业主管部门推荐的申请材料进行复核和公告，并动态管理公告名单。

第二章　申请与审查

第三条　申请公告的耐火材料企业应当具备以下基本条件：

（一）具有独立法人资格；

（二）符合《耐火材料行业规范条件（2014 年本）》；

（三）遵守国家有关法律法规，无重大违法行为。

第四条　具备以上条件的耐火材料企业可向生产线所在地省级工业主管部门提交《耐火材料行业规范公告申请书》（见附件）及相关随附材料，并对材料真实性负责。

第五条　《耐火材料行业规范公告申请书》主要随附材料包括以下文件的复印件：

（一）法人营业执照副本；

（二）项目备案文件；

（三）项目用地权证或用地审批文件；

（四）项目环境保护审批文件或排污许可证；

（五）环境保护验收意见、清洁生产审核文件；

（六）近期环境监测报告；

（七）产品质量检测报告和质量管理体系有效证明文件；

（八）上年度能源利用状况报告或能源审计报告（年耗标准煤 5000 吨及以上的企业）；

（九）安全生产标准化建设和职业健康安全管理体系有效证明文件；

（十）上年企业个人所得税纳税凭证以及养老保险、医疗保险、工伤保险、失业保险、生育保险缴费证明文件。

第六条　省级工业主管部门对申请材料齐全、符合规定的，予以受理并出具受理通知书。对申请材料不全或不符合规定的，应在 10 个工作日内一次性告知申请企业需要补充的全部内容。省级工业主管部门在 20 个工作日内将经核查的申请材料推荐到工业和信息化部。

第七条　工业和信息化部收到省级工业主管部门推荐的申请材料之日起 2 个月内，组织完成复核。符合条件的生产线和企业名单，在工业和信息化部网站上公示 10 个工作日，公示无异议的生产线和企业名单予以公告。

第八条　工业和信息化部、省级工业主管部门在核查、复核过程中，可根据情况赴申请企业进行实地查验，实地查验应当有两名以上工作人员进行。实地查验结果，由查验人员和企业代表共同签字确认。

第三章　监督管理

第九条　进入公告名单的企业要按照规范条件组织生产经营活动，并对照规范条件定期开展自查。每年 1 月 31 日前将上年度自查报告报送省级工业主管部门。自查报告是监督检查企业执行规范条件的重要依据，应说明以下情况：

（一）企业生产经营情况；

（二）质量管理、清洁生产、节能降耗、安全生产、职业卫生和社会责任等制度建设及执行情况；

（三）法人代表、主要产品品种及生产能力等变更情况。

第十条　省级工业主管部门审核企业自查报告，可根据情况赴现场监督检查企业执行规范条件情况。3 月 31 日前将上年度监督检查结果和企业自查报告报送工业和信息化部。

第十一条　实地监督检查企业执行规范条件时，应当记录检查情况，由监督检查人员和企业代表共同签字确认。

第十二条　任何单位和个人发现正在申请公告的企业或已经公告的企业有不执行规范条件的，可向各级工业主管部门举报或投诉。

第十三条　已经公告的企业有下列情况之一，由省级工业主管部门责令其限期整改。

（一）不执行规范条件；

（二）报送的公告申请材料有弄虚作假行为；

（三）拒不接受监督检查；

（四）发生重大质量事故；

（五）发生重大违法行为。整改不合格的，或者发生重大及以上生产安全和污染环境事故的，由省级工业主管部门报请工业和信息化部撤销其公告资格。工业和信息化部拟撤销公告资格的，提前 30 天告知相关企业，听取企业的陈述和申辩。被撤销公告的企业，整改合格满一年后方可重新提出公告申请。

第四章　附　　则

第十四条　受理规范公告申请不得向申请企业收取费用。

第十五条　生产高铝黏土熟料的企业申请公告时，单位产品综合能耗限额依据《耐火材料行业规范条件（2014 年本）》高铝矾土熟料执行。

第十六条　本办法自 2015 年 11 月 1 日起施行，由工业和信息化部负责解释和组织修订。

中国耐火材料行业行规公约

为使中国耐火材料行业更好地适应国际、国内市场变化，稳定耐火材料价格，鼓励业内各企业展开公平竞争，维护耐火材料市场秩序，促进耐火材料行业健康有序发展，依据《中华人民共和国价格法》《反垄断法》《反不正当竞争法》《合同法》等国家法律法规，结合耐火材料行业面临的市场现状制定本行规公约（以下简称“规约”）。

第一章　总　　则

第一条　本规约以建立行业和企业自律机制，规范行业和企业生产经营行为，提高行业整体素质，树立企业良好形象为宗旨，是行业协会加强行业自律管理的重要组成部分。

第二条　凡在中国境内从事耐火材料生产、经营的企业，都应遵守本规约。中国耐火材料行业协会会员应起带头模范作用。

第三条　遵纪守法，廉洁奉公，自觉维护行业形象，严格遵守国家相关法律法规，禁止一切违法行为。讲求信誉，自尊自爱，提倡敬业、团结、互助、协调，各企业共同承担耐火材料市场责任。提倡绿色生产、文明经商、优质服务，自觉规范生产经营管理行为。

第二章　行业规约

第四条　各耐火材料生产企业应严格生产工艺、技术、质量等标准和规范，坚持质量第一、用户至上。禁止采购、生产、销售不合格产品。

第五条　保证供需平衡是维护耐火材料市场稳定的基本条件。各耐材企业应根据市场需求组织生产。市场发生较大变化时，生产企业应主动通过调控产量、优化品种结构、增减库存等措施调节供需关系，维护市场稳定，避免盲目的价格竞争。

第六条　各耐火材料生产企业，特别是大型企业要充分发挥稳定市场的主导作用，根据市场变化和产品结构调整合理制定产品价格。可与用户协商定价，反映产品价格的合理性，保持价格相对稳定，维护供需双方的共同利益。

第七条　各耐火材料生产企业应按照《中华人民共和国反不正当竞争法》第十一条“经营者不得以排挤竞争对手为目的，以低于成本的价格销售商品”和《中华人民共和国价格法》第十四条“经营者不得有下列不正当价格行为：……（二）为了排挤竞争对手或者独占市场，以低于成本的价格倾销，扰乱正常的生产经营秩序，损害国家利益或者其他经营者的合法权益；……”的规定，做到产品定价规范、公开、公平、合理，反对售价低于成本价的倾销行为。市场平稳情况下，应坚持产品售价不低于完全成本；市场需求减少、库存增加、销售困难情况下，应坚持产品售价不低于生产成本。坚决杜绝“保值销售”等不正当竞争行为，维护市场秩序。

第八条　建立、健全企业内部定价机制。企业内部要建立及时、准确的市场信息收集和分析系统，建立科学、有效的定价机制和决策管理系统，规范内部定价程序，减少价格制定的随意性和盲目性。规范企业分公司的销售行为，完善企业内部销售考核体系，把产品产销率与产品利润率一起考核。

第九条　各企业应遵守《中华人民共和国价格法》第八条“经营者定价的基本依据是生产经营成本和市场供求状况”的规定，坚持产品合理价位原则、价格可比性原则、优质优价原则、明码标价原则。

产品定价既要反映市场供需关系，也要反映产品价值，使产品价格保持相对合理，防止优质低价现象出现。同时，应及时关注国际市场价格情况，努力减少或避免贸易摩擦和反倾销案的发生。

第十条 各耐火材料生产企业应建立稳定的销售渠道和销售网络，与上下游企业建立利益共享、风险共担的合作机制，建立长期稳定的合作关系，共同维护市场秩序。同时加强和巩固出口产品销售渠道和网络，为稳定国内市场创造条件。

第十一条 各耐火材料生产企业之间要加强市场供需情况和价格信息的沟通和交流，正确分析市场变化，加强价格信息调研，防止耐材价格大起大落。

第十二条 发挥各省、市及地区行业协会的作用，及时对各地区市场状况、价格信息进行分析和研究，正确判断市场价格走势，交流企业营销经验。

第十三条 中国耐火材料行业协会每年适时召开市场信息交流会。在耐材市场出现较大波动和国家政策发生重大调整时，及时召开市场供需和价格形势分析会议，通报有关情况，研究行业经济运行的重大问题，制定稳定市场的策略。

第十四条 中国耐火材料行业协会要定期向耐材企业通报耐材生产、进出口和主要耐材品种国内外市场变化的情况，提出后期市场运行应关注的问题，必要时在行业内定期公布主要耐材品种平均成本。各耐材企业要及时向耐材协会报送本企业产量、价格、利润等生产经营状况。

第三章 规约管理

第十五条 中国耐火材料行业协会常务理事会负责行规公约的制（修）定、实施、监督、检查和管理工作。

第十六条 中国耐火材料行业协会办公室负责接待、受理单位和个人的信访、举报，报请常务副会长批准后，进行处理。

第十七条 中国耐火材料行业协会每年对规约执行情况进行检查，对模范执行规约的突出单位及其法人给予通报表扬，并以多种形式在行业内外进行公开表彰宣传。

第十八条 对违反行规公约的行为，中国耐火材料行业协会要及时给予制止和协调，并在协会网站及相关媒体曝光；对继续违反规约者，根据违规危害情况，分别给予行业内部通报批评、社会公开通报、行业警告，直至开除会籍。

第十九条 对扰乱市场秩序、危害行业整体利益的严重违规及违反相关法律法规的行为，协会将及时向政府主管部门报告，并建议相关部门依据《中华人民共和国价格法》《中华人民共和国反不正当竞争法》《中华人民共和国产品质量法》等法律法规查处并给予处罚。

第二十条 对处理结果不服的可提出复议意见，由协会组织进行调查，并出具调查报告交由常务理事会审议。

第四章 附则

第二十一条 本行规公约经中国耐火材料行业协会常务理事会讨论通过，中国境内耐火材料企业遵照执行。

第二十二条 本行规公约解释权归中国耐火材料行业协会常务理事会所有。

第二十三条 本行规公约如与国家和地方政策法规相抵触，以国家和地方政策法规为准。

第二十四条 本行规公约自 2014 年 9 月 18 日起施行。

耐火材料工业大气污染物排放标准

Emission standard of air pollutions for refractory industry

T/ACRI 0006—2018

中国耐火材料行业协会

2018-3-20 发布　　2018-4-20 实施

1 范围

本标准规定了耐火材料生产企业或生产设施的大气污染物排放的术语和定义、大气污染物控制要求、大气污染物监测要求。

本标准适用于耐火材料生产企业或生产设施的大气污染物排放管理，以及耐火材料工业建设项目的环境影响评价、环境保护设施设计、竣工环境保护验收及其投产后的大气污染物排放管理。

2 规范性引用文件

下列文件对于本文件的应用是必不可少的。凡是注日期的引用文件，仅注日期的版本适用于本文件。凡是不注日期的引用文件，其最新版本（包括所有的修改单）适用于本文件。

GB/T 15432　环境空气　总悬浮物颗粒物的测定　重量法

GB/T 16157　固定污染源排气中颗粒物测定与气态污染物采样方法

HJ/T 42　固定污染源排气中氮氧化物的测定　紫外分光光度法

HJ/T 43　固定污染源排气中氮氧化物的测定　盐酸萘乙二胺分光光度法

HJ/T 55　大气污染物无组织排放监测技术导则

HJ/T 56　固定污染源排气中二氧化硫的测定　碘量法

HJ 57　固定污染源排气中二氧化硫的测定　定电位电解法

HJ 75　固定污染源烟气（SO_2、NO_x、颗粒物）排放连续监测技术规范

HJ 76　固定污染源烟气（SO_2、NO_x、颗粒物）排放连续监测系统技术要求及检测方法

HJ/T 373　固定污染源监测质量保证与质量控制技术规范（试行）

HJ/T 397　固定源废气监测技术规范

HJ 629　固定污染源废气　二氧化硫的测定　非分散红外吸收法

HJ 692　固定污染源废气　氮氧化物的测定　非分散红外吸收法

HJ 693　固定污染源废气　氮氧化物的测定　定电位电解法

HJ 836　固定污染源废气　低浓度颗粒物的测定　重量法

《污染源自动监控管理办法》（国家环境保护总局令第 28 号）

《环境监测管理办法》（国家环境保护总局令第 39 号）

3 术语和定义

下列术语和定义适用于本标准。

3.1

耐火材料工业窑炉 refractories furnace

耐火原料及制品生产用的窑炉。

3.2

氮氧化物（NO_x） nitrogen oxides

氮氧化物主要有：NO、N_2O、NO_2、N_2O_3、NO_3、N_2O_5。其中，对环境污染最为严重的是NO和NO_2，通常用NO_x来表示这两种成分的总量。

3.3

颗粒物 particulate matter

生产过程中排放的窑炉烟尘和其他生产工序产生粉尘的总称。

3.4

无组织排放 fugitive discharge

大气污染物不经过排气筒的无规则排放，主要包括作业场所物料堆存、开放式输送扬尘，以及设备、管线等大气污染物泄漏。

3.5

排气筒高度 stack height

自排气筒（或其主体建筑构造）所在的地平面至排气筒出口的高度，单位为m。

4 大气污染物排放控制要求

4.1 现有企业执行表1规定的大气污染物排放限值。

表1 现有企业大气污染物排放浓度限值 单位：mg/m^3

<table>
<tr><th colspan="2">生产工序</th><th>污染物项目</th><th>限值</th><th>污染物排放监控位置</th></tr>
<tr><td rowspan="9">烧成</td><td rowspan="3"><1400</td><td>SO_2</td><td>100</td><td rowspan="14">车间或生产设施排放口</td></tr>
<tr><td>NO_x（以NO_2计）</td><td>200</td></tr>
<tr><td>颗粒物</td><td>50</td></tr>
<tr><td rowspan="3">1400～1700（不含1700）</td><td>SO_2</td><td>100</td></tr>
<tr><td>NO_x（以NO_2计）</td><td>300</td></tr>
<tr><td>颗粒物</td><td>50</td></tr>
<tr><td rowspan="3">≥1700</td><td>SO_2</td><td>200</td></tr>
<tr><td>NO_x（以NO_2计）</td><td>500</td></tr>
<tr><td>颗粒物</td><td>50</td></tr>
<tr><td rowspan="4">干燥</td><td>采用烧成工序的余热作为热源</td><td colspan="2">执行对应烧成工序的排放限值</td></tr>
<tr><td rowspan="3">采用独立热源</td><td>SO_2</td><td>100</td></tr>
<tr><td>NO_x（以NO_2计）</td><td>100</td></tr>
<tr><td>颗粒物</td><td>50</td></tr>
<tr><td colspan="2">其他生产工序</td><td>颗粒物</td><td>50</td></tr>
</table>

4.2　新建企业执行表2规定的大气污染物排放限值。

表2　新建企业大气污染物排放浓度限值　　单位：mg/m^3

生产工序		污染物项目	限值	污染物排放监控位置
烧成	<1400	SO_2	50	车间或生产设施排放口
		NO_x（以 NO_2 计）	100	
		颗粒物	30	
	1400~1700（不含1700）	SO_2	50	
		NO_x（以 NO_2 计）	200	
		颗粒物	30	
	≥1700	SO_2	100	
		NO_x（以 NO_2 计）	400	
		颗粒物	30	
干燥	采用烧成工序的余热作为热源	执行对应烧成工序的排放限值		
	采用独立热源	SO_2	50	
		NO_x（以 NO_2 计）	50	
		颗粒物	30	
其他生产工序		颗粒物	30	

4.3　企业无组织排放监控浓度限值执行表3的规定。

表3　厂界无组织排放限值　　单位：mg/m^3

污染物项目	限值	监控位置
颗粒物	1.0	厂界外10m范围内浓度最高点

4.4　废气收集、处理与排放

4.4.1　产生大气污染物的生产工艺和装置应设立局部气体收集系统和集中净化处理装置，达标排放。

4.4.2　净化处理装置应与其对应的生产工艺设备同步运转。应保证在生产工艺设备运行波动情况下净化处理装置仍能正常运转，实现达标排放。因净化处理装置故障造成非正常排放，应停止运转对应的生产工艺设备，待检修完毕后共同投入使用。

4.4.3　所有排气筒高度应不低于15m。排气筒周围半径200m范围内有建筑物时，排气筒高度还应高出最高建筑物3m以上。

5　大气污染物监测要求

5.1　企业应按照有关法律和《环境监测管理办法》等规定，建立企业监测制度，制定监测方案，对污染物排放状况及其对周边环境质量的影响开展自行监测，保持原始监测记录，并公布监测结果。

5.2　新建企业和现有企业安装废气自动监控设备的要求，按有关法律和《污染源自动监控管理办法》的规定执行。

5.3　污染物排放自动监控设备通过验收并正常运行的，应按照HJ 75和H 76的要求，定期对自动监测设备进行校验。

5.4　排气筒中污染物的监测采样，应根据监测污染物的种类，按GB/T 16157、HJ/T 397的规定执行。监测的质量保证和质量控制要求按HJ/T 373、HJ/T 397的规定执行。

5.5 对大气污染物无组织排放的监测按 HJ/T 55 规定执行。

5.6 对大气污染物排放浓度的测定采用表 4 所列的方法标准。

表 4 大气污染物浓度测定方法标准

序号	污染物项目	方法标准名称	方法标准编号
1	颗粒物	固定污染源排气中颗粒物测定与气态污染物采样方法	GB/T 16157
		环境空气总悬浮颗粒物的测定 重量法	GB/T 15432
		固定污染源废气低浓度颗粒物的测定 重量法	HJ 836
2	二氧化硫	固定污染源排气中二氧化硫的测定碘量法	HJ/T 56
		固定污染源排气中二氧化硫的测定 定电位电解法	HJ 57
		固定污染源废气二氧化硫的测定 非分散红外吸收法	HJ 629
3	氮氧化物	固定污染源排气中氮氧化物的测定 紫外分光光度法	HJ/T 42
		固定污染源排气中氮氧化物的测定 盐酸萘乙二胺分光光度法	HJ/T 43
		固定污染源废气氮氧化物的测定 非分散红外吸收法	HJ 692
		固定污染源废气氮氧化物的测定 定电位电解法	HJ 693

5.7 基准氧含量大气污染物排放浓度折算

5.7.1 耐火材料工业干燥、烧成设施或炉窑排气中的基准氧含量体积百分数为 18。对排气中的污染物进行监测时，应同时监测排气中的氧含量。

5.7.2 当排气中的氧含量高于基准氧含量时，实测排气中的污染物浓度应按式（1）换算为基准氧含量污染物排放浓度，并以基准氧含量污染物排放浓度作为判定排放是否达标的依据。

5.7.3 当实测氧含量低于基准氧含量时，污染物浓度以实测浓度计。排气中的氧含量监测按 GB/T 16157 或 HJ/T 397 的规定进行。

注：氧含量指烟气中含有的自由氧，通常以干基容积百分数表示。

$$C_{基} = \frac{21 - O_{基}}{21 - O_{实}} \cdot C_{实} \tag{1}$$

式中：

$C_{基}$——基准氧含量污染物排放浓度，单位为毫克每立方米（mg/m^3）；

$C_{实}$——实测污染物排放浓度，单位为毫克每立方米（mg/m^3）；

$O_{基}$——基准氧含量，%；

$O_{实}$——实测氧含量，%。

说明：本标准按 GB/T 1.1—2009 的规则编写。

本标准由中国耐火材料行业协会提出并归口。

本标准主要起草单位：中冶焦耐工程技术有限公司、中冶焦耐（大连）工程技术有限公司。

本标准参与起草单位：辽宁青花耐火材料股份有限公司、山东耐材集团鲁耐窑业有限公司。

本标准主要起草人：尹高、白城、潘波、王文学、杨耕桃、洪艳萍。

中国耐火材料工业“十三五”发展规划建议

中国耐火材料行业协会

负责人：徐殿利

执笔人：石 凯 蔡建路 袁 林 周宁生 曲殿利 初建民 魏 同

前 言

耐火材料是钢铁、建材、有色、机械、化工、电力等高温工业发展不可或缺的基础材料，与战略性新兴产业有较高关联度，耐火材料行业与高温工业相互依赖，相互促进，共同发展。

“十一五”至“十二五”期间我国耐火材料工业经历了黄金发展期，调整结构、产业升级都取得了较快发展，有力地支持了我国高温工业的蓬勃发展。2015 年统计，我国耐火材料行业规模以上企业 2000 家左右，近年来年产量 2800 万吨左右，约占世界总产量的 65%，多年来保持世界耐火材料生产和消费第一大国。“十三五”期间，面对复杂多变的国际政治经济环境和国内新的经济形势，适应新常态，迎接新挑战，需要制定科学合理的发展规划，以更好地引导行业的持续健康发展。高温工业及战略性新兴产业是国民经济的重要基础，为保证国民经济各部门更好更快的协调发展，编制“十三五”期间国家层面的耐火材料行业发展规划很有必要。

本规划依据中国共产党十八届五中全会通过的《国民经济和社会发展第十三个五年规划的建议》、国务院《中国制造 2025》、工业和信息化部《关于促进耐火材料产业健康可持续发展的若干意见》和《耐火材料行业规范条件》（2014 年本）编制。主要阐明耐火材料工业发展战略和目标，明确主要任务，引导科学发展，促进结构优化，作为“十三五”期间我国耐火材料工业发展的指导性文件。

“十三五”期间，坚持创新驱动，提高产业集中度，淘汰落后产能，加快产业结构调整，提高工艺技术装备水平，推动产业技术升级，形成优势产业格局，提高行业整体运行效果和发展质量，实现我国耐火材料工业由大到强的转变，为我国和世界高温工业发展做出更大的贡献。

第一章 我国耐火材料工业的发展现状

1.1 “十二五”期间耐火材料工业的主要成就

“十二五”期间，通过调整结构、转型升级，耐火材料行业有了长足发展。资源利用有了新突破，创新发展迈上新台阶，科技进步取得新成果，节能减排见到新成效，结构调整出现新转机，布局优化呈现新面貌。

1.1.1 行业提升

“十二五”时期，我国耐火材料结构调整有了新进展，优势骨干企业规模进一步壮大，生产集中度逐步提高。我国耐火材料年均产量 2800 万吨左右，约占世界总产量的 65%，不定形耐火材料平均占比由“十一五”时期的 33% 左右增加到 39%左右，耐火材料自给率几近 100%，销售收入排名前十位公司的市场占有率由 9%提高到 15%。

对耐火材料工业在国民经济中的地位认知度逐步得到提升。《关于促进耐火材料产业健康可持续发展的若干意见》《耐火材料行业规范条件》等国家层面相关政策措施的出台，对耐火材料工业的发展具有里程碑意义，表明耐火材料作为一个独立的产业，其管理和调控已纳入政府主管部门的管理序列，对耐火材料工业今后的健康发展具有指导和促进作用。各级政府特别是耐火材料产业集中的地区加强了对耐火材料行业布局优化、集约发展、联合重组、结构调整、产业升级等方面支持引导，制定促进产业发展政策，耐火材料行业得到快速发展。

技术水平稳步提升。耐火材料产量和品种满足了高温工业高速增长的需求，制造技术、装备水平及应用技术水平显著提高，耐火材料的服役寿命明显延长，用户的单位产品耐火材料消耗大幅降低，例如吨钢耐火材料平均消耗由约25kg降低到18kg左右。创新能力进一步增强，我国耐火材料整体技术水平与国际先进水平的差距明显缩小，不少已达到国际先进水平，有的甚至居国际领先水平，例如在RH精炼炉用耐火材料的无铬化方面有原创技术，居国际领先水平。

耐火材料产业链建设取得新进展。重点骨干企业坚持制造与服务协同发展，延伸服务链条，不断融入下游行业的生产流程和管理流程，致力于从制造业向服务型制造业转变，服务创收比例逐渐增加。部分有实力的企业向原料、矿产资源开发等上游产业延伸，打造产业链竞争优势。部分耐火材料企业结合自身优势和环境特点寻找新的经济增长点，适度发展其他非耐材产业，对耐火材料主产业起到有益的补充。

我国耐火材料行业在世界耐火材料行业中影响力不断提高。中国已成为世界耐火材料的制造中心和贸易中心，正在成为耐火材料的投资中心和研发中心，是目前世界耐火材料活跃的中心地区。我们在国际事务的参与度和参与能力逐渐增强，中国耐火材料行业协会和三家耐火材料企业已成为2015年成立的世界耐火材料协会的成员。我国耐火材料产品在国际市场的竞争力逐渐增强，市场遍及东南亚多国、北美洲、南美洲、欧盟、俄罗斯等约150个国家和地区。“十二五”期间我国耐火原料和制品年均出口532万吨，贸易额32.52亿美元，贸易额中耐火原料占比年均降低1.30%，而耐火制品占比年均增加1.32%，出口产品的结构进一步优化。

1.1.2 资源开发利用

高铝黏土矿是生产铝硅质耐火材料的主要原料，“十二五”期间耐火材料行业累计利用高铝黏土矿3586万吨。菱镁矿是碱性耐火材料的主要原料，产地主要集中在辽宁省和山东省。“十二五”期间累计开采菱镁矿7852万吨，累计生产各种碱性原料3849万吨，菱镁矿的开采利用水平逐渐提高。

除天然原料而外，人工合成原料的产量、品种和质量也得到了长足的发展，同时合成原料的工艺技术和装备水平也大幅提升。采用烧结或电熔工艺生产的氧化铝基、氧化镁基、氧化锆质等系列合成原料具有高纯、均匀、致密、性能优良等特点，为耐火材料新产品的设计开发提供了有力保障。

1.1.3 转型创新

结构调整取得新突破。“十二五”期间在市场配置资源的主导作用下，耐材行业联合重组步伐明显加快，跨地区、跨所有制的联合重组取得了突破性进展。国内优势骨干耐材企业结合自身发展需求，通过强强联合，兼并重组，优化资源配置，扩大企业规模，逐步形成了一批具有较强竞争力的大型耐材企业。行业结构调整和转型升级迈上了新台阶，提高产业集中度取得了新突破。

淘汰落后取得新进展。各级政府、耐材协会和耐材企业认真贯彻国家关于耐火材料产业发展的相关政策，积极采取措施，在淘汰落后、节能减排等方面成效显著。全行业基本淘汰了燃煤倒焰窑，“三废”治理效果明显，生产环境大为改观，生产机械化、自动化水平逐步提高。

管理创新迈上新台阶。联合重组使企业资本结构多元化，治理结构多样化，管理模式丰富化，企业普遍采用现代管理新理念，建立完整高效的管理体系和管理机制。质量管理手段丰富多样，生产管理务实高效，财务管理完善规范，营销管理灵活有序，管理水平不断升级。

行业协会的监管作用得到加强。各级耐火材料行业组织不断创新管理方法，完善服务职能，通过表扬先进，抑制落后，扶优促强，推动诚信建设，加强行业自律，净化发展环境，行业协会的管理和协调作用进一步增强。

1.1.4 科技进步

“十二五”期间，耐火材料行业科技进步成果显著。企业科研创新能力得到加强，创新投入强度逐渐增大，组建了一批具有较高水平的研发平台和创新团队，企业普遍建立了产学研相结合的创新体系，加快了科研成果的产业化。产生了一大批具有较高水平的重大创新成果，有力地支撑了耐火材料行业的转型升级。这期间行业内不仅有四项成果获得冶金科技奖，武汉科技大学的“洁净钢冶炼连铸用功能化耐火材料关键技术与应用”项目还获得了国家科技进步二等奖。

重要的研发创新成果有：洁净钢冶炼用功能化耐火材料、大型铝电解槽用耐火材料、顶燃式热风炉用关键耐火材料、特种钢连铸用长寿命浸入式水口、玻璃窑和水泥窑用新型长寿命耐火材料、不定形耐火材料新材料及新施工技术、资源综合利用及新型合成原料等方面的新技术、新产品。在无铬化新产品方面，开发出水泥回转窑用镁铁铝复合尖晶石砖系列产品、AOD 炉用镁钙系列产品、RH 炉用无铬材料等，为环境保护和下游产品的高端化提供了保证。

信息化和工业化“两化融合”步伐加快。企业在产品、设计、生产过程、企业管理、市场经营等环节的信息化建设都有了不同程度的提升，拓宽了企业活动的时空范围，使经营活动更准确、更及时、更科学、更高效。

重点耐材企业的装备不断升级，制造过程的自动化、信息化、高效化水平逐步提高。优势企业先后从国外引进了全自动液压机、机械手、混合搅拌机等先进设备。国内一批压机设备制造企业研制生产的液压成型设备、电动螺旋压砖机等，在耐火材料行业得到了广泛应用。近几年，河南、山东、山西等铝硅质主要耐火原材料生产省市在节能减排和环保治理中先后拆除落后燃煤倒烟窑，新建了一批先进的全自动隧道窑和梭式窑，提高了耐材生产企业的整体热工装备水平。检测及研发仪器设备有了质的提升，常规检测及研发仪器设备得到了普及，部分企业配备了扫描电子显微镜、X 射线衍射仪、X 荧光分析仪等高端研发仪器设备，生产过程在线检测设备档次也有了提高。

1.1.5 节能环保

“十二五”期间，耐火材料行业节能减排有了新突破。能耗高、污染大、效率低的窑炉基本被淘汰，节能型高温竖窑、隧道窑、轻型梭式窑得以大量推广应用，高效燃烧技术、新型隔热材料及烟气余热回收等新技术的采用，使窑炉热效率和能源综合利用水平逐步提高，单位产品综合能耗进一步降低。燃料油、天然气、煤层气、液化气等高热值清洁能源被广泛采用，大幅度降低了二氧化硫、氮氧化物等有害废气的排放量。

不烧或低温烧成新技术，不定形耐火材料高性能化技术，用后耐火材料再生利用技术等的开发和应用，从技术层面推动了节能减排和低消耗。耐火材料产业政策对耐火材料工业节能减排起引导和强制性作用。

“十二五”期间，耐火材料行业在环境保护方面有了新进展。耐火矿山资源粗放开采及生态恢复问题引起政府和行业重视。耐火材料加工制造、安装使用及用后解体等环节“三废”排放控制及资源化回收利用取得较好进展，噪声问题得到有效治理。高效除尘器、废气焚烧法等重要环保措施的推广，使耐火材料企业的环境质量有了明显改善。“无铬化”“低碳化”“轻型化”等环境友好型和资源节约型新技术、新产品的开发，进一步推进“绿色耐材”的发展。

随着资源能源约束的增强，用后耐火材料的再生利用工作方兴未艾，再生利用水平不断提高，再生利用品种范围向全覆盖拓展。出现了再生原料专业化公司，形成规模化、系列化再生产业。颁布了相关再生利用产品的标准。耐火材料循环利用工作达到一定水平。

1.1.6 优化布局

目前我国耐火材料主产区分布在河南、辽宁、山东、山西、浙江、江苏、河北、北京等省市的部分区域，其中河南、辽宁、山东三省产量约占全国总产量的 80%。河南、山东发展成铝硅系耐火材料的主产区，辽宁为镁质耐火材料的生产基地。近年来受高温工业向西北、西南地区转移的影响，部分耐火材料产能向该地区转移。随着西部大开发步伐加快，要素禀赋优势及环境容量宽松，促进了本地区耐火材料工业的兴起。目前上海、北京、广州等大城市，对建在市区内的耐火材料企业采取迁建或限停产措施，促进了耐火材料产业布局的调整优化。

1.2 我国耐火材料工业存在的主要问题

“十二五”期间，耐火材料工业虽有长足的发展，但还存在一些问题，特别在产业结构、装备水平、品种质量、资源保障、节能环保等方面问题突出，影响其可持续发展。

1.2.1 行业结构不合理

由于进入行业门槛较低，造成过度投资，产能严重过剩，引发一系列问题。大而不强，多而不精。没有世界级大型企业集团，缺乏世界知名品牌。90%为中小企业，行业“小、多、散”的局面未见大的改观，产业结构方面存在的矛盾和问题未能实质性解决，产业布局有待进一步调整优化。因生产集中度低，行业自律性差，社会责任意识不强，无序竞争严重。全行业资源利用率不高，劳动效率较低，造成行业生存能力弱化，生存环境恶化，持续健康发展受到严重挑战。

1.2.2 工艺装备水平较低

“十三五”期间通过技术改造，重点企业的装备水平得到提升，但全行业整体工艺装备水平与世界先进国家相比差距仍大。特别是混练、成型及烧成等关键设备落后，智能化水平低，包装和施工机械简单，自动化程度低，造成劳动效率低，作业环境恶劣，产品质量和施工质量没有保障。装备水平低是能耗高、污染重、规模小的主要原因。

1.2.3 品种结构和研发应用水平有待提升

“十二五”期间，在调整品种、提高质量方面有了较大进步，但还存在诸多问题。例如：初加工产品、低档产品产量较大，高端、高技术含量、高附加值产品占比较小；不定形耐火材料及“绿色耐材”产量较低；品种的多元化、丰富化不够；在做实“专、特、精”方面有待强化和深化；整体实物产品的性能稳定性、质量可靠性、环境适应性、使用寿命等仍有较大改进空间；绝对竞争优势不足，缺乏国际性大品牌；跨行业耐火材料标准被分割化，需整合提升，深化与国际标准接轨。

由于耐火材料行业利润水平不断下降，全行业研发投入增长较慢，研发平台建设落后于形势要求。缺乏公益性研究机构，创新资源碎片化，基础研究相对薄弱，技术开发后劲不足。对外技术依存度较高，原创技术较少，研发项目前瞻性、引领性不够，科研成果产业化的投入不足，新产品研发周期较长，品种结构调整进展缓慢。

虽然我国主要热工窑炉的使用寿命接近世界先进水平，但高温工业全流程耐火材料单耗偏高，如平均吨钢耐材消耗、平均吨水泥熟料耐材消耗与世界先进水平相比有较大差距，耐火材料使用水平亟待提高。

1.2.4 资源保障不力

我国有得天独厚的菱镁矿、高铝黏土矿、石墨、硅石等耐火原料资源，多年来，耐火材料产量持续攀升，耐火原料消耗不断增大，资源储量锐减，高品位矿藏趋于枯竭，造成耐火材料工业资源约束增强，影响到其可持续发展。

菱镁矿开采存在的主要问题，一是未能按采矿设计正规开采。部分没有开采设计的矿区更是无序开采，滥采乱掘，由此造成矿山服务年限缩短，资源损失浪费严重。二是剥岩欠账较为严重。由于不按开采设计中确定的“剥采比”或无设计开采，出现了“只采不剥”“多采少剥”和“采富弃贫”等问题。

铝土矿资源开采与使用存在的主要问题，一是资源配置欠合理。目前我国的铝土矿资源绝大部分配置给铝工业，多年来耐火材料行业用铝土矿只能从小矿体群采的小企业中收购，数量和质量都没有保证。二是资源利用率低。原料的开采利用率小于30%，矿石利用率也只有50%～70%。大量的碎矿、贫矿、尾矿弃之不用。

近几年我国年均出口耐火原料342万吨左右，其中高铝矾土和刚玉约192万吨，镁砂约92万吨，天然鳞片石墨约13万吨，贸易额分别占原料出口贸易总额的43.1%、22.6%和6.8%左右，远高于我国资源储量占世界的比例。出口原料数量偏多，保障国内需要不足。

人工合成原料虽然有了长足发展，但在多品种、系列化、标准化、特性化、复合化等方面有待完善。同时应加大烧结、电熔、还原氮化等合成原料新工艺的研究。

1.2.5 节能环保亟待加强

虽然我国耐火材料行业在节约能源和资源、保护环境方面有了较大进步，但面临的形势依然严峻。窑炉能源利用率不高，炉窑热效率与国际先进水平相比低15%～30%。新技术的开发和应用周期长，造成窑炉技术进步较慢。由于生产集中度低，不定形耐火材料占比不高，部分落后产能仍然存在，使全行业单位产品综合能耗较高。

全行业总体环境治理欠账多，环保设施投入不足，环保设施管理水平低，运行效果差，清洁生产整体水平低于国际先进水平。

用后耐火材料的再生利用工作起步晚，与先进国家相比再生利用的比例较低，范围较窄，利用的层次不高。再生技术、手段和设备较落后，分类、分离、分级、均化不严格，多数再生料仅作为低级原料使用，价值未能很好体现，存在隐形的资源浪费。

第二章　形势和市场需求分析

2.1　发展环境分析

2.1.1　国际经济环境

当前，世界政治呈现多极化，世界经济趋于全球化，社会信息化与区域一体化不断发展。和平和发展仍然是世界的主题，投资和贸易仍是国际间交流的主要内容。

2008年爆发的国际金融危机以及之后的欧债危机使全球经济增长大幅减速，目前世界经济处于温和复苏期。欧美发达国家陆续进入后危机时代的恢复进程，新兴经济体增长速度虽然放缓但仍保持较高速度。尽管还面临诸多问题，但新一轮经济周期的起点即将来临，世界经济将再一次进入螺旋式上升的新阶段。

我国耐火材料主要出口国韩国、印度、日本、越南、美国、印尼等国家的经济也都呈现出稳定的增长趋势。“一带一路”倡议的实施，将推进耐火材料国际贸易和投资的便利化、多极化。根据世界银行、国际货币基金组织、国际能源署等机构的预测，未来5~10年全球经济仍将以年均3%以上的速度增长。为耐火材料行业及其国际贸易的发展提供良好的国际政治经济环境。

2.1.2　国内经济环境

目前，中央正在全面深化政治和经济体制改革，加快法治建设，全面建成小康社会，实现中国梦。

尽管金融危机和欧债危机对中国经济快速发展也造成了一定影响，投资、消费、出口三大动力彼此会有所消长，但是促进中国经济以持续平稳速度增长的主要动力依然存在，我国发展仍处于重要战略机遇期。全面深化经济和政治体制改革带来的红利，将进一步激发发展的内生动力和活力。新型工业化、信息化、城镇化、农业现代化持续推进，居民储蓄率高，消费潜力巨大，服务业发展势头强劲，市场空间和潜力都很大，今后一个时期保持经济中高速增长有基础也有条件。我国正在推进“一带一路”倡议的实施，加快国际产能和装备制造合作，从而带动钢铁、建材、机械等产品的出口，可有效化解高温工业产能过剩问题，提振耐火材料的市场需求。

推动中国增长的主要力量，将转向主要依靠转型升级、生产率提升和多元的创新。《中国制造2025》将推动耐火材料制造业转型升级，由大变强，“大众创业、万众创新”及“互联网+耐火材料”将创造耐火材料商业新模式、新业态。

“十三五”时期，冶金、建材、化工、机械等高温工业发展将以调结构促发展为主线，投资规模稳中趋降，但其体量仍在，耐火材料的总需求量呈下降趋势，但不会出现大的波动。高温工业调整产品结构，采用新流程、新技术及深化节能环保对耐火材料提出了新要求、新挑战，也是耐火材料大力发展品种，提升技术难得的一次历史机遇。

总体看，“十三五”时期既是经济社会发展的重要机遇期，又是各种困难和问题的凸显期，有利和不利因素交织，机遇和挑战并存。因此，耐火材料工业发展的经济环境更趋复杂。

2.1.3　国外耐火材料现状和发展趋势

国外耐火材料的整体发展很不平衡。目前国际耐火材料技术和市场的制高点基本被欧盟、日本、美国等发达国家占领，世界前10强的耐火材料公司都集中在发达国家，它们依靠强大的研发能力，先进的装备，完善的管理及雄厚的资金成为世界耐火材料企业的第一集团。进入21世纪，世界耐火材料格局的演变趋势为：受高温工业发展速度及市场竞争的影响，欧美和日本等发达国家的耐火材料工业缓慢步入夕阳产业，逐渐向新兴市场和资源丰富的国家或地区转移。新兴经济体的耐火材料工业处于快速追赶的发展阶段，落后国家或地区的耐火材料工业处于从无到有的完善建设阶段。

21世纪以来，国外耐火材料行业发展有以下明显特征：（1）并购整合与资本运作日趋活跃；（2）向组建大型跨国集团方向发展；（3）研发创新投入强度大，技术进步加快；（4）形成跨国的多家高校和企业的联合体以强化研发和高层次专业教育；更加注重基础研究，技术集成创新和系统创新；（5）重视节能环保和资源节约；（6）资本和研发重心逐渐向以中国为代表的新兴发展中国家转移。

2.2　耐火材料市场分析

2.2.1　国内耐火材料市场分析

钢铁行业是耐火材料的主要市场，预计到

2020年，我国粗钢产量降到7亿吨以下，生铁产量约6亿吨，钢铁行业耐火材料年均需求量约910万吨。

预计到2020年水泥产量约20亿吨，其中水泥熟料约11.4吨，水泥行业耐火材料需求量约47万吨。预计2020年玻璃工业耐火材料需求量约38万吨，建卫陶瓷、玻璃纤维及石灰工业耐火材料需求约35万吨。建材工业耐火材料年总需求约120万吨。

预计到2020年我国十种有色金属总产量约4000万吨，耐火材料年需求量约220万吨。预计到2020年化学工业耐火材料年消耗量约40万吨，电力电子工业耐火材料年需求量约50万吨，机械工业耐火材料年需求量约40万吨。

2.2.2 国外耐火材料市场分析

世界耐火材料市场集中的国家和地区主要有中国、日本、韩国、欧洲、美国、俄罗斯、印度、巴西等钢铁生产大国。预计到2020年国外钢铁总产量达8.5亿吨，年消耗耐火材料约850万吨；国外水泥总产量达26.5亿吨，水泥熟料15亿吨，年消耗耐火材料约75万吨。国外日用玻璃总产量达6000万吨，平板玻璃总产量达4000万吨，年消耗耐火材料约114万吨。中国以外各国和地区耐火材料年总消耗量约1369万吨。

“十三五”期间国外耐火材料需求会小幅增加，受激烈竞争的影响，出口耐火材料的价格变化不大。人民币走向国际化，有利于国际贸易的适度增加，但人民币升值、贸易保护是耐火材料出口的不利因素。总体看，我国耐火材料在国际竞争中仍具有明显的成本优势，较高的性价比，随着产品质量稳定性的提高，在国际贸易中的份额将进一步增加。历史上我国耐火材料出口量曾超过200万吨，2015年出口量为172万吨，预测到2020年出口量可达到250万吨。

2.2.3 “十三五”时期我国耐火材料总体市场情况

随着国际经济的进一步复苏和国内经济的稳步发展，“十三五”期间我国高温工业将进入转型升级的发展新阶段，这给耐火材料行业带来新的发展机遇，同时也对耐火材料提出了新的挑战。虽然耐火材料总需求量稳中有降，但其技术附加值将大幅度提升，品种质量仍有一定发展空间。普通耐火材料产品的需求趋于减少，特种耐火材料、绿色耐火材料的需求逐渐增加。耐火材料工业的总体量呈下降趋势，但全行业整体运行效果将有质的提升。耐火材料行业服务模式、商业模式呈现多元化、融合化，产业结构、产业布局更趋合理。

到2020年我国耐火材料的总体市场需求见表1。

表1 2020年我国耐火材料的市场总需求量 单位：万吨

行业	钢铁	建材轻工	有色	化学	机械	电子电力	基建	出口	其他	合计
年耗量	910	120	220	40	40	50	180	250	150	1960

2.3 主要品种需求预测

“十三五”期间，我国高温工业大规模固定资产投资将转入下行减速通道，且国内外多数高炉、焦炉的大修期还未临近，因此基建用黏土砖、高铝砖、硅砖、镁砖等传统耐火材料的用量会减少。出于高温工业节能减排的新需求，隔热耐火制品的用量会增加；不定形耐火材料因具有节能环保、快捷方便、生产成本低等特点，其消耗量将会持续增加，比例有望增加到45%。高温工业新流程、新技术、新工艺的采用及发展品种的新要求，使特种耐火制品、功能材料、含碳制品的需求量会适度增加。具体各主要耐火材料品种需求预测见表2。

表2 2020年各主要耐火材料品种需求预测 单位：万吨

耐火材料总量	黏土质砖	高铝质砖	硅质砖	镁质砖	特种耐火制品	其他致密定形制品	隔热制品	不定形耐火材料
1960	190	150	110	130	300	153	45	882

综上可见，“十三五”时期，我国耐火材料市场总需求量与目前相比呈下降趋势。这一方面是国内外经济“新常态”所致，另一方面也是科技进步导致消耗下降的必然结果。虽然需求量下降，但我国仍将长期保留世界最大的耐火材料市场，我国耐火材料生产和消费大国的地位不会改变，调整结构、提质增效还有较大回旋余地和发展空间。应调整和优化评判耐火材料发展的模式和指标。社会经济形势和高温工业的科技进步要求降低消耗，耐火材料行业必须走“减量制胜”的发展之路，这是强的标志。为此，耐火材料行业应全面发力，重点突破，创建一流企业、开发一流技术、提供一流产品、营造一流环境，实现由大变强。

第三章　指导思想、基本原则和主要目标

3.1　指导思想

以党的十八大和十八届四中、五中全会精神为指导，贯彻落实《关于促进耐火材料产业健康可持续发展的若干意见》和《耐火材料行业规范条件》，坚持走创新驱动和绿色发展道路，满足高温工业发展要求，以结构调整和转型升级为主线，以自主创新和装备升级为重点，加快联合重组，化解过剩产能，优化产业结构，提高装备水平，发展高端品质，促进节能环保，规范市场秩序，强化资源保障，提高国际化水平，促进由规模效益向创新效益转变，努力实现我国耐火材料工业由大变强的发展目标。

3.2　基本原则

（1）坚持立足国内资源，强化原料保障的原则。根据我国资源特点，形成完整原料体系。合理配置资源，加强矿山规划及开采管理，提高中低品位资源利用率。提高原料生产加工技术装备水平，稳定煅烧天然原料质量，开发系列化、特色化新型合成原料。深化用后耐火材料再生利用，减少资源消耗。适度控制初级原料出口，积极参与国外资源开发，提高原料保障能力。

（2）坚持绿色发展，加快技术改造升级的原则。强化节能减排，加快淘汰落后产能，实行减量置换；提高工艺技术装备水平，推动制造过程的自动化、智能化、绿色化、高效化。

（3）坚持结构调整，提高产业集中度的原则。鼓励联合重组，提高产业集中度。坚持扶优扶强，培育大型国际企业集团。控制耐火材料规模总量，合理规划布局耐火材料产业。

（4）坚持科技创新，增加自主创新能力的原则。创建“政产学研用”协同创新体系，整合创新资源，提高创新水平，扩大创新成效，支撑我国耐火材料工业由大变强。

（5）坚持行业改革，强化规范市场环境的原则。加快行业改革步伐，创新行业管理，倡导依法诚信经营，建立规范有序竞争环境。

3.3　主要目标

“十三五”期间我国耐火材料行业的总体发展愿景为：坚持创新驱动，坚持质量为先，坚持绿色发展，坚持结构优化，全面提高耐火材料工业运行成效，实现我国耐火材料工业由大到强。优化产业结构，加快联合重组，创建一批国际知名一流企业。整合创新资源，提高创新水平，开发一流技术。提升管理水平，推动智能制造、精准制造、高效制造，提供一流产品。加强行业自律，创建有序市场，营造一流环境。

主要具体目标如下：

（1）资源利用率。提高资源利用水平，到2020年，菱镁矿石资源综合利用率不低于95%，耐火黏土矿石资源综合利用率不低于90%，用后耐火材料再利用率超过75%。

（2）品种质量。控制耐火材料总产量在1900万~2000万吨，提高特种耐火材料、绿色耐火材料的比例，不定形耐火材料占比不低于45%。产品性能稳定性、质量可靠性明显提升，在国际上树立中国制造的品牌效应。

（3）产业结构。耐材企业数量大幅减少，前10位耐火材料企业产量占全国总产量比提高到45%。在耐火材料产业集中的地区创建耐火材料新型工业体系示范基地、示范企业，进一步优化耐火材料产业布局。

（4）耐材单耗。稳定并提高耐火材料质量，优化窑炉结构和配置设计，提高使用水平，降低耐火材料消耗。2020年平均吨钢耐火材料消耗降至13公斤以下，平均吨水泥熟料耐火材料消耗低于0.40公斤。重点钢厂、水泥厂单位产品耗量接近国际先进水平。

（5）技术创新。重点耐材企业建立高水平创新平台，研发经费投入不低于当年销售收入的2%。原创科技成果及国际专利申请量大幅度

增加。

（6）节能减排。大力推广节能新技术、新设备、新产品，淘汰落后产能，强化产品综合能耗标准的约束作用。2020年主要产品的单位综合能耗比“十二五”末降低20%，所有企业主要污染物排放总量达到地方环保部门核定的控制指标，主要企业清洁生产水平达到国际先进水平。

“十三五”期间我国耐火材料行业要求实现的重要指标见表3。

表3 “十三五”期间耐火材料行业实现的指标

序号	指　标	2015年实际	2020年规划	“十三五”累计增长/降低变化
1	行业前10家企业集中度/%	15	45	+30个百分点
2	不定形耐火材料比例/%	39	45	+6个百分点
3	用后耐火材料再生利用率/%	45	75	+30个百分点
4	吨钢耐材消耗/$kg \cdot t^{-1}$	18	13	−5

第四章　主要任务

4.1　加快联合重组

大力推进横向联合重组，纵向延伸产业链，协同发展生产性服务业，组建大型耐火材料企业集团，提高产业集中度，化解过剩产能。抓住机遇，用好关于联合重组的优惠政策，按照市场化原则，企业间以资本、技术、品牌及市场等要素为纽带，采取多种合作模式，促进跨地区、跨所有制的联合重组。

促进要素和资源向优势企业聚集，强化做精做专、做大做强，加快培育一批具有较大规模，较强创新能力，较高管理水平，较强综合实力，竞争优势明显，议价能力较强的一流企业集团，组成中国耐火材料行业的领军企业团队。

4.2　提升装备水平

提高设计研发、工艺装备、企业管理、市场营销等方面的信息化水平，建设示范性企业和生产线，着重技术改造和生产线升级，采用先进的高效装备，重点解决混炼、成型、烧成、包装及施工设备落后的局面，促进智能制造、精准制造和高效制造，促进品质提升、能效提升和环境提升。

4.3　强化科技进步与创新

坚持科技引领，坚持创新驱动，做实创新，做强科技，实现规模效益型向创新效益型转变，支撑我国耐火材料工业由大变强，“十三五”期间科技进步与创新重点在以下几方面。

（1）加强基础理论研究。加强耐火材料生产和使用主要相关过程的认知研究，揭示有关机理，明晰相关过程，以指导应用技术开发。探索物联网、云计算、大数据等新一代信息技术在耐火材料设计研发、制造使用、市场营销、行业管理等领域的应用。

（2）加快前沿技术、关键技术和产品的开发。主要开发资源（自然及再生）综合利用工程集成技术、耐火材料绿色智能制造技术集成、结构功能一体化智能型耐火材料制备关键技术、氧化物-非氧化物复合耐火材料制备新技术、氧化物纳米粉体经济化制备及分散技术、耐火材料中低温烧成技术、不定形耐火材料无模造衬技术、耐火材料衬体轻量化技术、耐火材料在役诊断、使用维护及造衬修补集成技术、智能型超高温竖窑和超高温隧道窑集成技术等。重点开发高炉炼铁系统工业炉长寿化用关键耐火材料、非高炉炼铁系统用关键耐火材料；洁净钢冶炼及新一代高效连铸用长寿命、功能型耐火材料；第二代新型干法水泥回转窑用关键耐火材料；富氧和全氧燃烧玻璃窑用耐火材料；新型煤化工气化炉用耐火材料；有色金属富氧吹炼反射炉用关键耐火材料；具有微孔结构的高效节能新材料；新型蓄热储能材料、绿色环保型耐火材料、节能环保用特种耐火材料等。

（3）强化人才支撑。采取多种渠道，加快引进和培养具有国际视野的高层次技术、管理、经营人才，扩大继续教育和培训，建立结构合理、素质优良的专业型和复合型人才队伍。

（4）强化创新管理。加强创新平台建设，构建高效创新体系，围绕“十三五”期间前沿技术和关键产品的研发目标，发挥政府和行业协会的协调作用，整合创新资源，强化互补，加强协作，推动跨领域跨行业协同创新，提高创新水平，增加原创数量，形成完整自主技术体系。加快先进技术工程化，推动科技成果产业化。积极引进国外智力，促进国际创新合作。

（5）促进管理创新。不断创新企业管理模式及管理方式，重点提升质量管理、财务管理和营销管理，以管理创新促技术创新。转变质量管理理念，创新质量控制技术，做实质量管控体系，力争质量水平迈上新台阶。

4.4 提高资源保障

（1）合理规划开采矿山资源。加强对辽宁、山东菱镁矿资源的宏观规划和指导，督促地方政府和地方行业协会加大监管力度，引导科学合理开采，主要解决采剥失调、剥岩欠账问题，提高资源利用水平。搞好贵州省、广西等地铝矾土资源的进一步调研规划。积极争取新探明的适用于耐火材料的铝土矿资源尽量配置给耐火材料工业，解决资源保障问题。

（2）提高资源综合利用率。重点研究开发提高资源综合利用水平的关键工程技术，提高废弃矿粉和中低品位矿石的综合利用率，有效降低耐火资源消耗。深化用后耐火材料修复及再生利用研究，促进用后耐材的科学再生利用，高水平循环使用。推进资源再生利用产业规范化、规模化发展。

（3）发展合成原料。在充分利用天然资源的同时，根据我国资源特点和市场需求，大力发展具有中国特色的新型优质合成原料，提高资源附加值。加大烧结、电熔、还原氮化等合成原料新工艺的研究，重点关注多元化、系列化及工程化，形成完整的原料体系，满足耐火材料行业发展的新需要。

通过上述措施，达到矿产资源的科学规划，高效利用。加强资源整合，促进资源的规模化、集约化利用，建立稳定的大型系列原料基地，适度控制初级原料出口，提高原料保障能力。鼓励有实力的公司积极参与境外资源开发，缓解国内资源约束。也可向耐火资源丰富的国家或地区转移产能，化解国内产能过剩矛盾。

4.5 优化品种结构

“十三五”期间应加快品种结构优化步伐，成为国际高端品质、高技术及高附加值产品的生产基地，主攻方向：

（1）创造高端品质。坚持质量为先，走以质取胜的发展道路。提高工艺装备水平，采用先进质量管理手段，增强过程管控能力，提高产品性能的稳定性、质量的可靠性；营造优秀质量文化，追求卓越品质，创造国际一流的高端品质。

（2）开发高温工业新流程、新工艺、新技术用关键耐火材料。如钢铁工业非高炉炼铁、短流程炼钢用关键耐火材料，大型高炉及热风炉、洁净钢冶炼、新一代高效连铸用长寿命、功能化、智能化耐火材料；水泥工业二代新型干法工艺及回转窑协同处理垃圾用关键耐火材料；玻璃工业富氧燃烧工艺用高档氧化物及熔铸耐火材料；陶瓷速烧技术用窑具材料；有色金属工业富氧吹炼工艺用关键耐火材料；新型煤气化技术及装置用耐火材料；高端铸造用新型陶瓷过滤材料；等等。满足高温工业发展的新需求。

（3）开发高效节能新技术、新产品。开发满足不同温度使用的隔热材料，具有微孔结构的材料，高辐射材料等；大力发展不定形耐火材料新技术和新品种，促进高性能化，拓展应用范围，提高不定形耐火材料占比；加大免烧、中低温烧成技术及产品的开发。

（4）开发推广绿色环保型耐火材料。开发钢铁工业用环保型炮泥、低碳和无碳耐火材料；加快开发可降解耐火纤维；开发耐火材料用环保型结合剂；开发推广有色冶炼炉、水煤浆气化炉用无铬耐火材料。

4.6 促进节能环保与淘汰落后

强化节能管理，对现有炉窑进行节能改造，采取保温隔热、余热利用等措施，提高窑炉热效率。开发新型节能技术和装备，推广新型节能窑炉、高效燃烧技术，采用清洁能源。提高单条生产线产能，降低单位产品综合能耗。大力发展绿色耐火材料新技术、新产品。提高不定形耐火材料占比，增加免烧、中低温烧成产品占比，提高用后耐火材料再生利用率。

加大环境保护和综合治理力度。加强耐火材料全生命周期各环节的环境管理，减轻对生态环境的影响。提高废气、废水、废固的综合利用水平，开发综合利用技术，全面实现“三废”达标排放和“三废”资源化回收利用。

推广应用先进技术、工艺及装备，加快淘汰能效低、污染重、隐患多、安全性差的落后工艺和设备。积极化解过剩产能，严格控制产能增加，加快优化存量。技改项目坚持等量或减量置换原则，对新上项目按照《耐火材料行业规范条件》严格核定审批。加强行业自律，加强政府、协会及媒体的监督作用。

依据耐火材料产业发展态势，及时修订耐火材料行业规范条件，对落后设备和产能目录实施动态管理，逐步提高行业规范标准，促进行业工艺技术装备水平提升，促进清洁生产、绿色制造。

4.7 加快国际化步伐

制定全球战略，组建国际型团队，在全球范围内寻求资源配置，达到低成本制造、高效制造。加速品牌国际化，培养大型跨国公司，提升国际竞争力，促进我国耐火材料工业由大到强的跨越。

优化出口产品结构。增加高技术产品出口的数量，降低初级原料出口的比例。积极参与中国政府提供贷款的国外大型高温工程项目，寻找新的市场，调整出口市场结构。从国际分工的低价值环节向高附加价值环节延伸。

加快“走出去”步伐。从输出产品、技术和服务向输出资本升级，稳步实施境外投资，缓解资源约束和产能过剩问题。适时引进国外智力，整合全球创新资源，在境外建立创新团队和研发中心。用好国家鼓励对外投资的有关优惠政策，加强风险管控，提高本土化能力，达到“走出去，走进去，走得好”。

积极参与国际事务。中国耐材协会及我国世界耐材协会会员单位应积极参与国际耐材行业秩序维护、贸易及投资规划制定等事务，积极应对和协调贸易争端，维护我国耐材企业利益，促进国际贸易和投资的发展。

4.8 重视安全生产

严格遵守安全生产方面的法律、法规。健全安全管理体系，落实安全管理制度。新建、改扩建项目的安全生产设施必须与主体工程建设“三同时”；有重大危险源检测、评估、监控措施和应急预案，有健全的安全操作规程；采用先进的工艺及设备，提升安全生产水平；严禁采用国家明令淘汰、限制的技术和设备。

严格遵守职业病防治方面的法律、法规。建立健全职业病防治责任制，为员工配备岗位必需的劳动防护用品和职业病防护设施，工作场所的有害气体、粉尘浓度、噪声等指标符合国家要求，严防矽肺病等职业病。

“十三五”期间，本行业技术改造及建设重点项目的推荐见表4。

表4 “十三五”期间行业技术改造及建设重点项目推荐

1 原料方面 1-1 中低品位铝土矿综合利用产业化示范 1-2 菱镁矿高效提纯技术产业化示范 1-3 具有微米、纳米孔径、闭孔结构的系列轻质合成原料 1-4 用后耐火材料再生利用工程技术产业化示范 1-5 新型合成原料研发和产业化
2 品种结构优化方面 2-1 耐火材料绿色智能制造技术集成 2-2 氧化物-非氧化物复合耐火材料技术提升和新品开发 2-3 结构功能一体化智能型连铸用功能耐火材料产业化 2-4 提升优化新型干法水泥窑用耐火材料配置并全面实现无铬化 2-5 优质镁钙系耐火材料的开发与应用 2-6 新型煤化工气化炉用环保型耐火材料研究及应用 2-7 新型高效、安全、环保型隔热耐火材料研发和产业化

续表 4

3	装备提升、节能减排方面
3-1	先进破粉碎、混练、成型、施工、烘烤、残衬解体等装备的开发和采用
3-2	提升耐火材料生产线的自动化和智能化技术
3-3	高温烧成装备节能与智能集成技术
3-4	耐火原料煅烧、耐火制品烧成高新技术
3-5	耐火材料在役诊断、造衬维护集成技术工程化应用
3-6	清洁生产示范工程

第五章　保障措施

5.1　严肃相关政策法规

加强宏观调控和规划引导，落实相关政策，提高监督成效和执法力度，严格行业准入，推动关停并转，扶优抑劣，规范耐火材料行业秩序，净化企业经营环境，为耐火材料行业可持续健康发展保驾护航。

5.2　大力推进联合重组

用好相关产业政策，抓住机遇，大力推进联合重组，提高产业集中度，培育一批具有国际一流水平的大型企业集团，优化产业结构，优化产业布局。提升产业链竞争优势，推动生产型制造向服务型制造转变，促进产业升级。

5.3　建立行业创新平台

整合行业创新资源，搭建行业公益性创新平台，发挥创新资源优势，提高创新水平，扩大创新成效，实现技术率先突破，形成全球创新引领能力，支撑我国耐火材料工业由大变强。

由行业协会牵头，甄选意义重大的关键项目，发动联合有综合实力的企业，筹措种子基金，推进项目的尽早开展和实施，组织业内专家进行研发攻关，带动和吸引政府及社会踊跃投资于研发创新，探索务实和高效创新模式。

5.4　合理配置开采资源

优化配置矿山资源，完善矿山规划，加强开采加工管理，达到科学规划，有序开采，高效利用。建立大型系列原料基地，提高原料保障能力。适当控制紧缺耐火原料出口，积极参与境外资源开发，缓解国内资源约束。

5.5　推动“两化”融合

建立和完善耐火材料行业信息化体系，推进企业研发、生产、销售全过程信息化集成建设。升级工艺技术装备，提高制造过程的自动化、信息化、智能化；升级在线监测仪器设备，提高制造过程管控能力和水平；推动互联网+、云计算、大数据等新技术在耐火材料相关过程的应用。

5.6　拓宽融资渠道

抓住宏观经济环境带来的机遇，鼓励企业多渠道、多方式引进资金，实现快速发展。通过实施重大技改及产业化建设项目，积极争取国家各种政策性资金支持。

5.7　加强行业的引领和监管

改革耐火材料行业管理体制和管理模式，加强协会在管理过程中的参与、协调与监管作用，宣传优秀企业，警示不良企业，曝光劣迹企业，促进企业自律自爱，依法诚信经营，承担社会责任，共创行业优良经营环境，提高耐火材料行业的社会信任度。

行业协会积极行使规划实施的引领、监督和保障作用。每年组织行业专家对规划的执行情况进行调查、总结和把控，书面通报规划的执行情况，对规划执行过程中遇到的问题和困难及时进行协调解决。

第三篇

运行分析

2015年全国耐火材料行业生产运行情况及2016年耐火材料市场预测分析

中国耐火材料行业协会　徐殿利

一、全国规模以上工业整体运行情况

2015年12月份，规模以上工业增加值同比实际增长5.9%（以下增加值增速均为扣除价格因素的实际增长率），比11月份回落0.3个百分点。从环比看，12月份，规模以上工业增加值比上月增长0.41%。2015年全年，规模以上工业增加值比上年增长6.1%。见图1。

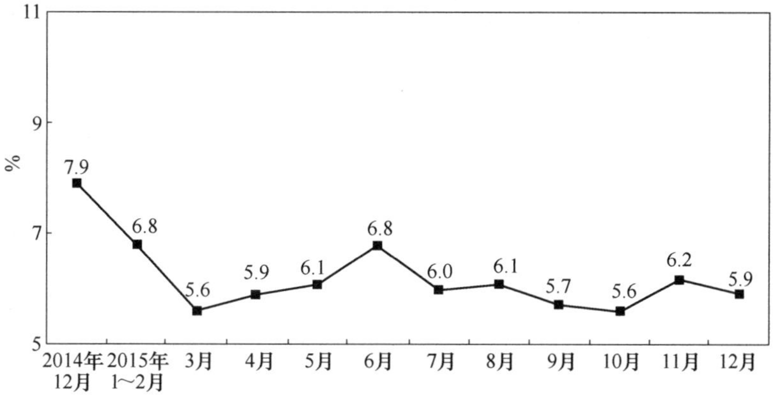

图1　规模以上工业增加值同比增长速度

2015年全国规模以上工业企业实现利润总额6.36万亿元，比上年下降2.3%；实现主营活动利润5.86万亿元，比上年下降4.5%。2015年12月份，规模以上工业企业实现利润总额8167.2亿元，同比下降4.7%，降幅比11月份扩大3.3个百分点。

2015年，在41个工业大类行业中，29个行业利润总额比上年增长，12个行业下降。

2015年，规模以上工业企业实现主营业务收入110.33万亿元，比上年增长0.8%；发生主营业务成本94.54万亿元，增长0.8%。

2015年末，规模以上工业企业应收账款11.45万亿元，比上年增长7.9%；产成品存货3.87万亿元，增长3.3%。

2015年，规模以上工业企业主营业务收入利润率为5.76%，每百元主营业务收入中的成本为85.68元，每百元资产实现的主营业务收入为115.9元，人均主营业务收入为117.4万元，产成品存货周转天数为14.2天，应收账款平均回收期为35天。2015年末，资产负债率为56.2%。

二、耐材行业生产运行情况

（一）生产运行情况

2015年，根据协会统计全国耐火材料产量2615.19万吨，同比降低6.51%。其中，致密定形耐火制品1527.86万吨，同比降低7.75%；保温隔热耐火制品47.35万吨，同比降低10.03%；不定形耐火制品1039.98万吨，同比降低4.44%。主要品种产量见图2。

耐火材料主要生产省（市）产量情况见图3。

（二）进出口贸易情况

2015年，全国耐火原材料进出口贸易总额30.62亿美元，比上年同期降低14.01%。其中，出口贸易额29.03亿美元，同比降低12.85%；进口贸易额1.59亿美元，同比降低31.08%。

出口贸易情况

全国耐火原材料出口总量 516.43 万吨，同比降低 8.77%。其中，耐火原料出口量 344.62 万吨，同比降低 9.28%；出口贸易额 15.43 亿美元，同比降低 14.08%。

耐火制品出口总量 171.81 万吨，同比降低 7.74%，出口贸易额 13.59 亿美元，同比降低 11.40%。见图 4。

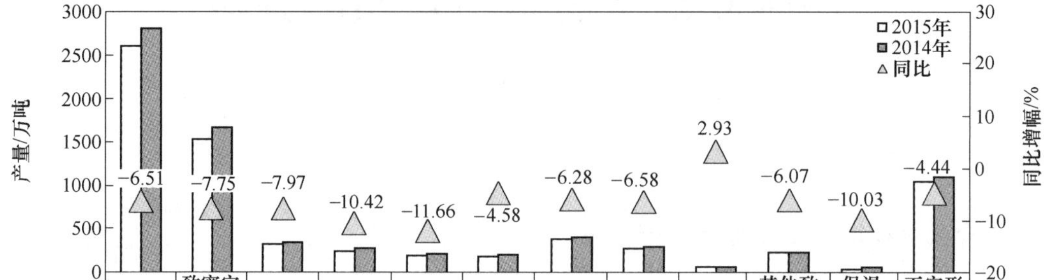

	耐火材料制品	致密定形耐火制品	黏土质砖	高铝质砖	硅质砖	镁质砖	特种耐火制品	含炭制品	功能材料	其他致密定形耐火制品	保温隔热制品	不定形耐火制品
2015年	2615.19	1527.86	320.41	233.60	187.12	184.83	378.84	271.01	50.91	223.06	47.35	1039.98
2014年	2797.15	1656.17	348.18	260.79	211.82	193.71	404.22	290.10	49.46	237.46	52.63	1088.35
同比	-6.51	-7.75	-7.97	-10.42	-11.66	-4.58	-6.28	-6.58	2.93	-6.07	-10.03	-4.44

图 2　2015 年耐火制品产量及同比增幅

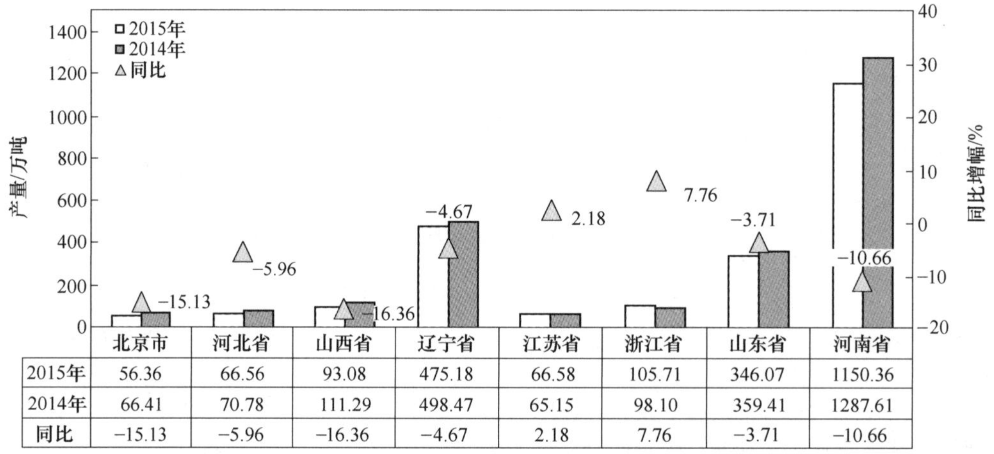

	北京市	河北省	山西省	辽宁省	江苏省	浙江省	山东省	河南省
2015年	56.36	66.56	93.08	475.18	66.58	105.71	346.07	1150.36
2014年	66.41	70.78	111.29	498.47	65.15	98.10	359.41	1287.61
同比	-15.13	-5.96	-16.36	-4.67	2.18	7.76	-3.71	-10.66

图 3　2015 年主要耐材生产省（市）产量及增幅

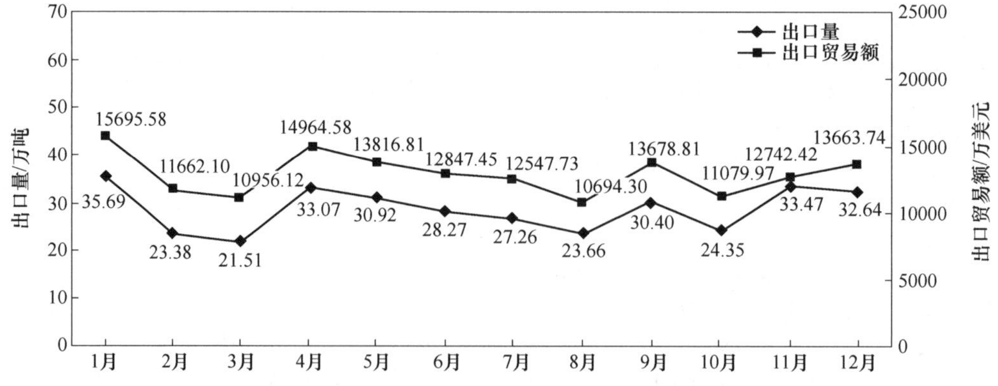

图 4　2015 年耐火原料出口量及出口贸易额走势图

耐火制品出口量及贸易额各月走势见图 5。

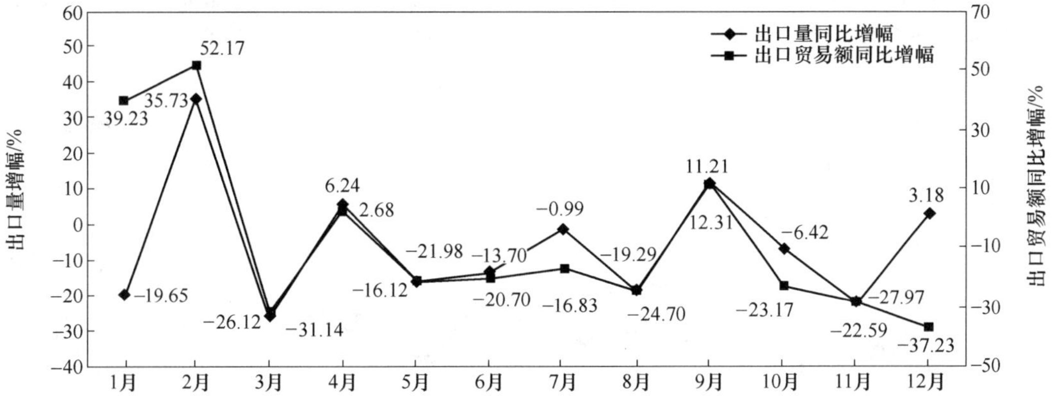

图 5　2015 年耐火制品出口量和出口贸易额同比增幅走势图

（1）主要耐火原料出口情况

①电熔镁砂和烧结镁砂出口量分别为 30.18 万吨和 54.11 万吨（合计 84.29 万吨），同比分别降低 18.24%和 18.41%，各月出口量走势见图 6。

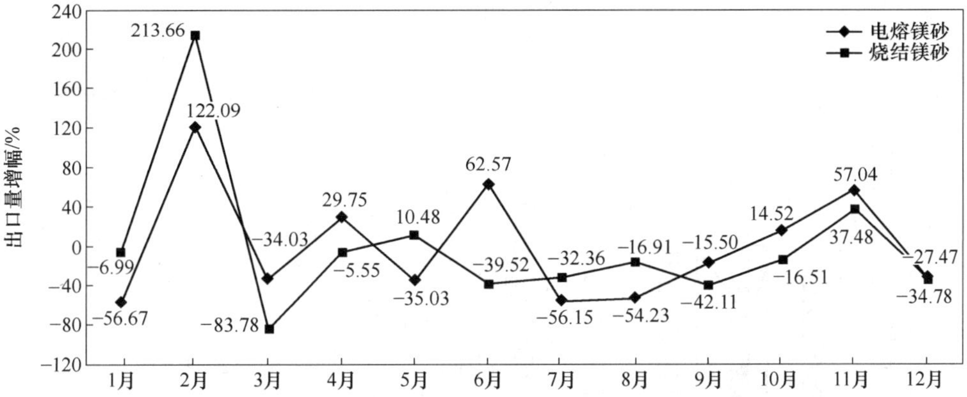

图 6　2015 年电熔、烧结镁砂出口量同比增幅情况

②耐火铝黏土、棕刚玉和白刚玉出口量分别为 84.31 万吨、51.56 万吨和 16.19 万吨，同比分别降低 2.93%、16.32%和 16.54%。各月出口量走势见图 7。

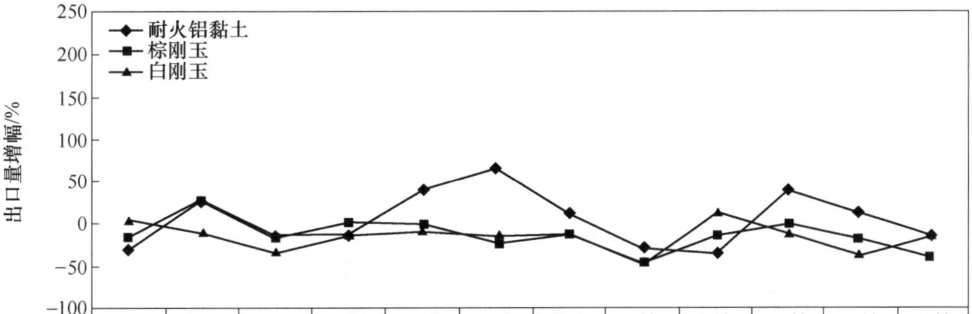

	1月	2月	3月	4月	5月	6月	7月	8月	9月	10月	11月	12月
耐火铝黏土	−32.38	29.62	−11.45	−13.39	39.81	65.37	11.46	−29.18	−33.30	40.16	11.52	−13.98
棕刚玉	−18.95	25.54	−17.70	0.93	−1.00	−22.75	−11.98	−46.54	−15.22	−0.19	−17.04	−39.89
白刚玉	4.16	−10.74	−33.06	−12.83	−8.90	−14.27	−11.89	−48.85	14.37	−9.93	−37.34	−12.89

图 7　2015 年耐火铝黏土、棕刚玉、白刚玉出口量同比增幅情况

③石墨和碳化硅出口量分别为 10.68 万吨和 31.48 万吨，同比分别降低 11.76%和 1.56%。各月出口量走势见图 8。

（2）耐火制品出口情况

①碱性耐火制品出口量 82.44 万吨，同比降低 17.47%。各月走势见图 9。

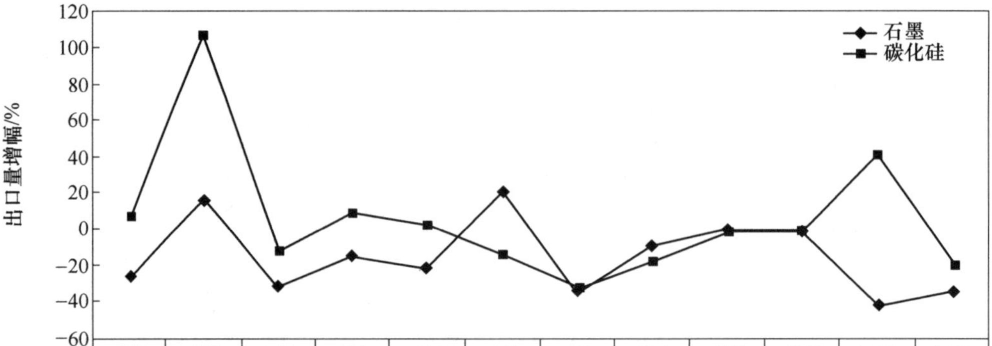

	1月	2月	3月	4月	5月	6月	7月	8月	9月	10月	11月	12月
石墨	−26.86	16.65	−32.66	−15.00	−21.92	20.27	−36.11	−9.05	0	0.39	−42.46	−35.04
碳化硅	6.76	106.91	−12.35	9.20	1.72	−14.57	−32.93	−18.56	−2.43	−1.20	40.71	−21.00

图 8　2015 年石墨、碳化硅出口量同比增幅情况

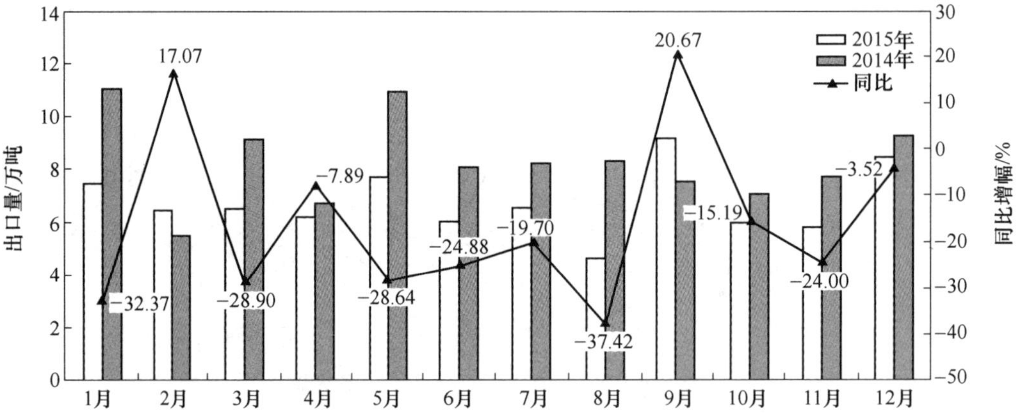

图 9　2015 年碱性耐火制品出口量走势图

②铝硅质耐火制品出口量 73.15 万吨，同比增长 1.35%。各月走势见图 10。

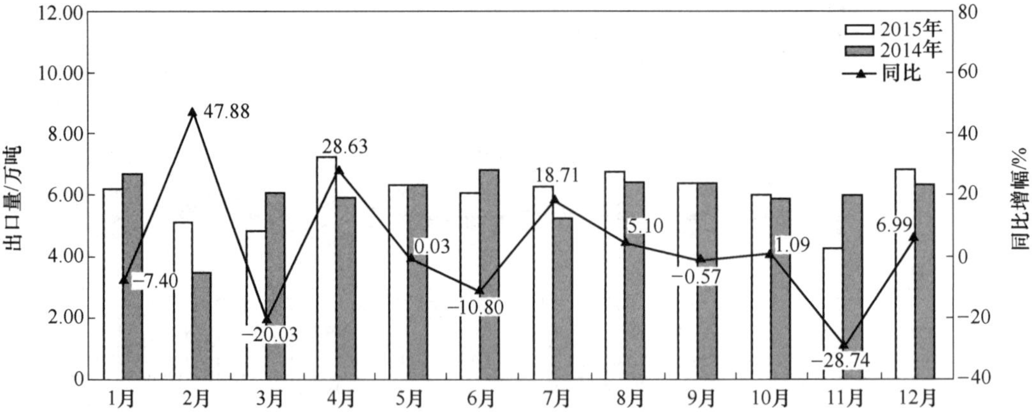

图 10　2015 年铝硅质耐火制品出口量走势图

③其他耐火制品出口量 16.22 万吨，同比增长 14.53%。各月走势见图 11。

三、主要下游行业生产运行情况

（一）钢铁行业运行情况

1. 中国钢铁行业生产运行情况

2015 年，全国粗钢产量 8.04 亿吨，同比下降 2.33%，上年同期增长 0.9%；钢材产量 11.23 亿吨，增长 0.56%，增速同比回落 3.9 个百分点。各月产量情况见图 12。

大型重点钢铁企业（粗钢产量排名前 10 名企业）粗钢产量情况见图 13。

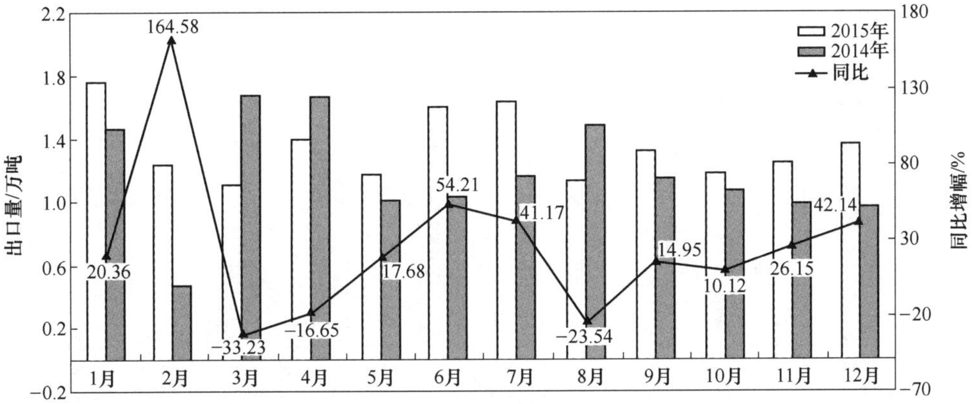

图 11　2015 年其他耐火制品出口量走势图

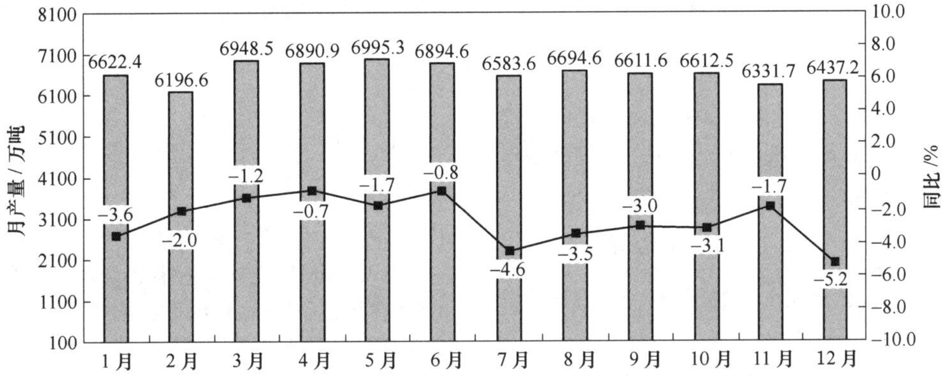

图 12　2015 年全国粗钢月产量及同比

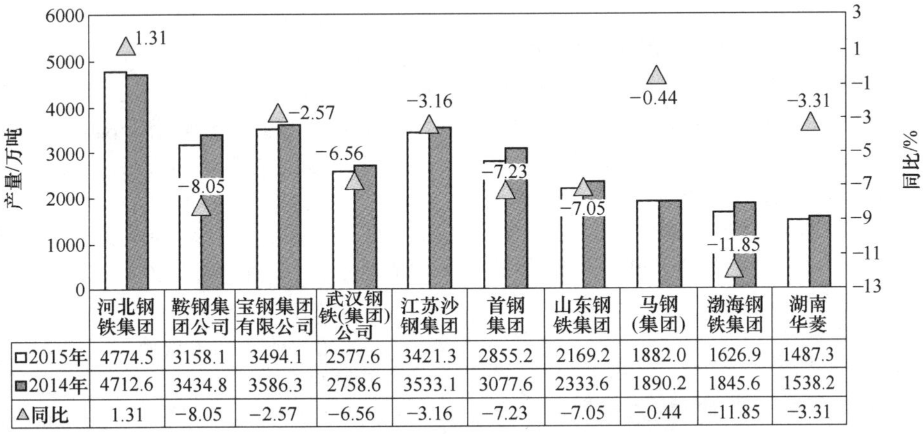

	河北钢铁集团	鞍钢集团公司	宝钢集团有限公司	武汉钢铁(集团)公司	江苏沙钢集团	首钢集团	山东钢铁集团	马钢(集团)	渤海钢铁集团	湖南华菱
□2015年	4774.5	3158.1	3494.1	2577.6	3421.3	2855.2	2169.2	1882.0	1626.9	1487.3
■2014年	4712.6	3434.8	3586.3	2758.6	3533.1	3077.6	2333.6	1890.2	1845.6	1538.2
△同比	1.31	−8.05	−2.57	−6.56	−3.16	−7.23	−7.05	−0.44	−11.85	−3.31

图 13　2015 年大型重点钢铁企业粗钢产量情况

2. 世界钢铁工业生产情况

2015年，据世界钢协统计数据，2015年全球（66个国家和地区）粗钢产量达16.00亿吨，同比下降2.9%。2015年全球粗钢产量下降的地区主要在欧盟国家（28）、独联体、北美、中东和亚洲地区等（其中：亚洲10.97亿吨，占全球的68.55%）；欧盟其他国家（28）和大洋洲同比增长。主要产钢国家和地区粗钢产量情况见图14。

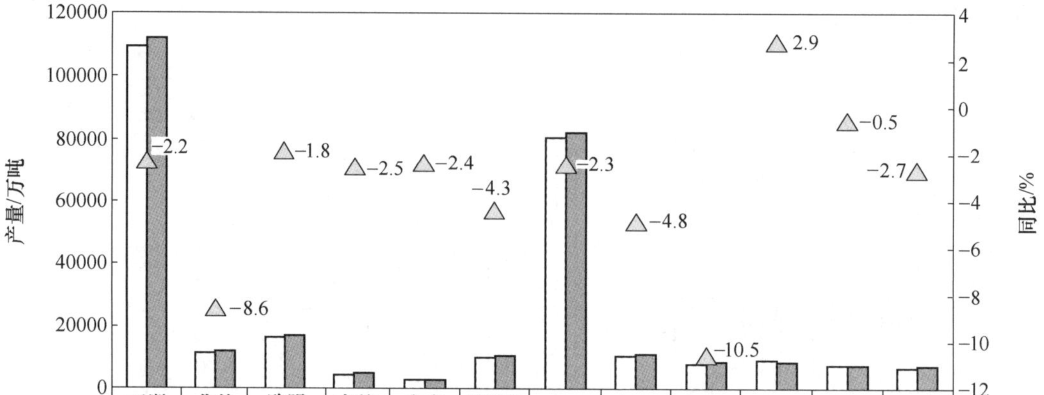

	亚洲合计	北美合计	欧盟(28)合计	南美合计	中东合计	独联体合计	中国	日本	美国	印度	俄罗斯	韩国
□2015年	109690.0	11073.0	16618.0	4390.6	2737.1	10129.0	80382.0	10536.0	7891.6	8978.8	7111.4	6963.5
■2014年	112214.0	12115.0	16930.0	4504.0	2803.1	10589.0	82300.0	11066.0	8817.4	8729.1	7146.1	7154.3
△同比	-2.2	-8.6	-1.8	-2.5	-2.4	-4.3	-2.3	-4.8	-10.5	2.9	-0.5	-2.7

图14 2015年世界主要产钢国家和地区粗钢产量情况

亚洲地区粗钢产量为10.97亿吨，同比下降2.2%，占全球钢材产量的68.55%。中国粗钢产量为8.04亿吨，占全球粗钢总量的50.24%。

（二）建材行业生产运行情况

2015年，全国水泥产量23.48亿吨，同比下降4.9%，上年同期为增长1.8%；平板玻璃产量7.39亿重量箱，下降8.6%，上年同期为增长1.1%。

（三）有色金属行业生产运行情况

2015年，全国十种有色金属产量5090万吨，同比增长5.8%，增速同比回落1.4个百分点。电解铝产量3141万吨，增长8.4%，提高0.7个百分点；铜产量796万吨，增长4.8%，回落9个百分点；铅产量386万吨，下降5.3%，降幅同比收窄0.2个百分点；锌产量615万吨，增长4.9%，回落2.1个百分点。氧化铝产量5898万吨，增长9.6%，提高2.5个百分点。

四、分析与预测

（一）主要下游行业的运行特点及存在的主要问题

1. 2015年主要下游行业呈现了产量和经济效益双降的运行态势

（1）产量下降趋势明显

主要下游行业除十种有色金属产量同比增长5.8%（增速下降1.4个百分点）外，粗钢、水泥和平板玻璃产量分别下降2.3%、4.8%和8.6%。特别是钢铁和水泥分别是近30年来和近25年来首次出现负增长。

（2）经济效益大幅下滑

钢铁行业2015年出现全行业亏损，重点统计钢铁企业销售收入2.89万亿元，同比下降19.05%，实现利税-13亿元；实现利润-645亿元。企业亏损面50.5%，同比上升33.67个百分点。

有色金属工业实现主营业务收入5.73万亿元，同比增长0.2%，实现利润1799亿元，同比下降13.2%，但有色金属加工业实现利润1080.4亿元，同比增长2.5%。

水泥制造业和平板玻璃主营业务收入分别为8897亿元和596亿元，同比分别降低9.4%和14.3%；实现利润分别为330亿元和12亿元，同比分别降低58%和12.4%。

2. 存在的主要问题

主要下游行业目前面临产能严重过剩和市场需求趋缓的双重压力。

(1) 产能过剩必然导致企业间的恶性竞争

目前耐材主要下游行业均为严重产能过剩行业，近年来产能利用率均在70%~75%左右。钢铁行业已降至70%左右。产能过剩必然导致企业间的恶性竞争，产品价格将始终在产品成本线上下徘徊。2015年钢材综合价格指数由年初的81.91点下跌到56.37点，下降25.54点，降幅31.1%。

2015年四季度，进口铁矿石到岸价基本维持在40美元/吨左右，远低于国内矿山铁矿石生产成本，加之煤炭价格下降，本应加大钢铁冶炼企业的利润空间，结果却出现了全行业亏损，究其原因只有一个，严重产能过剩导致的企业间恶性竞争所致。

有色金属行业铜、铝、铅和锌现货年均价格分别同比下降16.8%、10.2%、5.5%和4.1%。规模以上有色金属工业企业主营业务收入5.73万亿元，同比增长0.2%，实现利润1799亿元，同比下降13.2%（亏损面近21%），但值得注意的是利润总额中有色金属加工业实现利润1080.4亿元，同比增长2.5%，占行业整体利润的60%，与耐火材料相关的有色金属冶炼业经济效益下降幅度可能更大。

水泥制造业和平板玻璃实现主营业务收入同比分别降低9.4%和14.3%；实现利润分别同比降低58%和12.4%。

从总体看，主要下游行业经营质量高幅下滑就是产能严重过剩导致市场恶性竞争所带来的恶果。

(2) 传统产业市场需求下降

随着全国固定资产投资增速放缓，房地产、汽车、家电等应用消费领域需求增速均出现了不同程度下降，其中，房屋新开工面积同比下降14%，家电行业产销率同比下降1.2%，汽车行业产量增速同比下降4%等。因此，传统产业消费需求不容乐观，特别是与基础设施建设相关的钢铁、水泥、玻璃和有色金属等消费均在下降。

（二）耐材行业的运行特点及存在的主要问题

1. 耐材行业的运行特点

2015年，全国耐材行业出现了产量、销售收入、利润、出口量、贸易额、出口平均价格全面下降的被动局面，呈现了“六降一升”的运行态势，仅有应收货款上升。

(1) 生产经营运行情况

2015年，受国内、国际市场需求萎缩，特别是基建用耐火材料市场需求快速下降的影响，全国耐火材料产量同口径比较，比上年同期降低181.96万吨，同比下降6.51%，降幅扩大2.03个百分点。

通过对57家耐材重点企业经营状况调研显示，耐材产量、销售收入和实现利润分别下降10.58%、4.87%和18.98%，2015年末，应收货款142.57亿元，同比增加12.41亿元，增长9.54%。

主营业务收入利润率2.87%，同比降低1.4个百分点，比全国规模以上工业企业主营业务收入利润率低2.89个百分点，不足全国规模以上工业企业主营业务收入利润率的一半。

57家重点企业中亏损企业9家，亏损面15.8%，同比扩大了3.73个百分点；亏损企业亏损额2.17亿元，同比增加0.43亿元，上升24.7%。

(2) 出口贸易情况

2015年，全国耐火原材料出口贸易是近15年来首次出现了出口量、贸易额和出口平均价格全面下降的被动局面。

耐火原材料出口量、贸易额和出口综合平均价格同比分别降低8.77%、12.85%和4.47%；其中，耐火原料出口量、贸易额和出口平均价格同比分别降低9.28%、14.08%和5.29%。耐火制品出口量、贸易额和出口平均价格同比分别降低7.74%、11.40%和3.97%。

2. 存在的主要问题

(1) 资金问题仍然是威胁生产企业经营安全的首要问题。

2015年末，重点耐材企业应收货款总额142.57亿元，同比增加12.42亿元，增长9.54%。其中：应收货款同比增长20%以上的企业13家，占22.8%。有的重点企业应收货款数额已接近年销售收入的水平。到2015年底，耐材主产区有近60%的中小耐材企业受市场和资金影响处于停产半停产状态，特别是货款难以回收，造成资金短缺，使耐材生产企业资金周转期大幅延长，给耐材生产的经营安全埋下了巨大的隐患。对此，再次提醒各位企业老板，为保证企业的经营安全，要注意以下三点：

第一，有的下游企业对陈欠款无力偿还

耐火材料主要下游行业受产能过剩的影响，经营质量大幅度下降，甚至出现全行业亏损。因此，有些下游生产企业已经失去偿还陈欠款的能力，如钢铁行业部分企业。

2015年钢铁行业重点统计单位（101家）实现利润为-645亿元，亏损面50.5%；资产负债率70%，部分企业已资不抵债；2015年末银行借款1.33万亿元；应付账款净额比应收账款净额多3215亿元，所以，有很大一部分企业已经失去了偿还陈欠货款的能力。

第二，从目前的经营情况看，国有生产企业经营质量明显下降。以有色金属行业为例。全国国有及控股企业2015年实现利润5.7亿元，同比大幅下降96.5%，占行业利润总额的比重仅为0.3%，企业亏损面达41.7%，亏损总额373亿元，占有色金属行业亏损总额的66%。

第三，在目前经营形势下，耐材生产企业要理性应对。一是高度重视经营质量比盲目依靠增加应收货款来扩大市场占有率和企业规模更重要；二是想尽一切办法催收货款，（特别是陈欠款）比到银行融资更重要。

因此，希望各生产企业密切跟踪市场变化，认真分析自己的客户结构，真正做到没有合同不生产，不给钱不发货，把催收货款放在企业生产经营的重要位置上，严防资金风险，保证企业的经营安全。

（2）受国际市场需求趋缓的影响，耐火原材料出口量呈现明显下行态势，2015年出口贸易额29.03亿美元，比上年减少4.27亿美元，同比下降12.85%。其原因主要是出口平均价格下降所致。特别是耐火原料和耐火制品中出口量最大的两个品种出口平均价格降幅最大，应引起出口企业的高度重视。

一是耐火铝黏土出口量84.31万吨，同比下降2.93%，出口贸易额同比下降13.00%，比出口量降幅高10.07个百分点，出口平均价格同比下降10.38%；二是碱性耐火制品出口量82.44万吨，同比下降17.47%，出口贸易额同比下降25%，比出口量降幅高7.53个百分点，出口平均价格同比下降9.12%。

耐火铝黏土“十二五”期间出口平均价格连续五年下降，特别是2013年取消出口配额和出口关税后当年出口平均价格同比下降16.12%。2014年和2015年又分别持续下降2.95%和10.38%。

出口量占耐火制品出口总量50%左右的碱性耐火制品十几年来出口量和出口平均价格一直保持稳定的增长态势，2013年出现小幅波动，出口平均价格同比下降3.02%，2014年增长4.38%，2015年则高幅下降9.12%。

从2015年情况看，出口价格下降的主要原因是产能严重过剩，市场需求萎缩所导致的市场秩序混乱，企业间低价竞争所致。

还应引起注意的是要防止贸易摩擦的发生。2015年我国净出口粗钢1.034亿吨，同比增长25.6%，占我国粗钢总量的12.8%。但针对我国钢铁产品的反倾销、反补贴案件多达37起，下一步出口阻力较大。因此，耐材出口企业要理性参与市场竞争，避免贸易摩擦的出现。

五、2016年是“十三五”开局之年，现就“十三五”期间耐材行业面临的形势，任务及生产经营运行趋势谈一点个人看法，供大家参考

（一）“十三五”期间面临的形势

“十三五”期间，耐火材料行业运行将受到产能过剩和市场需求下降的双重挑战。为此，我们要对耐材行业“十三五”期间的经济运行有一个基本判断。

（1）“十三五”期间，国内耐火材料市场需求将大幅下滑

①“十五”至“十二五”期间，耐火材料的主要下游行业产能高速增长，经测算，2001～2014年，年均基建工程用耐火材料需求量高达500万吨左右。而当下，由于耐火材料的主要下游行业，如钢铁、水泥、玻璃、有色等均为严重产能过剩行业，“十三五”期间，基建工程用耐火材料的需求量将快速下降。

②钢铁、水泥、玻璃等主要下游行业“十三五”期间减量发展已成定局，如粗钢产量经相关专家预测到2020年将由现在的8亿多吨/年下降到7.0亿吨/年左右。据此测算，日常生产消耗用耐火材料需求量将逐步减少300万吨左右。

此外，随着耐火材料的技术进步，产品品种的不断更新和产品质量的稳定提高，单位产品耐火材料消耗将有所降低，预计到“十三五”末，全国耐火材料产量将降至2000万吨左右（含出口量200万吨左右）。

（2）耐材企业面临的生产经营环境日趋严峻

①资金问题将直接影响生产企业的经营安全

受产能过剩的影响，主要下游行业经营质量逐步下滑，拖欠耐材供应商货款的现象愈演愈烈，导致耐材企业应收货款逐步上升，据调研统计，耐材生产厂家应收货款数额达本企业年销售收入总额50%以上比例的已接近或超过50%，有些生产企业应收货款数额甚至已接近或超过年销售收入总额。2015年，主要下游行业经营质量继续下滑。有的已出现了行业性亏损，短期内又难以复苏，特别是有的行业又出现了降点付款的不诚信行为，将进一步加大耐材生产企业资金风险和压力，直接影响耐材生产企业的经营安全。

②耐材市场秩序混乱的现状短期内难以改变

受产能过剩的影响，耐材市场供大于求导致的无序竞争的现状已困扰了耐材企业多年，低价倾销、竞相杀价，无序竞争给生产企业造成的产品价格低迷和经营质量下降的压力仍将持续。

（3）新常态下耐材工业发展的机遇与挑战

“十三五”期间的中国耐材工业，机遇与挑战共存。新常态下，我国经济发展呈现出了速度变化、结构优化，动力转换的三大特点，国家“一带一路”倡议已正式实施，《中国制造2025》也拉开了建设制造业强国的序幕，不仅给制造业，给高温工业带来了发展机会，也为我们耐材工业提供了新的发展空间。

“十三五”时期的减量发展，将给行业带来规范市场秩序，联合重组，提高生产集中度的良好机遇。

目前市场在向逐步规范的方向转化，市场份额向优势企业转移，在减量发展过程中，优胜劣汰是必然趋势，这就给我们进一步整合规范市场秩序和推动企业联合重组，提高行业生产集中度提供了极好机遇。

“一带一路”倡议为我们耐火材料工业走出国门，更大力度的拓展国际市场创造了条件，《中国制造2025》不仅使耐材工业的服务领域更加广阔，服务的技术要求更高，也给我们产业自身工艺、装备的提升创造了动力。

（二）“十三五”期间的主要任务

在协会组织编制的耐火材料行业“十三五”规划建议中，明确了要通过推动行业由规模效益型向创新效益型转变，努力实现我国耐火材料工业由大转强的发展目标。

何谓行业强国，中国钢铁工业协会提出了“四个一流”的概念，即一流的企业、一流的技术、一流的产品和一流的环境。“四个一流”的概念也同样适用于耐火材料行业。同时我感觉到，耐材行业现状与“四个一流”的标准仍然存在较大差距。因此，打造一流的企业，研发一流的技术，生产一流的产品，营造一流的环境，就应该是“十三五”期间我们耐火材料工业适应新常态，着力供给侧结构性改革，推进行业转型发展的中心任务。

第一，打造“一流”的企业。目前我国耐材行业产能过剩，生产集中度低，没有进入国际排名前列的企业。我们距离《若干意见》制定的发展目标“到2020年，前10家企业产业集中度提高到45%”还有很大差距。在“十三五”期间，首要任务是淘汰落后、化解过剩产能，将耐材的供需关系引入正常轨道。在化解过剩产能的过程中，通过各种兼并重组的方式扶优扶强。打造3~5家至少2~3家在规模、技术、产品等诸多方面能够站在世界前沿的耐火材料企业集团。近年来，耐材优势企业通过优势互补，跨区域的联合重组已取得了突破性发展，有些优势耐材企业近5年来通过自身发展和联合重组，销售收入增长200%~300%。目前，有很多中小企业加盟优势企业意愿强烈，优势企业做大做强的目标明确。因此，“十三五”期间是培育打造一流耐材企业的极佳机遇期。

2014年国务院下发《国务院关于进一步完善企业兼并重组市场环境的意见》（国发［2014］14号）。同时，制定了“进一步减轻企业重组税负；优化融资及稳定岗位补贴；取消和简化审批程序”等相关配套政策。对此，耐材协会将积极引导耐材生产企业，特别是优势企业要紧紧抓住市场资源配置向优势企业转移集中和联合重组政策环境优化的有利时机，积极推进跨地区、跨所有制的联合重组，扩大重组成果。联合重组的目的不光是要做大企业规模，更重要的是打造形成最具竞争力的耐材企业集团去重组。因此，要做大，首先要做强，具有引领行业发展的能力。在规模、技术、产品等诸方面真正站在世界耐材行业的前沿。从而提高耐材产业生产集中度。同时，由于耐火材料品种繁多，专业化的中小企业应围绕某个产品做深做透、做细做精，形成自己的特色品牌。

第二，研发“一流”的技术。一流的技术就是要改变过去引进、消化、移植国外技术的状况，靠自身力量解决耐材工业发展过程中的工艺技术问题，不但能满足自身需要，还能向国外输出先进技术。

首先要对我国耐火材料现有水平有个基本定位，找准我们的差距，充分利用专业人员和院校的人力资源优势，采取科学、合理的研发创新模式整合研发资源，达到有效发挥生产企业和院校研发资源的目的。

“十三五”期间，要强化耐火材料基础理论研究，推进前沿技术，关键技术和新产品的研发，特别是强化综合利用工程集成技术，耐火材料绿色智能制造技术和结构功能一体化智能型耐火材料制备等关键技术的研发，到“十三五”末，我国耐火材料行业整体工艺技术水平再上一个新台阶，某些专项技术处于国际领先水平。要更好地发挥以企业为主导的创业创新体系的优势，加大产学研用一体化的推进力度，努力改变依赖外国先进工艺、技术提升企业竞争力的局面，靠自身力量解决耐材工业发展过程中的工艺技术问题。

第三，生产“一流”的产品。耐火材料产品品种繁多，各种不同用途的工业窑炉对耐火材料的品种和质量均有不同的要求。耐火材料产品的合理结构应与下游行业对耐材产品品种的需求结构相适应。不应在耐火材料产品不同品种中划分高低端产品。应该是同类产品同品种中产品质量最好、最稳定的产品就是高端产品、一流产品。

目前，我国耐材产品品种齐全，基本满足国内下游行业生产和技术发展的需要。但反映出的问题是产品质量的稳定性较差。因此，“十三五”期间，要围绕以下三个方面调结构促升级，以保证产品质量稳定，生产一流产品。

一是要抓住耐材产品需求结构变化的新机遇

实体经济粗放式发展模式已经走到了尽头，规模效益型向创新效益型、质量效益型转变势在必行。“十三五”期间，耐材主要下游行业的结构调整和产品升级必将对耐火材料需求结构和要求带来新的变化。耐火材料科研单位及生产企业要密切跟踪，及时跟进。根据市场需求变化，调整品种结构，适应市场需求。

二是强化管理，促进产品质量升级

目前耐材生产企业经营管理水平参差不齐，特别是产品质量管理粗放，在产品质量管理方面无章可遁、有章不遁的现象大有所在。因此，要通过企业管理升级来推动产品质量的稳定提高。耐材生产企业要建立健全完善的质量管理体系和岗位操作规程，配备齐全勇于负责的工序质量检查人员，从原料进厂开始，抓好产品质量，真正做到不合格的工序产品不能入下道工序，以工序产品质量来保证最终产品质量的稳定和提高。

三是加强工艺技术改造，以适应产品品种生产和质量升级的需要

科学合理的生产工艺是保证产品质量稳定性的前提条件之一，合理细化工艺流程并做到精细化管理才能有效保证产品质量的提升和稳定，才能生产出一流产品。因此，改造不合理或不完善的粗放式生产工艺技术也是“十三五”期间的重点任务之一。同时，在满足下游行业当前需求的情况下，要着眼于未来，在产品研发方面切实做到生产一代，储备一代，研发一代。“十三五”期间，要以技术革新和装备升级带动耐材产业结构的优化和产品结构的提升，为下游产业的技术进步、产品升级提供“一流”的耐材产品。

第四，营造“一流”的环境。行业健康发展离不开规范和谐的市场经营环境，改革开放以来，耐火材料是最早进入市场的行业之一。20 世纪 80 年代民营企业异军突起，90 年代初开始，企业间的无序竞争，需方的无端压价和拖欠货款一直是耐材市场的普遍现象，加之耐材企业投资小，相对门槛低导致生产企业规模小、家数多，造成行业生产集中度低的现状一直没有得到彻底解决。

随着社会主义市场经济的逐步规范，目前耐材市场正在逐步向大型优势企业转移，这就给我们进一步整合规范耐材市场秩序提供了一个极好机遇。对此，在“十三五”期间，耐材生产企业，特别是大型优势企业要在市场相对集中的条件下，通过企业间的协商合作，合理整合现有市场，进一步规范市场秩序，提高企业的经营质量，创造良好的市场环境，达到互惠共赢的整合效果。

另外影响经营环境的主要问题是上下游企业间相互拖欠货款，目前又有扩大漫延之势，有些生产企业因下游企业拖欠货款严重，资金链断裂，被迫停产，企业反映强烈，严重污染了经营环境。特别是个别行业的一些生产企业对陈欠款采取既违反合同法又无一点诚信可言的“降点付款”（降10%～20%不等）方式。同意降点即付，不同意不付。对此，除政府部门正在进一步推动企业诚信建设之外，我们将积极向政府相关部门反映企业诉求，采取措施制止这种不诚信行为，还企业一个良好的经营环境。

总之，“十三五”期间耐材行业面临诸多的不确定因素，但减量发展的趋势不可逆转，在新常态下优胜劣汰，行业企业将面临重新洗牌，挑战和机遇并存。因此，生产企业要理性认识新常态，积极应对挑战并寻求发展机遇，在挑战中谋发展。努力实现由耐材大国转向耐材强国的战略目标。

2016年全国耐火材料行业生产运行情况及2017年耐火材料市场预测分析

中国耐火材料行业协会　徐殿利

一、全国规模以上工业整体运行情况

2016年12月份，规模以上工业增加值同比实际增长6.0%（增加值增速均为扣除价格因素的实际增长率，下同），较11月份回落0.2个百分点。从环比看，12月份，规模以上工业增加值比上月增长0.46%。2016年全年，规模以上工业增加值比上年增长6.0%。见图1。

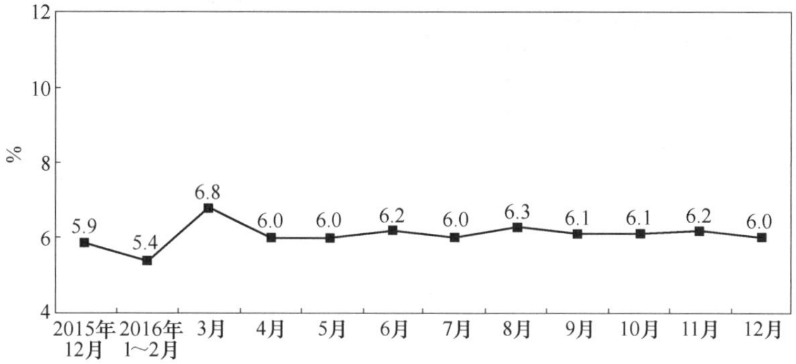

图1　规模以上工业增加值同比增长速度

2016年，全国规模以上工业企业实现利润总额6.88万亿元，比上年增长8.5%。

2016年12月份，规模以上工业企业实现利润总额8443.5亿元，同比增长2.3%，增速比11月份回落12.2个百分点。

2016年，在41个工业大类行业中，29个行业利润总额比上年增加，1个持平，11个减少。

2016年，规模以上工业企业实现主营业务收入115.2万亿元，比上年增长4.9%；发生主营业务成本98.5万亿元，增长4.8%；主营业务收入利润率为5.97%。

2016年末，规模以上工业企业应收账款12.6万亿元，比上年增长9.6%；产成品存货39752.1亿元，增长3.2%。

2016年，规模以上工业企业每百元主营业务收入中的成本为85.52元，每百元资产实现的主营业务收入为113.7元，人均主营业务收入为125.3万元，产成品存货周转天数为13.8天，应收账款平均回收期为36.5天。

二、耐材行业生产运行情况

（一）生产运行情况

2016年，根据协会统计全国耐火材料产量2391.24万吨，同比降低8.56%。其中，致密定形耐火制品1358.52万吨，同比降低11.08%；保温隔热耐火制品46.72万吨，同比降低1.32%；不定形耐火制品985.99万吨，同比降低5.19%。主要品种产量见图2。

耐火材料主要生产省（市）产量情况见图3。

（二）进出口贸易情况

2016年，全国耐火原材料进出口贸易总额27.48亿美元，比上年同期降低10.25%。其中，出口贸易额25.65亿美元，同比降低11.62%；进口贸易额1.83亿美元，同比增长14.52%。

1. 出口贸易情况

全国耐火原材料出口总量520.42万吨，同比增长 0.77%。其中，耐火原料出口量 356.35 万吨，同比增长 3.40%；出口贸易额 15.48 亿美元，同比增长 0.27%。

耐火制品出口总量 164.07 万吨，同比降低 4.51%，出口贸易额 11.03 亿美元，同比降低 18.87%。

耐火原料出口量及贸易额走势见图 4。

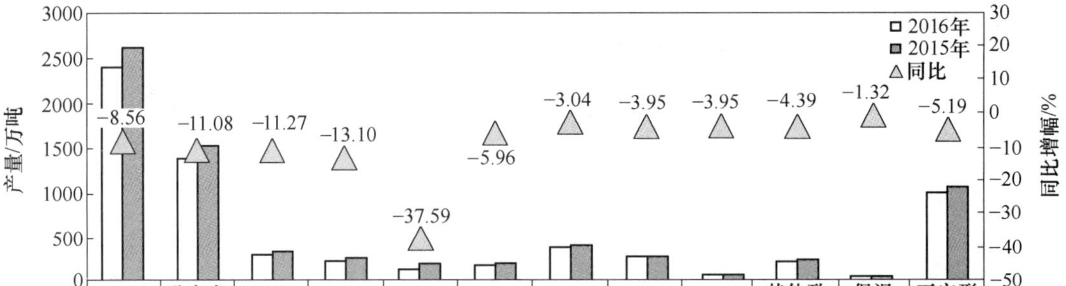

	耐火材料制品	致密定形耐火制品	黏土质砖	高铝质砖	硅质砖	镁质砖	特种耐火制品	含炭制品	功能材料	其他致密定形耐火制品	保温隔热制品	不定形耐火制品
2016年	2391.24	1358.52	284.32	202.99	116.79	173.83	367.32	260.31	48.90	213.28	46.72	985.99
2015年	2615.19	1527.86	320.41	233.60	187.12	184.83	378.84	271.01	50.91	223.06	47.35	1039.98
同比	−8.56	−11.08	−11.27	−13.10	−37.59	−5.96	−3.04	−3.95	−3.95	−4.39	−1.32	−5.19

图 2　2016 年耐火制品产量及同比增幅

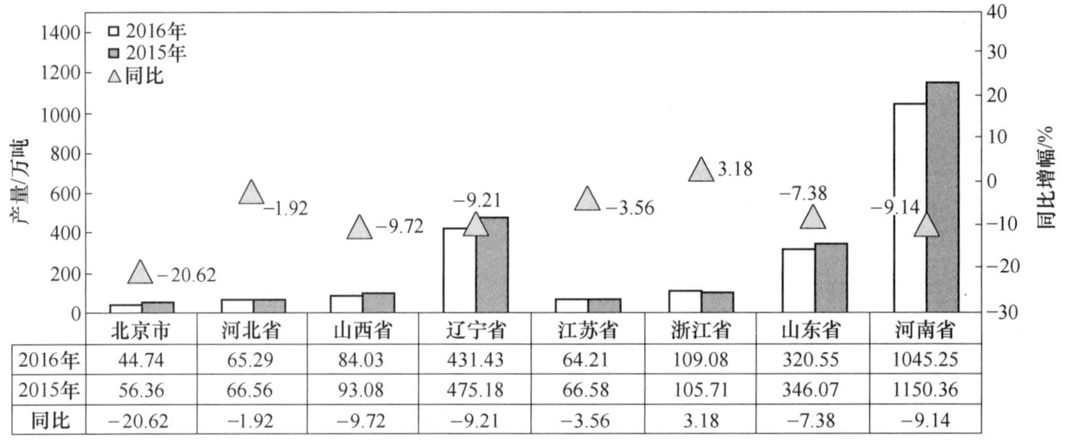

	北京市	河北省	山西省	辽宁省	江苏省	浙江省	山东省	河南省
2016年	44.74	65.29	84.03	431.43	64.21	109.08	320.55	1045.25
2015年	56.36	66.56	93.08	475.18	66.58	105.71	346.07	1150.36
同比	−20.62	−1.92	−9.72	−9.21	−3.56	3.18	−7.38	−9.14

图 3　2016 年主要耐材生产省（市）产量及增幅

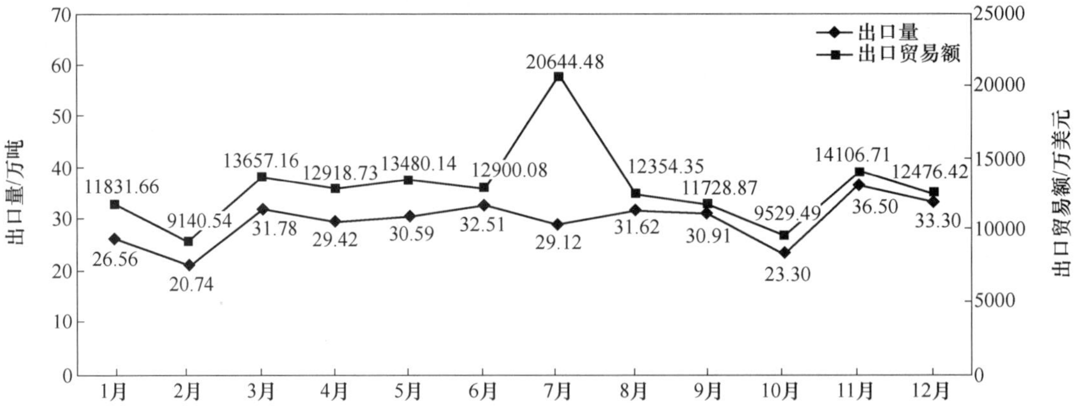

图 4　2016 年耐火原料出口量及出口贸易额走势图

耐火制品出口量及贸易额各月走势见图 5。

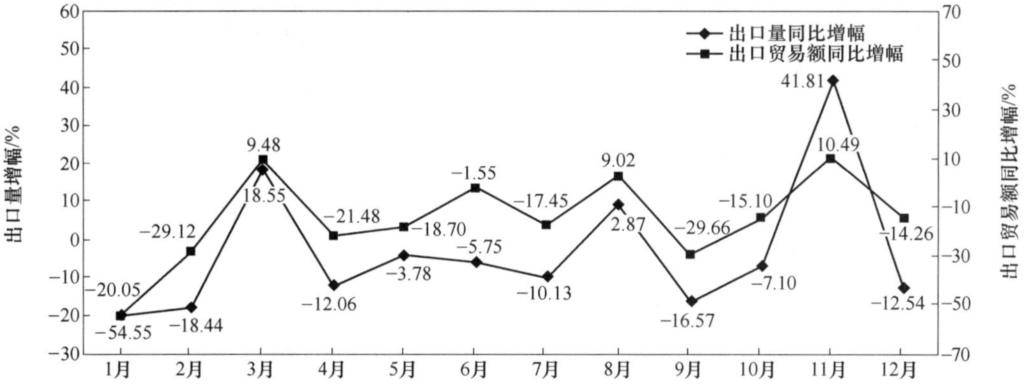

图 5　2016 年耐火制品出口量和出口贸易额同比增幅走势图

（1）主要耐火原料出口情况

①电熔镁砂和烧结镁砂出口量分别为 32.77 万吨和 54.11 万吨（合计 86.88 万吨），电熔镁砂同比增长 8.56%；烧结镁砂同比持平。各月出口量走势见图 6。

②耐火铝黏土、棕刚玉和白刚玉出口量分别为 88.50 万吨、55.74 万吨和 18.24 万吨，同比分别增长 4.98%、8.10%和 12.69%。各月出口量走势见图 7。

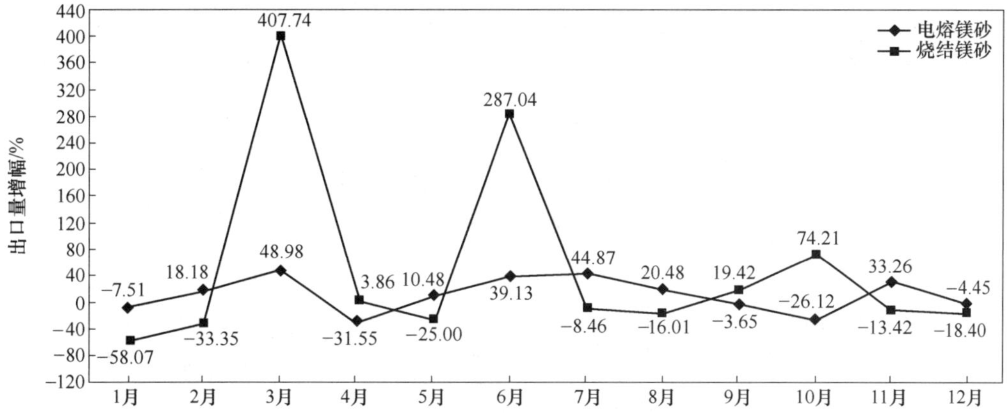

图 6　2016 年电熔、烧结镁砂出口量同比增幅情况

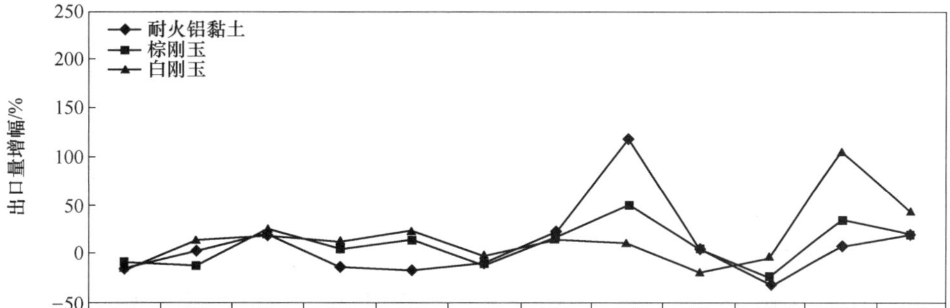

	1月	2月	3月	4月	5月	6月	7月	8月	9月	10月	11月	12月
耐火铝黏土	−16.31	2.21	21.80	−14.38	−16.82	−9.03	20.28	116.51	3.43	−32.73	6.39	19.41
棕刚玉	−10.44	−12.15	25.80	4.69	15.49	−12.89	14.76	51.06	4.59	−25.46	35.73	20.71
白刚玉	−15.94	13.98	19.20	12.15	23.87	−1.23	15.18	11.18	−17.66	−4.15	105.20	43.21

图 7　2016 年耐火铝黏土、棕刚玉、白刚玉出口量同比增幅情况

③石墨和碳化硅出口量分别为11.02万吨和32.34万吨，同比分别增长3.19%和2.73%。各月出口量走势见图8。

（2）耐火制品出口情况

①碱性耐火制品出口量86.76万吨，同比增长5.23%。各月走势见图9。

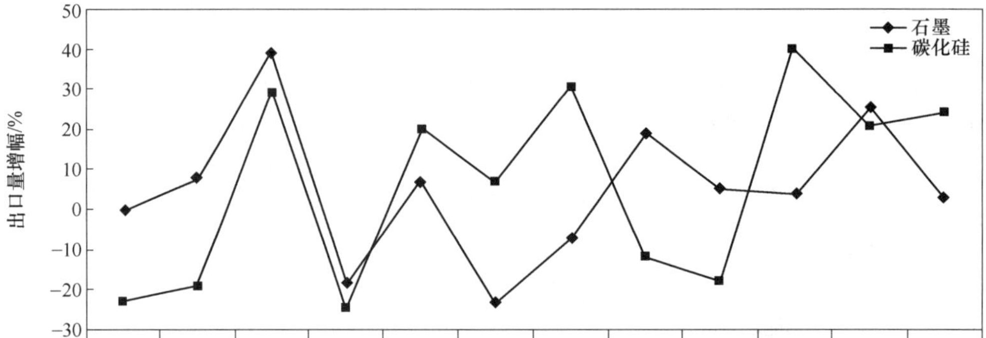

	1月	2月	3月	4月	5月	6月	7月	8月	9月	10月	11月	12月
石墨	−0.41	7.89	39.38	−18.61	7.44	−22.94	−7.01	19.15	5.12	3.78	24.98	2.77
碳化硅	−22.68	−19.22	29.83	−24.77	20.07	7.08	30.28	−12.10	−18.00	40.66	20.58	24.11

图8　2016年石墨、碳化硅出口量同比增幅情况

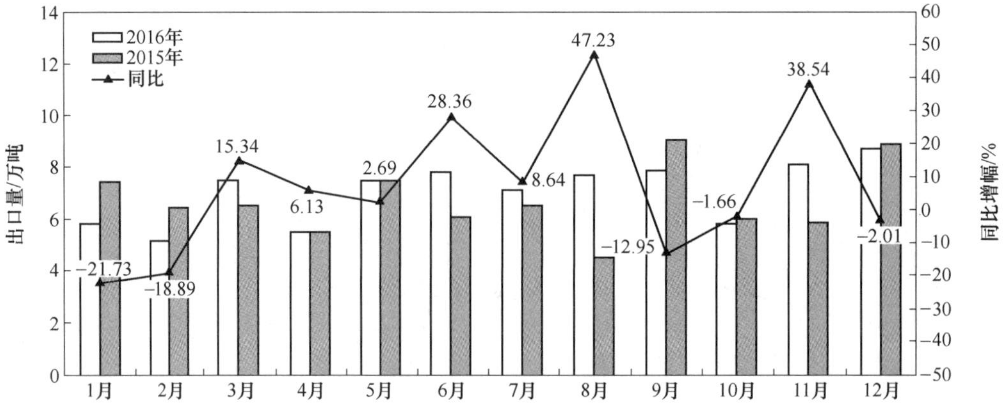

图9　2016年碱性耐火制品出口量走势图

②铝硅质耐火制品出口量66.24万吨，同比降低9.44%。各月走势见图10。

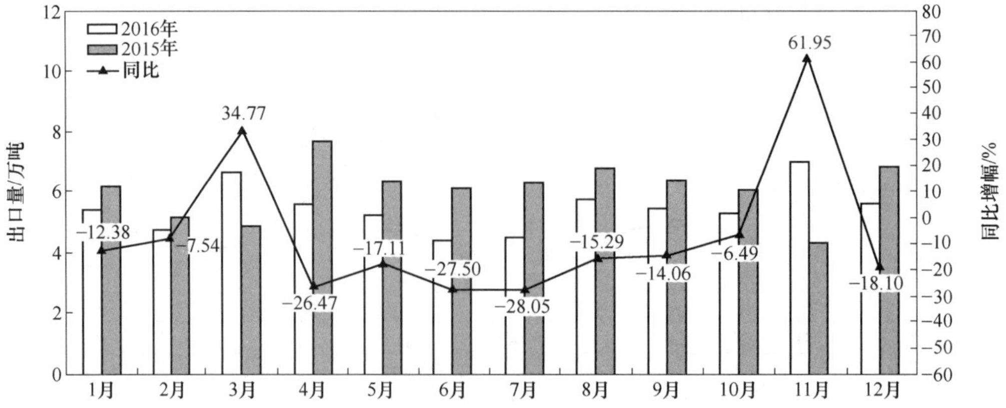

图10　2016年铝硅质耐火制品出口量走势图

③其他耐火制品出口量11.07万吨，同比降低31.75%。各月走势见图11。

2. 耐火制品进口量

2016年，耐火制品进口量1.90万吨，同比增长13.92%。其中，碱性制品进口量0.61万吨，同比增长40.70%；铝硅质耐火制品进口量0.94万吨，同比增长20.59%；其他耐火制品进口量0.35万吨，同比下降22.77%。

三、主要下游行业生产运行情况

（一）钢铁行业运行情况

1. 中国钢铁行业生产运行情况

2016年，全国粗钢产量8.08亿吨，同比增长1.2%，上年为下降2.3%；钢材产量11.38亿吨，增长2.3%，增速同比提高1.7个百分点。各月产量情况见图12。

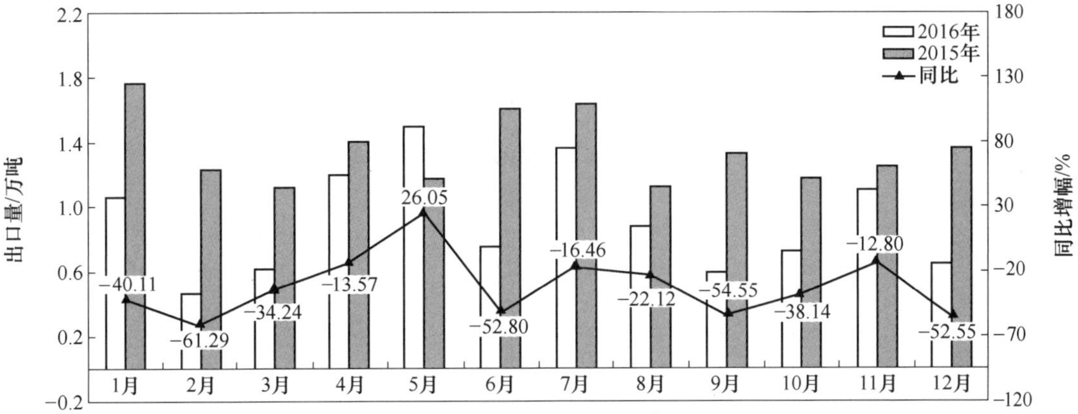

图11　2016年其他耐火制品出口量走势图

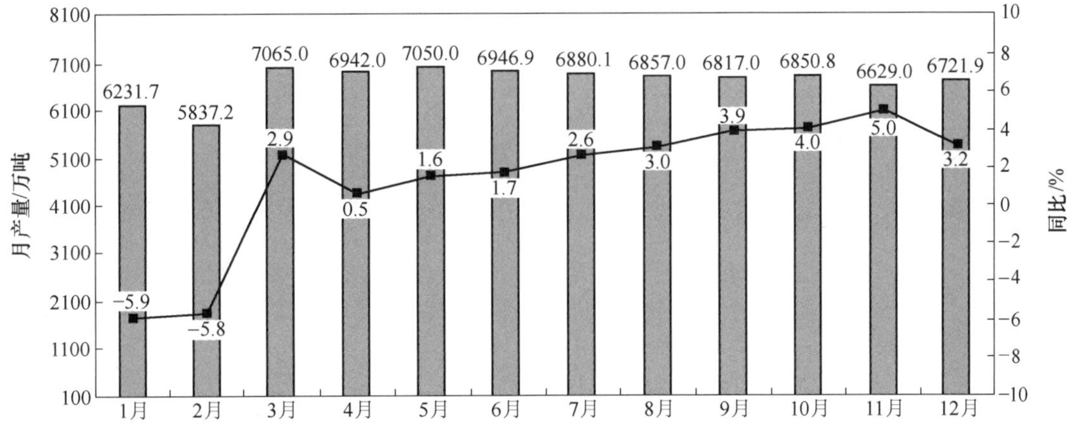

图12　2016年全国粗钢月产量及同比

大型重点钢铁企业（粗钢产量排名前10名企业）粗钢产量情况见图13。

2. 世界钢铁工业生产情况

据世界钢协统计数据，2016年全球（66个国家和地区）粗钢产量达16.04亿吨，同比增长0.7%。扣除中国大陆粗钢产量，全球其他国家（地区）粗钢产量同比增长0.2%，中国大陆粗钢产量占全球50.37%。主要产钢国家和地区粗钢产量情况见图14。

（二）建材行业生产运行情况

2016年，全国水泥产量24.03亿吨，同比增长2.5%，上年为下降4.9%；平板玻璃产量7.74亿重量箱，增长5.8%，上年为下降8.6%。

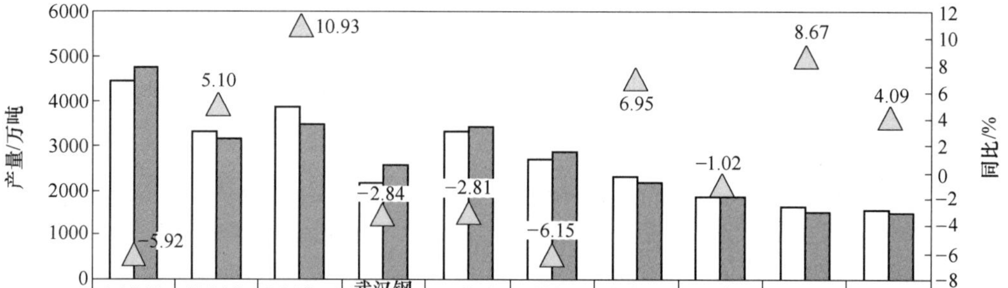

	河北钢铁集团	鞍钢集团公司	宝钢集团有限公司	武汉钢铁(集团)公司	江苏沙钢集团	首钢集团	山东钢铁集团	马钢(集团)	北京建龙	湖南华菱
□2016年	4491.89	3319.36	3876.22	2504.33	3325.17	2679.66	2301.72	1862.89	1645.37	1548.25
■2015年	4774.54	3158.18	3494.19	2577.62	3421.39	2855.25	2152.21	1882.02	1514.12	1487.39
△同比	−5.92	5.10	10.93	−2.84	−2.81	−6.15	6.95	−1.02	8.67	4.09

注：10家单位合计2.76亿吨，占全国粗钢产量的34.09%

图 13　2016 年大型重点钢铁企业粗钢产量情况

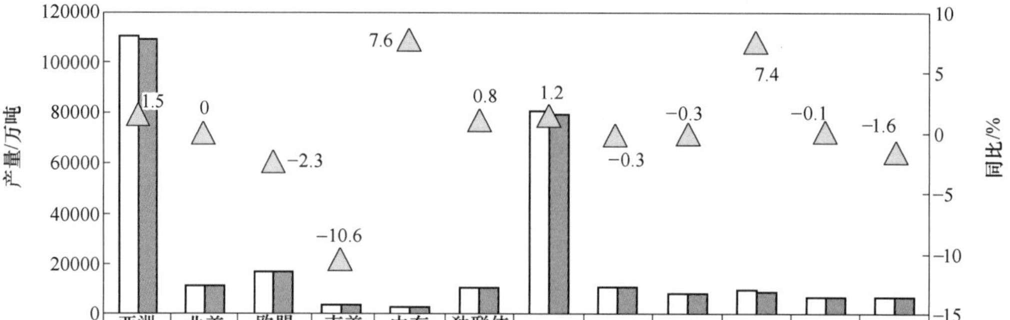

	亚洲合计	北美合计	欧盟(28)合计	南美合计	中东合计	独联体合计	中国	日本	美国	印度	俄罗斯	韩国
□2016年	110624.9	11098.7	16229.3	3922.4	2902.5	10222.2	80836.6	10477.2	7861.9	9561.8	7080.0	6856.7
■2015年	109027.1	11094.5	16617.3	4389.9	2697.4	10137.4	79845.8	10513.4	7884.5	8902.7	7090.0	6967.0
△同比	1.5	0	−2.3	−10.6	7.6	0.8	1.2	−0.3	−0.3	7.4	−0.1	−1.6

图 14　2016 年世界主要产钢国家（地区）粗钢产量情况

（三）有色金属行业生产运行情况

2016 年，全国十种有色金属产量 5283 万吨，同比增长 2.5%，增速同比回落 3.3 个百分点。其中，铜产量 844 万吨，增长 6%，提高 1.2 个百分点；电解铝产量 3187 万吨，增长 1.3%，回落 7.1 个百分点；铅产量 467 万吨，增长 5.7%，上年为下降 5.3%；锌产量 627 万吨，增长 2%，回落 2.9 个百分点。氧化铝产量 6091 万吨，增长 3.4%，回落 6.2 个百分点。

四、2016 年耐材及主要下游行业的运行特点

（一）主要下游行业的运行特点

1. 产量小幅增长

2016 年主要下游行业粗钢、水泥、平板玻璃和有色金属产量均小幅增长，分别增长 1.2%、2.5%、5.8%和 2.5%。

粗钢、水泥和玻璃产量扭转了上年度的产量下降趋势。十种有色金属增幅同比回落了 3.3 个百分点。

2. 产品价格均有上涨

2016 年主要下游行业产品价格均呈上涨趋势，12 月份，国内市场钢材综合价格指数平均为 99.48 点，比上月提高 11.23 点，同比提高 44.13 点；全国水泥市场 P. O 42.5 散装水泥平均价格同比上涨 69 元/吨，涨幅为 28.5%；平板玻璃同比上涨 9.8 元/重量箱，涨幅为 17.3%；十种有色金属价格也均有不同程度的上涨。

3. 经营质量有所提高

2016 年主要下游行业经营质量均有所提高，

经济效益大幅提高，钢铁行业，中国钢铁协会会员企业实现利润总额 303.78 亿元，上年为 −779.38亿元，一举实现扭亏为盈；水泥行业实现利润 517.5 亿元，同比增长 56%；平板玻璃行业实现利润 57.9 亿元，同比增长 28.3%。

（二）耐材行业的生产运行特点

1. 耐材产量持续下降

2016 年耐材产量延续了 2015 年的下降趋势持续下降，降幅为 8.56%。耐材产量下降的主要原因是基建工程用耐火材料市场需求快速大幅减少所致。2015 年经调研测算，2001 年以来，主要下游行业基建工程用耐火材料年均需求量达 450 万吨左右。现状看，耐火材料主要下游行业均为产能严重过剩行业，目前是去产能而不是增产能，基建工程投资大幅降低，如中国钢铁协会统计会员企业 2016 年累计完成投资（含矿山）同比下降 31.41%，致使基建工程用耐火材料需求量快速萎缩。从耐材品种产量看，硅砖产量下降幅度最大，降幅高达 37.59%；高铝和黏土制品均同比下降 10%以上。这是 2016 年耐材产量下降的主要原因。

2. 出口贸易形势严峻

2016 年耐火原料和制品出口贸易总额已降到了近五年来的最低点，只有 25.65 亿美元，同比下降 11.62%，比 2014 年最高点 33.30 亿美元减少 7.65 亿美元，下降 22.97%。其主要原因：

（1）出口量持续下降

2012 年以来，耐火原料和制品出口总量除 2014 年同比增长外均呈下降态势。2016 年同比下降 0.77%，比 2014 年高点下降 8.07%。其中，耐火原料同比下降 3.03%，比 2014 年下降 3.82%；耐火制品同比降低 4.51%，比 2012 年最高点下降 19.56%。

（2）出口平均价格持续下滑

耐火原料出口平均价格近年来持续下滑，2012 年至 2016 年逐年分别同比下降 17.4%、3.53%、3.36%、5.29%和 3.03%。

特别是国家取消耐火铝黏土出口配额和关税后，出口平均价格从 2013 年开始连续下降，至 2016 年同比分别下降 16.12%、2.95%、10.38% 和 16.45%。

耐火制品出口平均价格从 2015 年开始连续两年下滑，分别下降 3.97%和 15.04%。其中：

碱性耐火制品是我国出口量较大的品种，占耐火制品出口总量的 50%以上。2000 年以来，出口量和出口平均价格稳步增长；2013 年出口平均价格首次出现下滑，同比降幅为 3.02%；2014 年回升，同比增长 4.38%；2015～2016 年连续两年高幅下滑，同比降幅分别为 9.12%和 9.05%。

铝硅质耐火制品出口平均价格近五年来持续上升，2016 年大幅下滑，同比降幅为 24.65%。

其他耐火制品受出口产品品种的影响，平均价格波动较大，2012 年至 2014 年连续走低，2015 年回升增长 8.30%；2016 年与 2015 年基本持平，同比增长仅 0.40%。

3. 耐火原材料进口量有所增长

2016 年耐火原料和制品进口总量 32.49 万吨，同比增长 17.54%。其中耐火原料进口量 30.58 万吨，同比增长 17.78%；耐火制品进口量 1.91 万吨，同比增长 13.92%。

（三）耐材重点企业经营情况简要分析

2016 年，通过对 62 家耐材重点企业经营状况调研显示，销售收入 320.35 亿元，同比下降 3.72%；销售收入利润率 2.54%。排除原料生产企业后，52 家耐火制品生产企业销售收入 276.46 亿元，同比下降 3.66%，销售收入利润率 2.99%。总体看经营状况相对平稳，但仍存在以下问题。

1. 经营质量远低于全国平均水平

62 家重点耐材生产企业和 52 家重点耐火制品生产企业销售收入增幅比全国规模以上工业企业主营业务收入增幅分别低 8.62 和 8.56 个百分点；销售收入利润率分别低 3.43 和 2.98 个百分点。

2. 经营质量有所提高，但仍在微利运行

62 家重点企业和 52 家耐火制品生产企业实现利润分别为 8.12 亿元和 8.28 亿元，同比增长 21.71%和 7.28%，增幅较为可观。但我们分析应该是受到少部分重点企业年度调账因素的影响，致使利润增幅较高，实际上生产企业整体仍在微利运行。

3. 亏损企业亏损面和亏损额比重仍然较大

62 家重点企业和 52 家耐火制品生产企业中亏

损企业分别为 14 家和 10 家；亏损面分别为 22.58%和 19.23%；亏损额分别为 3.57 亿元和 2.90 亿元。

4. 应收货款虽有所降低，但仍然是影响生产企业经营安全的重要因素

截止到 2016 年 12 月末，62 家耐材重点企业应收货款总额 127.36 亿元，同比下降 3.83%，占 2016 年销售收入的 39.76%。但在 62 家重点企业中仍有 33 家企业应收货款上升，上升企业面为 53.2%。其中应收货款同比上升 20%以上的企业 10 家，占 16.13%。特别是应收货款数额占本企业年销售收入 80%以上的企业有 8 家，有的企业应收货款数额甚至超过了年销售收入，不仅明显提高了企业财务成本，也严重影响了企业经营安全。

5. 企业经营状态分化明显

62 家耐材重点企业中，盈利企业 48 家，盈利额 11.69 亿元；亏损企业 14 家，亏损额 3.57 亿元；利润同比增长的企业 34 家，占 54.8%；利润同比下降的企业 28 家，占 45.2%；应收货款同比下降企业 29 家，占 46.8%；应收货款增长企业 33 家，占 53.2%。经营状态明显分化。

五、2017 年耐材行业的运行趋势及经营中应注意的几个问题

目前，对 2017 年行业经济运行走势说法不一，在这里谈一点个人看法供大家参考。

（一）耐火材料市场需求下行趋势不可逆转

谈运行趋势，首先要谈耐火材料的定位，耐火材料就是为高温工业提供所需耐火材料的基础原材料工业。因此，耐火材料行业运行好坏首先要看市场，取决于下游高温行业运行状况。

数据显示，我国钢铁消费 55%与固定资产投资相关，33%～35%与制造业相关；建材行业的水泥、玻璃消费与固定资产投资相关的比例更大。目前整个国民经济当中，无论是投资拉动的比例，还是制造业的比例都在下降，这是一个大趋势，2017 年在整体宏观经济和市场形势下，经济增速下行压力很大。

另外，第三产业对 GDP 贡献率已超过 50%，比重仍在不断增加，而第三产业对钢材、水泥、玻璃等主要下游行业产品消费的拉动与第二产业是不成比例的。因此，预计 2017 年国内钢铁、水泥等消费量是下降的。所以，冶金规划院李新创院长指出，说“钢铁业的春天来了”是一种误导。

工业和信息化部发布的 2016～2020 年钢铁工业调整升级规划中明确指出，“我们要清醒地认识到，经济增长不可能像以前那样，一旦回升就会持续上升并持续实现几年的高增长，不可能通过短期刺激实现 V 形或 U 形反弹，而且将经历一个 L 形发展阶段，总需求波动下降和产能过剩并存的格局将持续相当一段时间，产能过剩已不可能通过历史上持续高速的经济增长来消化”。并预计“十三五”期间我国钢铁生产消费将步入峰值弧顶下行期，国内粗钢消费量 2020 年将下降至 6.5 亿～7.0 亿吨，产量 7.5 亿～8 亿吨。规划中可能考虑 1.0 亿吨出口。

2016 年我国钢材出口 1.08 亿吨，同比下降 3.5%。据统计，2016 年，我国钢铁出口产品共遭遇 48 起贸易救济调查事件，案件同比增加 29.70%。2017 年出口可能还会继续下降。2017 年 2 月，我国钢材出口 575 万吨，同比下降 29.1%，1～2 月累计出口 1317 万吨，同比下降 25.7%。对此，钢铁业内专家预测，2017 年我国钢材需求量约为 6.6 亿吨，同比下降 1.8%。粗钢产量约为 7.88 亿吨，同比下降 2.5%。

主要下游行业下行的运行态势，必然导致耐火材料市场需求的逐步萎缩。对此，耐材生产企业要有清醒地认识，避免误判，影响企业经营策略的调整。

从经营质量看，2016 年钢铁行业钢材价格大幅上涨，一举实现扭亏为盈。但还没有完全走出困境，全行业仍在微利运行，销售收入利润率仅 1.08%。受产能过剩的影响，价格难有大幅的上升空间，经营依旧艰难。水泥行业产销受销售半径的限制，销售价格易掌控，经营质量比其他行业要好一些。

（二）2017 年耐材企业应注意的几个问题

1. 坚定不移地坚持以市场为导向，严格控制耐材生产总量

耐材工业产能严重过剩，在目前形势下更显突出。因此，一定要坚决实行以销定产，紧紧抓住国内、国际两个市场。

（1）中国是耐火材料的消耗大国，耐火材料

消耗量占全球消耗总量的60%左右，仍然是耐火材料主导市场。因此，不管经济形势如何变化，国内市场仍然是耐火材料消耗的“大市场”，耐材生产企业要结合国内耐材市场结构的调整，及时跟进，以耐材市场的需求结构作为我们产品的合理产品结构，满足国内的市场需求。

（2）稳定、巩固并进一步拓宽国际市场

近两年耐火制品的出口量连续下降，2016年比2012年下降19.56%，其中碱性制品下降19.39%；铝硅质耐火制品下降15.02%；其他耐火制品下降39.77%。近5年耐火制品出口量情况见表1。

我国耐火制品出口到世界150多个国家和地区，但实际上相对集中，近年来进口我国耐火制品最多的5个国家进口量均占我国耐火制品出口总量的50%以上。2010年以来，进口我国耐火制品主要国家进口量变化情况见表2。

表1　2012~2016年耐火制品出口量情况表　　万吨

产品名称	2012年		2013年		2014年		2015年		2016年	
	出口量	同比/%	出口量	同比/%	出口量	同比/%	出口量	同比/%	出口量	同比/%
耐火制品	203.97	4.40	176.91	-13.27	186.23	5.27	171.81	-7.74	164.07	-4.51
碱性制品	107.63	2.68	102.89	-4.41	99.90	-2.91	82.44	-17.47	86.76	5.23
铝硅质品	77.95	9.54	58.90	-24.44	72.17	22.54	73.15	1.35	66.24	-9.44
其他耐火制品	18.38	-5.31	15.12	-17.71	14.16	-6.36	16.22	14.53	11.07	-31.75

表2　2010~2016年进口我国耐火制品主要国家进口量变化情况　　万吨

国家＼总量＼年份	2010	2011	2012	2013	2014	2015	2016
总量	179.30	195.41	204.00	176.91	186.21	171.80	164.07
韩国	①27.82	③24.32	①31.51	②22.94	①26.24	③22.29	②21.99
印度	②27.43	①29.18	③25.21	①23.37	③21.76	①24.85	①26.07
日本	③23.49	②25.58	②26.01	③22.88	②21.83	②23.21	③19.74
美国	④8.83	④11.25	⑤8.04	6.34	7.40	6.38	⑤10.02
越南	⑤7.13	⑤6.20	6.27	④7.54	④12.07	⑤11.41	9.16
俄罗斯联邦	5.12	6.12	4.64	4.84	3.20	2.1	1.72
印度尼西亚	4.63	5.53	④12.93	⑤6.88	⑤9.37	④11.75	④13.41
小计	104.45	108.18	114.61	94.79	101.87	101.99	102.11

2016年我国耐火制品出口总量（不含不定形）164.07万吨，同比降低4.51%，值得关注的是越南、印度尼西亚耐材需求量不断增加。出口去向见下图。

2016 年耐火制品出口情况

出口总量 164.07 万吨

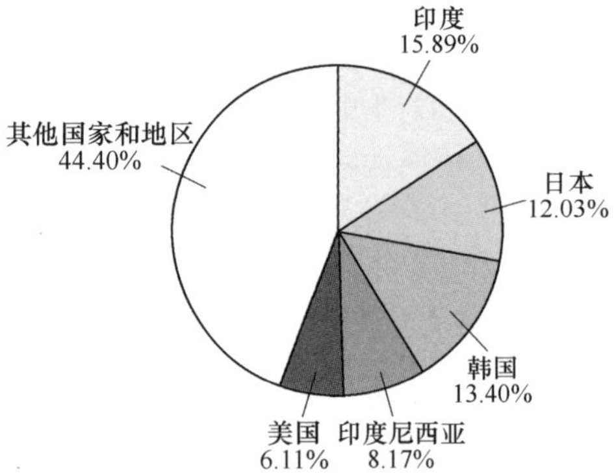

2016 年进口我国耐火制品最多的五个国家

国家	印度	日本	韩国	印度尼西亚	美国	其他国家和地区
出口量/万吨	26.07	19.74	21.99	13.41	10.02	72.84
比例/%	15.89	12.03	13.40	8.17	6.11	44.40

注：以上五国出口量占耐火制品出口总量的 55.08%。

碱性耐火制品出口量 87.76 万吨，主要出口去向见下图。

2016 年碱性耐火制品出口情况

出口总量 86.76 万吨

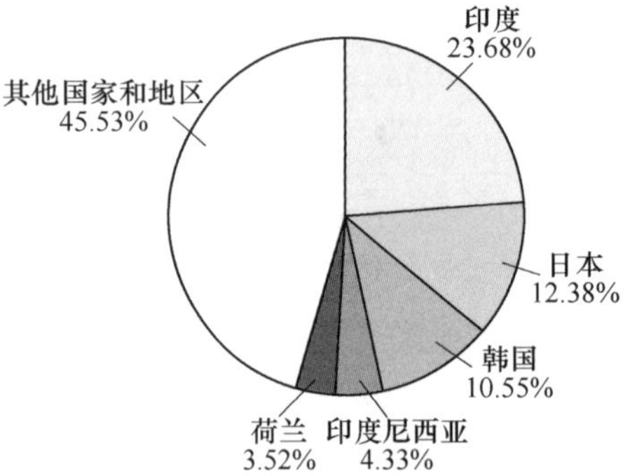

2016 年进口我国碱性耐火制品最多的五个国家

国家	印度	日本	韩国	印度尼西亚	荷兰	其他国家和地区
出口量/万吨	20.55	10.74	9.15	3.76	3.06	39.50
比例/%	23.68	12.38	10.55	4.33	3.52	45.53

注：以上五国出口量占碱性耐火制品出口总量的 54.47%。

铝硅质耐火制品出口量 66.24 万吨，主要出口去向见下图。

2016 年铝硅质耐火制品出口情况

出口总量 66.24 万吨

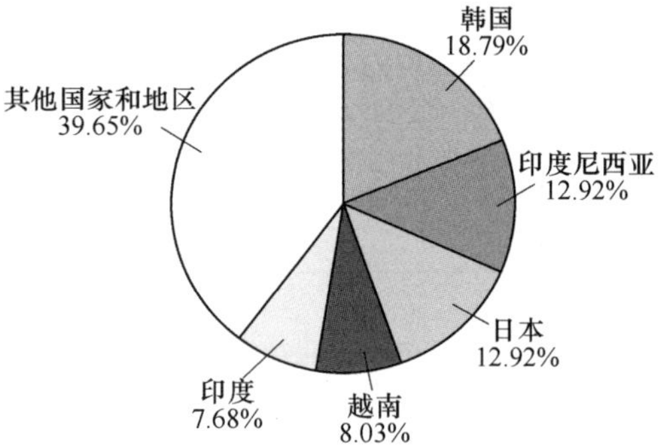

2016 年进口我国铝硅质耐火制品最多的五个国家

国家	韩国	印度尼西亚	日本	越南	印度	其他国家和地区
出口量/万吨	12.45	8.56	8.56	5.32	5.09	26.27
比例/%	18.79	12.92	12.92	8.03	7.68	39.65

注：以上五国出口量占铝硅质耐火制品出口总量的 60.35%。

其他耐火制品出口量 11.07 万吨，主要出口去向见下图。

2016 年其他耐火制品出口情况

出口总量 11.07 万吨

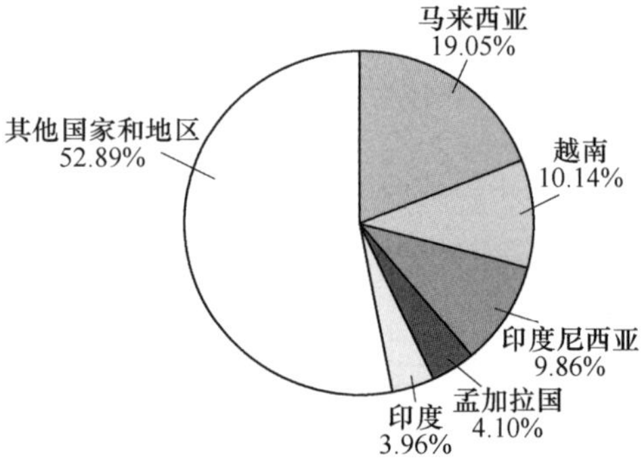

2016 年进口我国其他耐火制品最多的五个国家

国家	马来西亚	越南	印度尼西亚	孟加拉国	印度	其他国家和地区
出口量/万吨	2.11	1.12	1.09	0.45	0.44	5.86
比例/%	19.05	10.14	9.86	4.10	3.96	52.89

注：以上五国出口量占其他耐火制品出口总量的 47.11%。

对此，耐材生产出口企业要在稳定现有出口市场的同时，及时跟踪国际市场变化，进一步拓宽市场空间，扩大出口量。

2. 目前是规范耐材市场秩序的最佳机遇期

耐火材料是严重产能过剩行业，从20世纪90年代初一直处于无序竞争的状态。我国耐材生产企业众多，高度分散，是造成行业恶性竞争的主要因素。按2016年重点企业统计测算，前10名企业销售收入约占全国耐火制品总收入的18%左右，不足20%；前20名企业约占25%左右，产业集中度极低。目前市场在向逐步规范化的方向转化，是我们进一步整合和规范耐材市场秩序的极好机遇。

一是耐材市场需求步入下行通道，因市场、资金及环保整治等因素致使一部分中小企业停产或出局；二是耐材市场商业模式的转变，导致市场向大型优势企业转移。

目前整体承包的商业模式虽然有付款滞后等不利因素，但对整合、规范市场秩序、产业集中度的提高起到了积极的推动作用。

（1）整体承包的商业模式对耐材生产企业的产品质量、品种和设计、施工、维护的配套能力等要求极高，势必导致市场向大型优势企业转移。

（2）大型优势企业承包合同签订后，由于受产品品种限制，必然选择一些中小企业产品予以配套，形成企业间的合作模式，同时会逐步增强企业市场话语权。

近年来，行业产业集中度有所提高，特别是濮耐、利尔和瑞泰等几家上市公司，通过自身发展和联合重组，企业规模迅速扩大，为产业集中度的提升做出了积极贡献。目前通过总承包的商业模式，又在耐材企业间开始形成“战略合作”的商业模式，同样有助于产业集中度的提高，市场秩序的规范和市场话语权的提升。

目前的市场竞争主要在大型优势企业之间，期望能在市场相对集中的情况下，通过企业间的协商合作，合理整合现有市场，以提高企业经营质量为前提，达到互惠共赢的整合效果。

3. 资金问题仍然是影响企业经营安全的主要因素

耐材重点企业应收货款虽然近两年总体上有所下降，但数额仍然很大，达127.36亿元。主要下游行业仍然存在拖欠供应商货款的问题。2016年，虽然主要下游行业经营质量有所提升，但产能过剩的问题不可能在短期内有明显改变，势必导致产品价格上升空间不大，经济效益很难高幅提升，微利运行将持续一段时间。因此，耐材生产企业仍然存在资金风险和压力，特别是有的行业又出现了降点付款的不诚信行为，直接影响到耐材生产企业的经营安全。对此，耐材生产企业要持续加大货款的回收力度，把企业的资金风险控制在最低限度。

2017年1月24日，国家发改委、工信部等5部委联合发文（发改产业［2017］176号），要求“立即关停并拆除400立方米及以下炼铁高炉、30吨及以下炼钢转炉和炼钢电炉等落后生产设备”。这些钢厂是否有你的应收货款和订货合同，要及时应对。

4. 强化成本管理，提高经营质量

2016年耐材重点企业销售利润率仅2.54%，远低于全国工业企业平均水平，除耐材市场秩序混乱，销售价格低位运行外，企业的经营管理薄弱，损失浪费严重也是影响企业经营质量不高的主要因素之一。

5. 关于今年镁砂售价问题

2017年，国家对镁砂、轻烧镁和石墨取消了出口配额和出口关税，一月份烧结镁砂、电熔镁砂、轻烧镁和石墨出口量同比分别暴涨143.68%、167.59%、58.52%和70.12%，而出口平均价格同比分别大幅下降21.37%、14.46%、20.79%和19.31%。基本上取消了10%的出口关税，下降了20%的产品价格，而国内同类产品价格确在上涨约20%，上涨的主要原因一是国家环保整治力度加大，关停不达标窑炉、原料产量下降；二是优质矿石价格上涨、原料生产企业成本上升。但原料出口价格下降没有任何理由，应引起出口企业的高度重视。

总之，下一步的经营形势依然严峻，但挑战和机遇并存，生产企业要在应对挑战的同时，抓住机遇，为行业产业集中度的提高和市场秩序的规范、提升行业的整体竞争能力和经营质量的提高做出努力，为行业的稳定、健康发展做出贡献。

2017年全国耐火材料行业生产运行情况及2018年耐火材料市场预测分析

中国耐火材料行业协会　徐殿利

一、全国规模以上工业整体运行情况

2017年12月份，规模以上工业增加值同比实际增长6.2%（以下增加值增速均为扣除价格因素的实际增长率），比11月份加快0.1个百分点。从环比看，12月份，规模以上工业增加值比上月增长0.52%。2017年全年，规模以上工业增加值比上年增长6.6%。见图1。

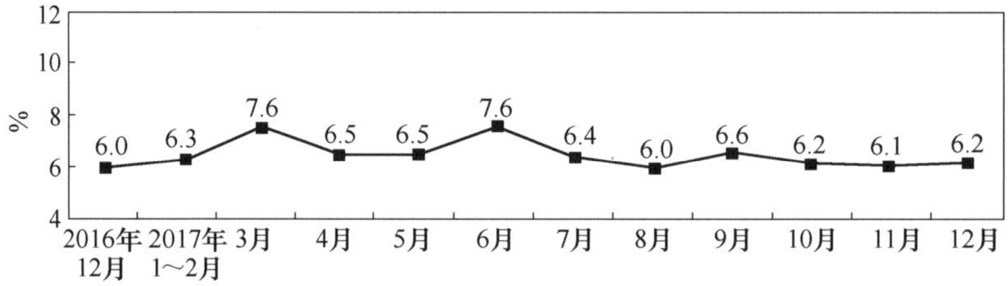

图1　规模以上工业增加值同比增长速度

2017年全国规模以上工业企业实现利润总额7.52万亿元，比上年增长21%，增速比2016年加快12.5个百分点。

2017年，在41个工业大类行业中，37个行业利润总额比上年增加，1个行业持平，3个行业减少。

2017年，规模以上工业企业实现主营业务收入116.5万亿元，比上年增长11.1%；发生主营业务成本98.9万亿元，增长10.8%；主营业务收入利润率为6.46%，比上年提高0.54个百分点。

2017年末，规模以上工业企业应收账款13.5万亿元，比上年增长8.5%；产成品存货4.19万亿元，增长8.5%。

2017年，规模以上工业企业每百元主营业务收入中的成本为84.92元，比上年减少0.25元；每百元主营业务收入中的费用为7.77元，减少0.2元；每百元资产实现的主营业务收入为108.4元，增加3.7元；人均主营业务收入为131.5万元，增加15万元；产成品存货周转天数为14.4天，减少0.5天；应收账款平均回收期为39.1天，减少0.5天。

二、耐材行业生产运行情况

（一）生产运行情况

2017年，根据协会统计全国耐火材料产量2292.54万吨，同比降低4.13%。其中，致密定形耐火制品1297.19万吨，同比降低4.51%；保温隔热耐火制品51.46万吨，同比增长10.13%；不定形耐火制品943.90万吨，同比降低4.27%。主要品种产量见图2。

耐火材料主要生产省（市）产量情况见图3。

（二）进出口贸易情况

2017年，全国耐火原材料进出口贸易总额33.10亿美元，比上年同期增长20.45%。其中，出口贸易额30.76亿美元，同比增长19.90%；进口贸易额2.34亿美元，同比增长28.31%。

1. 出口贸易情况

全国耐火原材料出口总量638.95万吨，同比增长22.78%。其中，耐火原料出口量469.49万吨，同比增长31.75%；出口贸易额18.02亿美元，同比增长 16.42%。

耐火制品出口总量 169.46 万吨，同比增长 3.29%，出口贸易额 12.74 亿美元，同比增长 15.52%。

耐火原料出口量及贸易额走势见图 4。

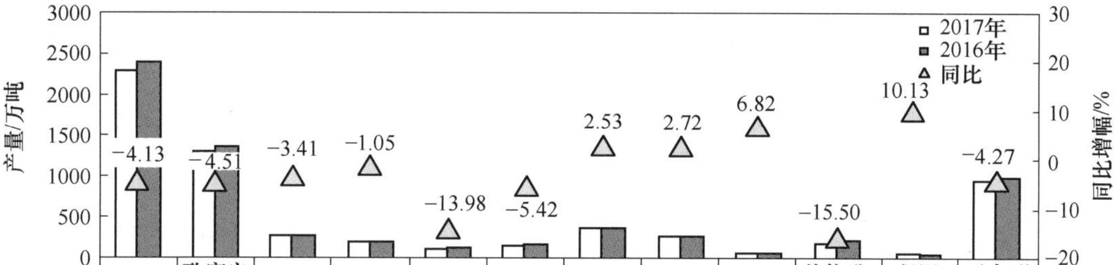

	耐火材料制品	致密定形耐火制品	黏土质砖	高铝质砖	硅质砖	镁质砖	特种耐火制品	含炭制品	功能材料	其他致密定形耐火制品	保温隔热制品	不定形耐火制品
2017年	2292.54	1297.19	274.63	200.86	100.46	164.40	376.63	267.40	52.23	180.21	51.46	943.90
2016年	2391.24	1358.52	284.32	202.99	116.79	173.83	367.32	260.31	48.90	213.28	46.72	985.99
同比	−4.13	−4.51	−3.41	−1.05	−13.98	−5.42	2.53	2.72	6.82	−15.50	10.13	−4.27

图 2　2017 年耐火制品产量及同比增幅

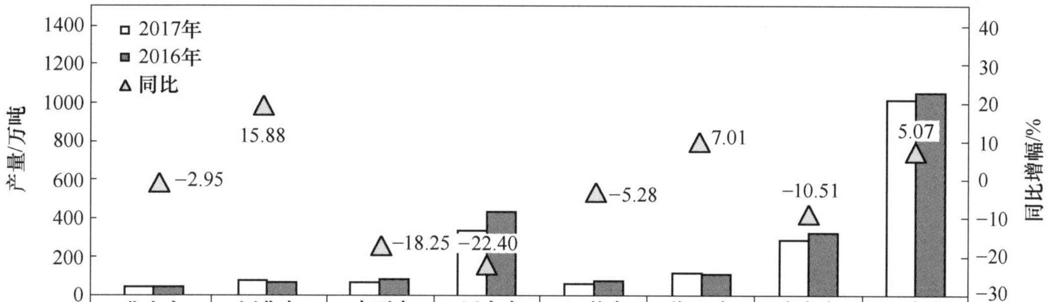

	北京市	河北省	山西省	辽宁省	江苏省	浙江省	山东省	河南省
2017年	43.42	75.65	68.69	334.81	60.81	116.72	286.87	1098.25
2016年	44.74	65.29	84.03	431.43	64.21	109.08	320.55	1045.25
同比	−2.95	15.88	−18.25	−22.40	−5.28	7.01	−10.51	5.07

图 3　2017 年主要耐材生产省（市）产量及增幅

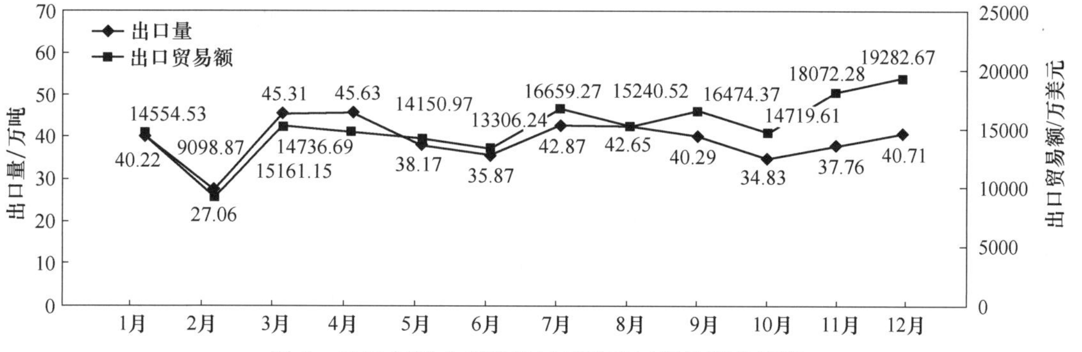

图 4　2017 年耐火原料出口量及出口贸易额走势图

耐火制品出口量及贸易额各月走势见图 5。

（1）主要耐火原料出口情况

①电熔镁砂和烧结镁砂出口量分别为 42.83 万吨和 88.42 万吨（合计 131.25 万吨），电熔镁砂同比增长 30.70%；烧结镁砂同比增长 63.42%。各月出口量走势见图 6。

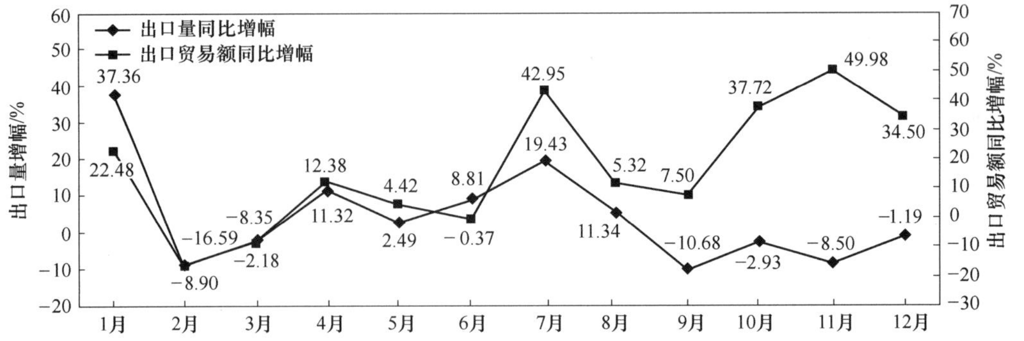

图 5　2017 年耐火制品出口量和出口贸易额同比增幅走势图

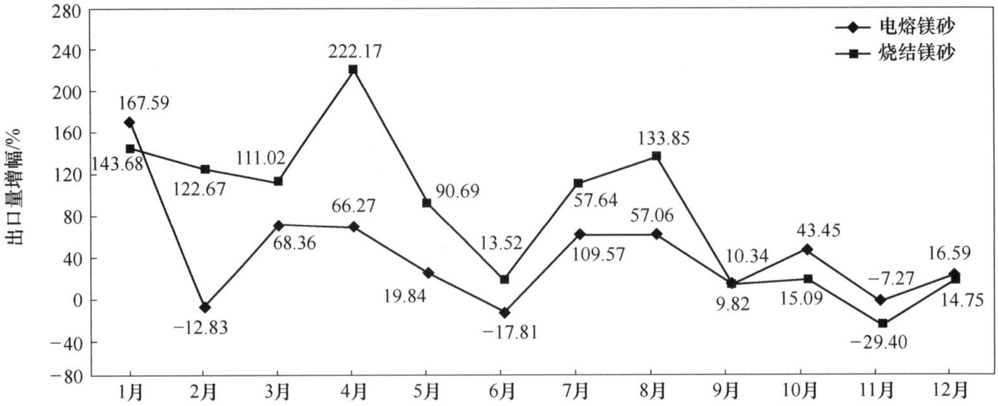

图 6　2017 年电熔、烧结镁砂出口量同比增幅情况

②耐火铝黏土、棕刚玉和白刚玉出口量分别为 102.43 万吨、64.18 万吨和 22.16 万吨，同比分别增长 15.74%、15.15%和 21.44%。各月出口量走势见图 7。

③石墨和碳化硅出口量分别为 15.24 万吨和 38.40 万吨，同比分别增长 38.24%和 18.75%。各月出口量走势见图 8。

（2）耐火制品出口情况

①碱性耐火制品出口量 90.20 万吨，同比增长 3.97%。各月走势见图 9。

②铝硅质耐火制品出口量 68.20 万吨，同比增长 2.95%。各月走势见图 10。

③其他耐火制品出口量 11.06 万吨，同比降低 0.12%。各月走势见图 11。

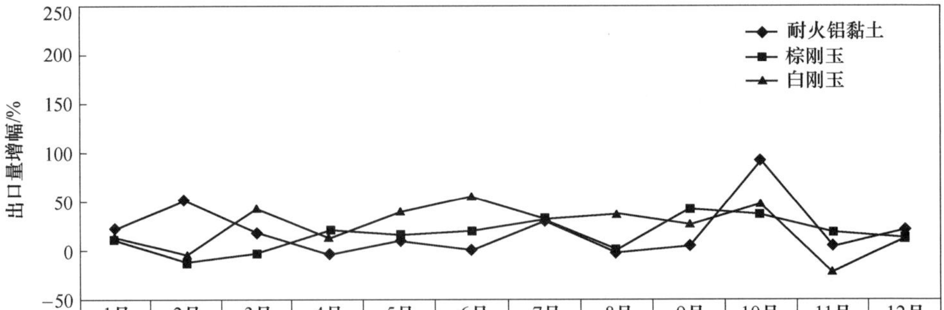

	1月	2月	3月	4月	5月	6月	7月	8月	9月	10月	11月	12月
耐火铝黏土	20.82	52.47	18.20	−5.09	9.90	−0.52	29.56	−1.49	4.02	92.83	3.72	19.13
棕刚玉	11.85	−12.10	−3.68	21.27	16.58	19.51	31.53	0.65	43.02	36.91	19.64	13.80
白刚玉	14.92	−3.46	43.56	12.52	39.39	55.36	32.09	38.11	26.50	48.76	−22.47	12.49

图 7　2017 年耐火铝黏土、棕刚玉、白刚玉出口量同比增幅情况

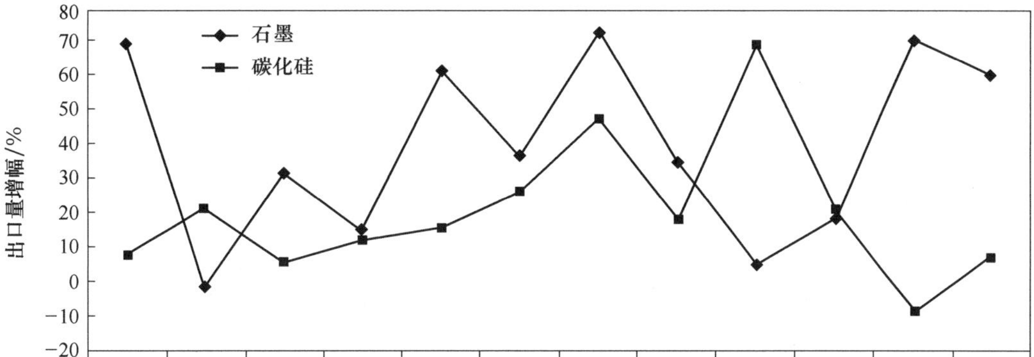

	1月	2月	3月	4月	5月	6月	7月	8月	9月	10月	11月	12月
石墨	70.12	−2.03	31.92	15.26	61.55	37.02	73.54	35.65	5.01	18.58	71.30	61.25
碳化硅	7.87	21.31	5.83	11.98	15.64	26.47	47.49	18.57	69.91	21.35	−8.75	7.11

图 8　2017 年石墨、碳化硅出口量同比增幅情况

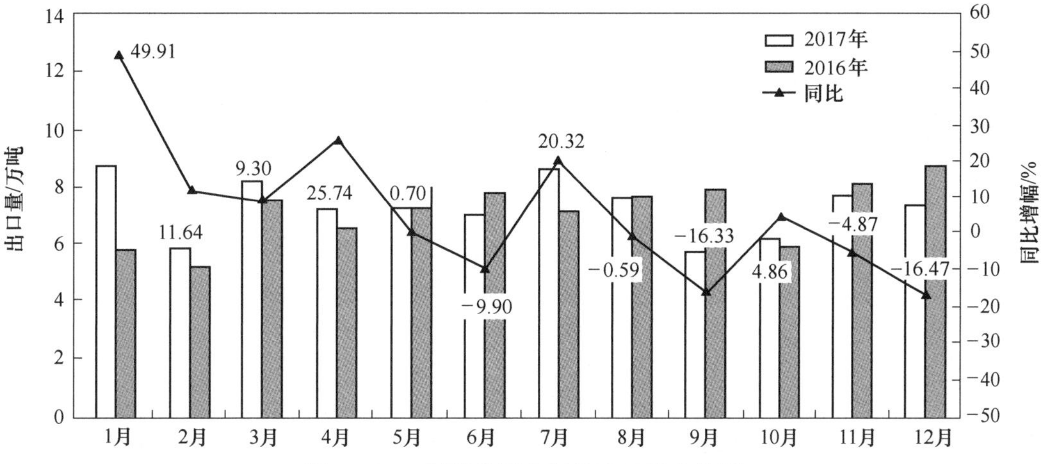

图 9　2017 年碱性耐火制品出口量走势图

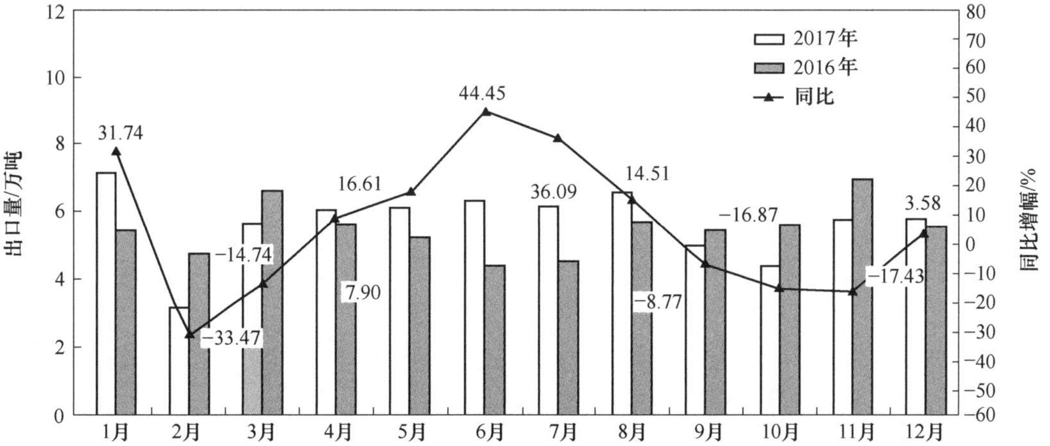

图 10　2017 年铝硅质耐火制品出口量走势图

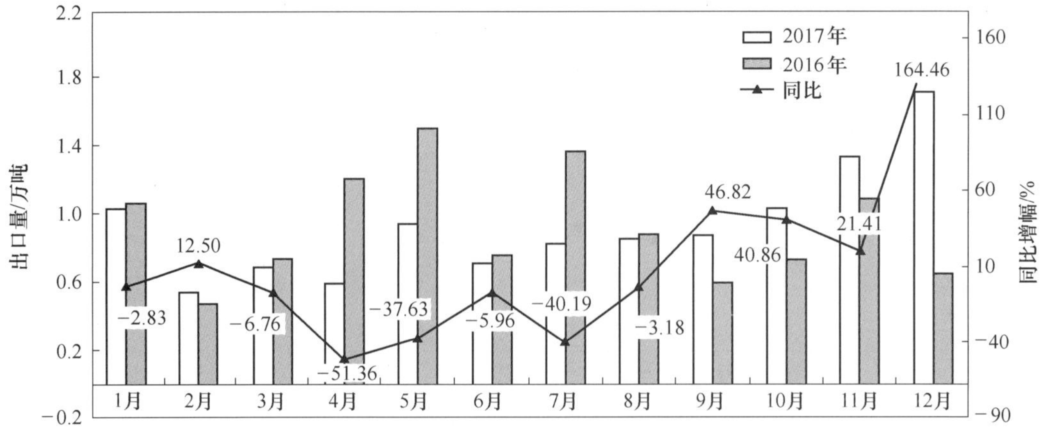

图 11　2017 年其他耐火制品出口量走势图

2. 耐火制品进口量

2017 年，耐火制品进口量 3. 19 万吨，同比增长 66. 96%。其中碱性制品进口量 0. 99 万吨，同比增长 62. 60%；铝硅质耐火制品进口量 1. 34 万吨，同比增长 42. 05%；其他耐火制品进口量 0. 85 万吨，同比增长 140. 59%。

三、主要下游行业生产运行情况

（一）钢铁行业运行情况

1. 中国钢铁行业生产运行情况

2017 年，全国粗钢产量 8. 32 亿吨，同比增长 5. 67%；钢材产量 10. 48 亿吨，增长 0. 82%。各月产量情况见图 12。

大型重点钢铁企业（粗钢产量排名前 10 名企业）粗钢产量情况见图 13。

2. 世界钢铁工业生产情况

据世界钢协统计数据，2017 年全球（66 个国家和地区）粗钢产量达 16. 75 亿吨，同比增长 5. 5%。除日本略下降，独联体持平外，全球其他国家（地区）粗钢产量不同程度的增长，中国大陆粗钢产量占全球 49. 66%。主要产钢国家和地区粗钢产量情况见图 14。

（二）建材行业生产运行情况

2017 年，全国水泥产量 23. 16 亿吨，同比下降 0. 2%，上年为增长 2. 5%；平板玻璃产量 7. 90 亿重量箱，增长 3. 5%，回落 2. 3 个百分点。

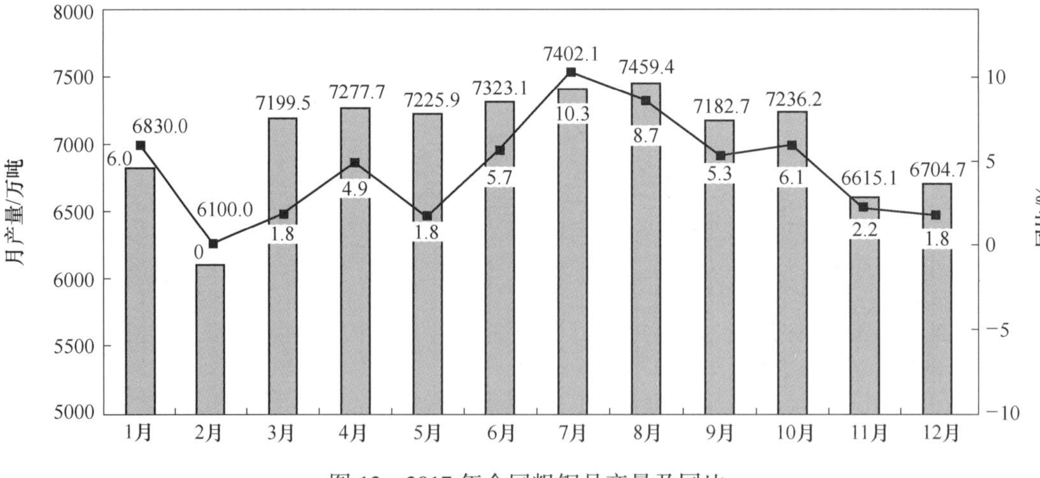

图 12　2017 年全国粗钢月产量及同比

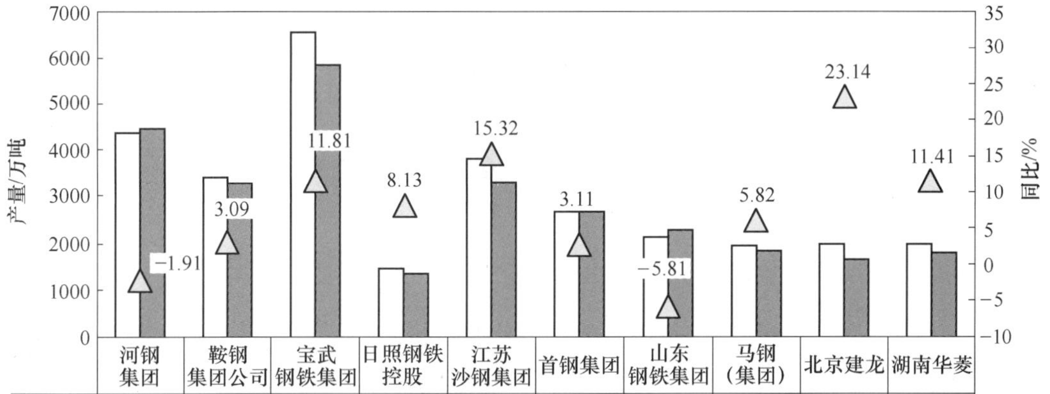

	河钢集团	鞍钢集团公司	宝武钢铁集团	日照钢铁控股	江苏沙钢集团	首钢集团	山东钢铁集团	马钢（集团）	北京建龙	湖南华菱
□2017年	4406.29	3421.98	6539.27	1498.23	3834.73	2762.90	2167.88	1971.40	2026.13	2014.64
■2016年	4491.89	3319.36	5848.61	1385.57	3325.17	2679.66	2301.72	1862.89	1645.37	1808.25
△同比	−1.91	3.09	11.81	8.13	15.32	3.11	−5.81	5.82	23.14	11.41

图 13　2017 年大型重点钢铁企业粗钢产量情况

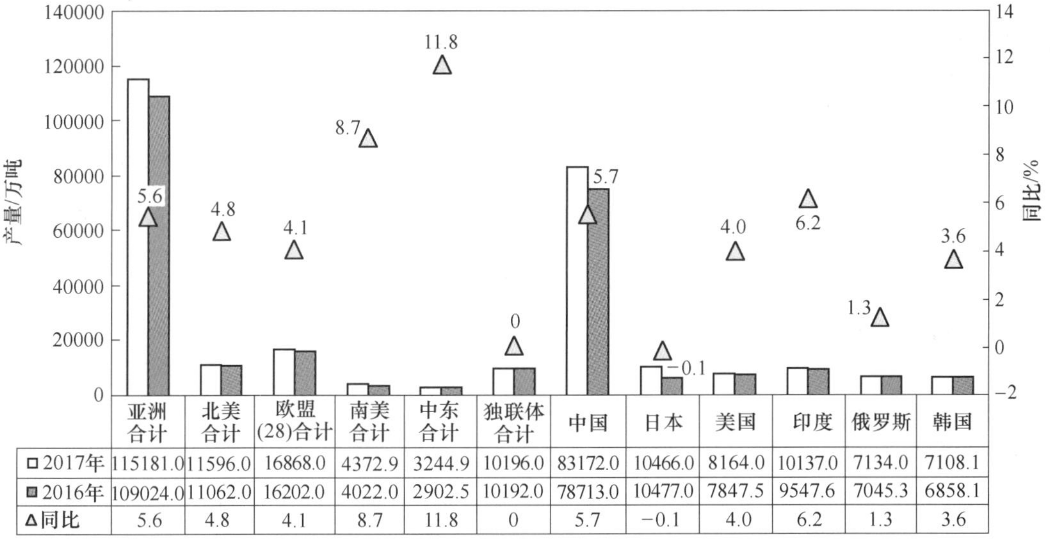

	亚洲合计	北美合计	欧盟(28)合计	南美合计	中东合计	独联体合计	中国	日本	美国	印度	俄罗斯	韩国
□2017年	115181.0	11596.0	16868.0	4372.9	3244.9	10196.0	83172.0	10466.0	8164.0	10137.0	7134.0	7108.1
■2016年	109024.0	11062.0	16202.0	4022.0	2902.5	10192.0	78713.0	10477.0	7847.5	9547.6	7045.3	6858.1
△同比	5.6	4.8	4.1	8.7	11.8	0	5.7	−0.1	4.0	6.2	1.3	3.6

图 14　2017 年世界主要产钢国家（地区）粗钢产量情况

（三）有色金属行业生产运行情况

2017 年，全国十种有色金属产量 5378 万吨，同比增长 3%，增速比上年提高 0.5 个百分点。其中，铜产量 889 万吨，增长 7.7%，提高 1.7 个百分点；电解铝产量 3227 万吨，增长 1.6%，提高 0.3 个百分点；铅产量 472 万吨，增长 9.7%，提高 4 个百分点；锌产量 622 万吨，下降 0.7%，上年为增长 2%。氧化铝产量 6902 万吨，增长 7.9%，增速比上年提高 4.5 个百分点。

四、耐材及主要下游行业运行特点

（一）耐材行业运行特点

1. 耐材产量持续下降

2017 年全国耐材产量同比下降 4.13%，降幅比上年同期降低 4.43 个百分点。产量下降除基建工程用耐材需求持续减少外，在国家环保整治力度加大，环保不达标窑炉停产整顿也是产量下降的主要因素。同时企业产成品库存大幅下降，有的企业库存几乎为零，既缓解了市场需求，又减少了企业产成品资金占用。

2. 耐火原料和耐火制品出口量高幅增长

2017年耐火原料和耐火制品出口量扭转了2015年以来连续两年下降的被动局面实现了出口量增长态势，分别增长31.75%和3.29%。耐火原料和耐火制品出口贸易额又一次突破30亿美元，为30.76亿美元，同比增长19.90%。

3. 耐火原料出口平均价格持续下滑

耐火原料出口综合平均价格从2012年以来逐年下滑，2017年同比又下降11.64%。

耐火原料出口主要品种中除电熔镁砂和耐火铝黏土出口平均价格同比分别上涨12.62%和7.0%外，烧结镁砂和天然鳞片石墨出口平均价格同比下降6.72%和6.24%；特别是轻烧镁粉出口平均价格同比大幅下降24.55%。

4. 耐火制品出口综合平均价格上涨幅度较大

2017年耐火制品出口综合平均价格同比上涨11.85%，扭转了2015~2016年连续两年价格的下降走势。除其他耐火制品出口平均价格同比下降1.51%外，铝硅质耐火制品出口平均价格同比上涨3.60%，碱性耐火制品出口平均价格同比高幅上涨19.36%。

5. 耐火制品进口量高幅增长，进口平均价格大幅下滑

2017年全国制品进口量同比高幅增长66.96%，而进口平均价格同比大幅下降17.36%，跟进国内市场趋势明显。

（二）主要下游行业运行特点

1. 产量持续增长

2017年，主要下游行业除水泥产量略有下降（0.2%）外，粗钢、平板玻璃和有色金属产量分别增长5.67%、3.5%和3.0%。特别是粗钢产量增幅较大，增幅比上年同期提高4.47个百分点。

2. 产品价格持续上涨

2017年主要下游行业产品价格持续上涨，12月份，国内市场钢材价格综合指数平均为124.05点，比上年同期提高24.58点；全国水泥市场P.O42.5散装水泥平均价格445元/吨，同比上涨134元/吨，涨幅17.4%。平板玻璃平均出厂价格为70.8元/重量箱，比上年同期上涨6.8%；主要有色金属铜、电解铝和锌平均价格比上年同期分别上涨14.7%、4.7%和14.5%。

3. 经营质量高幅提升

2017年主要下游行业在去产能、控总量、严自律、降成本等方面取得了明显效果，经营质量高幅提升。

重点统计钢铁企业销售收入3.69万亿元，同比增长34.05%，利润总额1773.36亿元，同比增长613.57%；水泥行业主营业务收入9149亿元，同比增长17.89%；实现利润877亿元，同比增长94.41%；平板玻璃主营业务收入759亿元，同比增长20%，实现利润93亿元，同比增长81%；有色金属行业主营业务收入6.04万亿元，同比增长13.8%，实现利润2551亿元，同比增长27.5%，其中冶炼业实现利润953亿元，同比增长51.8%。

（三）耐材重点企业经营情况简要分析

2017年，通过对66家耐材重点企业经营状况调研显示，各项经济技术指标均好于往年，产量同比增长7.2%，销售收入同比增长23.00%，实现利润同比增长109.11%，呈现了利润增幅高于销售收入增幅，销售收入增幅高于产量增幅的良好经营局面，经营质量明显提高。总体看运行相对平稳，但仍然存在以下问题。

1. 经营质量虽然接近全国工业企业平均水平，但耐火制品生产企业销售收入利润率仍然偏低

重点耐材企业销售收入利润率6.41%，比上年同期提高3.87个百分点，但仍低于全国工业企业平均水平，低0.05个百分点。

重点耐火制品生产企业销售收入利润率5.98%，比上年同期提高2.99个百分点，比全国工业企业平均水平低0.48个百分点。

2. 耐火制品生产企业经营质量虽有提高，但仍然微利运行

66家重点企业实现利润同比增长109.11%，

增幅十分可观。但实现利润高幅增长主要是耐火原料生产企业增幅较大，特别是镁质耐火原料生产企业增幅更大，从调研结果看，纯镁质耐火原料生产企业销售收入利润率同比增幅较高。而且耐火制品生产企业中，有的生产企业也有耐火原料生产量。扣除耐火原料和耐材整体承包利润中所含炉衬砌筑施工，炉前维护等应获利润，耐火制品的销售收入利润率虽有所提高，但远低于全国平均水平，仍在微利运行。

3. 亏损企业亏损面有所减少

66家重点企业中亏损企业4家，亏损面6.06%，比上年同期下降了16.44个百分点；其中耐火制品生产企业中亏损企业3家，亏损面5.0%，亏损额2729万元，同比下降14.23个百分点。

4. 应收货款持续下降，但仍是影响生产企业经营安全的主要因素

截至2017年12月末，重点企业应收货款总额124.14亿元，同比下降10.42%，降幅比上年同期扩大了6.59个百分点。

66家耐材重点企业中仍有11家企业应收货款上升，上升企业面为16.7%。其中应收货款同比上升30%以上的企业5家，不仅明显增加了企业的资金占用和财务成本，也将严重威胁生产企业的经营安全。

五、2018年耐材行业经济运行中应注意的几个问题

2018年从耐火材料市场需求的角度看，尽管国际贸易保护主义日趋严重，贸易摩擦事件不断增多，对主要下游行业出口贸易带来许多不确定因素，但是我国经济将继续保持中高速增长，基础设施建设力度也不会快速减弱，“一带一路”建设的拉动作用将逐步增强，宏观经济环境仍将保持稳中向好的发展态势。耐火材料的市场需求也将保持相对稳定，不会出现大起大落。因此耐火材料生产企业要在紧紧抓住国内、国际两个市场的同时，密切注意以下几个问题。

1. 目前是规范市场秩序，提高产业集中度的最佳机遇期

耐火材料是严重产能过剩行业，从20世纪90年代初以来就一直处于无序竞争的状态。我国耐材生产企业众多，高度分散，是造成行业恶性竞争的主要因素。目前市场在向逐步规范化的方向转化，是我们进一步整合和规范耐材市场秩序的极好机遇。

一是因市场、资金及环保整治等因素致使一部分中小企业停产或出局；二是耐材市场商业模式的转变，导致市场向大型优势企业转移。

目前整体承包的商业模式虽然有付款滞后等不利因素，但对整合、规范市场秩序、产业集中度的提高起到了积极的推动作用。

（1）整体承包的商业模式对耐材生产企业的产品质量、品种和设计、施工、维护的配套能力等要求极高，势必导致市场向大型优势企业转移。

（2）大型优势企业承包合同签订后，由于受产品品种限制，必然选择一些中小企业产品予以配套，形成一种新的合作模式，从而逐步增强大型优势企业的市场话语权。

近年来，行业产业集中度有所提高，特别是濮耐、利尔和瑞泰等几家上市公司，通过自身发展和联合重组，企业规模迅速扩大，为产业集中度的提升做出了积极贡献。目前通过总承包的商业模式，又在耐材企业间开始形成“战略合作”的商业模式，同样有助于产业集中度的提高，市场秩序的规范和市场话语权的提升。

从2017年的经营情况看，全国耐火材料总量同比下降4.13%，而耐材重点企业产量同比增长7.2%。排名前十家耐材企业销售收入总额达192亿元，比上年增加25.4亿元，同比增长15.25%，也佐证了耐材市场在向大型优势企业转。

目前的市场竞争主要在大型优势企业之间，我们期望能在市场趋于集中的情况下，通过企业间的协商合作，合理整合现有市场，以提高企业个体和行业整体经营质量为前提，达到互惠共赢的良好效果。

2017年各耐材主产区地方政府也纷纷出台整治提升的具体措施，加大整治力度。

营口市政府制定了具体的污染物排放整治标准限期达标，验收不能达标的生产企业一律关停不能复产。

鞍山市政府在整治污染排放的同时，拟组建矿业集团公司，严格整顿矿山开采秩序，达到规范开采的整治目的。同时在基本保证市场需求的前提下，将严格控制开采总量，以稳定原料的市场秩序和产品价格。

山东淄博市在严管污染排放达标的同时，制

定了耐火材料产业改造升级规划，将现有350万吨耐火材料产能削减到150万吨。其中淄川、博山和周村三区各搬迁进工业园30万吨，三个园区耐火材料产能90万吨。原厂地改造提升达标产能60万吨，总计淘汰200万吨耐火材料产能。

因此，通过这一轮的环保整治，将对耐材行业产业集中度的提升起到积极的推动作用。

2. 稳定耐火原料市场价格

2017年在国家环保整治力度加大和矿产资源整合的过程中，关停了一些环保排放不达标和矿山开采不规范的生产企业，致使耐火原料短缺，在市场调节作用下，耐火原料价格逐月上涨，特别是镁质耐火原料涨幅更大。各主要品种耐火原料价格趋势见图15～图19。

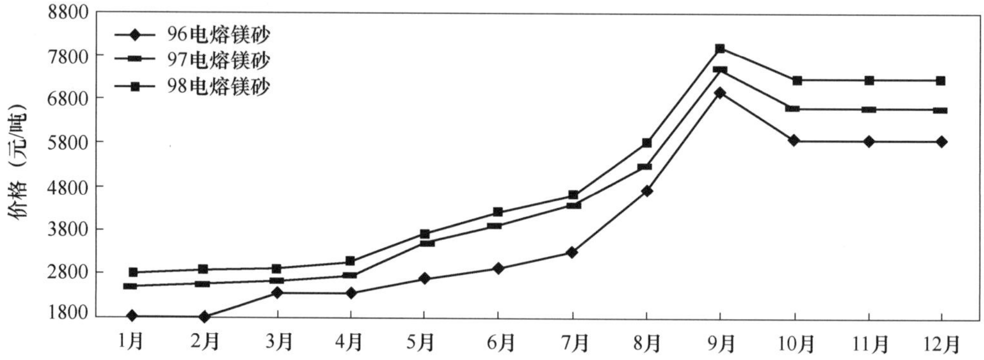

图15　2017年电熔镁砂价格走势图

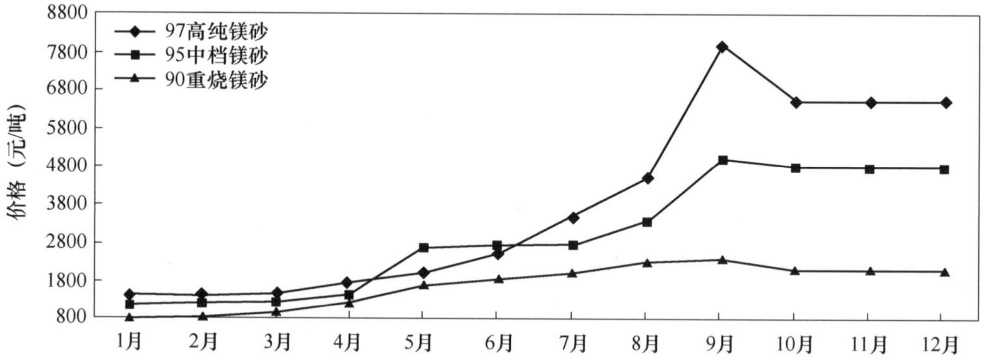

图16　2017年烧结镁砂耐火原料价格走势

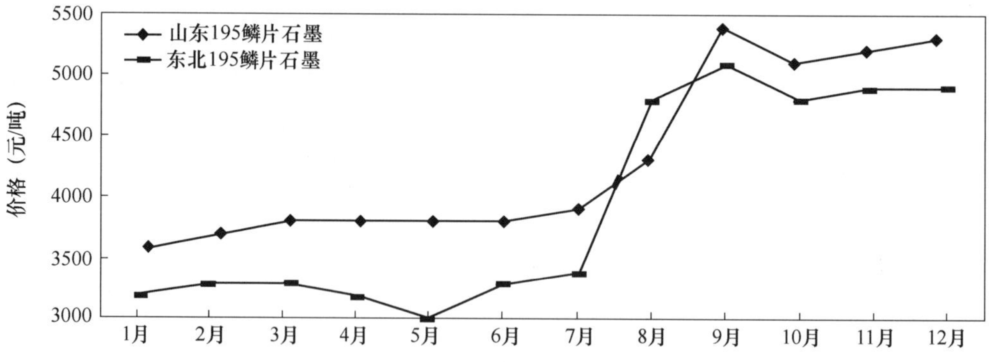

图17　2017年鳞片石墨价格走势图

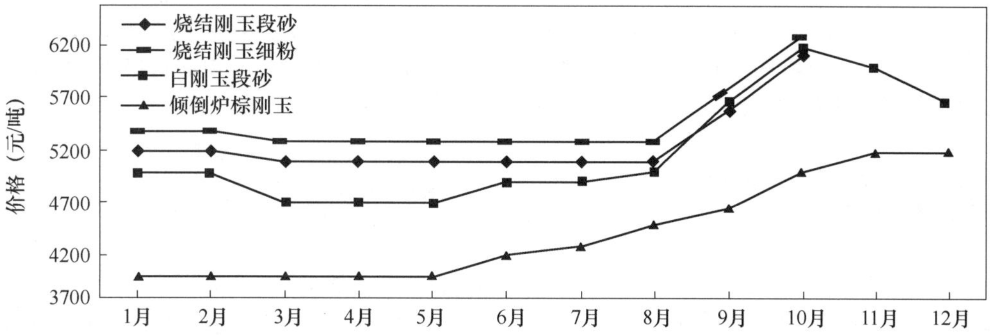

图 18　2017 年烧结刚玉段砂和细粉、白刚玉段砂和棕刚玉价格走势图

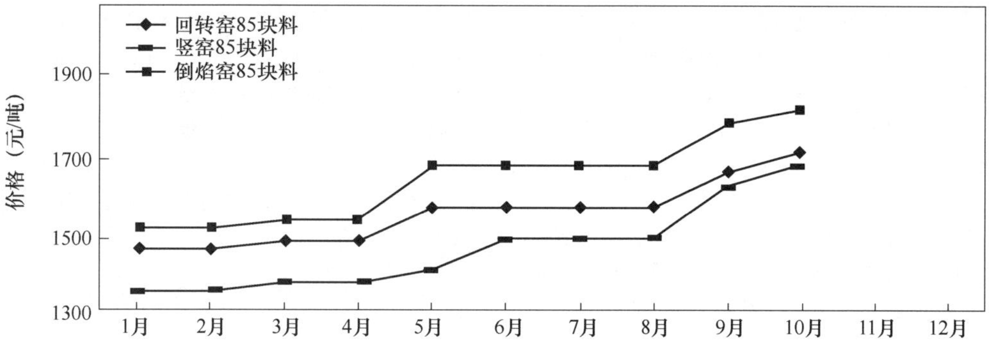

图 19　2017 年高铝矾土熟料价格走势图

耐火原料价格高幅上涨，耐火制品价格又不能及时跟进，一时间给耐火制品生产企业造成了很大的成本压力。现在回头看，环保整治力度加大，耐火原料价格的上涨，给耐火材料产业集中度的提高、市场秩序的规范等创造了条件。

一是有力地推动了耐火制品价格的上涨；二是有力地推动了产品货款的回收，有望向正常的经营秩序转变，全行业的经营态势不差，且好于往年。对此需认真总结，严格关注以下问题。

（1）稳定耐火原料价格，严防大起大落

耐火原料，特别是镁质耐火原料由于产能严重过剩，长期以来在市场无序竞争的环境下一直微利运行，遵循市场经济规律，适度提高产品价格，使企业得到合理的利润空间是完全必要的，无可非议。到目前为止，耐火原料生产企业获得合理利润空间目的已基本达到。因此，产品价格的稳定至关重要，严防产品价格的大起大落。否则搞乱了市场，损失的是企业利益。

（2）从源头做起，控制总量

从源头做起，控制生产总量是稳定产品价格的唯一因素，在保证市场需求的前提下，既要严控矿石的开采量，又要控制耐火原料的生产总量，在市场经济条件下才能有效保证产品价格的相对稳定。

同时，产品价格与产品质量要相互对应，不能以次充好。

（3）严格控制新增产能

2017 年耐火原料生产企业实现利润较为可观，刺激一些企业加大了投资力度，建设新的生产能力，扩大企业生产规模。希望生产企业要保持清醒的头脑，谨慎行事。

耐火原料本来产能严重过剩，市场需求有限，无序的扩大产能，受害的是企业。其一如果矿石开采受控，新增产能将形成无米之炊；其二如果矿石放开，将势必导致市场秩序再度混乱，价格大幅下滑，企业无利可图。况且工信部“关于促进耐火材料产业健康可持续发展的若干意见”《工信部原【2003】63 号》明确规定“建立完善新建项目与联合重组，淘汰落后、节能减排联动机制，坚持等量或减量置换落后产能。严格控制产能的增长。”

3. 目前是耐火制品价格稳步上涨，企业经营质量稳步提高的最佳机遇期

2017 年以来，在国家强化环保治理的大形势

下，耐材主产区地方政府分别制定了一系列污染排放政策的整改措施，关停了环保不达标窑炉，致使耐火原料短缺，价格持续上涨，而且原料价格上涨的品种仍在扩大。导致耐火制品生产企业原料成本高幅上升，生产成本压力异常加大。同时也给耐火制品价格调整带来机遇。

一是耐火原料价格高幅上涨，耐火制品生产企业制造成本大幅上升，产品价格调整理由充分。

二是主要下游行业经营质量大幅提高，从2017年经营状况看，钢铁、水泥、玻璃和有色金属冶炼行业实现利润同比分别增长613.57%、94.41%、81%和51.8%，有能力消化价格调整因素。

三是努力规范市场秩序，2017年钢材价格大幅回升，得益于关停600多家地条钢生产企业，减少产能1.2亿吨，钢材市场秩序明显好转。耐材中小企业因各种不同原因停产不少，但市场秩序未见明显好转，重点企业间压价竞销现象依然存在。

对此，协会网站以第三方机构对32家钢铁企业进行调研，有27家钢铁企业同意对钢包、中间包、铁沟耐材整体承包给予涨价，占84.37%，涨价幅度10%～60%不等，有的钢铁企业同意承担原料价格上涨的70%左右，这也是耐材承包企业积极争取的结果。但也有些钢厂对耐材调价不予理会。

从目前看，耐火制品价格仍不到位，加之环保设施的投入及开动后运行成本的增加和环保税的征收，将进一步加大制品生产企业成本压力，因此，耐材生产企业应理性对待目前形势，在挑战中寻找机遇，遵循市场经济规律，规范市场秩序，实事求是地推动制品价格的提高，稳定行业的安全运行。

4. 主要耐火原料出口价格低于国内市场价

2017年，主要耐火原料出口平均价格除高铝矾土和电熔镁砂同比分别增长7.00%和12.62%外，其他品种均同比下降。其中烧结镁砂、轻烧镁、棕刚玉、碳化硅和石墨出口平均价格比2016年分别下降6.72%、24.55%、4.83%、8.20%和6.24%。

特别是耐火原料出口价格大幅低于国内市场价格，其中耐火铝黏土、电熔镁砂、烧结镁砂、轻烧镁粉、棕刚玉、碳化硅和石墨出口平均价格分别为1277元/吨、3585元/吨、1426元/吨、941元/吨、3853元/吨、5096元/吨和4369元/吨。远低于国内市场价格，应引起全行业，特别是出口企业的高度重视。

5. 资金问题仍然是影响生产企业经营安全不可忽视的因素

耐材重点企业应收货款近两年总体上有所下降，特别是2017年下降幅度较大，但多年累积的应收货款总额依然较大。目前主要下游行业去产能力度较大，在去产能过程有些企业关停或破产，已经造成一些耐材生产企业蒙受较大的经济损失。因此，耐材生产企业要把资金问题提升到影响企业经营安全的高度来认识，强化资金管理，加强应收货款回收工作，一是要做到不新增应收货款；二是加大力度催收陈欠款。同时每年末与欠款单位核对陈欠款数额并出具确认，确保陈欠款在法律诉讼有效期内，避免造成企业的经济损失。

6. 关注炼钢电炉用耐火材料的技术发展

长期以来，我国钢铁冶炼一直以转炉炼钢为主，电炉钢的比例很小。随着国民经济的高速发展，钢材的需求使用量不断逐年增加，到目前为止，我国废钢的蓄积量已高达85亿吨左右，每年回收废钢约2亿吨。废钢量的不断增长，导致转炉炼钢废钢加入比例的大幅提高。目前全国电炉钢比例为10%左右，有业内专家预测2～3年可能提高到20%左右（电炉钢产量将达1.6亿吨左右）。全球粗钢总量中扣除中国粗钢产量，全球电炉钢比例为42%，其中美国电炉钢比例为62.7%，我国电炉钢比例将持续提高。同时，将可能加大耐火材料的需求量。

由于转炉炼钢引入了溅渣护炉技术，炉龄高且稳定，但炼钢电炉炉龄较低，一般600～700炉左右，低的只有200～300炉左右。因此电炉用耐火材料的质量提升，产品更新和技术发展应引起生产企业和专业院校的关注与重视。

总之，下一步的经营形势仍有诸多不确定因素，耐材生产企业要在搞好本企业生产经营的同时，把2018年作为规范耐材市场秩序，提高产业集中度的工作年，为耐材行业的健康、稳定、可持续发展做出新贡献。

2018年全国耐火材料行业生产运行情况及2019年耐火材料市场预测分析

中国耐火材料行业协会　徐殿利

一、全国规模以上工业整体运行情况

2018年12月份，规模以上工业增加值同比实际增长5.7%（以下增加值增速均为扣除价格因素的实际增长率），增速比11月份加快0.3个百分点；环比增长0.54%。2018年全年，规模以上工业增加值同比增长6.2%，增速较1～11月份回落0.1个百分点。见图1。

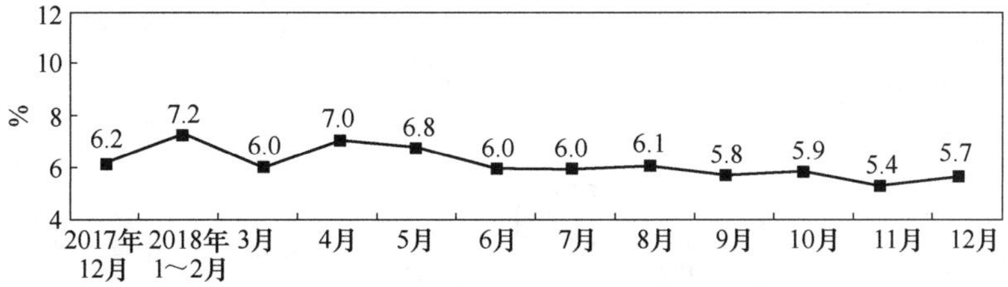

图1　规模以上工业增加值同比增长速度

2018年，在41个工业大类行业中，32个行业利润总额比上年增加，9个行业减少。

2018年，规模以上工业企业实现主营业务收入102.2万亿元，比上年增长8.5%；发生主营业务成本85.7万亿元，增长8.3%。

2018年全国规模以上工业企业实现利润总额6.64万亿元，同比增长10.3%；主营业务收入利润率为6.49%，比上年提高0.11个百分点。

2018年末，规模以上工业企业应收账款14.3万亿元，比上年增长8.6%；产成品存货43119.1亿元，增长7.4%。

2018年，规模以上工业企业每百元主营业务收入中的成本为83.88元，比上年减少0.2元；每百元主营业务收入中的费用为8.7元，增加0.02元；每百元资产实现的主营业务收入为93.3元，增加1.6元；人均主营业务收入为128.7万元，增加14.5万元；产成品存货周转天数为17.2天，与上年持平；应收账款平均回收期为47.4天，增加0.3天。

二、耐火材料行业生产运行情况

（一）生产运行情况

2018年，根据协会统计全国耐火材料产量2345.22万吨，同比增长2.30%。其中，致密定形耐火制品1327.38万吨，同比增长2.33%；保温隔热耐火制品54.10万吨，同比增长5.14%；不定形耐火制品963.74万吨，同比增长2.10%。主要品种产量见图2。

耐火材料主要生产省（市）产量情况见图3。

表1　2018年耐火材料重点县（市）营业收入和纳税情况表

地区	收入/亿元	税金/亿元
大石桥市	295	19.8
海城市	约200	约25
新密市	200	8.27
宜兴市	62.5	4.5
孝义市	55.72	3.12
长兴县	51.2	3.1
阳泉郊区	45.7	5.18

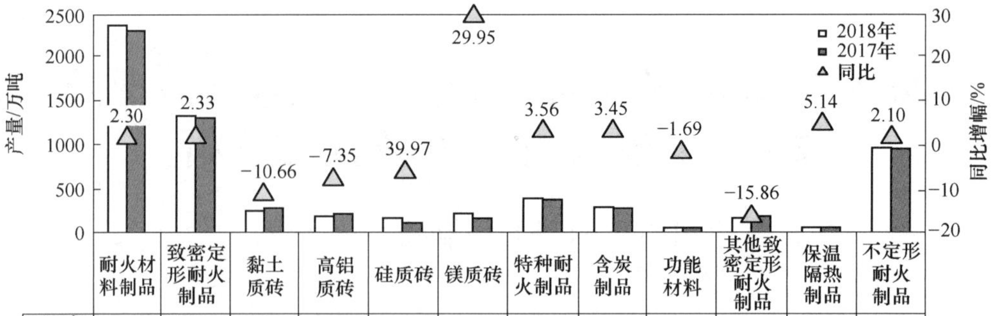

	耐火材料制品	致密定形耐火制品	黏土质砖	高铝质砖	硅质砖	镁质砖	特种耐火制品	含炭制品	功能材料	其他致密定形耐火制品	保温隔热制品	不定形耐火制品
2018年	2345.22	1327.38	245.36	186.09	140.61	213.64	390.04	276.64	51.35	151.63	54.10	963.74
2017年	2292.54	1297.19	274.63	200.86	100.46	164.40	376.63	267.40	52.23	180.21	51.46	943.90
同比	2.30	2.33	−10.66	−7.35	39.97	29.95	3.56	3.45	−1.69	−15.86	5.14	2.10

图 2　2018 年耐火制品产量及同比增幅

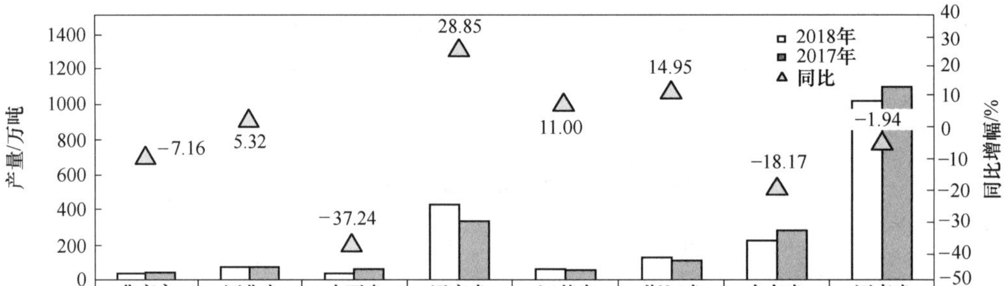

	北京市	河北省	山西省	辽宁省	江苏省	浙江省	山东省	河南省
2018年	40.31	79.68	43.11	431.42	67.50	134.18	234.74	1076.98
2017年	43.42	75.65	68.69	334.81	60.81	116.72	286.87	1098.25
同比	−7.16	5.32	−37.24	28.85	11.00	14.95	−18.17	−1.94

图 3　2018 年主要耐材生产省（市）产量及增幅

（二）进出口贸易情况

2018 年，全国耐火原材料进出口贸易总额 44.44 亿美元，比上年同期增长 34.26%。其中出口贸易额 41.69 亿美元，同比增长 35.55%；进口贸易额 2.75 亿美元，同比增长 17.24%。

全国耐火原材料出口总量 635.49 万吨，同比降低 0.54%。其中耐火原料出口量 454.95 万吨，同比降低 3.10%；耐火制品出口量 180.54 万吨，同比增长 6.54%。

（1）主要耐火原料出口情况

表 2　2018 年耐火原料出口量情况表

品种 指标	电熔镁砂	烧结镁砂	耐火铝黏土	棕刚玉	白刚玉	石墨	碳化硅
出口量/万吨	52.39	98.92	78.93	53.04	22.39	13.47	37.28
同比/%	22.33	11.88	−22.94	−17.37	1.05	−11.58	−2.92

电熔镁砂和烧结镁砂合计出口量 151.31 万吨，占耐火原料出口总量的 33.26%。

（2）耐火制品出口情况

表 3　2018 年耐火制品出口量情况表

品种 指标	碱性耐火制品	铝硅质耐火制品	其他耐火制品
出口量/万吨	96.69	68.62	15.23
同比/%	7.19	0.62	37.74

碱性耐火制品出口量占耐火制品出口总量的 53.56%。

三、主要下游行业生产运行情况

（一）钢铁行业运行情况

1. 中国钢铁行业生产运行情况

2018 年，全国粗钢产量 9.28 亿吨，比上年增长 6.6%，增速比上年提高 0.9 个百分点；钢材产量

11.06 亿吨，增长 8.5%，提高 7.7 个百分点。各月产量情况见图 4。

大型重点钢铁企业（粗钢产量排名前 10 名企业）粗钢产量情况见图 5。

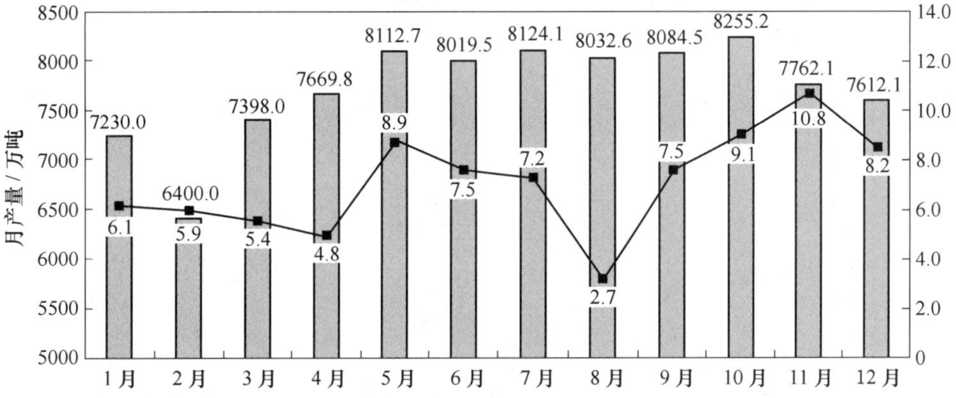

图 4　2018 年全国粗钢月产量及同比

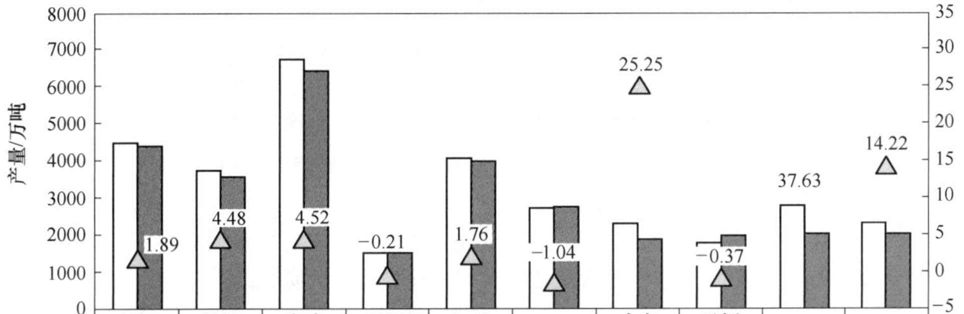

	河钢集团	鞍钢集团公司	宝武钢铁集团	日照钢铁控股	江苏沙钢集团	首钢集团	山东钢铁集团	马钢（集团）	北京建龙	湖南华菱
□ 2018年	4489.38	3735.88	6742.94	1495.08	4066.07	2734.22	2320.94	1964.19	2788.48	2301.17
■ 2017年	4406.29	3575.67	6451.40	1498.23	3995.55	2762.90	1853.00	1971.40	2026.13	2014.64
△ 同比	1.89	4.48	4.52	−0.21	1.76	−1.04	25.25	−0.37	37.63	14.22

图 5　2018 年大型重点钢铁企业粗钢产量情况

2. 世界钢铁工业生产情况

据世界钢协统计数据，2018 年全球（66 个国家和地区）粗钢产量达 17.90 亿吨，同比增长 4.5%。除日本和欧盟（28）合计略有下降外，全球其他国家（地区）粗钢产量不同程度的增长，中国大陆粗钢产量占全球的 51.87%。主要产钢国家和地区粗钢产量情况见图 6。

（二）建材行业生产运行情况

2018 年，全国水泥产量 21.77 亿吨，比上年增长 3%，上年为下降 0.2%；熟料产量 14.22 亿吨，同比增长 3.56%。

平板玻璃产量 8.69 亿重量箱，增长 2.1%，增速比上年回落 1.4 个百分点。

（三）有色金属行业生产运行情况

2018 年，全国十种有色金属产量 5688 万吨，比上年增长 6%，增速比上年提高 3 个百分点。其中，铜产量 903 万吨，增长 8%，提高 0.3 个百分点；电解铝产量 3580 万吨，增长 7.4%，提高 5.8 个百分点；铅产量 511 万吨，增长 9.8%，提高 0.1 个百分点；锌产量 568 万吨，下降 3.2%，降幅比上年扩大 2.5 个百分点。氧化铝产量 7253 万吨，增长 9.9%，增速比上年提高 2 个百分点。

四、耐火材料及主要下游行业运行特点

（一）耐火材料行业运行特点

1. 耐火材料产量小幅增长

2018 年，全国耐火材料产量在连续四年下降

的运行态势下有所增长，同比增长 2. 30%；其主要原因是主要下游行业运行均呈现增长态势，耐材市场需求加大。特别是硅砖市场需求增加幅度较大，产量同比增长 39. 97%；镁质耐火制品产量同比增长 29. 95%，除市场需求增长外，出口量增幅较高，补 2017 年库存也是主要因素之一。

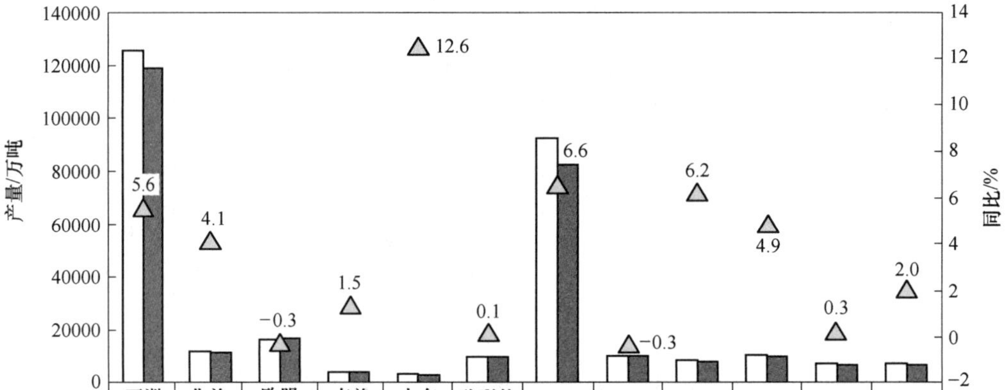

	亚洲合计	北美合计	欧盟(28)合计	南美合计	中东合计	独联体合计	中国	日本	美国	印度	俄罗斯	韩国
□ 2018年	125795.5	12050.3	16800.7	4432.1	3606.2	10105.5	92826.4	10432.8	8669.8	10646.3	7168.0	7246.3
■ 2017年	119135.0	11576.1	16651.8	4368.5	3202.0	10093.5	87085.5	10466.1	8161.2	10145.7	7149.0	7103.0
△ 同比	5.6	4.1	−0.3	1.5	12.6	0.1	6.6	−0.3	6.2	4.9	0.3	2.0

图 6　2018 年世界主要产钢国家（地区）粗钢产量情况

2. 出口贸易额再创历史新高，出口贸易质量明显提升

2018 年耐火原料及制品出口贸易额首次突破 40 亿美元（见表 4），达 41. 69 亿美元，再创历史新高；耐火原料出口贸易额也首次突破 20 亿美元。呈现了出口贸易额增幅高于出口量增幅的良好局面，出口贸易质量明显提升。

表 4　2010～2018 年原材料出口量和贸易额情况表

出口量（万吨）；贸易额（亿美元）

产品名称	2010 年		2011 年		2012 年		2013 年		2014 年		2015 年		2016 年		2017 年		2018 年	
	出口量	贸易额	出口量	贸易额	出口量	贸易额	出口量	贸易额	出口量	贸易额	出口量	贸易额	出口量	贸易额	出口量	贸易额	出口量	贸易额
耐火原料	390. 48	18. 93	333. 11	20. 46	326. 29	16. 55	325. 79	15. 94	379. 86	17. 96	344. 62	15. 43	356. 35	15. 48	469. 49	18. 02	454. 95	22. 93
耐火制品	179. 28	11. 55	195. 38	14. 08	203. 97	15. 74	176. 91	13. 98	186. 23	15. 34	171. 81	13. 59	164. 07	11. 03	169. 46	12. 74	180. 54	18. 76
耐火原材料	569. 76	30. 48	528. 50	34. 54	530. 27	32. 30	502. 71	29. 92	566. 09	33. 30	516. 43	29. 03	520. 42	25. 65	638. 95	30. 76	635. 49	41. 69

（1）耐火原料出口贸易呈现出口量下降，出口贸易额高幅增长的良好局面

2018 年，耐火原料出口量同比降低 3. 10%，出口贸易额高幅增长 27. 25%，比出口量增幅高 30. 35 个百分点。特别是电熔镁砂、烧结镁砂、天然鳞片石墨和耐火铝黏土出口贸易额增幅比出口量增幅分别高 64. 77、73. 19、36. 31 和 22. 37 个百分点。

（2）耐火制品出口贸易高幅增长

2018 年，耐火制品出口量同比增长 6. 54%，

出口贸易额高幅增长 47.28%，比出口量增幅高 40.74 个百分点。其中碱性耐火制品出口贸易额增幅比出口量增幅高 52.32 个百分点；铝硅质耐火制品出口贸易额增幅比出口量增幅高 23.27 个百分点；其他耐火制品出口贸易额增幅比出口量增幅高 14.45 个百分点。

碱性耐火制品出口量占耐火制品出口总量（不含不定形耐火材料）的 53.56%。

（3）耐火原料及制品出口平均价格全面上涨

2018 年，全国耐火原材料出口综合平均价格同比增长 36.29%，其中耐火原料出口平均价格同比增长 31.32%；耐火制品出口平均价格同比增长 38.25%。

其中主要耐火原料烧结镁砂、电熔镁砂、耐火铝黏土、棕刚玉和天然鳞片石墨出口平均价格同比分别增长 65.42%、52.94%、29.03%、22.66%和 41.08%。

碱性耐火制品、铝硅质耐火制品和其他耐火制品出口平均价格同比分别增长 48.81%、23.13%和 10.49%。

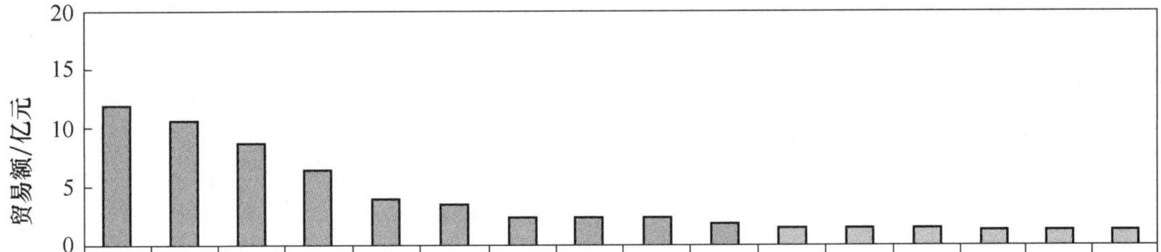

	1 辽宁奥镁	2 营口金龙	3 濮阳濮耐	4 海城后英	5 青花集团	6 济南镁碳砖	7 辽宁东和	8 武钢耐火	9 北京利尔	10 淄博工陶	11 鲁阳公司	12 辽宁富城	13 浙江自立	14 重庆市赛特刚玉	15 中钢洛耐院	16 山东耐火
贸易额	11.9	10.6	8.68	6.44	3.83	3.47	2.39	2.33	2.31	1.79	1.45	1.45	1.39	1.37	1.36	1.25

图 7　2018 年耐材重点企业出口贸易额超亿元 16 家企业

（二）主要下游行业运行特点

1. 产量持续增长

2018 年，主要下游行业产量保持平稳、持续增长。全国粗钢、水泥、平板玻璃和有色金属产量分别同比增长 6.6%、3.0%、2.1%和 6.0%。粗钢产量突破 9 亿吨，又创历史新高。

2. 产品价格高位波动运行

2018 年，主要下游行业产品价格总体高位运行，年末呈下降趋势。

钢材综合价格指数平均为 115.8 点，同比增长 7.6%。上半年基本稳定在 110~120 点，7 月起价格持续上涨，至 11 月钢材价格开始快速下跌，截至 12 月底跌至 107.1 点，较年内最高点下降 13%。

全国通用水泥平均出厂价格 396.7 元/吨，同比增长 22%；平板玻璃平均出厂价 75.7 元/重量箱，同比增长 3.5%。

有色金属行业铜、铅平均价格同比分别上涨 2.9%和 4.1%，涨幅同比回落 26 个百分点和 22 个百分点，铝、锌平均价格同比下降 1.8%和 1.7%。

3. 经营质量明显提高

2018 年，主要下游行业除有色金属行业效益下降外，其他行业经济效益明显提高，创历史最好水平。

钢铁行业主营业务收入 7.65 万亿元，同比增长 13.8%；实现利润 4704 亿元，同比增长 39.3%。其中重点大中型钢铁企业主营业务收入 4.13 万亿元，同比增长 13.8%；实现利润 2863 亿元，同比增长 41.1%，利润率达到 6.93%。

水泥主营业务收入 8823 亿元，同比增长 25%，实现利润 1546 亿元，增长 114%；平板玻璃主营业务收入 761 亿元，同比增长 7.2%，实现利润 116 亿元，增长 29.1%。

有色金属企业主营业务收入 5.43 万亿元，同比增长 8.8%；实现利润 1855 亿元，同比下降 6.1%。其中采选业利润 416 亿元，同比持平；冶炼和加工业实现利润分别为 679 亿元和 756 亿元，同比下降 10.2%和 5.6%。特别是铝行业实现利润同比下滑 40.1%。

（三）耐火材料重点企业经营情况简要分析

2018年，通过对68家耐火材料重点企业经营状况调研显示，各项经济技术指标延续了2017年的增长运行态势持续增长。

耐火材料产量（含部分耐火原料）942.05万吨，同比增长4.29%；销售收入557.28亿元，同比增长38.67%；实现利润43.72亿元，同比增长96.89%。呈现了销售收入增幅高于产量增幅，实现利润增幅高于销售收入增幅的良好局面，经营质量和生产集中度明显提高，总体运行平稳。但仍存在以下问题。

1. 耐火制品生产企业经营质量虽同比增长幅度较大，但实际效益仍然低于全国工业企业平均水平

2018年，耐材重点企业实现利润同比增长96.89%，主营业务收入利润率为7.84%，比全国工业企业主营业务收入平均利润率高1.35个百分点，增幅较为可观。但扣除其中纯耐火原料生产企业，60家耐火制品生产企业主营业务收入利润率为6.51%，比全国工业企业平均水平高0.02个百分点。但是耐火制品生产企业中，有些生产企业也有耐火原料生产量。扣除耐火原料和耐材整体承包利润中所含炉衬砌筑施工，炉前日常维护等应获利润，耐火制品的销售利润率虽有所增长，但远低于全国平均水平。

2. 亏损企业亏损面有所减少，亏损额增幅较大

68家重点企业中亏损企业3家，亏损面4.41%，比上年同期下降了1.65个百分点；但亏损企业亏损额8125万元，同比增长197.73%。

3. 应收账款略有增长，但仍然是影响生产企业经营安全的主要因素

截至2018年12月末，重点企业应收货款总额137.37亿元，同比增长0.49%。

68家耐材重点企业中有44家企业应收货款上升，上升企业面为64.71%。其中应收货款同比上升20%的生产企业20家，占应收账款上升企业的45.45%。特别是有9家企业应收货款数额同比上升50%以上。不仅明显增加了生产企业的资金占用和财务成本，也将严重威胁生产企业的经营安全。

五、2019年耐火材料行业经济运行中应注意的几个问题

从耐火材料市场需求的角度看，对2019年主要下游行业的运行走势说法不一，有的说粗钢产量可能突破9.5亿吨，同时指出钢铁行业形势不如2018年是基本趋势。业内专家认为，未来几年钢铁行业将迎来大搬迁、大重组、大调整、大提升，实现2025年钢铁产业集中度达到60%的目标。实际对钢铁企业的搬迁也有众多的不同意见和看法。从近年来的预测情况看，和实际运行情况差距很大，8亿多吨钢/年的时候一边倒的预测结果是到了峰值弧顶区，但粗钢产量却突破了9亿吨。

对此，我们要理性面对，尽管国际、国内经济、贸易形势不确定因素较多，但我国经济将持续保持中高速增长，基础设施建设力度也不会快速减弱。特别是近期国家对民营企业的支持力度不断加大，主要下游行业的经济运行将相对稳定，不会出现大起大落，全国宏观经济环境仍将保持稳中向好的发展态势，因此耐材生产企业要在紧紧抓住国内、国际两个市场的同时，密切注意以下几个问题。

1. 提高产业集中度是实现行业高质量发展的重要因素

（1）目前是规范市场秩序，提高产业集中度的最佳机遇期

耐火材料是严重产能过剩行业，从20世纪90年代初以来就一直处于无序竞争的状态。我国耐材生产企业众多，高度分散，是造成行业恶性竞争的主要因素。目前市场在向逐步规范化的方向转化，是我们进一步整合和规范耐材市场秩序的极好机遇。

一是因市场、资金及环保整治等因素致使一部分中小企业停产或出局；二是耐材市场商业模式的转变，导致市场向大型优势企业转移。

目前整体承包的商业模式虽然有付款滞后等不利因素，但对整合、规范市场秩序、产业集中度的提高起到了积极的推动作用。

①整体承包的商业模式对耐材生产企业的产品质量、品种和设计、施工、维护的配套能力等要求极高，势必导致市场向大型优势企业转移。

②大型优势企业承包合同签订后，由于受产品品种限制，必然选择一些中小企业产品予以配

套，形成一种新的合作模式，从而逐步增强大型优势企业的市场话语权。

近年来，行业产业集中度有所提高，特别是濮耐、利尔和瑞泰等几家上市公司，通过自身发展和联合重组，企业规模迅速扩大，为产业集中度的提升做出了积极贡献。目前通过总承包的商业模式，又在耐材企业间开始形成“战略合作”的商业模式，同样有助于产业集中度的提高，市场秩序的规范和市场话语权的提升。

从 2018 年的经营情况看，全国耐火材料总量同比增长 2.30%，而耐材重点企业产量同比增长 4.29%。排名前十家耐材企业销售收入总额达 272.49 亿元，比上年增加 78.47 亿元，同比增长 40.44%，也佐证了耐材市场在向大型优势企业转移。

目前的市场竞争主要在大型优势企业之间，我们期望能在市场趋于集中的情况下，通过企业间的协商合作，合理整合现有市场，以提高企业个体和行业整体经营质量为前提，达到互惠共赢的良好效果。

（2）大型重点优势企业板块初步形成，为行业生产集中度的提高奠定了良好的基础。

2018 年，耐火材料主营业务收入超 10 亿元的生产企业 17 家，其中超 30 亿元的企业 5 家，超 20 亿元的企业 3 家（见图 8）。另有北京通达、中钢耐火和唐山国亮主营业务收入也近 10 亿元。

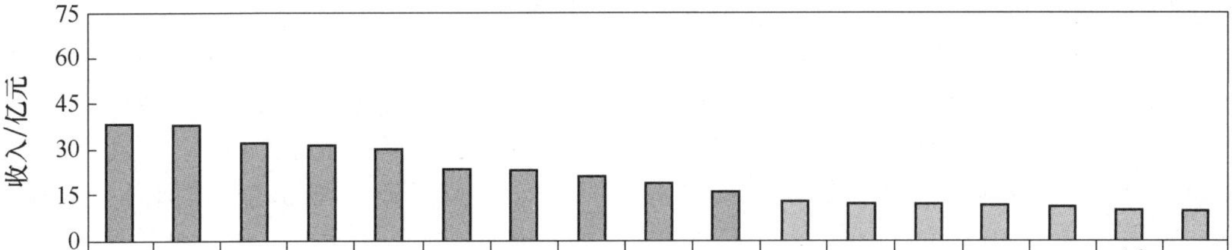

	1 濮阳濮耐	2 瑞泰科技	3 北京利尔	4 青花集团	5 海城后英	6 营口金龙	7 浙江自立	8 江苏嘉耐	9 鲁阳公司	10 武钢耐火	11 辽宁奥镁	12 江苏苏嘉	13 瑞泰马钢	14 辽宁金鼎	15 浙江红鹰	16 辽宁中镁控股	17 海城镁矿
营业收入	38.63	38.26	31.97	31.25	30.18	23.74	23.35	21.00	18.41	15.70	12.91	12.32	12.02	11.28	11.19	10.11	10.09

图 8　2018 年耐材企业主营业务收入 10 亿元以上 17 家企业

这些企业为行业集中度的提升起到了积极的带动作用，其中增幅 20% 以上的企业 8 家，排名前 5 家企业增幅均 30% 以上。特别是濮耐股份、瑞泰科技和利尔股份三家上市企业增长幅度较大（见表 5）。

表 5　三家上市公司的营业收入情况表

单位：亿元

单位名称	上市时间	上市当年营业收入	2018 年营业收入	增长率/%	年均增长率/%
濮阳濮耐	2008 年	10.45	38.63	269.67	26.97
瑞泰科技	2006 年	1.8	38.26	2025.56	168.80
北京利尔	2009 年	5.45	31.97	486.61	54.07

（3）环保治理将有力推动产业集中度的提高

在国家环保整治力度加大的大环境下，耐材主产区地方政府也纷纷出台环保整治提升的具体措施。

目前辽宁和山东两省分别制定了《镁质耐火材料工业大气污染物排放标准》和《山东省区域性工业大气污染物排放标准》，并已于 2019 年 1 月 1 日执行。其他地区也制定措施，严格管控。在环保整治过程中，将导致环保不达标的企业出局，有力推动产业集中度的提高，同时有的地区在经济调整中制定了去产能规划。

2. 环境治理形势依然严峻

各生产企业要充分认清环境治理今后的发展趋势，近两年的中央经济工作会议和政府工作报告，都提出了“三大攻坚战”。污染防治是其中之一。2018 年 6 月 27 日《国务院关于印发打赢蓝天保卫战三年行动规划》的通知

（国发［2018］22号）。其中第二部分第七条明确指出“持续推进工业污染源全面达标排放，将烟气在线监测数据作为执法依据，加大超标处罚和联合惩戒力度，未达标排放的企业一律依法停产整治。”

3月3日下午，“两会”首场部长通道在人民大会堂举行，生态环境部部长李干杰表示，污染防治攻坚战不放宽不放松，不走回头路。要做到“4567”，一是有效克服四种不良情绪和心态；二是保持五个“坚定不移”；三是认真落实六个“做到”；四是聚焦打好七场战役。

因此，环保治理绝不是短期行为，更不是应对环保督察、环保达标的阶段性任务，已成为企业生命的底线。企业是环境责任主体，对企业的环境监管体系越来越健全，环境治理不再是一阵风，环保政策不再“一刀切”，差别化的环保政策倒逼落后产能和不达标企业出局是大势所趋。

目前，山东淄博地区相对稳定，正在向超低排放努力，减少200万吨产能的目标即将实现。

辽宁的生产企业的环保意识逐渐增强，海城、营口地区的重点企业正在进行污染排放达标治理，已达标的窑炉开始陆续恢复生产。

河南省环境污染防治制定了严密的管控措施，郑州市政府主要领导指示，“拼尽全力坚决完成退出后20的目标”，落实“最严细的管控、最严格的监督、最严肃的问责和最严格的处罚”。各县（市）制定具体措施，组织落实。

特别是除辽宁和山东外，其他地区还没有耐火材料工业大气污染物排放标准，在执行和落实过程中难度更大些。

3. 稳定耐火原料和制品的市场价格，巩固和发展目前良好的经营局面

2017年耐火原料价格高幅上涨，耐火制品价格又未能及时跟进，一时间给耐火制品生产企业造成了很大的成本压力。现在回头看，环保整治力度加大，耐火原料价格的上涨，给耐火材料产业集中度的提升，市场秩序的规范和经营质量的提高等创造了条件。

一是有力推动了耐火制品价格的上涨；二是有力推动了产品货款的回收，市场有望向正常的经营秩序转变，全行业的经营态势好转，且好于往年。对此需认真总结，严格关注以下问题。

（1）稳定耐火原料和制品价格，严防大起大落。

耐火原料，特别是镁质耐火原料由于产能严重过剩，长期以来在市场无序竞争的环境下一直微利运行，遵循市场经济规律，适度提高产品价格，使企业得到合理的利润空间是完全必要的，无可非议。到目前为止，耐火原料生产企业获得合理利润空间目的已基本达到。耐火制品价格并未完全到位，特别是国内市场价格很低，制品企业6.24%的利润率，再扣除砌筑施工，日常维护及部分原料应获利润，我们的耐火制品价格是多少？实际上远低于出口价格。

2018年主要耐火原料价格总体稳定。市场经济条件下，产品价格小幅波动不可避免，但大起大落将严重影响生产企业和行业的经济运行。见图10~图13。

因此，产品价格的稳定至关重要，严防产品价格的大起大落。否则搞乱了市场，损失的是企业利益。

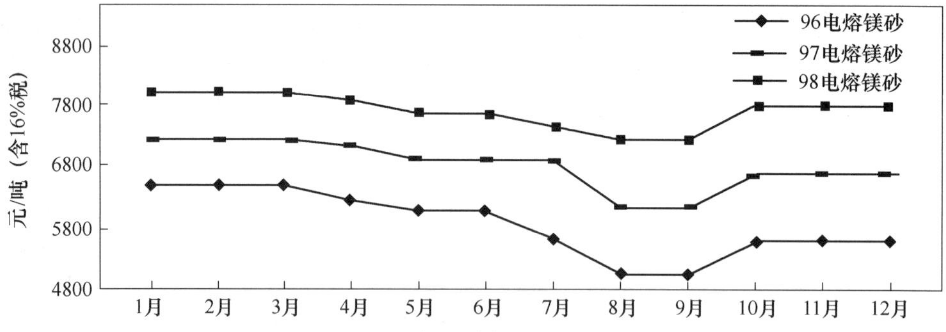

图10　2018年电熔镁砂价格走势图

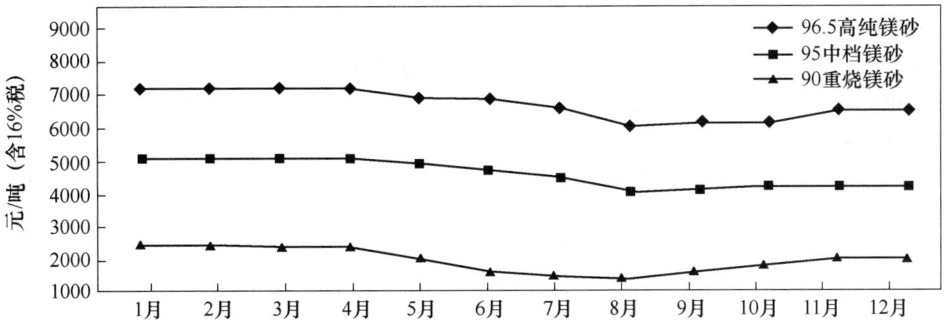

图 11　2018 年烧结镁砂耐火原料价格走势

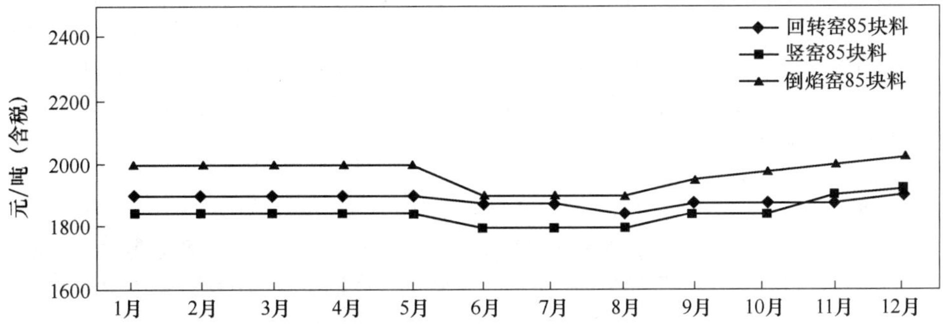

图 12　2018 年阳泉 85 铝矾土价格走势图

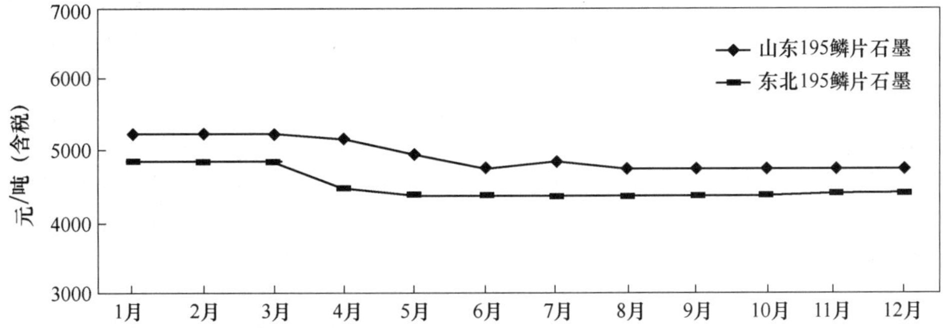

图 13　2018 年鳞片石墨价格走势图

（2）从源头做起，控制总量

从源头做起，控制生产总量是稳定产品价格的唯一因素，在保证市场需求的前提下，既要严控矿石的开采量，又要控制耐火原料的生产总量，在市场经济条件下才能有效保证产品价格的相对稳定。目前辽宁矿业集团已正式运作，在保证市场需求的前提下严控开采总量，对保证产品价格的稳定将起到积极的作用。

（3）严格控制新增产能

2018 年耐火原料生产企业实现利润较为可观，刺激一些企业加大了投资力度，建设新的生产能力，扩大企业生产规模。希望生产企业要保持清醒的头脑，谨慎行事。

耐火原料本来产能严重过剩，市场需求有限，无序的扩大产能，受害的是企业。其一如果矿石开采受控，新增产能将形成无米之炊；其二如果矿石放开，将势必导致市场秩序再度混乱，价格大幅下滑，企业无利可图。

因此，只有产品价格的稳定，才能保证来之不易的经营局面。

4. 资金问题仍然是影响企业经营安全的重要因素

耐材重点企业应收货款近两年有所下降，特

别是2017年下降幅度较大，但2018年重点企业应收货款又呈现上升趋势，截至2018年12月末，重点企业应收货款总额137.37亿元（数额仍然较大），同比增加0.67亿元，增长0.49%。

近期中央政府加大了对民营企业的扶持力度，为民营企业排忧解难，更大的激发市场活力。李克强总理于2018年11月9日主持召开了国务院常务会议，为清理政府部门和国有大企业拖欠民营企业账款，会议决定抓紧开展专项清欠行动，国办牵头督办，有关部门各负其责，审计部门要介入。凡有此类问题的都要建立台账，对欠款“限时清零”。严重拖欠的要列入失信“黑名单”，严厉惩戒问责。对地方政府、部门拖欠不还的，中央财政要采取扣转其在国库存款或相应减少转移支付等措施清欠。大力清理规范工程建设领域保证金，大幅提升商业债务违约成本，严禁发生新的欠款。清欠情况春节向国务院报告。

2019年1月30日（春节前），李克强总理再次主持召开国务院常务会议，听取了清理拖欠民营企业账款的工作汇报，加大清欠力度完善长效机制，按照党中央、国务院部署，自2018年11月以来，各地区、各有关部门和大型国有企业积极清理被拖欠的民营企业中小企业账款。目前全国政府部门、大型国有企业已清偿账款1600多亿元。

（1）加大清欠力度，建立台账，抓紧制定清偿计划，春节前农民工工资拖欠要力争“清零”。地方政府新增债券要优先用于偿还拖欠款，地方政府融资平台通过发债或其他金融工具置换存量债务节省的利息支出要全部用于清欠。对目前已确认的多年拖欠款，力争年底前全国政府部门和大型国有企业清偿一半以上。中央企业要带头优先偿还对民营企业的逾期债务，年底前做到“零拖欠”。其他国有企业也要加快清欠。

（2）强化抽查督促和专项审计，对工作不力的地方和部门予以通报，公布影响恶劣的典型案例，对失信人实施联合惩戒。

（3）抓紧建立防范拖欠长效机制，严禁政府工程项目以各种方式要求企业带资承包，提高支付工程进度款最低比例要求，修订完善法规制度，严防发生新的拖欠。

耐火材料行业绝大多数为民营企业，各生产企业要牢牢抓住这一有利时机，加大清欠力度，尽最大可能地回收逾期账款。

为配合国家清理民营企业账款的专项行动，中国耐材协会于2月15日下发了“关于填报耐火材料生产企业2018年应收账款及回收情况统计表的通知《中耐协发（办）字［2019］5号》”，拟对目前生产企业应收账款和回收情况进行一次专项调查，并将调查结果整理后向政府有关部门呈递专报，望生产企业予以配合。

5. 企业做大的同时，要注重经营质量的提升

耐火材料行业本来产业集中度极低，重点企业做大企业规模，推动行业集中度的提高无可非议，扶优扶强也是政府的政策导向。

但是在扩大企业规模的同时，更要注重企业经营质量，绝不能以低价和牺牲货款回收期去抢占市场，扩大企业规模。2018年重点企业中，有9家生产企业应收货款占2018年销售收入的50%以上，其中6家企业占60%以上，最高占100%以上。这样企业的资金风险很大，既增加了企业的财务费用，也拉高了企业财务成本，影响了企业的经济效益，加大了企业的经营风险，应引起相关企业的高度重视。

总之，2018年是耐火材料行业经营状况最好的一年，2019年巩固和扩大经营效果是诸项工作中的重点，希望耐材生产企业要进一步夯实经营基础，强化企业内部经营管理，为耐火材料行业产业集中度的提高，实现高质量发展做出贡献。

第四篇

统计分析

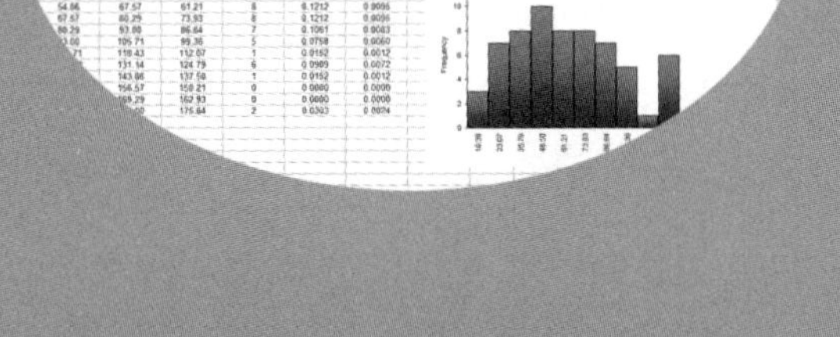

1949~2018年中国耐火材料行业主要生产经营情况统计

中国耐火材料行业协会信息统计部

1949~2018年全国耐火材料制品产量见表1。2015~2018年全国耐火材料制品产量及增幅情况见表2。2015年重点统计耐材企业耐火材料制品（钢铁用）产量见表3。2016年重点统计耐材企业耐火材料制品（钢铁用）产量见表4。2017年重点统计耐材企业耐火材料制品（钢铁用）产量见表5。2018年重点统计耐材企业耐火材料制品（钢铁用）产量见表6。2001~2018年全国耐火原材料出口量及贸易额见表7。2001~2018年全国耐火原材料进口量及贸易额见表8。2010~2018年河南省耐火材料工业制品产量见表9。2010~2018年辽宁省耐火材料工业制品产量见表10。1949~2018年山东省耐火材料工业制品产量见表11。2010~2018年山西省耐火材料工业制品产量见表12。2010~2018年浙江省耐火材料工业制品产量见表13。2010~2018年河北省耐火材料工业制品产量见表14。1949~2018年全国粗钢产量见表15。1949~2018年全国水泥产量见表16。1949~2018年全国10种有色金属产量见表17。2004~2018年全国平板玻璃产量见表18。

表1　1949~2018年全国耐火材料制品产量

年　份	产量/万吨	年　份	产量/万吨	年　份	产量/万吨
1949	7.4	1973	389.9	1997	1565.4
1950	18.4	1974	327.6	1998	1473.7
1951	12.2	1975	371.3	1999	1350.4
1952	22.0	1976	356.4	2000	1210.4
1953	45.8	1977	427.4	2001	1070.4
1954	59.6	1978	487.3	2002	1177.2
1955	50.2	1979	432.3	2003	1477.4
1956	83.2	1980	382.3	2004	1867.5
1957	101.4	1981	384.2	2005	2276.4
1958	470.7	1982	383.5	2006	3243.7
1959	790.1	1983	411.2	2007	4182.4
1960	792.2	1984	471.5	2008	4417.8（2417.5）
1961	312.8	1985	546.1	2009	6842.9（含原料）（2453.6）
1962	107.7	1986	542.4	2010	6139.36（2808.06）
1963	123.7	1987	609.1	2011	7184.15（2949.69）
1964	144.6	1988	701.0	2012	7945.53（2818.91）
1965	184.9	1989	711.8	2013	8914.45（2928.25）
1966	220.7	1990	675.1	2014	11695.51（2797.15）
1967	181.6	1991	667.4	2015	2615.19
1968	129.0	1992	880.6	2016	2391.24
1969	206.4	1993	1053.4	2017	2292.54
1970	285.7	1994	1277.0	2018	2345.22
1971	386.0	1995	1755.0		
1972	423.4	1996	1477.3		

注：2008年始，中国耐火材料行业协会接受委托，依法履行耐材行业生产统计职能，括号内数据为行业协会统计的耐火材料制品产量。

表 2 2015～2018 年全国耐火材料制品产量及增幅情况

序 号	指标名称	2015 年		2016 年		2017 年		2018 年	
		产量/万吨	同比/%	产量/万吨	同比/%	产量/万吨	同比/%	产量/万吨	同比/%
8.0	耐火材料制品合计	2615.19	-6.51	2391.24	-8.56	2292.54	-4.13	2345.22	2.30
8.0.1	（一）致密定形耐火制品	1527.86	-7.75	1358.52	-11.08	1297.19	-4.51	1327.38	2.33
8.0.1.1	黏土质砖	320.41	-7.97	284.32	-11.27	274.63	-3.41	245.36	-10.66
8.0.1.2	高铝质砖	233.60	-10.42	202.99	-13.10	200.86	-1.05	186.09	-7.35
8.0.1.3	硅质砖	187.12	-11.66	116.79	-37.59	100.46	-13.98	140.61	39.97
8.0.1.4	镁质砖	184.83	-4.58	173.83	-5.96	164.40	-5.42	213.64	29.95
8.0.1.5	特种耐火制品	378.84	-6.28	367.32	-3.04	376.63	2.53	390.04	3.56
8.0.1.5.1	氧化物制品	14.26	-13.57	16.79	17.74	14.99	-10.72	16.59	10.65
8.0.1.5.2	非氧化物制品	23.84	-16.94	23.10	-3.13	23.11	0.05	27.91	20.78
8.0.1.5.3	熔铸制品	18.81	-3.32	18.23	-3.11	18.90	3.65	17.55	-7.12
8.0.1.5.4	含炭制品	271.01	-6.58	260.31	-3.95	267.40	2.72	276.64	3.45
8.0.1.5.5	功能材料	50.91	2.93	48.90	-3.95	52.23	6.82	51.35	-1.69
8.0.1.6	其他致密定形耐火制品	223.06	-6.07	213.28	-4.39	180.21	-15.50	151.63	-15.86
8.0.2	（二）隔热耐火制品	47.35	-10.03	46.72	-1.32	51.46	10.13	54.10	5.14
8.0.3	（三）不定形耐火制品	1039.98	-4.44	985.99	-5.19	943.90	-4.27	963.74	2.10

表 3 重点统计耐材企业（钢铁用）2015 年 12 月耐火材料制品产量

单位：吨

序号	单位	本月	去年同月	本月比去年同月		本年累计	去年同期累计	累计比去年同期	
				增减量	增减/%			增减量	增减/%
1	重点合计	412424.55	479941.94	-67517.39	-14.07	5122888.76	5769988.03	-647099.27	-11.22
2	通达耐火技术股份有限公司	14111.21	18806.55	-4695.34	-24.97	156848.23	175075.17	-18226.94	-10.41
3	北京利尔高温材料股份有限公司	23766.00	27166.00	-3400.00	-12.52	293786.31	290777.56	3008.75	1.04
4	北京首钢耐材炉料有限公司	990.00	711.00	279.00	39.24	7976.88	11440.58	-3463.70	-30.28
5	唐山市国亮特殊耐火材料有限公司	11093.00	14602.00	-3509.00	-24.03	144202.00	133190.00	11012.00	8.27
6	唐山时创耐火材料有限公司	2757.00	3243.00	-486.00	-14.99	36075.00	37811.00	-1736.00	-4.59
7	唐山市六方碳化硅有限公司	199.00	193.00	6.00	3.11	3721.00	2779.00	942.00	33.90
8	孝义市和中兴矿产有限公司	5219.00	5081.00	138.00	2.72	47792.00	48633.00	-841.00	-1.73
9	山西盂县西小坪耐火材料有限公司	9050.00	15843.00	-6793.00	-42.88	132593.00	165520.00	-32927.00	-19.89
10	山西禄纬堡太钢耐火材料有限公司	6330.66	3149.34	3181.32	101.02	52370.64	68787.38	-16416.74	-23.87
11	山西圣火炉料有限公司	872.94	1028.55	-155.61	-15.13	23254.39	25646.21	-2391.82	-9.33
12	内蒙古包钢耐火材料厂	4213.00	2498.00	1715.00	68.66	31740.00	21224.00	10516.00	49.55
13	辽宁金鼎镁矿集团有限公司	1255.00	1657.00	-402.00	-24.26	21692.72	22254.18	-561.46	-2.52
14	辽宁群益集团耐火材料公司	1527.00	1649.00	-122.00	-7.40	15449.00	19814.00	-4365.00	-22.03
15	大石桥市兴华镁矿有限公司	5610.00	6220.00	-610.00	-9.81	73860.00	77365.00	-3505.00	-4.53
16	营口青花耐火材料股份有限公司	33029.00	26604.00	6425.00	24.15	351667.00	392222.00	-40555.00	-10.34
17	海城市后英经贸集团有限公司	7692.00	13309.83	-5617.83	-42.21	135828.00	199365.83	-63537.83	-31.87
18	大石桥淮林耐火材料有限公司	5799.03	8226.50	-2427.47	-29.51	44878.23	57395.64	-12517.41	-21.81
19	辽宁中镁控股股份有限公司	9136.53	11778.55	-2642.02	-22.43	130975.09	145383.92	-14408.83	-9.91
20	营口金龙集团耐火材料有限公司	17917.00	19835.00	-1918.00	-9.67	217245.00	224370.00	-7125.00	-3.18

续表3

序号	单位	本月	去年同月	本月比去年同月		本年累计	去年同期累计	累计比去年同期	
				增减量	增减/%			增减量	增减/%
21	海城华宇耐火材料有限公司	2877.00	7111.00	-4234.00	-59.54	51901.49	64639.77	-12738.28	-19.71
22	营口永吉麦格新型耐材有限公司	2040.00	6950.00	-4910.00	-70.65	132628.00	142621.00	-9993.00	-7.01
23	辽宁科英耐火材料有限公司	2188.00	2841.00	-653.00	-22.99	27412.00	41474.00	-14062.00	-33.91
24	营口欣立耐材科技有限公司	3880.76	3934.22	-53.46	-1.36	42264.26	58064.08	-15799.82	-27.21
25	辽宁中兴矿业集团有限公司	3343.72	1947.98	1395.74	71.65	16894.46	35116.21	-18221.75	-51.89
26	辽宁丰华实业有限公司	2420.44	2523.62	-103.18	-4.09	19933.92	20092.63	-158.71	-0.79
27	宜兴新威利成耐火材料有限公司	2032.02	2463.37	-431.35	-17.51	20301.48	23023.19	-2721.71	-11.82
28	无锡市南方耐材有限公司	1567.35	1954.80	-387.45	-19.82	18504.47	19035.79	-531.32	-2.79
29	江苏苏嘉集团新材料有限公司	13586.00	15487.00	-1901.00	-12.28	185143.00	187573.00	-2430.00	-1.30
30	无锡市宝宜耐火材料有限公司	1857.50	1727.33	130.17	7.54	23681.16	22093.45	1587.71	7.19
31	江苏昆山思创耐火材料有限公司	3002.82	3400.65	-397.83	-11.70	31973.71	32814.24	-840.53	-2.56
32	江苏嘉耐高温材料有限公司	14062.97	15966.22	-1903.25	-11.92	156467.42	158777.89	-2310.47	-1.46
33	浙江自立股份有限公司	27029.72	22755.63	4274.09	18.78	337709.39	276230.59	61478.80	22.26
34	浙江湖州父子岭耐火集团有限公司	8240.00	8060.00	180.00	2.23	86875.00	105388.03	-18513.03	-17.57
35	浙江铁狮高温材料有限公司	850.00	1100.00	-250.00	-22.73	10050.00	10590.00	-540.00	-5.10
36	浙江红鹰集团股份有限公司	10035.86	16677.93	-6642.07	-39.83	104126.42	135448.98	-31322.56	-23.13
37	马鞍山钢铁股份有限公司耐火材料公司	4819.00	5444.00	-625.00	-11.48	62102.00	66339.00	-4237.00	-6.39
38	济南鲁东耐火材料有限公司	7500.00	6000.00	1500.00	25.00	79450.00	78880.00	570.00	0.72
39	山东鲁阳股份有限公司	27797.00	25166.00	2631.00	10.46	236618.00	240529.00	-3911.00	-1.63
40	青岛正望耐火材料有限公司	1982.17	3206.30	-1224.13	-38.18	24199.42	31986.19	-7786.77	-24.34

续表3

序号	单位	本月	去年同月	本月比去年同月		本年累计	去年同期累计	累计比去年同期	
				增减量	增减/%			增减量	增减/%
41	济南钢铁集团耐火材料有限责任公司	1408.00	1551.00	-143.00	-9.22	19009.00	28213.00	-9204.00	-32.62
42	淄博鲁中耐火材料有限公司	7936.60	10872.00	-2935.40	-27.00	95245.11	108781.20	-13536.09	-12.44
43	山东鲁桥新材料股份有限公司	6881.06	1476.24	5404.82	366.12	103743.79	113801.40	-10057.61	-8.84
44	山东耐火材料有限公司	10391.00	12929.00	-2538.00	-19.63	130241.00	179694.00	-49453.00	-27.52
45	河南熔金高温材料股份有限公司	2101.00	2425.00	-324.00	-13.36	21456.87	26981.28	-5524.41	-20.48
46	濮阳濮耐高温材料（集团）股份有限公司	21757.35	26819.83	-5062.48	-18.88	261313.92	260632.29	681.63	0.26
47	郑州华威耐火材料股份有限公司	8583.00	7553.00	1030.00	13.64	72723.00	72602.00	121.00	0.17
48	中钢集团耐火材料有限公司	8884.73	10408.58	-1523.85	-14.64	142487.48	161003.92	-18516.44	-11.50
49	郑州东方企业集团股份有限公司	2512.00	2641.00	-129.00	-4.89	97564.03	99650.16	-2086.13	-2.09
50	中钢集团洛阳耐火材料研究院有限公司	2803.26	3696.59	-893.33	-24.17	39036.06	41495.82	-2459.76	-5.93
51	河南省伯马股份有限公司	391.32	583.94	-192.62	-32.99	5901.05	7131.60	-1230.55	-17.26
52	河南春胜耐材有限公司	2811.68	5730.04	-2918.36	-50.93	50048.56	117607.33	-67558.77	-57.44
53	巩义市第五耐火材料总厂	3671.40	4940.53	-1269.13	-25.69	54294.00	55923.69	-1629.69	-2.91
54	郑州振东科技有限公司	10326.69	12513.43	-2186.74	-17.48	114716.93	136309.80	-21592.87	-15.84
55	郑州市才华耐火材料有限公司	9745.66	9745.66	0.00	0.00	85433.79	78928.65	6505.14	8.24
56	河南工程材料股份有限公司	470.82	0.00	470.82	0.00	5351.79	1.00	5350.79	535079.00
57	武钢耐火材料有限责任公司	4530.00	6774.00	-2244.00	-33.13	57034.00	71284.00	-14250.00	-19.99
58	武汉瑞升特种耐火材料有限责任公司	347.30	826.84	-479.54	-58.00	5642.76	15085.34	-9442.58	-62.59
59	成都府天新材料科技有限公司	730.00	1638.00	-908.00	-55.43	13730.00	18745.00	-5015.00	-26.75
60	四川攀钢冶金材料有限责任公司	4461.98	4707.35	-245.37	-5.21	51328.37	60115.95	-8787.58	-14.62

表 4 重点统计耐材企业（钢铁用）2016 年 12 月耐火材料制品产量

单位：吨

序 号	单 位	本月	去年同月	本月比去年同月		本年累计	去年同期累计	累计比去年同期	
				增减量	增减/%			增减量	增减/%
1	重点合计	411089.70	423478.27	-12388.57	-2.93	4567891.92	5270659.07	-702767.15	-13.33
2	通达耐火技术股份有限公司	12829.60	14111.21	-1281.61	-9.08	123900.46	156848.23	-32947.77	-21.01
3	北京利尔高温材料股份有限公司	22754.20	23766.00	-1011.80	-4.26	274002.97	293786.31	-19783.34	-6.73
4	北京首钢耐材炉料有限公司	647.20	990.00	-342.80	-34.63	9482.07	7976.88	1505.19	18.87
5	唐山市国亮特殊耐火材料有限公司	12403.00	11093.00	1310.00	11.81	151514.00	144202.00	7312.00	5.07
6	唐山时创高温材料股份有限公司	2791.00	2757.00	34.00	1.23	38895.00	36075.00	2820.00	7.82
7	唐山市六方碳化硅有限公司	148.00	199.00	-51.00	-25.63	2443.00	3721.00	-1278.00	-34.35
8	孝义市和中兴矿产有限公司	5279.00	5219.00	60.00	1.15	48427.00	47792.00	635.00	1.33
9	山西盂县西小坪耐火材料有限公司	8700.00	9050.00	-350.00	-3.87	75925.00	132593.00	-56668.00	-42.74
10	山西禄纬堡太钢耐火材料有限公司	2478.80	6330.66	-3851.86	-60.85	65943.19	52370.64	13572.55	25.92
11	山西圣火炉料有限公司	927.70	872.94	54.76	6.27	23169.49	23254.39	-84.90	-0.37
12	内蒙古包钢耐火材料厂	4189.00	4213.00	-24.00	-0.57	35069.00	31740.00	3329.00	10.49
13	辽宁金鼎镁矿集团有限公司	1455.00	1255.00	200.00	15.94	15057.21	21692.72	-6635.51	-30.59
14	辽宁群益集团耐火材料公司	3092.00	1527.00	1565.00	102.49	25306.00	15449.00	9857.00	63.80
15	营口青花耐火材料股份有限公司	42138.00	33029.00	9109.00	27.58	410448.00	351667.00	58781.00	16.72
16	海城市后英经贸集团有限公司	15247.00	7692.00	7555.00	98.22	121649.00	135828.00	-14179.00	-10.44
17	辽宁中镁控股股份有限公司	14234.89	9136.53	5098.36	55.80	126392.29	130978.03	-4585.74	-3.50
18	营口金龙集团耐火材料有限公司	20392.00	17917.00	2475.00	13.81	214227.00	217139.00	-2912.00	-1.34
19	海城华宇耐火材料有限公司	4365.60	2877.00	1488.60	51.74	34808.21	51901.49	-17093.28	-32.93

续表 4

序号	单位	本月	去年同月	本月比去年同月		本年累计	去年同期累计	累计比去年同期	
				增减量	增减/%			增减量	增减/%
20	营口永吉麦格新型耐材有限公司	2075.00	2040.00	35.00	1.72	94035.00	132628.00	-38593.00	-29.10
21	辽宁科英耐火材料有限公司	2418.00	2188.00	230.00	10.51	30416.36	27412.00	3004.36	10.96
22	营口欣立耐材科技有限公司	5031.23	3880.76	1150.47	29.65	58048.13	42264.26	15783.87	37.35
23	辽宁中兴矿业集团有限公司	1053.47	3343.72	-2290.25	-68.49	11113.97	16894.46	-5780.49	-34.22
24	辽宁丰华实业有限公司	2478.00	2420.44	57.56	2.38	21844.22	19933.92	1910.30	9.58
25	宜兴新威利成耐火材料有限公司	2439.44	2032.02	407.42	20.05	23489.33	20301.48	3187.85	15.70
26	无锡市南方耐材有限公司	2033.00	1567.35	465.65	29.71	17681.22	18504.47	-823.25	-4.45
27	江苏苏嘉集团新材料有限公司	15991.00	13586.00	2405.00	17.70	186223.00	185143.00	1080.00	0.58
28	无锡市宝宜耐火材料有限公司	2242.50	1857.50	385.00	20.73	27342.62	23681.16	3661.46	15.46
29	江苏昆山思创耐火材料有限公司	2923.51	3002.82	-79.31	-2.64	31023.53	31973.71	-950.18	-2.97
30	江苏嘉耐高温材料有限公司	16161.41	14062.97	2098.44	14.92	174792.96	156467.42	18325.54	11.71
31	浙江自立股份有限公司	25405.96	27029.72	-1623.76	-6.01	252128.33	337709.39	-85581.06	-25.34
32	浙江湖州父子岭耐火集团有限公司	8382.00	8240.00	142.00	1.72	88083.00	86875.00	1208.00	1.39
33	浙江铁狮高温材料有限公司	720.00	850.00	-130.00	-15.29	9580.00	10058.00	-478.00	-4.75
34	浙江红鹰集团股份有限公司	5007.07	10035.86	-5028.79	-50.11	93110.54	104126.42	-11015.88	-10.58
35	马鞍山钢铁股份有限公司耐火材料公司	6578.00	4819.00	1759.00	36.50	62452.35	62102.00	350.35	0.56
36	济南鲁东耐火材料有限公司	7400.00	7500.00	-100.00	-1.33	80630.00	79450.00	1180.00	1.49
37	山东鲁阳股份有限公司	27544.00	27797.00	-253.00	-0.91	290365.00	307353.00	-16988.00	-5.53
38	青岛正望耐火材料有限公司	1584.94	1982.17	-397.23	-20.04	17370.73	24199.42	-6828.69	-28.22

续表 4

序号	单位	本月	去年同月	本月比去年同月		本年累计	去年同期累计	累计比去年同期	
				增减量	增减/%			增减量	增减/%
39	济南钢铁集团耐火材料有限责任公司	545.00	1408.00	-863.00	-61.29	7039.00	19009.00	-11970.00	-62.97
40	淄博鲁中耐火材料有限公司	8382.38	7936.60	445.78	5.62	79191.88	95245.11	-16053.23	-16.86
41	山东鲁桥新材料股份有限公司	6376.00	6881.06	-505.06	-7.34	80830.69	103059.48	-22228.79	-21.57
42	山东耐火材料有限公司	10100.00	10391.00	-291.00	-2.80	118092.00	130241.00	-12149.00	-9.33
43	河南熔金高温材料股份有限公司	2429.57	2101.00	328.57	15.64	26031.63	22408.87	3622.76	16.17
44	濮阳濮耐高温材料（集团）股份有限公司	23570.81	21757.35	1813.46	8.34	219400.75	261313.92	-41913.17	-16.04
45	中钢集团耐火材料有限公司	9761.92	8884.73	877.19	9.87	111599.63	142487.48	-30887.85	-21.68
46	中钢集团洛阳耐火材料研究院有限公司	1919.27	2803.26	-883.99	-31.53	32048.52	39036.10	-6987.58	-17.90
47	河南春胜耐材有限公司	3385.60	2811.68	573.92	20.41	51892.05	50048.56	1843.49	3.68
48	巩义市第五耐火材料总厂	4527.60	3671.40	856.20	23.32	46197.44	54294.00	-8096.56	-14.91
49	郑州振东科技有限公司	11631.88	10326.69	1305.19	12.64	127067.77	114716.93	12350.84	10.77
50	河南工程材料股份有限公司	257.40	470.82	-213.42	-45.33	3187.69	5311.79	-2124.10	-39.99
51	郑州安耐克实业有限公司	5590.38	6393.72	-803.34	-12.57	63996.75	74947.50	-10950.75	-14.61
52	武钢耐火材料有限责任公司	5976.00	4530.00	1446.00	31.92	55499.00	57034.00	-1535.00	-2.69
53	武汉瑞升特种耐火材料有限责任公司	184.16	347.30	-163.14	-46.97	2868.77	5642.76	-2773.99	-49.16
54	成都府天新材料科技有限公司	959.00	730.00	229.00	31.37	12136.00	13730.00	-1594.00	-11.61
55	四川攀钢冶金材料有限责任公司	3952.21	4461.98	-509.77	-11.43	52106.86	48623.51	3483.35	7.16

表 5 重点统计耐材企业（钢铁用）2017 年 12 月耐火材料制品产量

单位：吨

序号	单位	本月	去年同月	本月比去年同月		本年累计	去年同期累计	累计比去年同期	
				增减量	增减/%			增减量	增减/%
1	重点合计	430360.27	411089.70	19270.57	4.69	4717548.69	4578250.51	139298.18	3.04
2	通达耐火技术股份有限公司	13700.54	12829.60	870.94	6.79	177248.60	123900.46	53348.14	43.06
3	北京利尔高温材料股份有限公司	25270.00	22754.20	2515.80	11.06	249851.20	274002.97	-24151.77	-8.81
4	北京首钢耐材炉料有限公司	333.16	647.20	-314.04	-48.52	7082.86	9482.07	-2399.21	-25.30
5	唐山市国亮特殊耐火材料有限公司	12150.00	12403.00	-253.00	-2.04	155299.00	151514.00	3785.00	2.50
6	唐山时创高温材料股份有限公司	3220.00	2791.00	429.00	15.37	42254.00	38895.00	3359.00	8.64
7	唐山市六方碳化硅有限公司	131.00	148.00	-17.00	-11.49	2132.40	2615.00	-482.60	-18.46
8	孝义市和中兴矿产有限公司	7240.00	5279.00	1961.00	37.15	52131.00	48427.00	3704.00	7.65
9	山西盂县西小坪耐火材料有限公司	20416.00	8700.00	11716.00	134.67	111512.00	75925.00	35587.00	46.87
10	山西禄纬堡太钢耐火材料有限公司	7286.63	2478.80	4807.83	193.96	83291.32	67941.19	15350.13	22.59
11	山西圣火炉料有限公司	1317.62	927.70	389.92	42.03	23471.90	23169.49	302.41	1.31
12	内蒙古包钢耐火材料厂	3905.00	4189.00	-284.00	-6.78	46552.00	35069.00	11483.00	32.74
13	辽宁群益集团耐火材料公司	2511.00	3092.00	-581.00	-18.79	28621.00	25306.00	3315.00	13.10
14	营口青花耐火材料股份有限公司	32787.00	42138.00	-9351.00	-22.19	306669.00	410448.00	-103779.00	-25.28
15	海城市后英经贸集团有限公司	19007.00	15247.00	3760.00	24.66	212527.00	121649.00	90878.00	74.71
16	辽宁中镁控股股份有限公司	13534.67	14234.89	-700.22	-4.92	117189.08	129711.58	-12522.50	-9.65
17	营口金龙集团耐火材料有限公司	18856.00	20392.00	-1536.00	-7.53	221936.00	214227.00	7709.00	3.60
18	海城华宇耐火材料有限公司	3649.50	4365.60	-716.10	-16.40	31228.43	34808.21	-3579.78	-10.28
19	营口永吉麦格新型耐材有限公司	2966.00	2075.00	891.00	42.94	85589.00	94035.00	-8446.00	-8.98
20	辽宁科英耐火材料有限公司	2100.00	2418.00	-318.00	-13.15	10809.00	30416.36	-19607.36	-64.46
21	辽宁中兴矿业集团有限公司	1076.32	1053.47	22.85	2.17	10820.17	11113.97	-293.80	-2.64
22	无锡市南方耐材有限公司	1492.00	2033.00	-541.00	-26.61	18552.59	17681.22	871.37	4.93
23	江苏苏嘉集团新材料有限公司	15973.00	15991.00	-18.00	-0.11	182117.00	186223.00	-4106.00	-2.21
24	无锡市宝宜耐火材料有限公司	2098.60	2242.50	-143.90	-6.42	22709.53	27342.62	-4633.09	-16.95

续表 5

序号	单位	本月	去年同月	本月比去年同月		本年累计	去年同期累计	累计比去年同期	
				增减量	增减/%			增减量	增减/%
25	江苏嘉耐高温材料有限公司	18379.91	16161.41	2218.50	13.73	175786.71	174792.96	993.75	0.57
26	浙江自立股份有限公司	25888.61	25405.96	482.65	1.90	270231.36	252128.33	18103.03	7.18
27	浙江湖州父子岭耐火集团有限公司	9307.00	8382.00	925.00	11.04	95238.00	88083.00	7155.00	8.12
28	浙江铁狮高温材料有限公司	1550.00	720.00	830.00	115.28	11120.00	9580.00	1540.00	16.08
29	浙江红鹰集团股份有限公司	7875.62	5007.07	2868.55	57.29	94681.40	93110.54	1570.86	1.69
30	瑞泰马钢新材料科技有限公司	6084.00	6578.00	-494.00	-7.51	92163.00	62452.35	29710.65	47.57
31	济南鲁东耐火材料有限公司	6900.00	7400.00	-500.00	-6.76	76350.00	80630.00	-4280.00	-5.31
32	山东鲁阳股份有限公司	32367.00	27544.00	4823.00	17.51	330901.00	290365.00	40536.00	13.96
33	青岛正望耐火材料有限公司	2102.40	1584.94	517.46	32.65	16733.05	17370.73	-637.68	-3.67
34	淄博鲁中耐火材料有限公司	9112.99	8382.38	730.61	8.72	92901.50	82698.18	10203.32	12.34
35	山东鲁桥新材料股份有限公司	17567.61	6376.00	11191.61	175.53	182980.59	80830.69	102149.90	126.38
36	山东耐火材料有限公司	8745.00	10100.00	-1355.00	-13.42	121939.00	118092.00	3847.00	3.26
37	河南熔金高温材料股份有限公司	2670.45	2429.57	240.88	9.92	32987.35	26031.63	6955.72	26.72
38	濮阳濮耐高温材料（集团）股份有限公司	23157.71	23570.81	-413.10	-1.75	263630.58	219400.75	44229.83	20.16
39	中钢集团耐火材料有限公司	10877.74	9761.92	1115.82	11.43	140646.95	111599.63	29047.32	26.03
40	中钢集团洛阳耐火材料研究院有限公司	2586.50	1919.27	667.23	34.77	44669.24	32048.52	12620.72	39.38
41	巩义市第五耐火材料总厂	5040.29	4527.60	512.69	11.32	56911.92	46197.44	10714.48	23.19
42	郑州振东科技有限公司	13110.09	11631.88	1478.21	12.71	131238.86	127067.77	4171.09	3.28
43	河南工程材料股份有限公司	6.00	257.40	-251.40	-97.67	1183.45	3187.69	-2004.24	-62.87
44	郑州安耐克实业有限公司	6110.06	5590.38	519.68	9.30	68879.37	63996.75	4882.62	7.63
45	武钢耐火材料有限责任公司	4736.00	5976.00	-1240.00	-20.75	64059.65	55499.00	8560.65	15.43
46	武汉瑞升特种耐火材料有限责任公司	46.75	184.16	-137.41	-74.61	1356.52	2868.77	-1512.25	-52.71
47	成都府天新材料科技有限公司	966.00	959.00	7.00	0.73	10359.00	12136.00	-1777.00	-14.64
48	四川攀钢冶金材料有限责任公司	4151.50	3952.21	199.29	5.04	46545.24	52106.86	-5561.62	-10.67

表 6 重点统计耐材企业（钢铁用）2018 年 12 月耐火材料制品产量

单位：吨

序号	单位	本月	去年同月	本月比去年同月		本年累计	去年同期累计	累计比去年同期	
				增减量	增减/%			增减量	增减/%
1	重点合计	363490.40	430360.27	-66869.87	-15.54	4602759.56	4672417.03	-69657.47	-1.49
2	通达耐火技术股份有限公司	21991.32	13700.54	8290.78	60.51	161164.35	177248.60	-16084.25	-9.07
3	北京利尔高温材料股份有限公司	24077.00	25270.00	-1193.00	-4.72	225139.30	249851.20	-24711.90	-9.89
4	北京首钢耐材炉料有限公司	40.38	333.16	-292.78	-87.88	1786.38	7082.86	-5296.48	-74.78
5	唐山市国亮特殊耐火材料有限公司	17377.00	12150.00	5227.00	43.02	180312.00	155299.00	25013.00	16.11
6	唐山时创高温材料股份有限公司	3201.00	3220.00	-19.00	-0.59	39179.00	42254.00	-3075.00	-7.28
7	孝义市和中兴矿产有限公司	0.00	7240.00	-7240.00	-100.00	25382.00	52131.00	-26749.00	-51.31
8	山西盂县西小坪耐火材料有限公司	26923.00	20416.00	6507.00	31.87	133841.00	111512.00	22329.00	20.02
9	山西禄纬堡太钢耐火材料有限公司	6383.60	7286.63	-903.03	-12.39	71906.50	83291.32	-11384.82	-13.67
10	山西圣火炉料有限公司	1629.05	1317.62	311.43	23.64	25402.77	23471.90	1930.87	8.23
11	内蒙古包钢耐火材料厂	4590.00	3905.00	685.00	17.54	52806.00	46552.00	6254.00	13.43
12	辽宁群益集团耐火材料公司	3283.00	2511.00	772.00	30.75	41049.21	28621.00	12428.21	43.42
13	营口青花耐火材料股份有限公司	20121.00	32787.00	-12666.00	-38.63	364867.00	306669.00	58198.00	18.98
14	辽宁中镁控股股份有限公司	13653.33	13534.67	118.66	0.88	150092.80	130153.40	19939.40	15.32
15	营口金龙集团耐火材料有限公司	27883.00	18856.00	9027.00	47.87	281668.00	223127.00	58541.00	26.24
16	海城华宇耐火材料有限公司	2921.90	3649.50	-727.60	-19.94	25991.06	31228.43	-5237.37	-16.77
17	营口永吉麦格新型耐材有限公司	2960.00	2966.00	-6.00	-0.20	77310.00	85589.00	-8279.00	-9.67
18	辽宁科英耐火材料有限公司	3446.00	2100.00	1346.00	64.10	22647.00	10809.00	11838.00	109.52
19	海城利尔麦格西塔材料有限公司	752.04	1076.32	-324.28	-30.13	11935.22	10757.54	1177.68	10.95
20	无锡市南方耐材有限公司	1701.21	1492.00	209.21	14.02	18796.50	18552.59	243.91	1.32
21	江苏苏嘉集团新材料有限公司	15834.00	15973.00	-139.00	-0.87	185426.00	182117.00	3309.00	1.82

续表 6

序号	单位	本月	去年同月	本月比去年同月		本年累计	去年同期累计	累计比去年同期	
				增减量	增减/%			增减量	增减/%
22	无锡市宝宜耐火材料有限公司	2299.28	2098.60	200.68	9.56	21744.18	22709.53	-965.35	-4.25
23	江苏嘉耐高温材料有限公司	12166.38	18379.91	-6213.53	-33.81	199062.51	175786.71	23275.80	13.24
24	浙江自立控股股份有限公司	24465.57	25888.61	-1423.04	-5.50	263821.83	270231.36	-6409.53	-2.37
25	浙江湖州父子岭耐火集团有限公司	9393.00	9307.00	86.00	0.92	102019.00	95238.00	6781.00	7.12
26	浙江铁狮高温材料有限公司	1460.00	1550.00	-90.00	-5.81	12135.00	11120.00	1015.00	9.13
27	浙江红鹰集团股份有限公司	11634.87	7875.62	3759.25	47.73	121426.21	94681.40	26744.81	28.25
28	瑞泰马钢新材料科技有限公司	7480.00	6084.00	1396.00	22.95	130655.38	92163.00	38492.38	41.77
29	济南鲁东耐火材料有限公司	7500.00	6900.00	600.00	8.70	77600.00	76350.00	1250.00	1.64
30	青岛正望耐火材料有限公司	1908.57	2102.40	-193.83	-9.22	20481.26	16768.05	3713.21	22.15
31	淄博鲁中耐火材料有限公司	8810.09	9112.99	-302.90	-3.32	95262.96	92168.44	3094.52	3.36
32	山东耐火材料有限公司	7141.00	8745.00	-1604.00	-18.34	127308.00	121939.00	5369.00	4.40
33	河南熔金高温材料股份有限公司	2751.00	2670.45	80.55	3.02	34358.92	32987.35	1371.57	4.16
34	濮阳濮耐高温材料（集团）股份有限公司	27946.67	23157.71	4788.96	20.68	270533.45	263630.58	6902.87	2.62
35	中钢集团耐火材料有限公司	9055.66	10877.74	-1822.08	-16.75	140693.21	140646.95	46.26	0.03
36	中钢集团洛阳耐火材料研究院有限公司	2674.10	2586.50	87.60	3.39	42213.43	44669.24	-2455.81	-5.50
37	巩义市第五耐火材料总厂	5881.30	5040.29	841.01	16.69	55867.11	56911.92	-1044.81	-1.84
38	郑州振东科技有限公司	13556.62	13110.09	446.53	3.41	146114.15	131238.86	14875.29	11.34
39	河南工程材料股份有限公司	0.00	6.00	-6.00	-100.00	76.00	1183.45	-1107.45	-93.58
40	郑州安耐克实业有限公司	5493.50	6110.06	-616.56	-10.09	80321.14	67627.08	12694.06	18.77
41	武汉瑞升特种耐火材料有限责任公司	74.21	46.75	27.46	58.74	1028.81	1356.52	-327.71	-24.16
42	四川攀钢冶金材料有限责任公司	3030.75	4151.50	-1120.75	-27.00	46716.19	46545.24	170.95	0.37

表 7　2001~2018 年全国耐火原材料出口量及贸易额

产品类别	2001 年				2002 年				2003 年				2004 年			
	数量/万吨	同比/%	金额/万美元	同比/%	数量/万吨	同比/%	金额/万美元	同比/%	数量/万吨	同比/%	金额/万美元	同比/%	数量/万吨	同比/%	金额/万美元	同比/%
耐火原料	374.1	—	38474.7	—	317.4	-15.2	34082.3	-11.4	366.7	15.5	41277.3	21.1	338.3	-7.7	41654.2	0.9
耐火制品	52.3	—	19605.2	—	64.1	22.6	25313.5	29.1	82.7	29.0	34217.5	35.2	114.5	38.5	47131.9	37.7
耐火原材料合计	426.4	—	58079.9	—	381.5	-10.5	59395.8	2.3	449.4	17.8	75494.8	27.1	452.8	0.8	88786.1	17.6

产品类别	2005 年				2006 年				2007 年				2008 年			
	数量/万吨	同比/%	金额/万美元	同比/%	数量/万吨	同比/%	金额/万美元	同比/%	数量/万吨	同比/%	金额/万美元	同比/%	数量/万吨	同比/%	金额/万美元	同比/%
耐火原料	304.8	9.4	47515.5	16.5	306.4	0.5	42417.8	-10.7	317.51	4.60	50057.60	18.27	284.31	-10.46	85013.57	69.83
耐火制品	141.0	27.5	62403.6	35.2	164.3	16.6	80439.9	28.9	151.09	-8.04	82336.46	2.36	209.94	38.95	129604.23	57.41
耐火原材料合计	445.7	14.5	109919.1	26.4	470.7	5.6	122857.7	11.8	468.60	0.16	132394.06	7.85	494.26	5.48	214617.80	62.11

产品类别	2009 年				2010 年				2011 年				2012 年			
	数量/万吨	同比/%	金额/万美元	同比/%	数量/万吨	同比/%	金额/万美元	同比/%	数量/万吨	同比/%	金额/万美元	同比/%	数量/万吨	同比/%	金额/万美元	同比/%
耐火原料	193.9	-43.8	80579.1	-44.1	390.48	101.37	189337.40	134.97	333.11	-14.69	204579.60	8.05	326.29	-2.05	165524.04	-19.09
耐火制品	144.7	-31.1	94154.4	-27.4	179.28	23.87	115458.00	22.63	195.38	8.98	140820.30	21.97	203.97	4.40	157427.06	11.79
耐火原材料合计	338.6	-39.0	174733.5	-36.2	569.76	68.25	304795.40	74.43	528.50	-7.24	345399.90	13.32	530.27	0.33	322951.11	-6.50

产品类别	2013 年				2014 年				2015 年				2016 年			
	数量/万吨	同比/%	金额/万美元	同比/%	数量/万吨	同比/%	金额/万美元	同比/%	数量/万吨	同比/%	金额/万美元	同比/%	数量/万吨	同比/%	金额/万美元	同比/%
耐火原料	325.79	-0.15	159433.42	-3.68	379.86	16.60	179639.67	12.67	344.62	-9.28	154349.62	-14.08	356.35	3.40	154768.63	0.27
耐火制品	176.91	-13.27	139804.64	-11.19	186.23	5.27	153405.06	9.73	171.81	-7.74	135912.67	-11.40	164.07	-4.51	110269.42	-18.87
耐火原材料合计	502.71	-5.20	299238.06	-7.34	566.09	12.61	333044.73	11.30	516.43	-8.77	290262.29	-12.85	520.42	0.77	256521.37	-11.62

产品类别	2017 年				2018 年			
	数量/万吨	同比/%	金额/万美元	同比/%	数量/万吨	同比/%	金额/万美元	同比/%
耐火原料	469.49	31.75	180182.94	16.42	454.95	-3.10	229288.24	27.25
耐火制品	169.46	3.29	127384.85	15.52	180.54	6.54	187617.46	47.28
耐火原材料合计	638.95	22.78	307567.79	19.90	635.49	-0.54	416905.70	35.55

注：2001~2004 年进出口数据中含硅砂石英砂和海关编码为 69010000-硅质滑石粉等硅土砖、块、瓦及其他陶瓷制品的进出口量值；2009 年耐火原料进出口数据量中含棕刚玉、其他人造刚玉（不论是否已有化学定义如白刚玉）和碳化硅的进出口量值。

表 8　2001～2018 年全国耐火原材料进口量及贸易额

产品类别	2001 年				2002 年				2003 年				2004 年			
	数量/t	同比/%	金额/万美元	同比/%	数量/t	同比/%	金额/万美元	同比/%	数量/t	同比/%	金额/万美元	同比/%	数量/t	同比/%	金额/万美元	同比/%
耐火原料	22996.0	—	1311.6	—	49015.0	113.1	1720.2	31.2	100153.4	104.3	2523.2	46.7	111943.3	11.8	2906.9	15.2
耐火制品	36563.0	—	8947.1	—	38690.0	5.8	7119.6	-20.4	64903.3	67.8	11468.4	61.1	100509.6	54.9	15233.2	32.8
耐火原材料合计	59559.0	—	10258.7	—	87705.0	47.3	8839.9	-13.8	165056.7	88.2	13991.6	58.3	212452.9	28.7	18140.1	29.6

产品类别	2005 年				2006 年				2007 年				2008 年			
	数量/t	同比/%	金额/万美元	同比/%	数量/t	同比/%	金额/万美元	同比/%	数量/t	同比/%	金额/万美元	同比/%	数量/t	同比/%	金额/万美元	同比/%
耐火原料	60406.1	28.7	1906.7	6.4	65908.8	9.1	2056.2	7.8	103067.3	56.4	2794.6	35.9	169590.4	64.5	4351.5	55.7
耐火制品	75162.1	-24.6	11612.2	-19.0	55283.1	-26.5	9150.8	-21.2	65984.9	19.4	12477.2	36.4	42829.2	-35.1	9616.2	-22.9
耐火原材料合计	135568.2	-7.6	13518.9	-16.2	121191.9	-10.6	11206.9	-17.1	169052.1	39.5	15271.7	36.3	212419.5	25.7	13967.7	-8.5

产品类别	2009 年				2010 年				2011 年				2012 年			
	数量/t	同比/%	金额/万美元	同比/%	数量/t	同比/%	金额/万美元	同比/%	数量/t	同比/%	金额/万美元	同比/%	数量/t	同比/%	金额/万美元	同比/%
耐火原料	220788.6	4.0	8160.5	-6.4	339158.80	53.61	12915.02	58.26	325977.54	-3.89	14058.90	8.86	301594.71	-7.48	12029.41	-12.90
耐火制品	34119.9	-20.3	9099.9	-5.4	31283.07	-8.31	10110.73	11.11	42780.81	36.75	12754.12	26.14	28034.69	-34.47	9635.25	-31.31
耐火原材料合计	254908.5	-0.1	17260.4	-5.9	370441.90	45.32	23025.75	33.40	368758.22	-0.45	26813.02	16.45	329629.40	-10.61	21664.66	-18.39

产品类别	2013 年				2014 年				2015 年				2016 年			
	数量/t	同比/%	金额/万美元	同比/%	数量/t	同比/%	金额/万美元	同比/%	数量/t	同比/%	金额/万美元	同比/%	数量/t	同比/%	金额/万美元	同比/%
耐火原料	304839.43	1.08	12420.24	3.25	325966.27	6.93	13036.85	4.96	259630.07	-20.35	10373.26	-20.43	305780.64	17.78	10533.19	1.54
耐火制品	34151.18	21.82	10817.56	12.27	25119.17	-26.45	10086.14	-6.76	16761.15	-33.27	5564.22	-44.83	19094.21	13.92	7718.19	38.71
耐火原材料合计	338990.61	2.84	23237.80	7.26	351085.43	3.57	23122.98	-0.49	276391.21	-21.28	15937.49	-31.08	324874.85	17.54	18251.37	14.52

产品类别	2017 年				2018 年			
	数量/t	同比/%	金额/万美元	同比/%	数量/t	同比/%	金额/万美元	同比/%
耐火原料	355521.54	16.27	12769.73	21.23	274413.23	-22.81	13056.52	2.25
耐火制品	31879.69	66.96	10649.20	37.98	48477.61	52.06	14400.88	35.23
耐火原材料合计	387401.22	19.25	23418.92	28.31	322890.84	-16.65	27457.40	17.24

注：2001～2004 年进出口数据中含硅砂石英砂和海关编码为 69010000-硅质滑石粉等硅土砖、块、瓦及其他陶瓷制品的进出口量值；2009 年耐火原料进出口数据量中含棕刚玉、其他人造刚玉（不论是否已有化学定义如白刚玉）和碳化硅的进出口量值。

表 9　2010~2018 年河南省耐火材料工业制品产量

年　份	耐火材料制品/万吨	年　份	耐火材料制品/万吨	年　份	耐火材料制品/万吨
2010	1351.68	2013	1385.92	2016	1045.25
2011	1386.24	2014	1287.61	2017	1098.25
2012	1322.07	2015	1150.36	2018	1076.98

表 10　2010~2018 年辽宁省耐火材料工业制品产量

年　份	耐火材料制品/万吨	年　份	耐火材料制品/万吨	年　份	耐火材料制品/万吨
2010	553.57	2013	514.42	2016	431.43
2011	618.19	2014	498.47	2017	334.81
2012	518.19	2015	475.18	2018	431.42

表 11　1949~2018 年山东省耐火材料工业制品产量

年　份	耐火材料制品/万吨	年　份	耐火材料制品/万吨	年　份	耐火材料制品/万吨
1949	0.37	1973	29.60	1997	85.95
1950	0.94	1974	14.56	1998	100.96
1951	1.13	1975	30.14	1999	36.05 *
1952	1.57	1976	34.64	2000	38.48 *
1953	2.65	1977	49.58	2001	45.07 *
1954	3.32	1978	52.76	2002	59.85 *
1955	3.09	1979	40.32	2003	76.59
1956	4.60	1980	34.64	2004	107.00
1957	6.34	1981	32.54	2005	182.50
1958	13.52	1982	30.44	2006	224.32
1959	25.11	1983	29.35	2007	279.00
1960	33.75	1984	43.70	2008	296.45
1961	14.68	1985	42.88	2009	413.00
1962	6.28	1986	48.37	2010	440.93
1963	8.34	1987	91.66	2011	442.28
1964	10.24	1988	111.16	2012	421.66
1965	10.42	1989	85.90	2013	411.13
1966	14.41	1990	89.01	2014	359.41
1967	16.58	1991	83.83	2015	346.07
1968	14.20	1992	95.11	2016	320.55
1969	12.33	1993	76.18	2017	286.87
1970	22.16	1994	84.39	2018	234.74
1971	29.21	1995	147.60		
1972	33.92	1996	144.40		

表 12　2010～2018 年山西省耐火材料工业制品产量

年　份	耐火材料制品/万吨	年　份	耐火材料制品/万吨	年　份	耐火材料制品/万吨
2010	124.48	2013	109.25	2016	84.03
2011	115.55	2014	111.29	2017	68.69
2012	105.56	2015	93.08	2018	43.11

表 13　2010～2018 年浙江省耐火材料工业制品产量

年　份	耐火材料制品/万吨	年　份	耐火材料制品/万吨	年　份	耐火材料制品/万吨
2010	72.43	2013	94.98	2016	109.08
2011	84.77	2014	98.10	2017	116.72
2012	87.78	2015	105.71	2018	134.18

表 14　2010～2018 年河北省耐火材料工业制品产量

年　份	耐火材料制品/万吨	年　份	耐火材料制品/万吨	年　份	耐火材料制品/万吨
2010	46.03	2013	68.57	2016	65.29
2011	48.69	2014	70.78	2017	75.65
2012	56.69	2015	66.56	2018	79.68

表 15　1949～2018 年全国粗钢产量

年　份	产量/万吨	年　份	产量/万吨	年　份	产量/万吨
1949	15.8	1972	2338	1990	6635
1952	135	1973	2522	1991	7100
1953	177	1974	2112	1992	8094
1957	535	1975	2390	1993	8956
1958	800	1976	2045	1994	9261
1959	1387	1977	2374	1995	9536
1960	1866	1978	3178	1996	10124
1961	870	1979	3448	1997	10894
1962	667	1980	3712	1998	11559
1963	762	1981	3560	1999	12426
1964	964	1982	3716	2000	12850
1965	1223	1983	4002	2001	15163
1966	1532	1984	4384	2002	18237
1967	1020	1985	4679	2003	22234
1968	904	1986	5221	2004	28291
1969	1333	1987	5628	2005	35324
1970	1779	1988	5943	2006	41915
1971	2132	1989	6159	2007	48971

续表 15

年　份	产量/万吨	年　份	产量/万吨	年　份	产量/万吨
2008	50049	2012	71654	2016	80800
2009	56784	2013	77904	2017	83200
2010	62665	2014	82270	2018	92800
2011	68327	2015	80400		

表 16　1949~2018 年全国水泥产量

年　份	产量/万吨	年　份	产量/万吨	年　份	产量/万吨
1949	66	1973	3731	1997	51276
1950	141	1974	3709	1998	52706
1951	249	1975	4626	1999	56105
1952	289	1976	4670	2000	59319
1953	388	1977	5565	2001	66104
1954	460	1978	6524	2002	72535
1955	450	1979	7390	2003	86271
1956	639	1980	7986	2004	97300
1957	686	1981	8290	2005	106885
1958	930	1982	9520	2006	123611
1959	1227	1983	10825	2007	136117
1960	1565	1984	12302	2008	142010
1961	621	1985	14595	2009	163000
1962	600	1986	16606	2010	187700
1963	806	1987	18625	2011	206300
1964	1209	1988	21013	2012	218400
1965	1634	1989	21029	2013	241440
1966	2015	1990	20971	2014	247619
1967	1462	1991	25261	2015	234800
1968	1262	1992	30822	2016	240300
1969	1829	1993	36333	2017	231600
1970	2575	1994	42119	2018	217700
1971	3158	1995	47591		
1972	3547	1996	49212		

表 17　1949~2018 年全国 10 种有色金属产量

年　份	产量/万吨	年　份	产量/万吨	年　份	产量/万吨
1949	1.3	1951	5.7	1953	10.3
1950	3.1	1952	7.4	1954	12.6

续表 17

年　份	产量/万吨	年　份	产量/万吨	年　份	产量/万吨
1955	16. 5	1977	81. 9	1999	694. 7
1956	21. 4	1978	99. 6	2000	783. 8
1957	21. 5	1979	113. 6	2001	883. 7
1958	31. 1	1980	124. 8	2002	1012. 0
1959	40. 1	1981	126. 2	2003	1228. 0
1960	40. 8	1982	125. 3	2004	1430. 6
1961	21. 5	1983	132. 7	2005	1639. 0
1962	26. 1	1984	144. 2	2006	1915. 2
1963	31. 0	1985	155. 8	2007	2370. 1
1964	38. 7	1986	169. 4	2008	2550. 7
1965	46. 2	1987	188. 9	2009	2604. 4
1966	55. 1	1988	204. 5	2010	3153. 0
1967	47. 5	1989	239. 3	2011	3424. 0
1968	34. 0	1990	239. 3	2012	3691. 0
1969	54. 6	1991	259. 1	2013	4029. 0
1970	71. 2	1992	299. 2	2014	4417. 0
1971	82. 9	1993	343. 2	2015	5090. 0
1972	86. 2	1994	394. 5	2016	5283. 0
1973	92. 7	1995	496. 6	2017	5378. 0
1974	73. 6	1996	523. 1	2018	5688. 0
1975	81. 1	1997	581. 0		
1976	73. 5	1998	616. 4		

表 18　2004～2018 年全国平板玻璃产量

年　份	产量/亿重量箱	年　份	产量/亿重量箱	年　份	产量/亿重量箱
2004	3. 0	2009	5. 6	2014	7. 9
2005	3. 7	2010	6. 3	2015	7. 4
2006	4. 1	2011	7. 4	2016	7. 7
2007	5. 0	2012	7. 6	2017	7. 9
2008	5. 5	2013	7. 8	2018	8. 7

第五篇

科技创新

新时代中国耐火材料行业发展新趋势

曾大凡

瑞泰科技股份有限公司　北京　100024

摘　要：分析了钢铁、水泥、玻璃、有色等耐火材料下游行业发展状况，指出耐火材料行业市场需求进入平台期。深入探讨了供给侧结构性改革对耐火材料行业发展的影响，提出了耐火材料行业多维创新的观点，强调了耐火材料行业自动化、智能化发展趋势，明确了“一带一路”给中国耐火材料行业带来的新机遇，为我国耐火材料行业的发展指明了方向。

关键词：耐火材料；多维创新；自动化智能化；供给侧结构性改革；一带一路

耐火材料是钢铁、有色、石化、建材、机械、电力、环保乃至国防等涉及高温工业的重要基础材料和不可或缺的重要支撑材料，在现代工业体系中具有重要地位。改革开放40多年以来，我国耐火材料工业取得了长足进步，得到了飞速发展，已经成为世界上最大的耐火材料生产国和消费国，技术质量也逐步接近国际先进水平，为我国高温行业的快速发展做出了巨大贡献。但是近年来由于高温工业的发展进入平台期和调整期，市场对耐火材料的需求趋于饱和，耐火材料行业出现了结构性过剩，耐火材料企业也面临着重大的挑战。因此，积极探索新形势下耐火材料行业的发展方向是一项非常迫切而又有意义的任务。

1　中国耐火材料行业的现状

深入研究耐火材料的下游行业发展变化，有利于更好地掌握耐火材料行业现状。耐火材料广泛应用于钢铁、水泥、陶瓷、玻璃、化工、有色等高温工业相关领域。从我国耐火材料需求结构上看，钢铁行业约占总量的65%左右，水泥、陶瓷、化工、玻璃、有色金属行业的耐火材料占比分别为10%、5%、4%、7%和3%左右[1]。钢铁行业是耐火材料最大的下游应用领域，分析下游应用行业尤其是钢铁行业的运行情况，有利于把握耐火材料行业的发展现状。

在市场需求的拉动下，我国耐火材料工业自身得到迅速发展，生产工艺技术和装备水平不断提升，产品质量不断提高，品种结构不断完善。到目前为止，我国耐火材料产品的品种和总量不仅满足了国内高温工业生产发展的需要，还供应亚洲、欧洲和美洲等150多个国家和地区，出口量已多年稳居世界第一。

1.1　耐火材料市场需求进入平台期

“十五”至“十二五”期间，耐火材料的主要下游行业产能高速增长。经测算，2001~2014年，年均基建工程用耐火材料需求量高达500万吨左右。钢铁、水泥、玻璃等主要下游行业在“十二五”期间减量发展已成定局，据此测算，各下游行业日常生产消耗用耐火材料需求量将逐步减少300万吨左右。“十三五”乃至“十四五”时期，既是经济社会发展的重要机遇期，又是各种困难的凸显期，有利和不利因素交织，机遇和挑战并存。钢铁、建材、化工、机械等高温行业发展将以“调结构、促发展”为主线，投资规模稳中趋降，耐火材料的总需求将呈下降缓慢趋势，但不会出现大的波动，耐火材料市场需求进入平台期。

此外，随着耐火材料的技术进步，产品品种的不断更新和产品质量的稳定提高，单位产品的耐火材料消耗将有所降低，耐火材料用量将减少，供需结构也发生变化，低档耐火材料的市场空间将不断萎缩，高档耐火材料的比重将扩大。

1.1.1　下游行业增长放缓

1.1.1.1　钢铁行业

2018年全球粗钢产量达到18.086亿吨，同比增长4.6%。除欧盟同比收缩0.3%外，2018年所有地区的粗钢产量都有所增长。2018年亚洲全年粗钢产量达到12.711亿吨，同比增长5.6%。其中，中国的粗钢产量为9.283亿吨，同比增长6.6%。中国粗钢产量占全球粗钢产量的份额，由2017年50.3%上升到2018年的51.3%，占全球总产量的一半以上，是全球最大的钢铁生产国（见图1[2]）。因此，中国的钢铁市场行情可以很大程度上反映全球钢铁行业状况，也决定了我国耐火材料未来的市场行情。

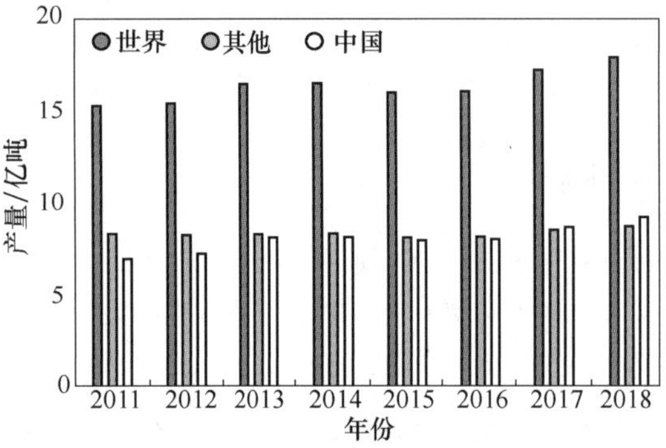

图1 全球粗钢产量[2]

Fig. 1 Output of global crude steel

从总体上看，钢铁行业运行环境仍然复杂多变，去产能、环保边际效应递减，预计2019年国内钢铁市场仍将延续频繁震荡，钢材价格上移空间收窄，下行压力加大，钢铁企业利润将逐渐回归理性区间。根据业内人士预测，从钢铁产量、需求、价格、产能等因素判断，钢铁行业未来增长速率将逐步减小，甚至出现小幅回调。作为耐火材料最大应用领域，钢铁工业增长放缓，耐火材料需求量将维持在一定水平或呈下行趋势。

据世界钢铁协会预测，2019年全球钢铁需求将达到17.35亿吨，同比增长1.3%；2020年全球钢铁需求预计将增长1.0%，达到17.52亿吨。2019年和2020年，全球钢铁需求预计将继续增长，但增速将随着全球经济放缓而下降。贸易环境的不确定性和金融市场的波动性尚未减弱，或将对目前的预测结果带来下行风险。

在经济结构调整及贸易紧张局势的双重影响下，中国投资增速放缓，制造业表现疲软，钢铁需求增长也将持续放缓。中国政府推出的温和刺激政策有效缓解了2018年的经济减速。2019年，中国政府可能会加大刺激力度，钢铁需求有望得以提振。2020年，随着刺激作用逐渐减弱，中国钢铁需求量将出现小幅下降。

1.1.1.2 水泥行业

水泥行业作为我国耐火材料第二大应用领域，它的整体情况对耐火材料的需求也有较大影响。中国水泥工业自1978年改革开放后，开始进入发展的快速上升阶段，2014年我国水泥产量达到顶峰24.76亿吨。2015年水泥产量首次下滑至23.48亿吨，此后几年里一直在波动中总体呈下行态势。2018年我国水泥产量下降到21.77亿吨（见图2[3]）；预计2019年水泥产量将下降到21.61亿吨；2020年下降到21.48亿吨。中国的水泥工业已经缓慢进入较长期的下行通道。

1.1.1.3 玻璃行业

2018年，我国平板玻璃行业展开供给侧结构性改革，行业经济运行平稳，经济效益提升，产业结构进一步优化。2018年全年平板玻璃产量8.7亿重量箱，同比增长2.1%，增长幅度呈波动下行趋势（见图3[4]）。平板玻璃行业实现平稳发展的一个重要原因，是实现了消费及新兴市场的加速转型。普通建筑用玻璃产量占比从2014年的47.4%下降至2018年的35.6%，而低辐射玻璃原片、电子玻璃原片、太阳能玻璃原片产量却不同程度有了较大幅度增长。

日用玻璃属消费领域，随着中国城镇化的提速以及人民生活水平的提高，中高档日用玻璃将呈现稳定增长的势头。

2015～2018年平板玻璃行业产能增量逐年减少，特别是2018年印发《关于严肃产能置换严禁水泥平板玻璃行业新增产能的通知》（工信厅联原〔2018〕57号）以后，产能增长放缓态势更为明显。根据各省生产线清单公示和玻璃协会统计，截至2017年底，全国共有平板玻璃生产线334条，年产能12.3亿重量箱，2018年产能利用率71%，产能严重过剩矛盾得到有效缓解。

未来，在房地产新建项目以及现存建筑节能改造的拉动下，建筑玻璃领域有望保持稳定，光伏光热玻璃、交通工具玻璃、农业设施玻璃等将保持增长，但是产能过剩等结构性矛盾依旧存在，行业下行压力仍然较大。

1.1.1.4 有色金属行业

中国有色金属行业发展迅速，行业整体规模

迅速增加，但总体来看，中国有色金属行业产能增长过快、需求增长有限，整体处于发展的滞涨期。有色金属行业仍将会保持一定的增长态势，但增长速度放缓（见图4[5]）。

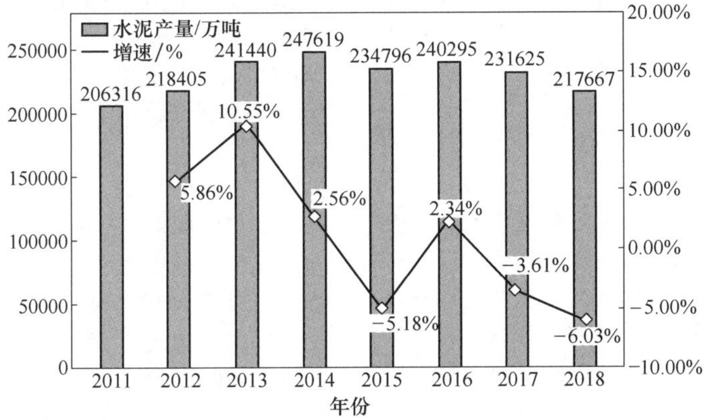

图2　2011~2018年我国水泥产量[3]/万吨

Fig. 2　Output of cement in China from 2011 to 2018/Ten thousand tons

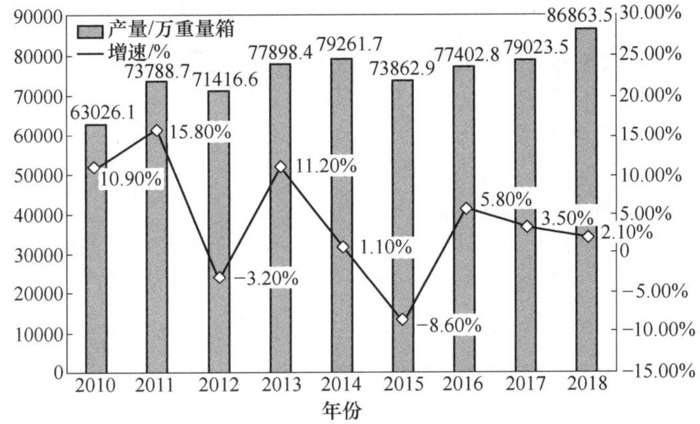

图3　2010~2018年中国平板玻璃产量[4]

Fig. 3　Output of plate glass in China from 2010 to 2018

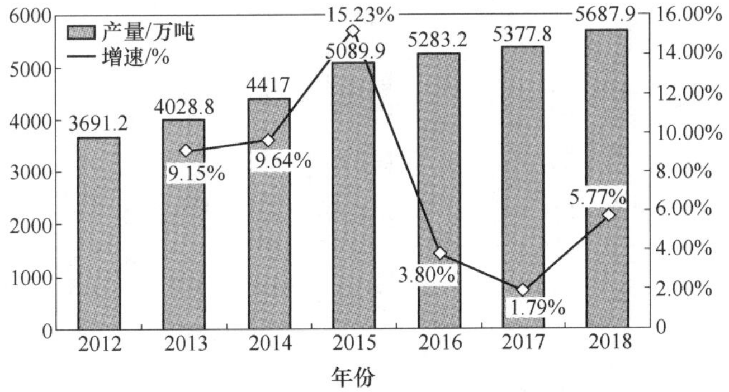

图4　2012~2018年我国十种有色金属产量及增长[5]

Fig. 4　Output and growth of ten non-ferrous metals in China from 2012 to 2018

1.1.2 耐火材料市场需求饱和

基于以上对我国耐火材料下游行业的深入分析，钢铁、水泥、玻璃、有色行业的产量增长明显放缓，这将导致这些行业所消耗的耐火材料趋于饱和。

钢铁、水泥、玻璃、有色等行业产能过剩问题依然不小，产能利用率还有待提高。国家将通过提高环保准入标准等手段，对新建产能和置换产能的审批进行更加严格的控制和监管，遏制产能不合理增长，以及防止已清除产能的“死灰复燃”，去产能仍然是持续的大方向。因此，受下游行业继续去产能的影响，新基建所需耐火材料将不断减少，而新基建项目所需耐火材料数量占耐火材料需求总量的比例较大，这就导致耐火材料需求总量趋于减少，耐火材料行业将面临更加严酷的市场考验。

1.2 大型优势企业板块初步形成

由于历史原因，中国耐火材料企业数量众多、规模偏小，企业的整体综合实力不强。主要表现在：（1）市场竞争力不足，在与对手竞争过程中采用低价策略，恶性竞争，严重扰乱了市场秩序；（2）管理水平落后，大部分耐火材料企业采用粗放式管理，在经营管理方面缺陷明显，导致成本控制不力，经营效率偏低；（3）科技创新投入太少，小企业不愿或者没有能力在科技创新上投入，耐火材料技术进步缓慢；（4）生产装备落后，生产效率低，所产产品质量不稳定或者达不到要求；（5）环保投入和意识差，有些耐火材料小企业甚至没有环保投入，粉尘、噪音、废气、废水等直接排放，对周边环境和生产工人健康造成严重的危害。

随着市场竞争的不断加剧，以及国家对环境保护力度的加强，众多耐火材料企业被淘汰出局。与此同时，一批在技术、资金、品牌等方面具备优势的耐火材料企业脱颖而出，这些企业依靠大力开展科技创新、提高装备制造水平、提高企业经营管理能力、注重环境保护等措施，不断增强企业综合实力。2018 年，耐火材料主营业务收入超 10 亿元的生产企业 17 家，其中超 30 亿元的企业 5 家，超 20 亿元的企业 3 家（见图 5），已初步形成大型耐火材料优势企业板块[6]。

2 供给侧结构性改革促进耐火材料行业转型升级

2.1 供给侧改革的背景及改革的措施

2.1.1 供给侧改革的背景

全球低增长困境的症结在于结构性改革迟缓。2008 年国际金融危机爆发以后，美国、欧盟、日

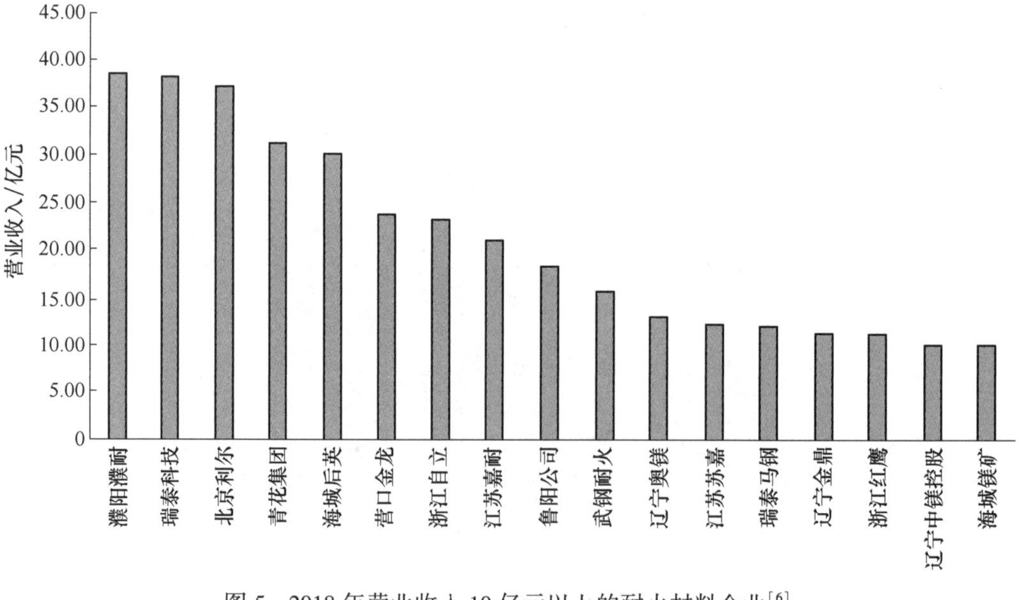

图 5 2018 年营业收入 10 亿元以上的耐火材料企业[6]

Fig. 5 Refractory enterprises with an operating income of more than CCNY 1 billion in 2018

本等主要经济体都采取了史无前例的量化宽松政策，通过直接购买资产和债券，降低利率甚至实行零利率或负利率等方式，大规模增加市场流动性，提振市场信心。但从实际效果看，全球经济复苏迟缓，市场需求持续低迷，大宗商品价格大幅回落，主要经济体全要素生产率增速放缓。可见，单一的需求刺激并没有取得预期效果，需求管理的短期政策虽在抵御危机冲击上发挥了一定作用，但中长期结构性问题并没有得到根本解决，增强经济增长动力还需要推进结构性改革。

我国改革开放四十年来，经济持续高速增长，成功步入中等收入国家行列，已成为名副其实的经济大国。但随着人口红利衰减、“中等收入陷阱”风险累积、国际经济格局深刻调整等一系列内因与外因的作用，经济发展正进入“新常态”。国内供需关系正面临着严重的结构性失衡，“供需错位”已成为阻碍中国经济持续增长的最大路障：第一，过剩产能已成为制约经济转型的一大包袱；第二，供给体系与需求侧严重不配套，总体上是中低端产品过剩，高端产品供给不足；第三，供给侧生产效率有待提高。因此，仅靠刺激需求端的改革模式难以为继，不能从根本上和长远上解决我国经济发展中面临的问题。

2.1.2　供给侧改革的措施

供给侧改革的措施非常多，包含了经济发展的各个方面。主要有以下三方面[7]：

（1）减少无效和低端供给。产能过剩、库存过大是无效和低端供给的集中表现。目前，我国钢铁产能利用率只有78%左右，水泥产能利用率68%左右，平板玻璃产能利用率71%左右，产能过剩问题十分突出；过剩产能和积压的库存沉淀了大量的厂房、土地、设备和劳动力等生产要素，使得要素无法从过剩领域流到有市场需求的领域、从低效率领域流到高效率领域，降低了资源配置效率。去产能、去库存是减少无效和低端供给、提高经济运行效率的根本举措。

（2）扩大有效和中高端供给。有效的中高端供给不足是导致国内消费外流、消费潜力难以释放等问题的主要原因。2018年我国居民出境近1.5亿人次，境外消费支出超过8000亿元人民币，其中较大部分用于购物，而且购买的商品层次呈下移态势，从以往的高档奢侈品转向性价比高的日用消费品。一些高端工业品特别是高技术产品，如芯片等严重依赖进口，这反映了我国供给体系和产品品质明显不适应市场需求变化，不适应居民消费结构升级的要求。必须通过供给侧结构性改革，提高供给的适应性和灵活性，提升有效供给能力。

（3）推进体制机制改革。当前，行业准入限制阻碍了生产要素在行业间和行业内的自由流动；“玻璃门”“弹簧门”“旋转门”增大了民营企业进入障碍；金融市场不完善，降低了资金配置效率；市场诚信体系不健全、消费者权益得不到充分保护，致使消费者“用脚投票”，转向境外消费市场；知识产权保护不力，抑制了企业技术创新潜力的释放。推进供给侧结构性改革，可以打通要素流动和再配置的通道，使生产要素从无效需求流向有效需求领域、从低端领域流向中高端领域，进而提高要素配置效率。

2.2　供给侧改革对耐火材料行业的影响

2.2.1　耐火材料行业面临大洗牌

耐火材料下游行业增长放缓，下行压力加大，市场整体需求疲软。耐火材料行业自身受直接生产成本增加、应收账款继续扩大、企业综合实力不强等因素的影响，整体经营业绩不理想，产能过剩也已经从低端产能过剩转变成全面产能过剩。耐火材料上游原材料行业因环保、资源问题，面临着限产、停产困境，无法正常经营，原材料价格波动大，生产供应极不稳定。受上、下游产业的供给侧结构性改革影响，耐火材料企业经营状况将更加恶化，耐火材料企业面临大洗牌。

从2013~2017年，中国耐火材料产量持续降低[8-10]，如图6所示。2018年在国内外下游产业需求的共同拉动下，全国耐火材料制品产量止住连续四年下降趋势，全年实现产量2345万吨，同比增长2.3%[11]。但这种状态不可持续，随着供给侧改革继续深化，耐火材料市场需求将进入平台期或缓慢下降通道。原因主要有以下三个方面：

（1）低端市场需求减少。耐火材料种类繁多，不同热工设备对耐火材料的品种和质量都有不同的要求，耐火材料产品的合理结构应该与下游行业热工设备的要求相匹配。随着下游行业低效落后产能的进一步退出，耐火材料低端市场需求也会急剧减少，而那些落后的耐火材料小企业也将不断关停，退出市场。

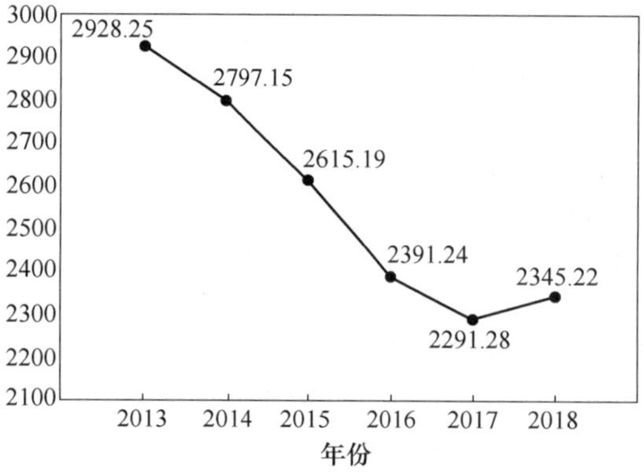

图 6　2013～2018 年我国耐火材料产量/万吨

Fig. 6　Output of refractory in China from 2013 to 2018/Ten thousand tons

（2）下游客户要求提高。随着钢铁、水泥、玻璃、有色等高温工业生产工艺和装备的不断升级，对耐火材料的质量水平提出了更好的要求，如冶炼洁净钢、特种钢用热工设备、垃圾协同处置水泥回转窑、全氧燃烧玻璃熔窑等，都对耐火材料质量和档次提出了更高的要求。除此之外，下游客户为了提高使用效率，降低采购成本，他们更希望耐火材料企业能够提供总包服务，这对耐火材料企业的产品质量、服务水平、规模实力和资源整合能力提出了更高要求。

（3）环保压力大增。2017 年 4 月 5 日，环保部在京召开视频会议，对督查工作进行动员部署。此次强化督查是环境保护有史以来，国家层面直接组织的最大规模行动，整治取缔的重点就包含耐火材料企业。2018～2019 年国家又相继出台了《国务院关于印发打赢蓝天保卫战三年行动规划的通知》（国发［2018］22 号）等相关环保政策。环保治理绝不是短期行为，更不是应对环保督察、环保达标的阶段性任务，已成为企业生命的底线。在国家环保整治力度加大的大环境下，耐火材料主产区地方政府也纷纷出台环保整治提升的具体措施，开始实行差别化环保政策，倒逼落后产能和不达标企业出局。目前中国耐火材料行业协会组织制定了团体标准 T/ACRI 0006—2018《耐火材料工业大气污染物排放标准》，并于 2018 年 4 月 20 日施行。辽宁和山东两省分别制定了《镁质耐火材料工业大气污染物排放标准》和《山东省区域性工业大气污染物排放标准》，并已于 2019 年 1 月 1 日执行。

2.2.2　耐火材料企业联合重组步伐加快

“十三五”期间，国家、地方和行业层面出台了一系列相关政策，为耐火材料行业健康可持续发展创造了有利条件。2013 年，工信部印发了《工业和信息化部关于促进耐火材料产业健康可持续发展的若干意见》，建立完善新建项目与联合重组、淘汰落后、节能减排联动机制，坚持等量或减量置换落后产能。严格控制产能增长，加快优化存量。规范市场化运作，支持行业内优势骨干企业以品牌、技术、资本等要素为纽带，大力推进横向联合重组，纵向延伸产业链，协同发展生产性服务业，组建大型耐火材料企业集团。2014 年底，《耐火材料行业规范条件（2014 年）》出台，意在引导合理投资，遏制低水平重复建设，加快结构调整，促进耐火材料产业健康可持续发展，为耐火材料产业加快联合重组进程、提高生产集中度、推进节能环保和安全生产奠定了良好的政策基础。

随着市场竞争的不断加剧，以及产权制度的不断完善，耐火材料行业也开启了联合重组的新发展进程。瑞泰科技、濮耐股份、北京利尔就是通过资本运作走上联合重组的道路，成为中国耐火材料行业的整合者。尽管如此，2018 年耐火材料行业的集中度 CR10 仅为 9%，远低于下游行业钢铁的 39%、玻璃的 60%、水泥的 31%。未来耐火材料行业联合重组的步伐还将加快。

2.2.3　耐火材料市场向大型优势企业转移

耐火材料企业的经营模式将由过去单纯的产品供应商向耐火材料整体方案提供商的角色过渡。目前耐火材料整体承包的运作模式在钢铁行业比较成熟（按吨钢结算），水泥行业也在逐步推广（按吨熟料结算）并取得了良好的效果，其他行业也将进行尝试。整体承包对规范市场秩序起到了积极的推动作用。一方面整体承包的商业模式对耐火材料企业的规模实力及设计、施工、维护的配套能力等要求极高；另一方面大型优势企业签订承包合同后，由于受产品品种限制，必然选择一些中小企业产品予以配套。这势必导致市场向大型优势企业转移，大型优势企业将面临良好的发展机遇。而品种单一的优秀小企业将成为大型优势企业的配套供应商和合作伙伴。

从 2018 年的经营情况看，全国耐火材料总量同比增长 2.30%，而耐火材料重点企业产量同比增长 3.97%。排名前十家耐火材料企业销售收入总额达 277.83 亿元，比 2017 年的 123.88 亿元增加了 153.95 亿元，同比增长 38.36%。这也佐证了耐火材料市场正在向大型优势企业转移。

3　多维创新成为耐火材料行业创新新模式

随着我国高温工业的飞速发展，以及全球高温工业对中国耐火材料的依赖性增强，我国耐火材料工业已经发展成为世界上公认的生产制造大国。但是，在耐火材料技术水平上，与维苏威、奥镁、雷法、黑崎、摩根等国外先进企业相比还有一定距离；在制造装备水平、质量控制、现场管理等方面还有很大提升空间，我国耐火材料行业的发展还任重道远。因此，要从国家和行业层面，引导耐火材料企业积极参与到创新发展中来，并通过市场竞争倒逼耐火材料企业主动开展创新活动，促使耐火材料企业从耐火材料所涉及领域进行多维度、深层次、全方位的创新，切实把我国耐火材料行业继续做大做强。

3.1　跨行业联合创新

3.1.1　耐火材料企业与装备制造业联合创新

与国外先进水平相比，目前我国耐火材料行业技术装备总体水平较低，自动化和智能化水平不高，影响了耐火材料的技术转化和产品质量稳定性。由于国内设备厂家技术创新能力不足，耐火材料企业的参与度很小，致使耐火材料专用设备在适用性、使用性能、使用过程维护、生产效率及节能等方面，不能满足发展的需要。而随着耐火材料行业的发展，对耐火材料生产、检测、施工等装备技术以及生产线自动化、智能化程度的要求越来越高，必须通过相关行业的大力配合和联合创新，才能为耐火材料行业的发展保驾护航。

瞄准国际先进水平，研制耐火材料行业关键设备及其制造技术，全面提升行业的装备水平及自动化智能化水平，是我国做强耐火材料行业的一项紧迫任务。必须加强耐火材料企业和设备生产企业联合创新，促进产业技术装备的优化升级，降低资源、能源消耗，提高产品质量和劳动生产率，增强产业整体竞争力。要重点研究开发耐火材料生产自动化、智能化技术及装备、特种耐火材料成型技术和装备、耐火材料烧成节能技术和装备、不定形耐火材料配料、混练及施工装备、耐火材料检测技术及装备、除尘降噪等环保装备等。

3.1.2　耐火材料企业与环保技术开发部门联合创新

耐火材料行业是一个与环保紧密联系的特殊行业，从上游原材料到下游钢铁、建材、石化、废物处理、有色冶炼等应用的各个环节都是政府环保督查的重点对象，环保压力很大。因此，耐火材料企业与环保技术开发部门联合创新，有利于耐火材料可持续发展，可以从耐火材料生产和使用两个环节进行联合创新。

对于内部生产来讲，要解决耐火材料生产制造过程中的环保问题。从国家环保部门对耐火材料企业的检查来看，大气污染物排放是重点。辽宁和山东两省也率先出台了相关工业大气污染排放标准，耐火材料企业就是限制对象之一。脱硫脱硝技术在耐火材料行业的应用起步较晚，存在很多问题。目前已经有些耐火材料企业在隧道窑等高温窑炉上引进了脱硫脱硝技术和装置[12-14]，但是效果不是太好，有些甚至成了摆设。郑州瑞泰耐火材料科技有限公司联合山东骄杨环保科技有限公司开发的脱硫脱硝技术，针对耐火材料烧成窑炉的特殊性做了专题研究，达到了较好的效果。除尘技术和装备也同样存在类似的问题，目前普遍采用布袋除尘技术，但由于粉尘温度高、布袋质量不过关以及布袋不及时清理等因素，导致除尘效果不太理想，对颗粒物排放的控制大打折扣。因此，耐火材料企业要联合环保技术开发部门，就环保技术的适用性和有效性展开联合创新，减少耐火材料企业带来的大气污染排放。

对于外部应用来讲，要解决耐火材料使用过程中能否达到环保技术设计部门要求的问题。首先要开发无铬碱性耐火材料替代含铬材料，消除含铬耐火材料在使用和废弃之后对环境的污染。其次要在耐火材料包装、运输和施工使用过程中，避免对环境造成污染。最后要和环保技术部门一起共同设计开发垃圾焚烧炉、水泥窑协同处置垃圾等废物处置窑炉用特殊耐火材料，提高垃圾处置能力和效率，为环境保护做出应有的贡献。

3.1.3 耐火材料企业与互联网行业联合创新

互联网作为一种先进的生产要素，其价值跟电力的使用是一样的。有了电，马车变高铁，带来速度、效率极大地提升。当它与其他相融合，就会产生奇妙的化学反应，这就是“互联网+”的魅力。在互联网环境下的市场竞争，无论耐火材料企业的生产经营是纵向一体化、横向一体化还是多元一体化，都必须逐步实现协同互联、互融共生，生态链的竞争正在超越供应链乃至产业链的竞争。通过“互联网+”可以有效地对耐火材料进行技术改造，提升要素利用效率，促进交易成本降低，对市场更加灵活和精准反应、消除信息不对称和提高市场透明度，发挥着极其重要的积极作用。

互联网、大数据、云平台等全面嵌入耐火材料行业后，可使耐火材料企业迈向智能，贯穿耐火材料企业采购、生产、技术创新、营销、回收及物流体系等各个环节。在提升耐火材料企业生产经营效率和效益的同时，也将为广大耐火材料客户带来便利和效益。

3.2 产业链共同创新

在耐火材料产业链上，它与上游原材料产业和下游客户产业密切相关，耐火材料产业与上下游产业的共同创新，更能对耐火材料产业产生更为直接和明显的效果。

3.2.1 耐火材料企业与原材料加工企业联合创新

耐火原料是制造耐火材料的基础，也是耐火材料性能的基本保证。我国耐火原料开采和加工行业也比较粗放，在天然原料均化、新原料合成方面较国外相差很大。事实上很多国外先进耐火材料企业非常注重耐火原料的开发与应用，它们将耐火原料直接纳入耐火材料研发制造体系内，设置了专门的原料研发部门，根据耐火材料的性能要求，先开发出合格的耐火原料，足见耐火原料对耐火材料的重要性。

我国耐火材料企业参与耐火原料的研究开发不多，基本还是各自专注各自的领域，市场上有什么样的原料就用什么样的原料，对耐火原料性能指标的设计和加工工艺参与度太少，容易导致耐火原料与耐火材料产品的性能脱钩，不利于产品性能，保证好新品的开发。

因此，耐火材料企业务必将技术业务领域延伸到耐火原料行业，与耐火原料企业一起提升现有原料档次和开发合成新原料，加强与上游原料行业的深入合作与互动，为制造高档耐火材料奠定一个较高的起点。主要可以从以下几方面进行联合创新：（1）矾土基原料等天然原料的均化、提纯和改性；（2）在现有原料的基础上对生产工艺进行优化和改进，或选择全新的生产工艺，从而使原料具有改进的特性或低的成本；（3）根据耐火材料发展需求，开发新型原料，尤其是复合型原料、碳质原料、超细粉体原料、轻质原料、结合剂和外加剂；（4）研究用后耐火材料或者其他行业废渣的回收利用技术，节约资源。

3.2.2 耐火材料企业与下游客户联合创新

耐火材料的好坏最终在下游客户的使用过程中体现，但是耐火材料的使用效果与热工设备的工况条件息息相关。例如同样的产品在不同钢厂的钢包上使用，由于客户冶炼钢种和冶炼工艺的不同，使用炉次相差很大。随着下游行业工艺技术进步，必须有能够经受得住先进工艺考验的耐火材料作保障，才能真正使下游行业先进工艺得以推广。例如，全氧燃烧玻璃熔窑技术水平更加先进，但全氧燃烧火焰辐射更强，窑内助燃气体量减少，水蒸气和碱蒸气浓度相应增大，玻璃液黏度降低，温度升高，侵蚀更厉害，传统玻璃窑用耐火材料已经不能适应新技术的要求。

现在耐火材料企业和客户之间，已不再是简单供需关系。随着高温行业对设备及配套材料的要求越来越高，客户更愿意与耐火材料供应商共同创新，更希望耐火材料企业能够为热工设备提供耐火材料及相关技术、设计、制造、咨询、施工、维护服务等的全套解决方案，双方已然演变成为一种合作关系。耐火材料企业要抓住这个转变契机，进行战略调整，以总包服务为依托，联合下游客户一起，逐步提升产品技术质量水平、设计水平、施工水平和服务水平，树立良好的服务品牌，更好地满足客户需求，从而实现双赢。

3.3 耐火材料企业间合作创新

耐火材料总包服务是耐火材料行业发展趋势，也是推进耐火材料企业之间联合创新的驱动力。

耐火材料企业签订总包业务以后，由于不可能自己生产所有品种耐火材料，必然选择其他耐火材料企业提供配套服务，形成企业间的合作模式，打破传统竞争对手之间的技术封闭。

总包业务涉及面较广，耐火材料企业为了维护好总包业务，必定会选择在某个品种有优势的其他耐火材料企业，同时根据自己对总包客户工艺技术的把握及耐火材料技术水平的积累，与配套企业共同开发、制造出满足使用要求的产品，在耐火材料企业间形成良性互动，共同提升耐火材料技术水平[15-17]。

4 自动化智能化打造耐火材料高端制造

中国制造正在迈出“由大变强”前进步伐。2015年5月，国务院正式印发《中国制造2025》，提出了坚持“创新驱动、质量为先、绿色发展、结构优化、人才为本”的基本方针，明确提出未来制造业发展的主要目标就是力争用十年时间，到新中国成立100周年时，制造大国地位更加巩固，综合实力进入世界制造强国前列。

2017年10月30日，工信部印发了《产业关键共性技术发展指南（2017）》，在原材料工业的建材类中选入了耐火材料技术和用后耐火材料再生利用技术。其中，耐火材料关键共性技术的主要技术内容包括耐火材料生产线自动化和智能化技术，耐火材料在役诊断、造衬维护集成技术，耐火材料绿色智能制作集成技术等。

耐火材料下游行业中水泥、玻璃、钢铁等传统行业都实现了比较高的自动化和智能化，其产品的质量和稳定性得到了很好的保障，这也对耐火材料行业提出了更高的要求，只有为下游行业提供高质量、性能稳定的产品才能逐步满足下游行业自动化和智能化的有效实施。但是耐火材料行业特殊的属性，决定了其实现完全自动化和智能化还需要走很长一段路，人工成本的增加、对产品性能要求的提高等因素驱使耐火材料行业实现自动化和智能化成为必然趋势。

4.1 自动化智能化全面提升耐火材料制造水平

提升生产管理过程的数字化、自动化和智能化水平已经成为制造业转型的主要手段和方式。而所谓智能，就是一个包含了感知、认识、学习、调整和适应等环节的循环过程，可以根据目标做出决策并采取行动以得到所期望的效果。其中，知识是智能实现的基础，智力是获取和运用知识求解的能力。智能制造的实践过程就是让企业可以通过对设备运行数据的采集和分析，实现对生产制造过程进行诸如推理、判断、构思和决策等智能活动。终让机器延伸或部分地取代人类专家在制造过程中的体力和脑力劳动，把制造自动化扩展到柔性化、智能化和高度集成化。

目前，中国耐火材料制造过程中人工参与程度很高，自动化、智能化程度很低，对我国耐火材料迈向强国行列极其不利。因此，耐火材料企业要积极将智能制造系统引入到耐火材料生产制造业中，有效提高生产效率和降低成本，提升耐火材料整体制造水平。

4.2 自动化、智能化提高耐火材料产品质量和稳定性

推动耐火材料生产、应用的自动化、智能化水平，有利于提高耐火材料质量及其稳定性，降低优质耐火材料的生产成本，减少人为因素对产品稳定性的不利影响。如建立耐火材料生产与应用的数据库，实现从原料处理、加工（包括成型）与应用工艺的计算机数学模型控制，强化对产品及应用过程全面的无损检测，确保产品应用的安全性，同时及时跟踪耐火材料产品终端使用效果情况，分析和反馈给科研、制造端，精准反应存在问题并调整工艺配方，形成一个良性的循环，不断提高耐火材料产品质量。

5 “一带一路”倡议给中国耐火材料企业走出去带来新机遇

随着“一带一路”倡议的实施，包括钢铁在内的制造业产能将向新兴发展中国家转移。2015年3月28日，国家发展改革委、外交部、商务部联合发布《推动共建丝绸之路经济带和21世纪海上丝绸之路的愿景与行动》，详细阐述了“一带一路”倡议方向，“一带一路”建设进入务实推进阶段。根据商务部国际贸易经济合作研究院“商务历史”项目组发布的《“一带一路”专题研究》：“一带一路”涵盖亚非欧三大洲的64个国家，总人口44亿，占全世界的63%；经济规模21万亿美元，占全世界的29%，货物和服务出口占全球的23.4%，经济体量颇为可观。这些数字说明“一带一路”蕴含着很多机遇。“一带一路”倡议实施中要大力推动“政策沟通、设施联通、贸易

畅通、资金融通和民心相通”，其中基础设施连通需要大量的钢材、水泥等建筑材料，耐火材料企业随之走出去，将面临广阔的发展前景。

5.1 耐火材料企业走向国际化是必由之路

从客观上讲，我国钢产量已连续多年位居世界第一，是世界最大的钢铁用耐火材料消费市场；同时，有色金属、水泥、玻璃、陶瓷等工业产量也早已位居世界第一。我国耐火材料品种齐全，物美价廉，原材料储量丰富，而且在国内积攒了丰富的应用经验，可以满足大多数高温设备的使用要求。而发达国家耐火材料技术发展逐渐停滞，受高温工业发展速度及市场竞争的影响，欧美和日本等发达国家的耐火材料工业缓慢步入夕阳产业，逐渐向新兴市场和资源丰富的国家或地区转移。因此，我国耐火材料行业受到全世界高温工业的关注，已经具备参与全球竞争的实力，我国耐火材料走向国际化是顺理成章的事情。

从主观上讲，我国耐火材料市场需求趋于饱和状态，产能过剩问题严重。供给侧改革将会清理掉一些落后产能，而剩下的产能必将转向国际市场。据经合组织数据，2019～2021 年全球在建和计划新建的粗钢产能分别为 8800 万吨和 2240 万吨。在建产能中，亚洲有 5340 万吨，中东有 2510 万吨，欧洲有 430 万吨，非洲有 290 万吨，独联体有 180 万吨，北美有 30 万吨，拉美有 20 万吨；经合组织成员国和欧盟成员国在建产能共计 460 万吨。在计划新建产能中，亚洲有 1000 万吨，北美有 450 万吨，中东有 270 万吨，非洲有 180 万吨，拉美有 140 万吨，独联体有 100 万吨，欧洲有 100 万吨；经合组织成员国和欧盟成员国计划新建产能共计 550 万吨。

2019 年，除亚洲外，全球大部分地区钢材需求量仍将保持增长。但中国受贸易壁垒等因素影响，钢材需求下降，导致亚洲地区钢材需求量下降 0.5%。据世界耐火材料协会预测，预计 2019 年和 2020 年，不包括中国在内的亚洲发展中国家的钢铁需求将分别增长 6.5% 和 6.4%，成为全球钢铁行业增长最快的地区。因此，耐火材料除了国内市场以外，国际市场空间巨大，耐火材料企业走向国际化是必由之路。

5.2 “一带一路”倡议带来新机遇

“一带一路”新兴市场将成为我国经济增长的新动力。沿线国家的基础设施严重滞后，发展空间巨大，中国的技术和产品更具性价比优势，更适合发展中国家的市场需求。

目前，中国的钢铁、水泥产量均约占世界的 60%，想要大幅提高这一比例，难度较大。但是，随着我国“一带一路”倡议得到国际支持、认可和广泛参与，沿线国家将普遍受惠，沿线人民的生活水平将逐步得到提高，钢铁、水泥、玻璃、有色、化工、电力等高温工业将得到发展。这些国家将寻求中国帮助其发展高温行业，会给我国耐火材料行业发展带来新机遇。

6 结语

中国耐火材料行业经过几十年的发展，已经取得了长足的进步，特别是随着供给侧结构性改革的不断深入，耐火材料行业的集中度将不断提高，制造和服务水平将整体提升，资源和市场也将向优势耐火材料企业集中，中国耐火材料行业进入了转型升级的新时代。耐火材料优势企业应该抓住这一有利时期，开展多维创新，加快联合重组，推进“一带一路”布局，提升市场竞争力，打造国际知名品牌，为把我国建设成为耐火材料制造和创新强国而努力奋斗。

参考文献

[1] 中国报告网. 2018—2023 年中国钢铁行业市场需求调研与投资规划研究报告［R］. 北京：中国报告网，2017.

[2] Refractories Window. Global crude steel output increases by 4.6% in 2018［EB/OL］.（2019-02-01）［2019-06-08］. https：//mp. weixin. qq. com/s/wkmqo-Glewg23j95izC8jiw.

[3] 344，赵晓. 2019 年我国水泥市场发展趋势分析：熟料进口增长或对国内市场形成局部冲击［EB/OL］.（2019-03-22）［2019-06-09］. http：//www. huaon. com/story/414906.

[4] CY303. 2018 年中国平板玻璃产销量统计及增速分析［EB/OL］.（2018-07-15）［2019-06-11］. http：//www. chyxx. com/industry/201807/658789. html.

[5] 343，左小蕾. 2018 年中国有色金属行业发展现状分析：有色金属产量上升，利润回暖［EB/OL］.（2019-03-22）［2019-06-11］. http：//www. huaon. com/story/412693.

[6] 徐殿利. 2018 年全国耐火材料行业生产运行情况及 2019 年耐火材料市场预测分析［J］. 耐火材料信息，2019（3）：2-10.

[7] 王一鸣，陈昌盛，李承健. 正确理解供给侧结构性改革 [N]. 人民日报，2016-03-29 (7).

[8] 徐殿利. 2017年全国耐火材料行业运行情况及特点 [J]. 耐火材料，2018，52 (2)：88.

[9] 徐殿利. 我国耐火材料行业发展思考——“十二五”回顾与“十三五”展望 [J]. 耐火材料，2016，50 (6)：401-406.

[10] 徐殿利. “十三五”期间耐火材料行业发展相关问题的思考 [J]. 耐火材料，2016，50 (2)：81-84.

[11] 徐殿利. 2018年耐火材料行业生产运行情况 [J]. 耐火材料，2019，53 (2)：132.

[12] 王文学，王佑宝，刘建凯，等. 不同烟气处理工艺在耐火材料生产中的应用 [J]. 耐火材料，2019，53 (3)：238-240.

[13] 王世界，刘玉瑛，巩志伟，等. 耐火材料燃气窑炉的氮氧化物减排技术研究 [J]. 耐火材料，2019，53 (2)：145-149.

[14] 王文学，王明刚，王佑宝，等. 新型节能环保隧道窑的设计及应用 [J]. 耐火材料，2019，53 (2)：150-153.

[15] 徐殿利. 新常态下的耐火材料工业 [J]. 耐火材料，2015，49 (4)：241-245.

[16] 邱文冬. 当前钢铁行业耐火材料应用与管理中存在的问题和思考 [J]. 耐火材料，2014，48 (1)：64-69.

[17] 王强. 海外炼铁工程项目耐火材料的采购管理 [J]. 耐火材料，2018，52 (3)：225-227.

耐火材料技术发展概述

李红霞

中钢集团洛阳耐火材料研究院有限公司
先进耐火材料国家重点实验室　洛阳　471039

摘　要：本文简要介绍了中国耐火材料现状，结合高温工业技术发展需求，阐述了耐火材料的发展态势和发展方向。指出结构功能一体化设计与制备是以长寿化、功能化、轻量化、智能化、绿色化为特征的先进耐火材料发展的核心。结合新型高效隔热耐火材料、钢铁冶金连铸用先进功能耐火材料的研究，介绍了先进耐火材料的组成—结构—性能—功能一体化设计理念与制备技术，采用有限元数值模拟、融合先进陶瓷技术及梯度多层复合设计，实现了关键服役性能的最优化设计与制备。

关键词：先进耐火材料；结构功能一体化设计；隔热耐火材料；功能耐火材料

Development Overview of Refractory Materials

Li Hongxia

(Sinosteel Luoyang Institute of Refractories Research Co., Ltd., State Key Lab of Advanced Refractories, Luoyang　471039, Henan, China)

Abstract: In this paper, current situation of refractory industry in China is introduced briefly. Developing tendency of refractory materials is remarked based on the technical development of high temperature industries. Advanced refractory materials, characterized by long service life, functionalization, lightweight and ecological-friendly design, play very important roles for sustainable development of high temperature industries. Since the key service properties of advanced refractories constrain each other in traditional material design and fabrication, new design methods are developed to optimize the key service properties simultaneously. Combined with the development of new insulating materials, and functional refractories used in steel-making industry, structure-function combining design concept and new fabrication technologies are introduced by applying FEM analysis, bridging of advance ceramic technologies, and multilayered/gradient composite structure.

Key words: advanced refractories; structure-function combining design; insulating materials; functional refractories

1　中国耐火材料行业的现状

耐火材料应用于钢铁、有色、建材、化工、电力、环保、航天等领域的高温过程，是所有高温工业新工艺、新技术实施的重要基础和支撑材料，对高温工业产品质量提升与品种开发、绿色发展具有重要作用。钢铁、有色、石化等高温行业的高速发展、关键装备和技术的进步，极大地带动了我国耐火材料的科技创新和产业发展。我国已成为全球耐火材料和耐火原料生产、消费和出口最高的国家，在国际耐火材料领域占有重要地位。Al_2O_3-SiO_2 系材料、富镁碱性材料、碳化硅基复合材料、含碳材料构成出口优势[1]；洁净钢精炼用系列碱性材料[2]、精炼和高效连铸用低碳或无碳功能材料的设计与制备[3-7]、热风炉等用低蠕变 Al_2O_3-SiO_2 材料[8]、干熄焦炉用复合氮化物结合碳化硅材料[9]等关键材料、特种玻璃及煤化工用高纯氧化物材料[10-12]、金属冶炼用非氧化物材料及应用[1]等方面技术达到国际先进或领先水平。无铬材料已成功取代含铬耐火材料[12-14]应用于水泥窑、RH 精炼装备。此外，还开发出微孔、微纳孔系列新型高效高温隔热材料[15-16]。

随着我国高温工业技术进步及其产品结构的调整，耐火材料的产量已逐年下降。2018 年，根据中国耐火材料行业协会统计，全国耐火材料产量 2345.22 万吨，同比增长 2.30%。其中，致密定形耐火制品 1327.38 万吨，同比增长 2.33%；保温隔热耐火制品 54.10 万吨，同比增长 5.14%；不定形耐火制品 963.74 万吨，同比增长 2.10%。全国耐火原材料出口总量 635.49 万吨，其中耐火原料出口量 454.95 万吨，耐火制品出口量 180.54 万吨[17]。

然而，在直接关系到高温行业能源效率提升的高温材料方面，与国外先进水平相比，我国在品种、质量以及应用工程方面仍有提升空间[18]。如陶瓷纤维主要以硅酸铝纤维及制品为主，高性能、高纯氧化铝、氧化锆纤维及其制品性能有一定差距；生态环保生物可降解纤维品种少、使用温度低（≤1260℃）；隔热材料应用技术研究薄弱，这些制约着高温行业能源效率的提升。在基础研究方面，对耐火材料的高温关键服役性能如高温热物理性能和热机械性能和评价等研究不足，功能性开发潜力较大，材料的高温服役行为与寿命预测研究有待加强。

我国耐火原料资源承担着国内外双重消耗，目前消耗速度已超过这些不可再生资源的承受限度，优质矾土、优质石墨和优质镁矿资源已经显现紧张[19-20]，对耐火材料和高温行业可持续发展构成潜在威胁。尽管发展了低品位矿综合利用技术，结构均匀、性能优良的系列高铝均化料已形成一定的生产规模，但耐火材料的科学应用、资源综合利用以及发展新的耐火原料体系仍然是关系耐火材料工业可持续发展的紧迫任务。

2　耐火材料的发展态势

高温工业技术进步推动耐火材料产业的发展。20 世纪 70 年代全球能源危机以来，为提升高温工业节能降耗和生产效率，发达国家高度重视耐火材料及其应用技术研究，极大地促进了耐火材料行业的发展。以占耐火材料消耗的 65% 的钢铁工业为例，吨钢耐火材料消耗从当时的 30kg 减少到 21 世纪初的 10 kg 左右，日本已降至 7.0kg 左右，我国在 10~18 kg[21]。20 世纪 90 年代，美国能源部支持了多个耐火材料高温评价方法、纳米等新技术在耐火材料中的应用研究等课题[22]。欧洲（特别是德国、英国）不仅在耐火材料高温评价方法、标准、新材料设计等方面给予支持，而且为减少碳排放以及回归制造业，更加注重了耐火材料在高温工业技术进步、降低制造成本、节能减排和环境保护等方面的作用。美国能源部在 2005 年发布的“Refractories for Industrial Processing: Opportunities for Improved Energy Effiency”[22]报告，2013 年美国橡树岭国家实验室的发表的“Improved Refractories = Energy Saving”的文章[23]，美国密苏里科技大学的 Kent. Peaslee 和美国钢铁技术协会前总裁 F. Kenneth Iverson 发表的“Towards a ‘greener’ Future with Advanced Refractories”[24]，以及其他科学家多篇文章[25-26]均强调耐火材料对节约能源和环保等方面的重要性。欧洲 2012 制定了“Paving the way to 2050, the Ceramic Industry Roadmap”[27]，着重强调了在节能和环保方面耐火材料的独特作用以及对其发展的规划。英国为提高高温制造业核心竞争力，加大了对耐火材料科技研发和教育培训的支持[28]；日本耐火材料工业协会也在加大对耐火材料科技进步的支持，并预测日本耐火材料在未来将有较快增长[29]。韩国目前从事耐火材料相关研究的大学与以前相比已增加到 10 所以上。综上所述，高性能耐火材料在高温制造业节能环保，以及高温技术进步和产品结构调整方面具有较大的发展潜力。

当前我国钢铁、水泥、石化等高温行业产能过剩，发展面临日益严峻的全球性激烈竞争以及能源、资源与环境的约束。为提高全球核心竞争力和可持续发展能力，减少能源资源消耗，高温行业将重点优化产品结构、研究替代技术，高端产品制造、高效生产、绿色发展和智能制造是我国高温工业发展的方向[30-31]。为此而不断发展的新工艺、新技术使耐火材料的服役环境更加苛刻，对耐火材料的性能和服役行为提出更高要求和挑战，同时也更加凸显耐火材料的技术突破在推动高温工业发展的基础性与战略性功能。以长寿化、功能化、轻量化、智能化、绿色化等为特征先进耐火材料已成为耐火材料产业发展方向和研究热点。

耐火材料为多相跨尺度的非均质复合材料，主要由骨料、基质与气孔构成，骨料与基质又由不同的物相组成。高温下气、固、液交叉作用使耐火材料承受着热、机械、化学等冲击和损耗，耐火材料必须满足不同服役环境对其高温热机械性能、热物理性能、抗高温熔体渗透侵蚀、抗高温磨损等不同性能的需要。耐火材料的高温服役失效一般表现为热震破坏、侵蚀、结构损伤、功能劣化等，对非氧化物系材料还有氧化损伤。因此，需要根据服役环境设计材料，加强在从宏观到微观的结构设计、性能调控、材料制备工艺和高温应用基础研究等方面的研究，发展先进的材料设计与制备技术、注重应用技术研究，实现从组成与结构设计到服役性能与行为的调控，对推动长寿化、功能化、轻量化、部件化和绿色化的先进耐火材料发展意义重大[18,32-34]。

先进耐火材料的发展需要融合冶金、化学、计算模拟等现代科学技术。重视材料服役过程行为和失效机理研究；以服役环境下热力学计算和高温模拟为基础的材料组成精细化设计与调控[35]；基于服役环境下温度场与应力场模拟、物理模拟和高温实验模拟相结合，进行材料结构设计和功能优化等[5,36]，提升了耐火材料的关键服役性能、功能和使用寿命。强化与先进陶瓷、复合材料、表面/界面技术等学科结合的跨学科研究，发展新材料体系、先进制备技术以及应用技术等[34,37]，从而发展出从纳米到毫米的跨尺度材料复合设计、梯度结构复合、层状结构复合、表面改性等功能化技术和先进耐火材料[38-40]，实现材料的高温力学性能、热物理性、功能性最优化调控。

3 先进耐火材料的研究进展

发达国家高温工业革命性的新技术突破极大地推动了新型功能及节能型耐火材料的研发，如熔融还原炼铁技术用关键耐火材料、薄带连铸用功能性材料等的成功研发。美国近年开发了具有隔热功能又抗金属熔体、化学侵蚀性优良的多孔高性能材料，促进了耐火材料功能化、减量化的发展[22]。美国、日本、德国等开发了能长期在1500℃以上使用的高性能氧化铝、氧化锆纤维及其制品，应用温度在1260℃以上的环保生态可降解纤维[41]，德国近年来加大了梯度结构与层状复合结构先进耐火材料的设计与制备研究[34]，旨在实现高温工业节能并推动耐火材料的功能化、轻量化和减量化发展。此外，美国、日本、欧盟等高度重视耐火原料，将石墨列为战略性材料，并将镁砂、矾土等 11 种原料列为潜在战略性原材料，因此在用后耐火材料的再资源化研究和原料资源综合利用等方面开展了大量的工作，日本用后耐火材料的资源化利用率已达 60%，综合利用率在 90%以上。

我国钢铁和十种有色金属产量均居全球第一，耐火材料 70%以上用于冶金工业，深度参与冶金过程，对其产品质量、生产效率和节能减排影响极大，冶金工业转型升级，产品高端化、效率提升和绿色发展是其发展的战略任务。迫切需要耐火材料服役功能化和长寿化。由于高温下耐火材料与服役环境间的高温反应与传热传质复杂，要求耐火材料不能污染金属熔体并具有特定功能。然而，耐火材料关键服役性能之间相互制约难以兼顾，局部苛刻服役环境往往造成整体材料失效，这已成为改善其服役行为和功能的瓶颈。如何设计材料，协同提升耐火材料的关键服役性能，现结合先进耐火材料国家重点实验室的研究，简要介绍对冶金流程能耗、生产效率，以及钢的品种和质量具有重要影响的隔热材料、精炼和连铸用功能耐火材料的研发。

3.1 高性能隔热材料的研究

隔热材料是重要的高温工程材料，不仅对钢铁工业，也对其他高温装置的隔热保温和能效提升有重要意义。高性能隔热材料需要兼具高效隔热、轻质高强、抗化学侵蚀等性能。

3.1.1 耐高温超低导热复合材料的研发

我国钢水过热度比国际先进水平高 20℃以上，造成吨钢能耗高、钢中夹杂物多和耐火材料侵蚀严重等问题。主要原因之一是钢水输运用铁水包、钢包等用的隔热材料热导率高，易粉化，耐久性差。依据材料传热机理，采用多元复合—微结构调控的隔热材料设计理念，将二氧化硅气凝胶与具有纳米孔结构的刚玉冶炼烟尘及陶瓷纤维复合，提高了 SiO_2 气凝胶隔热材料的使用温度和力学性能（见图 1）。通过复合合理的遮光剂挡高温近红外辐射传热，进一步降低了材料的热导率。据此研发出在 1100℃服役的低成本、长寿命新型纳米隔热材料（见图 2）。

该隔热材料与耐高温的氧化铝纤维进行复合，

研制出1600℃以上长期使用的低热导率（1000℃为0.087W/(m·K)）层状复合隔热材料（见表1）。该新型隔热材料在钢包上应用显著提高其保温性能，使钢水过热度下降4℃，使吨钢成本下降1~1.4元；层状复合隔热材料用于1800℃窑炉节能20%以上。

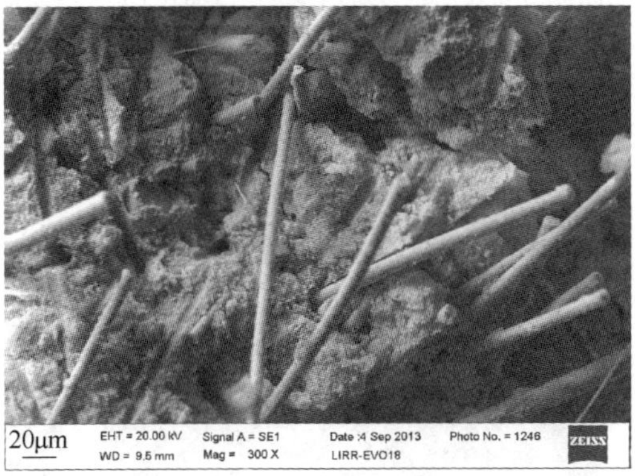

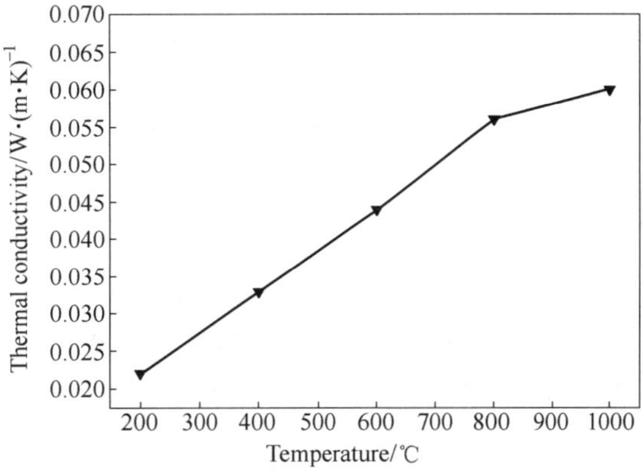

图1 研制纤维增强二氧化硅-高温烟尘复合隔热材料的微结构及热导率随温度的变化

Fig. 1 Effects of temperature on microstructure and thermal conductivity of developed ceramic fiber enforced nano-SiO_2-fumed-corundum insulation composite materials

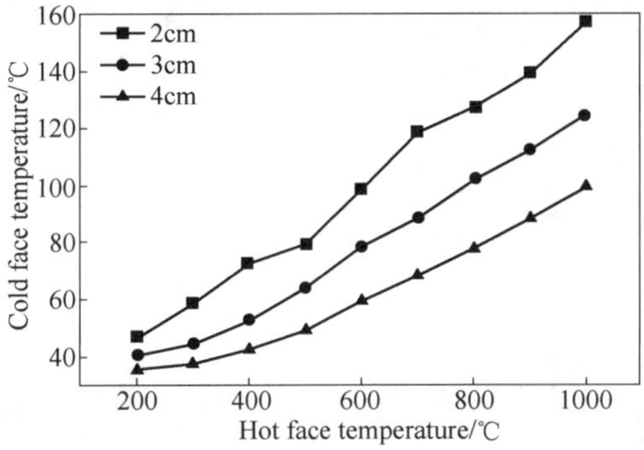

图2 微纳米孔复合隔热材料的厚度与隔热效果

Fig. 2 Insulting effect *versus* the thickness of developed insulation composite materials with micro/nano-sized pores

表1 纳/微米多孔隔热材料的性能

Table 1 Properties of developed insulation composite material with micro/nano-sized pores

Ltem	Developed composite plate	Developed plate with nano-sized pores	A Company	B Company	Porextherm plate with nano-sized pores
Thermal conductivity (1000℃) /W·(m·K)$^{-1}$	0.087	0.063	0.05(800℃)	—	0.062
Bulk density /g·cm^{-3}	0.55~0.65	0.35~0.4	0.3~0.35	—	0.35~0.45
Service temperature/℃	1800	1100	850	650	1100
Linear change/% (1000℃, 24h)	~1.5	<2	—	—	<2

3.1.2 非氧化物复合隔热材料的研发

针对铝电解槽冰晶石的强侵蚀性气氛，将氮化硅—碳化硅复合材料的抗冰晶石侵蚀性能与多孔结构材料的热阻性相结合，复合高效遮光剂，设计研发出氮化硅/碳化硅复相多孔陶瓷隔热材料，在提高隔热保温性能的同时并具有良好的抗侵蚀性。采用凝胶注模结合发泡法制备出多孔坯体，固化干燥后在氮气气氛下烧结，制得具有多孔和纤维交织结构的氮化硅—碳化硅复相多孔陶瓷。该材料气孔率和孔结构可调控，体积密度为 0.45g/cm^3 的材料，其耐压强度为 1.8MPa，1000℃时的热导率为 0.22W/(m·K)。氮化硅/碳化硅复相多孔陶瓷隔热材料的显微结构和产品照片如图 3 所示。

(a)

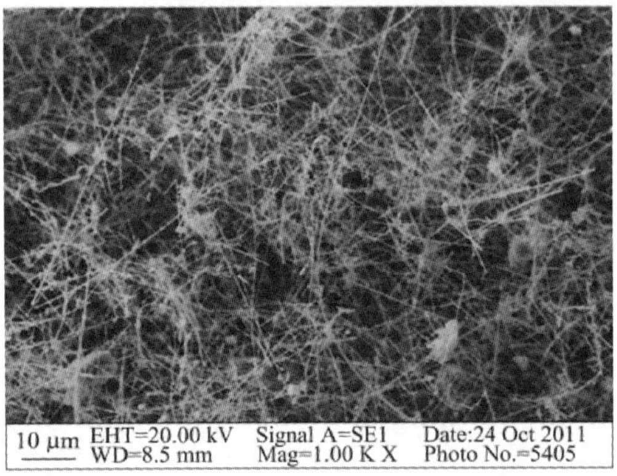

(b)

图 3 氮化硅/碳化硅复相多孔陶瓷的产品（a）和显微结构照片（b）

Fig. 3 The product photo and SEM photograph of porous silicon nitride-silicon carbide composites (a) product (STIC-n), (b) SEM photograph

将硅酸铝纤维块、蛭石块、氮化硅/碳化硅复相多孔陶瓷（STIC-n）置于密闭的石墨坩埚内，并搁置于冰晶石粉体上方，在 1000 ℃条件下保温 48h。图 4 为侵蚀试验前后各材料外观的对比。可以看到，硅酸铝纤维块、蛭石块均已严重侵蚀，而 STIC-n 外观变化不大。测量结果是侵蚀前后 STIC-n 一维方向尺寸收缩约 0.5%，质量增加约 5%，显示了优良的抗含氟化物蒸气侵蚀功能。

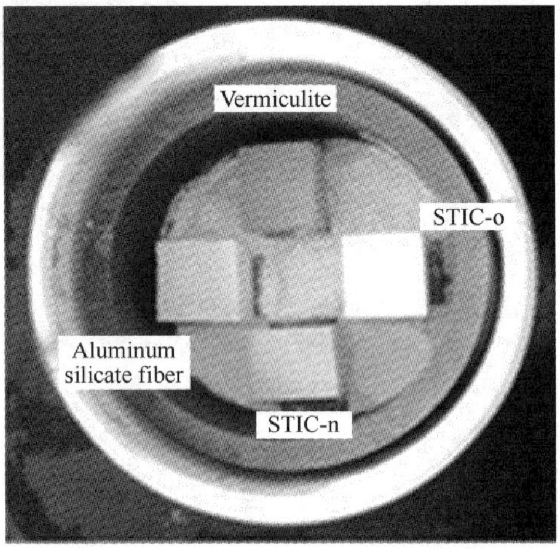

(a)

(b)

图 4 几种隔热材料侵蚀实验前后外观对比
（a）侵蚀实验前；（b）侵蚀实验后

Fig. 4 Comparison of erosion resistance of several insulation materials
(a) before test; (b) after test

3.2　连铸用梯度多层复合功能耐火材料的研究

长水口、浸入式水口、塞棒等是支撑钢铁生产的关键流程——连铸工艺高效运行的关键功能材料，起到控制钢液流量及分布、促进夹杂物上浮、防止钢液氧化等重要作用，其性能及服役行为对钢铁行业提质增效、高品质钢材生产有重要影响[3]。连铸用耐火材料服役环境苛刻，经受钢液剧烈热冲击、高通量钢液冲刷及高温熔渣与钢液的动态侵蚀。长水口等功能耐火材料一般由碳含量（质量分数）在15%～30%的氧化物—碳复合材料制备而成，较高的碳含量对提高材料的抗热震性和抗熔渣侵蚀性有利，但对高品质钢易产生碳污染并易引起非金属夹杂物，且材料抗氧化、抗钢液侵蚀性差。为保证高品质钢绳生产，连铸用耐火材料的发展方向为发展低碳或无碳的氧化物—碳复合材料。为此，需要协同提升优化其抗侵蚀与抗热震性等关键服役性能。

氧化物—碳复合耐火材料中的碳来源于石墨和作为结合相的酚醛树脂裂解产生的非晶态碳等。不同碳源及其分布对材料服役性能有重要影响。减少碳含量并降低非晶态碳含量，同时不能影响其抗热震性和抗熔渣侵蚀性能，是改善含碳功能耐火材料服役功能和寿命的关键[24,25]。

3.2.1　抗氧化、自修复新型抗氧化剂复合体系

为确保少量的碳发挥作用，提高低碳材料的防氧化性能至关重要。材料基质中加入高效抗氧化剂、优化材料中碳组分的结构形态是改善抗氧化性能，实现功能耐火材料低碳化的有效途径。基于服役环境下材料的反应热力学和优势区相图，采用金属Al、Si微细粉，以及Al-Si复合微粉等，通过热处理或高温服役时原位反应生成的SiC、AlN等高抗侵蚀、高导热物相，或具有低维结构的SiC晶须等非氧化物陶瓷相，获得了碳与高导热高温陶瓷复相结合的低碳耐火材料。如图5所示，在碳含量（质量分数）为10%的低碳Al_2O_3-C材料中添加Al-Si复合微粉，热处理后气孔细化并实现SiC纤维增强，提高了材料高温力学性能，而且气孔的微细化抑制了熔渣渗透，协同改善了抗氧化性、抗侵蚀性及抗热震性[3]。在Al_2O_3-C材料中添加Al_4SiC_4合成抗氧化剂[37]，高温服役时Al_4SiC_4氧化生成Al_2O_3、SiC及C的原位反应，产生的197.2%体积膨胀使细化气孔，抑制了碳氧化和熔渣渗透，实现材料服役时在线自增强与修复。

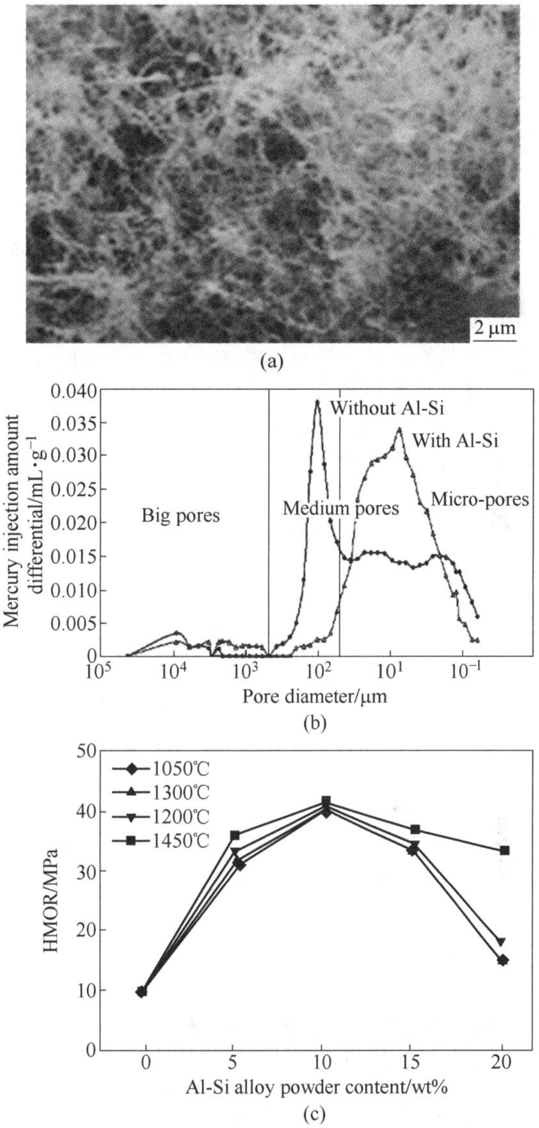

图5　Al-Si复合粉抗氧化剂对低碳Al_2O_3-C材料微结构和性能的影响

（a）反应生成纤维状物质；（b）对气孔的细化作用；（c）对高温强度的影响

Fig. 5　The influence of Al-Si alloy antioxidant additives on the microstructure and properties of Al_2O_3-C refractories

（a）fibrous substance by antioxidant reaction;（b）influence on the pores distribution;（c）effect on HMOR

3.2.2 低维石墨化碳在低碳功能耐材中的应用

低维石墨化碳在低碳功能耐材中的应用包含以下两个方面：

（1）酚醛树脂催化裂解形成低维石墨化碳结构。选择合适的 Fe、Co、Ni 等过渡元素的无机或有机化合物作为催化剂，可促进酚醛树脂裂解产生的碳石墨化，获得低维结构的碳。酚醛树脂在裂解过程中产生的 CO、C_2H_2 及 CH_4 等气体在过渡金属催化作用下形成碳纳米管、纳米碳纤维等低维石墨化碳，使材料的高温强度和抗热震性均有所提高。实验研究表明，选用 KCl 等作为催化剂可提高催化效应，提高热处理时酚醛树脂的残碳率和低维碳纳米管或碳纤维生成量，从而改善了树脂结合碳的脆性和强度，减少碳在钢液中的溶解。图 6 为 KCl 催化剂对树脂热解残碳率的影响和生成低维碳形貌。

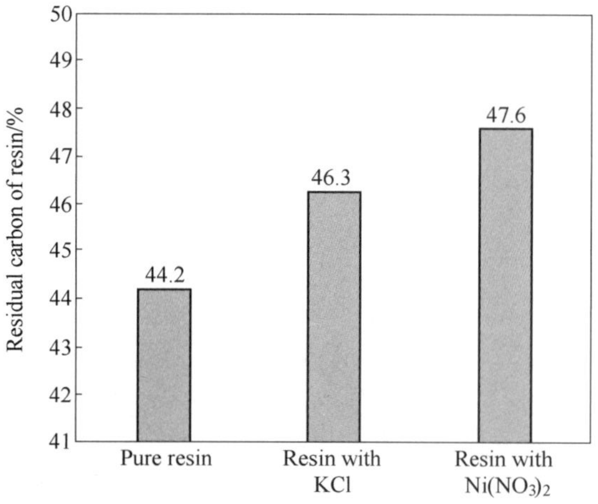

(a)

(b)

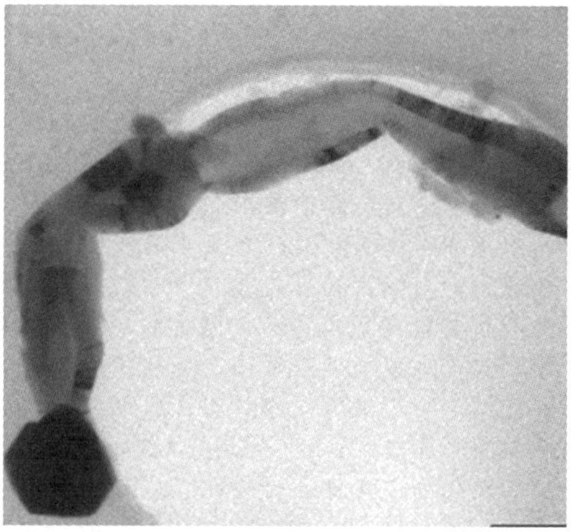

(c)

图 6　不同催化树脂的残碳率（a）、裂解生成的纤维碳 SEM 照片（b）和纤维碳 TEM 照片（c）

Fig. 6　Char yield of phenolic resins（a）、SEM photo of carbon fiber（b）and TEM photo of carbon fiber（c）

（2）氧化膨胀石墨制备低维纳米石墨—氧化物复合粉体。石墨的微细化是发展低碳化功能耐火材料的重要途径。相对于鳞片石墨，片层结构的膨胀石墨具有孔隙率高、比表面积大、活性高以及高压缩率和高弹性率等特点。采用高能球磨将膨胀石墨和微米氧化铝粉体混合研磨，获得纳米碳包覆氧化铝复合粉体[4]，如图 7 所示。不仅获得纳米级石墨，同时解决了纳米碳难以均匀分散的技术难题。高度分散的低维石墨化碳提高了材料的抗高温熔渣侵蚀性，同时发挥了纳米碳能量耗散、应力吸收等作用，弥补碳减少对材料热物理、机械性能及抗热震性能的不利影响，从而使低碳材料兼有较好的抗热震性和抗侵蚀性。

(a)

(b)

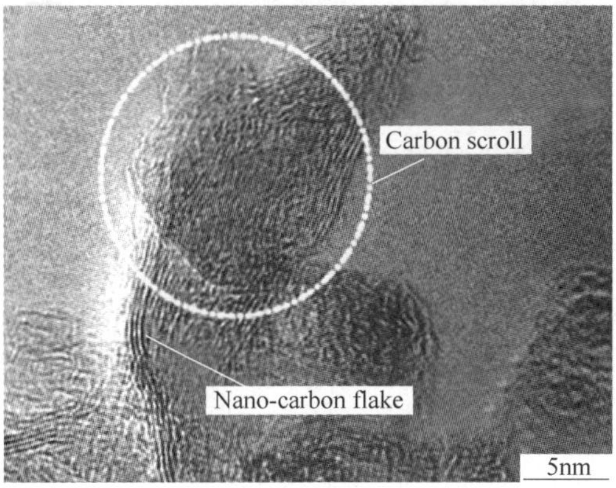

(c)

图 7　膨胀石墨显微结构（a）、纳米碳包覆氧化铝复合粉体（b）和形成的纳米碳（c）

Fig. 7　SEM photo of expanded graphite（a）、SEM photo of alumina composite powder covered by nano-carbon（b）and TEM photo of nano-carbon（c）

3.3　功能耐火材料低热应力化设计

采用数值模拟分析高温服役环境下不同复合材料在经受钢液热冲击时的温度场和应力场响应等，发现不同气孔率与微结构、不同热导率与热膨胀系数的材料以不同形式多层复合，其温度场随时间响应不同，相应的造成热应力在材料中分布的差异[5]。基于材料服役微环境的不同对其进行功能分区，通过不同材料的设计可显著优化通钢瞬间其内部的温度场分布，大幅度降低最大热应力；同时多层复合改变了应力应变关系及应力在材料中的分布，从而提高材料的抗热震性能。

采用 Al_2O_3-C 复合材料制备的长水口，服役时瞬间经受从室温到 1650 ℃以上钢液的强烈热冲击，产生的热应力易造成水口断裂。基于功能分区，设计了碳含量不同的梯度多层复合材料（见图 8）：与钢液接触的内层材料采用 3～5 mm 厚的高气孔率（23%）、低热导率的低碳（w(C)= 1%～3%）材料。不仅可减少钢液的增碳，而且使通钢瞬间产生的最大温度梯度发生于该层材料。该层的高气孔率多孔结构可缓释应力集中，从而大幅降低受热冲击时最大热应力（见图 9）。在受高温钢液冲蚀或熔渣侵蚀严重的部位，采用气孔率为 13%、显微结构优化的含碳（w(C)= 6%～24%）材料，材料蚀损速率下降 30%以上；本体采用气孔率为 15%的高碳（w(C)= 26%～32%）材料，赋予材料足够强度保证长水口的结构功能。梯度多层复合设计实现了材料抗热震性与抗侵蚀性及功能性的协同提升。

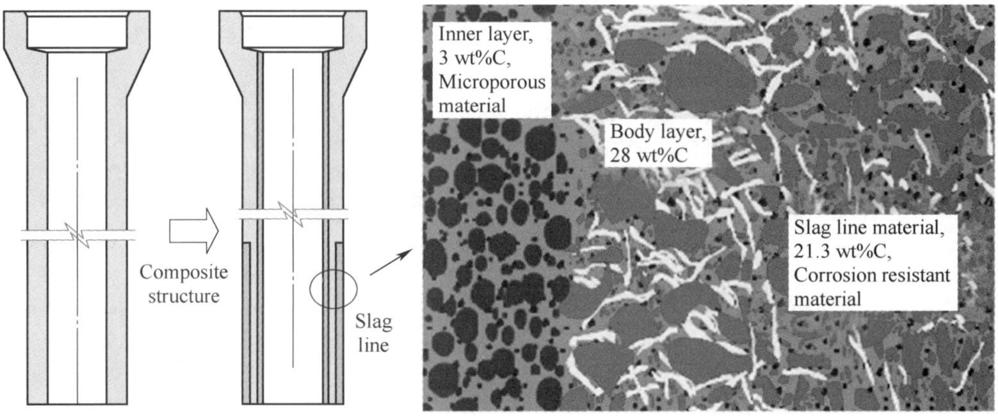

图 8　长水口功能分区示意图

Fig. 8　Schematic diagram of the long nozzle with composite structure

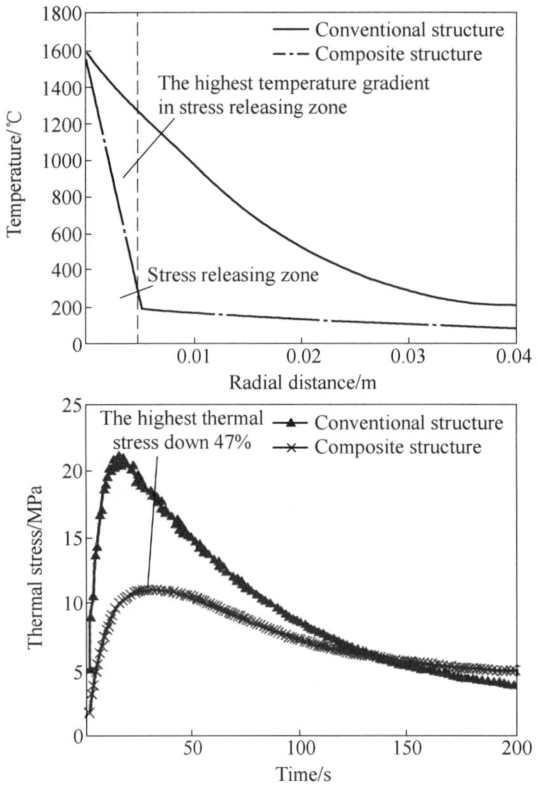

图 9 应力缓释区对温度场和最大热应力的影响

Fig. 9 Effects of stress buffer release area with micro-porous structure on temperature field and maximum thermal stress

4 结语

随着高温工业的发展，耐火材料承担起更多的功能。由于耐火材料是多相、多尺度复杂结构的复合材料，其服役环境多样和复杂，以组成、结构、性能与功能等服役行为一体设计为核心，发展以长寿化、功能化、轻量化、部件化和生态化为特征的先进耐火材料是耐火材料发展的方向。

结合先进陶瓷的制备技术，实现了高温隔热性能及其他服役性能的微结构精细化调控，开发出低导热率、高强度的氧化物系列隔热材料，以及耐高温、抗高侵蚀性的非氧化物复合隔热耐火材料。

以优化高温服役行为为核心，数值模拟技术和高温模拟实验相结合，实现耐火材料结构功能一体化设计，突出服役功能化的结构设计与材料的优化配置，实现服役长寿化和功能化，满足了高品质钢高效生产的需要。

耐火材料的功能化和轻量化设计可从宏观结构复合及骨料颗粒、基质及气孔三相的微观结构设计与调控着手，融合先进陶瓷的成型和制备技术等，获得梯度或多层复合结构，拓展了材料的性能调控得空间，实现特定关键服役性能和功能的协同优化提升，从而达到减量化、功能化或改善抗高温熔体侵蚀性能提高使用寿命等目的。

参考文献

[1] 李红霞. 高温工业的发展与耐火材料的技术进步 [J]. 耐火材料，2006，40（增刊）：4-8.

[2] 陈肇友，李红霞. 镁资源的综合利用及镁质耐火材料的发展 [J]. 耐火材料，2005，39（1）：6-15.

[3] LI H X，LIU G Q. Current situation and development of refractories for clean steel production [J]. China's Refractories，2013，22（3）：1-6.

[4] 吴小贤，李红霞，刘国齐，等. 高能球磨合成纳米碳包覆 α-Al_2O_3 复合粉体 [J]. 无机材料学报，2013，28（3）：261-266.

[5] 刘辉敏，李红霞，洪彦若，等. 复合结构长水口热应力有限元分析 [J]. 硅酸盐学报，2009，31（12）：2000-2006.

[6] SONG Y Y，LIU G Q，LI H X，et al. Influence of ladle purging plug airway on flow properties of liquid steel [J]. Advanced Materials Research，2012，472-475：2581-2587.

[7] LI H X，YANG B，LIU G Q，et al. Gradient functional refractories for high efficient con-casting（invited）[C]. Proceedings of the 6th International Congress on the Science and Technology of Steelmaking（I），Beijing，China，2015：4-8.

[8] 张红哲，李富朝，孙庚辰，等. 高风温长寿热风炉用高效小孔径格子砖的设计及选材 [J]. 耐火材料，2015，49（5）：376-380.

[9] 王佳平，金广湘，王勇峰，等. 新型复相氮化物结合碳化硅耐火材料在干熄炉斜道区的应用和分析 [C]. 2016年（第十届）焦化节能环保及干熄焦技术研讨会论文集，西安，2016：96-101.

[10] YIN H J，ZHANG T，WU A J，et al. Effect of M-ZrO_2 on sintering behavior and thermal shock resistance of dense Cr_2O_3 material [J]. Advanced Materials Research，2011，199-200：1928-1931.

[11] 孙红刚，陈杰，范志辉，等. 新型高铬砖在GE气化炉的试用研究 [J]. 大氮肥，2011，34（增刊2）：108-111.

[12] 耿可明，王金相. Cr_2O_3 在水煤浆气化炉过程中的行为 [J]. 耐火材料，2015，49（1）：68-71.

[13] 李红霞，王金相. 水泥窑用碱性耐火材料无铬化的技术进展 [J]. 中国水泥，2004，10：79-82.

[14] LI H X，LIU J，FENG H X，et al. Development and application of chrome-free refractory materials for RH degasser [J]. China's Refractories，2014，23（4）：1-5，12.

[15] GE H B，WANG G，YUAN B，et al. Fabrication and microstructure of porous SiC ceramics using suspension emulsions as pore-forming agents [J]. Ceramics International，2014，40（8）：11705-11711.

[16] WU H B，HUANG Z R，WANG G，et al. Alumina heat insulator through composite poring mechanisms [J]. International Journal of Applied Ceramic Technology，2015，11（6）：1061-1067.

[17] 徐殿利. 2018年全国耐火材料行业生产运行情况及2019年耐火材料市场预测分析 [C]. 2019年中国耐火材料行业协会年会报告，唐山，2019年3月.

[18] 江东亮，袁渭康，钱锋，等. 我国高耗能工业高温热工装备节能科技发展战略研究 [M]. 北京：科学出版社，2017：50-55.

[19] 李红霞，杨彬. 中国石墨资源和产业状况概述 [C]. 耐火原料学术交流会论文集，郑州，2011：1-11.

[20] 刘俊光，魏同. 我国耐火材料工业节能降耗技术及发展方向 [C]. 新形势下全国耐火原料发展战略研讨会论文集，太原，2014：193-194.

[21] LI H X，LIU G Q. Current situation and development of refractories for clean steel production [J]. China's Refractories，2013，22（3）：1-6.

[22] Hemrick J G，Hayde H W，Angelini，et al. Refractories for industrial processing：opportunities for improved energy efficiency [J]. Industrial Technologies Program，2005，1：4-6.

[23] Hemrick J G. Improved refractories = Energy saving [J]. American Ceramic Society Bulletin，2013，92（7）：32-35.

[24] Headrick W L. Towards a "greener" future with advanced refractories [J]. American Ceramic Society Bulletin，2013，92（7）：28-31.

[25] Semler C E. Refractories—The world most important but least known products [J]. American Ceramic Society Bulletin，2014，93（2）：34-39.

[26] Guire E D. State raw materials 2013-overview and frontiers [J]. American Ceramic Society Bulletin，2013，92（6）：24-28.

[27] Cerame-Unie. The ceramic industry roadmap [J]. Paving the way to 2050，2012，1：40-45.

[28] Cohen L. Challenge and opportunities for refractory manufacturers in the UK [J]. Refractories Engineer，2013，11：12-17.

[29] JARVIS D R. An overview of the current 2013 global refractories industry [J]. International Ceramic Review，2013，62（4）：262-266.

[30] XU D L，CUI Y S，YANG K，et al. On the future of Chinese cement industry [J]. Cement and Concrete Research，2015，78：2-13.

[31] 殷瑞钰. 高效率、低成本洁净钢"制造平台"集成技术及其动态运行 [J]. 钢铁，2012，47（1）：1-12.

[32] Li Hongxia. Development of refractory industry in China with restricts of resource，energy and environment factors [J]. Proceedings of UNITECR 2011，Kyoto，Japan，2011：122-123.

[33] 李红霞. 经济下行时中国耐火材料行业发展的思考 [J]. 耐火材料，2012，46（5）：321-324.

[34] Jakobsen D，Gotschel I，Roosen A. Manufacture of multilayer composite with optimized thermal and chemical properties via the tape casting process [J]. Refractories Worldforum，2016，8（2）：86-94.

[35] 蔡斌利，李红霞，赵世贤，等. 水煤浆气化炉中 O_2 分压和 Cr_2O_3 稳定性的热力学计算 [J]. 耐火材料，2016，50（6）：411-415.

[36] Yang W G，Liu G Q，Li H X，et al. Thermal stress distribution in stopper by finite element analysis [C]. Proceedings of UNITECR 2013，Columbia，Canada，2013：154-158.

[37] 李红霞. 对耐火材料的性能调控及设计的一些思考 [J]. 耐火材料，2013，47（增刊1）：1-2.

[38] SEMLER C E. Review of advances in refractories [J]. International Ceramic Review，2011，2：77-81.

[39] SUGITA K. The past and future of refractories technology [J]. International Ceramic Review，2012，1：8-12.

[40] SEMLER C E. The advancement of refractories technology never stops [J]. Refractories Worldforum，2014，6（4）：27-31.

[41] Philip A. An introduction to Alkaline Silicate wool products [J]. Proceedings of the Institute of Industrial Engineers Asian Conference 2013，Taipei，2013：100-105.

耐火材料的研究新进展

顾华志

摘　要：耐火材料是服务和保障钢铁等高温过程安全运行、节能减排和技术进步的重要基础材料，同时也为军事设施安全服役、为国防发展提供了有力支撑。在新时代背景下，耐火材料对于高温工业已不仅是消耗性的材料，也是实现高温新技术所必需的功能型材料，起着不可替代的重要作用。本文综述了耐火材料低碳化、轻量化、不定形化、功能化和资源化等五个方面研究领域的新进展，展望了耐火材料的研究发展趋势。

1　前言

耐火材料直接应用于钢铁、有色、水泥、玻璃、陶瓷和化工、机械、电力等国民经济各个领域的高温工业生产过程中，是保证上述产业安全运行、节能减排和技术进步的重要基础材料。耐火材料的技术进步和高温工业的技术进步相互影响、互相促进，只有不断研究和应用优质耐火材料，高温工业的高效、节能、低污染的优越性才能得以实现，新工艺流程才具有现实的使用价值。

随着国际、国内形势的变化及现代高温工业的不断发展，耐火材料正在面临着新的挑战：

（1）国务院颁布的《中国制造 2025》指出，钢铁工业等制造业应以质量为先，坚持把质量作为建设制造强国的生命线。我国冶金行业正面临从量变到质变的巨大挑战，高端金属产品的生产仍然不能满足需要。目前，我国高端装备用高品质特殊钢产品占比仅占钢总产量的 8%，远低于欧洲、日本等发达国家（15%～20%）。我国高品质特殊钢严重依赖进口，一些关系国家重大需求的高品质钢急需开发。洁净钢质量的提高不仅要求生产装备升级和工艺技术创新，而且对耐火材料的质量和功能提出新的要求，耐火材料的技术进步对洁净钢冶炼和高性能钢铁材料的生产起到了至关重要的作用。

（2）2016 年 11 月，《巴黎协定》正式生效，确立了将本世纪内全球平均气温较工业化前水平升高幅度控制在远低于 2℃ 的目标，并为 1.5℃ 温控目标而努力。作为世界上 CO_2 排放最多的国家，我国面临着巨大的挑战。目前，我国经济结构以工业为主，工业排放 CO_2 占比达 12%，工业能耗在社会总能耗的占比高达 70%以上，相比之下，日本及美国工业能耗占比分别在 30%和 20%以下。耐火材料作为高温工业的基础材料，其技术创新与发展对于实现高温工业的节能减排具有重要意义。

（3）改革开放以来，我国耐火材料产业取得了长足进步，规模不断扩大，2018 年我国耐火材料产量达 2345 万吨，已成为世界上最大的耐火材料生产国、消费国和出口国。然而，由于未能对资源实施保护性开发和综合利用，导致我国优质高品位资源开发过度。开展中低品位资源、冶金固体废弃物、用后耐火材料的开发利用对于促进耐火材料产业健康可持续发展意义重大。

因此，在新时代背景下，现代高温工业既要求耐火材料能够抵抗高温熔渣与其他介质的侵蚀、冲刷、热震等，保证生产流程稳定性与经济性；还需满足高温工业质量、品种及环境友好的需求；同时，要求降低能耗、提升热效率。耐火材料对于高温工业已不仅是消耗性的材料，也是实现高温新技术所必需的功能型材料，作为现代高温工业的基础材料，起着不可替代的重要作用。

基于以上背景，本文将从耐火材料低碳化、轻量化、不定形化、功能化、资源化五个方面，综述耐火材料研究领域的新进展，并提出了对于耐火材料发展的一些思考与建议，供耐火材料及相关产业同行参考。

2　耐火材料低碳化

碳复合耐火材料由于其优异的抗热震性能以及抗渣性能，而被广泛地运用于钢包、转炉、电弧炉、连铸系统和 RH 精炼设备等，是耐火材料中的重要品种。但随着洁净钢和低碳经济的发展，传统碳复合耐火材料中过高的碳含量一方面不仅容易污染钢液；另一方面也导致碳复合耐火材料在使用过程中易氧化损毁，降低使用寿命。此外，高碳含量对耐火材料带来的高热导率，会增加冶金过程的能耗。因此，在不影响碳复合耐火材料的使用性能的前提下，耐火材料低碳化势在必行。

2.1　纳米碳杂化与原位陶瓷相协同强韧化

为解决碳复合耐火材料低碳化与热震稳定性和抗渣渗透性的矛盾，提出纳米碳杂化协同增强和陶瓷相原位控制技术思路，研究采用造粒石墨、膨胀石墨、土状石墨、插层解离法石墨烯片、酚醛树脂等作为碳源，过渡金属纳米颗粒催化热解原位生成纳米碳管等，探讨不同类型和形状/维数碳对材料微结构和性能的影响[1-7]。研究表明，在材料中引入催化剂，控制材料内部的氧分压，经高温处理或在服役过程中可以原位形成碳纳米管/线和碳化硅、氧化镁晶须陶瓷相等。而催化剂种类不受限制，铁、钴、镍、铜等均可作为催化剂制备碳纳米管，关键在于控制碳源、催化剂引入方式、气氛等。与天然鳞片石墨相比，膨胀石墨、超细土状石墨、石墨烯片具有更高的反应活性，能够促进碳复合耐火材料内部陶瓷相的形成。通过多尺度碳源复合与原位陶瓷相协同增强增韧低碳耐火材料，可以明显改善低碳耐火材料的抗热震性。如图 1 和图 2 所示，通过添加催化剂（Ni 及其盐）后，MgO-C 耐火材料内部原位生成交织在一起的碳纳米管（CNT）和 MgO 晶须[1]。在添加 $Ni/Ni(NO_3)_2 \cdot 6H_2O$ 实现催化后，MgO-C 耐火材料的冷态耐压强度（CCS）提高 25%以上，冷态抗折强度（CMOR）提高 28%以上[1,2]。

图 1　添加催化剂后 MgO-C 耐火材料内部原位生成交织在一起的碳纳米管（CNT）和 MgO 晶须

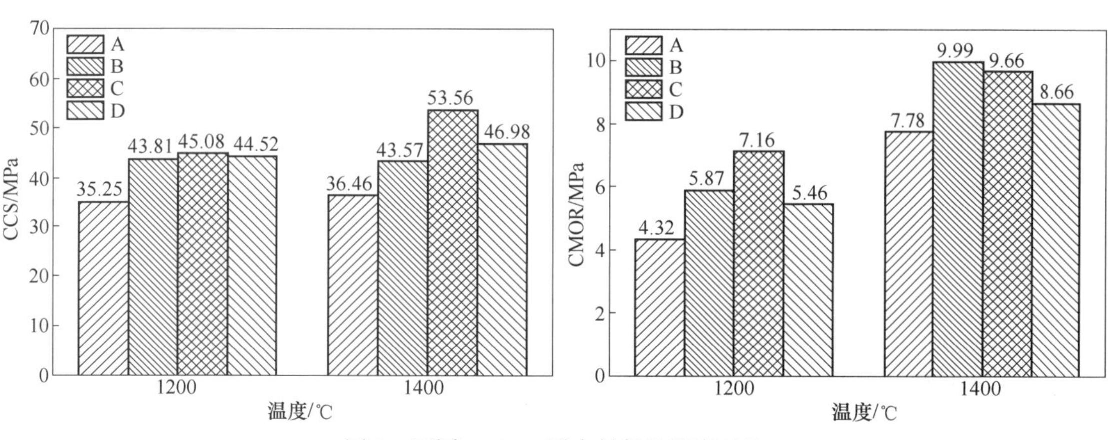

图 2　不同 MgO-C 耐火材料的强度对比

2.2 MAX 相强韧化

Ti_3AlC_2(MAX 相) 陶瓷材料其特殊的层状结构、高导热性能、独特氧化性为解决耐火材料低碳化提供了新的解决方案。通过 Ti_3AlC_2 逐步替代石墨制备低碳 $Al_2O_3-Ti_3AlC_2-C$ 耐火材料，其性能如表 1 及图 3 所示。$Al_2O_3-Ti_3AlC_2-C$ 耐火材料经过 1100℃热处理后，材料的抗折强度值最大能达 15.21MPa，相比于不含 Ti_3AlC_2 材料的强度(8.19MPa)，提高了 70%[8]。当使用 Ti_3AlC_2 逐步替代材料中的石墨，导致石墨含量（质量分数）从 10%降至 4%的过程中，由于新的结合相生成，特别是 Al_2TiO_5 相生成，提高了基体的结合程度，材料的抗热震性能并没有发生急剧的恶化下降[9]；Ti_3AlC_2 的引入能在材料表面形成 $CaAl_2Si_2O_8-xAl_2O_3 \cdot yTiO_2$ 隔离层，材料抗侵蚀性能得到显著改善[10]。相比于传统铝碳耐火材料（10wt% 石墨），当 Ti_3AlC_2 添加量（质量分数）为 6%、石墨量（质量分数）为 4%时，试样的抗侵蚀性能提高了 43%。

2.3 超高温非氧化物材料的低温合成

超高温非氧化物材料是冶金过程中重要的结构和功能耐火材料，同时因为其拥有优异的热导、热膨胀等性能，也被认为是低碳耐火材料中可取代碳源的候选材料之一。针对超高温非氧化物材料制备烧成温度较高，周期长，能耗大；产品形貌难以控制，无法得到足够的晶须等问题，开展了高效纳米催化剂的制备、低温催化制备超高温非氧化物及其形貌控制研究工作。制备了一系列双金属和三金属纳米催化剂，其中 Ir/Pd/Au 三金属催化剂具有非常高的催化活性[11]。利用高效纳米催化剂，实现了 Al_4O_4C/CNTs 复合粉体、AlN 晶须、ZrB_2、Si_3N_4、ZrB_2-SiC 等材料的低温合成[12,13]，如图 4 所示。

表 1 试样经过不同温度埋碳处理及热震前后的抗折强度

Ti_3AlC_2 加入量（质量分数）/%	220℃/MPa	1100℃×3h /MPa	1400℃×3h/MPa	1100℃水冷 3 次后残余抗折强度/MPa	残余强度保持率/%
0	5.65(±0.1)	8.19(±1.5)	13.03(±2.6)	7.00(±1.3)	53.7
2	6.54(±1.3)	8.32(±1.1)	14.05(±1.2)	7.10(±0.5)	50.5
4	6.25(±1.2)	11.15(±1.4)	12.33(±2.1)	6.30(±0.1)	51.1
6	6.26(±0.3)	15.21(±1.3)	10.10(±0.2)	4.90(±0.5)	48.5

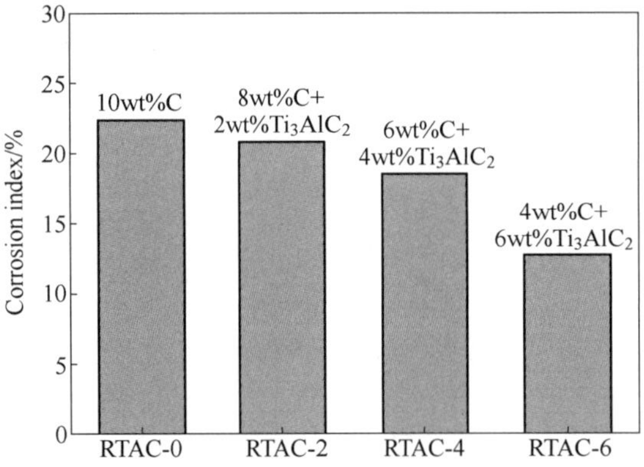

图 3 Ti_3AlC_2 加入量对耐火材料侵蚀指数的影响

3 耐火材料轻量化

耐火材料一般由致密骨料和基质组成，传统致密骨料的显气孔率为 3%～5%，基质为 20%～30%左右。相比而言，基质要疏松很多，当与熔渣接触时，熔渣会优先沿着基质、绕过致密骨料向内部渗透，使得渗透层的热物性与原质层存在差异而产生应力，致使含有仍然完好骨料的渗透层发生剥落。因此，骨料轻量化不会明显降低耐火材料的抗渣性能，特别是对于不与熔渣接触的情况。对于与熔渣接触的情况，需对骨料微结构进行调控。

3.1 晶内微—纳气孔耐火骨料

考虑材料的导热与热辐射综合作用，采用数值模拟研究了气孔分布对有效导热系数的影响，结果如图 5 所示[14]。多孔材料内气孔位置与孔径分布对其隔热性能有重要影响，发现相同气孔率条件下，气孔分布紊乱程度增加，温度分布不均匀程度增加，传热过程由一维向多维空间变化，温度梯度矢量场由均匀孔分布时的“层流”转变为“湍流”，热流线频繁改变方向，路径有效延长，热阻增加，导热热流降低，总热流降低，有效导热系数减小。因此，为了降低轻量耐火骨料的导热系数，应在降低或者不增大孔径的前提下，增加气孔分布的紊乱程度，制备气孔位置分布不均或者具有多尺度孔径分布的轻量耐火骨料。

基于上述计算结果，针对如何获得低密度、微纳晶内气孔耐火骨料的制备，特别是孔的大小、形状及分布与材料导热性及抗渣性之间的关系，进行了轻量材料的成孔机理研究。利用高温超塑性添加剂以控制材料烧结过程中晶界迁移率大于气孔迁移率，基于颗粒堆积法，采用半干法或干法工艺，制备了气孔呈现多尺度分布的系列微孔耐火材料[15-19]。所制备晶粒内部包含 1~5μm 的微米级晶内气孔和大量尺寸为 100~300 nm 的晶内气孔，微孔耐火材料显气孔率为 1%~5%，闭口气孔率为 6%~12%，中位孔径为 0.1~0.4μm，导热系数比普通耐火材料降低 20%~50%，其显微结构及性能参数如图 6 和表 2 所示。

图 4　催化低温合成的 Al_4O_4C/CNTs 复合粉体（a）、AlN 晶须（b）和 ZrB_2-SiC 粉体（c）

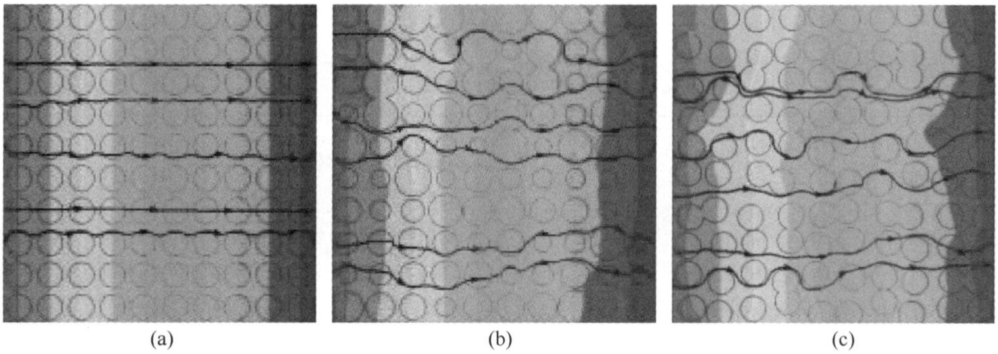

图 5　气孔分布对材料传热途径的影响

（a）均匀分布；（b）孔径大小紊乱分布；（c）孔位置紊乱分布

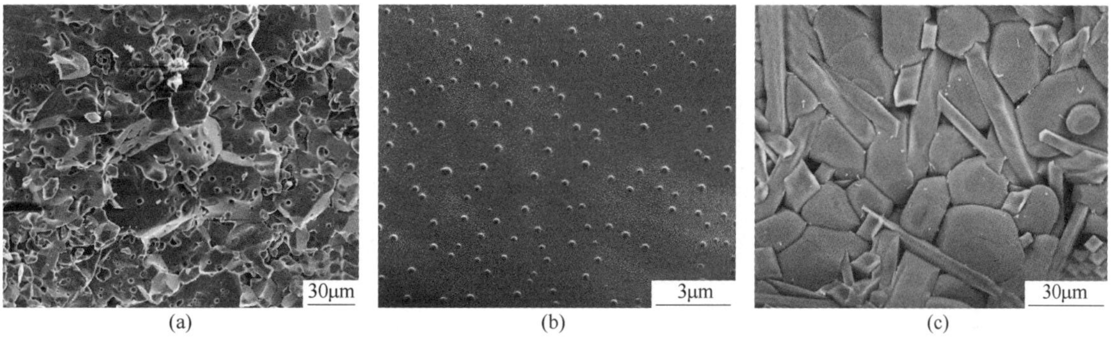

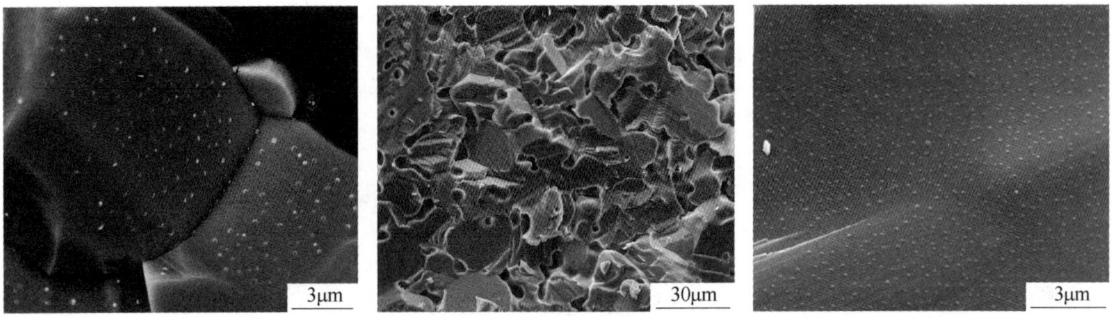

(d) (e) (f)

图6 微孔耐火材料的SEM照片

(a)，(b) 微孔刚玉；(c)，(d) 微孔矾土；(e)，(f) 微孔镁砂

表2 不同耐火骨料的物理性能

类别	体积密度 /g·cm^{-3}	显气孔率/%	闭口气孔率/%	800℃导热系数 /W·(m·K)$^{-1}$	维氏硬度 /GPa	断裂韧性 /MPa·m$^{1/2}$
普通刚玉	3.63	3.0	4.9	7.90	16.1	5.2
微孔刚玉	3.22	8.9	10.0	3.73	18.5	8.3
普通矾土	3.41	3.5	0.6	5.14	11.9	7.4
微孔矾土	3.22	1.3	9.6	3.89	15.6	9.5
普通镁砂	3.43	1.6	2.9	4.37	3.6	1.6
微孔镁砂	3.23	1.1	8.4	2.91	4.8	2.7

3.2 多孔方镁石—尖晶石骨料

通过原位分解成孔法制备了多孔方镁石—尖晶石骨料，并探究了轻量方镁石—尖晶石质耐火材料的性能，制品的常规性能如表3所示。相比于电熔镁砂制品，轻量方镁石—尖晶石质耐火材料具有较低的体积密度与导热系数，但其强度与抗热震性能更为优异[20]。同时，当骨料和基质中多孔尖晶石的含量（质量分数）均为25%时，轻量化方镁石—尖晶石耐火材料具有较好的抗水泥熟料侵蚀和渗透性能，同时材料的挂窑皮性能也更加优异[21]（见图7）。

表3 轻量方镁石—尖晶石耐火材料常规性能

性 能	多孔骨料制品	电熔镁砂骨料制品
显气孔率/%	23.0	15.5
体积密度/g·cm^{-3}	2.77	2.93
耐压/抗折强度/MPa	60/10.8	45/5.8
高温抗折强度（1400℃）/MPa	3.8	1.4
残余抗折强度率（1100℃，风冷3次）/%	75	50
导热系数（800℃）/W·(m·K)$^{-1}$	1.6	2.3

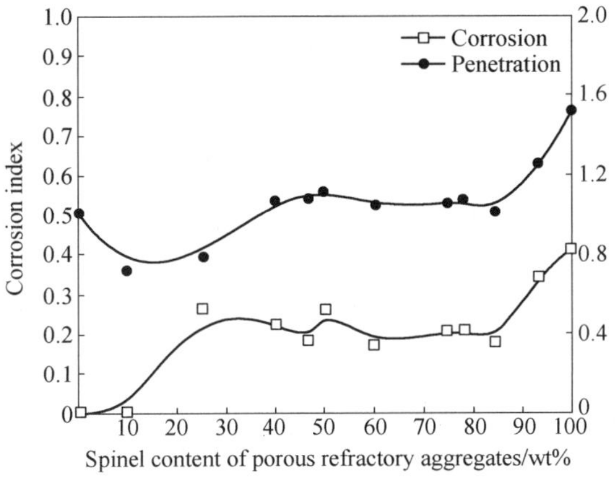

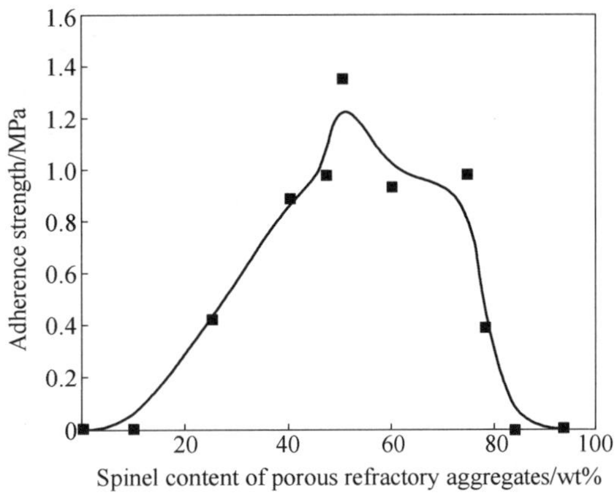

图 7 轻量方镁石—尖晶石耐火材料的抗侵蚀性能与挂窑皮性能

3.3 多孔球形莫来石骨料

针对耐火材料轻量化设计，提出采用不同大小等粒径耐火骨料与细粉进行配料，减少堆积不稳定性，实现对耐火材料微结构的精准控制。以矾土和工业氧化铝等为原料，在高温下原位合成了多孔球形莫来石骨料，其理化性能见表 4，宏观形貌如图 8 所示[22]。多孔球形莫来石骨料的粒度分布范围窄，当利用此种骨料制备轻量耐火材料时，轻量耐火材料的骨料颗粒尺寸分布稳定，有利于控制耐火材料中骨料的颗粒堆积分布情况。并且球形颗粒之间在高温处理后形成颈部连接，提高了材料强度（显微结构见图 9）。

表 4 两种多孔球形莫来石颗粒的理化性能

性 能	1 号	2 号
Al_2O_3 含量（质量分数）/%	67.49	43.32
体积密度/$g \cdot cm^{-3}$	1.5	1.39
显气孔率/%	50.0	47.2
堆积密度/$g \cdot cm^{-3}$	0.83	0.75
筒压强度（破碎率≤6%，4~5 mm）/MPa	9	7

图 8 多孔球形莫来石骨料宏观形貌

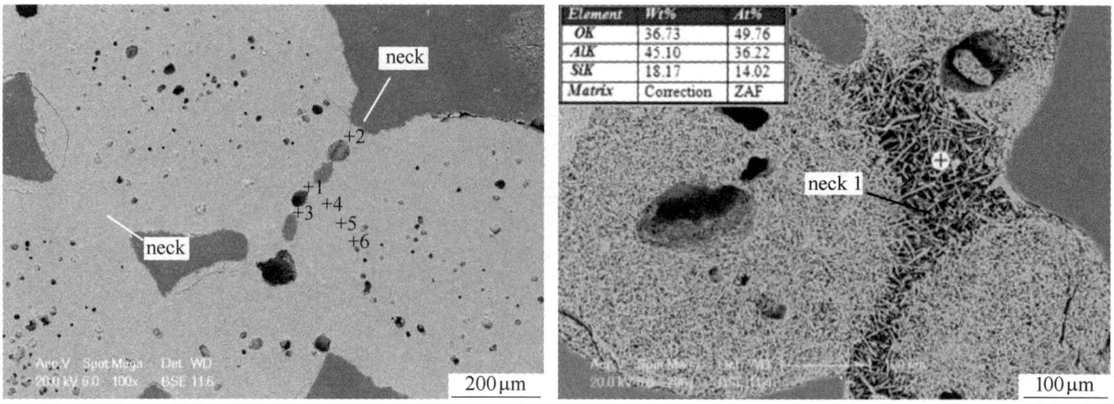

图 9　多孔球形莫来石颗粒制品显微结构

3.4　高强微孔轻质氧化铝砖

氧化铝轻质隔热材料具有强度高、耐酸碱侵蚀、使用温度高等特点，是高温炉窑炉衬材料理想的选择之一。目前工业上使用的氧化铝轻质隔热材料以氧化铝空心球制品为主，但其存在制备能耗高、体积密度和热导率偏大等缺点，因此，开发具有高强低导热特点的氧化铝轻质材料显得十分重要。采用有机泡沫浇注的成型方法，以远低于氧化铝空心球制品的生产能耗制备出了孔隙分布均匀的氧化铝轻质隔热材料。如表 5 所示，所制得的氧化铝轻质隔热制品的最高使用温度为 1650℃，体积密度低于 1.0g/cm^3，耐压强度超过 8MPa，800℃的导热系数低于 0.35W/(m·K)[23]。

表 5　微孔轻质氧化铝砖的理化性能

性　能	乌克兰	摩根（TJM-150）	实验室
最高使用温度/℃	1750	1650	1650
Al_2O_3（质量分数）/%	≥99	≥97	≥97
SiO_2（质量分数）/%	≤0.2	≤2.0	≤2.5
体积密度/g·cm^{-3}	≥1.6	1.5	0.7～1.0
常温耐压强度/MPa	3.8～4.5	≥12	≥8
荷重软化温度 T_1/℃	≥1750	≥1650	≥1650
永久线变化率/%	±0.3（1600℃×3h）	±1.0（1600℃×3h）	±0.5（1600℃×24h）
热导率/W·(m·K)$^{-1}$（800℃）	≤0.7	≤0.75	≤0.35

4　耐火材料不定形化

不定形耐火材料具有不需要预先成型和烧成、施工方便、整体性好、节能等特点。世界发达国家不定形耐火材料占比 60%以上，而我国 2016 年仅占国内耐火材料总量的 39%，与此同时传统耐火材料烧成制品仍占 32.5%。不定形耐火材料在使用前完全处于远离平衡状态，原来烧成过程中所进行的反应全部通过在使用过程中原位反应而生成新物相。为适应高温工业对不定形耐火材料提出的新要求，并保持耐火材料高温使用性能不受影响，提出“自”结合传统耐火材料烧成制品不定形化，利用耐火材料自身结构和遗传特性，开展了氧化硅结合硅质浇注料、黏土结合硅酸铝质不烧砖、氧化镁微粉结合镁质浇注料研究，所研制的系列不定形耐火材料性能可与其烧成制品相当。

4.1 氧化硅结合硅质浇注料

硅石耐火材料具有600℃以上的高温热膨胀率小、体积稳定性好等优良的高温特性，广泛应用于焦炉、高炉热风炉和玻璃熔窑等。但硅石耐火材料仍存在以下问题：

（1）硅石耐火材料的化学组成主要是 SiO_2，随温度的升高 SiO_2 将会发生以下多晶转变：石英→方石英→鳞石英。不同的氧化硅晶型在加热冷却过程中将会产生不同程度的体积变化，其中方石英在600℃以下将产生较大的体积膨胀，降低材料的抗热震性。

（2）材料在烧成温度下所形成的液相很少，SiO_2 晶型转变缓慢，成品率低。

（3）硅砖的烧成制度较为复杂，保温时间较长（波动于20~48h），在生产过程中将耗费大量能源。

为解决上述问题，将硅石预烧或采用废硅砖或熔融石英为原料，以硅微粉、硅溶胶等作为结合剂，加入硅酸盐水泥等矿化剂制备硅质不定形耐火材料。如表6所示，硅质浇注料110℃烘后耐压强度可达80MPa，荷重软化温度大于1650℃，达到硅砖标准。硅质自流料荷重软化温度为1640℃，110℃烘后耐压强度可达116MPa[24]。

表6　不同硅质耐火材料性能

性　能	硅质浇注料	硅质自流料	硅砖
显气孔率/%	14	17	<22
真密度/$g \cdot cm^{-3}$	2.34	2.44	<2.33
常温耐压强度/MPa	81	116	>40
荷重软化温度 $T_{0.6}$/℃	>1650	1640	>1650

4.2 黏土结合硅酸铝质不烧砖

作为常见的硅酸铝质耐火材料，高铝砖多采用高温烧成的方式进行生产。但在高铝砖的生产过程中，存在能耗高、粉尘和废气污染较大等问题。使用磷酸或磷酸铝等为结合剂以不烧方式生产高铝砖解决上述问题时，又需要长时间困料，甚至需要添加二次结合剂以避免制品在干燥过程中开裂，进一步增加了生产流程的烦琐程度。因此，选择合适的结合剂制备不烧高铝砖是目前高铝砖生产过程中急需解决的问题。

累托石是一种具有规则层间结构的软质黏土，可用作不烧高铝砖结合剂。它由二八面体云母层和二八面体蒙脱石层交替堆垛组成，其层间结构可分离为类云母和类蒙脱石的纳米微粒（晶体结构见图10）。采用累托石作为结合剂制备不烧高铝砖能够提高材料的力学性能，缩短生产流程，节约能耗。采用累托石取代结合黏土，利用累托石类蒙脱石与类云母特殊的层状结构，发挥累托石具有一定极性、膨胀性、无触变性、≤500℃结构稳定性、易烧结性以及耐火度较高等特性，制备了黏土结合不烧高铝砖。如表7所示，其不烧砖110℃×24h烘后耐压强度为35MPa，750℃×3h处理后耐压强度为93MPa，荷重软化温度 T_1 为1507℃[25]。

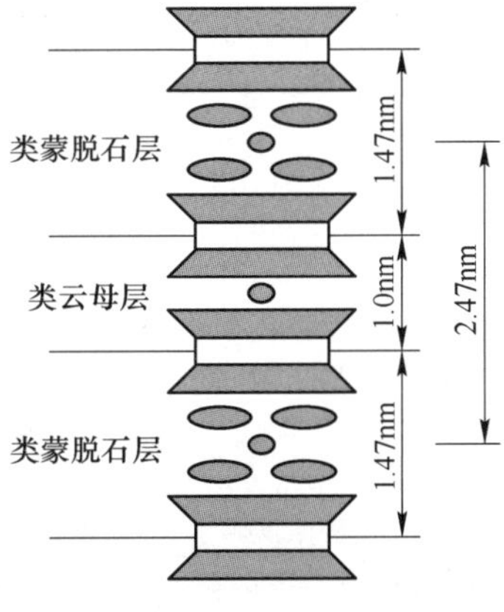

图10　累托石晶体结构

表 7 不烧高铝砖的物理性能

性能	条件	A0	B0	AM	BM
		未磨高岭土	未磨累托石	球磨高岭土	球磨累托石
显气孔率/%	—	16	19	16	18
体积密度/g·cm^{-3}	110℃×24h	2.97	2.89	2.98	2.87
耐压强度/MPa	—	13.2	20.9	13.9	35.0
显气孔率/%	—	17	16	17	15
体积密度/g·cm^{-3}	—	2.95	3.03	2.96	3.05
耐压强度/MPa	750℃×3h	38.8	54.5	38.5	92.5
直径/高度线变化率/%	—	—	—	0.00/-0.01	+0.01/-0.17
耐火度/荷重软化点 T_1/℃	—	—	—	—	1760/1507

4.3 氧化镁微粉结合镁质浇注料

MgO 具有熔点高（2800℃）、抗侵蚀性好的特点。MgO 微粉能在常温下或低温下与 H_2O 发生反应生成 $Mg(OH)_2$，其为一种凝胶，且结晶呈棒状，具有一定的胶结性，且不会引入杂质及低熔点相，是一种较具前景的结合剂。然而，MgO 微粉极易水化和团聚。因此，造成制备、施工及存放等过程中出现粘壁、流动性差、分散不均、成团等诸多问题，而限制了其在耐火材料中的工业应用。

以电熔镁砂为原料，运用机械粉碎法，并利用添加的高效有机助磨剂的劈裂作用和憎水性能，降低机械磨耗能耗和改变粉体团聚及水化的性能，获得了抗水化性良好且能够长时间存放的氧化镁微粉。利用氧化镁水化形成氢氧化镁凝胶作为结合剂，添加适量硼酸、醋酸、柠檬酸等为缓凝剂，制备了氧化镁微粉结合镁质浇注料，氧化镁微粉复合结合剂水化后形成 $Mg(OH)_2$ 与 $MgO-SiO_2-H_2O$ 的交叉网络结构（见图 11）。其 110℃×24h 烘后强度与硅微粉结合镁质浇注料相当，而 1000℃×3h、1500℃×3h 烧后强度都优于硅微粉结合镁质浇注料（见图 12）[26]。

图 11 氧化镁微粉复合结合剂水化产物显微结构

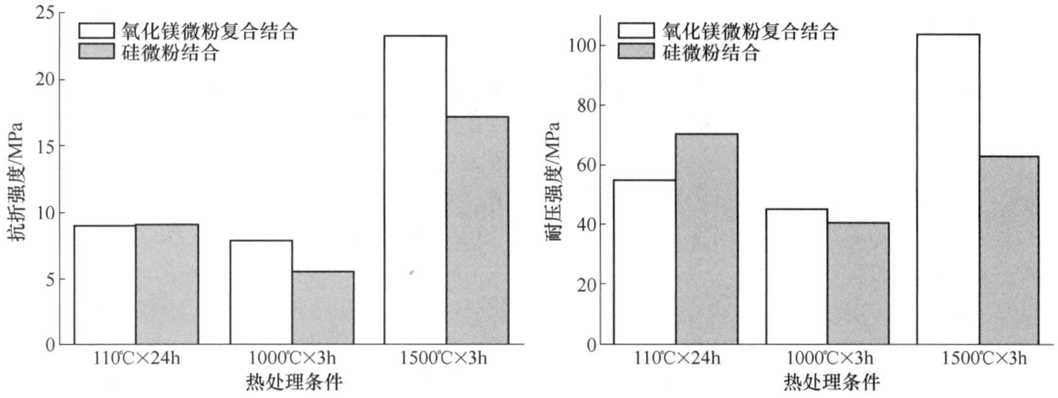

图 12　不同结合剂所制备的镁质浇注料强度对比

4.4　含碳浇注料

含碳耐火浇注料具有优异的施工性、热震稳定性和抗渣侵蚀性，因而被广泛用于出铁沟、铁水包包衬和混铁炉渣线部位等关键部位。然而，鳞片石墨由于水润湿性差，流动性差，难以均匀分散，限制了其在浇注料中的应用。

采用纳米过渡金属（Fe、Co 及 Ni）催化剂在鳞片石墨表面，以低于传统方法 150K 的温度，原位碳化反应合成了 SiC 包覆改性石墨粉体（见图 13），改性石墨的水接触角降低至 54°（见图 14）[27]。此外，由于石墨表面生成了较为致密的碳化硅保护膜，能够阻止石墨进一步氧化，抗氧化性也得到明显改善，其表观氧化活化能提高至 199~310kJ/mol。以其为碳源制备了 Al_2O_3-C 含碳浇注料，与加入未改性石墨的 Al_2O_3-C 浇注料相比，含碳浇注料的常温机械性能、热震稳定性、抗氧化性和抗渣性均有提高[28,29]。

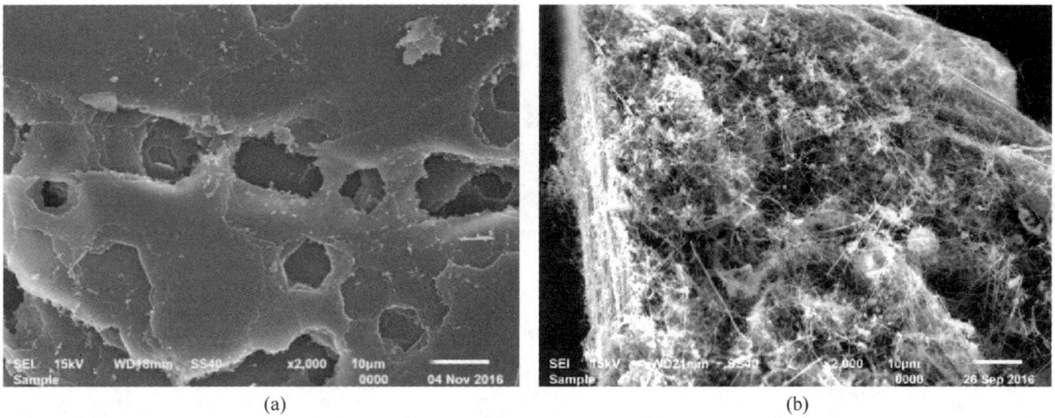

(a)　(b)

图 13　石墨表面显微结构

（a）改性前；（b）改性后

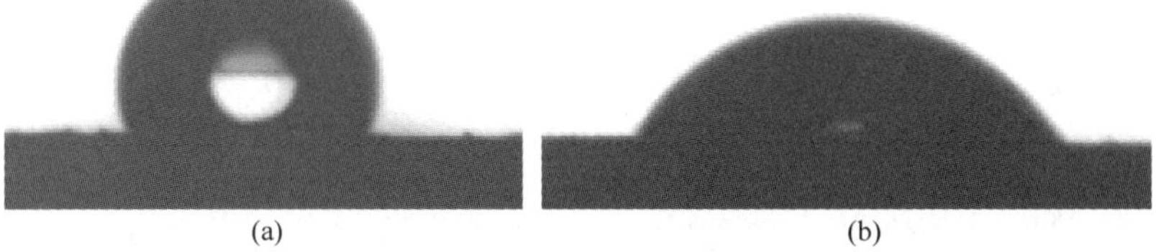

(a)　(b)

图 14　石墨润湿角测试

（a）改性前；（b）改性后

5 耐火材料功能化

随着高温工业的不断进步，对于耐火材料的要求也越来越高。耐火材料由于长期处于窑炉动态运行过程中，面临高温气、固、液多相流动/传热/传质，热应力/机械应力变化与化学侵蚀及不同运行方式等复杂服役环境。因此现代高温工业要求耐火材料向多功能方向发展。

5.1 微孔技术

热工炉窑工作衬轻量化是耐火材料的一个重要研究方向。然而，对于现有的轻量耐火材料制备方法而言，材料的隔热性能与其抗渣性能是一对矛盾。基于过饱和成核—沉淀—析出理论，提出通过控制材料内部形成大量微—纳米孔，实现隔热性能与抗渣性能的良好结合。

为了研究材料对于不同体系熔渣的适应性，配制了四种不同组分的熔渣（见表8所示）。对微孔刚玉材料进行浸泡法抗渣实验，并选用普通刚玉材料作为对比。发现，骨料的孔径对于骨料与熔渣反应过程中的第二固相成核与长大过程有重要影响，当小孔径的骨料与固熔渣反应过程时，第二固相更容易达到过饱和，且第二固相长大速率增大从而形成致密的隔离层。当刚玉骨料孔径细小且集中时，在熔渣与骨料反应过程中，第二固相更容易达到过饱和，大量的第二固相晶核生成。此外，细小的孔径将会导致第二固相体积分数增加，第二固相长大速率增大。实验中高熔点的 CA_2 及 CA_6 分布在骨料周围，形成致密的隔离层，能够有效阻止熔渣的进一步侵蚀及渗透（见图15）。普通刚玉仅在面对某一渣系时具有较好的抗渣性能，而微孔刚玉在面对各种渣系时，均能够形成隔离层，表现出较好的熔渣适应性[30]。

表8 配制的炉渣组分

编号	CaO/%	Al_2O_3/%	SiO_2/%
S1	60	20	20
S2	48	36	16
S3	55	42	3
S4	72	4	24

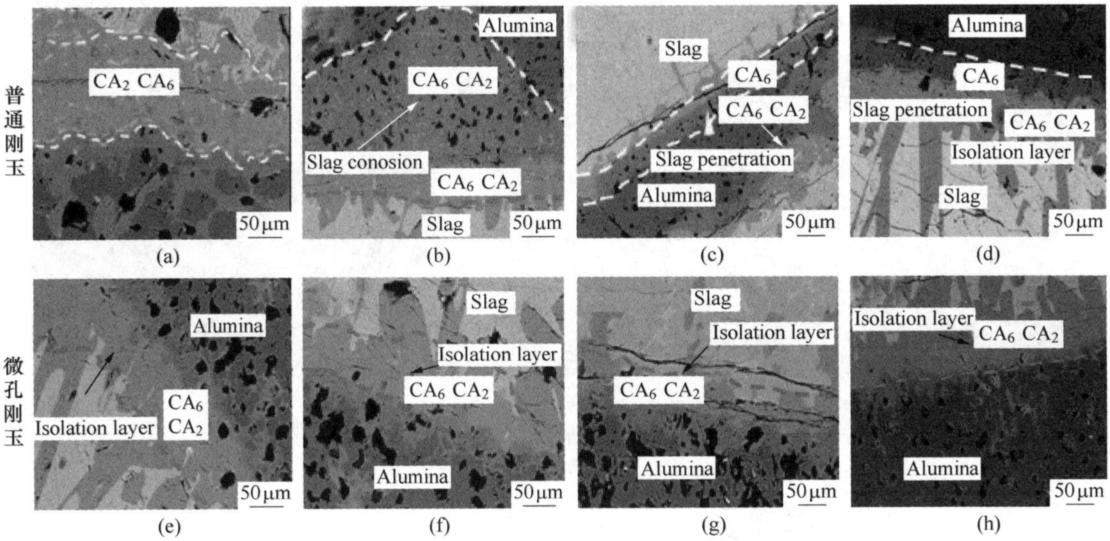

图15 普通刚玉及微孔刚玉与不同组分熔渣反应界面图

进一步分别采用普通刚玉和微孔刚玉为骨料，制备了普通铝镁浇注料和轻量铝镁浇注料，并对其进行感应炉动态抗渣实验。动态渣蚀条件下，轻量铝镁浇注料表现出更优的抗渣性能，如图16所示[31]。

5.2 电磁场技术

电磁场技术广泛应用于高品质钢、有色金属及合金材料冶金过程。由于渣膜的形成和熔渣运动会加剧耐火材料的蚀损，并且外场影响熔渣离子结构、电润湿性和黏度等。特别是对于轻量耐火材料，其过程更为复杂。因此，电磁场严重影响耐火材料高温服役行为及钢的质量。

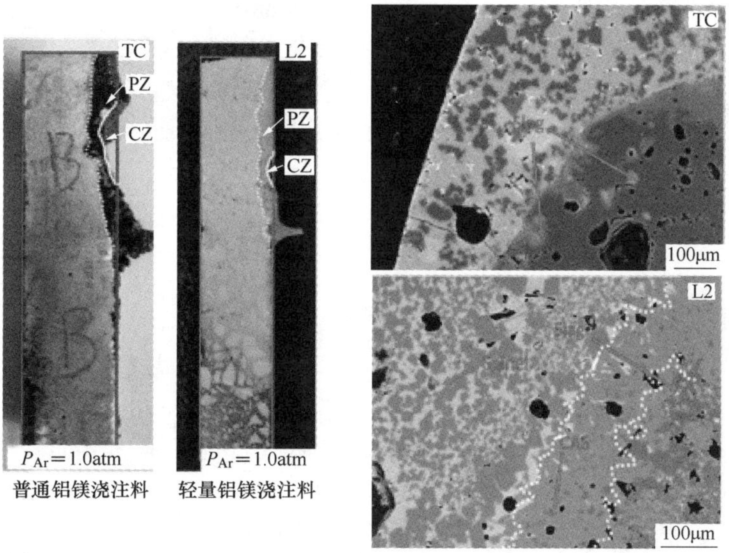

图 16　不同铝镁浇注料感应炉动态抗渣实验结果

基于熔渣离子结构理论，采用高温热模拟实验结合数值模拟方法，探索电磁效应引起的耐火材料与熔渣间作用的新机制和新现象，以期得到轻量高纯铝镁系耐火材料与熔渣界面行为的调控及其场防护机制[32]。如图 17 所示，结果表明：(1) 电磁效应使熔渣的表观黏度与其对氧化铝材

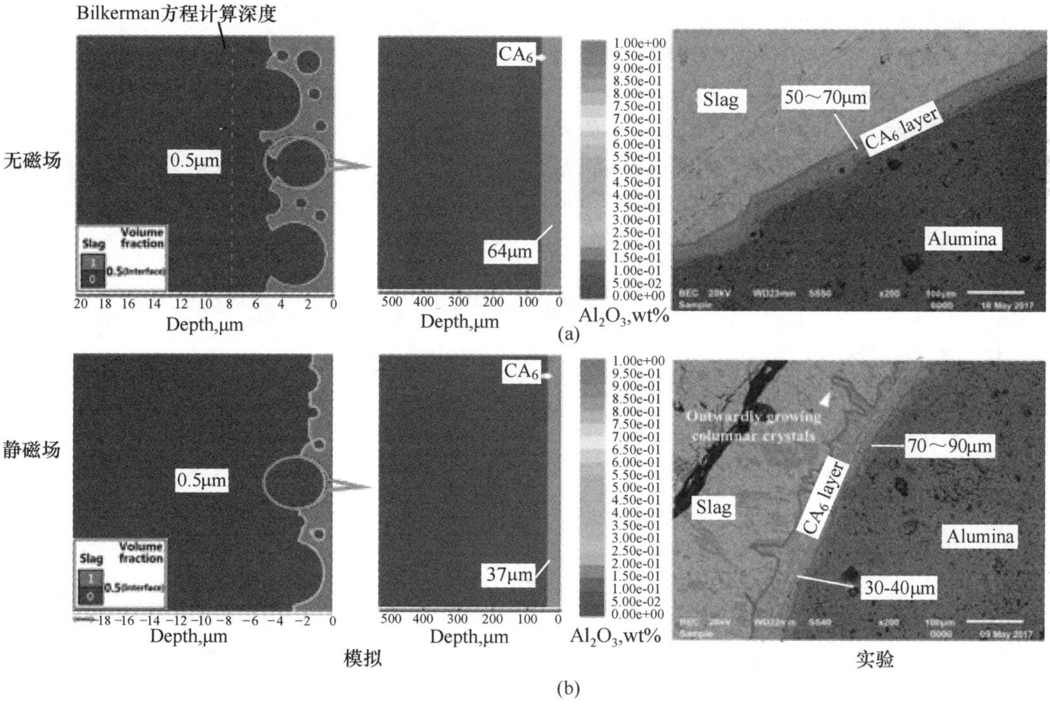

图 17　不同条件下熔渣对刚玉材料的侵蚀情况

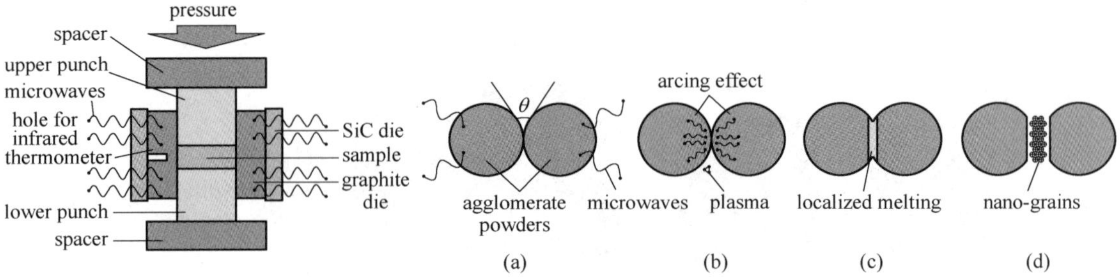

图 18　微波诱导内生纳米相技术示意图

料的润湿角显著增大，并且随着磁感应强度的升高而递增。（2）随着磁感应强度的升高，熔渣对耐火材料的渗透深度减小。在 10mT 静磁场下，熔渣对耐火材料的渗透深度减小了 58.3%。（3）电磁场有利于抑制熔渣对刚玉的侵蚀，更易形成连续的 CA_6 防护层。

5.3　低温余热温差发电技术

高温炉窑的热效率往往只有 40%左右，60%的热量皆以废热的形式排放。在余热利用方面，300℃以上余热在国际和国内利用情况相对较好，而 300℃以下低温余热目前还没有较好的利用技术。针对 300℃以下低温余热利用难的问题（见图 18），采用微波诱导内生纳米相技术，在材料内形成原位内生纳米相，通过纳微孔隙增强对声子的散射降低热导率使材料的热电转换效率提高 9%，孔隙对内应力的释放效应使材料的服役寿命提高 22%；为提高温差发电材料的高温服役稳定性，开展 BiCuSeO 陶瓷基热电材料研究，通过 Fe、Ba、Pb、Sb 掺杂将 BiCuSeO 陶瓷的无量纲热电优值提升到 1.1[33-35]。

5.4　高温相变蓄热材料

能量的储存研究是能源安全与可持续发展的战略性课题，其中热能的储存和利用与国计民生息息相关。我国高温工业能耗高、余热利用率低，且太阳能热利用技术及大量工业余热正向更高工作温度发展，为了有效提高能源利用效率，亟须开展高温储热技术研究。通过原位反应烧结法制备熔盐/陶瓷基复合相变蓄热材料，熔盐作为相变材料同时作为反应介质，能降低形成陶瓷基体的温度，减少烧结过程中熔盐的蒸发流失，提高熔盐在材料中的含量，相应的提高材料的蓄热能力。结合潜热计算，发现复盐的引入，能够显著提高复合材料的蓄热密度。如图 19 所示，制备的无机盐—镁橄榄石复合相变储热材料，相变潜热为 80.10kJ/kg，蓄热密度达 263.19kJ/kg（ΔT = 100℃），导热系数为 0.43～0.37W/(m·K)（400～800℃），荷重软化开始温度达 1145℃，具有较高的热循环稳定性[36]。

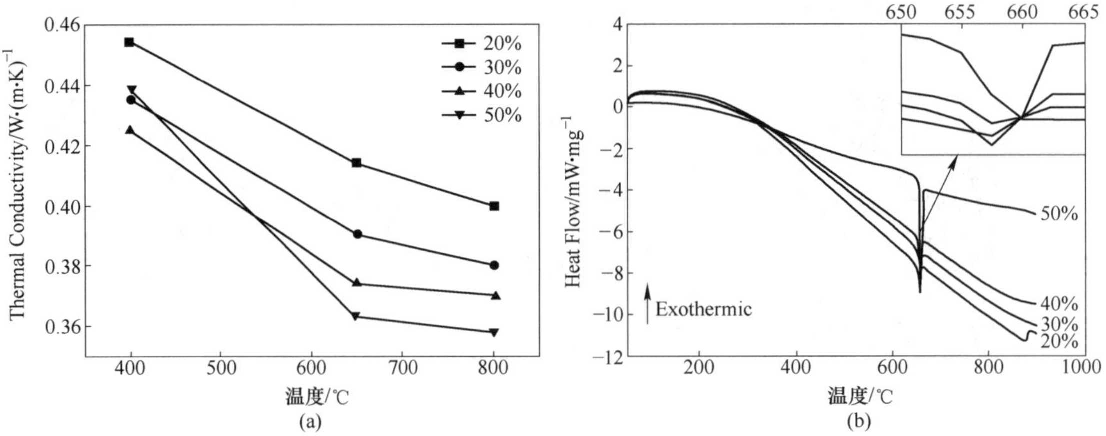

图 19　高温相变蓄热材料的导热系数（a）和 DSC 曲线（b）

5.5　多孔介质燃烧技术

"十三五"规划提出我国单位 GDP 能源消耗年均增速下降 15%，单位 GDP 二氧化碳排放年均增速下降 18%，氮氧化物年均增速减少 15%的目标。湖北省 80%的能耗集中在冶金、建材、汽车等支柱产业上，但相比于国际先进水平，其热效率要低 15%，污染物排放高 10%，且大量低热值气体未能有效利用。多孔介质燃烧技术具有加热效率高、污染物排放低和实现超绝热燃烧等优点见图 20，可有效解决当前我国环境污染以及低热值能源的高效利用等问题。但在中、高温工业应用领域中，多孔介质材料的使用寿命低、高温燃烧回火等问题制约了多孔介质燃烧技术的工业化推广应用。

采用多层孔筋结构的构筑技术结合原位柱状晶增强技术，实现了碳化硅多孔陶瓷的强韧化，并开发出了适用于中高温多孔介质燃烧用高性能碳化硅网状多孔陶瓷；同时基于该介质材料研制了多孔介质燃烧装置和相应的在线燃烧控制手段，多孔介质燃烧装置稳定服役时间达 8000h；NO_x 排放量低于 30mg/m^3（我国工业炉的最新 NO_x 排放量限值为 100mg/m^3，欧盟为 50mg/m^3）；相比传统燃烧器节约燃料≥10%以上。另外，新开发的高性能碳化硅网状多孔陶瓷材料的孔径大小为 5~60ppi，通孔率≥85%，相对密度≤0.20，三点抗折强度≥1.85MPa[37-39]。

图 20　实验室多孔介质燃烧器

5.6　汽柴油车尾气净化用陶瓷过滤器

随着我国经济的不断发展，国民汽车拥有量增多，汽车尾气对环境的污染日益严重，尤其是柴油车尾气中的 CO、NO_x、HC、PM 等排放物带来环境压力日益增加。我国现有高端品牌车尾气净化用环保陶瓷主要由 Corning 公司和日本 NGK 公司提供，特别是满足国 VI 标准的壁流式陶瓷过滤器基本被这两家公司垄断。

碳化硅具有高温强度高、导热系数高、抗热震性能好、荷重软化点高、热膨胀系数低、抗高温蠕变和抗化学侵蚀能力强、抗氧化性能好等特点，是柴油车尾气净化用壁流式过滤器的理想材料。针对碳化硅重结晶蜂窝陶瓷机械强度较低以及贯通气孔控制技术不成熟等问题，如图 21 所示，通过引入三元碳化物，研究碳化硅高温反应烧结过程中在三元碳化物作用下的分解—重结晶反应烧结机制，控制碳化硅晶粒形状、大小及分布，实现材料内部微孔结构和孔径大小及分布的有效调控，交织成孔的碳化硅在有效过滤 PM 的同时为催化剂的负载提供载体，并增强材料力学性能[40]。

6　耐火材料资源化

冶金固废的长期大量堆存，不仅占用大量土地，而且其中的碱金属离子、重金属离子和粉尘等向环境中释放，严重增加环境负荷。然而，冶金固废成分多样、复杂，综合利用率低。耐火材料产品结构能耗高，资源消耗量大，但用后耐火材料受熔渣等侵蚀介质蚀损的仅占小部分，其他大部分仍然可以作为耐火材料或其他工业原料重新使用。实现耐火材料资源化对降低资源消耗、实现可持续发展具有重要意义。

6.1　钛铝酸钙复相材料

冶炼钛铁合金所产生的钛铁渣主要成分为 Al_2O_3、CaO、TiO_2（含少量 Fe_2O_3），主要物相为 CA_6、CA_2、$CaTiO_3$ 和钛铝酸钙等高熔点、低导热

图 21　碳化硅壁流式过滤器显微结构

物相，其耐火度高（>1790℃），是一种优质的耐火原料。将这种 Al_2O_3-CaO-TiO_2 系固体废弃物资源进行除铁、精选等低成本纯化除杂后，通过电炉熔融，制备得到了主要物相为 $Ca_3Ti_8Al_{12}O_{37}$、$CaTiO_3$、Al_2O_3、CA_6 的钛铝酸钙复相材料，其性能指标见表 9[41]。应用到耐火浇注料中，并对其致密度、荷重软化温度、抗熔渣侵蚀等性能进行了研究（见图 22）。在中间包、钢包、铁沟、炮泥、提钒炉内衬、水泥回转窑、有色冶炼炉等得到推广应用，年消耗钛铁合金炉渣达 3 万吨。

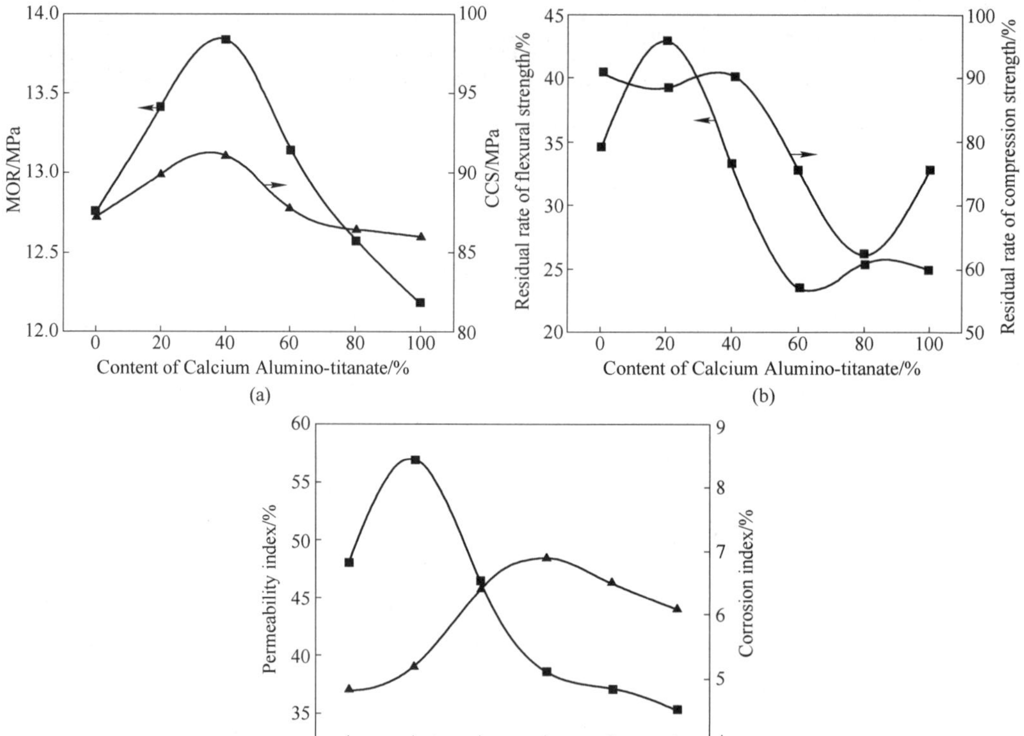

图 22　钛铝酸钙复相材料加入量对钢包底浇注料性能的影响

表 9 钛铝酸钙复相材料性能指标

类型	化学成分（质量分数）/%			物理性能				
	Al_2O_3	TiO_2	CaO	体积密度 /$g \cdot cm^{-3}$	显气孔率 /%	吸水率 /%	导热系数 /$W \cdot (m \cdot K)^{-1}$	水化率 /%
钛铝酸钙熔块	76.21	10.60	10.16	3.28	11	3.5	0.65	0.05
钛铝酸钙球形骨料	72.8	13.54	11.08	3.04	14	4.5	0.55	0.05

6.2 镁橄榄石

湖北宜昌镁橄榄石储量丰富，但没有得到有效利用。主要面临的难题有：（1）无法有效改变镁橄榄石内部结构，从技术和经济方面分离出氧化铁和二氧化硅还不可行；（2）以天然镁橄榄石制备的耐火材料中高含量的氧化铁和二氧化硅在高温下与熔渣反应生成低熔点物相，降低材料的高温性能。

通过对宜昌镁橄榄石矿物特性进行研究，采用熔盐法制备了高强度高热阻的新型高效镁橄榄石隔热材料，利用镁橄榄石在保护气氛下合成氧化物—非氧化物复合材料。同时，电熔法制备了电熔镁橄榄石（物理性质见表 10），具有较强的抗金属氧化物侵蚀的能力，制备了镁橄榄石匣钵，应用于工业合成钴酸锂的推板窑中[42]。改进后的电熔镁橄榄石匣钵最高使用次数为 100 次，一般使用次数为 70~80 次，而日本莫来石-堇青石匣钵的一般使用次数为 20~30 次。

表 10 电熔镁橄榄石的物理性质

物理性质	体积密度 /$g \cdot cm^{-3}$	显气孔率/%	吸水率 /%	真密度 /$g \cdot cm^{-3}$	理论体积密度/$g \cdot cm^{-3}$
电熔镁橄榄石	3.09	3.5	1.12	3.13	3.23

6.3 β-SiC 纳米粉体

SiC 具有高熔点、高机械强度、宽带隙、高电子饱和速率、低热膨胀系数、良好的热震稳定性和化学稳定性等优异性能，在核工业、半导体工业及超高温等众多领域有着广阔的应用前景，同时也广泛应用于耐火材料之中。采用镁热还原 SiC 工艺，以稻壳、糠醇或蔗糖等为碳源，可在低温（650℃左右）下制得高纯纳米级 β-SiC[43]。该法所用原材料来源广，价格低廉，利用率高，所制得纳米 β-SiC 颗粒粒度均匀，纯度高，其显微结构如图 23 所示。

图 23 纳米 β-SiC 颗粒显微结构

6.4 高容量锂离子电池负极材料

锂离子电池在便携式电子器件、电动汽车、大规模储能、航空航天、国防军事等领域具有巨大技术和市场需求。随着下一代长续航、高安全电动汽车的发展，高比能动力电池的研发和产业化迫在眉睫，高能量密度的锂离子电池引起国内外学术及产业界高度关注。硅负极的理论储锂容量为3572 mAh/g，是现有商业化石墨负极的10多倍。此外，硅基材料还具有储量丰富和环境友好等优点，被行业公认为下一代锂离子电池负极材料的首选。工信部公布的《重点新材料首批次应用示范指导目录（2018年版）》中明确将硅碳负极材料列为国家关键战略材料。近年来，尽管硅基负极材料的研发取得了很大的进展，然而普遍存在硅的载量和面容量低，硅比表面积大、振实密度低、循环过程中电极膜溶胀大以及纳米硅制备工艺复杂，对设备要求苛刻等问题，限制了硅碳负极材料的商业应用。

针对硅负极材料嵌锂过程中巨大体积膨胀导致的电极活性材料易粉化、循环稳定性差和电极膜厚度溶胀等问题。如图24所示，设计了一种新型类蚂蚁巢状的骨架结构多孔微米硅（AMPSi），发展了一种气相去合金化制备类蚂蚁巢状多孔微米硅的新方法[44]。原位透射电子显微镜研究表明，蚂蚁巢状的硅纳米骨架可在锂化/脱锂过程中可逆地膨胀/收缩而不粉化，并且硅的体积膨胀可通过周围的孔隙可逆地向内呼吸从而导致可忽略的颗粒水平外膨胀。蚂蚁巢状多孔硅集成了纳米级和微米级硅的内在优点，具有高容量、高振实密度、高循环稳定性和低体积膨胀等优点。

7 结论及展望

在耐火材料行业从事人员的共同努力下，我国耐火材料行业取得了长足的进步，实现了快速的发展，对于耐火材料的发展有以下几点思考及建议：

（1）从跟踪变为创造。在我国耐火材料发展初期，通过学习吸收国外先进技术，对于我国耐火材料行业发展及技术进步带来了一定的积极效果。然而，目前耐火材料已发展至一个相对稳定的阶段，我国应抓住机遇，立足创新，实现从学习者到创造者的转变。

（2）从数量变为质量。尽管我国是世界上最大的耐火材料生产国、消费国和出口国，但我国耐火材料产业仍大而不强，多数先进技术仍然掌握在少数国外企业中。未来应该改变发展思路，加快技术改造，提升发展质量，实现从数量领先到质量领先的转变。

（3）从使用寿命变为品质、环境、资源、能源、信息以及军工等。随着国内外形势的变化及其现代高温工业的新要求，耐火材料的研发过程中不再只单纯考虑材料的使用寿命，还要求考虑到综合性价比、对后续产品的品质影响、环境友好性、资源等方面因素。此外，耐火材料除了服务和保障钢铁等高温过程工业，同时也对军事设施安全服役、国防起着不可忽视的支撑作用。

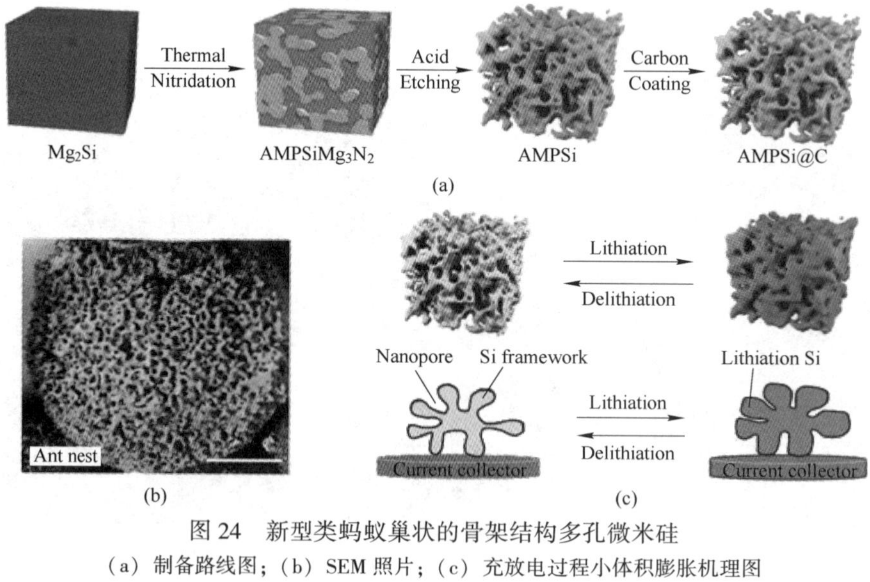

图24 新型类蚂蚁巢状的骨架结构多孔微米硅

（a）制备路线图；（b）SEM照片；（c）充放电过程小体积膨胀机理图

（4）从结构材料变为结构—功能材料，实现绿色智能化。在新时代背景下，耐火材料对于高温工业已不仅是单纯的结构材料，也是实现高温新技术所必需的功能型材料。作为现代高温工业的基础材料，耐火材料是结构—功能材料，起着不可替代的重要作用。同时，应开发相关配套智能设备，实现耐火材料绿色智能化生产施工、维护及预报等。

参考文献

[1] Zhu T, Li Y, Jin S, et al. Catalytic formation of one-dimensional nanocarbon and MgO whiskers in low carbon MgO - C refractories [J]. Ceramics International, 2015, 41 (3): 3541-3548.

[2] Zhu T, Li Y, Sang S, et al. Formation of hollow MgO - rich spinel whiskers in low carbon MgO - C refractories with Al additives [J]. Journal of the European Ceramic Society, 2014, 34 (16): 4425-4432.

[3] Zhu T, Li Y, Jin S, et al. Microstructure and mechanical properties of MgO - C refractories containing expanded graphite [J]. Ceramics International, 2013, 39 (3): 3017-3025.

[4] Zhu T, Li Y, Sang S, et al. Effect of nanocarbon sources on microstructure and mechanical properties of MgO - C refractories [J]. Ceramics International, 2014, 40 (3): 4333-4340.

[5] Wei G, Zhu B, Li X, et al. Microstructure and mechanical properties of low-carbon MgO - C refractories bonded by an Fe nanosheet-modified phenol resin [J]. Ceramics International, 2015, 41 (1): 1553-1566.

[6] Liao N, Li Y, Wang Qi, et al. Synergic effects of nano carbon sources on thermal shock resistance of Al_2O_3-C refractories [J]. Ceramics International, 2017, 34: 14380-14388.

[7] Liao N, Li Y, Jin S, et al. Enhanced Mechanical Performance of Al_2O_3 - C Refractories With Nano Carbon Black and In-Situ Formed Multi-Walled Carbon Nanotubes (MWCNTs) [J]. Journal of the European Ceramic Society, 2015, 36 (3): 867-874.

[8] Chen J, Nan L, Wen Y, et al. Influence of Ti_3AlC_2 on microstructure and thermal mechanical properties of Al_2O_3-Ti_3AlC_2-C refractories [J]. Ceramics International, 2016, 42 (12): 14126-14134.

[9] Chen J, Li N, Hubálková, Jana, et al. Elucidating the role of Ti_3AlC_2, in low carbon MgO-C refractories: Antioxidant or alternative carbon source? [J]. Journal of the European Ceramic Society, 2018, 38 (9): 3387-3394.

[10] Chen J, Chen L, Wei Y, et al. Corrosion and penetration behaviors of slag/steel on the corroded interfaces of Al_2O_3-C refractories: Role of Ti_3AlC_2 [J]. Corrosion Science, 2018, 143: 166-176.

[11] Zhang H, Lu L, Kawashima K, et al. Synthesis and Catalytic Activity of Crown Jewel - Structured (IrPd) /Au Trimetallic Nanoclusters [J]. Advanced Materials, 2015, 27 (8): 1383-1388.

[12] Liu J, Huang Z, Huo C, et al. Low-Temperature Rapid Synthesis of Rod-Like ZrB_2 Powders by Molten-Salt and Microwave Co - Assisted Carbothermal Reduction [J]. Journal of the American Ceramic Society, 2016, 99 (9): 2895-2898.

[13] Cao Y, Zhang H, Li F, et al. Preparation and characterization of ultrafine ZrB_2 - SiC composite powders by a combined sol - gel and microwave boro/carbothermal reduction method [J]. Ceramics International, 2015, 41 (6): 7823-7829.

[14] Zhang M J, He M L, Gu H Z, et al. Influence of pore distribution on the equivalent thermal conductivity of low porosity ceramic closed - cell foams [J]. Ceramics International, 2018, 44 (16): 19319-19329.

[15] 顾华志，付绿平，黄奥，等. 微孔刚玉的制备、结构与性能研究. 耐火材料，2016，《耐火材料》创刊50周年和《China's Refractories》创刊25周年专刊：97-104.

[16] Fu L, Huang A, Gu H, et al. Fabrication of lightweight alumina containing fine closed pores by controlling the relationship between phase stress and superplasticity: Experimental and mathematical studies [J]. Ceramics International, 2018, 44 (16): 20034-20042.

[17] Fu L, Huang A, Gu H, et al. Properties and microstructures of lightweight alumina containing different types of nano - alumina [J]. Ceramics International, 2018, 44 (15): 17885-17894.

[18] Fu L, Gu H, Huang A, et al. Effect of MgO micropowder on sintering properties and microstructures of microporous corundum aggregates [J]. Ceramics International, 2015, 41 (4): 5857-5862.

[19] Fu L, Gu H, Zhang M, et al. Role of liquid phase amounts in the pore evolution of lightweight bauxite: Experimental and thermal simulation studies [J]. Ceramics International, 2019, 45 (5): 6216-6222.

[20] Wen Y, Lin X, Chen J, et al. Effect of TiO_2 addition on microstructure and strength of porous spinel ($MgAl_2O_4$) ceramics prepared from magnesite and

Al (OH)$_3$ [J]. Journal of Alloys & Compounds, 2015, 618: 287-291.

[21] Lin X, Wen Y, Ma S, et al. Corrosion and adherence properties of cement clinker on porous periclase - spinel refractory aggregates with varying spinel content [J]. Ceramics International, 2017, 43: 4984-4991.

[22] 王月月，鄢文，李楠，等. 蓝晶石含量对球形 45 莫来石轻骨料浇注料显微结构及性能的影响 [J]. 硅酸盐通报，2018，37 (1)：200-205.

[23] 廖佳. 高强低导热氧化铝轻质隔热材料的制备及性能研究 [D]. 武汉：武汉科技大学，2015.

[24] 顾华志，张美杰，石林，等. 焦炉耐火材料制备节能化研究 [C] //新常态下耐火材料行业技术与发展研讨会. 2017.

[25] 曹新，顾华志，张美杰，等. 累托石与白泥在不烧高铝砖中的结合性对比研究 [J]. 武汉科技大学学报，2018，41 (5)：35-41.

[26] Fu L, Gu H, Huang A, et al. Influence of MgO micro-powder on the properties of magnesia castable. 45th International October Conference on Mining and Metallurgy. Serbia, October 16th-19th, 2013. pp. 61-64.

[27] Bi Y, Wang H, Liu J, et al. Preparation and oxidation resistance of SiC-coated graphite powders via microwave-assisted molten salt synthesis [J]. Surface & Coatings Technology, 2018, 337: 217-222.

[28] Li S, Liu J, Wang J, et al. Catalytic preparation of graphitic carbon spheres for Al_2O_3 - SiC - C castables [J]. Ceramics International, 2018, 44: 12940 - 12947.

[29] Li S, Liu J, Wang J, et al. Fabrication of graphitic carbon spheres and their application in Al_2O_3-SiC-C refractory castables [J]. International Journal of Applied Ceramic Technology, 2018, 15 (5): 1166-1181.

[30] Fu L, Huang A, Lian P, et al. Isolation or corrosion of microporous alumina in contact with various CaO - Al_2O_3-SiO_2, slags [J]. Corrosion Science, 2017, 120: 211-218.

[31] Zou Y, Gu H Z, Huang A. Slag corrosion mechanism of lightweight Al_2O_3 - MgO castable in different atmospheric conditions [J]. Journal of the American Ceramic Society, 2018, 101 (5): 2096-2106.

[32] Huang A, Lian P F, Fu L P, et al. Modeling and experiment of slag corrosion on the lightweight alumina refractory with static magnetic field facing green metallurgy [J]. Journal of Mining and Metallurgy, Section B: Metallurgy, 2018, 54 (2): 133-141.

[33] Feng B, Li G, Hou Y, et al. Enhanced thermoelectric properties of Sb-doped BiCuSeO due to decreased band gap [J]. Journal of Alloys and Compounds, 2017, 712: 386-393.

[34] Feng B, Li G, Pan Z, et al. Effect of Ba and Pb dual doping on the thermoelectric properties of BiCuSeO ceramics [J]. Materials Letters, 2018, 217: 189-193.

[35] Feng B, Li G, Pan Z, et al. Effect of synthesis processes on the thermoelectric properties of BiCuSeO oxyselenides [J]. Journal of Alloys & Compounds, 2018, 754: 131-138.

[36] 韩春晖，王周福，王玺堂，等. 熔盐/镁橄榄石基复合相变蓄热材料的制备 [J]. 稀有金属材料与工程，2015 (S1)：515-519.

[37] Liang X, Li Y, Wang Q, et al. A nitride whisker template for growth of mullite in SiC reticulated porous ceramics [J]. Ceramics International, 2017, 43 (14): 11197-11203.

[38] Liang X, Li Y, Liu J, et al. Improvement of the mechanical properties of SiC reticulated porous ceramics with optimized three - layered struts for porous media combustion [J]. Ceramics International, 2017, 43 (4): 3741-3747.

[39] Liang X, Li Y, Liu J, et al. Fabrication of SiC reticulated porous ceramics with multi-layered struts for porous media combustion [J]. Ceramics International, 2016, 42 (11): 13091-13097.

[40] Yu C, Cheng K, Ding J, et al. Synthesis and some properties of Al_4SiC_4 - Al_4O_4C composites [J]. Ceramics International, 2018, 44 (14): 17154-17159.

[41] 王立锋. 钛铝酸钙的性能及其应用基础研究 [D]. 武汉：武汉科技大学，2016.

[42] 张文泽. 电熔镁橄榄石结构、性能和应用的研究 [D]. 武汉：武汉科技大学，2013.

[43] Su J, Gao B, Chen Z, et al. Large-Scale Synthesis and Mechanism of β - SiC Nanoparticles from Rice Husks by Low-temperature Magnesiothermic Reduction [J]. ACS Sustainable Chemistry & Engineering, 2016, 4: 6600-6607.

[44] An W, Gao B, Mei S, et al. Scalable Synthesis of Ant-Nest-Like Bulk Porous Silicon for High-Performance Lithium-Ion Battery Anodes [J]. Nature Communications 2019, 10, 1447.

炼钢连铸用功能耐火材料的材质演变与发展

石 凯 张厚兴

河南工业大学材料科学与工程学院 郑州 450001

濮阳濮耐高温材料（集团）股份有限公司 濮阳 457100

摘 要：本文回顾了炼钢连铸用功能耐火材料滑动水口、长水口、整体塞棒、浸入式水口材质的演变，对它们的发展现状及发展趋向做了介绍和预判。

关键词：功能耐火材料；连铸；材质；发展

前言

传统功能耐火材料指滑动水口、长水口、塞棒及浸入式水口。它除了具有普通耐火材料的性能和作用外，还具有控制和调节钢水流量、稳定中间包和结晶器中钢水液面高度、实现保护浇注、调控钢流分布、吹气搅拌、防止附着黏结、减少钢中夹杂、转炉和电炉挡渣出钢等功能作用，是现代炼钢连铸技术发展和实现的重要支撑。功能耐火材料的使用条件较为苛刻，经受高温及强烈的温度波动、各种高温介质的侵蚀、机械和结构等复杂交变应力的作用。因此，要求功能耐火材料具有优越的抗热震性、高热态强度，优良的抗磨损和侵蚀性，准确的几何形状尺寸、高表面光洁度等重要特性。为此，功能耐火材料一般采用高纯合成原料、特性原料经特殊工艺而生产加工的复合制品。多数功能耐火材料是耐火材料、金属材料及隔热材料的组合体。近年来，炼钢和连铸技术发展迅速，生产效率和节奏越来越快，钢种高精化对铸坯质量的要求也日益提高，促使功能耐火材料的研发和应用快速发展。本文试综述炼钢连铸用功能耐火材料的发展现状及发展趋向。

1 滑动水口的发展

追溯滑动水口控流技术的发展，早在1884年美国的D. Lewis申请了专利，1964年前西德的Benteler钢厂首次成功应用[1]，1967年日本将其用于中间包，1980年卢森堡将其用于炼钢炉挡渣出钢。滑动水口控流技术由滑动机构及滑动水口耐火材料组成，滑动水口耐火材料从诞生以来，其材质体系和工艺技术不断发展，日臻成熟，满足了不同工况条件的使用要求。

1.1 滑动水口材质体系的演变

滑动水口材质体系的演变经历了从氧化物体系到氧化物—碳复合体系再到氧化物—非氧化物体系的发展过程。

1.1.1 氧化物体系

氧化物体系的滑动水口主要有铝硅质、镁质及锆质。其中铝硅质包括刚玉质、铬刚玉质、刚玉—莫来石质；镁质包括方镁石质、方镁石—尖晶石质。

最早生产的滑动水口为高铝质，以天然矾土或莫来石为原料按照高铝砖的工艺，烧后经磨制而制得。为了提高抗侵蚀性、抗热震性，采用纯度较高的刚玉、合成莫来石等合成原料代替天然原料，开发了刚玉—莫来石质滑板[2]。有时加入Cr_2O_3和ZrO_2，以进一步提高其抗热震性和抗侵蚀性。

由于氧化镁有较好的抗钢水和熔渣的侵蚀性，因此，人们用高纯镁砂生产方镁石质滑板。为改善热震稳定性，加入合成尖晶石开发了方镁石—尖晶石质滑板[3]。可采用生成原位尖晶石的方法促进烧结，提高其高温强度[4]。

ZrO_2-CaO二元系的最低共熔点约为2200℃，因此，ZrO_2对高钙渣有较好的抗侵蚀性。同时锆质材料具有一定的抗热震性，较高的热态强度，是目前钙处理钢用滑动水口最理想的选材[5]。因锆质材料价格昂贵，为了降低成本，常做成镶嵌结构[6]。随着滑动水口在转炉挡渣出钢技术的应用，大型转炉多采用镶嵌锆质的复合滑板。

氧化物体系滑动水口的主要问题是热震稳定性不高。为提高其抗热震性、抗侵蚀性，降低滑动面缺陷，常用沥青浸渍。氧化物体系滑动水口一般选用高纯原料，需高温烧成，因此能耗较高。

1.1.2 氧化物—碳复合体系

为解决高铝质滑动水口致密度与抗热震性的矛盾问题，人们在其中加入石墨，而生产了氧化物—碳复合体系滑动水口。碳复合体系是滑板材质的飞跃，它首次引入碳原料，用合成的有机高分子树脂做结合剂，并采用埋炭还原气氛烧成工艺，在滑板材质体系和技术的发展上具有里程碑意义。氧化物—碳复合体系滑动水口主要有铝碳质和铝锆碳质。

铝碳质滑板以各种刚玉、莫来石等铝基原料和碳质原料为主要原料而制得[7]。因加入的碳易氧化，为此常引入抗氧化剂。由于碳的存在显著提高了滑板的抗侵蚀性、抗热震性，经后续沥青浸渍使其平均孔径大幅度降低，抗侵蚀性、高温耐磨性明显改善，使用寿命大幅提高。但在多次使用时，裂纹较宽，影响使用寿命，有必要进一步提高其抗热震性。且在浇注钙处理钢、特种钢时，铝碳质滑板表现出异常熔损，使用寿命较低。因此，铝锆碳质滑动水口就应运而生。

铝锆碳质滑动水口是在铝碳材质中加入锆质原料而生产。早期的锆质原料为电熔锆莫来石[8]，随后开发了热膨胀率低、抗侵蚀更好的锆刚玉原料[9]，也有用抗侵蚀性更好的高纯氧化锆原料。从性价比考虑，常将三种锆质原料复合使用。

常用的防氧化剂有 Si、Al、B_4C，若将它们复合使用效果更好。在还原气氛烧成过程中，部分防氧化剂转化为非氧化物，可增加材料密度、提高强度[10]。氧化物—碳复合体系滑动水口经埋炭下高温烧成，形成碳结合、陶瓷结合的复合结合方式，使其高温抗折强度、抗热震性明显高于氧化物体系的滑动水口。

氧化物—碳复合体系滑动水口具有较好的抗侵蚀性、抗热震性和抗冲刷性。但碳在高温时易氧化，造成材料结构疏松，影响其使用寿命。鉴于非氧化物具有导热率高、不被熔渣浸润、抗氧化性优于石墨等特点，人们将其引入滑动水口开发了氧化物—非氧化物复合体系滑动水口。

1.1.3 氧化物—非氧化物复合体系

氧化物—非氧化物复合滑动水口的制备方法有直接加入法、原位反应生成法。前者因成本高、难以均匀分散，常用原位生成法。原位反应法有制造过程原位反应和使用过程原位反应两种实现途径，前者经高温氮化烧成形成非氧化物结合，后者加入金属原料经低温处理或不烧而制得。

早期氧化物—非氧化物复合滑动水口的生产是在配料时加入一定量的 Si、Al 等单质原料，经高温氮化烧成，使 Si、Al 转化为非氧化物，起结合作用[11]。由于生成大量的非氧化物，提高了其抗氧化性、抗侵蚀性；非氧化物结合相赋予材料更高的强度、良好的热学性能，可改善其抗热震性[12]，同时有利于实现滑动水口的低碳化。

高温氮化烧成工艺设备投资大，能耗较高，且生产周期长，效率较低，综合成本高。因此，近几年低温处理或不烧的金属复合滑动水口得到了快速发展。

金属复合滑动水口是在配料中加入大量的金属铝粉，在高温下 Al 转变为针状、纤维状的 Al_4C_3、AlN、Al_4O_4C 等非氧化物，可显著提高材料的高温强度和抗热震性[13,14]。若同时加入 Si 粉，可起叠加效应，则增强增韧、改善抗氧化性的效果更明显[15,16]。

目前金属复合滑动水口以铝碳、铝锆碳材质为主，对品种钢浇注，可加入铝镁尖晶石、镁砂等原料，开发铝尖晶石碳质、镁碳质[17]、镁尖晶石碳质[18]等系列产品，均具有较好的抗侵蚀性。

金属复合滑动水口取得较好的使用效果，原因有三[19,20]：首先使用时材料内部生成大量的原位非氧化物，提高材料的高温强度和抗热震性；其次金属及非氧化物氧化时产生体积膨胀，且氧化产物处于微纳米尺度，活性较大，促进烧结，增加陶瓷结合，提高氧化层的强度；再次因生成大量的非氧化物，可降低材料中配入碳的数量，弱化碳氧化后对材料结构的破坏作用。

滑动水口三大材质体系各有优缺点。氧化物体系不存在抗氧化性问题，但抗热震性欠佳，其中镁质、锆质对品种钢有较好的抗侵蚀性；氧化物—碳复合体系和氧化物—非氧化物体系有较好的抗热震性、较高高温强度，但抗氧化性差是其致命缺点。使用时，应依使用环境条件，结合合理选材，有望达到理想的使用效果。

1.2 滑动水口工艺技术的演变

工艺技术是实现材料结构和性能的重要手段。滑动水口耐火材料工艺技术较为复杂，除了传统的耐火材料生产工艺，还具有独特的加工工艺如浸渍、焙烧、套箍、磨制、涂布等。滑动水口耐火材料工艺技术经历了从简单到复杂、再从复杂向简单的演变过程。

1.2.1　工艺流程的变化

图 1、图 2 分别为氧化物体系、氧化物—碳复合体系滑动水口的全流程工艺图，氧化物—非氧化物复合体系的全流程工艺与图 2 基本相同。从图可以看出，复合材质滑动水口的工艺流程较为复杂。对具体产品的工艺流程设计，可根据产品的图纸要求、形状尺寸、材质体系、性能、价格及使用要求对图 2 进行裁剪、取舍，制定合理而流程最短的工艺。

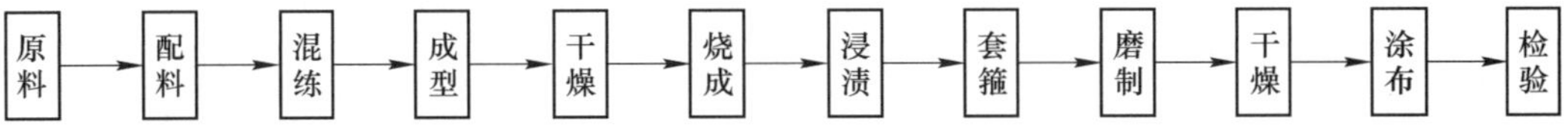

图 1　氧化物体系滑动水口的全流程工艺

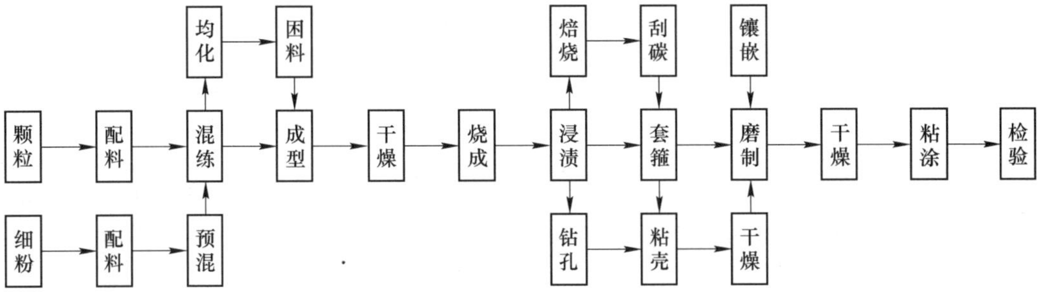

图 2　氧化物—碳复合体系滑动水口的全流程工艺

1.2.2　烧成工艺的变化

在滑动水口的生产工艺中，变化较大、影响较大的是烧成工艺。烧成工艺的变化与材质体系的变革密不可分。氧化物体系的滑动水口一般在大气气氛下烧成，氧化物—碳复合体系在还原气氛下烧成，氧化物—非氧化物体系中非氧化物结合的在氮气气氛下烧成，金属复合的在弱还原气氛下低温处理或不烧。

近几年，金属复合滑动水口的产量和应用较快增长，其采用低温烧成或低温处理工艺，具有节能环保、生产周期短、成本低等特点，符合绿色耐火材料的发展方向。

1.2.3　工艺变化的趋向

比较图 1 和图 2 可知，稳定质量、提高性能是工艺变化的主要趋向，也是造成工艺复杂的主要因素。如为提高细粉和少量添加物的分散均匀性，采用细粉预混工艺；为提高泥料的均质性、成型塑性，采用均化、困料工艺；为提高铸孔周围的致密度、控制铸孔中心位置，采用烧后钻孔工艺；为降低气孔率，采用沥青浸渍工艺；为防止使用过程开裂，在外部加上钢箍、钢壳。其次，节约能源、保护环境是工艺变化的另一种趋向。如采用低温烧成的节能工艺、浸渍后焙烧和刮碳的环保工艺。同时，成本因素、对滑动机构的保护、使用时的便捷安装也是工艺趋向的影响因素。

滑动水口耐火材料材质体系的演变与其工艺技术的发展密不可分。工艺技术的发展促进了材质体系的演变，材质体系的发展推动了工艺技术的变革。特别是烧成工艺的发展对材质体系的变革起决定作用。同时，相关装备技术及计算机、仿真模拟等信息技术等新技术的对滑动水口的发展，提高其质量水平及产品的稳定性、可靠性起着不可或缺的作用。

2　长水口的发展现状

长水口位于钢包下水口和中间包之间，是连铸用重要功能耐火材料之一，起导流和保护浇铸作用，长水口在浇铸过程中可隔断空气防止钢水二次氧化及氮气吸入。目前市场上存在的长水口有两种材质：一种是熔融石英质，这种长水口价格低廉，使用前不需预热。但是，其抗钢水的冲蚀性能和抗中间包覆盖剂熔渣的侵蚀性能较差，使用寿命较短，这一点在浇铸各种合金钢（如高Mn钢、各种不锈钢）上表现得尤为显著。目前这种长水口在国内已经很少采用。另一种是Al_2O_3-C材质的长水口，是目前国内外长水口的主流材质体系，这种长水口使用寿命更长（优秀的产品能够满足长达几个小时甚至十个小时以上的长时间浇铸），对钢种的适应性更高（几乎能够适应各种钢种的浇铸）。

早期的铝碳质长水口因热震稳定性较差而需要在使用前进行预热，这种产品因浪费能源、恶化操作环境、影响生产节奏而几乎被淘汰。近几年，经过一系列技术改进后国内外长水口已经实现了免烘烤，即产品使用前不需预热而能做到浇钢过程中不开裂。这些技术进步主要体现在以下两个方面：（1）在本体材料中添加一定量的低膨胀材料（熔融石英）、碳化硅或锆莫来石、低熔物相（钾长石或玻璃粉等）或适当增加鳞片石墨的含量等措施来增加本体材料的抗热震性能；（2）在水口内壁复合低膨胀隔热内衬或在水口热处理过程中自发氧化形成一层无碳隔热保护层。这些措施虽然解决了长水口开浇开裂的问题，但也不可避免地影响其使用寿命，因此，在保证产品具有足够热震稳定性的同时如何提高产品的使用寿命是国内外研究工作者目前或将来面临的主要课题。这些研究工作主要集中在以下几个方面：

（1）提高本体材料的抗钢水侵蚀性能。主要通过提高材料的Al_2O_3含量，适当降低石墨含量，尽可能降低SiO_2含量，添加锆莫来石、MgO及ZrO_2材料，提高本体材料的致密度和冷态、热态强度[21]。

（2）针对长水口使用过程中经常要进行烧氧清理冷钢的操作。在长水口碗部采用低碳抗烧氧材料，降低碗部密封不严造成的钢水污染和材料的氧化。

（3）针对不同钢种连铸时采用不同碱度的中间包覆盖剂。在长水口渣线部位复合MgO-C或ZrO_2-C材料[22]。通过这些年的研究和应用，目前国内外的长水口产品已经能够较好地满足高效连铸的使用要求。

（4）用低SiO_2或无SiO_2的漂珠、氧化铝空心球代替熔融石英材质，降低无碳隔热内衬材料的热膨胀率、热导率，提高整体长水口的热震稳定性。

（5）采用钟罩型长水口，改善其防氧化保护效果，并避免开浇时碗口溢钢黏结。

3 整体塞棒的发展现状

整体塞棒的是控制和调节中间包及结晶器间的钢水流量，保证连铸生产高效顺行及铸坯质量的关键性部件。能够向钢水中连续吹入氩气的吹氩整体塞棒还具有防止水口絮瘤，减少铸坯中的夹杂物和T[O]含量，并改善铸坯质量的功能[23,24]。国内外的整体塞棒的材质主要是Al_2O_3-C体系。为了保证塞棒使用过程中的可靠性及长时间控流效果，棒头的材质一般是低碳（碳含量（质量分数）一般不高于15%）Al_2O_3-C质，以保证材料具有优良的抗钢水冲蚀性能；而棒身材质一般是高碳（碳含量（质量分数）一般不低于26%）Al_2O_3-C质，以保证其优良的抗热冲击性能。这种铝碳材质的塞棒能够满足一般普碳钢的浇铸[25]。但是近几年连铸技术发展迅速，连浇炉数越来越多、钢种日益多样化、拉速也逐步提高。为适应连铸技术的进步，耐材工作者对整体塞棒的材质尤其是关键部位棒头材质进行了研究，主要集中在以下几个方面：

（1）为适应不同碱度中间包覆盖的侵蚀，在铝碳棒身的渣线处复合MgO-C或ZrO_2-C材质的渣线材料，以增强棒身材料的抗侵蚀性能，延长其使用寿命[26]。

（2）对传统Al_2O_3-C质棒头进行改进，通过合理的颗粒级配、引入超微粉、添加一定量的高效抗氧化剂提高棒头的体积密度、热态强度及抗氧化性能以改善棒头材料的抗钢水冲蚀性能[25,27]。

（3）针对不同的钢种及冶炼工艺，研发新型材质的棒头材料。如针对［Ca］含量在15ppm以上的钙处理钢，采用MgO-C质或ZrO_2-C质的棒头材料[28]；针对低碳钢和高锰钢采用Al_2O_3-MgO-C（刚玉—尖晶石）质、低碳MA-C质棒头材料[25]。

4 浸入式水口的发展现状

浸入式水口是连铸过程最关键的功能耐火材料之一，用于中间包和结晶器之间。其主要作用是防止钢水的二次氧化，控制钢水在结晶器中的流动状态和注入速度，促进夹杂物上浮及防止结晶器保护渣夹杂卷入钢水中。对铸坯质量和连铸生产的顺行具有重要作用，受其使用条件复杂多变的影响，对其性能提出了全方位的要求，因此成为研究最为广泛和深入的连铸用耐火材料。浸入式水口材质经历了熔融石英质、铝碳质到铝锆碳复合材质的发展过程。目前国内外所用浸入式水口的主体材质是铝锆碳体系，即浸入式水口的本体材料采用 Al_2O_3-C 材质，在与结晶器保护渣接触的部位复合 ZrO_2-C 材质。为适应高效连铸技术的发展，浸入式水口的研究和应用得以快速发展。主要体现在以下几个方面。

4.1 对传统铝锆碳材质的组成、结构和性能进行改进和优化以延长其使用寿命

为适应特种钢长时间浇铸的需要，可根据浸入式水口不同部位的使用条件而选用不同材质，并通过结构复合的方式改善其使用性能。降低本体材料中 SiO_2 及鳞片石墨含量，添加锆莫来石、MgO、尖晶石、SiC 及金属细粉等原料，提高材料的强度、体积密度以提高本体材料的抗钢水冲蚀性能[29]。降低 ZrO_2-C 材料中鳞片石墨含量、采用钙钇复合稳定的氧化锆、降低材料的显气孔率，采用特殊树脂形成碳纤维结合结构等措施显著延长渣线材料的使用寿命[30]。采用增强的低碳 Al_2O_3-C 质侧孔材料，降低因长时间烘烤导致侧孔严重氧化的问题。

在结构改进方面，将内衬设计为无硅无碳的复合结构改善防堵塞功能。内孔采用段差式设计以及吐出孔夹角设计，可有效防止水口絮流发生堵塞，以稳定钢流，改善钢坯质量。

4.2 研发能够适应不同钢种浇铸的新材质

为解决浇铸低碳铝镇静钢过程中水口絮瘤堵塞的问题，研发了 ZrO_2-CaO-C 系[31]、无碳 Al_2O_3-SiO_2 系[32]、MgO-CaO-C 系[33]等水口内衬复合材料；为解决高氧钢浇铸过程中存在的水口严重侵蚀问题，开发了尖晶石-C 质材料[34,35]；针对于各种［Ca］处理钢浇铸过程中整体内装式浸入式水口碗部冲蚀严重导致控流失效的问题，研发了 MgO-C 质材料[36]。

4.3 快换式浸入式水口

为适应板坯连铸浸入式水口快换技术的发展，研发了高耐磨性、抗氧化性、低碳的 Al_2O_3-C 滑动面材料。通过精磨提高滑动面的光洁度并涂覆高温润滑剂，以降低滑动阻力。在滑动面周围加钢箍，以抑制裂纹的产生。

从上述浸入式水口的发展变化不难看出，单一的材质难以满足现代连铸工艺的要求，因此，浸入式水口的材质向多样化、复合化发展。

5 功能耐火材料的发展趋向

随着现代高效连铸技术和洁净钢冶炼技术的发展，要求连铸用耐火材料高性能、长寿命、多功能，根据浇铸钢种和冶炼工艺的不同、结合产品不同部位材料的损毁方式和特点，针对性地进行组成和结构设计，采用复合制造工艺，达到结构功能一体化，以满足多元化、复杂化、长寿化、绿色化的发展要求。

5.1 多元化与复合化

在原料选择上要多元化。根据不同部位的性能及使用要求，设计复合或原料梯度配制。高档原料与低档原料的复合；致密原料与低膨胀原料的复合；增强原料与增韧原料的复合；抗侵蚀原料与轻量化原料的复合。根据性能要求，设计目标物相、结合相和结构，优化原料组合和工艺配置，使其在高温下形成复合物相、多元结合相，利用各物相的特性，提高功能耐火材料综合高温性能。

5.2 结构的简单化与复杂化

从有利于生产制造、均质性能、减缓应力等方面考虑，其宏观结构要简单化、对称化、流线化。从提高性能考虑，其微观结构要复杂化，增加物相种类、晶体形貌、分布取向的多变化、交叉化和无序化。

5.3 绿色化

从节能环保、简化流程、降低成本等因素考虑，要开发绿色制造技术，特别是中低温烧成工艺、短流程工艺。开展功能耐火材料在线维修技术的研发，延长服役寿命，降低消耗量。

6 结语

为满足炼钢连铸技术不断发展和多变的使用要求，功能耐火材料通过持续的材质、组成和结构改进，使其抗侵蚀性、抗热震性、抗冲刷性、抗氧化性等综合高温性能不断提升，使用寿命逐渐增加，功能耐火材料今后的发展应立足多元化、

复合化、复杂化、绿色化等发展方向。

参考文献

[1] 杉田清. 钢铁用耐火材料 [M]. 北京：冶金工业出版社，2004：260-266.

[2] J. R. GELSTHORPE. Developments in Slideing Gate Refracyories [J]. Trans and Jour Brin Ceram. Soc. 1983，(82)：210-213.

[3] 刘凤霞，译. 浇铸钙处理钢用镁尖晶石滑板的开发 [J]. 国外耐火材料，1996，8：8-18.

[4] 卫忠贤，李保英. 烧成镁尖晶石滑板的研制与应用 [J]. 耐火材料，2002，36 (4)：229-230.

[5] 吕峻，译. 连注和滑动水口使用MgO稳定的氧化锆耐火材料的新技术 [J]. 国外耐火材料，1985，9：20-25.

[6] 魏博，译. 钙处理钢用氧化锆插入环的开发 [J]. 国外耐火材料，2015，40 (4)：28-31.

[7] 邹有武，译. 碳和氧化物的复合耐火材料 [J]. 国外耐火材料，1986，4：1-12.

[8] 任振学，译. 含氧化锆碳结合滑动水口的性质及使用性能 [J]. 国外耐火材料，1985，10：47-53.

[9] 宋玉海，译. 低热膨胀原料对滑板的显微结构及抗剥落性的影响 [J]. 国外耐火材料，2006，31 (3)：6-14.

[10] 山口明良. 碳复合耐火材料 [J]. 耐火材料，1994，28 (3)：128-132.

[11] 李亚伟，李楠，易献勋，等. 含氮铝碳质滑动水口生产与使用 [J]. 武汉科技大学学报（自然科学版)，2001，24 (4)：331-333.

[12] 卜景龙，杨晓春，王志发，等. 金属-氮化物结合刚玉质滑板的结构与性能 [J]. 过程学报，2005，5 (3)：313-316.

[13] Yasuaki S，Isao S. Aluninium-Added Burnt Alumina-Carbon Slide Gate Plate for High Corrosion Resistance [C] //UNTIECR’97，1：125-127.

[14] 石凯，卫忠贤，钟香崇，等. Al_2O_3-Al-C材料加热过程的变化 [J]. 耐火材料，2007，41 (1)：22-25.

[15] 石凯，罗焰，钟香崇. Al/Si加入量对Al_2O_3-C材料高温性能的影响 [J]. 耐火材料，2007，41 (2)：97-100，107.

[16] 刘新红，钟香崇. 加入不同量Al粉和Si粉的低碳Al_2O_3-C滑板的高温力学性能 [J]. 耐火材料，2013，47 (2)：6-9.

[17] 廖建国，译. 浇铸Ca合金处理钢用MgO-C质滑板 [J]. 国外耐火材料，1998，4：21-26.

[18] 刘凤霞，译. 浇铸钙处理钢用镁尖晶石滑板的开发 [J]. 国外耐火材料，1996，8：13-18.

[19] 石凯，钟香崇. 金属Al/Si结合Al_2O_3-C滑板材料的性能和使用 [J]. 耐火材料，2007，41 (3)：205-207，219.

[20] 石凯，钟香崇. 金属Al/Si结合Al_2O_3-C滑板的使用损毁分析 [J]. 硅酸盐通报，2008，27 (4)：827-831，842.

[21] 燕成尧，崔淑风，樊建梅，等. 长寿命不烘烤薄壁长水口的研制 [J]. 山东冶金，2007 (S1)：90-91.

[22] 李吉夫. 延长长水口寿命的措施 [J]. 连铸，2007，(6)：28.

[23] 杨金松，刘国齐，闫广周，等. 高耐蚀性整体塞棒的开发研究 [C] //第八届全国连铸学术会议论文集，中国海口，2007：37-40.

[24] 曾建华，礼重超，陈天明，等. 中间包塞棒吹氩技术的应用 [J]. 钢铁钒钛，1999，20 (2)：24-29.

[25] 赵祥，燕成尧，樊建梅，等. 浇注低碳钢高锰钢用整体塞棒的研制及应用 [C]. 河北冶金，2006 (s1)：84-85.

[26] 王爱东，杨杰，杨春政，等. 薄板坯连铸用整体塞棒的国产化研究与实践 [C]. //薄板坯连铸连轧技术交流会论文集，中国唐山，2005：255-258.

[27] 吴春，崔淑风，董文全. 高效连铸用长寿命整体复合塞棒的研制 [J]. 山东冶金，2007 (S1)：84-85.

[28] 荣学良，吕建权，张志刚. 薄板坯连铸中间包塞棒侵蚀原因分析 [J]. 河北冶金，2002 (1)：15-17.

[29] 吴春，董文全，崔淑风，等. 薄板坯连铸连轧用浸入式水口的研制 [J]. 山东冶金，2007 (S1)：93-94.

[30] 徐庆斌. 采用纳米技术改善氧化锆石墨混合料的耐用性 [J]. 国外耐火材料，2009，34 (6)：21-24.

[31] 姬保坤，周川生，杨彬. ZrO_2-CaO-C质浸入式水口防止Al_2O_3堵塞的机理 [C]. //第六届连续铸钢全国学术会议论文集，中国乌鲁木齐，1999：84-87.

[32] 廖建国. 防止浸入式水口内孔粘附氧化铝材质的开发 [J]. 国外耐火材料，2001 (5)：7-10.

[33] 隋莉. 白云石—石墨质浸入式水口的基础研究和应用 [J]. 耐火与石灰，2007，32 (1)：26-30.

[34] 郭伏安，刘开琪，柯昌明. 尖晶石质浸入式水口内衬的研究 [J]. 耐火材料，2006 (6)：437-439.

[35] 王守权. 连铸高氧钢用尖晶石-碳质浸入式水口工作面的分析 [J]. 国外耐火材料，2002 (5)：33-35.

[36] 刘淑芳. Ca-Si处理钢用MgO-C质浸入式水口 [J]. 国外耐火材料，1997 (4)：42-44.

水泥工业用耐火材料的技术进步

王杰曾 吴兴胜 崔夏夏 袁 林

瑞泰科技股份有限公司

2013年以后，我国进入了新常态。一方面，高温工业的产能过剩；另一方面，耐火材料的市场低迷。由于高温行业不再增长，耐火材料的单耗又持续降低，耐火材料行业已经开始大洗牌。耐火材料企业只有出售物美价廉的产品，提供细致周到的服务，帮助客户在节能减排、增收节支方面取得实效，才能赢得客户的青睐，才能赢得订单，才能在残酷的竞争中胜出，成为幸存者。本文仅就水泥工业用耐火材料技术进步与进展做如下阐述。

1. 水泥工业的发展及其对耐火材料的要求

2000年以后，颜色革命和阿拉伯之春肆虐旧大陆，动乱从一个国家波及另外一个国家，有的发展成至今尚未结束的战争。为了扩大就业、保持社会稳定，我国采取了刺激性经济政策。2008年，面临世界金融危机时，中国政府投入四万亿资金“救市”，拉动数十亿资本跟进，造成高温工业的大发展，钢铁、水泥、玻璃等原材料的产量高达世界的60%左右（见图1）。

由图1可以看出，从1978年到1988年我国高温工业产量增加约1倍；从1988年到1998年再增加约1倍；从1998年到2008年产量又增加约1倍；从2008年到2013年产量还是不可思议地增加了约1倍。经过四次翻番，我国高温工业的产量已达世界总产量的60%，2013年以后便保持常态。由于高温工业的快速膨胀，高温工业从产品出现了严重过剩。一度，水泥的产量持续减少，水泥的售价不断走低，水泥企业效益受到严重的影响。近期，靠“限产提价”暂时维持了局面。这说明，水泥工业大发展的黄金时期已成为历史，水泥工业也正在进行大洗牌。

中国建材联合会提出要发展第二代新型干法水泥生产技术，其主要指标为：吨熟料热耗650kcal/kgcl，吨水泥电耗80kW · h/t(PO42.5水泥)，吨水泥废物替代量500kg，废弃物燃料替代率30%[6]。可见，技术进步的方向是降低热耗、电耗，改善环保，使用替代燃料和协同处理垃圾。由于新一代水泥生产技术资金需求大，一些企业可以采用渐进式方法变革，即采用一系列风险低、见效快、效率高的小改小革。这样，就需要重视包括耐火材料在内的许多工作。

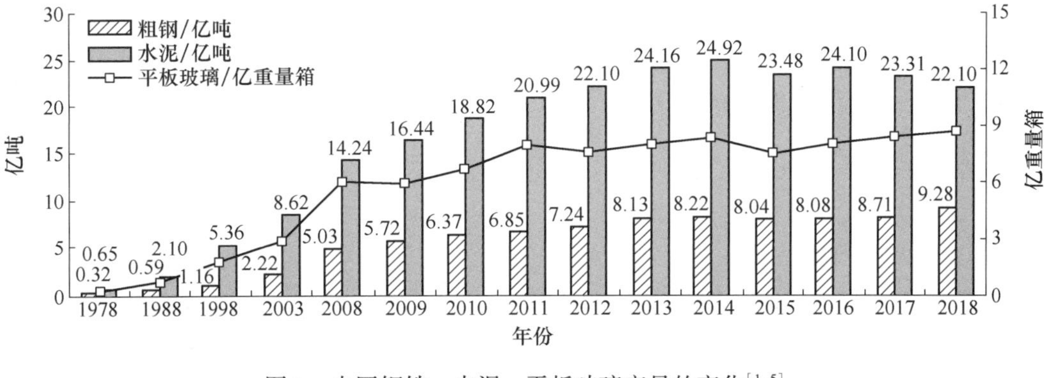

图1 中国钢铁、水泥、平板玻璃产量的变化[1-5]

对水泥行业，耐火材料尽管所占的成本不高，但对企业经济效益的影响甚巨。因为耐火材料微小的损坏都可能引起水泥回转窑的停产、换砖和重启，从而影响窑的运转率，窑的产量、质量和消耗。即便没有发生计划外的停窑，水泥企业也要求耐火材料物美价廉、长寿耐久、易修易用、隔热节能和环境友好。因此，需要精心进行耐火材料的设计、施工、维护等工作。

2. 烧成带耐火材料的进步

近年，一些耐火材料企业纷纷投入巨资，采购先进的装备，用于配料、成型、烧结等工序，大幅提升了制造水平。

从图 2 可以看出，采用高精度、高可靠性的全自动化配料设备后，解决了配料岗位粉尘浓度大、劳动强度高、配料误差大、配方波动而影响质量的问题，大幅提高了产品的竞争力。

采用全自动化液压机成型后，能精准地控制加压、卸压速度，大幅提高了砖型尺寸的精确度，减少了砖块中的隐蔽性裂纹，又进一步显著改善了耐火材料的质量。

图 2　自动配料设备（左）和全自动化液压机（右）

采用自动化烧成设备。采用计算机控制的燃气隧道窑烧成后，稳定了高温隧道窑的温度曲线，明显减少了欠烧、过烧、层裂、扭曲、黑心等缺陷，显著改善了耐火材料的质量。

由于耐火材料生产的配料、成型、烧结工序采用了一系列先进装备，提高了耐火材料的制造水平，大幅提高了耐火材料的质量及其稳定性。由于在水泥窑上采用了一系列先进仪器，水泥的烧成条件得以改善，窑皮的保护作用得以增强，耐火材料的负荷得以减轻。因而，水泥窑高温带耐火材料的平均使用寿命不断得以提高。很多场合下，5000t/d 以下水泥生产线的耐火材料可用 18 个月。目前，瑞泰科技已承诺在 3 年时间内使用 2 套材料，保证≥1.5 年的寿命。

3. 过渡带耐火材料的进步

在水泥工业，散热损失平均占熟料热耗的 11%。其中，低的占 6%～7%，高的占 15%甚至更多。在上述散热损失中，回转窑的散热损失约占 54.3%，预热器的散热损失约占 28.5%，三次风管约占 8.1%，分解炉约占 5.1%，冷却机约占 4.1%。由于回转窑的散热损失发生的高温区，即烧成带和过渡带，而烧成带有窑皮。因此，散热损失主要发生在没有窑保护皮的过渡带。

1990 年代，中国开发了称为硅莫砖的高铝—碳化硅质耐火材料，将其成功用于水泥窑。2000 年以后，通过添加刚玉、红柱石和金属硅，进一步提高了硅莫砖的性能。在一些大型水泥窑的过渡带，硅莫砖已取代了尖晶石砖。一方面，对节能减排日渐重视；另一方面，材料性能不断提高，缓解了增加隔热而引起侵蚀的问题。因而，瑞泰科技生产了复合砖（见图 3）。

据图 3 可知，隔热砖由三部分组成，第一部分为硅莫质的工作层；第二部分为普通铝硅质的低导层；第三部分为充填在凹槽中的隔热材料。通过对工作层的优化，改善了材料的抗侵蚀性和热震稳定性；通过对工作层和保温层结合方式的设计，实现了同步成型、同步烧成，取得了很高

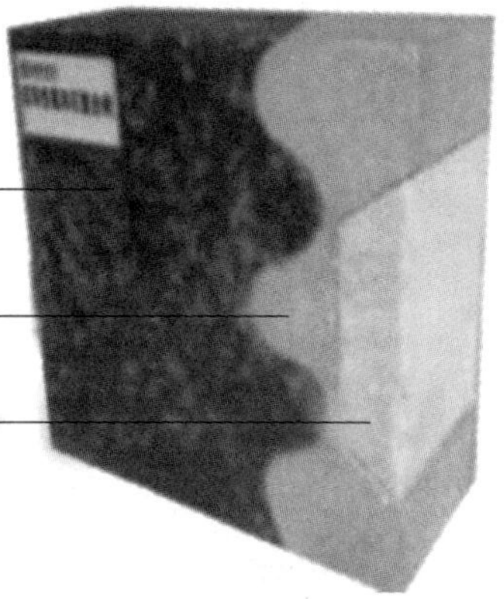

图 3　多层复合隔热砖

的制造合格率；在凹槽中充填耐火纤维，可进一步降低的导热系数。采用上述复合砖后，可以降低回转窑筒体温度 50~80℃，减缓了窑体的氧化。同时，减轻了窑体内的质量，降低了筒体的变形及磨损，从而取得了节能减排和延长水泥窑寿命的良好使用效果[7]。

4. 新型的不定形耐火材料

水泥窑不定形耐火材料具有两个方向：（1）提高材料的耐磨性，如开发用于水泥三次风管弯头、低温余热发电用材料；（2）提高材料的易施工性，如开发泵送自流浇注料和抢修用喷射料。

安徽瑞泰开发的 RT-85 超高强耐磨浇注料使用刚玉、碳化硅等磨料级耐火原材料为骨料，优质白刚玉、α-氧化铝微粉等为基质，纯铝酸钙水泥为结合剂，高温下液相量低、硬度高，使耐火材料具有极高的耐磨性能。同时添加耐热不锈钢纤维，增加浇注料的整体性、耐磨性和强度；使用在水泥窑三次风管弯头部位，使用寿命由原来的不足半年提高至两年以上。

安徽瑞泰开发 RT-80GD 纯低温余热发电专用耐磨可塑捣打料使用刚玉、碳化硅为骨料，刚玉、α-氧化铝微粉为基质，添加膨润土微粉，采用有机—无机复合结合剂，使材料获得有优越的操作性能、很高的中、高温强度和耐磨性；锚固采用特殊的龟甲网设计和固定方法，使衬体避免了应力的集中，并获优越的耐磨、耐冲刷和抗侵蚀性能，大量用于海螺、台泥等企业。

安徽瑞泰开发的 RT-68SF 泵送自流浇注料，采用刚玉和矾土作为骨料，以刚玉、莫来石—碳化硅、活性氧化铝和硅灰为基质，以纯铝酸盐水泥和硅溶胶作为复合结合剂，制得的一种适用于水泥行业高温部位，满足泵送施工要求的耐高温、耐磨、耐侵蚀的不定形耐火材料。

安徽瑞泰开发的 RT-P65 莫来石耐火喷涂料见图 4，是一种利用半干法喷射方法施工的不定形耐火材料。即利用压缩空气将耐火材料送至喷枪，在喷头将耐火材料与水混合，喷设到作业面，依靠絮凝剂使喷涂层快速凝固，形成衬体的施工方法。喷涂施工的优点是快速、简单，不需制模、效率较高、适应广泛，特别适合于工业窑炉的快速修复，如不规则形状炉衬的施工。

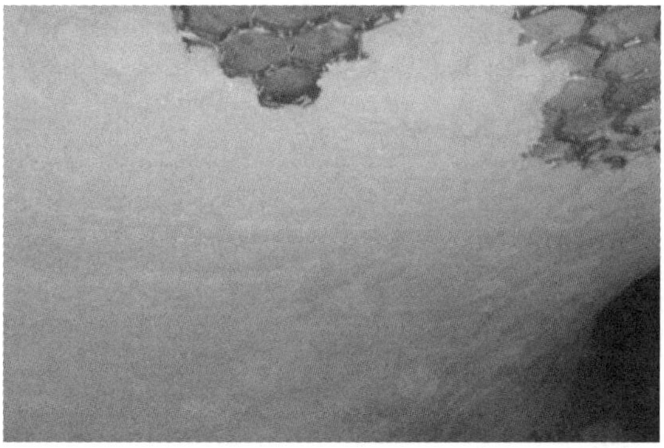

图 4　有机—无机复合结合涂抹料用于余热发电设备

5. 推广耐火材料的预制件

在水泥窑中，耐火材料的使用寿命不仅取决于烧成带材料，也取决于其他薄弱部位用的材料。近年来，耐火预制件成功用于一些不宜使用耐火浇注料的部位，如分解炉锥体、窑尾烟室、篦冷机喉部、篦冷机侧墙和三次风管闸板等，取得了良好效果。

在新型干法窑的窑尾烟室以及分解炉锥体等处使用预制件。由于上述部位在预热系统的下部，要待上部完成检修之后，才能施工。由于时间短，浇注料常常得不到充分养护。使用中，经磨损浇注料容易出现不平整，从而挂料结皮，一旦发生结皮就必须清除。但清除之后材料可能变得更加凹凸不平，从而更加容易结皮。这些部位采用预制件后，不仅大幅缓解了结皮问题，耐火材料的寿命也从不到 1 年延长到 3 年[8]。

在篦冷机喉部使用预制件。喉部空间狭小，难以进行施工、养护和保证施工体的质量。同时，此处温度高、风速大，烟气中粉尘浓度高、硬度大，对材料产生严重的冲刷。耐火材料的寿命通常小于1年，有的只有3~4个月。采用预制件后，明显改善了材料的耐磨损性能，篦冷机喉部的预制件可延长到2年以上，提高了1倍以上[9]。

在篦冷机矮墙使用预制件。矮墙是耐火材料损坏快、寿命短的地方。以往，此处采用耐火浇注料，不仅施工时焊接钯钉、浇注、养护、烘烤需要很多工时，拆除也难度大、消耗材料多。该部位改用预制件不仅便于施工和更换，而且保证了耐火材料的质量。由于提高了抵抗高硬熟料磨损的能力，材料使用寿命从不到1年提高到3年[9]。

由图5可知，用托砖板托起预制块，用耐磨涂抹料填塞预制块以下至冷却机底的空隙。使用时，水泥熟料颗粒接触涂抹料并逐渐将其磨损。由于采用了分离式结构，小修时再次涂抹磨坏后的涂抹料即可以完成任务；大修时用风镐打涂抹料时不会损坏预制件组成的上部结构。此后，只需刨出打松的涂抹料并填上新料即可。如此，大大减少了检修工作量和耐火材料的消耗。

图5 在篦冷机侧墙使用预制件

6. 新型耐火材料施工设备

近年，瑞泰科技旗下的枣庄盖泽窑炉形成的发明专利及实用新型专利12项，参编国家及行业标准4项。盖泽窑炉的拳头设备为自主研发的窑衬拆破机、砌砖机、干湿两用切砖机。

盖泽自主开发的智能破拆系列装备，不仅解决了窑内拆砖设备的国产化问题，而且填补了篦冷机机械自动化拆除窑衬作业的空白，大大提升了工作效率。此外，新型破拆设备用电力替代传统燃油作为动力源，提高安全系数，降低窑内拆除设备的故障率。

自主研制的浇注料搅拌机性能稳定可靠，通过对电机功率和减速机的速比的改进，将该型号搅拌机升级为专门适用于现场施工又提高浇注料搅拌质量的专有搅拌装备。

自主研发的切砖机具有实干湿切砖两用，方便快捷的特点。对于铝硅质材料，实行湿切；对于碱性材料，实行干切。一方面，保证回转窑镶砖衬体的质量；另一方面，防止因镁质砖水化引起的事故。

自主研制的砌砖机、拆破机解决了水泥窑砌筑机械国产化的问题，提高了劳动效率和砌筑质量。其中，拆破机的照片见图6。

图6 自主开发的窑衬拆破机

经多年的积累，盖泽炉窑对水泥窑施工作业制定了一套严格的规范，包括安全防护措施、专有工具、特殊工种人员配备和严密施工工法流程。公司分设多个区域管理中心，面向全国提供服务。盖泽炉窑于山东滕州、广东佛山、四川绵阳、陕西铜川等处设立管理中心、公司拥有冶金工程施工总承包叁级施工资质，在施工高峰期能同时调用2000余人进行精细化作业。

7. 推行耐火材料的总包

2010年，瑞泰科技率先提出了对水泥窑耐火材料进行总包的营销模式。所谓总包，就是由一家企业承包某条水泥生产线耐火材料的设计、供货、施工、维护全套服务，水泥企业按照生产单位熟料的耐火材料费用和所生产熟料的多少进行付款的服务模式。总包有以下好处：

（1）简化了管理过程。由服务商统一进行耐火材料的设计、供货、施工，明确了责任，避免了扯皮。

（2）减少了销售成本。找一家服务商一次就能谈成合同，简化了商务谈判，降低了销售费用。

（3）减少了资金占用。取消了耐火材料的库存，降低了流动资金的占用，避免了不必要的财务费用。

（4）减少了耐火材料浪费。由服务商统一回收施工后剩余的耐火材料，减少了耐火材料的损耗。

（5）改善了窑炉砌筑。由专业队伍进行施工，避免了以往临时拼凑施工队伍，施工人员技术水平和工作态度参差不齐，施工人员收入和工程绩效脱钩等引起事故频发的问题。

（6）有利于技术进步。服务商要降低服务的成本，就会想方设法降低耐火材料的消耗。这样，就会在窑炉的重要部位使用成熟的耐火材料新产品，进而推动耐火材料的进步。

五年多来，总包成功推行于国内多家大型水泥公司，取得了显著效益。如 2011 年，瑞泰科技与江苏镇江某公司签订了对该公司的一线（6800t/d）、二线（6000t/d）两条新型干法水泥窑进行总包的协议。2012 年，两条生产线单位熟料的耐火材料消耗由 500g/t 降低到 350~400g/t，耐火材料造成的停机由 25 天减少到 18 天。2013 年，其中一条生产线的耐火材料单耗降低至 335g/t，较上年减少 42g/t，产熟料 203 万吨，节省耐火材料消耗 85 吨，折材料费 34 万元，施工费 6.5 万元，比较上年节支 40 万元。如再考虑减少计划外停窑，节支更加显著。

总包使水泥企业和耐火材料企业得到了双赢。对耐火材料企业，排除了一些竞争对手，获得了订单。对水泥企业，得到了“省工、省时、省钱”的实惠。双方皆大欢喜，大家乐而为之。这样，总包得到了水泥企业和耐火材料企业的一致好评，为国内广大的同行所纷纷效仿。

8. 结语

瑞泰科技集成使用在耐火材料方面获得的技术革新和管理创新成果，通过一系列小创新获得了显著的节能减排、增收节支效果，有力支持水泥行业的技术进步。所采取的主要措施有：

（1）不惜花费重金，采购先进的装备。用于配料、成型等关键工序，大幅提高了制造水平，显著改善了产品质量。

（2）在水泥窑过渡带采用多层复合隔热砖。解决了过渡带散热损失大，窑体频繁烧坏的问题。

（3）开发具有高耐磨性或易施工性的新型不定形耐火材料。用于水泥窑获得了良好的效果。

（4）开发预制件。用于水泥窑既不适合砌砖又难以不适合单独使用不定形耐火材料的部位，如窑尾下料斜坡、篦冷机喉部、篦冷机侧墙等部位，获得了很好效果。

（5）施工时，采用自主研发的窑衬拆破机、砌砖机、干湿两用切砖机提高了施工效率，改善了施工质量。

（6）大力推行耐火材料的总包。解决了施工队伍技术水平参差不齐，施工效果与施工人员收入脱钩的问题，进一步改善了耐材的施工质量，获得了显著提高窑衬寿命的效果。

参考文献

[1] 中华人民共和国统计局编. 中国统计年鉴 2013 [M/OL]. 北京：中国统计出版社，2013：http：//www.stats.gov.cn/tjsj/ndsj/2013/indexch.htm.

[2] 中华人民共和国统计局编. 中国统计年鉴 2011 [M/OL]. 北京：中国统计出版社，2011：http：//www.stats.gov.cn/tjsj/ndsj/2011/indexch.htm.

[3] 中华人民共和国统计局编. 中国统计年鉴 2009 [M/OL]. 北京：中国统计出版社，2009：http：//www.stats.gov.cn/tjsj/ndsj/2009/indexch.htm.

[4] 中华人民共和国统计局编. 中国统计年鉴 2007 [M/OL]. 北京：中国统计出版社，2007：http：//www.stats.gov.cn/tjsj/ndsj/2007/indexch.htm.

[5] 中华人民共和国统计局. 国家数据 [OL]. http：//data.stats.gov.cn/easyquery.htm?cn=C01.

[6] 中国中材国际工程股份有限公司天津公司. 我国水泥工业发展的新阶段 [N]. 中国建材报，2012-06-19（002）.

[7] 耐火材料杂志社. 郑州瑞泰“低导热多层复合莫来石砖”通过河南省科技成果鉴定 [OL]. 2014-08-05：http：//mp.weixin.qq.com/s?__biz=MzA4Mzg3OTYwMg==&mid=00442264&idx=1&sn=6194ddd13575a82cef9c9ccac52f0262&3rd=MzA3MDU4NTYzMw==&scene=6#rd.

[8] 张金营. 耐火预制件在烧成系统改造中的应用 [J]. 新世纪水泥导报，2012（2）：45-48.

[9] 李艳，朱爱华. 现代化耐火材料—预制件的应用 [J]. 中国水泥，2014（6）：95-96.

2015～2018年获省、部级以上科技研发奖项的项目简介

冶金功能耐火材料关键服役性能协同提升技术及在精炼连铸中的应用

获奖类别： 2016年度国家技术发明二等奖

获奖单位： 中钢集团洛阳耐火材料研究院有限公司、濮阳濮耐高温材料（集团）股份有限公司、武汉科技大学、河南熔金高温材料股份有限公司

本项目通过多年对功能耐材服役行为、失效机理、材料设计制备及评价的基础研究，采用数值、高温热场及流场等模拟，系统分析了功能耐材在高温强热冲击服役环境下温度场和应力场响应、侵蚀及功能劣化机理，突破功能耐材的传统设计思路，提出功能分区和关键部位增强的创新学术思想。通过梯度设计、多层复合等技术及优化关键部位的抗侵蚀和服役功能，解决了制约材料关键服役性能协同提升的国际难题，开发出高服役性能系列梯度多层复合功能耐材，使得耐材寿命显著提高，并获得广泛应用。

主要发明点有：（1）突破功能耐材单一由组成决定性能的传统设计思路，提出了基于服役环境的功能分区和关键部位增强的创新学术思想，实现功能耐材关键服役性能的协同提升。（2）发明了组成梯度与微结构梯度及多层复合技术，有效降低了材料受热冲击时的最大热应力；设计了材料低维增强、抗氧化、自修复系列技术体系，通过热处理及利用高温服役时物相和微结构演化，发展了基质结构低维化材料服役性能调控新技术，制备出关键部位性能增强的系列高性能材料，满足了功能耐材关键服役性能协同提升的需要。（3）发明了梯度多层复合结构的长水口、浸入式水口、塞棒、透气元件、滑板等专利产品，在国内外钢厂应用，寿命提高30%以上，超过国内外同类产品，满足高品质钢高效生产需求。

项目获授权发明专利22件，河南省科技进步一、二等奖各1项，梯度功能耐材荣获国家重点新产品。

获得的社会和经济效益

成果在洛耐院等实现产业化，2013～2015年新增收入10.4亿元，新增利润1.2亿元。中国耐火材料行业协会认为该成果引领和促进了耐火材料行业的科技进步，保障了钢铁工业高效运行，耐材消耗降低，社会效益显著；中国金属学会将其列为冶金行业重点项目推广，以促进钢铁产品质量提升。

现代煤气化装置用关键耐火材料研发及工业化应用集成技术

获奖类别： 2018年度河南省科技进步一等奖

获奖单位： 中钢集团洛阳耐火材料研究院有限公司

本项目主要涉及耐火材料的研发及其在煤气化装置上的工业化应用。随着煤气化朝着技术的多元化、装置的大型化以及原料的多元化方向发展，气化装置用耐火材料的配置、设计、施工和工程应用等成为煤气化技术工业化发展及推广的主要瓶颈。2000～2016年，借助我国煤气化行业的大力发展，在国家973计划和省创新人才项目的支持下，中钢集团洛阳耐火材料研究院有限公司（以下简称洛耐院）与中石化宁波工程有限公司（以下简称宁波院）、郑州大学等单位在产学研用方面深度合作，分别在水煤浆、粉煤、碎煤（BGL熔渣气化）等多种煤气化技术的典型装置用耐火材料方面开展了关键耐火材料的研制、炉衬结构设计和耐火材料优化配置、炉衬高效施工和快速更换等研究和工程应用工作。

项目技术创新点有：（1）突破了现代煤气化装置炉衬耐火材料技术瓶颈，研制出现代煤气化

装置用系列关键耐火材料，获得抗侵蚀、热导率、强度等关键性能协同提升技术，显著改善耐火材料的服役行为，使用寿命提高3~5倍，确保了煤气化装置安全稳定、节能高效和长寿命运行。(2)创建了材料—结构—工程应用集成技术。基于温度场和应力场数值模拟，优化材料配置及结构设计，确保现代煤气化装置炉衬材料长寿命的同时，实现耐火材料减薄扩容、快速更换，提高了煤气化装置生产效率，减少了资源消耗和固废排放。项目获得授权专利29项（其中发明专利18项，1项美国专利），发表科技论文58篇（其中SCI/EI收录8篇），制定了国家标准1项和行业标准2项。项目涉及的水煤浆、粉煤、碎煤3类气化系列装置，用关键耐火材料及工程应用技术通过了中国石油化工联合会组织的技术成果鉴定，成果技术水平均为国际领先。鉴于本项目的技术水平和应用业绩，本项目得到了中国耐火材料行业协会和中国石油和化学工业联合会的大力推介。

获得的社会和经济效益

项目技术在洛耐院和宁波院实现了产业化，成功应用于水煤浆气化装置共计200余台，粉煤气化装置共计60余台，碎煤气化装置29台，为中石化、神华、中煤、中海油和兖矿等50多家大型煤化工企业提供成套服务。2015~2017年累计实现新增销售收入22.59亿元，利润2.77亿元。

项目突破了国内外多种煤气化装置炉衬耐火材料的技术瓶颈，形成了耐火材料设计、评价、研制、生产和工程应用的集成技术，满足了气化装置安全稳定、节能高效和长寿命的使用需求，提高了气化装置的生产效率，引领了煤气化用耐火材料技术进步，提升了我国煤化工技术的国际竞争力，经济效益和社会效益显著。

宝石长晶炉节能内衬材料的开发及应用

获奖类别： 2017年度河南省科技进步二等奖
获奖单位： 中钢集团洛阳耐火材料研究院有限公司

洛耐院进行了长晶炉内衬耐火材料的设计和开发工作，被列为河南省高新技术产业化项目。采用长晶炉热场的数值模拟，设计了以氧化锆为关键热面材料、轻质氧化铝制品为保温层的内衬结构。通过内衬关键氧化锆材料脱稳失效机理、微结构设计以及评价方法的基础研究，对材料成分、结构和烧成工艺进行精细化设计和控制，开发了纯度高、高温性能稳定和抗热震性能优良的氧化锆制品。解决了温度场不稳定而造成的晶体开裂，挥发而导致的晶体污染等问题，满足了蓝宝石晶体生长需要，形成了3方面的创新：

（1）通过晶体生长所需热场的研究和模拟，对内衬结构进行综合配置，用锆、铝耐火材料协同替代金属内衬，节约电能30%以上，使用寿命超2年（30次），实现高效节能。

（2）对关键氧化锆材料组成、结构和性能进行一体化设计和控制，突破了氧化锆材料强度、超高温体积稳定性和抗热震性等关键服役性能难以协同提升的技术瓶颈，实现制品综合性能的突破。采用富稳定相的设计思路，解决了氧化锆反复使用后的脱稳失效难题，有效提升了产品的使用寿命；优化材料微观结构，形成相互交错的网状结构，有效提升强度和高温稳定性，其2200℃下蠕变率仅为0.19%，避免了由于高温变形而影响长晶炉热场的问题。

（3）采用纯化工艺制造具有高稳定性材料，超高温真空环境下无挥发物污染晶体，对原料进行预处理，利用活化烧结机制实现自结合，避免引入其他结合相，制造过程采用防杂质渗入工艺，解决了高温挥发物沉积在蓝宝石上而影响其品质的难题。

项目具有自主知识产权，获得6项发明专利，洛阳市科技进步一等奖。

获得的社会和经济效益

项目产品生产工艺技术先进成熟。在洛耐院实现产业化，大部分出口韩国和中国台湾地区等地，获得了良好的市场应用效果。2014~2016年新增收入10509万元，新增利税2956万元。经鉴定产品性能达国际领先水平，填补了国内在大于2200℃的超高温、低挥发、无污染领域没有合适耐火材料的空白。

钢铁冶金高温装置用新型节能环保耐火材料的研究与应用

获奖类别： 2016年度河南省科技进步一等奖
获奖单位： 中钢集团洛阳耐火材料研究院有限公司

项目对具一定代表性的三种高温装置在节能、环保及影响钢品质量等方面存在的耐火材料问题进行了研究。分别是：冶金除尘灰处理新工艺用装备长寿化，高炉出铁场铁沟料的环境友好，钢包中包等冶金容器的高效隔热保温。项目通过对耐火材料以服役性能为导向的组成、结构设计，分别开发出了适应各高温装置综合要求的相应新型耐火材料，提升耐材精准服务能力和服役水平，形成以功能和服役寿命需求为导向的节能、环保、长寿低耗耐火材料的发展路线和制造技术。

项目的主要技术创新有：（1）冶金除尘灰处理富氧竖炉炉衬材料和配置优化技术。项目对竖炉炉衬进行了优化配置，通过组分设计和结构调控，开发出高致密低气孔刚玉浇注料和 Al_2O_3-SiC-C 浇注料，并对出铁口流道砖进行了结构优化设计，提高了炉衬寿命。富氧竖炉炉衬寿命由进口材料的35天提高到52天，流道砖寿命由7天提高到15天。（2）长寿环保型高炉出铁沟浇注料技术。项目通过新型造粒工艺制备和研究了低挥发无污染新型碳源，解决了碳源在浇注料体系中的润湿和分散，优化了浇注料的组织结构及理化性能，研制出一种环保长寿高炉出铁沟浇注料。环保高炉出铁沟浇注料苯并芘含量由125ppm降到≤1ppm，出铁量≥15万吨。（3）钢包保温用低成本、高性能隔热新材料技术。项目以工业高温烟尘、纳米二氧化硅等为原料，辅以功能添加剂，制备了低成本超级纳米微孔绝热板，然后采用先进复合技术研制出耐高温超低导热复合材料。项目产品在多家钢厂钢包上应用，节能减排效果显著，并提高了钢液的质量，减少了夹杂物。耐高温超低导热复合材料使用温度≥1600℃，导热系数（1000℃）<0.1W/(m·K)。

项目获授权发明专利6项，实用新型专利1项，发表论文5篇。

获得的社会和经济效益

项目产品2013～2015年新增销售额21878.19万元，新增利润3757.94万元，经济效益显著。项目解决了竖炉这种先进固废处理工艺推广应用的限制环节，为富氧竖炉处理除尘灰工艺的推广应用提供了坚实的保障；环保长寿高炉出铁沟浇注料在常钢、安阳永兴钢厂等多家钢厂得到推广应用，改善了作业环境，使用寿命也明显增长；高温超低导热复合材料在湘钢等公司应用，钢包保温效果显著，包壁温度降低30℃，出钢温度约降低3℃，钢液质量提升。产品在高温隧道窑、大型电热处理炉应用，节能效果显著，具有广泛应用推广前景。

特种钢用合成滑板

获奖类别： 2015年全国建材行业技术革新奖一等奖

获奖单位： 郑州大学

“特种钢用合成滑板”是河南省伯马股份有限公司与郑州大学合作研制的滑板新产品，是为了满足钢铁连铸新技术需要，满足高锰钢、高钙钢、高氧钢等特种钢炼钢需要，而开发的一种能较好利用用后耐火材料，从而实现成本低、效果好的一类特种钢用合成滑板。

目前，我国耐火材料的年总消耗量超过900万吨，用后的废旧耐火材料达到400万吨，废旧耐火材料占耐火材料总消耗量的45%。而这些废旧耐火材料的处理方式，大多数是被当成工业垃圾填埋，仅有少量被粗糙利用，这不仅浪费了资源，也污染了环境。我国废旧耐火材料利用率仍然很低，本项目通过对用后耐火的再利用进行综合研究，较好解决了内外层料膨胀系数不一致的问题，并以其替代高档原料生产特种功能耐火材料滑板砖，该技术目前取得了较好的应用。

我国高品质特殊钢生产技术落后，十分依赖进口，年进口达260万吨，且年增10%，同时，国外对我国研发生产高品质特殊钢还实行着技术封锁。我国钢的纯净度差、疏松超标、组织不均匀，目前的重要用途轴承钢材的寿命只有世界先进水平的1/2，甚至1/4，国产轴承可靠性差、使用寿命低，高端轴承依赖进口。这些问题都是制约我国高端装备和国防装备发展的瓶颈之一。

滑板作为钢水流量控制系统的重要关键部件对特种钢的品质起着至关重要的作用，为了保证滑板的品质，大量高档人工合成原料和稀有金属被应用，致使滑板的成本非常之昂贵，严重制约特种钢用耐火材料的发展。本项目通过采用逆向思维的方式，较好解决了高昂原材料与用后材料的匹配问题，解决了特钢用滑板的成本问题。在成本不提高的情况下，通过应用30%～50%的用后耐火材料，大幅提高了特种钢用滑板的寿命，较好满足了特种新技术的发展。目前该项目已获得一种钢包连铸用合成滑板、一种高锰钢专用滑板、一种模铸专用透气钢包钢水流量滑动控制机构、炼钢用吹气耐火元件等1项发明专利，3项实用新型专利。该成果具有原创性，属国际首创，居国际领先水平。

氮化硅结合刚玉质透气砖的开发与应用

获奖类别： 2015 年全国建材行业技术革新奖二等奖

获奖单位： 郑州大学

2016 年我国钢产量已达 8 亿吨，占全世界钢产量的 46%以上，但钢的质量与发达国家相比还存在差距。随着科学技术的发展，对钢材性能要求日益严格，对钢材质量要求不断提高，进一步减少钢中夹杂含量，开发的炉外精炼技术已成为现代炼钢提高质量最重要的冶炼环节。通过透气砖向钢液中吹氩气进行搅拌是实现精炼的必要条件。透气砖是控制气体流量的功能耐火元件，透气砖在钢包中的位置及环境比较特殊，使用条件比较苛刻。随着钢铁冶炼中精炼比例越来越高、冶炼时间延长等操作条件越来越苛刻，对透气砖的吹通率、使用寿命和安全性要求越来越严格。透气砖的寿命和吹气的可靠性始终是钢铁企业和透气砖生产厂家共同关注的话题，透气砖已成为限制钢包寿命提高的关键因素。目前钢包透气砖多为刚玉—尖晶石（氧化铬）质，其抗热震性较差，在使用过程中容易造成结构剥落，限制了其使用寿命的提高，同时添加的氧化铬在高温下转变成六价 Cr，对环境造成污染。氧化物基透气砖材料在使用过程由于抗热震性差，容易热剥落和横断，造成其吹气功能丧失和寿命短。非氧化物（氮化硅、Sialon）具有好的高温强度、优异的热震稳定性、与熔渣和钢水的不润湿等特性，氮化硅结合碳化硅砖已在高炉的炉腹等部位使用，取得了显著的使用效果。

郑州大学和成都府天新材料有限公司合作，在“钢铁冶炼用关键耐火材料及新技术”中的非氧化物结合刚玉质透气砖方面已经进行了多年的研究开发。该项目已通过四川省科技厅的验收，不改变透气砖的现有成型工艺，通过引入金属粉，添加特殊添加剂，采用高温氮化原位反应工艺制备氮化硅结合刚玉质透气砖，明显提高了透气砖的抗热震性和抗剥落性能。在使用过程中具有吹通率高、容易吹氧清洗、每炉平均蚀损低和无明显大裂纹等优点，可以明显改善透气砖的寿命，降低耐火材料消耗，减轻劳动强度，满足钢铁用户的日益提高的要求，具有较好的社会效益和经济效益。已在成都府天新材料有限公司建成世界第一条年产 10000 支非氧化物结合刚玉透气砖生产线。该项目产品已授权国家发明专利 4 项（专利号为：ZL 2011110198041. 2；ZL 2011110198040. 8；ZL 201110198043. 1；ZL 201410087226. X），并获河南省建材行业技术革新一等奖，全国建材联合行业协会技术革新奖二等奖。

中空结构隔热耐火砖的研发

获奖类别： 2015 年中国冶金建材技术革新奖三等奖

获奖单位： 郑州大学

传统水泥回转窑因无法做保温处理，而现有工艺技术条件无法对筒体散发的热量利用，造成了水泥回转窑运行过程中，大量的热量被白白散发，回转窑热损耗较大。同时，衬砖使用一段时间后水泥窑筒体表皮温度会达到 300～400℃左右，为防止回转窑筒体变形，用户不得不停窑检修或更换衬砖，使得用户维修费用和生产成本提高。

围绕水泥行业对降低筒体温度的需求，结合市场需求与大量生产实践，研发出了一种具有中空结构的耐火砖，使用于水泥回转窑过渡带，将回转窑筒体温度降低了 100℃以上，帮用户更有效地实现了节能降耗的目标。

项目的核心革新内容有：

（1）通过对耐火砖的结构上的改变使耐火砖获得隔热功效；

（2）不改变耐火砖本身的外部形状，不影响砌筑使用；

（3）不改变耐火砖本身的材质，不影响耐火砖的高温性能和使用寿命；

（4）以在砖坯中的中空结构内填充超低隔热材料的方法降低耐火砖导热率，生产方法易于掌握；

（5）本方法生产的耐火砖不仅局限于在水泥行业的应用，还可以广泛应用于各种因窑炉结构原因不适宜安装保温层的任何工业窑炉。

项目的社会和经济效益包括：

（1）以水泥窑用中空隔热硅莫砖与其他节能方案相比，无需对设备进行任何改进，所以不需要额外投资是一种行之有效的节能降耗方法。同时耐火砖的总质量约可降低 8%左右。不仅节能效果明显，更可以降低回转窑传动系统负荷，延长设备使用寿命，降低保养费用，综合性价比极高。

（2）该产品节能效果突出，用户使用该产品后，可有效节约燃料消耗，并延长回转窑使用周期。以卫辉天瑞水泥有限责任公司直径5m窑、砌筑20m为例，用户使用中空硅莫隔热砖前筒体温度为370～380℃，使用中空硅莫隔热砖后筒体温度降到260℃，平均筒体温度下降110℃。卫辉天瑞水泥有限责任公司使用了中空硅莫隔热砖后，因减少窑筒体表面散热损失，每月可降低500t左右的标准煤消耗，节能效果显著。

（3）由于硅莫耐磨复合砖的节能效果，水泥厂每年可以有效减少煤炭的使用量，减少二氧化碳与有害气体的排放量，减少环境污染和温室气体效应的发生，社会效益明显。

（4）该生产技术可以在我国各个行业进行应用与推广，不仅有利于降低耐火材料资源的消耗，还能进一步促进我国耐火材料行业的整体技术进步。

铝镁合金复合铝碳不烧滑板的研制

获奖类别：2015年全国建材行业技术革新奖二等奖

获奖单位：郑州大学

“铝镁合金复合铝碳不烧滑板”是由郑州大学和河南省伯马股份有限公司合作研发的新产品。本成果以板状刚玉骨料和细粉、氧化铝微粉、铝镁合金细粉、金属铝粉、鳞片状石墨和添加剂（碳化硼或ZrB_2-SiC复合粉体）为主要原料，以酚醛树脂为结合剂，各种原料经混炼均匀后成型，成型后的半成品经200℃烘干、磨制等工序来制备新型铝镁合金复合不烧滑板。其基本原理在于：铝镁合金熔点较低，低温熔融促进烧结，且铝镁合金活性高，比碳先氧化，有效保护碳，氧化后产物为具有增强作用的陶瓷相，进而解决普通不烧滑板由于树脂碳氧化分解而导致500～600℃的中低温强度低、滑板滑动面易拉毛和止滑区易掉块的技术难题。此外，高温还原性气氛下铝镁合金可与碳或气氛反应生成非氧化物增强增韧相，使不烧滑板具有优良的高温使用性能，从而提高不烧滑板的使用寿命。

该成果的技术创新在于：（1）首次采用铝镁合金复合的方法生产低碳Al_2O_3-C不烧滑板，利用铝镁合金熔点低、活性高的特性来解决普通不烧滑板存在的中低温强度低的技术难题。（2）利用“金属复合、原位生成非氧化物结合”的原理，高温下还原气氛下铝镁合金原位生成非氧化物增强增韧相，明显提高不烧滑板的高温使用性能。（3）降低了滑板的碳含量，可节约宝贵的石墨资源，并可减少碳对钢水的污染以及碳氧化对环境的污染。（4）此新型滑板采用200℃烘干即可，即不烧不浸油，可节省基建投资、简化生产工艺、缩短生产周期，并具有显著的节能减排效果。

与普通不烧滑板相比，新型铝镁合金复合低碳铝碳不烧滑板具有中低温强度高、高温使用性能优良的特点。使用时滑动区不易拉毛、止滑区不掉块，可在150吨以下钢包连滑3次以上，且对不同钢种的适宜性好，稳定可靠性高；而普通不烧滑板一般在100吨以下钢包使用1～2次，且质量不稳定，给炼钢安全带来隐患。因此，此新型不烧滑板使用效果良好，经济、社会效益显著，其技术居国际先进水平。

RH精炼炉用优质环保无铬耐火材料集成技术

获奖类别：2016年河南省科技进步二等奖

获奖单位：郑州大学

RH精炼炉是冶炼国防大型舰船、高速铁轨、汽车板材等用特种钢的关键设备，其炉衬长期以来一直使用镁铬砖，而用后镁铬残砖中的三价铬在一定条件下转变成六价铬，对地下水源等方面造成严重危害，其带来的环境问题日渐突出。国家有关部门已将镁铬质材料列为限制类产品。本项目主要针对RH精炼炉用镁铬砖存在的上述问题，研究开发了环境友好型的无铬系列产品，替代了镁铬砖，分别用于RH精炼炉的上部槽、中部槽、下部槽、浸渍管、环流管等部位。

该项目历经四年多的研究与协同攻关，深入开展了理论研究和技术创新，解决了关键技术难题，开发了RH精炼用优质环保无铬材料，填补了我国精炼钢用无铬材料的空白。项目重点进行了如下研究：

（1）无铬系列材料技术集成研究：金属复合纳米镶嵌结构、高性能的结合体系以及超微粉结合技术研究；纳米粉体在无铬材料中的分散技术及其对无铬材料的结构和高温性能的影响研究；材料组成、结构和性能关系研究，材料宏观结构和显微结构优化设计研究；预制成型、烧结工艺高效化控制技术研究。

（2）无铬系列材料应用理论研究：RH精炼炉

流场、温度场、应力场计算机数值模拟研究，建立相应数学模型；RH 精炼炉耐火材料配置优化设计及结构优化设计研究；关键部位综合砌筑技术研究；工作衬多层复合结构控制技术研究。

（3）无铬系列材料应用技术研究：结合使用条件和冶炼钢种的需求，进行无铬材料高温使用动态模拟、用后残砖分析和损毁机理研究。现场应用试验研究和验证；工业化生产工艺和工艺参数优化；质量控制研究，实现质量稳定化生产。

最终，研究开发出成套的 RH 精炼炉用无铬耐火材料集成技术，包括 RH 精炼炉用无铬材料系列产品、耐火材料整体优化配置及预组合技术。

该项目已取得国家专利 9 项：其中发明专利 4 项，实用新型专利 5 项，制定行业标准 1 项。产品已在宝钢、包钢、鞍钢、韩国现代、中国台湾中钢等用户使用。取代了镁铬砖，效果优异。项目对确保优质品种钢冶炼、推动 RH 精炼炉用材料的无铬化进程具有重大意义。

难处理耐火高效提质均质料技术和其相关耐磨耐火材料性能优化研究

获奖类别：2016 年建筑材料科学技术奖二等奖
获奖单位：郑州大学

我国的矿山开采存在很多吃富弃贫，乱采乱挖的状况，造成高铝资源的极大浪费，资源利用率长期在 30% 以下；另外，由于很少采用分级开采，造成我国的高铝矾土熟料 Al_2O_3 很不稳定，波动高达 5%，有的甚至为 10%，从一定程度上制约了我国耐火制品质量的稳定和提高。发展均质合成料可有效提高高铝矾土资源的利用率，更重要的是可以为提高耐火材料制品的质量提供原料基础。

项目以钟香崇院士和葛铁柱高工为项目负责人，由河南省高温功能材料重点实验室和北京金隅集团通达耐火技术股份有限公司合作完成。

河南省高温功能材料重点实验室在钟院士的带领下，充分发挥中国的高铝矾土优势，利用废矿，尾矿和碎矿研究开发了矾土基均质料的合成工艺。开发的矾土基均质料生产工艺与北京通达耐火技术股份有限公司合作，投资 1.7 亿，在山西阳泉建立万吨级生产线，生产出了质量可靠、性能稳定的合成原料。还带动了全国范围的矾土基均质料生产线建设热潮，大力地促进了我国中低品位铝矾土矿的利用率。

与北京金隅集团通达耐火技术股份有限公司合作的产业化项目于 2015 年 4 月在北京通过了中国建筑材料联合会组织的科技成果鉴定。认为研发出自创的均质工艺中对元素成分的精确控制关键技术，砖坯经高温隧道窑烧成，合成的原料成分稳定，结构均匀，整个生产工艺过程环保，能耗低，是全新的合成料生产新工艺，实现了优质合成铝硅耐火原料的规模化生产，通过工艺优化降低了成本。项目的实施节约了矿产资源，实现了中低品位铝矾土、碎矿、尾矿的综合利用，经济、社会、环境效益显著，市场前景广阔。

基于本项目的国家科技部“十二五支撑计划”的项目“难处理耐火铝矾土高效提质与高品质化技术与工程示范”（2011BAB03B03）于 2014 年 6 月通过了科技部组成的专家组验收。专家组认为，对难处理铝矾土品质提升、改型改性及高温可控烧结的关键技术进行了研究，解决了均质耐火原料合成技术与新型高温材料制备工艺适应性难题，实现了多领域高效利用，形成了具有我国自主知识产权的难处理铝矾土高效提质和高品质化应用的新技术。

大型焦炉用节能环保新材料关键技术研发及系列化产品应用

获奖类别：2017 年冶金科学技术奖一等奖
获奖单位：郑州大学

本项目主要涉及耐火材料及其在大型焦炉上的工业化应用。

钢铁工业是国民经济的重要支柱产业，是关系国计民生的基础性行业，在我国工业现代化进程中发挥了不可替代的作用。但同时，也是高能耗、高污染、高排放的行业，其污染治理任重而道远。焦炉能耗和污染物排放占钢铁生产链总能耗总排放的一半以上，如何降低其能耗、提高效率、减少排放已是多年来政府和行业共同关注的焦点。大型焦炉绿色生产用耐火材料的研制、配置、设计、施工和工程应用等已成为制约我国高炉炼铁节能减排、绿色发展的主要技术瓶颈。

2010~2018 年，中钢集团耐火材料有限公司与郑州大学、宝山钢股份有限公司等单位在产学研用方面深度合作，在大型焦炉关键装置用耐火材料方面开展了关键耐火材料的研制、炉衬结构设计和耐火材料优化综合配置、炉衬高效施工和快速更换等研究和工程化应用工作。

项目取得以下技术创新：（1）开发了耐火材料强度、抗渣性、热导率、耐磨性等关键服役性能协同提升技术，研制出大型焦炉用系列关键耐火材料，发明了大型坯体表面釉料一次同步复合技术、热导技术，提高了大型焦炉炉衬材料的使用寿命和窑炉结构的整体性，降低吨焦所需燃料量，节约能源，实现钢铁绿色生产。（2）开发了炉门、燃烧室炉墙、碳化室炉墙、加热墙、炉顶及炉底、烟道（上升管以及桥管）、加煤孔及配套炉盖部位等系统集成综合配套及结构优化设计技术，发明了不停窑热修补技术，提高焦炉寿命和生产效率、降低能源消耗，实现焦炉、热风炉高效、绿色运行。（3）开发了导热系数低、强度高、高温性能优异的 $Al_2O_3-SiO_2$、$MgO-SiO_2$ 质多孔耐火原料，揭示了天然石英转化为过渡液相并向周围扩散成孔的机制，提出了过渡液相扩散法制备多孔耐火材料的新思路。以此为基础，分别利用中低品位矾土/天然石英、中低品位菱镁石/天然石英制备出球形多孔耐火骨料，并将其在大型焦炉关键耐火元件上应用，在保证的耐火材料寿命的基础上降低了导热系数，提高了隔热性能。

项目整体材料经过优化配置、在大型焦炉上使用，可以大大提高其运行质量，提高窑炉的生命周期。节能、减排效果明显，整体可使焦炉节能达到20%～30%，排放减少15%～20%，出焦效率提高5%～10%。整体技术填补了国内外焦炉节能环保技术的空白。

项目首创的“长寿、绿色、节能”新材料已经实现产业化生产，产品性能优异、质量稳定。在国内大型钢铁公司：上海宝钢、包钢、台湾中宇环保、安钢、山东海韵、茌平信源等广泛使用，占据国内高端市场70%以上。

ZrB_2-SiC 复合粉体的制备及应用

获奖类别： 2017 年全国建材行业技术革新奖二等奖

获奖单位： 郑州大学

本成果是由郑州大学和马鞍山利尔开元新材料有限公司合作研发的新产品。本成果利用硼化锆 ZrB_2 具有较高的熔点、良好的化学稳定性、较高的硬度、较高的热传导性和优异的耐磨性以及良好的抗热震性和抗侵蚀性等优点。且 ZrB_2 晶体中硼原子层状结构类似于石墨结构，ZrB_2 不仅具有优良的抗热震性和抗侵蚀性，还比石墨的抗氧化性优良、强度高，将成为新型低碳或无碳耐火材料中替代碳素原料的理想材料。

ZrB_2-SiC 复合材料集 ZrB_2 和 SiC 的优点于一身，不仅具有优良的抗氧化性，还具有高硬度、高耐磨、高温强度高、抗热震性和抗侵蚀性优良等，是非常有前景的高性能材料。目前 ZrB_2-SiC 复合粉体的制备存在工艺复杂、成本高、产量低的问题。本项目以价格相对低廉的锆英石、碳质原料和硼质原料为主要原料、添加适量的催化剂，采用碳热还原制备 ZrB_2-SiC 复合粉体。采用多种微波加热、硅钼棒加热和电熔的方法，以不同碳源（石墨、炭黑和活性炭）和硼源（硼酸、氧化硼和硼砂），引入适量添加剂，在保护性气氛下制备。根据实验室优化出的最佳方案，进行中试，然后进行工业化生产。将制备的 ZrB_2-SiC 复合粉体添加到铝碳和铝锆碳滑板、镁碳砖和石墨坩埚等制品中，可提高材料的高温强度、抗热震性和抗氧化性等。

本成果以价格相对低廉的原料以及适合大规模生产的新工艺来制备 ZrB_2-SiC 复合粉体的方法，不仅对天然原料品位升级、提高附加值具有重要意义，还解决了因 ZrB_2 价格昂贵而在耐火材料中大量应用受限制的瓶颈问题，对制备低碳耐火材料及材料的性能提升、提高使用寿命也具有重要的意义，其技术居国际先进水平。

本成果的创新性如下：

（1）首次采用价格低廉的天然锆英石为原料，制备高附加值的 ZrB_2-SiC 复合粉体，解决了 ZrB_2 因价格昂贵而广泛应用受限制的瓶颈问题。（2）首次采用电熔的方法制备 ZrB_2-SiC 复合粉体，为非氧化物大规模工业化生产开辟了新思路。（3）首次将 ZrB_2-SiC 复合粉体应用于含碳材料，以降低碳含量，在提升材料性能的同时，降低污染。

矿热炉节能减排关键技术研究与应用

获奖类别： 2018 年有色金属工业科技奖一等奖

获奖单位： 郑州大学

矿热炉主要用于冶炼特优钢生产必备的硅铁、

镍铁、硅钙等铁合金。我国矿热炉能耗大，余热利用不足10%；污染重，厂区及周边环境空气质量低下，已成为当前工业炉窑节能环保工作的热点。硅钙冶炼矿热炉因粉尘治理、管道积尘、热效率转化等技术瓶颈难以克服，烟气超低排放及余热利用技术在本项目实施前，国内外尚无应用先例。

本项目由“陕西省节能示范及重点工业污染治理工程2014年中央预算内投资计划”资助，历时6年研发，在国际上首创了硅钙矿热炉烟气超低排放及余热发电技术，已成功投运并通过验收。弥补了矿热炉生产烟尘污染重、余热利用率低的短板。主要创新点如下：

（1）探明了大型硅钙矿热炉烟气系统与余热锅炉及发电系统的成套匹配参数，克服了大型硅钙矿热炉大流量烟气和大幅度温差造成的参数波动，将烟气余热转化为电能，余热利用率达到63%，保障了矿热炉生产、烟气治理和余热发电整套系统平稳联运。

（2）发明了多项冶炼烟气治理技术和废渣回收利用技术，解决了高温条件下硅钙冶炼产生大量粉尘的挑战性难题，有效治理了污染。生产中的冶炼渣全部回炉重熔，收集的粉尘用作水泥辅料，工业水全部循环，废渣、废水零排放。周边环境空气质量、无组织废气排放、有组织废气排放等各项环保指标远优于国标限值。其中，核心指标厂区内颗粒物浓度为0.118~0.184mg/m^3，仅为国标限值的11.8%~18.4%，实现了大气污染物超低排放。

（3）通过对高温功能材料与冶金物料间作用机理的研究，开发出抗侵蚀性好、热震稳定性优良、使用寿命长的矿热炉组合炉衬，延长了炉役周期。

（4）研发的烟气管道黏结防治技术，攻克了超细CaO及SiO_2粉尘黏结造成的管道堵塞和余热锅炉换热管管束积尘结垢；研发的阀门密封技术，克服了高温烟气导致阀板变形泄漏的瓶颈。避免了停产清堵，提高了换热效率，保障了连续生产。

本项目年发电6480万千瓦时，实现用户侧发电上网，节约能耗2.25万吨标煤。年减少CO_2排放6.5万吨、SO_2排放0.2万吨、烟尘排放0.17万吨，废渣全部回用，治污效果显著。2015至2017年新增销售额7339万元，新增利润2258万元。

本项目获授权专利21件，其中发明5件，实用新型16件；发表论文27篇。主编行业标准1项，参编行业规范1项。推动了我国工业炉窑领域节能减排工作的技术进步。

纳米镁铝尖晶石前驱体—树脂包覆铝粉及应用

获奖类别： 2018年全国建材行业技术革新奖二等奖

获奖单位： 郑州大学

本成果由郑州大学和马鞍山利尔开元新材料有限公司合作研发的新产品。针对金属铝粉易水化，在含水体系大量应用受限制问题展开。采用纳米镁铝尖晶石前驱体—树脂包覆铝粉及其在含碳浇注料中应用。先以铝盐（硝酸铝、氯化铝、硫酸铝）和镁盐（硝酸镁、氯化镁、硫酸镁）为主要原料，采用柠檬酸为络合剂，用氨水调节pH值为中性后放入烘箱制备镁铝尖晶石前驱体溶胶；将纯化后的金属铝放入镁铝尖晶石前驱体溶胶中，经超声分散抽滤，得到表面被纳米镁铝尖晶石溶胶包裹的金属铝粉，烘干后即得到纳米镁铝尖晶石包覆的金属铝粉。为提高包覆膜的致密性以及耐酸碱性，再将被纳米镁铝尖晶石前驱体包覆的铝粉放入乙醇—酚醛液体中超声分散、抽滤、干燥，即得到纳米镁铝尖晶石前躯体—树脂包裹的金属铝粉。此包覆铝粉在水中和浇注料体系均具有优良的抗水化性，且包覆铝粉在含碳浇注料体系中高温下可原位形成Al_4C_3和AlN等非氧化物，对材料具有增强增韧作用，可明显提高浇注料的高温使用性能。包覆铝粉还可作为抗氧化剂，有效保护含碳浇注料中碳不被氧化，其抗氧化效果优于价格昂贵的B_4C。包覆层中纳米镁铝尖晶石前驱体在高温下可形成纳米镁铝尖晶石颗粒，在含碳浇注料中可形成纳米颗粒/纳米纤维协同增强增韧作用。

此成果不仅解决了金属铝粉因水化而在浇注料体系中大量应用受限制的问题，对含碳浇注料的性能提高、延长使用寿命具有重要意义。因浇注料属于节能环保型耐火材料，因此，本项目对高温工业的节能减排也具有重要意义。

本成果在国际上首次采用二元尖晶石前驱体溶胶—树脂液来包覆金属铝，此包覆金属铝粉在纯水和浇注料体系中具有优良的抗水化性，凝胶包覆层在加热过程中可形成原位镁铝尖晶石纳米颗粒，同时金属铝在高温还原气氛下可生成Al_4C_3或AlN晶须等，进而形成纳米颗粒/非氧化物晶须协同增强增韧相，进而提高浇注料的高温使用性能。其技术居国际先进水平。

8.5代 TFT-LCD 液晶玻璃基板制造用功能陶瓷新材料

获奖类别： 2017年获山东省科学技术进步二等奖
获奖单位： 淄博工陶新材料集团有限公司

该项目成果的主要创新点为：（1）通过原料特殊处理，促烧结剂纳米化、复合添加，粗细粒径双峰分布，降低锆英石材质的高温弯曲蠕变速率；（2）创新了超大尺寸坯体装窑、烧成工艺技术；（3）创新了去除杂质，精加工工艺，制得了无表面缺陷的溢流砖产品；（4）创新了与8.5代陶瓷溢流砖配套的系列新材料：支撑砖、加热瓦、氧化锡陶瓷电极等。

项目成果实施三年来，为企业新增销售收入1.87亿元，新增利税7019万元。通过在芜湖东旭、郑州旭飞、成都中光电的推广应用，为客户新增销售收入23.56亿元，利润9.03亿元，税收2.39亿元。淄博工陶现已占据了国内70%以上的市场份额。

8.5代TFT-LCD液晶玻璃基板制造用功能陶瓷新材料项目的研发成功和工业化生产，彻底打破了国外的产品封锁及技术垄断，填补了国内空白，现已取得发明专利7项，行业标准2项，形成了自主知识产权，为加快我国高端平板显示器件产业的技术进步，提升行业竞争力起到了显著的推动作用。

竖式连续化生产新型石墨化电煅炉

获奖类别： 2015年辽宁省科技进步奖三等奖
获奖单位： 辽宁科技大学

本项目属于无机非金属材料科学领域，是一种碳质材料高效、节能深加工的新型炉窑。该炉窑是石油焦石墨化生产的最主要的关键设备。

项目属于《国家中长期科学和技术发展规划纲要（2006~2020年）》中资源领域“矿产资源高效开发利用”和环境领域“环境清洁技术”两大优先发展主题。

长期以来石墨化石油焦生产，国内外一直采用由美国人艾奇逊发明并获得专利权的一种卧式石墨化炉—艾奇逊炉。该炉采用卧式设计，煅烧温度2200~2300℃，具有设备简单、操作方便的优点。但其通电周期长，间歇式生产，能耗高（电能利用率仅有30%左右），对环境污染严重，产品品质不稳定。20世纪80年代后，在艾奇逊石墨化炉基础上进行改进，出现内热串接石墨化炉。与艾奇逊石墨化炉相比，内热串接石墨化炉温升快，耗电量节省30%左右，生产成本有所降低。但生产效率低、能耗高及对环境污染严重等问题并没有从根本上得到解决。

新研制的“竖式连续化生产新型石墨化电煅炉”，采用竖式一体化密封结构，炉体与缸盖经过特殊密封工艺处理，炉内温度可达2300~2800℃，自动化控制，连续化、不间断的生产作业，炉内温度持续恒定，产品可实现电耗小于1100kW·h/t，比内热串接石墨化炉（电耗2700kW·h/t），节能50%以上，比传统的艾奇逊石墨化炉（电耗4000~5000kW·h/t）节能70%以上。由于采用密封结构，炉内产生的烟尘及有害气体，经过高温煅烧后，大部分转化到物料中得以利用，少量的烟尘、SO_x和NO_x，通过除尘、除硫设备得到处理，实现烟尘及有害气体的近零排放。

新研制的电煅炉，属国内首创，并已获得国家专利权，在石油焦材料深加工方面，处于国内领先地位，是碳质行业煅烧炉的一项巨大变革。利用该电煅炉已经成功地批量生产出碳含量（质量分数）高达99.5%以上的高导电率石墨化石油焦，特别是在电极端头上形成的部分高纯热解石墨（纯度极高达到了99.99%），粒度近似于纳米，可作为锂离子电池负极等高端碳晶电热材料。

现已生产出高级增碳剂批量合格产品30000余吨，产品主要供给鞍钢、本钢、首钢、莱钢、五矿营口中板厂等企业，部分产品出口到马来西亚、新加坡等国家，受到用户的好评。

Si_3N_4 增强 $Al-Al_2O_3$ 复合滑板的研制

获奖类别： 2015年度“中联杯”河南省建材行业技术革新奖一等奖
2015年度河南省工业和信息化科技成果奖二等奖
获奖单位： 河南熔金高温材料股份有限公司、北京科技大学

本项目是建立在$Al-Al_2O_3$复合滑板的研究基础之上，加入增强相Si_3N_4后，通过三种不同的制

备工艺下产生一些新相，进而提高滑板的各项性能，是对 $Al-Al_2O_3$ 体系滑板的继续研究和发展。

1. 主要研究内容

主要研究内容为：

（1）Si_3N_4 的加入量对材料性能的影响；

（2）不同 Si_3N_4 含量材料的矿相；

（3）对三种不同烧成方式所制成的滑板均做一系列的理化试验，即显气孔率、体积密度、常温抗压强度、高温抗折强度、抗氧化性和抗水化性。并对各试样的性能进行分析，进而比较 Si_3N_4 的加入量对制品性能的影响；

（4）通过扫描电镜的背散射图像、二次电子图像和 EDS 能谱报告，观察材料某个点或者某区域的元素组成，分析不同颗粒的形态特征。再结合 XRD 衍射图谱分析滑板的物相组成，进而推断滑板高温下可能形成的组织，以及可能具有的性能；

（5）综合性能最优的一组即为最佳的实验配方，按照此配方生产的滑板用在连铸工艺中，以验证是否符合连铸长寿化的要求；

（6）在实验室研究基础上，组织小试和中试，得出 Si_3N_4 加入量的最佳范围，确定了氮化烧成工艺；

（7）优化配方、工艺及质量检验标准，组织批量生产并跟踪改进。

2. 经济效益分析

与平均连滑 3 次的铝锆碳滑板生产成本比较，本项目的原料成本比铝锆碳滑板低约 1200 元/吨；铝锆碳滑板浸渍与干馏所需费用约 1300 元/吨，本项目无须此费用。综上计算，本项目生产成本比铝锆碳滑板低约 2500 元/吨。

3. 社会效益分析

本项目比铝锆碳滑板连滑次数略有增加，而生产成本和平均售价均明显降低，可为用户节省采购费用。与埋碳烧成滑板生产工艺相比，本项目采用氮化烧成工艺，不经浸渍和干馏，节能减排，工人劳动强度减轻，现场环境显著改善。

4. 特点

（1）结合体系。含碳滑板主要靠碳（链）结合维持其高温强度并改善热震稳定性；本项目不添加石墨、炭黑，采用金属结合、非氧化物复合结合方式，赋予滑板更高的高温强度和良好的热震稳定性。

（2）生产工艺。与原含碳滑板生产工艺相比，本项目采用氮化烧成工艺，不经浸渍和干馏，节能、环保。

5. 技术水平

该项目在 $Al-Al_2O_3$ 复合滑板的生产工艺基础上，首次引入 Si_3N_4 粉，采用无须浸渍沥青和干馏处理的绿色环保工艺，制备了 Sialon、Al_4O_4C 为增强相的新型滑板，具有耐压强度高、高温抗折强度高、抗水化性能好等特点，使用性能明显提高，具有创新性。该项目产品满足了洁净钢和特种钢冶炼的需求，经济效益和社会效益显著，具有良好的推广应用前景。该项目整体技术达到国际领先水平。

氮化硅铁—刚玉复合滑板的研制

获奖类别： 2016 年“同力杯”河南省建材行业技术革新奖一等奖
2016 年“巨石杯”全国建材行业技术革新一等奖

获奖单位： 河南熔金高温材料股份有限公司

本项目研制的氮化硅铁—刚玉滑板，在前期研究 Si_3N_4 增强 $Al-Al_2O_3$ 滑板的基础上，作为金属—非氧化物—氧化物复合耐火材料体系的一部分，延续了低碳化、无铬化的绿色耐火材料理念。由于 Si_3N_4 增强 $Al-Al_2O_3$ 滑板添加了价格昂贵的金属铝和氮化硅，难以降低原料成本。本项目采用的氮化硅铁，已经实现工业化生产，不仅能为滑板的制备和生产提供氮化硅来源，氮化硅铁中的硅铁合金能够起到金属的作用，对滑板的成型和烧结都起到优化的作用，更有可能促进 β-Sialon 等新相的形成，对滑板的微观组织和结构起到加强的作用，能大批量、低成本地生产性能优良的氮化硅铁—刚玉复合滑板。

1. 主要内容

氮化硅是性能非常优良的非氧化物材料，尤其是优异的高温性能。但是纯的氮化硅价格比较昂贵，难以在耐火企业得到大规模采用。氮化烧成条件对于一般耐火生产企业较难达到，而且耐火材料中的氮化硅是通过金属硅的氧化形成的，但是这种方法的缺点是厚度较大的制品会出现氮化不完全的状况，影响材料的均匀性与各项性能，限制了氮化硅在耐火行业的应用。相对于纯氮化硅而言，利用FeSi75铁合金氮化制备氮化硅铁则是廉价易行的方法，其成本也容易被耐火材料行业所接受。陈俊红对于氮化硅铁粉体的微观结构进行了研究，结果表明，氮化硅铁粉料的微观形貌主要以棒状颗粒和颗粒粘接成的团聚体组成，棒状结晶是纯β-Si_3N_4，团聚体的具体结构为尺寸较小的铁相材料完全包裹在氮化硅致密颗粒中。

氮化硅铁（Fe-Si_3N_4）是近年来出现于高温材料领域的新型复相材料。闪速燃烧合成的氮化硅铁是以氮化硅为主要物相的，同时含有部分铁，与纯氮化硅的性能有所不同。

氮化硅铁具有氮化硅热震性能好、高温蠕变小及优良的化学性能，而且氮化硅铁中硅铁的存在，对于致密烧结和性能可以起着提高的作用。同时，氧化铝在高温下可以与氮化硅发生固溶，生成β-Sialon。β-Sialon不仅具有优良的抗热震性和抗侵蚀性，而且可以将刚玉大颗粒连接起来，使得结构更加牢固。

氮化硅铁—刚玉滑板，作为金属—非氧化物—氧化物复合耐火材料体系的一部分，延续了低碳化、无铬化的绿色耐火材料理念。由于Si_3N_4增强Al-Al_2O_3滑板添加金属铝和氮化硅，价格昂贵，因此难以降低成本。本项目采用的氮化硅铁，已经实现工业化生产，不仅能为滑板的制备和生产提供氮化硅来源，氮化硅铁中的硅铁合金能够起到金属的作用，对滑板的成型烧结都起到优化的作用，更有可能促进β-Sialon等新相的形成，对滑板的微观组织和结构起到加强的作用，能大批量、低成本地生产性能优良的氮化硅铁—刚玉复合滑板。

2. 直接经济效益

与平均连滑3次的铝锆碳滑板生产成本比较，本项目的原料成本比铝锆碳滑板低约2513元/吨；铝锆碳滑板浸渍与干馏所需费用约1162元/吨，本项目无须此费用。综上计算，本项目生产成本比铝锆碳滑板低约3675元/吨。

3. 社会效益

目前，国内钢铁企业的100吨以上连铸钢包广泛使用铝锆碳滑板，并要求其能够持续稳定地达到不低于连滑3次的使用效果。由于铝锆碳滑板成本和售价居高不下，供需双方都承受着不小的经济压力。

本项目无须浸渍与干馏，缩短了生产周期，降低了生产成本，消除了沥青浸渍和干馏过程中产生的污染，符合国家有关节能、环保政策，是一种环境友好型的生产工艺。

该新型滑板适用范围较铝锆碳滑板更广，既能连铸普碳钢，还能连铸低碳钢、超低碳钢种，其技术原理及工艺特征对本领域研发和应用无碳耐火材料有示范和带动作用。

4. 特点

该新型滑板具有如下特点：

（1）该项目滑板添加氮化硅铁而不添加石墨。为未来耐火材料的功能元件摆脱对石墨的依赖提供了开创性技术路线。对本领域研究和应用无碳耐火材料有示范和带动作用，同时也引领了绿色、环保和长寿化的耐火材料发展方向。

（2）采用廉价的氮化硅铁，对滑板的成型、烧结都起到优化的作用。并对滑板的微观组织和结构起到加强的作用。

5. 技术水平

项目在Si_3N_4增强Al-Al_2O_3复合滑板的生产工艺基础上，首次引入了氮化硅铁原料，形成金属间化合物—非氧化物—氧化物复合新体系，研制出性能优良的氮化硅铁—刚玉复合新型滑板，具有明显的成本优势。项目产品中金属间化合$FeSi_3$促进了β-Sialon等增强相的形成，改善了滑板的性能。产品生产过程无须外加碳源和沥青浸渍，绿色环保，可以满足洁净钢和特种钢冶炼的需求。综上所述，创新引入氮化硅铁原料开发的氮化硅铁—刚玉复合滑板项目整体技术水平达到国际领先。

氮化硅铁陶瓷复合滑板的研制

获奖类别： 2017年度“天瑞杯”河南省建材行业技术革新奖一等奖

获奖单位： 河南熔金高温材料股份有限公司、北京科技大学

以板状刚玉为主要原料，金属铝、氧化铬按照一定的比例混合添加，经热压烧结成型，形成了以刚玉为主晶相的金属陶瓷结合复合刚玉滑板。金属

陶瓷材料复合刚玉滑板有着与 Al_2O_3-ZrO_2-C 或 ZrO_2 质滑板几乎相近的抗热震性，但其抗渣侵蚀性能较 Al_2O_3-ZrO_2-C 或 ZrO_2 质滑板有较大的提高。

氮化硅与这几种传统滑板材料性能相对比，在耐火性能、抗渣蚀性能上有着明显的优势，但是却由于质地松散导致加工精度低。这一缺陷有望通过使用氮化硅铁材料来弥补。

1. 主要内容

目前国内外滑板材料的材质主要以 Al_2O_3-C、Al_2O_3-ZrO_2-C、Al_2O_3-SiO_2、MgO 及 MgO-MA 质为主，国内广泛使用的滑板材质为 Al_2O_3-C 质 Al_2O_3-ZrO_2-C 质。随着耐火材料的发展，滑板的种类越来越多。不仅开发出了一些具有较高耐压强度和抗折强度的滑板，而且也开始生产了一些无碳的复合滑板产品。但是，滑板的使用次数还是不高，成本较高，而且它的理化性能仍存在一定的发展空间。在高温技术已经高度发展的今天，耐火材料也已不再是人们旧观念中的“矿物衍生材料”，而是形成了多元、复相、颗粒级配的无机复合材料。金属间化合物—非氧化物复合材料已经成为耐火材料发展的趋势。耐火非氧化物具有对熔渣和金属熔体的抗渗透性和侵蚀性较好，线膨胀系数不大，导热性、抗热震性较好等优点；但其抗氧化性欠佳。金属间化合物 Fe_3Si 有良好的抗氧化性，而且硅铁的存在，对于致密烧结和性能可以起着提高的作用。将金属间化合物和非氧化物复合产生一些具有优异性能的组织，并使滑板具有更好的使用性能，进而提高滑板的使用次数。

本项目直接在合成的氮化硅铁陶瓷表面加工、钻孔、完成滑板制备，在滑板中心工作层的周边通过与刚玉质浇注料复合，来最终完成各种规格型号滑板的制备。氮化硅铁已经实现工业化生产，不仅能为滑板的制备和生产提供氮化硅来源，氮化硅铁中的硅铁合金能够起到金属的作用，对滑板的成型烧结都起到了优化的作用。

2. 直接经济效益

本项目滑板和镶嵌锆板的滑板外套使用材质和成型方法不同，镶嵌板材质也有很大差别，主要是从原料成本、工艺成本及使用寿命来进行比较。普通镶嵌锆板滑板外套原料费用为 8850 元/吨，本产品滑板外套原料费用为 4924 元/吨，锆板价格约 120000 元/吨，氮化硅铁板价格约 9000 元/吨，按照整块滑板镶嵌板占总质量的 1/6 算，普通镶嵌锆板的滑板原料价格约 27375 元，该项目产品原料成本 5603 元，该产品和传统镶锆板滑板相比原料成本降低了 21772 元。

3. 社会效益

目前，国内钢铁企业冶炼特种钢时，连铸钢包广泛使用镶嵌锆板滑板，并要求其能够持续稳定地达到不低于连滑 2 次的使用效果。由于镶嵌锆板滑板成本和售价居高不下，供需双方都承受着不小的经济压力。

本项目无须浸渍与干馏，缩短了生产周期，降低了生产成本，消除了沥青浸渍和干馏过程中产生的污染，符合国家有关节能、环保政策，是一种环境友好型的生产工艺。

该新型滑板适用范围较镶嵌锆板滑板更广，既能连铸普碳钢，还能连铸低碳钢、超低碳钢种，其技术原理及工艺特征对本领域研发和应用无碳耐火材料有示范和带动作用。

4. 特点

该新型滑板具有如下特点：

（1）氮化硅铁的合成就是高温氮气条件下 FeSi75硅铁中的金属 Si 及 Fe-Si 熔体的氮化，硅的氮化伴随着气相中氧的影响。闪速燃烧合成的氮化硅铁的主要物相主要为 Si_3N_4 和 Fe_3Si。

（2）氮化硅铁陶瓷复合滑板的性能良好，其性能：显气孔率<30%，体积密度>2.45g/cm^3，耐压强度>75MPa，荷重软化温度>1650℃，Si_3N_4 >70。

（3）本项目研究的产品原料中不含碳且滑板无须沥青浸渍，具有节能和环保优势，降低了生产成本，提高经济效益。不仅实现了无碳化和无铬化，而且保证了材料具有较高的常温和高温强度。

（4）本项目的创新之处在于将金属间化合物与非氧化物复合材料复合。氮化硅铁 Fe_3Si-Si_3N_4 陶瓷复合滑板既具有氮化硅优异的高温性能，同时金属间化合物 Fe_3Si 具有塑形相作用，抗氧化性好，二者结合大大提高了滑板的性能。

5. 技术水平

项目在已完成金属—氧化物—非氧化物复合系列滑板的基础上，采用闪速燃烧合成工艺，采用硅铁合金直接氮化合成高强度氮化硅铁陶瓷制备出性能优良的刚玉—氮化硅铁复合滑板。该氮化硅铁陶瓷用于滑板工作区，与非工作区的刚玉质基体进行复合，该工艺无须烧结，经切磨加工后直接镶嵌使用。该产品工作区用氮化硅铁陶瓷由 Fe_3Si 和 Si_3N_4 组成，是金属间化合物—非氧化物复合材料，热震稳定性和抗高温熔体冲刷等性能好，适宜于洁净钢和特种钢冶炼的需求，实现了滑板向非氧化物陶瓷的独创性发展。该产品生产过程无须外加碳源和沥青浸渍，无须烧结，环保节能。产品制备过程使用铸钢厂的富余氮气，对探索利用冶金行业富余氮气在高性能耐火材料制备中的应用具有示范和引领作用。项目产品工艺技术先进，质量稳定，已批量生产。经衢州元立、柳州钢铁和安阳钢铁等多家企业使用，效果良好，经济和社会效益显著，具有好的推广应用前景。使用氮化硅铁陶瓷作为滑板工作区具有独创性，其技术达到国际领先水平。

添加钛的金属结合滑板及其生产方法

获奖类别： 2018 年度“华威杯”河南省建材行业技术革新奖一等奖

获奖单位： 河南熔金高温材料股份有限公司

1. 主要内容

本项目产品是在传统含碳滑板砖的基础上，引入金属钛作为塑性结合相，和金属铝形成复合金属结合体系，金属钛在滑板中不仅起到了抗氧化作用，还由于其具有塑性、延展性的特性作为结合增强相，同时金属钛在热处理过程中与 N_2、C、Al 反应原位生成 TiC、Ti_3N_4 和铝钛合金新增强相，增强相具有熔点高、硬度大、抗氧化性能好等特点，能明显提高产品的耐高温性能、热震稳定性、抗侵蚀性等性能，在热处理过程中，金属钛熔融后形成液相以及与金属铝形成铝钛合金充填于骨料颗粒的间隙，形成对包裹的连续相。铝钛合金作为高温塑性相，形成于材料中时能够起到填充气孔，修补裂纹的作用。使产品的性能得到显著提高。

金属钛的引入是体系中在热处理过程中 Al_4C_3 和 Al_4O_4C 生成量减少，转化为具有优异性能的 TiC，有望在解决其水化和分解问题的基础上进一步提升材料性能。同时，金属钛的引入显著提高产品的热震稳定性和抗侵蚀性，能降低体系中碳的加入量，使滑板砖实现低碳化。

2. 直接经济效益

和烧成铝锆碳滑板砖相比，本项目产品无须烧成、浸油和干馏，综合成本降低约 2347 元/吨，按照年产量 1000 吨计算，可实现生产成本降低 234.7 万元。

和免烧免浸滑板砖相比，该项目产品平均使用寿命提升 0.5 次，年滑板使用量可降低 10%～20%，吨滑板砖炼钢量显著提升。

3. 社会经济效益

本项目比传统滑板相比连滑次数略有增加，而生产成本和平均售价均明显降低，可为用户节省采购费用。同时与高温烧成滑板相比，本项目采用不烧、中温氮化处理工艺，不经浸渍和干馏，节能减排，工人劳动强度减轻，现场环境显著改善。

本项目还可连铸洁净钢，适用范围更广，安全系数更高，有利于钢坯质量的提高和炼钢节奏的稳定，满足钢厂炼钢安全生产的需要。

综上，随着钢铁企业加快产品结构的调整，本项目发展前景及潜在效益良好。

4. 特点

本项目具有如下特点：

（1）采用金属铝和金属钛的复合金属结合滑板替代单一的金属铝结合滑板，金属钛具有抗氧化作用和结合相作用，金属钛的引入还可降低在浇钢过程中由于氧化铝转变为铝酸钙造成浸入式水口结瘤断浇的概率。

（2）通过中温处理钛能原位生成碳化钛、氮化钛和铝钛合金，能明显提高制品的耐高温性能，通过工艺手段控制碳化铝、氮化铝的生成，对金属结合滑板的水化可起到抑制作用。

（3）金属钛的优异性能能显著降低产品中的碳含量，对低碳和无碳滑板的开发具有示范作用。

（4）与传统滑板生产工艺相比，本项目产品采用不烧或中温氮化烧成工艺，不经浸渍和干馏，节能、环保。

优质合金钢模铸用莫来石流钢砖开发与应用

获奖类别： 2016 年度安徽省科学技术三等奖

获奖单位： 瑞泰马钢新材料科技有限公司

冶金行业模铸钢生产一般采用黏土质流钢砖，

在原耐火材料行业标准 YB/T 5109—1993 所指的也是黏土质浇铸砖系列。随着技术进步及连铸的生产普及，模铸生产用的黏土浇钢砖已被逐步淘汰；但特殊合金钢因冶炼批量小及铸钢要求特殊等原因，仍采用模铸方式生产，而以往黏土质流钢砖耐侵蚀性能差，易产生钢中低倍夹杂而使钢坯报废，造成不小的经济损失；有的企业个别时期的成材率甚至低至 68%，是困扰特殊合金钢企业的一项难题，宝钢等企业当时提出开发产品要求，同时国外特钢也有此市场需求。

硅酸铝系统中的莫来石相，是具有较高的耐火度和优异的热震稳定性能的矿物相，刚玉相是具有更高耐高温性能的矿物相；将莫来石和刚玉有机地搭配在一起，在高温状态下，有良好的抗侵蚀性及抗热震稳定性，是生产高性能流钢砖的合适材料，但人工合成纯莫来石能耗较高，因此这些原料价格都较贵。项目研制人员率先选用国内现有优质天然原料，合理搭配，优化工艺，在合理颗粒级配的基础上，选择以优质铝矾土和天然莫来石为主要原料，以优质结合黏土和高效无机物作为复合结合剂，同时加入适量添加剂，通过混碾、半干法成型和特定的烧成制度，在烧制过程中产生“二次莫来石化”，研制出一种“莫来石相”含量（质量分数）45%～50%，“刚玉相”含量大于 45%的莫来石质流钢砖，该砖中的莫来石相具有高温结构强度高，高温蠕变率低，抗侵蚀性强，抗热震性能高等优点，研制出性能优良的莫来石质流钢砖，创造性地采用多样化的成型及加工方式，使产品各部位及接头处致密并基本均匀。提高了产品的抗钢水冲刷与侵蚀性能，实现了各种异特型砖的配套供应技术集成，获授权发明及实用新型专利各 1 项。为稳定产品质量与指引行业规范使用，并于 2016 年编制并通过全国耐标委西宁会议审定了 YB/T 4637—2018《莫来石质流钢砖》行业标准。

该产品各项性能指标优于国内同行现有的普通高铝砖和黏土质浇钢砖，达到国内领先水平，应用于特种合金钢模铸生产，能显著降低钢的夹杂，有效减少了由于耐材夹杂而造成的钢锭废品，特殊合金钢夹杂废品率下降三分之二，有利于稳定特殊合金钢模铸生产及提高合金钢的产品质量，使用厂每吨降低质量成本 31 元。该砖相继在美国、德国、宝钢、武汉重工、苏南特钢等国内外用户特种钢模铸生产中使用，都取得了较好的经济和社会效果。

低导热多层复合莫来石砖的研制及应用

获奖类别：2016 年度河南省科学技术进步三等奖
获奖单位：郑州瑞泰耐火科技有限公司

随着能源逐渐的紧缺及人们对环境保护的日益重视，节能降耗，保护环境已成为人类未来发展的新主题，我国已经将“节能减排”列入“十三五”计划的重中之重。

现有水泥窑前后过渡带多使用硅莫砖、硅莫红砖或镁铝尖晶石砖，使用寿命尚能达到用户满意。但由于镁铝尖晶石砖和硅莫砖、硅莫红砖导热系数大（≥2.8W/(m·K)），使得水泥窑使用中前后过渡带部位筒体外壁温度较高。筒体外壁温度高，一方面使窑筒体散热增加，从而加大熟料热耗，不利于节能减排；另一方面极易使筒体受热膨胀，致使窑中部托轮瓦温度升高，磨损加快。尤其是在内衬使用后期或夏季给设备运行带来隐患。

该项目通过对工作层耐火材料最佳组成的优化设计；多层复合结构的研究；结合面结合强度的研究，研制了一种采用多层复合结构，分别为工作层、保温层、隔热层的低导热产品。

该产品工作层具有高强度、低导热、高温耐磨、高荷重软化温度、抗侵蚀、抗热震的特性，提供稳定长寿的使用效果；保温层具有高强度、低导热特性，降低导热系数，同时作为骨架连接工作层与隔热层以及与筒体直接接触；隔热层则采用超低导热系数的含锆氧化铝耐火纤维板，进一步降低制品的导热系数。

该项目产品具备生产过程无污染、低消耗；使用过程中环境友好，使用寿命延长的特点；同时实现了降低水泥窑筒体温度、减少吨水泥燃料消耗等目的。这些优异的特点不仅能帮助水泥企业降低自身生产成本，同时在使用中能达到节能、减排、环保、长寿的目的，为全面建设资源节约型国家、创建环境友好型社会做出重要的贡献。

在水泥回转窑过渡带使用低导热多层复合莫来石砖在满足使用要求的前提下，与过去使用的硅莫砖、硅莫红砖、抗剥落高铝砖以及镁铝尖晶石砖相比，具有保温隔热降低筒体温度的特性，由此将起到节能、环保，降耗的巨大作用。

以一条 5000 吨/天回转窑，使用长度 20m，筒体温度降低 60℃ 计算，每天将节约标准煤约 2077kg，一年按 330 天计算，将节约标准煤

685410kg，减少排放二氧化碳 1795.8t，二氧化硫 6.8t，氮氧化物 4.9t，PM2.5 7.5t。

据统计截至 2013 年底全国新型干法水泥生产线达 1709 条，由此推算，采用低导热多层复合莫来石砖节能、环保、降耗效果是惊人的。

该项目实施近 7 年来，累计新增收入 2.7 亿元，新增税收 2300 万元。

钢包废旧耐火材料资源利用

获奖类别： 2017 年湖南省冶金科学技术三等奖
获奖单位： 湖南湘钢瑞泰科技有限公司

随着钢铁产能的迅猛发展，耐火材料的需求越来越大，而钢企产生的耐火材料越来越多，同时耐火原料矿物资源的储量也越来越贫乏。如何保持资源再生循环利用是当今世界发展的重大课题。钢包用耐材品种繁多，消耗巨大，废旧材料可利用率高，是资源再生循环利用的一大法宝，也是耐火生产企业节约资源、降低成本的重要途径。

我公司自 2004 年开始对钢包废旧资源利用进行研究，是国内较早一批开发废旧耐材技术的企业。目前在钢包熔池和包底内衬用铝镁碳砖方面成果丰富，再生料比例高达 50%以上；在钢包普通渣线部位镁碳砖再生比例达到 30%；在普通滑板上再生利用率 50%，均处于国内先进水平。近几年同时建设和改建 2 条新的再生料原料加工线，重点加强了出铁功能，所生产的再生料品质逐渐提高，杂质、铁含量低，体密高，粒度分布合理，完全满足质量要求。新改造的防尘设备，减少了粉尘污染和人体危害。

本项目研究各再生料理化性质和应用，主要从添加的比例，粒度分布和化学成分，进行再生铝镁碳砖的试验，并在湘钢炼钢进行工业试验，验证再生砖达到原生砖的使用效果。而且经过多年实验研究，再生料利用率也逐渐提高，并处于国内先进水平。

钢包内衬废旧耐材主要是含碳砖，针对含碳废砖的有害物质，首先研究开发了含碳废砖预处理技术，杜绝了烘干开裂鼓包问题；设计建造含碳废砖再生料生产线，优化再生料加工工艺，生产出优质的再生颗粒，包括 5～3mm、3～1mm 和 1～0mm，同时保留全部有用材料包括镁砂、刚玉、矾土、石墨、碳化硅等原料；通过添加复合添加剂，开发了再生料颗粒代替含碳砖骨料和部分石墨的钢包用再生制品。在钢厂钢包中，再生砖取得了和原生砖同样的使用效果。

目前钢包含碳砖生产所需的主要原料包括电熔镁砂、电熔棕刚玉、鳞片石墨、金属铝、树脂等原料。开采石墨污染性极大，严重破坏生态环境。而生产镁砂和棕刚玉，国内均采用电熔法，能耗巨大，成本高。钢包含碳砖在使用后，一般还残留 30%～40%废砖，对环境产生严重污染。钢包含碳废砖经过回收加工处理后，生产出再生料，代替新原料。不仅降低成本，而且减少污染和矿产资源，是资源可持续性利用的典范。近几年来我公司大力研究再生耐材，每年可以处理 10000t 以上的废旧耐材，随着公司的发展和市场的开拓，处理能力仍可大幅增加。

高温熔炼环境下高可靠性新型耐火材料关键技术及应用

获奖类别： 2018 年湖南省科技进步三等奖
获奖单位： 湖南湘钢瑞泰科技有限公司

公司根据原有耐火材料在钢铁高温熔炼环境中自身及煤燃料的熔渣与耐火材料之间的侵蚀及黏结的现状，联合高校科研人员，对钢铁高温熔炼过程自身杂质及煤燃料灰分形成的灰渣成分与耐火材料成分之间的扩散，侵蚀等物理化学行为及机理进行了翔实的理论分析，归纳总结了熔渣各种矿物成分对耐火材料的作用特性以及耐火材料组分在燃油辅燃时重质焦油催化热解时的析碳性，为有效提高耐火材料在高温熔炼环境下的抗侵蚀和抗结渣性能提供了科学的设计依据，并据此设计了滑板砖及其制备方法、一种镁尖晶石砖及其制备方法、再生叶蜡石碳化硅碳砖及其制备方法三种发明专利产品和与之相关配套的一系列实用新型专利技术。该项目关键技术产品不仅有效促进了湘潭钢铁有限公司钢铁产品质量的大幅提升，确保了国防和电力等高强度装备用钢的需要，而且首次实现了报废的叶蜡石碳化硅砖等废渣的再生高效回收利用，显著降低了毁损耐火材料对环境的污染。

玻璃窑蓄热室用镁锆砖的设计和可控制备

获奖类别： 2015 年河南省科学技术进步二等奖
获奖单位： 河南瑞泰耐火材料科技有限公司

镁锆砖是无铬碱性砖，对格子体中部的 800～

1150℃硫酸盐凝聚具有较强的抗侵蚀性，这种产品在发达国家的玻璃窑中已得到广泛地使用。我国玻璃窑蓄热室耐火材料的设计和制备比较粗糙，形成以功能为导向，以可控制备镁锆砖技术为目标是克服玻璃窑用镁锆砖在生产中的性能不稳定的关键。它不仅可实现制备性能稳定的镁锆砖，同时还可指导工艺的调整，使得玻璃窑蓄热室镁锆砖性能实现可设计、可预报性。

本项目的关键技术就是利用现代信息技术改造传统加工制备技术。功能导向的玻璃熔窑用镁锆砖的设计和可控制备核心是：(1) 研究镁锆砖性能形成的机理，找到影响其性能的各个因素；(2) 设计合理正交试验，利用方差分析法找到具有统计意义的影响因素；(3) 定义出具有统计意义的因素和镁锆砖性能指标的关系式，形成数学模型，指导工艺参数的调整，制备满足功能要求的镁锆砖。

通过该项目的实施，实现镁锆砖的可控制备技术。成功研制出贯通气孔少、抗侵蚀性能强、防堵塞、抗蠕变和导热性能好的玻璃窑蓄热室用镁锆砖，并进行工业化生产。使用情况表明，镁锆格子体砖使用寿命，比原来镁砖至少长 2 个月寿命。目前，河南瑞泰每年可为玻璃行业提供 10000t 优质镁锆砖，有很好的经济效益。研发的产品使用性能远远高于普通格子体，大大提高了镁质格子体的使用寿命。其次，产品改善了普通格子体的导热率和热容量，使玻璃熔窑蓄热室热交换效率提高了 2%～5%，达到了节能降耗的目的。同时，镁锆砖可以部分替代镁铬砖，减少 Cr^{6+} 污染，使玻璃窑朝着长寿化，环保化和节能化方向发展，社会效益显著。

有色冶炼炉用吹氧管涂料的研发

获奖类别： 2017 年全国建材行业技术革新奖三等奖

获奖单位： 河南瑞泰耐火材料科技有限公司

吹氧管被广泛应用于炼钢吹氧清炉、盛钢桶吹氧开浇、炼铁高炉吹氧开出铁口等领域，为延长吹氧管的寿命，国际国内通用做法是将普通吹氧钢管的外表涂上耐火物质，达到减小劳动强度和降低吨钢消耗的目的。但普遍存在三方面的问题，其一是成型后都需要低温烘烤，成本既高，又延长制作周期；其二是高温下涂料的热膨胀性与金属不匹配，强度及耐磨性不够，导致使用寿命短；其三是吹氧管在涂层前都需要除锈等处理，费时费力。有色工业中的冶炼炉所用吹氧管使用寿命短是困扰各有色冶炼厂家的难题。

项目通过耐火材料材质的选择及确定，结合剂的选择及确定，涂料助剂的选择及确定，颗粒级配的确立，研制的吹氧管涂抹料与钢管或铁管有较强的亲和力，热膨胀系数差距小，抗侵蚀冲刷性及热震稳定性好，明显改善吹氧管易氧化，侵损快的现状，同时开发的吹氧管表面涂层设备，取代了人工在吹氧管表面涂抹耐火材料的方法，提升生产效率，通过开发的表面涂层设备生产的耐火材料吹氧管涂层结构致密，强度高，耐高温，大幅提高吹氧管的寿命，降低吹氧管的综合成本，也降低了操作工人的劳动强度，提高了窑炉的运转效率。

项目研制的有色冶炼炉用吹氧管涂抹料在铜业阳极炉上应用后，其使用寿命从 40 分钟/次延长到 2 小时/次，良好的使用效果受到客户的好评，年生产该产品 716. 73 吨，共计收入 4013710 元。有色冶炼炉用吹氧管涂抹料的采用，大幅提高吹氧管的寿命，降低吹氧管的综合成本，也降低了操作工人的劳动强度，提高了窑炉的运转效率，对耐火材料行业的技术进步有很大推动作用。

耐火材料吹气管表面涂层设备

获奖类别： 2018 年全国建材行业技术革新奖三等奖

获奖单位： 河南瑞泰耐火材料科技有限公司

吹气管是铜冶炼过程中的常用设备，为了防止窑炉内火焰温度烧坏吹气管，通常在吹气管表面涂抹上一层耐火泥或耐火浇注料，传统的方法采用人工向吹气管外壁涂抹耐火材料，产品质量受人为因素影响太大，在窑炉内使用寿命波动大，更换周期不稳定。除此之外，这种传统人工涂抹方法受施工天气变化因素的限制，在严冬季节施工困难，而且在使用过程中存在开冻剥落的现象，频繁更换耐火材料涂层管，窑炉内热量散失较大，浪费燃料。为了解决人为因素对产品的影响，开发了一种耐火材料吹气管表面涂层设备。

本项目通过设计耐火材料吹气管表面涂层设备可取代传统人工涂抹方法。该设备操作方便简易，在整个加工过程中，仅需要人工对物料进行搬用，耐火材料与吹气管的涂抹结合过程，全部使用该自动设备完成。大大降低了工人的劳动强度，提升了生产效率。另外，在本装置中配料系统、送管系统、定心系统为三个独立的单元，可进行局部拆装清洗、更换、不受空间限制，采用先进的变频器控制，整个生产过程可控化管理。同时，对整套设备加装了速度调节系统，能够根据天气情况、施工情况、人员情况等客观因素，对整个加工过程的时效进行控制。而且使用本装置生产的耐火材料吹气管涂层结构致密均匀，强度高，耐高温，大大提高了吹气管的使用寿命，降低了在铜冶炼过程中耐火材料的消耗量。

在未使用本装置之前，每吨产品合格率为65%，不合格的产品无法继续使用，需要将物料给废弃，物料由矿产资源加工而成。使用本装置之后，合格率达到了95%，物料废弃量减少，对资源上也是一种有效的节约。经济效益：因产量增加，签订合同的订单量也增加，平均每年比立项时产量增加180吨，每吨销售额按5000元计算，每年增加销售收入90万元。该装置具有节约资源，节约能源，提高生产效率，提高产品质量，推动相关行业技术进步等作用。

耐火材料结合剂生产装置

获奖类别： 2018年全国建材行业技术革新奖三等奖

获奖单位： 河南瑞泰耐火材料科技有限公司

亚硫酸纸浆废液通过木质素磺酸盐及其衍生物的作用而具有结合性能，被广泛用于耐火材料的结合剂。传统上结合剂的加工过程使用人工模式，劳动强度大，生产效率低下，生产工艺不够严密。针对以上问题，进行了耐火材料结合剂生产装置项目的开发。

本项目通过提升机将木质素磺酸钙输送到搅拌罐内，增加热水水温输送管道，在搅拌罐内自动完成物料的混合，通过循环泵形成二次搅拌过程，避免物料搅拌不均，造成对生产的影响。既能保证纸浆回流循环搅拌，又不影响成品纸浆的输送，而且二者是通过同一个输送装置交替完成的，减少了设备上资金的投入，达到了一机两用的效果。

该项目首先通过管道与结合剂搅拌装置相连，配备流量计量阀，解决了人工加水的复杂性，同时加装了与搅拌装置配套使用提升机，物料通过提升机直接加入搅拌装置中，同时通过机械搅拌，将物料与水搅拌加工成结合剂，极大地减少了人力劳动。

耐火材料结合剂生产装置在投入使用后，实际效果反应良好。按公司年产量38000吨来计算，公司每年采购成本285万元，而使用该装置加工结合剂，结合剂的主要原料木质素为3400元/吨，原料用量为475吨，原料成本每年161.5万元，除去人工、水电、设备维护费用每年约31584元，每年节支总额约120.34万元。

耐火材料结合剂生产装置，推动了耐材行业的耐火材料结合剂加工方式的变革。由传统的落后的人工方式，改变为先进的自动化设备加工方式；耐火材料结合剂生产装置全封闭设置，保护了生态环境。该装置具有提高生产，节约资源，保护环境，优化产品生产质量，推动行业技术进步等作用。给同行业的耐火材料结合剂的生产模式改造提供了非常有价值的参考，为更先进的设备发展奠定了基础。

不定形耐火材料的免烘烤技术开发和应用

获奖类别： 2015年度河北省科技进步三等奖

获奖单位： 唐山市国亮特殊耐火材料有限公司

针对不定形浇注料在烘烤使用过程中存在易爆裂和烘烤时间长等问题，以球体紧密堆积原理和胶体化学的相关理论为指导，通过优化颗粒级配、选择高效减水剂、添加复合防爆剂等技术措施，有效提高了浇注料的抗爆裂温度；借助基质泥浆材料综合热分析，揭示了AC发泡剂提高抗爆裂性能的机理；通过研究AC发泡剂对浇注料综合性能的影响，开发出免烘烤铁沟浇注料；掌握了浇注料的免烘烤技术，并应用于公司其他产品中，在多家用户单位推广应用。

研制的铁沟浇注料、镁质预制块及透气砖的抗爆裂温度均达到1000℃，铝镁钢包浇注料抗爆裂温度达到900℃，已应用于公司年产6万吨规模的生产线上，年产值超过1.7亿元。仅节省烘烤费用和产量增加两项创效1042.9万元。

$MgO-NiO-TiO_2$ 熟料开发关键技术及应用

获奖类别： 2018年度河北省科技进步三等奖

获奖单位： 唐山市国亮特殊耐火材料有限公司

为了改善镁质材料的抗渣渗透性、抗水化性

及抗热震稳定性，该项目运用复相材料改性原理，在氧化镁材料中复合引入氧化镍和氧化钛，改善镁质材料的抗渣渗透性和抗水化性及抗热震稳定性。通过共沉淀法制备复合粉体；借助晶体缺陷和固相反应相关理论，应用材料测试的综合分析手段，揭示了配料组成与材料性能、显微结构的影响规律，成功开发了绿色、无污染的 $MgO-NiO-TiO_2$ 复合熟料。

该项目已成功应用于公司镁质预制块、镁碳砖中，实现了年产含 $MgO-NiO-TiO_2$ 熟料的产品15000吨以上规模，年新增产值6180万元。研制的含该熟料的镁质预制件在批量生产过程中的废品率由原来的2.5%降低到0.8%。和原来镁质材料相比，抗渣渗透能力提高了50%以上。同时，可以替代镁铬质耐火材料应用于钢铁、有色金属、玻璃等行业，减少了氧化铬对人体及环境的危害。

低晶化熔融石英陶瓷材料制备技术

获奖类别：2015年河北省技术发明二等奖

获奖单位：华北理工大学

低晶化熔融石英陶瓷材料制备技术的主要内容包括：

（1）以微米级的 Yb_2O_3、Er_2O_3、Nd_2O_3、MgO、Al_2O_3 等氧化物为添加剂，利用氧化物与熔融石英粉体高温化合、促烧结及晶界钉扎等作用，获得了含氧化物的低晶化、高强度及使用温度高的熔融石英陶瓷材料制备技术。

（2）以微米级的 $SiC-Si_3N_4$、$B_4C-Si_3N_4$、$BN-B_4C$ 等复合非氧化物及 $Si_3N_4-Y_2O_3$、$Si_3N_4-Nd_2O_3$ 等非氧化物—氧化物为复合添加剂，利用非氧化物高温分解产物的高反应活性、促烧结性以及多种添加剂对熔融石英晶化抑制的协同效应，获得了晶化程度更低的熔融石英陶瓷材料制备技术。

（3）以 nano-ZnO、nano-Y_2O_3、nano-La_2O_3 等纳米氧化物为添加剂，与熔融石英粉体颗粒结合后，发挥其反应活性高、助烧结性强及对熔融石英微观网络结构修复作用，获得了晶化程度超低的熔融石英陶瓷材料制备技术，其制品强度最高可达50MPa，膨胀率仅为0.02%。

技术经济指标

引入氧化物、稀土氧化物、纳米颗粒复合氧化物、非氧化物—氧化物、复合非氧化物等添加剂试样与空白对比试样相比，熔融石英陶瓷材料的烧结性能提高20%以上，最大提高幅度150%；热膨胀率减小20%以上，最大减小幅度90%。

取得成果

授权国家发明专利7项，发表论文7篇，培养本科生15名、硕士生6名。

经济和社会效益

自2010年1月至2014年12月，唐山市科硕特种陶瓷制造有限公司和唐山市国亮特殊耐火材料有限公司，将引入晶化抑制剂的低晶化熔融石英陶瓷材料制备技术应用于玻璃退火炉用空心陶瓷辊、钢铁连铸系统用耐火材料等特种陶瓷（耐火材料）生产过程。改善了企业的产品结构，提升了企业的市场竞争力。该产品技术应用为企业新增1047万元的经济效益。

安全节能长寿型钢包内衬耐火材料的设计与应用

获奖类别：2017年湖北省科学技术发明三等奖

获奖单位：武汉钢铁集团耐火材料有限公司

传统冶炼钢包内衬结构主要由永久层和工作层组成。永久层并不能承受钢水的侵蚀与冲刷，致使钢包使用安全系数较低；工作层大都采用重质材料，钢包热损失比较严重，已经不能满足冶炼新技术发展的需要。本项目针对传统钢包在使用过程中存在安全系数较低、资源浪费严重、热损失严重等问题，通过钢包内衬结构的创新性设计及对应材料的针对性研究，开发出一套安全节能长寿型钢包系统用内衬耐火材料，并在许多大中型钢厂得到广泛的应用。

主要发明点有：

（1）安全节能长寿型钢包内衬结构的创新设计及其对应耐火材料的开发技术。基于提高钢包安全性、保温性、长寿性的目的，将钢包内衬创新性地设计为复合保温层、循环型工作层及消耗型工作层三层结构；保温层采用导热系数极低的纳米绝热板与使用强度很高的保温板复合而成；循环型工作层浇注料是采用烧结微孔刚玉、微孔莫来石及尖晶石为骨料制备而成，因此具有很高的使用强度、良好的抗渣侵蚀性，可有效降低钢包漏钢隐患，将使用安全系数提高3~5倍；使得消耗型工作层砖的有效使用比例大幅提升，有效地降低了耐火材料资源浪费，并显著提高冶炼钢包总体使用寿命及使用效率。

（2）资源节约型钢包内衬耐火材料的制备技术。将回收用后耐火材料经过破碎、整形、强磁除铁等工艺处理，得到与原料性能基本相当的再生料。利用这些再生料作为骨料制备一系列钢包内衬耐火材料，有效缓减了资源枯竭及因生产原料造成的能源浪费和环境污染等问题。

（3）钢包熔池厚度在线智能预警技术。在钢包包壁砖（包括渣线砖和熔池砖）侵蚀最严重部位砌筑至少一块带有智能预警装置的包壁砖，该智能预警包壁砖内部设置金属标记块。在钢水倒出时，若钢包残厚正常，只能看出钢包工作层整体呈暗红色。若钢包残厚已达到要求的安全残厚警戒值时，智能预警包壁砖中金属标记块熔化而发出明亮的颜色，操作人员根据颜色差异即可判断包壁砖是否需要下线。

本项目获得授权国家专利7项。在钢包内衬结构设计及其耐火材料的研制方面实现了突破与创新，开发了一系列环保、安全、节能、长寿的钢包内衬用耐材产品。在武钢、鄂钢、柳钢等大中型钢铁企业广泛应用。近三年，为公司新增直接经济效益1433.96万元。

高炉运行过程关键不定形耐火材料开发与工业应用

获奖类别：2017年湖北省科技进步一等奖

获奖单位：武汉钢铁集团耐火材料有限公司

高炉作为钢铁工业的最大工业设备，随着高炉大型化、高效化及节能减排的发展，高炉强化冶炼导致其关键部位耐火材料（高炉本体在线造衬材料、出铁口用炮泥材料、出铁场用铁沟材料）难以完全满足正常生产，以 Al_2O_3-SiC-C质材料为主要研究对象，研究不同结合系统对 Al_2O_3-SiC-C材料作业性能和高温强度及抗渣性能影响，开发出系列不定形耐火材料，其分别为：

（1）根据溶胶凝胶化理论，采用无机盐、硅烷偶联剂协同促凝，实现热态造衬材料早期强度和对母体黏结强度兼顾的可控调节。施工时间缩短2/3，强度较国外同类产品提高30%。

（2）利用数值模拟方法并结合工况条件计算出出铁口沿出铁方向炮泥材料温度场，据此合成了一种具有低温塑性好、高温快速固化且环保特点的热塑性酚醛树脂。将该树脂用到炮泥，可同时提高炮泥的填充性、储存周期，苯并［a］芘含量仅4.3ppm，远低于欧洲标准<50ppm。

（3）基于微结构调控机理，在材料中引入Si、TiO_2 微粉，利用服役高温过程的温度及气氛，原位反应生成TiCN、Si_2N_2O 等高熔点非氧化物耐蚀相，形成微孔结构，可以增强出铁沟 Al_2O_3-SiC-C材料的抗氧化性能，并显著提高材料高温强度，研发的出铁沟浇注料的抗渣侵蚀性能提高1.8倍，吨铁消耗下降39%。

项目历时11年持续创新与应用推广，在高炉本体在线造衬、出铁口用炮泥材料、出铁场用铁沟材料的设计与制备等方面，突破重大、共性、关键技术，研发的系列高炉关键不定形耐火材料整体技术达到国际领先水平。近三年新增销售额8.69亿元，新增利税2.13亿元。项目获授权专利10项，制定行业标准2项，发表学术论文20篇，项目成果促进了高炉关键部位用不定形耐火材料技术进步，实现了高炉服役性能优化，吨铁成本仅炮泥和铁沟降低25.1%，同时较大幅度改善炉前工作环境。

环境友好型转炉护炉用耐火材料的研究与应用

获奖类别：2015年湖北省技术发明三等奖

获奖单位：武汉钢铁集团耐火材料有限公司

热态修补和溅渣护炉技术的应用是保障转炉安全运行、炉衬长寿的有效手段。传统热态修补技术主要采用沥青树脂类结合的大面修补料，其存在硬化、烧结时间长，补炉效率低的不足，且释放出有毒有害气体，污染环境。溅渣护炉技术主要采用轻烧白云石、或轻烧镁球、或由轻烧镁制备的改性料作为溅渣护炉料，轻烧原料的使用可导致消耗大量的镁质资源。本项目针对转炉护炉工艺所面临的环保、高效、耐材资源节约问题，通过技术创新，突破传统技术设计思路，开发出了系列环境友好型转炉护炉用耐火材料，技术水平达到国际领先水平。

主要发明点有：

（1）发明了环保型快速烧结转炉大面修补料（专利号：ZL201110304112.2）。本发明采用含结晶水的无机盐取代沥青及树脂作为结合剂，充分利用含结晶水无机盐在高温下释放出的水分，促进物料流动铺展；迅速形成 $MgO-SiO_2-H_2O$ 结合体系；快速蒸发，缩短物料硬化时间；使用温度下仅释放出水蒸气，环保无污染。同时引入适量促烧剂，改善烧结，缩短烧结时间、提高补炉效率。其反应式如下：

$Na_2SiO_3 \cdot 9H_2O \longrightarrow Na_2SiO_3 \cdot 3H_2O + 6H_2O$

$MgO + H_2O = Mg(OH)_2$

$SiO_2 + H_2O \longrightarrow \equiv Si—OH$（硅凝胶）$\longrightarrow$ $\equiv Si—O$（硅氧烷网状结构）$+H_2O$

$Mg(OH)_2$ 与 $\equiv Si—OH$（硅凝胶）形成胶结构，起到高强结合作用

（2）发明了高性价比环保型转炉大面修补料（专利号：ZL201210300505.0）。本技术创造性地采用了水镁石原矿部分替代含结晶水无机盐制备大面修补料，兼具二者高温释放水蒸气的作用，适当减少了无机盐结合剂的使用量，大幅提高修补料的使用寿命；利用水镁石原矿无须煅烧的特点，降低制造成本，大幅提高其性价比。

（3）发明了环保型溅渣护炉料（专利号：ZL201210301916.1）。充分利用用后转炉镁碳砖中的氧化镁和石墨等成分，调整渣的黏度，改善溅渣效果，延长转炉炉衬使用寿命。利用活性石灰除尘粉反应放热致使产品自然干燥，无须烘烤，节能环保。

项目获得授权国家发明专利 4 项。在转炉护炉应用技术上实现了突破与创新，对耐火材料行业技术进步起到极大的推动作用。所开发的转炉护炉用耐火材料，符合国家环保要求，在武钢、鄂钢、印度 TATA 钢厂、JSW 钢厂等大中型钢铁企业广泛应用，得到用户的好评，有较好的发展前景。近三年，相关产品为公司新增直接经济效益 1093.79 万元。

环保无碳中间包干式料

获奖类别： 2015 年获国家科技部认定的国家火炬计划产业化示范项目

获奖单位： 北京利尔高温材料股份有限公司

北京利尔自主成功开发并具有自主知识产权的专有产品环保无碳中间包干式料，为钢铁企业生产低碳钢、洁净钢等高质量钢材提供强大技术支持。产品原料立足于国内的原料资源，采用优质镁砂为主要原料，以无毒、无害、无污染的环保结合剂取代固体酚醛树脂，加入适量的改性剂和中温促烧，产品强度高、施工方便、易于解体、抗渣性能好。产品技术水平处于国内领先、国际先进水平。

炼钢厂能耗关键环节耐火材料与能源综合管理技术研究

获奖类别： 2017 年获北京市科委及北京市昌平区科委联合资金支持

获奖单位： 北京利尔高温材料股份有限公司

该项目针对我国钢铁冶金工艺中存在的资源利用率低、能源消耗高等问题，开展钢包节能耐火材料和中间包工作层耐火材料技术研发，推出 4 项核心产品，提高和稳定钢包使用寿命，钢包包龄提高 10%；实现转炉（电炉）出钢温度平均降低 10℃；推出钢铁冶金耐材能源综合管理设计配置、运行控制、运维策略设计类咨询产品。通过工程示范，为炼钢厂提供耐火材料与能源综合管理优化技术服务，有利于促进钢铁行业节能降耗。

2015~2018 年北京利尔高温材料股份有限公司自主研发的“钢包无碳预制块”“钢包渣线工作层用浇注料”“连铸用长水口”“一种浸入式水口本体材料”“钢包工作层用防爆浇注料”“连铸中间包稳流器”“碱性喷补料”“连铸中间包挡渣板”“铝铬渣铝尖晶石碳砖”“高寿命 LF 精炼炉盖”“脱硫枪”“挡渣坝”“无碳方镁石尖晶石免烧砖”“轻质投射耐火材料”“连铸中间包防增氮长水口”“新型高安全性钢包透气砖”“新型铁包用防粘渣喷涂料”等 31 项新产品获得北京市科学技术委员会、北京市发展和改革委员会、北京市经济和信息化委员会、北京市住房和城乡建设委员会、北京市质量技术监督局、中关村科技园区管理委员会联合颁发的北京市新技术新产品奖。

北京利尔为国家级高新技术企业、国家火炬计划重点高新技术企业，拥有国家级博士后科研工作站，中国合格评定国家认可委员会实验室，北京市企业技术中心、北京市企业研究开发机构，为北京市专利示范单位、企业知识产权管理标准化单位、北京市重点总部企业、中关村国家自主创新示范区“十百千工程”企业。

干熄焦用莫来石红柱石制品

获奖类别： 2015 年获得山东省技术市场科技金桥奖二等奖

获奖单位： 山东耐材集团鲁耐窑业有限公司

干熄焦装置用莫来石红柱石制品项目具有自

主知识产权，是我公司的核心产品，全国市场占有率近50%，位居全国第一，产品质量水平保持国际先进水平。负责完成的国家技术创新《干熄焦引进吸收一条龙》项目，获得国家冶金科学技术一等奖；《干熄焦用莫来石红柱石制品》荣获山东省技术市场科技金桥奖优秀项目二等奖；2016年与武钢合作的《大型干熄焦炉炉衬长寿化关键技术》获湖北省科技进步二等奖、武钢科技进步二等奖；2013年“干熄焦装置用莫来石红柱石制品及其制备方法”获国家发明专利；2018年《干熄焦一次除尘冲突壁》《方型干熄焦料位计耐火砌体》分别获国家实用新型专利；2015年“干熄焦装置用莫来石红柱石制品及其制备方法”发明专利获得淄博市专利二等奖，《干熄焦用莫来石红柱石制品》荣获2015年度山东省技术市场科技金桥奖优秀项目二等奖；2013年、2018年“干熄焦用莫来石红柱石和莫来石碳化硅砖”两次获得山东省名牌产品称号。该项目实现经济效益：年20000吨，年销售收入16500万元，实现利税2900余万元。

大型干熄焦炉衬及结构长寿集成技术

获奖类别：2016年获湖北省科学技术进步奖二等奖

获奖单位：山东耐材集团鲁耐窑业有限公司

该项目是公司根据客户需求和干熄焦发展趋势，与武钢合作研发的，从2014年始和武钢合作针对干熄焦冷却段用砖使用情况，对干熄焦炉的炉衬结构及材料进行了系统的研究，提出了干熄焦炉的破损机理与整体解决方案，对冷却段用耐磨砖进行选材和新产品研究，研制出了强度高、热震稳定性好、耐磨性能优异的SiC直接结合莫来石耐磨砖。该产品由原位SiC和莫来石两种物相结合，具有创新理念；产品气孔低、组织结构致密均匀；具有很高的常温耐压强度和高温抗折强度；耐磨性和抗剥落性能优异，磨损量是正常莫来石砖（BM）的1/5；在实际应用中降低了排焦温度，增加了热回收利用效率、降低了职工的劳动强度、利于高炉稳产顺行，降低了生产成本，提高了干熄焦冷却段的整体使用寿命，取得了较好的使用业绩，得到客户的好评。目前该项综合技术达到了国际先进水平。该项目实现经济效益：年产量5000吨，年销售收入4500万元，实现利税900余万元。

金属镁电解槽用高纯氧化镁干式捣打料的研制

获奖类别：2015年全国建材行业技术革新奖三等奖

获奖单位：中钢集团耐火材料有限公司

成功研制的高纯氧化镁干式捣打料，满足了熔盐电解法金属镁的生产工艺要求，其防止金属镁液渗透，节能效果明显，综合性能达到或优于现用的定形耐火材料。开发的产品工艺先进、质量稳定，已批量生产。产品在青海省龙头项目（年产40万吨金属镁）——金属镁一体化项目使用，效果良好。2011年已为青海盐湖工业集团一期金属镁装置区供货68台电解槽和4台熔盐炉，合同供货量1280吨。相继在2013年为青海西部镁业有限公司供货350吨。该项目现已进入大批量规模化生产。

RH精炼炉用优质环保无铬耐火材料集成技术

获奖类别：2016年河南省科技进步二等奖

获奖单位：中钢集团耐火材料有限公司

RH精炼炉是冶炼国防大型舰船、高速铁轨、汽车板材等用特种钢的关键设备。其炉衬长期以来一直使用镁铬砖，而用后镁铬残砖中的三价铬在一定条件下转变成六价铬，对地下水源、土地、生物、动植物造成严重危害，其带来的环境问题日渐突出。

本项目主要针对RH精炼炉用镁铬砖存在的上述问题，研究开发了环境友好型的无铬系列产品，完全替代了镁铬砖，分别用于RH精炼炉的上部槽、中部槽、下部槽、浸渍管、环流管等部位。产品已在宝钢、包钢、鞍钢、韩国现代、中国台湾中钢等用户使用，效果优异。其关键技术的应用，对于支撑国防用优质钢实现国产化，推进行业产品结构优化和科技进步有重要的指导和示范作用。

碳素煅烧炉用抗侵蚀硅砖的研制与应用

获奖类别：2016年全国建材行业技术革新奖三等奖

获奖单位：中钢集团耐火材料有限公司

项目针对炭素煅烧炉的使用条件与损毁特征，

通过对硅石原料预处理，有效缓解了高温下石英转化过程中的体积变化；引入复合微粉，改善了硅砖的孔径分布和结构；开发了新型矿化剂，提高了产品的高温使用性能。研制的硅砖具有高温力学性能好，抗侵蚀性优良，使用寿命长，节能环保等特点。项目产品已相继在广西强强碳素、河南神火煤电等用户碳素煅烧炉上使用，使用效果优异。

有色金属冶炼溜槽用耐火材料的研制与应用

获奖类别：2016 年全国建材行业技术革新奖二等奖

获奖单位：中钢集团耐火材料有限公司

项目研发的“有色金属冶炼溜槽用耐火材料”成功取代了传统的高铝砖、镁砖和镁铬砖等材料，采用整体预制成型，提高了溜槽用耐火材料的整体性，能够满足有色金属冶炼溜槽的生产工艺要求。其抗高温冲刷性及热震稳定性好，不粘金属渣，抗金属溶液渗透性较好，使用方便，可简化现场施工，大幅度提高了有色金属冶炼溜槽内衬的使用寿命。项目技术成熟，质量稳定，已批量生产，产品经北方铜业垣曲冶炼厂、中原黄金冶炼厂、大冶有色等用户使用，效果良好，经济、社会和环保效益显著。

大型焦炉用节能环保新材料关键技术研发及系列化产品应用

获奖类别：2017 年冶金科学技术一等奖

获奖单位：中钢集团耐火材料有限公司

该项目针对钢铁工业解决资源—能源可供性、污染防治、环境生态和谐发展的集成性关键问题，发明了炼铁系统关键高能耗关键装置：大型焦炉、热风炉等炉衬结构设计方法，耐火材料综合配置设计技术。研制了完全自主知识产权的大型焦炉、热风炉用系列关键功能耐火材料。产品在材料的物相组成和结构优化技术、石英可控转化技术及热修补技术等核心技术水平达到国际领先。项目技术连续四年入选《国家重点节能低碳技术推广目录》。项目系列化产品可实现年销售收入达到 2 亿元，经济和社会效益巨大，环保节能效果突出，促进钢铁绿色发展。

新一代环境友好型硅砖的研制与应用

获奖类别：2017 年获全国建材行业技术革新奖一等奖

获奖单位：中钢集团耐火材料有限公司

该项目针对大型焦炉节能环保的要求，通过引入高效分散剂、纳米矿化剂、高导热硅系非氧化物、金属硅等添加剂，优化微观结构，研制了新一代环境友好型硅砖，其产品主要是高导热硅砖，具有气孔率低、强度高，鳞石英含量高、残余石英含量低等特性。在不改变硅砖的基本性能的情况下，将其导热率提高了 20% 以上。该项目技术的实施，可使吨焦燃料消耗大幅降低，温室气体和氮氧化物排放减少，经济和社会效益显著。

炼铁系统用原位合成增强 Al_2O_3-MgO-SiC-C 材料研制应用

获奖类别：2017 年获全国建材行业技术革新奖二等奖

获奖单位：中钢集团耐火材料有限公司

项目主要目标是研究解决铁水预处理特别是铁水脱硫、脱磷、脱硅“三脱”过程中所用耐火材料易氧化、侵蚀严重，使用寿命降低且维修频繁，从而制约优质钢种的冶炼工艺，限制产能的扩大，增加生产成本等这一国内外亟待解决的热点和难点问题。不仅在金属物添加，使材料在使用过程中原位生成非氧化物的研究中有重大突破，并且在引入镁铝尖晶石并采用“低硅高碳”的化学成分设计方面有创新。项目产品已在国内外钢铁企业如越南河静钢铁、山东钢铁、包钢、河北普阳钢铁、德晟钢铁、中冶京诚等进行推广应用，效果显著。根据不同钢铁企业的冶炼条件，其使用寿命在 650~1100 次之间，均高于同类产品，并且降低了钢铁企业生产成本，节能环保，经济和社会效益显著。不仅可以为企业带来新的经济增长点，而且可以支撑炼铁行业的发展，对提升炼铁行业工业水平具有十分重要的意义。

2015～2018年中国耐火材料行业协会组织的科技成果评价项目简介

钛铁合金及金属铬冶炼的固废资源化关键技术及其产业化生产和应用

2017年12月26日，中国耐火材料行业协会组织有关专家在武汉主持了由武汉科技大学、锦州国泰实业有限公司和锦州集信高温材料有限公司共同完成的“钛铁合金及金属铬冶炼的固废资源化关键技术及其产业化生产和应用”项目的成果评价。

该项目针对钛铁合金和金属铬生产过程中排出的大量固废渣的危害，独创性地采用电熔重熔、均化、还原等技术，以上述固废渣为原料，开发出Al_2O_3-CaO-TiO_2系、Al_2O_3-Cr_2O_3系合成料和再生电熔刚玉等新型耐火原料，应用于多种耐火材料，消除了大量废渣导致的环境污染，实现了固废资源的工程化应用。

该项目开发的Al_2O_3-CaO-TiO_2系块料和球形料成功应用于高炉炮泥、铁沟浇注料、钢包底浇注料、中间包稳流器等耐火材料；Al_2O_3-Cr_2O_3系合成料和再生电熔刚玉成功应用于锌挥发窑、澳斯迈特炼铜炉等炉衬材料，有效地降低了生产和运行成本，显著提升了所涉耐火材料的性价比，开拓和引领了该类固废资源化利用的方向。

该项目形成发明专利十余项，成果已实现产业化，固废再利用的技术先进、工艺成熟，产品质量稳定，经济、社会和环境效益显著，推广应用前景良好。

该成果综合技术水平居国际领先。

环保型无碳“水基”转炉大面自流料

2018年1月30日，中国耐火材料行业协会在北京组织专家对北京联合荣大工程材料股份有限公司完成的“环保型无碳‘水基’转炉大面自流料”项目进行了行业科技成果评价。北京联合荣大工程材料股份有限公司针对传统转炉补炉料烧结过程的有害烟气排放、炉内使用寿命短、补修成本持续攀升等问题，独创性地采用无机环保型结合剂，湿式自流浇注的方式，开发出“环保型水基转炉大面自流料”，使烧结过程中不产生有害气体，获得很好的高温铺展性能。添加适量超微粉，高温烧结后形成陶瓷结合，结构致密（体积密度达到2.83g/cm^3），抗氧化，耐冲刷。有效地改善了现场环境，大大降低了生产、运行成本。北京联合荣大工程材料股份有限公司研发的“环保型水基转炉大面自流料”节能环保，较常规碳基大面料，烧结时间缩短50%以上，使用寿命延长2～3倍，现场使用效果良好。

该成果达到了国内领先水平。

新型节能环保型RH精炼炉用方镁石—镁尖晶石不烧砖及其配套耐火材料技术的研制与应用

2018年12月27日，在马鞍山，中国耐火材料行业协会组织专家主持了由瑞泰马钢新材料科技有限公司、武汉科技大学、马钢第四钢轧总厂、宜兴市东坡耐火材料有限公司共同完成的“新型节能环保型RH精炼炉用方镁石—镁尖晶石不烧砖及其配套耐火材料技术的研制与应用”项目的成果评价。

为适应RH精炼炉用耐火材料的绿色环保要求，该项目采用新型结合剂、特殊添加物并优化材料的组成和性能，成功开发出新型节能环保RH精炼炉用方镁石—镁尖晶石不烧砖及其配套的浇注料，具有生产效率高、节能环保、性能优越、使用寿命长等特点。经湖北省耐火材料产品质量监督检验站检测，产品性能符合Q/MGN007-2018标准要求。经马钢300吨RH精炼炉及华菱钢铁使用，可替代传统镁铬砖，完全满足用户要求。

该项目产品已建专线规模化生产，其工艺技

术先进、产品质量稳定，经济、社会和环境效益显著，推广用于前景好，在耐火材料的绿色发展方面具有示范作用。

该成果综合技术达到国际先进水平。

节能环保型无碳钢包衬砖的研制与应用关键技术

2018 年 12 月 27 日，在马鞍山，中国耐火材料行业协会组织专家主持了由瑞泰马钢新材料科技有限公司、武汉科技大学、马钢（集团）控股有限公司共同完成的“节能环保型无碳钢包衬砖的研制与应用关键技术”项目的成果评价。

为适应钢包衬的低碳、无碳化和消除生产和使用过程中的有害排放，该项目采用新型结合剂、特殊添加剂并优化材料的组成和性能，成功开发出铝镁质机压无碳钢包衬砖，具有生产效率高、节能环保、性能优越、使用寿命长等特点。经具有资质的质量监督检测部门检测，产品性能符合 Q/MGN006—2017 标准要求。经马钢一钢 120 吨、四钢 300 吨钢包上使用，其熔损速率低、使用寿命长，完全满足用户要求。

该项目产品已规模化生产，其工艺技术先进、产品质量稳定，经济、社会和环境效益显著，推广应用前景好，在耐火材料绿色发展方面具有示范作用。

该成果综合技术达到国际先进水平。

第六篇

企事业概况

中国耐火材料行业重点企业简介（按拼音字母排序）

鞍山市和丰耐火材料有限公司

一、历史沿革

鞍山市和丰耐火材料有限公司是一家专业设计、生产、研发和销售冶金用耐火材料、熔剂辅料以及合金的民营企业。公司成立于 1999 年，注册资金 12000 万元，坐落在我国重要的钢铁基地，有“钢都”美誉的辽宁鞍山。

和丰公司秉承一切以客户为中心的理念，全方位、全天候、全品种为用户服务。依据其特色产品的优质性能和服务，与用户实现双赢，在业内具有极高的声誉。依靠二十年的励精图治、诚信经营，目前已经成为国内少数几个具有钢厂全区域耐材和熔剂整体承包，并提供产品应用技术服务的耐材供应商，是中国耐材协会特聘副会长单位、中国硅酸盐学会耐火材料分会理事单位。

公司于 2008 年与日本品川耐火株式会社合资成立辽宁品川和丰冶金材料有限公司，为国内外各大型钢厂生产高端品质的连铸结晶器用全系列保护渣产品，是各大钢厂冶炼精品钢必备的关键熔剂材料。常年为国内，以及日本、韩国、美国等大型钢厂供货近 20000t 产品。

公司于 2017 年成立全资子公司鞍山市盈丰新材料科技有限公司，建成一条绿色环保、自动化程度较高的复合镁基电熔材料样板式生产线，专业生产高品位大结晶电熔镁砂、低硅高钙电熔镁砂，年产量 50000t。

2019 年 11 月公司为进一步提升企业基础研究、技术研发能力，与辽宁科技大学合作成立辽宁科大和丰绿色耐材研究院。

二、企业概况

公司占地约 80000m^2，员工 450 人，主要生产耐火定形制品、不定形耐火材料、大型耐火预制件、各类熔剂材料、连铸三大件功能材料及合金等各类产品，年产量近十万吨。企业 2002 年开始陆续通过了 ISO9000 质量管理体系、ISO14000 环境管理体系、ISO18000 职业健康安全管理体系的认证，2004 年设立了博士后工作站，先后被认定为省高新技术企业、省级技术中心企业。2018 年集团销售总产值近 8 亿元。

和丰公司的企业精神是：以人为本，质量第一，拼搏进取，奉献社会。公司成立之初，就选定了走产、学、研相结合的新产品开发捷径，先后与北京科技大学、东北大学、辽宁科技大学、中冶焦耐工程技术有限公司、鞍钢技术中心、日本品川耐材株式会社研究所等国内外十多家院校和研究院所及企业建立了密切的科技合作关系，并诚意常年聘请了多位国内炼钢、耐火材料知名专家作为公司常年顾问，着眼于跟踪国内外冶金炉料的最新发展思路，不断开发高附加值的新产品，形成超强的技术优势。企业坚持“人无我有、人有我优、人优我全、人全我转”的发展思路，每年均投入千万元以上的资金，用于进行生产线自动化、智能化的新建和改造，从而保证了企业得以健康持续地发展。

依托辽南地区矿产、能源、人才丰富的资源优势，凭借位于沈阳和大连之间，海、陆、空交通便利，更有国家振兴东北老工业基地相关政策的东风，以及地方政府财政的扶持政策和投资企业土地优惠政策。和丰公司目前紧盯国内外耐火材料的发展趋势，以超前的意识加快产品结构调整步伐，面向冶金、建材、有色、石化等行业，大力开发长寿、节能、环保、功能化新型耐火材料，积极拓展国内外市场，不断创造新的国际名牌产品。

作为鞍山市纳税 20 强企业，民营企业发展的典范，和丰公司依靠二十年的励精图治、诚信经营，秉承一切以客户为中心的理念，在业内具有极高的声誉。公司坚持以客户为中心，不断探索，推进行业进步，时刻创新，以责任赢信任，以诚信谋发展。专注耐材，创造价值。

三、主要产品及工艺装备

公司每年均推出 8~10 项新产品，并顺利投入生产使用。目前和丰公司已成为鞍山周边耐材企业中规模较大、品种较全、实力较强的龙头企业。目前企业生产耐火定形制品、不定形耐火材料、大型耐火预制件、各类熔剂材料、连铸三大件功能材料及合金等六大类产品，年生产十万吨。市场遍及鞍钢、首钢、马钢、本钢、山东钢铁、柳钢、湖南华菱、南钢、河北钢铁、攀钢、广联等10多个国内特大型钢厂，产品覆盖从炼铁、炼钢、二次精炼、连铸全部冶炼工序，其中转炉整体设计及耐材承包、RH真空处理整体设计和耐材承包、无碳钢包耐材承包、铁水罐及鱼雷管耐材承包、中间包中空颗粒覆盖剂、连铸结晶器保护渣等品种的技术水平，在国内位居前列。

六大类产品覆盖98个标准、136个牌号，其中典型的产品有：

（1）出铁沟预制块、出铁沟主沟浇注料和喷补料、无沥青捣打料、无水炮泥、有水炮泥等；

（2）铁水罐整体耐材、鱼雷罐整体耐材、KR脱硫整体耐材及脱硫粉剂、铁水预处理脱硫喷粉枪、铁水预处理脱硫旋转式喷粉枪、吹气赶渣管、渣铁分离剂；

（3）转炉衬整体耐材、电炉整体耐材、转炉底吹透气元件、整体出钢口套管砖、电炉盖预制块、转炉大面快速自流补炉料、转炉喷补料、转炉快速投补料、出钢口高效喷补料、环保型补炉材料、出钢槽、熔渣改质剂脱氧剂、脱磷剂、增碳剂、助熔渣、铝铁合金、锰铁合金等；

（4）钢包整体耐材、RH真空精炼整体耐材、钢包永久衬浇注料、CAS-OB浸渍罩、LF炉盖预制块、VD炉盖预制块、RH浸渍管、RH喷补料、吹氩枪、吹氧枪、RH脱硫剂、铬质引流砂、钢包保温剂、精炼渣；

（5）中间包整体耐材、中间包中空颗粒系列覆盖剂、全系列连铸保护渣、中间包长寿命干式料和喷涂料、湍流器、挡渣墙、钢包系列长水口、系列整体塞棒、中间包系列透气上水口、系列浸入式水口。

和丰公司的企业精神是：以人为本，质量第一，拼搏进取，奉献社会。公司全体职工视产品质量为生命，在全面有效实施ISO9000质量管理体系的同时，引入全面质量管理（TQM）的统计工具，对生产制造的全过程实施有效的痕迹化管理。本着“循序渐进、环保高效”的发展思路，目前公司拥有：

（1）电动压砖机15台，其中1600t 2台；1250t 5台；1000t 3台；800t 2台；630t 3台；

（2）冷等静压机2台；

（3）全自动微机伺服配料、给料系统3套；

（4）高速混炼机、造粒机9台；

（5）行星式轮碾混合机10台；

（6）干燥窑10座；

（7）罩式高温窑4座；

（8）耐材原料破碎线及粉碎线各2条；

（9）预制件生产线2条；

（10）钝化镁粉、钝化石灰粉、KR脱硫剂生产线1条；

（11）大型压球生产线2条；

（12）喷雾造粒生产线1条；

（13）不定形耐材生产线2条；

（14）透气砖生产线1条；

（15）金属结构制作线1条；

（16）各式环保除尘设备77台；

（17）荧光分析仪、X射线探伤仪、热膨胀仪、激光粒度测定仪、高温抗折测定仪等38台，价值550万元的检验检测设备。

四、业绩及科研成果

凭借着过硬严密的产品质量控制、完备先进的生产设施、全面覆盖的售后服务网络，尤其是常年秉持全方位、全天候、全品种为用户服务的经营理念，我公司一直是鞍钢、首钢、马钢、本钢、柳钢、南钢、攀钢、广联、山东钢铁、湖南华菱、河北钢铁等多个国内特大钢厂的耐火材料、炉料的主要合格供应商之一。其中转炉整体耐材、转炉底吹透气元件、RH真空精炼整体耐材、中间包中空颗粒系列覆盖剂、连铸用全系列保护渣、无碳钢包整体耐材、转炉护炉用系列耐材、整体出钢口套管砖、中间包整体耐材的产品质量赢得了客户的高度认同。部分产品远销美国、日本、韩国、俄罗斯、哈萨克斯坦等国家，产品质量赢得了客户的高度认同。

企业长期坚持每年拿出总收入的3%～6%作为科技研发经费，用于新产品研发、原有产品提质升级、完善科研检验设备，以及老旧生产线的改造升级。经过公司博士后工作站专家与现场工程技术人员近20年的励精图治，企业目前已拥有自身核心关键技术115项，今年已申请获得发明专利28项，其中《一种生产纯净钢钢包用渣线镁碳砖的方法》《一种钙铝镁质无碳中包覆盖剂的生产方法》《一种炼钢 RH 真空精炼槽用高强无铬砖的制备方法》《一种铁水脱硫用旋转喷吹设备》《一种采用含膨胀石墨材料的浸入式水口的密封结构》《一种整体结构稳定的 RH 炉浸渍管》等发明转化的新产品，已在全国多个大型钢厂使用，取得理想效果。

20 年的辛勤耕耘，20 年的不舍追求，公司的原材料采购、生产组织、工序质量控制正逐步采用当前先进企业中公认、高效的现代管理手段，并在全面 10 多个特大型钢厂实现了售后服务网络的全覆盖。今天的和丰，在绿色环保、智能高效的道路上阔步前行，我公司愿与国内外有实力的企业广交朋友，进行多方面、多形式的真诚合作，并严格秉承“诚信、双赢、持续”的合作原则。诚实处事，讲信于人。与朋友前行，与朋友共赢!

北京利尔高温材料股份有限公司

一、历史沿革

北京利尔高温材料股份有限公司成立于 2000 年，公司发起人为以赵继增先生为主的若干曾在原冶金工业部洛阳耐火材料研究院的管理人员与技术人员。公司坐落于北京市中关村科技园区昌平园，是国家级高新技术企业，2010 年 4 月于深圳证券交易所上市，证券代码为 002392，总占地面积近 200 万平方米。经过历次增发、转增，截至 2018 年末，北京利尔股本总额为人民币 11.92 亿股，赵继增先生为实际控制人，持股占比 24.12%。

二、企业概况

截至 2018 年 12 月 31 日，公司总资产 51.77 亿元，净资产 34.47 亿元。2018 年全年实现产值 37.5 亿元，净利润 3.33 亿元。公司在北京、上海、天津、河南、辽宁、安徽、内蒙古、山东等省份拥有 15 家子公司。公司主营业务为钢铁、水泥、玻璃、有色、环保、石化、建材等高温工业用耐火材料的开发、生产、销售等，并承担高温热工装备用耐火材料的整体设计、配置配套、安装施工、使用维护与技术服务为一体的“全程在线服务”的整体承包业务，是一家综合性的高温行业工程技术服务提供商。

公司是国家“资源节约、环境友好两型企业”和“国家重点火炬计划高新技术企业”，拥有“国家认可委员会认可实验室”“北京市企业技术中心”“北京市企业研究开发机构”等省市级平台，为公司科技创新、实力提升奠定坚实基础。此外还承担了行业多项社会工作，是中国耐火材料行业协会会长单位、中国金属学会耐火材料分会委员单位、中国硅酸盐学会耐火材料分会副理事长单位、世界耐火材料协会理事单位，在耐火材料行业和下游产业有较大的影响力。

三、主要产品及工艺装备

公司拥有镁质耐火原料、铝制耐火原料、不定形耐火材料、机压定形耐火制品、耐火预制件、连铸功能耐火材料、钢包透气功能元件、优质尖晶石耐火制品、钢包滑动水口、陶瓷纤维制品、水煤浆气化炉用高铬耐火材料等现代化生产线 40 条，耐火原料生产能力 60 万吨/年，耐火材料制品生产能力 70 万吨/年。其中镁砂类耐火原料 50 万吨/年、刚玉类、氧化铝微粉等耐火原料 10 万吨/年；不定形耐火材料 35 万吨/年、连铸功能性耐火材料 1 万吨/年、透气砖及座砖 30 万套/年、预制型耐火材料 15 万吨/年、机压定形耐火材料 20 万吨/年、钢包及转炉控流用产品 5000 吨/年、陶瓷纤维类耐火材料 1 万吨/年。公司拥有多条高度智能化、自动化的先进性生产线，配套高精度的智能化生产设备，整体装备现代化水平处于行业领先地位。

四、机构与人事

根据《公司法》，公司设股东大会，股东大会是公司的最高权力机构，依照《公司法》行使职权。公司董事会对股东大会负责，依照《公司法》行使职权，公司非独立董事 6 名，独立董事 3 名。公司设监事会，依照《公司法》行使职权，监事会成员 3 名，其中职工监事 1 名。

集团公司设有运行高效的组织架构，在董事会管理下设有研发中心、营销中心、采购中心、总调中心、财务中心，并设有投资发展部、审计部、证券部、企业管理部等。

公司拥有洛阳利尔耐火材料有限公司、洛阳利尔功能材料有限公司、上海利尔耐火材料有限公司、上海新泰山高温工程材料有限公司、马鞍山利尔开元新材料有限公司、海城利尔麦格西塔材料有限公司、海城市中兴镁质合成材料有限公司、内蒙古包钢利尔高温材料有限公司、天津瑞利鑫环保科技有限公司、上海宝化国立化工技术有限公司、日照利尔高温新材料有限公司、日照瑞华新材料科技有限公司、西峡县东山矿业有限公司、安华新材料科技有限公司、利尔国际控股股份有限公司15家子公司。

公司建设了一支具有吃苦耐劳、积极进取、坚持不懈、努力奋斗等优秀精神品质的员工队伍，也培养了一支精于管理、善于创新、敢于担当、勇于开拓的管理队伍。截至2018年底，公司员工数2418人，其中博士生4人，硕士生63人，大学本科447人，大、中专652人，教授级高工6人，享受政府特殊津贴2人。

五、科研成果

北京利尔是目前国内最大的钢铁工业用耐火材料整体承包商之一，同时也是产品品种最全、整体承包范围最广的大型耐火材料制造商之一。许多新技术、新产品、新工艺、新装备填补了国内耐火材料技术的空白，“超纯净钢中间包冶金耐火材料关键技术”荣获湖北省科技进步一等奖；“洁净钢冶炼用耐火材料关键技术与工业应用”荣获国家科学技术进步奖二等奖。

公司成立之初就立足于发展高新技术产业，为了保持企业在耐火材料行业的技术领先地位，公司持续不断地加大研发投入，科研投入占主营业务收入的比例始终保持在5%左右。强大的科技创新投入，保持了公司的创新活力，取得了丰硕的科技成果，承担和参与了多项重点研发项目的科研工作，包括国际科技合作、国家火炬计划等，自主研发项目百余项，获得国家科技进步二等奖1项，省部级科技进步一等奖1项、省部级科技进步三等奖1项，全国发明银奖1项。

目前，公司拥有国家专利97项，其中发明专利27项，国家重点新产品2项，省部级科研成果53项，主持或参与标准制修订18项。先后被有关部门批准设立北京市企业技术中心、北京市科技研究开发机构、博士后科研工作站、北京市专利示范单位。众多科研成果的研发成功和产业化，为公司快速可持续发展、增强核心竞争力奠定了坚实基础，为我国钢铁、石化、建材行业的节能减排、转型升级做出了重要贡献。

北京联合荣大工程材料股份有限公司

一、基本情况

北京联合荣大工程材料股份有限公司（证券简称：联合荣大证券代码：871153，以下简称“联合荣大”）坐落于北京市怀柔区，是一家集科研开发、生产制造、工程总包、工序承包、销售服务于一体的综合性高科技公司。

北京联合荣大工程材料股份有限公司的前身为1992年在海淀区成立的北京荣大新材料公司，1996年创立为北京联合荣大工程材料有限责任公司，2016年9月进行股份制改革，成立北京联合荣大工程材料股份有限公司，2017年在新三板挂牌上市。

二、机构人事

联合荣大经营组织机构主要有六个中心（行政中心、财务中心、营销中心、技术中心、交付中心、工程中心）、五个分子公司（联合荣大技术研究院、南京联合荣大公司、西安分公司、成都联合荣大、联合荣大建材公司）和三个基地（江苏南京生产基地、山西阳泉生产基地、河南济源生产基地）。

联合荣大现有员工350余名，其中各类工程技术人员120人。

三、主要产品

联合荣大现以耐火材料、建筑材料为主导，主要产品有：炼铁系统用耐火材料，炼钢及连铸系统用耐火材料，铝工业炉系统用耐火材料，工业炉系统用耐火材料，水泥窑用耐火材料，石灰窑用耐火材料，电力系统用耐火材料，石化系统用耐火材料，高强耐磨内衬系列材料、设备安装及土建加固抢修用RG系列灌浆料，水泥基玻化地坪装饰系列材料，防腐地坪系列材料，水泥自流平系列材料。产品覆盖国内钢铁冶金、有色、石化、电力、土建工程等多个领域，并出口哈萨克斯坦、津巴布韦等国家和地区。

四、企业管理

联合荣大于1999年首次通过ISO9001质量管

理体系认证，于2006年被认定为“北京市高新技术企业”，于2009年被认定为“中关村高新技术企业”，于2010年在国家工商行政管理总局注册商标，荣获“北京市著名商标”称号。2013年被“mysteel. com”评为中国耐材企业一级优秀供应商（炼铁领域）、全国耐材百强企业（炼铁领域），2014年荣获安全标准化管理证书，2017年被“耐材之窗网”评为“中国耐火材料百强企业”，2018年获中国冶金报“钢铁装备技术品牌供应商”称号，2018年获“北京市信用AA级企业”称号。

五、科研开发

联合荣大在技术创新和产品研发的强力支持下，培育和聚集了一批具有丰富经验和专业技术的骨干力量，并与中国科学院、北京科技大学、武汉科技大学、西安建筑科技大学等院校建立了长期合作关系，聘用知名专家作为技术指导。2009年携手与中科院唐山技术中心合作，共同开发纳米碳化硅高辐射节能涂料的制备及其工程应用技术，2002年联合荣大与北京科技大学共建实习基地，2005年与武汉科技大学合作，利用自身优势定期为高等人才提供技术应用领域的操作与实施条件，实现了产学研的有机结合。公司设立了技术研究院，集合现有研发力量，提高企业的技术开发能力，控制、引导和支持所属领域的开发，有效降低技术开发成本，减少技术开发风险，提高企业的技术竞争能力。

依托于重点科技项目以及产学研合作项目，技术研发中心设立了专项项目组，自2005年以来先后完成了高炉铁沟水冷技术项目，铁口修复炮泥技术项目、镁橄榄石基微膨胀浇注料技术项目，高炉炉缸整体浇注技术项目，金属陶瓷预制件项目，低成本喷注料项目，不沾铝浇注料技术项目，纳米溶胶结合喷注料项目，钢包喷注造衬技术项目，高炉铁口修复技术项目，中包自固化干式料项目，铁沟自流浇注料项目，纳米绝热保温浇注料项目，高炉用环保炮泥项目，以及LNG压浆料项目等。

多年来，公司与首钢、鞍钢、唐钢、本钢、河钢、昆钢等国内诸多钢铁企业保持长期的新产品技术合作关系，及时开发各种耐材新产品，不断满足了节能、环保、增产、增效优质产品的需求。

作为耐火材料行业中的代表性企业，联合荣大坚定地走“技术立企业”的路线，通过各种方式夯实技术基础，研发行业领先的耐火材料技术与产品，取得了骄人的业绩。

2016年12月《大型工业炉耐火材料修复关键技术与应用》获得湖北省人民政府科技进步二等奖，2016年参与编写了中华人民共和国黑色冶金行业标准《转炉热态修补料》（标准编号为YB/T 4502—2016），2018年参与编写了中华人民共和国建材行业标准《水泥基灌浆材料》（标准编号为JC/T 986—2018）。《高炉内衬湿法遥控喷注技术》于2010年通过了中国金属学会炼铁分会专家鉴定，鉴定结论为该成果填补了国内空白，并达到了同类技术的国际先进水平，具有广泛的推广应用价值。《环保型无碳“水基”转炉大面自流料》于2018年通过了中国耐火材料行业学会专家鉴定，认为该成果达到国内领先水平，得到了广大冶金客户的高度认可，并取得了良好经济效益和社会效益。

“单铁口高炉出铁沟储铁式改造技术”可通过改进单铁口高炉出铁沟用耐火材料及配套技术，大幅度降低耐火材料消耗，并彻底改善炉前工作环境，实现清洁工厂目标。该技术的研制成功与应用，在降低成本、提高劳动生产率、提高产品质量等方面均有显著效果，彻底改变了高炉平台脏、乱、差的面貌。

环保型“水基”大面自流料以及转炉遥控喷注修补技术是一种环保高效的转炉大面自流料及施工工艺技术，该成果的应用促使转炉前后大面及炉底维护材料进一步适应复杂的低碳钢和超低碳钢冶炼工艺，有助于炼钢企业向高附加值的低碳和超低碳钢等品种钢方向转变，具有广泛的市场前景。

联合荣大目前申请专利73项，拥有材料与装备授权专利59项，其中发明专利24项，实用新型专利30项，外观专利5项。

六、检测中心

检测中心于2008年通过中国合格评定国家认可委员会实验室（CNAS）认可。中心下设立办公室、化学专业室、耐火专业室、建材专业室等部门，中心检测面积达到1000m^2，拥有各种试验设备100余台（件）。先后在南京、济源、阳泉建立3个下属检测单位。

中心主要承检产品为耐火原料、致密定形耐火制品、定形隔热耐火制品、不定形耐火材料、耐火纤维制品、特种耐火材料、碳素材料、轻质保温材料性能检测。尤其是在抗一氧化碳破坏性试验、铁水侵蚀等大型综合性试验方面具有技术优势。

七、业绩

联合荣大致力于耐火材料、建筑材料的研发与生产，不断为钢铁石油化工铁路等行业提供优质工程材料。经过近 20 年的不断创新开拓，联合荣大从单一的材料生产企业发展成为一家集科研、生产、销售、经营、管理为一体，具有整体承包各种工业耐材工程和地坪工程的知名企业。

联合荣大业务遍及东北、华北、华东、西南、西北地区主要钢铁城市。公司的产品已在宝武钢铁、太钢、首钢、鞍钢、包钢等国内大中型企业得到广泛应用，并远销国外。在备受瞩目的人民大会堂、历史博物馆、军事博物馆、鞍钢高线、新疆独山子炼油厂、华北油田、中油西气东输工程等大型设备安装土建项目上，联合荣大独创的 RG 灌浆料，为它们的坚固长久提供支撑。在国家会议中心、国家博物馆、北京奥体中心、华茂大厦、远洋公馆等建筑上，联合荣大的地坪材料为工程的实施以及美观舒适贡献。联合荣大建材产品更是在国家重点项目中发挥了不可替代的作用。如世界最大模锻液压机——中国二中集团 8 万吨级模锻油压机安装灌浆总包工程，吴中高铁、郑万铁路、京张高铁等重点轨道交通灌浆项目，以及环氧轨道胶泥在青岛港全自动集装箱码头轨道关键部位上成功应用，实现了设备的平稳运行。

联合荣大对炼铁系统高炉耐材整体承包有丰富的经验，现研发的“高炉内衬遥控湿法喷注技术”“炉缸整体浇注修复技术”“单铁口高炉出铁沟储铁式改造技术”等炼铁系统产品，已为国内 100 多家钢铁企业的 300 多座高炉进行了修补，如国内最大世界第二大巨型高炉项目沙钢 5800 立巨型高炉内衬湿法喷注项目、鞍钢鲅鱼圈 4038 立巨型高炉内衬湿法喷注项目，首钢京唐 2 号 5500 立、3 号 5500 立高炉炉缸整体浇注项目等。目前“环保型无碳水基转炉大面修补料及转炉遥控喷注修补技术”等转炉用系列产品已陆续在南钢、八钢、韶钢、新余钢铁、唐山中厚板等钢厂使用，取得了较好的效果。

多年来联合荣大坚持立足于技术型企业发展道路，坚持提供优质、安全、环保、可靠的产品，以“高效率帮助客户解决问题”的服务宗旨，不断改革传统营销方式，根据客户需求，为钢铁厂等广大客户提供各种定形、不定形耐火材料的设计、施工、维护及技术指导服务，坚持“高素质人才、高效率管理、高品质产品、高技术服务”的经营理念，构筑联合荣大特色的企业文化内涵。联合荣大将通过全面提高质量管理和企业运作水平，打造“联合荣大”品牌，为中国冶金行业的节能减排做出巨大贡献。

海城市后英经贸集团有限公司

一、历史沿革

海城市后英经贸集团有限公司创建于 1984 年，是一家大型民营企业。起初经营矿产品及镁砂原料加工，1987 年成立海城市特新耐火材料有限公司，新建两条全自动高温隧道窑生产线，生产镁砖，镁铬砖系列耐火制品。2006 年成立后英集团海城市兴海耐火材料有限公司，新建八条全自动高温隧道窑生产线，生产镁钙及硅砖系列耐火制品。2008 年成立后英集团海城市环保科技有限公司开发区分公司，新建四条全自动高温隧道窑，生产镁尖晶石砖系列耐火制品。2011 年投资 16 亿元成立后英集团水泉高新技术园区，生产高纯镁砂。2019 年成立后英集团海城市胜辉耐火材料制造有限公司，生产镁碳砖、镁钙碳砖及散状料加工。

二、企业概况

后英集团坐落在镁石资源丰富、美丽富饶的辽东半岛腹地，誉有世界镁都之称的海城境内。中长铁路及沈大高速公路贯穿南北，南邻营口鲅鱼圈港，北距沈阳桃仙国际机场百余公里，环境优越、交通通信十分方便。

后英集团现拥有职工 1.2 万人。2018 实现销售收入 150 亿元，上缴税金 19.1 亿元。

后英集团在 30 多年的发展过程中，严格执行“严、紧、细、勤、实”的工作方针，坚持“拼搏、创新、高效、一流”的经营理念。企业逐年壮大，拥有七大支柱产业，一是耐火材料，有大型菱镁矿矿山 6 处，年开采高、中、低档菱镁矿矿石 300 万吨以上，有重烧窑炉 21 座、机械化中档竖窑 8 座、高纯油竖窑 10 座、回转窑 1 条、高温隧道窑16条，年产各种定形和不定形耐火材料120万吨；二是钢铁系列产品，集团年开采铁矿石1000万吨，加工精矿粉300万吨，产钢铁200万吨，棒线材120万吨；三是大豆深加工产业，年深加工能力为30万吨，是全国大豆产业的龙头企业；四是房地产行业，每年以50万平方米的开发速度进行开发建设，愿为城市建设及新城镇化建设做出贡献；五是滑石系列产品：后英集团拥有世界品位最高的滑石产品；六是金融及小额贷款行业；七是建材行业，利用选矿所产生的尾矿及钢、铁生产过程中产生的废料来生产水泥，然后用该水泥加上采矿所产生的建筑碎石、河砂生产商砼等建材产品，每年产量达300万吨以上。

后英集团先后荣获“中国500强企业、全国诚信守法先进企业、全国出口创汇先进单位、辽宁省最具活力企业”等荣誉称号，拥有自营进出口权，“后英牌”商标是全国驰名商标。

三、主要产品及工艺装备

1. 后英的耐火工业

中国已探明的菱镁石储量为35亿吨，居世界之首，中国菱镁石质量最好。后英集团拥有优质的菱镁石矿山6处，年产各种菱镁矿石300万吨，采矿、选矿，轻烧、压球、重烧、制品直至发运配套完善。拥有98座轻烧窑，21座重烧窑，8条中档砂生产线，10座燃油超高温机械化竖窑，1条超高温回转窑，不仅生产普通镁砂、中档镁砂和高纯镁砂，也生产镁铝尖晶石砂、镁铁尖晶石砂、稳定白云石砂、镁钙砂、高铁高钙砂等各种复合合成砂。年销售量100多万吨，后英牌镁砂是世界知名品牌镁砂。

后英集团耐火材料制品生产下设8个分厂，16条生产线，拥有400~800t压机25台，630~1000t压机20台，2500t液压机20台，进口混炼设备及自动化配料，16条自动化控制高温隧道窑，80条远红外线干燥窑，切、割、磨、浸渍设备均为自动化控制。生产有160多个品种，1200多不同规格型号的镁制系列制品和硅铝系列制品、不定形耐火材料，年总产50万吨，广泛应用于水泥、玻璃、冶金、化工、焦化、有色冶金等行业。

2008年投资10亿元兴建世界级耐火材料工业园，总占地面积100万平方米，采用世界最先进的德国莱氏液压机、日本机械人生产线、日本品川公司设计的全自动机械化隧道窑。可年产30万吨优质耐火材料制品。

2. 后英的生物工程

后英集团2001年投资建设了总资产3亿元的后英生物工程有限公司，主要从事大豆、食用油脂深加工生产。拥有浸油、精炼、小包装、大豆组织蛋白等多条专业生产线，生产“后英”牌系列食用油、豆粕、大豆组织蛋白等优质粮油食品。

3. 后英的钢铁工业

2003年以来，后英集团累计投资5亿元，连续上马8期工程，兴建活龙矿业公司，全力打造自己的钢铁原料基地。集团投资近3亿元，建设了后英钢铁有限公司，为炼钢、铸造等行业生产所用的高炉制钢铁和铸造铁。2006年又投资10亿元，兴建了后英集团海城钢铁有限公司大屯分公司，建有450m^{3}的高炉两座，80吨转炉二座，建成了采矿、精矿粉、炼铁、炼钢，从采矿到型材仅需24h的先进生产线。

4. 后英的房地产业

2010年，后英集团投资10亿元打造后英第一城、后英佳苑、后英家园。下一步，后英集团将响应市政府大力开发建设海城河，提升滨河城市形象的发展愿景，投资120亿元，以“一河两岸，一心三点”的设计核心打造“三江岛”城市综合项目。

5. 后英的镁建材业

2010年后英集团投资建设镁质建材基地，年产1500万平方米玻镁板产品，项目引进国际先进玻镁板及纸面板生产设备，广泛应用于建筑、装饰、消防等领域，是各种胶合板、密度板、石膏板等板材的换代产品。

6. 后英的滑石产业

2011后英集团投资5亿元，收购了全国最大滑石企业之一的原海城水泉滑石矿。从国外引进的最先进的微细粉加工设备，可生产5~45μm系列微粉产品。产品质量稳定，广泛应用于橡胶、塑料、造纸、涂料、建材、医药、食品、饮料、油墨等行业。

7. 后英的特种镁砂项目

后英集团针对国内、国际镁砂生产都处在传统工艺高能耗、高污染，特别是一类矿石、二类矿石逐渐减少的状况，为使资源利用最大化，节约能源，减少污染。后英集团通过国内国际的考察与几大院校及设计研究院共同合作，拟投资建设一个高起点的菱镁选矿、轻烧镁粉、镁砂热分、高纯镁砂中国乃至世界一流的生产线。项目总投资 18 亿元。

四、机构和人事

公司实行母子公司管理模式。母公司总部设有五个职能管理部门：生产计划部，销售部，外事部，财务部，安保部。各分、子公司是公司生产经营的实体，从事具体的生产经营活动，是公司的利润创造中心。分、子公司日常经营由董事长聘任的经营管理团队负责，财务负责人由公司统一委派。

公司目前共有二级企业 27 家，分别为：后英集团海城钢铁有限公司，后英集团鞍山活龙矿业有限公司，后英集团海城市兴海耐火材料有限公司，后英集团海城市环保科技有限公司，后英集团海城市耐火材料有限公司，后英集团海城市尾矿加工有限公司，后英集团海城市环保建材有限公司，后英集团海城市科研有限公司，后英集团房屋开发有限公司，后英集团镁建材有限公司，海城市海英高级耐火材料有限公司，海城后英生物工程有限公司，海城智胜镁制品有限公司，海城绿洲环保有限公司，海城市后英贸易有限公司，海城胜欣生物工程有限公司，后英集团海城钢铁有限公司大屯分公司，后因集团鞍山振兴砖厂，海城市后英运输公司，海城市后英保健品有限公司，海城市凯伦产业有限公司，海城市后英龙兴产业有限公司，后强合营会社，海城市特新耐火材料厂，海城市后英耐火材料厂，海城市牌楼镇宋堡镁石二矿，后英集团海城市环保科技有限公司开发区分公司。

后英集团争做“爱国敬业，守法经营，创业创新，回报社会”的典范，在企业发展进程中，将继续推动高质量发展，聚焦实业，做精主业，做强做优，把后英的事业继续做大做强，铸造后英精品，满足顾客需求，为员工谋福利，为社会创效益。截至 2018 年底，公司员工数 1.2 万人。其中大专以上 300 人，大学本科学历 100 人，硕士生 10 人，教授级高工 10 人，高级工程师 30 人。

五、科研成果

1. 水泥厂生产线用耐火材料整体设计

公司为多家大型水泥厂日产 5000t 水泥生产线用耐火材料整体设计，客户生产使用周期得到提高，主要使用的耐火材料有回转窑用方镁石铁铝尖晶石砖，方镁石尖晶石砖，优质方镁石尖晶石—镁硅复合砖，优质硅莫红砖，优质硅莫砖，窑口、窑尾、喷煤管用优质刚玉莫来石浇注料，窑头罩、篦冷机用高强防爆低水泥浇注料，旋风预热器、分解炉用优质抗结皮浇注料。

2. 钢厂 180 吨 AOD 精炼转炉及 VOD 精炼钢包用耐火材料整体设计

公司为多家大型钢厂 AOD 转炉及 VOD 钢包用耐火材料整体设计，客户使用周期得到提高，主要使用的耐火材料有高纯级 30 镁钙砖，高纯级 20 镁钙砖，低碳高纯镁碳砖，高纯镁钙碳砖，防爆高铝浇注料，优质刚玉自流浇注料，优质刚玉可塑料，优质镁钙质捣打料，优质刚玉质胶泥。

3. 镍厂 33000kV · A 矿热炉用耐火材料整体设计

公司为多家大型镍厂 $\phi 10 \sim 18m$ 矿热炉用耐火材料整体设计，客户生产使用周期得到提高。主要使用的耐火材料有优质 97 镁砖，优质 95 镁砖，优质 92 镁砖，镁钙铁捣打料。

4. 钢厂麦尔兹石灰窑用耐火材料整体设计

公司为多家大型钢厂麦尔兹双膛石灰窑用耐火材料整体设计，客户生产使用周期得到提高。主要使用的耐火材料有优质 95 镁砖，优质 92 镁砖，优质镁铝尖晶石砖，致密高铝浇注料，刚玉莫来石耐火耐磨浇注料，优质高铝捣打料，优质镁质捣打料。

5. 玻璃厂蓄热室用耐火材料整体设计

公司为多家大型玻璃厂蓄热室用耐火材料整体设计，客户生产使用周期得到提高。主要使用的耐火材料有电熔 97 镁砖，电熔 95 镁砖，电熔镁锆砖，电熔锆刚玉砖，电熔再结合镁铬砖，直接结合镁铬砖。

海城华宇集团

一、企业概况

海城华宇集团地处辽东半岛腹地——海城南部碧波荡漾的王家坎水库上游华峪境内。始建于1987年，是全国生产和经营镁质耐火材料的重点企业集团之一。1998年注册成立海城华宇耐火材料有限公司已获辽宁省高新技术企业，2001年注册海城华宇镁砖有限公司，2001年注册海城华宇镁砂有限公司。现如今集团下属十几个分公司，20个生产厂，省级工程技术研究中心、1处质量检测中心。固定资产10亿元人民币，厂区占地面积45万平方米，建筑面积40万平方米，现有员工4000人，其中各类专业技术人员208人。“华宝”牌镁质耐火材料已获省级名牌商标，2000年通过了IS09001：2008国际质量管理体系认证。企业生产规模庞大，技术力量雄厚。

二、企业主要产品及设备

集团拥有储量丰富的大型菱镁矿山的开采权，年设计开采矿石规模160万吨，矿石质量好、品位高，驰名中外。公司拥有电除尘配置环保型重烧镁砂窑32座，新型轻烧竖窑106座、中档机械化竖窑12座、高纯油窑4座、电熔镁炉3座，镁砖生产线2条，具有世界领先水平的不定形耐火材料生产线2条，新型煅烧轻烧镁隧道窑生产线2条，新增浮选生产线2条。设备先进，生产工艺精密合理，各项产品质量检测手段先进。

集团主要产品为镁质耐火材料系列产品，主要生产重烧镁砂、轻烧镁粉、电熔镁砂、高纯镁砂、镁铬砖、镁砖、镁碳砖、镁质高钙砖、电炉炉底捣打料、铁合金热兑精炼装置用炉底捣打料、中间包干性料、中间包涂抹料、喷补料、浇注料、高钙低铁镁质干法捣打料、转炉用大面热修补料、镁碳砖、烧镁砖、镁铬砖、镁钙砖等不定形和定形两大系列共百余种。集团拥有进出口自营权，产品出口欧美等30多个国家和地区深受用户青睐，在国际市场上享有盛誉。

三、科研成果

集团拥有发明专利7项，年产“华宝”牌镁质耐火材料系列产品100多万吨。其中集团研制的“炼钢连铸中间包镁钙涂料”获得了国家发明专利。$MgO-CaO-Fe_2O_3$系列捣打料被评为辽宁省名牌产品，微碳铬铁热兑精炼装置用炉底料获辽宁省科技进步二等奖。海城华宇耐火材料有限公司获得辽宁省高新技术企业称号。

四、公司发展历程和未来规划

历经改革开放三十年风雨沧桑，华宇集团从小到大，从弱到强，生产建设规模越做越大，经济效益逐步递增，企业的整体管理水平明显提高，企业员工素质得到全面升级。公司已经实施了信息化商务平台工程，为使企业形成科学化、规模化、现代化的新型企业管理模式奠定了坚实基础。在新的历史时期，华宇集团将以崭新的姿态，以节约资源和能源以保护生态环境为企业新的发展方向，坚持以技术创新、科技创新为企业生产经营的基本点，突出主导产业，调整产业结构，运用新材料科学理论和应用新技术研制开发新产品，寻找新的经济增长点。使企业的经济效益、环境效益、社会效益同步发展并获得极大的提高，为地方经济社会的发展做出贡献。同时华宇集团愿与镁质耐火材料行业同仁携手共进，精诚合作，共创美好未来。

海城镁矿耐火材料总厂

海城镁矿耐火材料总厂（简称海镁总厂）是成立于建国初期，集菱镁矿开采与镁质耐火材料生产于一体的国有大型企业、高新技术企业，是2018年鞍山市科技小巨人企业。作为共和国的“菱镁长子”，为经济建设立下了不可估量的功勋。经过几十年的发展，如今的海镁总厂已经成为辽宁（海城）菱镁新材料产业重要的原料基地和研发基地，已成为行业的龙头企业。企业具有以下八大优势：

（1）资源优势。海镁总厂拥有得天独厚的菱镁矿资源，矿区已探明并经储委核实储量5.9亿吨，其品位之高，储量之丰，均为世界之最。丰富的菱镁矿资源给海镁总厂生产出畅销国内外的优质产品提供了重要保证。总厂矿山设计能力为年产菱镁石150万吨，其中$MgO \geq 46\%$（质量分数）的优质矿石占总储量40%左右，具有埋藏浅、易于剥离、适宜露天开采和大规模经营的优点。

目前已形成了完整的开采工艺，具有完善的矿山生产体系。矿山北排土场已复垦绿化，形成完整的生态治理体系，并成为菱镁矿山复垦的标杆工程。使总厂在省级花园式工厂的基础上，不断向生态型耐材企业迈进。

（2）产业优势。总厂具备品种齐全的生产线，综合产能达200万吨/年。主要生产设备有电熔镁窑炉、高纯油竖窑、轻烧窑、普通镁砂窑、中档窑、浮选、高纯炉料、散装料和镁砖等生产线。主要产品有电熔镁砂、高纯镁砂、中档镁砂、普通镁砂、轻烧镁粉、轻烧镁团球、菱镁精矿粉和菱镁精矿球等。近三年，海镁总厂加大技术改造力度，累计投资1.6亿元对传统工艺流程及环保设施等进行升级改造，各项环保指标完全达到《辽宁镁质耐火材料工业大气污染物排放标准》要求，夯实了企业可持续发展的基础。2018年实现销售收入10.7亿元，上缴税金1.5亿元，利润1.9亿元。

（3）技术优势。总厂秉承“做优、做精、做强”现有镁耐火为原则，不断加大科技创新力度，开展研制、生产、加工新型耐火材料、高新技术产品的技术创新及研发工作。我厂利用自有技术生产的C/S≥2优质电熔镁砂、高纯镁砂对耐火材料升级换代起到决定性作用，在国内外市场享有盛誉。几十年来，多项产品及技术被评为国家、省优质产品、银质奖章等荣誉。企业目前拥有5项实用新型专利和10项软件著作权。我厂的“低品位菱镁矿反浮选除杂捕收剂的研究与应用技术”获得国家科技部认可的绿色矿山科学技术二等奖。

（4）配套优势。总厂占地面积625万平方米，自有水源6处，日供水能力2万米。变电所2处，装机容量为8.5万千瓦安，日供电能力100万千瓦时，自有准轨铁路38千米，内燃机车2台，与中长铁路接轨，承担总厂及区域内运输职能。齐全的配套基础设施为企业后续发展奠定了坚实的基础。

（5）质量优势。总厂不断加强企业内部综合管理，深入挖潜，节能降耗，产品质量大幅度提高。2018年企业分别通过了GB/T 19001—2016/ISO 9001：2015质量管理体系、GB/T 24001—2016/ISO 14001：2015环境管理体系、GB/T 28001—2011/OHSAS 18001：2007职业健康安全管理体系世标三项体系认证。遵照ISO 9001国际质量认证体系规定的制度和程序，把生产监控，纠正预防措施，持续改进等工作做实做细，切实体现通过工作质量，保证产品质量，最终满足客户需求。企业信用等级为AAA级，2014年被评为辽宁省镁质原料行业名优企业，2017年被国家工信部确认为符合耐火材料行业规范公告条件企业。总厂生产的“海美”牌产品得到了国内外广大用户的认可。

（6）销售优势。海镁总厂的销售业务由销售公司及总厂独资公司——中国冶金进出口辽宁镁矿公司分别负责国内及国外业务。总厂具有完善的售后服务体系，专业销售人员均具有较强的销售能力和稳定的销售渠道。中国冶金进出口辽宁镁矿公司总部设在鞍山，在大连港、鲅鱼圈港和营口港都设有对外办事处。总厂产品畅销国内钢铁、有色、机械、化工、轻工、建材等行业，并远销欧美、东南亚、俄罗斯等国家。总厂视用户为“上帝”，以客户为中心，重合同、守信誉，并为用户提供全方位的售后服务。

（7）人才优势。海镁总厂拥有一支技术过硬、专业性强、素质高的职工队伍，具有中高级职称人员占职工总数的四分之一，具有镁耐火生产雄厚的技术力量，为区域菱镁产业输送了大批各类技术工人，也为整个行业的发展培育了大批技术骨干。企业通过产学研合作，吸收引进了一大批行业优秀的专业技术人才组成技术团队，积极与先进装备制造企业和具有先进工艺装备研发实力的大专院校开展合作，形成产学研合作联盟培育机制。利用新技术、新工艺进行科技创新、技术改造以及新产品的研发，加快了科技成果的转化。并通过逐步淘汰落后产能，引领行业向节能环保、绿色低碳、高端智能方向发展。

（8）发展优势。海镁总厂作为国有企业，坚持党的领导，带头认真执行党和国家的各项方针政策，主动承担政治责任和社会责任，同时也要创造良好的经济效益，将资源优势转化为产业优势，不断增强企业活力、影响力、抗风险能力，实现国有资产保值增值。海镁总厂将与央企、国企合作，整合资源价值链，在做好镁耐火的基础上，推动镁建材、镁化工、金属镁、镁合金尽快在整个行业中形成产业链，提高资源节约与集约利用，提高镁质产品附加值，使海镁总厂成为综合性菱镁企业，引领菱镁产业创新驱动发展，使我国的菱镁产业瞄准世界前沿技术，建设菱镁行业世界科技强国。

新形势赋予新使命，新使命期待新作为。站在新的历史起点上，海镁人将发挥国有企业优势。

不忘初心、牢记使命，勇于担当、锐意进取，奋力开创国有企业新局面，为共和国的经济建设再立新功，再谱新篇。

河南五耐集团实业有限公司

一、历史沿革

河南五耐集团实业有限公司是炼铁系统用耐火材料为主的现代化生产企业，始创于1968年，前身为集体企业，1990年改制为私营企业。经过50多年发展，由最初一个厂区发展至目前下设八个分公司，一个新产品开发研究所和一个理化检测中心的规模，是巩义市耐火材料行业的领军企业。

二、企业概况

公司总面积30万平方米，现有职工1000余人，大中型设备550余台（套），年产值约4亿元，通过GB/T 19001—2008/ISO 9001：2008质量体系认证，可年产各种耐火材料20多万吨。

公司多年来始终专注于炼铁行业用耐火材料的研制、生产、销售与服务，始终坚持“以质量求生存，靠科技求发展”的经营方针。先后同武汉科技大学、武汉钢铁设计院、洛阳耐火材料研究院、武汉冶金建材研究院、北京科技大学、东北大学、中冶赛迪、中冶京诚等国内知名院校和科研院所建立了合作关系。并先后聘请这些单位的二十多位专家、教授担任我公司的总工、技术顾问等职。陆续开发出热风炉用低蠕变系列产品、抗热震低蠕变系列产品、铁水预处理用Al_2O_3-SiC-C砖、高炉用微孔模压炭砖、微孔刚玉砖、碳复合砖等具有国际先进水平的产品，多次填补国内空白。公司是中国耐火材料行业协会常务理事单位，河南省耐火材料行业协会副会长单位，公司技术研发中心设备齐全，获得“河南省级工程技术研究中心”“河南省技术中心”称号。

三、主要产品及工艺装备

公司在冶金炼铁行业深耕多年，产品丰富，主要为炼铁高炉、热风炉、鱼雷罐提供各型高温耐火材料。公司主要产品有热风炉用低蠕变系列产品、抗热震低蠕变系列产品、铁水预处理用Al_2O_3-SiC-C砖，高炉用微孔模压炭砖、微孔刚玉砖、碳复合砖等定形及配套不定形耐火材料。

历经多年的积累，公司已为宝钢、武钢、鞍钢、本钢、太钢等大中型钢铁企业的500余座高炉、热风炉、鱼雷罐、混铁炉、铁水罐、碳素焙烧炉、回转窑、石灰窑、竖炉等高温设备生产了各类高温耐火材料100多万吨。

随着市场的不断发展，我们大力优化升级生产装备及生产工艺，先后装备了2台2500t自动化液压机，并且建造了国内领先的节能串联窑，使烧成温度轻松达到1650℃以上，大幅提高了产品各项性能指标。高炉用第一代专利产品—微孔刚玉砖常年稳定供应武钢、鞍钢等大中型高炉，被行业著名专家张寿荣院士著书肯定，在国内外大中型高炉享有盛誉；最新专利产品——碳复合砖及安全长寿炉底炉缸结构，更是国内首创，科技含量国际领先，可使高炉一代炉役达到10年以上的使用寿命，为钢铁行业降本增效做出了巨大贡献。

此外，公司还坚持实施立足国内，放眼世界的长远战略，力争以先进的管理理念和一流的产品质量，融入国际贸易市场，产品畅销俄罗斯、哈萨克斯坦、乌克兰、印度、土耳其、越南等国家。至今，已经出口俄罗斯马钢2座1580m^3高炉用碳复合砖（2013年、2014年各1座）、出口萨特卡钢铁公司1座300m^3高炉用碳复合砖（2017年）。并大量出口高炉、热风炉及鱼雷罐用耐材至印度、土耳其、印尼、越南等国家，产品质量深受客户的信任。

多年来，我公司以优质的产品和完善的服务受到了国家有关部门的大力表彰、以及广大用户的一致好评，先后获得了一系列殊荣。如：全国耐火材料质量过硬名牌企业，全国质量信得过产品，全国质量服务消费者满意企业，全国诚信守法乡镇企业，河南省先进乡镇企业，河南省诚信经营示范单位，重质守信进出口企业。并被宝钢评为“优秀耐材供应商”，荣膺太钢“质量优良服务满意单位”称号等。

四、机构与人事

公司实行母子公司管理模式。母公司（总部）设有六个职能管理部门，分别是生产部、技术部、销售部、行政部、采购部、发运部，各分公司作为一线生产单位，由总部统一采购、销售、管理，公司重大事项决策权、经营者任免权由集团董事长裁决。公司管理经数十年锤炼，已经形成一条行之有效的管理体制。

五、科研成果

公司一直非常注重科技兴企，重视新产品的研发，在与科研院校专家的共同努力下，先后研发出了一大批具有国际先进水平、填补国内空白的高科技产品。其中低蠕变系列研发成功直接大幅度提升了我国热风炉耐材的整体水平，替代了进口产品，1989年供应武钢3200m^{3}高炉热风炉用的低蠕变砖一代炉役长达16年以上，创下国内同类产品的最高使用记录，且拆炉后砖体仍未变形，卓越的产品性能深受客界好评。此外，还有碳复合砖、微孔刚玉砖、高导热微孔模压碳砖，铁水预处理用Al_2O_3-SiC-C砖等26项产品、技术获得国家发明专利或实用新型专利，还荣获了“国家教委科学技术奖”“国家冶金科学技术奖”“国家星火计划科技成果博览会金奖”等荣誉，为我国耐材、冶金行业的持续进步做出了重要贡献。

济南圣泉集团股份有限公司

一、历史沿革

济南圣泉集团股份有限公司始建于1979年，其前身是国家“一五”期间前苏联援华的156个项目之一，从济南轻工化学品厂搬迁而来。1993年公司进行股份制改造，济南圣泉集团股份有限公司正式成立。1997年，公司与英国HMC矿物及化学品有限公司合资建立济南圣泉海沃斯化工有限公司，引进了最先进的酚醛树脂生产技术，正式进军酚醛树脂行业，开启了高质量发展的新征程。

经过30余年的高速发展，圣泉集团已从单纯生产糠醛的小厂发展成长为占地2700亩，拥有员工近4000名，专注于各类植物秸秆的研究开发与综合利用。涉足高性能树脂及复合新材料、大健康、生物质、生物医药、新能源等五大产业的创新型企业集团，成为助推民族企业崛起的生力军。

二、基本情况

圣泉集团是全球生物质新材料与生物质能源行业的佼佼者。公司铸造材料和酚醛树脂产业的生产规模分居世界第一和世界前三。公司旗下拥有六家高新技术企业，获得“国家技术创新示范企业”“国家知识产权示范企业”“农业产业化国家重点龙头企业”、首批国家级“绿色工厂”“中国民营企业制造业500强”等荣誉。

圣泉集团的生物质石墨烯国际首创，是全球生物质石墨烯内暖纤维开创者；呋喃树脂和酚醛树脂产销规模位居世界前列；是“神舟”飞船返回舱保温原材料制造商；建成全球主要的L-阿拉伯糖生产基地和木糖生产基地；圣泉轻芯钢、石墨烯改性超级电容及超级电池等多种产品打破国外垄断。多项核心技术位居同行业前列。在销售收入、生产规模、利税总额、产品质量、出口创汇、管理品质等多方面处于全国同行业的领先地位。2014年7月28日，公司经中国证监会核准，在全国中小企业股份转让系统正式挂牌上市，成为迄今新三板中营业收入最大、盈利能力最强的企业。

创新是圣泉发展的核心和灵魂，人才是创新的引擎。公司坚持“用五湖四海的人干五湖四海的事”的人才理念，打造多元化科研平台，构筑立体化人才体系。公司建有国家级企业技术中心；引进国家博士后科研工作站和山东省院士工作站；与中科院、黑龙江大学、青岛大学、东华大学等10余家高校院所建立长期合作关系；组建了拥有近30位世界级精英的国际团队等雄厚的科研力量，为圣泉自主创新和持续发展提供了源源不竭的动力。

公司秉承“取之自然、服务社会、造福人类”的责任理念，坚持履行企业的社会责任与义务，打造有温度的企业，走绿色发展之路，投身公益慈善事业，致力于做受人尊敬的企业。近年来累计各类捐助及公益性投资近亿元，并建立了圣泉帮帮忙扶贫公益基金，在社会上树立了良好的形象和典范。

在新时代下，圣泉集团将进一步激活创新驱动新动能，紧跟国家新旧动能转换方向，加快生物质新能源、新材料研发和成果转化，实现传统产业、新兴产业、高新技术产业渗透融合，实现全面转型升级。

圣泉的使命是：让秸秆与粮食同价，为农民再造一个地球。

圣泉的愿景是：立百年圣泉，为人类造福。

圣泉的核心价值观是：诚心待人，用心做事。

三、主要产品及工艺装备

济南圣泉集团股份有限公司现有五大产业，

分别是工业酚醛及高端新型复合材料、铸造材料、生物质能源及生物质化工、食品及医药、新能源；具体情况如下：

（1）酚醛树脂亚洲第一，世界前五（产量35万吨），是耐火材料用酚醛树脂国家标准唯一起草单位；“轻芯钢”高端新型复合材料国内首创，产能第一。

（2）呋喃树脂年产量居世界第一（产能12万吨）、固化剂、涂料产能5万吨、保温冒口产能400万只、陶瓷过滤器产量世界第二（产能1万立方米）。

（3）生物质产业技术水平居于世界前列，突破商业瓶颈，生产生物质乙醇、木质素、纤维素等产品，糠醛、糠醇年产量居世界第一（产能10万吨），生物质电厂2.7万千瓦/小时。

（4）木糖、木糖醇、L-阿拉伯糖产能1万吨及生物制药。

（5）新能源项目主要设备全部引进日韩先进、自动化程度高的全自动线装备，仓库采用堆垛机进行系统处理，车间采用机器人智能化操作，物流采用AGV小车进行智能操作。整个生产过程完美实现机器换工，使车间75%以上工序可以实现全自动化。自动化生产设备效率高、人工少，保证了产品成品率高、可靠性、一致性好。

四、机构与人事

圣泉集团之所以有今天的规模，最根本的一点就是有一个纳才、容才、用才的良好机制，有一大批各方面的优秀人才。多年来，公司一直在致力于干好一件事，就是舍得花钱引进人才，舍得投入培养人才，舍得让利于有贡献的优秀人才。

公司现有员工3500余人，公司始终坚持以人才为基础、以科技为先导、以创新为核心的发展思想，现有研究生以上学历及高级职称人员100余人，大中专毕业生占公司职工总数的40%以上，拥有了一支高素质的管理团队和科研开发队伍。

五、企业管理

山东圣泉新材料股份有限公司是国内首家全面引进国外软硬技术设备及生产管理模式的酚醛树脂生产企业，是山东省高新技术企业，中国耐火材料专用酚醛树脂标准唯一起草单位，是中国科学院合作单位。

多年来，公司牢固树立市场经济观念，实施名牌发展战略，靠品牌拓展市场，靠品牌增加效益。公司于1988年注册使用“圣泉”牌商标，1997年和1998年分别在日本和韩国注册了“圣泉”商标，并于2005年对“圣泉”牌商标根据《马德里协议》在70多个国家和地区进行了全方位国际注册。十余年来，“圣泉”牌产品先后荣获国内同行业最高奖“金鼎奖”、山东省名牌产品、山东省著名商标、中国驰名商标、中国农业博览会名牌产品等荣誉称号，公司还分别于1997年和2002年通过了ISO9001质量体系和ISO14000环境体系认证。

六、科研成果

公司是国家火炬计划重点高新技术企业，建有目前同行业唯一一家国家级企业技术中心，拥有一个国家博士后工作站、三个国家认证认可实验室，下设四家高新技术企业。技术中心员工305人，其中研究与实验发展人员265人，国务院特殊津贴获得者3人，省专业技术拔尖人才1人，星火带头人1人；全国标委会委员1人，博士13人，硕士70余人，外籍高级专家27人。购进了世界一流的科研检测设备，从而保证了公司的创新能力，确保了公司产品质量国际先进、国内领先的地位。

圣泉集团一直致力于耐火材料新技术、新产品的开发和推广应用，可满足国内外市场的多方位要求。产品覆盖钢铁行业、汽车工业、航天航海、气象、采油、军事工程、采矿、机械加工以及电子电器等各个领域。现有国外引进和自行研制开发的工艺配方10个系列1000多个品种。

七、销售与服务

公司是亚洲最大酚醛树脂专业生产商，通过与日本公司、美国公司合作，引进欧洲日本、美国的先进技术理念，结合国内先进的实用技术，圣泉新材料的产品质量已居世界最先进水平的行列。国内市场占有率第一，并远销东南亚、美洲、欧洲等国家和地区。

为了更好地服务于客户，山东圣泉新材料股份有限公司还分别在营口和济南设立了营口圣泉海沃斯化工有限公司和济南圣泉海沃斯树脂有限公司两家子公司。圣泉拥有强大的售前及售后技术服务团队，可以为客户提供量身定制的酚醛树脂综合解决方案。

嘉晨集团有限公司

一、历史沿革

嘉晨集团有限公司总部坐落于辽宁省营口市老边区。公司始建于1988年，初建时的企业是营口市虎庄石粉厂。经过三十余年艰苦卓绝和不屈不挠的奋斗，发展到今天成为拥有全资公司16家，参股公司3家，职工1万多人的大型企业集团。集团下属的耐火材料公司营口金岱国际科技有限公司，坐落在大石桥虎庄镇，是中国镁质耐火材料行业的重点骨干企业之一。

集团的企业主要建在辽宁营口地区，另外在北京、上海、广州、香港、吉林、黑龙江等地区都建有企业。主产业涉足冶金、镁质耐火材料、煤及煤化工、发电、国际贸易、物流和镁矿等行业。

二、企业概况

嘉晨集团有限公司是中国企业500强。经过30年的发展，目前已成为拥有年产110万吨“高纯镁砂”及多品种镁质耐火材料产品的营口金岱国际科技有限公司；拥有年产420万吨钢材的营口钢铁有限公司；拥有年产260万吨焦炭及煤化工产品的营口嘉晨燃化有限公司；拥有装机容量25.4万千瓦煤气发电机组的发电公司；另外还有镁矿山、国际贸易、物流公司、洗煤公司、房地产等16家全资子公司。2018年全集团实现销售收入496亿元，实现利润42亿元，其中下属的耐火材料有限公司实现销售收入15.68亿元。公司的综合实力、产品质量、核心竞争力等均居行业领先地位。

公司始终坚持“环保至上”原则，制定并执行统一、严格的排放标准。近年来，随着社会大众环保意识的提高及时代发展潮流驱动，合理利用有限资源，走绿色发展道路，已成为中国企业做好、做强的核心内容。嘉晨集团始终坚持企业环保发展理念，自2017年以来，嘉晨集团陆续投入数亿元资金，用于环保设备的更新改造，取得了良好的效果。嘉晨集团旗下的耐火材料企业金岱国际科技有限公司2018年投资60多亿元建设的利用废弃或低品位的菱镁石，采用天然气为燃料煅烧超纯镁砂项目，产品氧化镁含量（质量分数）达到98%以上，体积密度达到3.42g/cm^3，填补该领域的空白。

多年来，公司始终秉承“贯通产业链条，奠定资源优势”的核心理念，依托上下游产业的科学布局，集团建立起规模恢宏的嘉晨工业模式。董事长孙寿宽先生一直深耕于东北，专注于实体经济，不求快但求稳，不求大但求精，始终不渝地秉承“以人为本、科学发展”和“自强、诚信、发展、富强”的宗旨和理念，坚持不懈地将企业做好、做强、做大，逐步成为东北最具代表性的民营工业企业之一，为国家及东北振兴持续提供强有力的支持，做出了巨大贡献。嘉晨集团多次被国家和省、市各级人民政府评为国家大型企业、全国民营百强企业、国家重点火炬计划高新技术企业，辽宁省耐材行业绿色示范基地、辽宁省纳税百强企业等多种荣誉称号。此外还被评选为中国企业家协会副会长单位、中国炼焦行业协会副会长单位、中国耐火材料行业协会常务理事单位等。

三、主要产品及工艺装备

嘉晨集团下属的营口金岱国际科技有限公司含有重烧镁砂厂、轻烧镁粉厂、中档镁砂厂、镁石浮选厂、闪烁沸腾轻烧镁粉厂、超级高纯镁砂厂、电熔镁厂等。年产重烧镁砂、中档镁砂、各种轻烧镁粉、电熔镁砂、超级高纯镁砂等各种镁质耐火材料200多万吨。其中，年产闪烁沸腾轻烧镁粉30万吨、超级高纯镁砂110万吨，均为世界独有，质量最高、性能最好的高科技产品。而镁石浮选厂年可浮选低品位镁石330多万吨。

重烧镁砂厂采用机械化出窑技术降低了工人劳动，大大改善生产环境，品质也大大提高。

中档镁砂厂运用科学的计量和布料系统，实现了自动化上料，自动化出炉控制，节省人力产品质量得以提高。

低品位镁石浮选厂年处理300万吨原矿石浮选厂通过破碎、磨矿、浮选脱水等工艺，实现低品位和废弃菱镁矿的提纯目的，为生产超高纯产品提供了原料保障。压球厂采用超高压干粉压球机，利用分子间的摩擦力使氧化镁粉成为高体密的白镁球，为高温煅烧提供工艺和技术支持。

拥有超高温窑炉16座，可年产超级高纯镁砂110万吨。高纯镁砂是由营口金岱国际科技有限公司与东北大学共同研发，利用废弃及低品位菱镁矿资源制造高纯、高体积密度烧结镁砂，实现了低品位菱镁矿资源的高效利用，解决了废弃和低品位菱镁矿的环境污染和土地占用等问题。该产品氧化镁含量（质量分数）达到98%以上、体积密度达到3.42g/cm³。

电熔镁砂厂是以优质菱镁矿石或高级轻烧镁粉为原料，经电熔熔炼成的一种高档碱性耐火材料，具有纯度高、杂质低、体密高、结构完整、抗腐蚀性强等特点。广泛用于冶金、科研、航空航天、医疗器械、家用电器等工业领域，电熔镁砂厂年可生产大结晶电熔镁和普通电熔镁40万吨以上。产品出口多个国家和地区。

四、机构与人事

公司实行集团公司管理的模式，公司经营主要有钢铁、镁制品、煤及煤化工、电厂、贸易和物流、文化共6大业务板块。

根据公司发展需求，设有集团办公室、人事处、财务处、资产经营管理公司、国际业务部、法律事务部、企业管理处、销售公司、供应处等20余个集团直属管理部门。下辖有营口钢铁有限公司、营口金岱国际科技有限公司、营口嘉晨燃化有限公司等10余家直属子公司。

结合集团（有限公司）子公司管理制度，为加强集团公司旗下子公司管理，以产权为纽带，建立规范性的内部控制体系。根据有关的法律、法规、规范性文件的规定，结合嘉晨集团有限公司的实际情况和管理的基本原则而制定了《嘉晨集团有限公司管理章程》。各分、子公司日常经营管理、人员调配等都严格按照管理章程有关规定落实。

公司坚持人本管理的方式，始终不渝地秉承“以人为本、科学发展”和“自强、诚信、发展、富强”的宗旨与理念。多年来，公司重视人才，爱护人才，合理开发人才，坚信谋事在人，成事也在人。截至2018年底，集团下属的耐火材料公司员工1400余人。其中大专以上246人，大学本科学历182人，硕士生17人，博士生1人，教授级高工8人。

五、科研成果

营口金岱国际科技有限公司积极响应中央供给侧结构性改革和产业技术创新、转型升级的号召，近年来自主研发并通过与科研院校合作研发，进行了无数次科研攻关和科学实验，取得了低品位菱镁矿提纯、粉体轻烧、高压成球以及高温煅烧等多项国家发明专利。利用这些专利技术可以从废弃或低品位镁石中选出超级镁粉，生产出了氧化镁含量（质量分数）达到98%以上，体积密度达到3.42g/cm³以上的超级烧结镁砂产品，填补了国内外该领域的空白。该科技成果已达到国际领先水平。

江苏嘉耐高温材料有限公司

一、历史沿革

江苏嘉耐高温材料有限公司是江苏振球集团实际控股公司，公司前身为宜兴市特种炉料厂，成立于1991年，后整合为宜兴市振球炉料有限公司，2010年12月正式成立江苏嘉耐高温材料有限公司。2014年当选为中国耐火材料行业协会常务理事单位，现为中国耐火材料行业协会副会长单位，2016年入选“2015年中国耐火材料百强”排名第9位，2018年开始公司步入快速发展期。

公司主要业务为钢企提供优质高温材料及冶金辅料，在沙钢、南钢、江阴兴澄特钢、莱钢等10多家大型钢企及全国近百家钢企有业务，同时业务扩展至有色、建材、电力、石化行业。在高温材料、冶金辅料领域形成了基础研发、技术研发、窑炉施工、客户定制、技术服务、售后服务、产品出口、工程总包等完善的综合服务体系。

二、企业概况

2018年，公司注册资本1亿元，总资产10亿元，总收入超15亿元。经过二十多年的发展，嘉耐公司已经形成了高温材料、冶金辅料、工程服务三大主业，形成了钢铁、有色、建材、电力、化工等五大业务单元。公司综合实力，产品质量，服务水平均居业内前列。

多年来，公司以“客户至上，服务创优”的经营理念，在高温材料领域进行孜孜不倦的探索。公司是“国家火炬计划重点高新技术企业”“国家火炬计划宜兴非金属材料产业骨干企业”，拥有“省级企业研究开发中心”，江苏省“双创计划”人才项目，“国家千人计划工作站”。与东北大学、郑州大学、武汉科技大学、安徽工业大学等保持深度合作关系，创建了“东大——振球冶金材料研究所”，“武科大——嘉耐特钢精炼材料工程技术研究中心”，与安徽工业大学建立了战略合作伙伴关系。现公司拥有员工近千名，具备了近30万吨高温耐材产品，冶金辅料的生产能力，被江阴兴澄特钢评为“四星供应商”，被多家大型钢企评为“金牌供应商”，与沙钢、南钢、莱钢多家大型钢企建立了战略合作伙伴关系。产品出口多个地区和国家，逐步成长为华东地区耐材龙头企业。

三、主要产品及工艺装备

公司主要从事高温材料及冶金辅料的研发、生产、销售及综合服务。产品主要服务于钢铁、有色、建材以及电力、石化等行业，主要产品有不定形耐火材料、预制件、各类定形砖、透气砖、中间包用干式料、涂抹料、冶金精炼材料等。公司分为钢铁行业用，有色、建材行业用，电力、石化行业用三大业务板块。钢铁板块主要产品包括电炉用耐火材料，转炉用耐火材料，钢包用耐火材料，连铸中间包用耐火材料，炼铁用耐火材料，冶金用辅助材料等。公司在该板块致力于推广总体承包模式，即为客户提供高温用耐火材料的设计、造型、配量、供货、安装施工、技术服务、后期维护的一站式综合服务。有色、建材板块主要产品有炉窑用耐火材料系列，电力、石化板块有锅炉、窑体用耐火材料，工程、保温用耐火材料。

公司产品基本涵盖了钢企需求，到目前为止已建成国内先进的不定形预制件生产线和散状料生产线。其中中间包总体承包后多次创造了国内领先记录，被钢企誉为“中间包专业户”。公司近年来申请专利 19 项，已获得 5 项国家发明专利，5 项产品荣获江苏省高新技术产品，一些产品的性能达到了国内领先水平，部分产品取代了进口产品。

公司现拥有不定形耐材全自动生产线 10 条，高压制球全自动生产线 5 条，喷雾造粒生产线 1 条，座砖、透气砖生产线 2 条，引流砂生产线 1 条，全自动高温烧成窑 6 座，各类中温烧成梭式窑近 30 座，多台 1000t、630t 自动压砖机等先进工艺的生产设备，达到了年产各种不定形耐火材料 18 万吨，预制件产品 8 万吨，各类定形砖 8 万吨，透气砖 4 万吨，冶金精炼材料 4 万吨的生产能力。公司建有国内一流的检测中心，拥有全自动碳硫测定仪、抗热震性试验机、原子吸收分光光度计、数控压力试验机、高温抗折试验机、全自动黏度仪、熔点仪等为代表的 60 多种先进的研发、检测分析仪器，完全满足了产品研发，原材料检测，产品检测分析的需要。

为了在产品的制造过程中符合绿色、环保、安全、高效、产品质量达到或接近世界水平，公司逐步引进大数据管理，推行智能制造技术，将自动化信息化技术引入高温材料生产线及工厂管理环节。按照绿色智能工厂的标准，逐步采用美国、德国等国家的先进智能制造装备，构建全流程智能化、自动化管理和操作系统，为产品的提档升级在工艺装备上走在业内前列。

四、机构与人事

嘉耐公司建有 7 个车间、9 个部门、一个理化检测中心。公司现运行的质量体系为 ISO9001：2015 标准质量管理体系、IS014001：2015 标准环境管理体系及 OHSAS18001：2007 标准职业健康安全管理体系。企业建立了较为完善的薪酬体系、考核体系和内部奖惩激励机制，严格执行国家安全生产标准，推行“6S”现场管理，着力打造具有自身特色的企业文化。目前企业正在筹备上市，内部运行良好。

至 2018 年底，公司现有员工近千人，其中博士生 4 名，硕士生 10 名，大专以上 116 名，科技人员占职工总数的 15%左右。公司着力打造一支业务素质过硬的员工队伍，内部实行优胜劣汰，公平竞争上岗，充分实施人才战略，在人力资源上，人事制度改革上不断探索，以上市企业的标准建造人事框架，为打造业内一流企业不懈奋斗。

五、科研成果

公司 2013 年由江苏省科技厅批准成立了“江苏省特钢用精炼耐火材料及辅助材料工程技术研究中心”，该中心具有完善的组织架构，管理制度合理，科研经费充足。现有研发场所 1000m^2，中试车间 2000m^2 以上。拥有 X 荧光光谱分析仪、全自动高温抗折仪等各类先进的研发仪器 100 多台（套）。

公司长期以来重视研发创新工作，先后承担了国家“十五”到“十一五”期间多项重点项目的科研工作，其中研发的改性洁净精炼渣达到了国际先进水平，为优特钢的等级提高做出了贡献。为了始终站在高温耐材、冶金辅料领域前沿。公司在坚持走“产、学、研”道路上不遗余力，先后与武汉科技大学及安徽工业大学签订了“产学研合作协议”，成立了“学生实习与培养基地”，创建了“东大——振球冶金材料研究所”，2015 年组建了宜兴市“千人计划”专家工作站，2016 年创建了省级“博士后创新实践基地”，2018 年成功申报了江苏省“双创计划”人才项目。公司强大的研发平台和持续的研发投入，确保了公司在常规高温耐火材料方面的领先，并使公司在下一代的高温耐火材料及冶金辅助材料研究方面处于国际先进水平，目前公司拥有5个省高新技术产品，发明专利5项。众多科研成果的研发成功与产业化，为公司快速可持续发展，增强核心竞争力奠定了坚实基础，也为钢铁行业的振兴，包括有色、建材、电工、化工等行业的节能减排，转型升级做出了重要贡献。

江苏晶鑫新材料股份有限公司

一、历史沿革

江苏晶鑫新材料股份有限公司位于扬州市江都区真武镇工业集中区内。前身为江都市真武瓷厂，创办于1979年，为乡镇集体企业。1986年，企业与江苏省陶瓷工业公司联营，更名为“江苏省陶瓷工业公司江都工业陶瓷厂”。1991年，增挂“扬州市晶辉特种耐火材料厂”。2001年，进行企业产权制度改革成立“江都市新晶辉特种耐火材料有限公司”。2005年更名为“江苏晶辉耐火材料有限公司”，同年，新办“江苏晶鑫高温材料有限公司”。2014年，晶辉与晶鑫进行整合重组，组建江苏晶鑫新材料股份有限公司（简称晶鑫公司）。2015年3月，公司在“新三板”上市，公司股票代码：832177，股票简称“晶鑫股份”。

二、企业概况

2018年，公司注册资本5430万元，总资产36478万元，总收入36907万元。经过40年的创新发展，现已形成以烧结刚玉为主体，烧结莫来石、烧结镁铝尖晶石、微孔烧结刚玉、氧化物超细粉等多品种配套服务体系。公司一直秉持创新求进、精益求精的精神，重视广泛的“产学研用”合作，依靠科技和人才，不断推进产品品种丰富，质量改进，装备升级和人才荟萃，促进了企业转型升级，企业正向着规模化、自动化、智能化、绿色化和国际化方向发展。

公司始终将先进科学的管理作为强基固本的着力点，通过完善各项规章制度、强化基础管理工作，夯实了企业的根基。2000年以来，公司成功导入ISO9001、ISO1400I、ISO28001、ISO50001、6S等先进管理模式。2009年公司通过国家高新技术企业认定，先后荣获省企业管理优秀企业、省重合同守信用企业，扬州市专精特新企业、市节能示范企业和扬州市市长质量奖等荣誉。2013年起，创设了两年一度的“晶鑫论坛”。通过开展业内、跨行业、跨学科的多元交流，促进了供需双方的沟通协作，促进了技术和管理的进步，在业界产生了较大的影响力。2018年顺利通过国家工信部的行业规范条件审核，成为耐火材料行业首批公告企业之一。

三、主要产品及工艺装备

晶鑫股份主营业务为烧结合成耐火原料的研制、生产和销售。公司主要产品分为四个板块，一是烧结刚玉，以及具有节能特性的微孔烧结刚玉；二是烧结莫来石，产品品种按氧化铝含量分为60、70和75三个牌号；三是烧结镁铝尖晶石，产品品种按氧化铝含量分为50、66、78和94个牌号；四是活性氧化铝微粉，产品品种包括活性氧化铝、煅烧氧化铝，以及烧结刚玉、莫来石、尖晶石等微粉，其中煅烧氧化铝又分为HA203、HA201等牌号。产品多次荣获国家级新产品、江苏省高新技术产品、扬州市科技进步奖等荣誉称号。

通过自主研发创新，公司走出了一条自我完善、持续发展之路。自主研发成功多条超高温竖窑生产线，以及配套的DCS集散控制系统。多套机器人自动包装系统在公司得到成功运用，装备的自动化、智能化程度不断提升。窑炉单体产能从年产1万吨，提高到3万吨，单位产品能耗达到国际先进水平。

为了保证生产的正常稳定，公司对技术中心的人力、物力投入逐年增加，研发装备完全满足工艺管控和新产品研发需要。拥有多元素快速分析仪、欧美克粒度分析仪、进口马尔文粒度分析仪、火焰光度计、超高温电炉（两千摄氏度）、比表面积分析仪、气孔率分析仪、黏度仪等先进检测试验设备。并与河南科技大学高温材料研究院、武汉科技大学、西北工业大学等高校建立了“产学研”合作关系，共同推进企业技术创新和技术人才培养。

四、机构与人事

根据企业运营需要，公司设立“五部一中心”的组织架构，分别是营销事业部、高温事业部、行政事业部、财务事业部、党工建设部和技术中心。其中高温事业部下设三个生产车间。

根据《公司法》，公司设董事会，董事会对股东大会负责，按照《公司法》行使职权。公司董事会成员 5 人，监事会成员 3 人。公司高级管理人员包括总经理和副总经理，由董事会决定聘任或解聘。

多年来，公司始终坚持走科技创新之路，以“立志、求实、守信、创新”为企业精神，以“追求卓越、志创一流”为奋斗目标，注重人才的教育和培养。通过省“双创”，市“绿扬金凤”人才项目，以及博士后科研工作站、省工程技术中心等研发平台，加强技术领军人才的引进。采用请进来，送出去的办法，打造企业自身队伍，形成了年龄层次与知识结构合理、充满生机和活力的、老中青结合的人才结构。截至 2018 年底，公司员工总数 230 人，其中大专以上学历人员 36 人，高级职称 11 人，中级 10 人。

五、科研成果

晶鑫股份一直致力于烧结合成耐火原料新技术、新产品的开发与推广应用，是国家高新技术企业、省创新型企业、扬州市专精特新企业。在生产工艺和核心装备上拥有多项自主知识产权，2009 年，公司被国家标准化委员会认定为“冶金非金属矿产品分技术委员会委员”，并先后参与或主导了“烧结刚玉”“莫来石”行业标准与“镁铝尖晶石”国家标准，刚玉与莫来石单位产品能源消耗限额国家标准的制定。建有国家级博士后科研工作站，江苏省认定的企业技术中心，江苏省高温合成材料工程技术研究中心，荣获扬州市科技进步奖 7 项。产品的质量、产量，公司的创新和服务能力，在国内同业中名列前茅，在国内外业界享有较高知名度和影响力。

江苏苏嘉集团新材料有限公司

一、历史沿革

江苏苏嘉集团新材料有限公司，原名无锡市苏嘉镁砖有限公司，始建于 1986 年。经过 30 多年的发展，已从单纯生产镁碳砖的企业发展成为国内知名的综合性耐火材料生产企业之一，年产各类耐火材料近二十万吨，产值超过十亿元。公司是国家级高新技术企业，江苏省“明星企业”，是中国耐火材料协会副会长单位，公司拥有“江苏省新型复合耐火材料工程技术研究中心”。

二、基本情况

江苏苏嘉集团新材料有限公司坐落于美丽富饶的太湖之滨——江苏省无锡市，水陆空交通极为便利。公司占地面积 160000 平方米，建筑面积 128000 平方米，公司注册资本 15600 万元，总资产超过 10 亿元，职工总数近 700 人，是国内知名的综合性耐火材料生产企业之一。

公司主要生产炼钢用高级耐火材料，产品除了供应国内近百家钢铁企业外，还远销美国、俄罗斯、德国、奥地利、新西兰、日本及东南亚等国家和地区。多次被国内外重点钢铁企业评为“战略合作优秀供应商”。

1995 年，苏嘉公司与日本最大耐材企业“日本黑崎窑业株式会社”合资成立了“无锡黑崎苏嘉耐火材料有限公司”，生产具有世界一流水平的镁碳砖、不定形耐火材料。2000 年 8 月，通过引进和消化吸收日本黑崎的先进技术，研制成功了高性能滑板，平均使用寿命均达 4 次以上，引领了国内滑板连用技术的发展。具备高度现代化程度的连铸“三大件”（浸入式水口、长水口、塞棒等）生产工场于 2002 年底建成投产，目前其产品 80%以上出口。

三、主要产品及工艺装备

苏嘉公司不断推进智能化改造进程，主要生产设备有自动计量配料及输送线 3 套，2600t 全自动抽真空压砖生产线 1 条、2000t 等静压机 1 台，1600t 抽真空摩擦压机 2 台、1250t/1000t 抽真空摩擦压机各 1 台、镁碳砖全自动机器人液压生产线 2 套、630t 电动压机 10 台、其他 400～1000t 摩擦压砖机 10 余台，全自动控制燃气隧道式干燥窑 8 条、真空油浸装置 2 座、无氧化烧成炉 2 座等。

公司主要产品有转炉用全套耐火材料（炉衬镁碳砖、镁砖、转炉透气砖、填缝料、捣打料、火泥、大面料等），电炉用全套耐材（炉衬镁碳砖、高寿命出钢口、捣打料、喷补料、引流砂等），钢包用各种档次的镁碳砖、铝镁碳砖、镁铝碳砖、镁钙碳砖、无碳砖、透气砖、座砖，高性能滑动水口，连铸用耐火材料，特殊钢专用全镁碳钢包、SN、中包、AG 系列耐材及其他功能性耐火材料等。耐火材料年生产能力超过 20 万吨。

四、机构与人事

公司现有职工总数近 700 人，工程技术人员 79 人，中级、高级技术职称人员 42 人。公司董事长龚育才，江苏省人大代表，事业部总裁彭仁。

五、企业管理

作为中国耐火材料行业协会副会长单位，苏嘉公司早于 1998 年便通过了 ISO 质量管理体系认证；2008 年通过了 ISO14001 环境管理体系认证；2009 年通过 ISO18001 职业健康安全管理体系认证。公司是国家冶金局颁布的“全国百家重点冶金企业”之一，“苏嘉”商标为江苏省著名商标，是江苏省耐火材料第一品牌。连续多年被评为江苏省“明星企业”“2002 年便被评为国家高新技术企业”，2006 年获国家“产品质量免检证书”。国内首批冶金部颁发的“镁碳砖工业生产许可证”企业之一。公司的全自动化生产线取得两化融合管理体系证书。

六、科研开发

江苏苏嘉集团新材料有限公司建立了无锡市最早的耐火材料工程技术研究中心，2009 年该中心更名为“新型镁基复合耐火材料工程技术研究中心”，并且升级为省级工程技术研究中心。工程中心现拥有总资产 1500 余万元，现有专职科研人员 41 名，设有监测站、产品研发部、技术工程部、情报研究室、中试车间、综合办公室等部门。在国内同行业中拥有一流的科研攻关力量。研发中心与中钢洛耐院、武汉科技大学、安徽工业大学、郑州大学、钢铁研究总院等多家国内顶尖院所长期保持科技交流与研发合作。

目前技术研究中心持有五十多项国家授权专利，先后承担了高抗镁碳砖、高性能滑动水口、非氧化物复合低碳镁碳砖等多项国家、省级火炬计划，并主导参与了行业“超高功率电弧炉用镁碳砖标准”的制定。

新产品的不断成功开发，确保了公司在同行业中的竞争优势，为企业带来可观的社会和经济效益。为满足国内冶炼特殊钢材的需要，苏嘉公司专门研制了特殊钢专用高级耐材，填补了国内空白，为高级钢种的国产化做出了贡献。

七、销售与服务

公司坚持走“质量+技术”型发展道路，以“为国内外客户提供高品质产品”为宗旨，不断改革传统营销模式，是国内最早对炼钢用相关耐材进行含人工配套服务的整体承包厂家，能为客户提供全套专业“设计+生产+现场砌筑+维护+技术指导”等全方位配套服务。已有超过 20 年在钢厂进行整体承包的丰富经验，最大限度地为钢厂降低成本、满足客户对耐火材料的各种使用需求。不仅极大地拓展了公司的市场，而且提高了自身的综合竞争力，多次被国内重点钢铁企业评为“战略合作优秀供应商”。

“竞争、合作、勤勉、进取”的苏嘉精神，“优秀的人才、优质的产品、优良的服务”的企业灵魂，“严格科学的管理、不断追求科技领先”的苏嘉理念，构筑了富有苏嘉特色的企业文化的内涵。江苏苏嘉集团新材料有限公司通过全面提高质量管理和企业运作水平，以发展民族耐火材料工业、打造世界级的耐火材料“苏嘉”品牌为己任，愿联手志同道合的合作伙伴为国内外钢铁厂提供优质的服务和超预期的价值，为我国钢铁工业的发展贡献力量。

辽宁东和新材料股份有限公司

一、历史沿革

辽宁东和新材料股份有限公司始建于 1996 年，当时名为“海城市华晨特种耐火材料厂”，于 2001 年 12 月 21 日，经海城市工商行政管理局核准，更名为“海城市东和耐火材料有限公司”。主要生产轻烧氧化镁、重烧氧化镁和电熔镁砂等耐火原料。

2007 年 3 月，海城市东和耐火材料有限公司又投资建立“海城市东和泰迪冶金炉材有限公司”，生产镁碳砖和不定形耐火材料。

2007 年 12 月，“海城市东和耐火材料有限公司”更名为“辽宁东和耐火材料集团”。

2016 年 3 月，集团公司完成股改，整体变更为“辽宁东和新材料股份有限公司”，并于 2016 年 10 月 27 日，正式在北京新三板挂牌上市，股票代码 839792，公司简称“东和新材”。

公司于 2018 年 10 月份，投资收购了“海城市荣富耐火材料有限公司”51%的股份。

公司现注册资本14554万元人民币，现有员工约800人，年销售收入年8亿元人民币左右。

二、企业概况

公司是集菱镁矿采矿、选矿、氧化镁冶炼、耐火砖制造、不定形耐火材料制造、钢铁冶炼耐火材料整体工程承包于一体的集团化、专业化的耐火材料生产企业。

公司所生产的低硅高钙电熔镁砂80%以上出口到世界各地，镁碳砖等不烧砖制品50%以上出口到欧洲、美国、印度、南非等国家和地区。

公司于2005年便开始对菱镁矿的资源综合利用进行攻关和研究，在菱镁矿尾矿综合利用方面做了大量科学细致的调研工作，为长期稳步可持续发展，完善循环经济产业链，提前夯实了产业基础。具有其他后跟进企业所不可比拟的产业基础优势，是同类企业中产业链条最完整、最具竞争力和发展活力、在行业内颇具影响力的企业。

我公司在多年的经营发展中，从菱镁矿采矿、菱镁矿选矿到氧化镁材料的冶炼，到耐火材料制品的设计、生产、施工及应用，形成了完整的产业链条，积累了丰富的经验。拥有多项自有技术，取得了20多项发明专利及实用新型专利。在菱镁矿资源综合利用方面，通过10余年的技术积累，成功拥有多项独有的新技术、专利及Know-how，使我公司在市场竞争中具有独到的技术优势。

公司的菱镁矿浮选技术及旋流动态闪速煅烧高活性氧化镁技术在国内均为领先水平。公司是国家工信部确定的唯一的一家菱镁矿综合利用示范工程。公司为国家级高新技术企业，省级工程技术研究中心。

三、主要产品及工艺装备

公司的主要产品有菱镁矿石、菱镁矿精矿粉、轻烧氧化镁粉、重烧镁砂、电熔镁砂、大结晶电熔镁、镁碳砖、铝镁碳砖、铝—碳化硅—碳砖以及各种不定形耐火材料。

公司的主要产品生产能力如下：

（1）菱镁矿石100万吨/年；

（2）菱镁矿浮选精矿粉40万吨/年；

（3）高活性轻烧氧化镁20万吨/年；

（4）大结晶电熔氧化镁10000吨/年；

（5）低硅高钙电熔氧化镁100000吨/年；

（6）不烧耐火砖制品50000吨/年；

（7）不定形耐火材料30000吨/年。

公司是辽宁省授牌的辽宁省工程技术研究中心及辽宁省技术中心，拥有先进的生产系统。包括菱镁矿浮选生产系统、轻烧氧化镁生产系统、电熔氧化镁生产系统、镁碳砖生产系统及不定形耐火材料生产系统。特别是公司的生产轻烧氧化镁的“闪速旋流动态煅烧系统”，该系统是与沈阳东大粉体研究所共同合作开发的，其投产成功标志着我国新一代高活性轻烧氧化镁大规模工业化生产的开始。

四、机构与人事

根据《公司法》，公司设股东大会，股东大会是公司的最高权力机构，依照《公司法》行使职权。公司董事会对股东大会负责，依照《公司法》行使职权，公司董事会成员5名。公司设监事会，依照《公司法》行使职权，监事会成员3名，其中职工监事1名。

公司现有两个下属子公司。“海城市东和泰迪冶金炉材有限公司”为公司的全资子公司，“海城市荣富耐火材料有限公司”为公司的控股子公司。

公司实行母子公司管理模式。母公司设有10个职能管理部门，分别为营销中心、研发中心、财务中心、综合管理中心、安环部、工程部、采购部、质量管理部、人力资源部和仓储部。

各子公司日常经营由子公司董事会聘任的经营管理团队负责，子公司董事会三分之二以上的董事由公司委派，董事长（法人代表）由公司推荐，财务负责人由公司统一委派。

公司2018年底职工总数870人，其中大专以上学历85人，中级工程师以上人员15人。公司建立了基于每名员工的绩效考核体系，提高了各部门、各层级人员的工作积极性和工作效率。

五、科研成果

公司自2006年开始与辽宁省地质矿产研究院、辽宁科大开展技术合作，引进高端人才组建包括3名高工、2名博士总计20人的公司研发团队。研发成功了“低品位菱镁矿分选提纯技术”“高效电熔镁节能减排技术”“废旧镁碳砖水化处理循环技术”等新产品、新技术和新工艺。先后组建了“鞍山市企业技术研究中心”“辽宁省企业工程技术研究中心”，以及“辽宁省技术中心”并获批国家工信部第一批示范工程。

公司于2016年获批为国家级高新技术企业，目前拥有已授权自主知识产权14项，其中发明专利3项。

公司先后在科技方面获得多项奖励，近三年获辽宁省科技进步奖2项，鞍山市科技进步奖3项，2017年获“鞍山市科技小巨人”称号，是海城市重科技、重研发的典型企业，2017年获得辽宁省名牌产品称号，2018年获得辽宁省科技进步二等奖。在2019年被授予“鞍山市明星民营企业”称号。

辽宁金鼎镁矿集团有限公司

一、历史沿革

辽宁金鼎镁矿集团（简称“金鼎集团”）是一个以生产镁质材料著称、具有百年历史的老工业基地。集团始建于1918年，即新中国成立前的伪南满矿业株式会社，1948年国家收回，1950年恢复生产，成为鞍钢大石桥镁矿。“一五”期间被国家列为156项重点建设项目之一。

截止到20世纪末，在50年的发展进程中，依托碱性耐火材料，以共和国骄子的角色助推着钢铁、水泥、建材、玻璃等行业的发展壮大。新世纪初，凭借着丰厚赋存的菱镁矿和白云石矿资源，成功实现了产业结构调整，形成了以金属镁、镁合金为龙头，以碱性耐火材料为重心，以建材、水泥、镁化工为发展后劲的大型企业集团。

二、企业概况

金鼎集团横跨大石桥、海城两市，占地14.2平方公里，资产总额13.85亿元，企业员工1700余人，各类专业技术人员465人。金鼎集团下设辽宁金鼎镁矿集团有限公司、大石桥金鼎轻烧镁制品有限公司、辽南镁矿耐火材料厂、大石桥汇诚耐火材料有限公司、大石桥金鼎机械制造有限公司、大石桥金鼎运输有限公司、营口盛隆房地产开发有限公司、营口鼎立房地产开发有限公司、海南和顺投资有限公司、营口万兴物业管理服务有限公司、大石桥金鼎嘉和房地产开发有限公司、大石桥源源水务有限公司、大石桥佰禾粮业有限公司、辽宁创业水泥有限公司、大石桥磐石混凝土有限公司等十五个子公司，及14个部室8个生产单位。是一个集采矿、运输、冶炼、成型、新产品开发、检测及精细化工为一体、以生产耐火材料为主导，兼营化工、房地产、物业管理、金融、建材、城市供水、农业等产业的新型企业集团。

三、主要产品及工艺装备

金鼎集团主导产品有镁砂、镁砖两大系列20多个品种，各级菱镁矿、白云石矿蕴藏总量达12亿吨，占全国总储量的1/3，占大石桥地区总储量的4/5以上。服务于钢铁、有色金属、建材、玻璃等行业，年生产能力为：菱镁石150万吨，白云石180万吨，电熔镁砂20万吨，镁碳砖5万吨，不定形耐火材料3万吨，轻烧粉20万吨，镁化工产品1000吨，每年提供城市供水1800万吨，每年生产优质粮食1300吨，镁化工产品6000吨，金属镁0.5万吨。填补了辽宁省同类产品的空白。

金鼎集团设备数量、自动化、半自动化水平居全省同行业前列。自有铁路专用线68公里，与东北大动脉中长铁路接轨，拥有大型矿山采掘设备、7台国产大吨位摩擦机、1条ϕ3.6m×60m回转窑系统、40座1600kVA 7级调压变压器电熔炉、20座新型轻烧粉窑炉，ϕ3.4米两段式热煤气站1座；德国进口辊式致密压球机1台；年产5000吨金属镁生产线，LQY5.0压球机3台，ϕ3.2m两段式冷煤气炉2台，Mg还原罐离心铸造机2套，蓄热式镁精炼生产线一条，单面双排双蓄热54罐镁还原炉6座；全套检测装备的检测中心等。

四、成果

金鼎集团企业质量管理体系通过中国冶金工业质量体系认证中心ISO 9001—2000国际质量体系认证，金鼎产品在国家工商行政管理总局注册“金鼎”商标，荣获营口市名牌产品、辽宁省名牌产品称号。金鼎集团是我国最大的电熔镁砂生产企业之一，其特种电熔镁砂产量居世界首位，生产技术和内在质量处于世界领先水平。

金鼎产品信誉良好，美誉度高，拥有进出口经营权，除满足国内市场外，还远销奥地利、德国、美国、乌克兰、日本、新加坡等欧美洲、东南亚等20多个国家和地区。众多成果为公司快速可持续发展、增强核心竞争力奠定了坚实的基础，为我国钢铁、有色金属、建材、玻璃等行业的发展做出了重要贡献。

辽宁中镁集团

一、历史沿革

辽宁中镁集团创立于1989年，其前身为营口市观马山中档镁砂厂，1999年9月更名为辽宁大石桥市富城特种耐火材料厂；2003年6月注册成立辽宁大富城特种耐火材料有限公司，只生产不烧耐火定形制品、散状料；随着公司的发展；2007年12月投资成立营口关山耐火材料有限公司，主要生产电熔镁砂、烧结镁砂、合成镁砂等基础耐火原料，为公司的腾飞奠定了基础；2009年8月投资成立辽宁中镁高温材料有限公司，主要生产镁砖、镁钙砖、等烧成制品。公司实现了从原料加工到制品生产的定位，形成了以碱性耐火材料为主的散料、不烧砖、烧成砖等系列产品。业务涵盖了钢铁、冶金、建材、有色、石化等行业；2009～2015年是公司转型升级的迅速发展几年，通过了ISO 9001质量体系、ISO 14001环境管理体系认证，获得20多项国家专利和市科技成果奖，通过了高新技术企业认定。2013年12月改制为股份制公司，成立辽宁中镁控股股份有限公司，同时成立中镁集团；2015年1月辽宁中镁控股股份有限公司成功在新三板正式挂牌（证券简称：中镁控股；证券代码：831621）上市；2017年，响应国家“煤改电”的产业政策，发力储能新材料、延伸产业链条，5月投资成立营口富电热能技术有限公司；2018年，顺应国家“一带一路”政策，发挥“西北”区域优势，投资成立了新疆中镁高温材料有限公司，并投资设立吐鲁番富电热力有限公司、中镁（吉林）新能源热力有限公司。清洁能源热力运营领域的开拓，完善了公司产业跨区域发展战略布局，实现联动生产和运营，提升公司竞争实力及盈利能力。

二、企业概况

辽宁中镁集团坐落于素有“中国镁都”之称的大石桥，已发展成为集耐材科研开发、制造、营销及施工服务于一体的现代化集团公司，拥有一支1200多人的凝聚力强的工程技术、设计、营销及生产员工团队。总面积达68万平方米的大型生产基地，总资产11.8亿元，下辖辽宁中镁控股股份有限公司、辽宁中镁高温材料有限公司、营口关山耐火材料有限公司、营口中耐装备技术有限公司、营口富电热能技术有限公司、新疆中镁高温材料有限公司、吐鲁番富电热力有限公司、中镁（吉林）新能源热力有限公司、营口中镁假日酒店有限公司。

公司主要为高温工业提供高品质耐火材料和储能新材料，并承担高温热工窑炉用耐火材料及储能装备的设计、研发、配置、制造、施工、维护与技术服务为一体的‘打包’业务，年产量达35万吨。耐火材料主要销往宝武集团、山东钢铁集团、太钢集团、华菱钢铁集团、建龙钢铁集团等钢铁企业，出口美国、韩国、日本、印度、伊朗等国家；储能材料销往格力电器、长虹集团、苏立电气、安泽电工、露笑科技等清洁能源电器企业；储能装备主要用于民用采暖、工业用热水、热风、蒸汽等企业。

公司自成立以来，始终秉承“水远诚为岸，山高德为巅”的经营理念，以优质稳定的产品和独特周到的服务赢得了国内外客户的广泛好评。

三、主要产品及工艺装备

公司主要产品有转炉、电炉、精炼炉、AOD炉、GOR炉、钢包、中间包等用耐材；玻璃窑、水泥窑、炼铜炉、特种金属冶炼炉用耐材；电储能装备及储能新材料。

拥有6条镁质原料生产线。现有电熔镁砂熔炉12座，高温合成砂窑4座，轻烧镁窑6座及合金脱氧剂生产线2条等主要设备。主要生产电熔镁砂、镁钙砂、高钙高铁砂、轻烧氧化及镁脱氧剂等合成原料。

拥有4条不烧砖产品生产线。现有摩擦压力机16台（其中3台1600t），混练机8台，干燥设施16条，自动化配料系统4套等主要设备。主要生产镁碳砖、铝/镁碳砖、镁钙碳砖、铝—碳化硅—碳砖、尖晶石砖、无碳砖、预制块等不烧耐火材料。

拥有4条烧成砖、蓄热材料生产线：现有3600t、2500t全自动液压机7台、摩擦压力机18台、混练机12台、高温隧道窑8座、自动化配料系统8套等主要设备。主要生产烧成镁砖、镁钙砖、镁橄榄石砖、镁铝尖晶石砖、固体相变储能材料、铁基蓄热砖、镁基蓄热砖等烧成材料。

拥有2条不定形生产线。现有6条破粉碎加工生产线，雷蒙磨4台、高速混练机6台，主要生产高铝（刚玉）质散状料、镁质散状料、镁质胶泥、刚玉（或含碳）质火泥、铝铬（或镁铬）质散状料、造渣剂、脱硫剂等系列产品。

拥有电储能装备生产线2条，年产1800万平方米（相当于5180GJ热量）供暖面积的电储能装备，包括高、低压电储能装备、小型电采暖装置等“煤改电”所需终端设备及储能管理项目。

拥有先进齐全的检测设备。主要有光谱仪、重油分析仪、树脂分析仪、材料试验机、高温抗折试验机、高温荷软测定仪、气孔率、体密检测仪、定碳仪、热震稳定性测试仪等设备，为年产35万吨产品的质量，提供有力保障。

四、机构与人事

公司由董事会、监事会、经理层组成。下设辽宁中镁控股股份有限公司等9个子公司、16个管理部门，其分别为证券部、审计部、物流部、工程项目部、安全环保部、生产管理部、采购部、招标部、销售部、外贸部、研发中心、运营管理部、综合办公室、人力资源部、投资发展部。现有各类工程技术人员118人，大中专毕业生占员工总数32%以上，从事研发工作的技术人员110人，占员工总数的12%。技术人员专业覆盖了无机非金属材料、机械设计、冶金、检测等多个专业领域。各学科相互交叉补充，使公司具备了新产品开发、工程设计与模具设计、理化检验与测试、现场技术支持等综合研发设计能力。

五、企业管理

为推动公司内部控制建设向纵深开展，增强规章制度执行意识、提升综合管理水平，从管理制度入手，建立健全了合理化、正规化的运行流程和信息化管理平台。拥有ERP信息管理系统、OA办公自动化管理系统、数据库以及数据分析系统，确保各项工作程序化、制度化、流程化，来增强公司的抗风险能力。公司分别通过了ISO 9001及ISO 14001管理体系认证，取得了安全标准化管理证书，全面推行6s管理模式，先后荣获“中国耐火材料行业AAA信用企业”“辽宁省名牌产品”“耐火材料一级优秀承包商企业”“辽宁省诚信示范企业”等一系列资格证书和荣誉，形成企业完善的结构管理体系。

六、科研开发

公司是国家创新型高新技术企业，辽宁省级企业技术中心、大学生实验研发培训基地，与中科院金属研究所、华北电力大学、辽宁科技大学、沈阳化工大学等著名大学和研究机构保持长期良好合作关系；还与辽宁科技大学共建镁质高温材料研发中心，形成以博士、硕士等高级技术人才为核心的创新研发队伍，协同创新，共同发展。近年来承担多项国家省政府、市级重点科技攻关项目，完成的“菱镁矿废料综合利用”“硼泥与白云石合成新材料”等项目获得了国家政策支持；参与行业标准制定2项，拥有国家发明专利11项、实用新型专利29项，享有自主知识产权新产品多项，其中“节能型—低热导率复合镁钙砖”“电熔再结合镁钙砖”“铁基固体蓄热材料”“储能装备”等产品达到国际国内先进水平。

七、销售与服务

公司拥有完整的服务体系，从对热工设备的现场考察到设计方案、生产供货、砌筑施工、冶炼维护、技术指导等提供一条龙服务。产品与服务侧重于钢铁冶炼、建材、有色、化工、特种金属冶炼、电储能技术等领域，可承揽电炉，转炉，钢包，中间包等工程设施耐材的总体承包；可承揽储能新材料、储能装备制造和清洁能源供暖管理等项目的专业承包，达到双赢。

公司一贯秉承“质量第一，客户至上”的宗旨，努力为客户提供全方位、个性化、专业化的产品及服务，是‘中镁’不懈的追求。

攀钢冶金材料有限责任公司

一、历史沿革

攀钢冶金材料有限责任公司是攀钢集团有限公司的全资子公司。1974年，攀钢耐火厂正式建成投产；1994年，整合攀钢原燃料处耐火科、炼钢厂炉衬车间、炼铁厂碾泥工段以及财务处驻耐火厂财务科成建制划拨，组建攀钢耐火材料有限责任公司；2000年攀钢冶金材料有限责任公司（以下简称公司）正式挂牌成立。

二、基本情况

公司布局攀枝花、德阳、西昌三大生产基地，主要涉足耐材产品、冶金辅料、新型建材三大产业。占地面积23.2万平方米，总资产达4.58亿元，年销售收入8亿元以上。公司拥有各种专业生产线11条，检验和研发设备近900台（套），具有活性石灰100万吨、镁碳砖2万吨、散状料及预制件5万吨、滑板水口1500吨、三大件1500吨的生产能力。

公司始终秉承“融聚精华、合众共赢”的经营理念，以服务钢铁、钒钛主线发展和攀西地区非金属自然与再生资源综合利用为使命。致力于为用户提供从产品设计、供应、窑炉修砌维护等全过程个性化服务，以优良的产品质量、优质的售后服务，不断为用户创造价值。

三、主要产品及工艺装备

公司主要产品约50余种，分别为耐火材料主要有高铝砖、黏土砖、镁碳砖、铝碳化硅碳砖、挡渣墙、冲击板、脱硫枪、连铸三大件（长水口、塞棒、浸入式水口）等定形制品；钢包底浇注料、环保型干式料、干式振动料、浇注料等不定形制品；冶金辅料有活性石灰、钝化石灰等品种；新型建材有防火板、隔墙板等。

工艺装备主要有：ϕ3.6m/3.8～70m回转窑（1套），ϕ3.6～55m回转窑（1套），ϕ5.9～70m回转窑（2套），315t压砖机（6台），630t压砖机（5台），1000t压砖机（2台），1250t压砖机（1台），脱硫枪生产设备（1套），镁质预制件生产设备（1套），散装料生产设备（1套），碾泥生产设备（1套），三大件生产线（1套）。

四、机构及人事

公司设立职能部室7个，分公司级单位9个，其中控股子公司1个。公司现有在岗员工821人，有经营管理技术人员共172人，生产操作人员623人。其中研究生25人，本科117人；高级职称10人，中级职称58人；生产操作人员中有高级技师4人，技师24人，高级工93人。

五、企业管理

公司建立了较完备的市场营销、科研开发、生产安全、设备能源、技术质量、财务成本和人力资源等专业管理体系，通过了ISO 9001：2000质量认证、ISO 14001：1996环境管理体系认证和OHSAS 18001：1999职业健康安全管理体系认证。

公司是中国耐材行业协会副会长单位、中国金属学会耐火材料分会理事单位，中国石灰协会理事单位、四川省金属学会理事单位、四川省金属学会耐火材料学术委员会主任委员单位，在全国耐火材料行业拥有一定的知名度，在耐火材料技术进步、冶金石灰生产运营等方面处于西南地区领先地位。

公司不断探索与改进企业管理模式，其中《共赢型耐材总包模式的探索与实践》成果获得中国钢铁工业协会冶金企业管理现代化创新成果一等奖。多次荣获“全国耐火材料系统竞赛先进单位”“安全防尘优胜单位”“精神文明建设先进单位”“社会治安综合治理先进单位”，四川省金属学会先进集体等荣誉称号。

六、科研成果（含专利、商标等）

公司科研成果主要包括：

（1）钒钛磁铁矿冶炼用耐火材料集成技术。范围涵盖高炉、提钒、炼钢、连铸全流程，先后获得攀枝花市和攀钢科技进步二、三等奖，同时取得多项发明专利。

（2）海绵钛熔盐氯化炉用耐火材料集成技术。从材料开发、制造、施工及维护等方面着手，创新思路，逐步将熔盐氯化炉连续稳定运行时间提高到2年，最长达到4年，同时获得2项国家发明专利，攀枝花市和攀钢集团科技进步二等奖。

（3）废弃耐火材料和钒铁渣再生利用技术。从拣选、加工、配方研究到工业运用形成了一整套技术，广泛应用于浇注料、预制件、铁水及半钢罐、钢包砖等材料中，创造了较好的经济效益和社会效益。通过了四川省科技项目鉴定，获得攀枝花和攀钢集团科技进步二、三等奖，4项国家发明专利授权，2项受理。

（4）钒合金冶炼用耐火材料关键技术。公司在耐火材料环保型结合促烧系统、抗钒合金渗透、耐火材料施工工艺改进等方面开展大量研究，形成了独有技术。

（5）石灰生产关键技术。持续开展大型回转窑生产活性石灰工艺技术研究，形成钝化石灰、钒合金冶炼用高品质石灰、冶金石灰等产品系列。

截至2018年末，公司拥有有效专利15项。

七、服务领域

公司主要从事冶金辅料、高温工业冶炼用耐火材料等产品的设计、研发和生产。公司产品广泛用于冶金、石油、化工、建材、电力、机械等行业。多个耐火材料品种在重轨冶炼、钢铁冶金、钒钛磁铁矿冶炼、钒钛冶炼等领域处于领先地位。

濮阳濮耐高温材料（集团）股份有限公司

一、历史沿革

濮阳濮耐高温材料（集团）股份有限公司是在濮阳濮耐高温材料有限公司基础上改制设立的股份有限公司，其前身为濮阳县耐火材料厂。

濮阳县耐火材料厂成立于1988年12月，2002年1月改制为濮阳濮耐高温材料有限公司，2007年6月改制为濮阳濮耐高温材料（集团）股份有限公司，并于2008年4月25日在深圳证券交易所A股正式挂牌上市，股票代码“002225”，股票简称为“濮耐股份”。

上市以来，濮耐股份相继收购了云南昆钢耐火材料有限公司51%股权，上海宝明耐火材料有限公司100%股权，海城市琳丽矿业有限公司100%股权，海城市华银高新材料制造有限公司95%股权，郑州华威耐火材料股份有限公司100%股权，马鞍山市雨山冶金新材料有限公司100%股权，郑州汇特耐火材料有限公司100%股权。目前正在推进西藏昌都市翔晨镁业有限公司68%股权的收购事宜。

二、基本情况

濮耐股份目前是国内主要的功能耐火材料、不定形耐火材料生产企业之一，是国内最大的钢铁行业用耐火材料制品供应商，专业为高温工业提供卓越的产品与系统解决方案，客户涵盖国内外钢铁、水泥、玻璃、有色等领域。

濮耐股份拥有在国内外享有较高知名度与信誉度的“濮耐”“PRCO”“宝明”“华威”“雨山”及“汇特”等品牌，随着工业和信息化部《耐火材料行业规范条件》的颁布和国家供给侧改革与“一带一路”政策的逐步落实，国内钢铁行业、建材行业对耐材采购逐渐倾向于提供“整体承包”的企业，公司各品牌已经成为各大钢铁企业和水泥企业在耐材采购中首选的可信赖品牌。濮耐股份2013年、2014年连续被“mysteel. com”评为年度中国耐材企业一级优秀供应商（炼钢）领域的第一名。2015年全国耐材企业百强榜中被评为一级炼钢优秀供应商（第一名）和一级炼铁供应商。另外，公司推行以市场为导向的运营模式，深入了解客户需求，着力丰富产品系列，满足客户个性化需求，完善售后服务体系，产品远销欧美、中东、东南亚等多个国家和地区，公司的品牌优势得到了进一步的提升，并形成了较高的国际知名度。

濮耐股份极其重视科技创新，拥有以前瞻性研究为主的北京科技研发中心和以应用型研究开发为主的濮阳技术中心双技术研发中心。通过加快产研结合、科技转化工作，吸收、引进了一批优秀的专业技术人才，形成复合型全方位的技术团队，具有较强的自主研发能力。濮耐股份于2017年被认定为国家知识产权优势企业，同时也是国家高新技术企业、国家创新型企业，拥有国家认定企业技术中心、博士后科研工作站、国家（CNAS）认可的高温陶瓷材料试验检测中心、省级高温陶瓷材料工程技术研究中心、技术研究院等多个研究开发平台。

濮耐股份是国内第一家拥有海外直销网络的耐火材料企业，关注地区与文化差异，坚持以顾客和市场为导向。除在国内设有36个办事处外，还在乌克兰、美国、俄罗斯、韩国、印度等国家设有8个分子公司或办事处。借助互联网信息技术与全球化、本土化营销网络，濮耐实现了对客户的适时拜访、现场调研、面对面深度沟通、及时掌握客户动态信息，并对客户反馈在第一时间予以迅速反应，为最终准确满足客户需求、形成有效销售奠定了坚实基础。

濮耐股份在营销工作中坚持以客户为本，在产品开发中以客户需求为导向，注重技术服务工作，为客户提供整体解决方案，与客户建立起利益共享的机制。公司与主要客户保持了长期的业务往来，客户黏度高，实现了与主要客户共同成长的目标。

濮耐股份注重对员工各种保险、福利的投入，实现了社会保险的全员参保；不断改善员工的工作环境，各项工作环境指标均控制在标准以内。员工保险费用、社会保险参保率、员工福利支出、员工满意度、工作分项满意度、授权专利数量、合理化建议数量、创新成果数量、火灾及爆炸事故、火灾及爆炸隐患整改率、千人工伤率、安全隐患整改率、工作岗位粉尘含量合格率、噪声指标等均在同行业保持前列。

濮耐股份注重社会价值的创造，自觉积极履行公民义务，积极投身于支持社会公益慈善事业，努力创造和谐的公共关系，公司将继续依据自身的实际情况，加大在社会公益事业方面提供人力、物力与财力的支持，并逐步完善企业社会责任监督管理体系的建设。

截至 2018 年 12 月 31 日，濮耐股份注册资本为 88，818.35 万元，总资产 513261.16 万元，净资产 258700.81 万元。2018 年实现营业收入 386，309.55 万元，同比增长 37.25%，净利润达到 22，538.97 万元。公司下辖 12 个全资子公司、6 个控股公司、2 个孙公司、4 个分公司、3 个参股公司。生产基地分布在濮阳、郑州、营口、马鞍山、苏州、昆明、青海、新疆等地区。上市以来，公司通过一系列并购和投资，初步完成了产业链的纵向一体化，实现了上游原料的部分自给，全产业链资源价值整合战略初见成效。

截至 2018 年 12 月 31 日，在职员工合计 4165 人，其中各类技术人员 478 人，硕士及以上 64 人，形成了以博士后、博士、硕士等高级人才领衔的创新人才队伍。

濮耐的使命是：与高温艺术同行，为全球高温工业提供卓越的产品与系统解决方案。

濮耐的愿景是：成为客户信赖、社会尊重、最具价值的国际一流耐材企业。

濮耐的核心价值观是：人本、超越、阳光、责任、内省。

三、主要产品及工艺装备

濮耐股份主营业务为研制、生产和销售定形、不定形耐火材料，功能耐火材料及配套机构，并承担各种热工设备耐火材料设计安装、施工服务等整体承包业务。公司主要产品分为四大板块：（1）功能性耐火材料，包括滑板水口类、三大件类、座砖类及透气砖类；（2）定形耐火材料，包括钢包砖类、碱性制品类；（3）不定形耐火材料，包括散料类、冲击板及挡渣板类、电炉顶类；（4）其他类。上述产品主要应用于钢铁、建材、有色金属、铸造、电力及石化等涉及高温领域的行业。

濮耐股份以自主创新、集成创新的方式，大量采用新工艺技术装备，有效地保证了产品的质量和使用性能。主要的试验检测和生产装备有：场发射扫描电镜、X 射线荧光光谱仪、波谱能谱仪、X 射线衍射仪、扫描电子显微镜、红外碳硫分析仪；等静压机、高温烧成窑炉、气体输送及自动配料系统、全自动液压成型系统、恒温恒湿系统、窑炉尾气处理系统、在线监测系统等。

四、机构与人事

濮耐股份的最高权力机构为股东大会。公司设董事会，对股东大会负责。董事会成员 8 人，其中董事长 1 人，独立董事 3 人，董事会成员中有 2 人担任高级行政管理职务。监事会成员 5 人，其中职工监事代表 2 人。公司高级管理人员包括总裁 1 人、副总裁 6 人，由董事会决定聘任或解聘。

濮耐股份下设钢铁事业部、原材料事业部和环保耐材事业部三大事业部。集团职能部门包括审计监察部、董事会办公室、战略投资部、财务管理部、技术中心、人力资源部、集团公司办公室、安全环保部等。

濮耐股份董事长刘百宽，1961 年出生，教授级高级工程师，留美耐材专家。

五、企业管理

高效的核心管理团队是公司具备清晰的前瞻性发展战略、强大执行力与凝聚力、实现快速健康发展的原动力。濮耐股份管理团队成员大部分来自钢铁行业和国内外耐火材料行业，他们继承了创业团队的成功基因并经过多年市场历练，均是行家里手，且与公司价值观高度统一、目标高度一致，坦诚而富有进取心。他们拥有丰富的耐材行业的实践经验，能准确辨识行业发展趋势，规避非系统性风险，形成了自身独特的管理模式，保证了生产经营的有序运转、生产效率的持续提高。

濮耐股份已拥有一整套较为完善的管理体系，先后通过了 ISO 9001 质量管理体系、ISO 14001 环境管理体系和 GB/T 28001 职业健康安全管理体系认证。公司在内部推行精细化的管理模式，十分关注治理架构、企业管控的建设。完善的 6S 管理制度、生产现场管理评价体系等，加强了对经营中的人员、设备、材料、方法等要素的有效管理，对每个生产环节和生产岗位都要求持续有效的改进提高，在生产效率上得到提升。濮耐股份 2008 年便同和君创业管理有限公司签署了合作协议，

2017 年 11 月又合作启动了濮耐股份组织管控与战略绩效管理咨询项目，为濮耐股份诊断梳理了新的战略规划、组织管控、组织绩效和薪酬体系，并规划了八大战略性项目。

濮耐股份重视公司信息化建设，2002 年开始实施第一代 ERP 系统，2005 年实施 OA 协同办公并进行了 ERP 升级，实现了业务财务一体化。之后，公司又陆续引入 CRM、虚拟局域网、集团 VOIP 电话系统、eHR、远程视频会议系统等一系列系统，上线了 ERP 标准模块、个性模块。

六、科研成果

濮耐股份一直致力于耐火材料新技术、新产品的开发和推广应用，是国家认定的高新技术企业、国家创新型企业、河南省五十户高成长型高新技术企业、中国科技名牌 500 强企业、中国证券市场 20 年最具活力新锐上市公司。

濮耐股份是耐火材料行业拥有自主知识产权最多的企业，是河南省首批知识产权优势企业、河南省科技创新十佳单位，每年研发投入在行业中排名前列。濮耐股份拥有国家级重点新产品 7 个，拥有各项有效技术专利 232 项，其中发明 53 个，实用新型 176 个，外观专利 3 个。获得河南省科技进步奖 12 项，承担国家级、省级、市级科技项目 66 项，荣获国家级、省级、市级科技成果奖 41 项。拥有国家认定企业技术中心、国家（CNAS）认可的高温陶瓷材料试验检测中心、省级高温陶瓷材料工程技术研究中心、技术研究院、博士后科研工作站。公司获得“2010 年度濮阳市市长质量奖”“2013 年度河南省省长质量奖”“中国出口质量安全示范企业”。

七、服务领域

通过多年的积累，公司已经逐步建立起优质的客户网络和渠道，在钢铁冶金重点领域。濮耐已为包括河钢集团、宝武集团、AcelorMittal、韩国现代、韩国浦项、印度塔塔、印度 JSW、俄罗斯马钢、俄罗斯新利佩茨克、欧亚集团、美国 AK、哈萨克斯坦 KSP 等在内的近 70 家世界钢铁百强企业提供优质产品和完善服务。濮耐股份主要产品广泛应用于钢铁、建材、有色金属、铸造、电力及石化等涉及高温领域的行业，并出口到美洲、欧洲、独联体国家、东南亚、非洲、中东等国家和地区。

濮耐股份未来将通过与国内外优秀耐火材料公司的合作，加快兼并重组，进一步增强综合实力，成为中国耐材行业产品配套齐全，覆盖主要高温领域的龙头企业。濮耐股份的发展目标是：2023 年，建成一个以高科技为基础、以耐火材料为主业的跨国集团，进入世界耐材行业的前三名。

瑞泰科技股份有限公司

一、历史沿革

瑞泰科技股份有限公司是中央企业中国建材集团有限公司成员单位，控股股东为中国建筑材料科学研究总院有限公司（以下简称“中国建材总院”）。公司的前身为中国建筑材料科学研究院耐火所和湘潭中间试验所，2001 年 12 月，中国建材总院、山东张店水泥股份有限公司、浙江省创业投资集团有限公司、莱州祥云防火隔热材料有限公司、宜兴市耐火材料厂和北京矿冶研究总院作为发起人，以发起方式设立北京瑞泰高温材料科技股份有限公司。2006 年 8 月在深交所中小板上市，公司股票代码 002066，成为国内首家以耐火材料为主业的上市公司。2008 年公司名称变更为瑞泰科技股份有限公司。经过历次增发、转增，截至 2018 年末，瑞泰科技股本总额为人民币 23100.00 万股，中国建材总院作为第一大控股股东，2018 年底持股比例为 40.13%。

公司在湖南、四川、安徽、河南、广东、江苏、山东等省份设有 13 家成员企业，业务覆盖钢铁、水泥、玻璃、有色、电力、石化等行业。在耐火材料领域形成了基础研究、技术研发、热工设计、窑炉施工、产品出口、技术服务、工程总包等完整综合服务体系。

二、企业概况

2018 年，公司注册资本 2.31 亿元，总资产 36.87 亿元，总收入 37.86 亿元。经过 17 年发展，瑞泰科技已经形成了耐火材料、耐磨材料、工程服务三大主业，形成了钢铁、水泥、玻璃、有色、电力、石化、煤化工等七大业务单元。公司的综合实力、产品质量、服务水平均居行业领先地位。

公司围绕中国建材集团和中国建材总院提出的发展要求，以效益为中心，以市场为导向，以创新为动力、以改革为龙头，以提质增效为重点，走产业融合之路，着力改造提升传统耐火材料产业，培育壮大工程服务业，加快“两化”深度融合和国际化进程，把公司建设成为国内一流、国际领先的科技型产业集团。

多年来，公司秉承“诚信赢得市场，科技创造未来”的经营理念，引领和承担起行业发展的历史重任。公司是国家“资源节约、环境友好两型企业”和“国家重点火炬计划高新技术企业”，拥有“玻璃窑熔铸耐火材料工程技术中心”“安徽省产学研合作示范企业”“河南省碱性耐火材料工程技术研究中心”“河南省铝硅质耐火材料工程技术研究中心”“河南省科技创新团队”“江苏省节能环保型冶金用高温耐火材料工程技术研究中心”“省级高新技术企业研究开发中心”“无锡市环保型危废处理热工设备耐火材料工程技术研究中心”等近20个省市级行业平台，为公司科技创新、实力提升奠定坚实基础。此外还承担了行业多项社会工作，是中国耐火材料行业协会副会长单位、中国建材联合会耐火材料分会理事长单位、中国硅酸盐学会耐火材料分会理事长单位、国家耐火材料标准委员会副主任委员单位、中国建筑玻璃与工业玻璃协会副会长单位、中国日用玻璃协会副理事长单位，在耐火材料行业和下游产业有较大的影响力。

三、主要产品及工艺装备

公司从事定形和不定形耐火材料以及各类耐磨材料的研发、生产、销售以及综合服务，产品服务于玻璃、水泥、钢铁以及有色、电力、石化等行业，主要产品包括熔铸耐火材料、烧成耐火材料、不定形材料以及各类耐磨材料等。公司业务分为玻璃行业用、水泥行业用、钢铁行业用耐火材料三大业务板块。玻璃板块主要产品包括熔铸耐火材料和碱性耐火材料，用于平板玻璃、日用玻璃及其他特种玻璃窑体的砌筑，并可为用户提供包括窑炉设计、材料配置、材料提供、技术咨询在内的成套服务；水泥板块主要产品包括碱性耐火材料、铝硅质耐火材料和不定形耐火材料等，公司在该板块致力于推广总包服务模式，即为客户提供从耐火材料的设计、选型、配置、供货、安装施工、技术改造、后期维护的一站式综合服务；钢铁业务板块主要产品有炼钢系统用耐火材料、炼铁系统用耐火材料、连铸用功能型耐火材料，产品品种较为齐全，同样可为用户提供总包服务。公司的生产规模、技术水平、产品质量、创新能力均居行业领先地位。

公司的玻璃窑用熔铸耐火材料产品具有自主知识产权，产品已在国内外市场形成品牌。水泥窑用环境友好碱性耐火材料是公司承担国家“863”科研计划转化的科技成果，凭借其无铬污染的优良产品性能，在水泥市场广受青睐。公司研制成功的低导热多层复合莫来石砖为水泥行业的节能减排增添新生力量，广受用户欢迎，市场前景广阔。针对钢水连铸体系用耐火材料功能性强的特点，公司自主开发了滑动水口砖、连铸三大件、透气砖、滑动水口执行机构、液压站总成等配套材料，是滑板砖、铸口砖及座砖的国家标准制定单位，产品多次获得国家、省、市科技进步奖和优秀新产品奖，性能指标达到国内领先水平。

公司拥有节能环保型高温材料智能制造基地、玻璃窑用低导热锆刚玉及α-β氧化铝耐火材料生产基地、环境友好型碱性耐火材料生产基地、全自动不定形耐火材料生产基地及其他耐火材料生产线，其主要装备有全自动控制高温环保隧道窑、德国全自动莱思液压砖机、工业机器人、全自动配料生产线、程控节能型电弧炉等，产品制造过程绿色、环保、安全、高效，产品质量达到或接近世界水平。特别是公司新近建成投产的节能环保型高温材料智能制造基地将智能制造技术、自动化信息化技术引入高温材料生产线和工厂管理环节，按照绿色智能工厂的标准建设，采用德国、日本等国家的先进智能制造装备，搭建了全流程智能化、自动化管理和操作系统，公司生产线的两化融合和智能制造水准得到进一步提升。

四、机构与人事

公司实行母子公司管理模式。母公司（总部）设有六个职能管理部门，一个耐火材料中央研究院和一个营销管理中心。是公司的战略管理中心、投融资管理中心、技术创新管理中心、市场开发管理中心、企业文化和品牌管理中心，公司作为国有控股的上市公司，对国有资产保值增值负责，对广大投资者应享有的平等权益负责，对各分、子公司按照《公司法》有关规定行使出资人权力，即：重大事项决策权、经营者任免权和投资收益权。各分、子公司是公司生产经营的实体，从事具体的生产经营活动，是公司的利润创造中心。

分、子公司日常经营由子公司董事会聘任的经营管理团队负责，子公司董事会三分之二以上的董事由公司委派，董事长（法人代表）由公司推荐，财务负责人由公司统一委派。

根据《公司法》，公司设股东大会，股东大会是公司的最高权力机构，依照《公司法》行使职权。公司董事会对股东大会负责，依照《公司法》行使职权，公司外部董事 2 名，内部董事 7 名。公司设监事会，依照《公司法》行使职权，监事会成员 3 名，其中职工监事 1 名。

公司目前共有二级企业 11 家，分别为瑞泰科技股份有限公司湘潭分公司、都江堰瑞泰科技有限公司、安徽瑞泰新材料科技有限公司、河南瑞泰耐火材料科技有限公司、佛山市仁通贸易有限公司、郑州瑞泰耐火科技有限公司、华东瑞泰科技有限公司、湖南湘钢瑞泰科技有限公司、山东瑞泰盖泽工程有限公司、瑞泰马钢新材料科技有限公司、宁国市开源电力耐磨材料有限公司。有三级企业 2 家，分别为宜兴市耐火材料有限公司、宜兴瑞泰耐火材料有限公司。

公司坚持“企业是人，企业靠人，企业为人”的人才管理理念，通过多年努力、建设打造了一支思想纯洁、目标坚定、视野开阔、勇于开拓、敢于承担、群众拥护上级放心、懂经营、善管理的干部队伍。建设打造了一支年轻有为、忠诚可靠、技术娴熟、能打硬仗的员工队伍。截至 2018 年底，公司员工数 3108 人。其中大专以上 376 人，大学本科学历 276 人，硕士生 62 人，博士生 4 人，教授级高工 16 人，政府特贴 4 人，高级工程师 56 人。

五、科研成果

瑞泰科技的前身是总院的耐火材料研究所和湘潭中间试验所，是我国建材耐火技术的发源地，承担了从“六五”到“十五”国家耐火材料科技攻关项目数十项，许多新技术、新产品、新工艺、新装备填补了国内耐火材料技术的空白，“新型干法水泥窑用耐火材料配套开发”和“玻璃窑用熔铸 $\alpha-\beta Al_2O_3$ 制品的开发”获得国家科技进步二等奖。

公司成立后，更加重视科技创新工作，在投入大量资金进行自主立项研究的同时，更是积极争取国家和行业的支持，承担和参与了国家“十一五”到“十三五”期间多项重点研发项目的科研工作，包括国家“973”计划、国家“863”计划、国家重大科技支撑、国际科技合作、国家火炬计划、科技部科研院所科技开发专项资金等项目十余项；自主研发项目百余项，获得省部级科技进步一等奖 1 项、省部级科技进步二等奖 8 项，省部级科技进步三等奖 5 项，省部级技术革新一等奖 9 项，省部级技术革新二等奖 5 项，省部级技术革新三等奖 4 项，行业标准创新奖 1 项及市级科技进步奖 18 项。目前，公司拥有国家专利 271 项，其中发明专利 141 项，国家重点新产品 5 项，省部级科研成果 69 项，主持或参与标准制修订 80 余项。先后被有关部门批准设立院士工作站、博士后研发基地、博士后工作站各一个。众多科研成果的研发成功和产业化，为公司快速可持续发展、增强核心竞争力奠定了坚实基础，为我国水泥、玻璃、钢铁行业的节能减排、转型升级做出了重要贡献。

瑞泰马钢新材料科技有限公司

一、基本情况简介

瑞泰马钢新材料科技有限公司是中国建材研究总院旗下的瑞泰科技股份有限公司与马钢（集团）控股有限公司共同出资成立的高新技术企业，其前身为安徽马钢耐火材料有限公司。

瑞泰马钢新材料科技有限公司成立于 2017 年 5 月，注册资本 2 亿元。其中，瑞泰科技股份有限公司现金出资 12000 万元，占注册资本的 60 %；马钢（集团）控股有限公司现金出资 8000 万元，占注册资本的 40%。2017 年 9 月 29 日，公司一期不定形耐火材料生产线开工建设，2018 年 9 月 19 日，全线投产，12 月 28 日，完成整体搬迁。建设项目成为中国建材与马钢集团进行央企对接合作成功的典范及徽商大会签约汇报项目。公司坐落于安徽省马鞍山市雨山经济开发区，是瑞泰科技东方运营管理中心总部所在地。下辖安徽瑞泰、开源耐磨、宜兴耐火和宜兴瑞泰 4 家分子公司，是马钢集团多元产业新材料板块重要成员企业，是中国耐火材料行业协会常务副会长单位。

瑞泰马钢新材料科技有限公司致力于研发、生产、销售节能环保型钢铁工业用耐火材料，是国内重要的钢铁工业用耐火材料供应商和综合服务商。公司依托中国建筑材料科学研究总院和马钢集团两大平台，建设有国家级钢铁高温材料创新中心，致力于先进耐火材料关键技术研发、成果产业化、人才培养等工作。成立了博士后和院士科研工作站，聘请了十多位国内耐火材料知名专家、教授担任技术顾问，并与北京科技大学、武汉科技大学、辽宁科技大学等高等院校开展产、学、研合作，建立了长期、稳定的合作关系。创新中心拥有X荧光分析仪、碳硫分析仪；多功能应力应变测试仪、高温荷软蠕变测试仪、高温抗渣试验炉、热线导热仪、气孔体密测定仪、微观粒度分析仪、高温重烧炉、振动试样分缩机、分析仪、熔样炉、电阻炉、全自动钻孔取样机、高温抗折实验机、高温热膨胀仪、节能中温实验炉、抗热震性实验机、高温重烧炉、高温重烧试验炉、全自动抗折耐压试验机、金刚石切割机、测试仪、万能材料试验机、数显压力机；高温显微镜等化学、物理和显微方面最先进、最完备的耐火材料检验、检测及试验设备。公司工程技术研究中心获批马鞍山市节能环保型高温材料智能制造工程技术研究中心，生产车间被评为马鞍山市数字化车间称号。

二、机构与人事

瑞泰马钢新材料科技有限公司设立董事会，经营层设总经理一名、副总经理两名，下设六部、一院、一分厂，即营销部、财务部、采购部、科技质量部、制造部、综合管理部、研发院、分厂。按照“精干、高效”原则，不断推进人力资源优化和培训工作，盘活用好现有人力资源和做好员工补充招聘工作，2018年新招聘50名员工，其中硕士研究生3人，本科23人，专科25人，平均年龄29.3岁，极大优化了公司人力资源结构，全年举办各类培训班30余期。现有在岗职工188人，其中各类工程技术人员59人，高级职称17人，硕士以上学历13人。2018年5月4日，瑞泰科技党委批复成立瑞泰马钢党委，下辖瑞泰马钢机关、营销部、分厂和安徽瑞泰、开源耐磨、宜兴耐火、宜兴瑞泰7个党支部，现有党员173名。

三、主要产品及工艺装备

瑞泰马钢新材料科技有限公司经营范围是研发、生产、经营钢铁用耐火材料，提供施工与项目总承包，致力于生产功能、特种、节能、长寿、环境友好型高温材料。公司主要生产及销售炼铁用、电炉用、转炉用、钢包用、精炼用、连铸用、模铸用、工业炉用等8大类应用于钢铁高温领域的耐火材料。主要产品包括出铁场用耐火材料、鱼雷罐、钢（铁）包、中间包本体全套耐火材料、转炉、电炉本体全套耐火材料、转炉挡渣、钢包滑板水口控流、RH炉精炼用耐材以及优质钢模铸用耐火材料等。公司“节能环保型无碳钢包衬砖的研制与应用关键技术”“新型节能环保型RH精炼炉用方镁石—尖晶石不烧砖及其配套耐火材料技术的研制与应用”两项创新科技成果项目，通过中国耐火材料行业协会科技成果评价，综合技术达国际先进水平；研发的转炉挡渣用铝锆碳、镁碳、锆板（环）复合等系列滑板及配套内外水口砖，在国内外装容量70～350t共计60多座转炉上得到良好应用，在国内居领先水平；研发的莫来石流钢砖，用于优质特殊钢浇铸，产品抗热震、耐侵蚀、抗冲刷，能显著降低钢锭中的耐火材料夹杂；拥有授权专利12项；高效长寿滑板砖、节能环保型RH精炼炉用镁尖晶石不烧砖、节能环保型无碳钢包衬砖、高附着性钢包包壁冷态整体修补料获安徽省高新技术产品；主持和参与了YB/T 4637—2018莫来石质流钢砖，YB/T 4116—2018镁钙砖，YB/T 4690—2018高炉基建用耐火喷涂料，YB/T 4691—2018热风炉基建用耐火喷涂料，T/ACRI 0003—2017 RH精炼炉用方镁石——镁铝尖晶石砖等国家、行业及团体标准制定；优质合金钢模铸用莫来石流钢砖开发与应用获安徽省科学技术奖三等奖；冶金中间包稳流装置制作及安全使用关键技术、马钢四钢轧RH炉用无铬化耐材的开发与应用分别获中国建材集团技术革新奖技术开发类二、三等奖；节能环保型机压无碳钢包衬砖的研制与应用、高效长寿滑板砖的研制与应用均获瑞泰科技创新奖二等奖。

公司通过引进先进的智能仓储系统、全自动上料配料系统、EIRICH混碾机、LAEIS液压压砖机、节能环保烘烤和烧成窑炉等智能制造装备，搭建全流程智能化、自动化管理和控制系统，建成了国际一流、国内领先的节能环保型钢铁高温材料智能制造基地。拥有各类高性能不定形耐火材料、钢（铁）包、精炼炉用耐火材料和滑动水口生产线等3条年产9万吨节能环保型高温材料全自动化生产线。该智能制造生产体系，辅以相关的配套软硬件，实现生产过程自动化控制和科学管理，促进了高温工业的技术升级和节能技术进步，使我国成为高温材料行业制造强国，为高温工业的服役安全、长寿命技术、节能进步提供了技术借鉴和积累了可复制的成果经验，为我国高温材料产业升级和发展做出了历史性的贡献。与传统的生产方式相比，全员劳动生产率提高20%，其中镁质不定形生产线员工仅9人，年产量4万余吨。运营成本降低20%，产品升级周期缩短

30%。同时，公司积极探索环保绿色发展道路，充分利用光伏发电，建成投用了 2.47MW 屋面节能光伏发电系统，月度发电超 20 万 kW·h，年度经济效益预计超 50 万元。成功实现工业废水和工业固体废弃物零排放、烟尘超低排放，工序能耗平均为 37.25 千克标煤/吨耐材。

四、主要业务和服务领域

瑞泰马钢新材料科技有限公司主要从事耐火材料的研发、生产、销售及钢铁厂耐材总承包服务，是钢铁高温材料综合服务商。公司拥有专业的技术及服务团队，具备成熟的钢铁冶炼全流程用耐火材料整体设计研发、制造配置、安装施工、使用维护与技术服务整体承包能力。公司秉承"诚信赢得市场、科技创造未来"理念，以"精品制造、精心服务"为目标，竭力为钢铁等用户提供耐火材料的系统解决方案，不断挖掘业主需求，提供衍生和增值服务。开展联合攻关，区域驻厂员提供 24h 全方位现场服务，不断提高总包运营效果。

公司先后开拓了合肥钢铁公司、马钢各炼钢厂钢铁包、中间包以及山西新泰钢铁公司钢包、中间包耐材整体承包业务。2016 年起，按产线对马鞍山钢铁股份有限公司各冶炼总厂实行了耐火材料吨钢费用总承包。同时，通过自主直销及合作销售进行市场开拓，钢包、转炉挡渣滑板系列产品，终端客户除马钢外，还包括宝钢本部、宝钢湛江、首钢京唐、宝钢梅山、安阳钢铁、韩宝钢铁、太原钢铁、新余钢铁、宝武武钢、印度钢铁、墨西哥、泰国等国内外市场；RH 无铬化耐材先后开发了宝钢、湘钢等市场；优质钢模铸用莫来石流钢砖先后开发了宝钢特钢、武汉重工、德国雷法等国内外市场；钢包衬砖先后开发了武钢、美国等国内外市场。

五、企业管理

瑞泰马钢新材料科技有限公司建立了两化融合、质量、环境、职业健康安全、能源管理体系建设及卓越绩效评价等完善的综合管理体系。不断推进信息化建设，完成了 PLM、ERP、PMS 与 NC 系统建设，并与腾讯公司合作建立了微瓴智能化透明工厂。积极创建精益工厂，强化精益生产方式和精益生产管理效果。开展提高工作质量"大反思、大讨论、大整改"等活动，经营业绩不断创历史最高。

公司推出"12345"行动纲领：即秉承"一个理念"——精品制造+精心服务。依托"两个平台"——马钢和中国建材。坚持"三大发展思路"——改造提升现有钢铁耐材业务，利用整体搬迁机会，淘汰落后产能和工艺，实现产品优化升级，提质增效；大力发展"双高"业务，不断提升盈利能力；强化创新和服务，通过服务创造价值，培育新的经济增长点。发挥"四个优势"——市场融合优势、技术融合优势、产品融合优势、文化融合优势。打造"五个一流"——创建一流企业，开发一流技术，生产一流产品，提供一流服务，营造一流环境。努力成为国内领先、国际一流的钢铁工业耐火材料综合服务商。

近年来，公司先后举办了钢铁高温材料科技发展研讨会，承办了中国耐火材料行业协会 2017 年度生产统计工作会议，中国耐材行业协会会长办公会议和七届七次常务理事会。瑞泰科技 2017 年决算及 2018 年预算工作会议、2019 年 1~4 月经营工作会议暨党风廉政建设和反腐败工作会议。接待了中国建材、中国建材研究总院、瑞泰科技、安徽省、马鞍山市、腾讯、炫马科技、俄罗斯、巴西钢厂客户等众多单位和领导的考察和交流活动。公司党委获中国建材集团和中国建材集团研究总院先进基层党组织，公司获中国建材集团研究总院安全生产先进集体，瑞泰科技优秀业绩奖，马鞍山市雨山区年度经济发展突出贡献先进集体，《节能环保型高温材料智能化制造基地和钢铁高温材料创新中心》获马鞍山市雨山区项目建设类先进集体等称号。

山东鲁阳节能材料股份有限公司

一、企业概况

山东鲁阳节能材料股份有限公司始建于 1984 年，2006 年 11 月在深圳证券交易所上市，是集陶瓷纤维、玄武岩纤维、轻质耐火砖等新型节能材料研发、制造、销售等于一体的中外合资企业。公司总资产 28.10 亿元，员工 2400 余人，实现年利税 5 亿元，是全球知名的陶瓷纤维制造基地、中国无机纤维材料行业专家、行业国家标准起草单位、国家火炬计划重点高新技术企业、国家新材料产业化骨干企业、全国守合同重信用企业。

公司的陶瓷纤维制品产能位居全球前列，规

模、技术、品种与效益连续二十多年在国内同业中名列前茅。并凭借先进核心技术、大规模生产能力、多系列产品品种及高品质服务跻身世界陶瓷纤维业前列。产品畅销全国，远销美国、德国、英国、中国台湾地区等六十多个国家和地区，广泛应用于工业炉衬、建筑防火保温、高温绝热等领域。

二、企业管理

山东鲁阳节能材料股份有限公司实行集团组织领导型管理模式，推行“小总部，大单元”的管理体制。管控中心对重点项目实施组织领导，对运营流程进行监督检查。实施扁平化管理，精简管理岗位，减少审批层级，形成了顺畅快捷的业务流程和简捷高效的管理组织机构。

公司推行“公司搭台，能人唱戏”的激励政策，实施以目标引导、利益驱动为核心的绩效考核办法，激发调动全员干事创业、提高效益的积极性，增强生产、销售单元的自主经营管理能力。公司创新岗位管理模式，对岗位管理工具不断探索创新，实施量化管理，搭建最佳的岗位工作平台，有效促进了管理岗位职能的发挥。

公司致力于管理工作的科学化、信息化、智能化建设。先后建设了 ERP、CRM、BI、AD、MES、OA 等智慧鲁阳信息平台。智慧鲁阳信息平台项目被列入淄博市“两化融合”重点项目。

三、生产经营

山东鲁阳节能材料股份有限公司主要生产陶瓷纤维棉、毯、毡、板、纸、纺织品，硅酸镁保温毯，氧化铝纤维制品，可溶纤维制品，陶瓷纤维复合模块，整体模块，背衬板，轻质耐火砖，玄武岩纤维（岩棉）建筑保温板等产品。涉及工业炉衬、高温绝热、防火隔音、建筑保温、交通运输、环保除尘等多个应用领域，是具有核心竞争优势的耐火保温材料系统定制化服务专家。自主研发的陶瓷纤维建筑隔热板、陶瓷纤维复合模块等四项产品被认定为“国家重点新产品”。

公司在国内拥有大规模的陶瓷纤维制品生产线，生产产能、工艺装备技术处于国内领先地位，多半产品的生产制造技术水平达到国际先进水平。其中氧化铝纤维针刺毯生产线、陶瓷纤维万吨针刺毯生产线、陶瓷纤维建筑隔热板生产线填补国内空白；窑炉专用耐火纤维整体模块产品、电炉岩棉制品的生产制造技术接近国际领先水平。通过三十多年的技术研发，形成了众多产品系列，数百个产品种类。广泛应用于石化、冶金、电力、有色、建材、光热、船舶、玻璃、家电、RTO 等行业。优质的节能环保产品为国家生态建设和节能减排做出了重大贡献。

四、销售服务

山东鲁阳节能材料股份有限公司致力于销售服务网络的建设与完善，为广大用户提供全方位、定制化、系统化服务。在国内各地设置市场开发部和客户服务部，实现了销售服务网络的全覆盖；国际市场开拓方面，针对全球市场成立市场开发业务部门和国外办事处，壮大了鲁阳在国际市场的参与度，提升了鲁阳在国际市场的知名度。公司坚持为客户创造价值的市场开发理念，认真研究客户定位、产品定位、渠道定位，为客户提供最有价值的服务。拥有众多专业工程师、专业设计师，与国内各大设计研究院所常年保持紧密合作关系，能够为不同行业客户提供专业化定向服务和设计服务。

公司形成了以山东总部为核心，以内蒙古、贵州、新疆、苏州四大生产基地为主体的产品服务网络，设有东北、西南、华东、华南等物流专线，可以为客户提供便捷的运输服务。公司拥有实力雄厚的施工服务队伍，具有丰富的施工经验和精湛技术，在业界享有良好的口碑和声誉。

五、科研技术

山东鲁阳节能材料股份有限公司坚持以科技创新为主攻方向，借助于国家认定企业技术中心等科研平台，引进并培养了一批科技领军人才和技术骨干，构建技术创新体系，打造结构合理、配置科学、各学科交叉的创新团队，形成学术带头人—博士、硕士—学士结构的研发团队，是高端纤维生产与应用、纳米材料开发、高精尖终端产品研制等领域的主要技术力量。

公司拥有国家认定企业技术中心、博士后科研工作站、国家（CNAS）认可实验检测中心、山东省陶瓷纤维工程技术研究中心、淄博市节能环保非金属纤维重点实验室。先后获得授权专利 123 项，其中发明专利 57 项，实用新型专利 61 项，外观设计专利 5 项。获得山东省科技进步奖 4 项、淄博市科技进步奖 9 项，科技成果填补国内空白的 37 项、技术水平达到国际先进水平的 12 项。主导和参与制定相关产品领域国际、国家、行业标准 22 个。荣获中国专利优秀奖、山东省专利二等奖、山东省制造业高端品牌培育企业、淄博市专利一等奖、淄博市高价值专利奖等荣誉。

公司通过持续不断地研发投入、技术创新、装备改造与产品升级，始终保持强大的技术、品牌优势。众多产品广泛应用于冶金、石化、机械和电力保温等行业，有利于节约能源、改善生态环境，使资源得到综合利用，为国家生态建设和节能减排做出贡献。

六、质量管理

山东鲁阳节能材料股份有限公司坚持“追求卓越品质，创造世界名牌”的质量管理理念，于 1998 年在行业内率先通过 ISO 9001 质量管理体系认证，建立了以标准、方法、流程、人员能力、设备管理、质量考评、持续改进等七个方面为主线的产品质量管理模式，产品质量得到了客户的广泛认可，并荣获淄博市首届市长质量奖。公司先后实施了 ISO 14000 环境管理体系认证、OHSAS 18000 职业健康安全管理体系认证，注重生产过程中废弃物的治理，实现了废气、废水、噪声、颗粒物的达标排放，通过了清洁生产审核；积极开展节能管理，荣获了省政府颁发的重大节能成果奖；每年进行职业危害因素检测，检测结果均达标；每年组织员工进行职业健康查体，无职业病例发生。

山东鲁阳节能材料股份有限公司十分重视质量、环境、职业健康和安全管理体系的建设与实施，近年引入了德国汽车行业过程审核标准 VDA6.3，并按照此标准从项目管理、产品和过程开发的策划与实现、供方管理、客户关怀等方面对公司的质量管理体系加以完善和提升，从而进一步提升产品质量保证能力，通过国际大型公司的供应商审核，加快公司国际化进程。

七、品牌建设

山东鲁阳节能材料股份有限公司重视品牌建设，以“严谨、体贴、厚德”的品牌个性，坚守“高效节能、品质保障、行业系统定制化服务”的品牌核心价值，构建和完善了先进的品牌管理模式，形成规范有序的品牌管理运行机制，成为名副其实的耐火保温材料系统定制化服务专家。公司以专业、专心、专注的态度和积极主动的服务贯穿于售前、售中、售后的每一个环节，让每一个用户实实在在地感受到“鲁阳品牌”的卓越品质。

公司拥有“鲁阳”“巴萨特”“沂河源”“威盾”“贝克”“陶盾”“捷能”等多个产品品牌，注重对产品品牌的整体策划与推广保护，做好企业形象宣传与维护，以品牌带动市场开发与产品销售，赢得社会和业界的高度认可与广泛关注。为做好品牌保护，公司根据尼斯分类完成全类别鲁阳商标注册。目前公司共拥有商标 213 件，其中国内注册商标 139 件，国外注册商标 74 件。

八、企业文化

山东鲁阳节能材料股份有限公司通过多年探索与实践，精心打造了以“鲁阳魂”为核心的先进企业文化理念。通过持续不断的学习、融汇、贯通，达到“内部教育，凝聚人心；外部宣传，树立形象”，“家庭和睦、团队和谐、纪律严明、遵守国法”之目的。

公司先后建设了企业文化展厅、综合展厅和产品应用展厅；打造了具有历史渊源的“鲁阳挥戈”文化广场、展现鲁阳发展历程的“鲁阳之路”艺术浮雕、气势磅礴的《鲁阳赋》艺术石壁；制作了具有强烈时代感的《鲁阳传奇》、主题鲜明的《企业文化手册》《鲁阳报》。常年在全体职工中开展政治经济、国学经典、革命传统、思想教育、业务培训等各类学习教育活动，全面提升企业文化建设，使职工的思想境界得到升华，工作能力得到增强，业务水平得到提升。

公司坚持发展与奉献共进的价值观与责任观，反哺社会，回馈国家。捐资助学、扶贫济困、修路架桥、抗震救灾，在诸多公益事业当中，处处都有鲁阳公司的身影。累计各类公益性支出上亿元，先后获得山东省绿化模范先进单位、山东省工商联抗震救灾先进单位、淄博市“慈善奖”最具爱心慈善捐赠企业等荣誉称号。

发展目标——建设百年鲁阳，是鲁阳人坚定不移的信念；建设百亿鲁阳，是鲁阳人为之奋斗的目标。

发展方针——依靠科技求发展 立足市场求效益。

鲁阳使命——发展节能材料，造福人类社会，以卓越的节能产品助推人类与自然的和谐发展。

鲁阳愿景——成为在节能环保领域具有核心

竞争优势的行业领导者。

鲁阳精神——敢担当、敢学习、敢创新、敢争先。

山东鲁桥新材料股份有限公司

一、历史沿革

山东鲁桥新材料股份有限公司前身是山东大桥耐火材料厂，始建于1963年，系村办企业，位于山东省淄博市博山经济开发区大桥村。现有固定资产1.5亿元，占地面积9.05万平方米，建筑面积26334平方米，绿化面积7022平方米，绿化面积占8%。职工人数418人，其中工程技术人员56人。通过连续技术改造，烧成工艺1973年由圆窑改为方窑，1997年由方窑改为隧道窑。由公司所供耐火材料包括：2004年第一条亚洲最长硅砖隧道窑投产；2005年国内第一座7.63m焦炉用耐材开始供货。2008年隧道窑完成自动化升级及改天然气为燃料包括；2010年荣获山东著名商标/山东名牌；2012年完成省级实验室建设，远程质量控制系统运行；2014年国内第一台自主研发的格子砖全自动成型机运行，完成百座5.5m以上焦化项目供货；2015年焦炉燃烧室用高导热硅砖顺利在淮北焦化进行应用；2016～2017年调整产业结构，提升自动化生产，建成国内第一座隧道窑脱硫脱硝装置，实现绿色生产；2018年进行智能化改造，建成两条智能化示范生产线；2019年积极推进新旧动能转化步伐，计划建设智能化车间一个，实现机器换人的目标。多少年来，公司始终坚持自我改造、自我完善、自我发展的思路，从原来年产几千吨的小型耐火厂发展到年产20万吨生产规模。

二、公司基本情况

山东鲁桥新材料股份有限公司，于2008年8月注册成立，位于山东省淄博市博山经济开发区新材料产业园区，占地面积201200m^2，建筑面积136600m^2。注册资本5433.84万元，资产总额35502万元，其中固定资产24037万元。公司现有员工356人，含工程技术人员68人，科研人员33人。公司是中国耐火材料行业协会常务理事单位、国家耐火材料标准修订委员会成员、中冶焦耐工程技术有限公司的耐火材料定点生产厂、中国钢铁耐火材料百强企业、中国耐火材料行业协会首批“AAA”级信用企业。通过了ISO 9001质量管理体系、ISO 14001环境管理体系、GB/T 18001职业健康安全、ISO 10012测量管理体系、GB/T 15496标准化五大体系认证。荣获山东省著名商标和山东名牌产品荣誉称号。技术力量雄厚，工艺装备先进，检测手段齐全，是中国焦化、钢铁耐火材料生产的最大型企业之一，是山东省耐火材料优质产品生产基地龙头企业，是行业协会的常务理事单位，是“山东省企业技术中心”“山东省高新技术企业”。

三、主要产品及工艺装备

1. 主要产品

公司主要产品有黏土砖、高铝砖、硅砖、熔融硅砖及其他不定形耐火材料，并承揽各类窑炉的焊补及维护工程。

2. 工艺装备

公司现有8条天然气隧道窑，形成了年产20万吨生产规模。生产工艺由中冶焦耐院设计，烧成工艺采用了国内外窑炉先进节能技术。采用先进的炉嘴设计，在窑炉内部涂刷节能材料，实现了节能20%以上。使用清洁的天然气为燃料，充分减少了有害物质排放，符合国家对企业节能减排的要求。成型工序使用1000t以上液压自动控制压力机10台；400t双盘摩擦压力机30台；300t双盘摩擦压力机26台；各种泥练设备30台；粉磨设备20台。引进混炼自动化仪表控制系统及自动成形、采用全自动微机密封配料，计量准确，为生产高质量产品创造了良好的条件。混炼系统及重点工序采用了高效除尘设施56台，2017年投资878万元新上先进的脱硫脱硝设备，实现了标准排放，绿色、环保、安全生产。工艺先进，设备优良，质量稳定可靠，成为山东省耐火材料优质产品生产基地和龙头企业，是国内耐材生产现代化企业之一。

2019年我公司拟建智能化车间一个，增加1250t液压机4台；400t电动压力机6台；315t电动压力机8台；机械手32台；其他自动化设备36台（套）。该车间选配的设备设施均为国内一流，国际先进，技术水平领先于国内同行业。车间建成后，同比节省人工60%以上，产品质量提高5%～6%，利税增加10%左右。

四、机构与人事

公司现有员工356人，含工程技术人员68人，科研人员33人。公司董事长、总经理张敦新是市、区党代表、人大代表，市级劳动模范，优秀企业家，明星企业家，以及《耐火与石灰》杂志编委。

五、企业管理

近几年来，公司先后通过了ISO 9001质量管理体系、ISO 14001环境管理体系、GB/T 18001职业健康安全、ISO 10012测量管理体系、GB/T 15496标准化体系认证、安全生产标准化三级企业认证；荣获山东省著名商标和山东名牌产品荣誉称号。技术力量雄厚，工艺装备先进，检测手段齐全，是中国焦化、钢铁耐火材料生产的最大型企业之一，是山东省耐火材料优质产品生产基地龙头企业，是行业协会的常务理事单位，是“山东省企业技术中心”“山东省高新技术企业”。企业管理不断规范完善，管理水平不断提高。

六、科研成果

山东鲁桥新材料股份有限公司注重科技开发和创新发展工作，在产品开发、工艺创新和技术革新方面，取得了很好的成绩，为企业的科学发展奠定了良好的基础，主要取得了以下科技创新成果：

（1）研发出低热膨胀熔融硅砖。低热膨胀熔融硅砖具有很好的耐热性，能够经受急剧的温度变化，在节能减排方面具有很高的优势。

（2）申报陶瓷新型焊补技术发明专利。陶瓷焊补的最大优点是高温操作，避免了大幅度降温、升温对炉体的损坏，在很短的时间内就能恢复生产。陶瓷焊补又是干法喷补，避免了湿法或半干法喷补对炉体产生的负面影响。

（3）研发成功熔融石英砂、热修补料，填补了企业产品结构的空白。现已荣获十一项实用新型专利、四项软件著作权，做到了知识产权的有效保护。

（4）成功研制出超致密、高导热耐磨硅砖，导热率提高10%～20%，耐磨性能提高40%。

（5）研发成功了低膨胀无裂纹硅砖，成功解决了焦炉特异型砖成品率低的劣势，大大提高了综合成品率，从而降低了生产成本，更好地保证了订单的交易时间。

（6）挂釉炉门大型预制件的研制成功，标志着公司目前所有焦炉定形制品均已能够生产，且产品质量和供货能力位居第一。

（7）通过对生产设备的改造，改变了传统烧成使用煤炭或煤气的工艺，通过改用天然气，大幅度降低了大气污染，节约能源，减少排放量，提高了产品质量和经济、社会效益，克服了传统工艺高耗能、高排放、高污染、附加值低的弊端，实现了清洁化生产。

（8）近年来，针对国家对耐材行业的环保要求，第一家投入巨资上环保设备，成为第一批通过国家环保验收的耐材企业。

（9）山东鲁桥新材料股份有限公司分别审核通过了省级企业技术中心、市级企业技术中心，山东省经济和信息化委员会鲁经信技［2016］526号，批准日期为2016年12月6日；淄博市经济和信息化委员会淄经信发［2013］65号，批准日期为2013年6月17日。

公司自成立以来，就以高起点、高水平、高质量为出发点，着力打造以科学技术带动企业发展的新型现代化企业模式。重视人才的引进、培养，大力开发具有自主知识产权的关键技术，形成自己独特的核心技术和产品。目前，公司与中冶焦耐工程技术有限公司建立了长期的合作关系，与武汉科技大学、沈阳镁铝设计研究院有限公司、洛阳理工学院、美国麦克温有限公司、瑞士阿尔克什公司等加强联系和合作，在新产品研发、工艺改进和技术创新方面，取得了令人瞩目的成绩。成功研发熔融硅砖、超导热高致密硅砖、炉门砖、免烧砖及热修补材料等，有些产品填补了国内空白，有的处于国际领先水平。

七、服务领域

该产品主要用于钢铁、焦化、玻璃行业。国内拥有宝钢、鞍钢、首钢、攀钢、沙钢、韶钢、山东钢铁集团、河北钢铁集团、兖矿等国内知名大型客户，产品畅销国内外，出口美国、德国、意大利、英国、日本、韩国、印度、巴西、阿根廷、墨西哥、俄罗斯、乌克兰、南非和中国台湾地区等近30个国家和地区，一举成为国内外生产焦炉用耐火材料最大型企业。

山东耐火材料集团有限公司

一、企业概况

山东耐火材料集团有限公司（以下简称山东耐材）是山东钢铁集团的全资子公司，是国内大型耐火材料骨干企业。2010年2月，经山钢集团批准，山东省属耐材企业重组成立了山东耐火材料集团有限公司。其生产历史始于1904年，至今已有115年的历史，是中国耐火材料行业协会AAA级信用企业、山东省耐材行业龙头企业。拥有山东省名牌产品9项，注册商标2项。公司以“持续为客户提供满意的产品和服务”为企业使命，以“打造具有国际竞争力的耐材强企”为发展愿景，以“共创、共进、共赢”为核心价值观，秉承一百多年管理和技术的深厚积累，以百年历史铸就的企业品牌为信誉保证，发挥集团化协同优势，积极推进“产品+服务”经营模式，致力于为客户提供一体化耐材解决方案，努力为客户创造价值，实现与客户的共同发展。与国内外多家大型钢铁企业、国内外著名钢铁设计及工程公司建立了长期稳定的合作关系。

二、历史沿革

2010年2月，经山钢集团批准，省属耐材企业山东耐火材料厂、山东第二耐火材料厂、青岛耐火材料厂、山东镁矿、山东王村铝土矿以及山东中齐耐火材料有限公司、山东鲁耐窑业有限公司、山东恒欣镁业有限公司等实体公司，通过改制重组成立山东耐火材料集团有限公司。目前，山东耐材集团下设鲁耐窑业公司、王铝分公司、王耐分公司、国际贸易公司、恒欣镁业公司五个子分公司，在册职工2000余人。公司是中国耐火材料行业协会会长单位、山东省耐火材料行业协会会长单位。

三、主要产品及工艺装备

山东耐材主要产品有耐火原料、钢铁及非钢建设用耐材、钢铁生产消耗用耐材和非钢用耐材四大类。主要品种有焦宝石、莫来石料，铝硅系耐火制品、含碳制品、不定形材料、特耐制品等，产品种类比较齐全，除用于钢铁企业炼铁、炼钢工程建设及生产消耗外，还广泛应用于焦化、水泥、有色金属冶炼、碳素、石灰、铸造、垃圾焚烧等高温行业。年耐火原材料产能40万吨，其中耐火制品30万吨，耐火原料10万吨。目前，公司铝硅系产品中的红柱石砖、莫来石砖、干熄焦砖、硅砖，连铸用产品中的三大件，以及高档焦宝石料和合成莫来石料都处于世界一流水平，有独特的技术优势。公司坚持实施“品牌战略”和“国际化战略”，加大产品结构、市场结构调整力度，高炉、热风炉、焦炉、干熄焦、铁水运输及预处理、钢包中间包，以及石灰窑、水泥窑、有色金属冶炼、化工危废等产品，在国内外市场形成了较强的品牌影响力。近年来，虽然受环保等因素影响，产品出口略有波动，但保持了国内铝硅系产品出口规模最大，每年出口量7～10万吨，占全国铝硅系产品出口的1/7左右。在山钢内部市场，实现了铁沟、钢包、三大件、铁水罐等产品的稳定供货，在国际先进水平的山钢日照公司高炉热风炉、焦炉等建设过程中，承担了重要的耐材生产保障任务。公司积极开拓碳素焙烧炉、化工危废处理炉、钾肥炉等非钢市场，市场领域不断拓展。

四、机构与人事

山东耐材实行母子公司管理模式。母公司（总部）设有六个职能管理部门，二个省级技术研发中心。公司积极推行“小总部”“大部室”复合设置，打造“一专多能、一人多岗、一岗多责”的专业管理团队。主要承担战略管理、资本运营管理、组织人事管理、资金管理、风险管理、投资管理、生产经营宏观管理职能。

公司目前共有二级子分公司5家，是公司生产经营的实体，从事具体的生产经营活动。分别为：山东耐材集团鲁耐窑业有限公司，山东耐材集团恒欣镁业有限公司，山东耐材集团国际贸易有限公司，山东耐材集团有限公司王耐分公司，山东耐材集团有限公司王铝分公司。

公司突出市场导向，强化人才优先，树立“人才是第一资源”的观念。将人才工作作为关系企业长远发展的重要工作，纳入企业发展战略，不断优化提升人才发展体制机制，发挥人才在企业发展中的支撑作用，促进企业高质量发展。截至2018年底，公司有教授级高工2人，高级工程师22人，其中大专学历246，大学本科学历138人，硕士生11人。

五、科研成果

山东耐材科技创新工作一直坚持战略引领和需求导向，积极实施技术创新和新产品研发，注重技术储备工作，不断丰富产品种类。2015～2018年先后完成200余项技术创新成果，其中省级技术创新项目12项，市级创新发展重点项目2项，获得市、省级奖励10项，通过省级技术鉴定新产品11项，5项技术水平达到国际先进水平。主持制修订国家和行业标准8项，同时注重知识产权保护和推广工作，推动自主知识产权标准化运行管理，充分发挥知识产权对企业发展的促进作用，申请国家专利10项，其中发明专利4项，实用新型专利6项，现拥有专利9项，其中发明专利6项，实用新型专利3项。目前企业拥有省级企业技术中心2个，市级工程实验室2个，市级工程研究中心1个，山东省高新技术企业1家。鲁耐窑业公司是山东省唯一一家纳入工信部规范化企业公告的耐材企业，是全国第四批"绿色工厂"。

山西昊业新材料开发有限公司

一、历史沿革

山西昊业新材料开发有限公司位于山西省太原市阳曲县，成立于2012年，自产耐火材料产能达20万吨。公司前身是山西新型炉业集团公司，主要从事钢铁冶炼用耐火材料的研发与生产经营，拥有资产上亿元，属山西省民营高科技50强企业之一，公司从1987年创办开始到1993年成立集团公司，历经20年的发展，2012年成立山西昊业新材料开发有限公司，目前公司占地面积200多亩，拥有4条耐火材料生产线，一个冶金辅助设备制造分公司。承担着全国30家炼钢企业转炉、电炉、AOD炉、RH炉、LF、AOD、CAS-OB等炉外精炼和连铸用耐火材料的供应。产品已覆盖炼钢厂使用所有耐火材料，并有一支经验丰富的售后服务队伍，为全国各钢铁企业进行窑炉，钢包，连铸中间包的砌筑，喷补等进行综合施工承包服务。

二、企业概况

山西昊业新材料开发有限公司注册资金6000万元，为山西省规模较大、产品较全、技术研发能力较强的耐火材料企业，为山西省民营高科技企业，也是我国最早进行耐火材料总承包的厂家之一。公司员工500多人，工程技术人员60余人，驻外有近45个耐火材料服务机构，迅速地成长为国内少数能生产钢铁冶炼用全套耐火材料的专业高新技术企业之一，具有雄厚的技术和人才优势。依靠本公司先进的研发、生产、检测力量及科学的管理，开发生产用于钢铁行业的系列产品深受用户好评。可靠的产品质量、优质的服务得到广大客户的充分肯定，使其产能和销售额持续发展。目前已达到年产20万余吨优质耐火材料的生产规模，是国内最大的耐火材料生产企业之一。2009年开始实施第一代ERP系统，2015年进行了ERP升级，实现了业务财务一体化。2018年底公司又陆续引入U8软件，为进一步的实现智能化工厂做准备。

山西昊业已拥有一整套较为完善的管理体系，先后通过了ISO 9001质量管理体系、ISO 14001环境管理体系和GB/T 28001职业健康安全管理体系认证，公司在内部推行精细化的管理模式，十分关注治理架构、企业管控的建设。完善的6S管理制度、生产现场管理评价体系等。2015年认定为高新技术企业，2017年公司被评为耐火材料行业AAA信用等级企业，同年被认定为省级技术中心称号，2018年很荣幸地被用户首钢京唐公司成为最佳合作伙伴。公司拥有专利十余项之多，承担国家级火炬计划、省级科研项目、专利推广项目及填补国内空白项目等研发项目，得到各级政府支持。

三、主要产品及工艺装备

我公司是山西省规模较大、产品较全、技术力量较强的耐火材料集团公司，具有年产20余万吨耐火材料的生产能力。公司下设五个分厂，一分厂主要生产连铸三大件，年产量2万余吨，主要设备有等静压3台、混炼机4台，低压辊道线6组，主要采取低压成型工艺。二分厂主要生产中间包等用碱性耐火材料及各类原材料的破粉碎工作，年产10万余吨，破粉碎设备主要有400×600颚式破碎机3台，250×400颚式破碎机5台，150×1000颚式破碎机5台，550立式破碎机2台，对辊破碎机5台，4R雷蒙磨1台，5R雷蒙磨2台，拥有自动配料线2条，各类型搅拌机8台，2条全自动包装线。三分厂主要生产钢包、铁包、中间包等用不定形耐火材料及各类型预制件，拥有全自动配料线2条，各类型搅拌机10台，大型预制件振动台2台及各种型号的振动台，隧道式烧成窑1座，间歇式烧成窑6座，年产能6万余吨；年产高铝质原料5万余吨制砖分厂拥有全自动配料线2条，高速混练机2台，轮碾式混练机8台，630半自动压砖机8台，2500t全自动压砖机1台，隧道式烘干窑3条，间歇式烘干窑3条，生产能力5000吨/月，年产量6万余吨；机修分厂负责公司各类设备的维检、各类模具的制作及快换机构的生产。

四、机构与人事

公司采取总经理负责制，下设生产部、技术中心、品质部、市场部、安环部、采供部、财务部、综合办及五个分厂，职工人数达500多人，公司注重技术研发，技术中心拥有职工人数公司技术中心68人，其中主任1名、首席专家3名、技术顾问4名、课题组长8名（其中1组为技术中心主任兼任）、硕士研究生3名，技术中心人员均具备中专以上学历，工程师以上技术人员中，具有大学本科以上学历者28人。

公司充分实施以知识价值为导向的分配制度，鼓励企业技术人才创新，并对创新成果的直接受益的80%奖励给创新人才及团队，对获得的政策性补贴100%的用于企业技术创新条件改善和技术人才个人奖励。企业每年安排专项资金对在标准制定、专利申请和项目攻关方面做出突出贡献的技术人员进行奖励。下一步公司还计划加大鼓励，注重向人性化管理方向发展，完善更适应公司发展模式的制度，留住人才，用好人才。

山西盂县西小坪耐火材料有限公司

山西盂县西小坪耐火材料有限公司成立于1989年，集研发、生产、服务、物流于一体。现拥有员工1100余名，各类工程技术人员360余人，拥有专利33项，其中发明专利5项，外观专利18项，实用型专利10项。

“京武”“西小平”牌焦炉硅砖分别荣获山西省著名商标和省名牌产品称号。公司产品通过了ISO 9001质量体系、ISO 14001环境管理体系、GB/T 18001职业健康安全管理体系认证。产品除销往国内各大型钢厂、焦化厂、碳素厂以及有色冶金厂、石化行业外，同时远销日本、美国、加拿大、津巴布韦、巴西等国，赢得了用户的一致好评和信赖。

山西盂县西小坪耐火材料有限公司，依托当地资源优势，不断研发新产品系列。现已形成年产60余万吨耐火材料制品的生产厂家。其中焦炉、热风炉硅砖20万吨产能；高铝砖、黏土砖、轻质隔热砖、热风炉用砖、干熄焦用砖等10万吨产能；各种浇注料、铝矾土骨料、不定形耐火材料5万吨产能；天然莫来石、合成莫来石及合成铝矾土料、烧结高铝矾土料30万吨产能。我公司将得天独厚的五台山胶结硅石、阳泉优质铝矾土的特点与先进的科学技术融为一体，拓展资源优势，推陈出新，生产出具有西小坪耐火材料公司特色的产品。

作为全球焦炉用硅砖生产量最大的企业，产品技术发展水平、大型焦炉市场占有率国内领先，是中国耐火材料行业协会副会长单位，山西省转型发展百强潜力企业，山西省高新技术企业，是国内大型焦炉用砖定点生产厂家。

唐山时创高温材料股份有限公司

一、历史沿革

唐山时创高温材料股份有限公司（简称“时创高材”）前身为唐钢耐火材料厂，始建于1943年，该厂位于古冶区工厂街3号。公司曾为新中国的钢铁工业设计生产第一批高铝砖，并获国家最高奖项——银质奖。唐钢于1987年在丰润区东山路3号投资筹建唐钢耐火材料二厂，并于1991年顺利投产。为适应市场需求，研发、生产出高技术含量的炼钢用滑动水口系列产品，经国家“七五”期间重点投资扩建，引进国外先进的关键工艺装备和连续不断的技术改造，渐渐成为国内具有先进工艺水平和检测手段、以滑动水口为主导产品的大型耐材骨干企业。1997年1月，唐钢耐火材料二厂改制为唐钢耐火材料有限公司，为唐钢全资子公司。同年6月，唐钢耐火材料厂并入唐钢耐火材料有限公司。2005年，遵照河北省国资委关于国有企业主辅分离、辅业改制的文件精神，公司改制更名为唐山时创耐火材料有限公司，唐钢持股10%。2013年德高公司入股，同时，唐钢增持股份至20%，时创高材成为中外合资企业。2015年10月，唐钢以债转股方式增加对时创投资，进行股份制改造，具备新三板挂牌条件，企业注册资本变更为1.06亿元人民币，唐钢占股比40.239%，为时创高材实际控制人。

二、基本情况

时创高材注册地点为河北省唐山市丰润区东山路3号，公司总部设在唐山市丰润区，占地面积193亩（13.18公顷），注册资本为10600万元人民币，截至2018年12月31日资产总额为4.77亿元人民币。公司目前共有职工829人：其中本科以上学历121人，中级以上职称71人。

公司的经营宗旨是依靠先进管理和技术进步，全面提高企业市场竞争能力；依靠循环经济、合理配置资源和提高投入产出比，稳定增加企业效益；依靠保证产品质量和完善产品功能，满足市场需求；依靠不断改革创新、强化绿色环保和调整产品结构，增强企业适应能力；依靠诚信理念和卓越品质，打造需方、供方、公司、股东各方共赢的名牌企业。公司获取《全国工业产品生产许可证》，享有河北省工商行政管理局颁发的河北省著名商标荣誉，是河北省工业企业研发机构，是中国耐火材料行业协会信用评价AAA级企业、河北省高新技术企业，建立实施了质量、环境、能源、职业健康安全管理体系认证。是河钢集团批准的新三板挂牌企业之一。

三、主要产品及工艺装备

公司主营业务为研制、生产和销售功能性耐火材料—滑动水口系列产品，并提供相应的使用规范、技术服务；从事各种炼钢钢包热修用耐火材料的整体承包业务。主要产品有：

（1）转炉挡渣滑板系列；

（2）钢包、中间包滑动水口系列；

（3）高炉出铁场用铁沟料系列；

（4）钢包用耐火材料系列；

（5）鱼雷罐用耐火材料系列；

（6）氧化锆产品系列；

（7）流量控制滑动机构系列；

（8）其他窑炉等热工设备用高温材料系列。

公司的主要设备有：拥有莱斯2500t全自动液压机、630T水口液压机、线切割机床、干燥梭式窑、中温窑、高温梭式窑、浸渍生产线等诸多生产设备和设施，拥有高温重烧试验炉、抗热震性试验机、X荧光光谱仪、天平和光栅分光光度计、X荧光谱分析用全自动熔样机等多套产品检测设备。

四、机构与人事

时创高材的最高权力机构为股东大会。公司设董事会，对股东大会负责。董事会成员7人，其中董事长1人，董事会成员中有3人担任高级行政管理职务。监事会成员3人，其中职工监事代表1人。公司高级管理人员包括总经理1人、副总经理6人，由董事会聘任或解聘。

职能部门包括董事会秘书室、综合办公室、党委办公室、生产计划部、技术部、设备动力部、安全部、人力资源部、财务部、滑动机构部、供应部、市场部、北方业务部、南方业务部、河钢业务一部、河钢业务二部、现场管理部、清欠办公室、国际业务部和塞钢小组。

五、企业管理

面对市场激烈的竞争，时创高材高层管理者准确辨识行业发展趋势，规避行业风险，不断改革和创新经营管理理念，紧紧跟随国际标准化组织的步伐，建立实施了质量、环境、职业健康安全、能源管理体系认证，提升企业管理水平，规范内部管理，提高产品和服务质量，预防环境污染，加强能源管控，降低员工职业风险，使企业内部管理程序化、科学化、规范化。严格依照“遵规守法、持续改进、降低消耗、顾客至上、以人为本、和谐发展”的24字管理方针，确保生产经营的有序运转和生产效率的持续提高。

公司重视公司信息化建设，2000年开始实施安易ERP系统，2004年将安易ERP系统升级为用友ERP系统，实现了业务财务一体化。自主研发生产管理系统、中温窑测温数据查询导出系统、氮化炉数据自动维护系统。之后，公司又陆续实施OA协同办公、组建虚拟专用网络（VPN）、升级用友ERP系统、更新监控系统、部署群晖（NAS）网络系统、搭建企业私有云、更新公司核心服务器等信息网络化管理建设工作。

六、科研成果

时创高材一直致力于耐火材料新技术、新产品的开发和推广应用，是国家认定的高新技术企业，是河北省著名商标，河北省名牌产品。连续被评为先进单位，被多个合作商认定为优秀保驾单位。

公司拥有各项有效技术专利52项，其中发明专利1项，实用新型专利51项。每年研发投入占销售收入的1.3%左右，河北省工业企业C级研发机构。近三年公司自主研发项目20余项，为公司带来巨大效益。公司拥有国家质量奖，是企业信用评价AAA级信用企业，被评为河北省优质产品，获得名优特新高产品展销优秀奖、名优特新高产品展销最佳奖等奖项。

七、服务领域

通过多年的积累，公司已经逐步建立起优质的客户网络和渠道，开发并服务于钢铁冶炼重点领域。公司业务遍及国内外，覆盖国内东北、华北、西南、华南、西北、华东等各大产钢区域，产品广泛用于唐钢、宣钢、承钢、鞍钢、太钢、首钢京唐、包钢、酒钢、重钢、鄂钢、联峰钢铁、东北特钢、文丰钢铁、唐山不锈钢、奥森钢铁、天津天管、邯钢等国内几十家大中型企业；并远销美国、日本、韩国、加拿大、俄罗斯、印度、伊朗等国家，以及中国台湾地区，深受安塞洛-米塔尔、新日铁、纽柯等十几家国外知名钢铁企业的青睐。

时创高材未来将通过与国内外优秀耐火材料企业的合作，加快兼并重组，进一步增强综合实力，成为中国耐材行业产品配套齐全，覆盖主要高温领域的龙头企业。公司将充分利用自身雄厚的技术研发优势、先进的制造工艺、完善的销售网络和广泛的品牌影响，巩固现有主导产品的市场份额，提升产品档次，拓展适用钢铁全流程产品应用的多领域销售；不断夯实公司的核心竞争力，促进管理体制的优化，做到规范、简洁、合理、高效，确保公司可持续发展；增加科技研发投入，加大节能环保产品的升级和推广力度，提高产品的技术含量及附加值。力争在五年内，将公司打造成耐材品种最全、档次最高、功能最完善的国际一流耐材企业，成为河钢集团最重要的非钢板块之一。

唐山市国亮特殊耐火材料有限公司

一、历史沿革

唐山市国亮特殊耐火材料有限公司始建于一九九四年，注册资本五千万元，位于开平区开平镇境内，主要从事中高端耐火制品和冶金炉料的生产、研发、冶金工程施工总承包和技术咨询服务，是一家集产品设计、研发、制造、销售、施工、服务为一体的河北省耐材行业领军民营企业。公司占地面积242亩，拥有员工1500余人。

二、基本情况

公司现有三座分厂（含十个现代化生产车间）和一个全新的子公司，生产工艺先进，主体装备精良，环保设施配套齐全，检测控制项目完备，技术力量雄厚。近年来，公司先后荣获“河北省产业集群龙头企业”“十佳创新企业”“河北省建材行业百强企业”“高新技术企业”“河北省质量效益型企业”“5020工程最具投资价值企业50强”等光荣称号，并连续多年来被评为“全国守合同、重信用企业”，“唐特”牌商标被评为中国驰名商标、河北省著名商标。

公司秉承“让客户满意，让员工满意，让社会满意”的宗旨和“感恩、务实、创新”的核心价值观，不断增强实力、激发活力、提升魅力，致力于实现企业的绿色发展、创新发展和高质量发展。

三、主要产品及工艺装备

公司生产的产品主要分为钢包用耐火材料、中间包用耐火材料、炼铁系统用耐火材料、工业炉用耐火材料及部分辅助材料。

钢包用耐火材料主要产品有：

（1）钢包内衬材料：镁碳砖、铝镁碳砖、镁铝碳砖、无碳砖、钢包浇注料；

（2）透气砖系列产品：透气砖、透气座砖、水口座砖及钢包包底预制件；

（3）动水口系列耐火材料。

中间包用耐火材料主要产品有：干式料、稳流器、中包座砖；挡墙、挡坝、挡板及挂板等。

炼铁系统用耐火材料主要产品有：铁水包浇注料、铁包砖、铁沟浇注料。

工业炉用耐火材料有：各种低水泥浇注料、自流浇注料、耐火混凝土、喷涂料、涂抹料等。

冶金辅助材料有：引流沙。

国亮公司以自主创新的方式，大量采用新工艺技术装备，有效地保证了产品的质量和使用性能。主要的试验检测和生产装备有公司目前拥有扫描电子显微镜、荧光分析仪、激光粒度分析仪、热膨胀试验炉、高温耐磨试验炉、热线导热仪、抗氧化试验炉和高温抗折仪等检测设备，能够实现对耐火原材料以及耐火制品的精确检测及相关试验研究。生产配备气力输送及自动配料系统、全自动液压成型系统、恒温恒湿系统、窑炉尾气处理系统、在线监测系统等。

四、机构与人事

国亮公司设有董事会，监事会以及公司高级管理人员，确定公司的大政方针政策，以及未来发展规划。

国亮公司下设经营、技术、生产、财务、企管等五大系统。公司职能部门包括审计监察部、董事会办公室、战略发展部、安全部、环保部、人力资源部、行政办公室等。

五、企业文化

优秀的企业文化，是企业持续发展的灵魂和动力。国亮公司经过二十多年的发展壮大，由内核到外层，逐步提炼打造出极具特色的企业文化，培育出了与企业发展相辅相成的精神文化、制度文化、行为文化和物质文化。

从三八红旗手座谈会、五一劳模表彰大会、六一员工子女游园、七一党员宣讲会、八一退伍老兵座谈会，到员工技能比武大赛、安全知识竞赛，再到全员健康体检、中秋、春节派发福利等，公司的关怀深深地温暖着每一个国亮人，也激发了浓烈的团队意识和荣誉感。

热心慈善一直是国亮的优秀传统，截至目前，公司已累计向社会捐款800多万元，不仅履行了企业的社会责任，更体现了国亮文化中浓浓的人文关怀。

六、科研成果

公司拥有自主的研发机构，早在2005年就已被认定为“唐山市企业技术中心”，2011年被唐山市科技局认定为“耐火材料工程技术研究中心”，2017年被省工信厅认定为河北省技术研究中心，多年来被华北理工大学和武汉科技大学定为“大学生实践教学基地”。通过“中心”平台，实现了行业内的资源共享，助推全省乃至华北地区耐火材料整体技术水平的提升。公司科研人员160余人。

校城融合，促进企业快速发展。公司与中科院、北京科技大学、东北大学、武汉科技大学及华北理工大学等建立了长期合作关系，通过校企合作，产学研相结合的方式，不断开发新产品和提升产品品质。近几年承担了河北省科技型中小企业技术创新基金项目1项，唐山市科技计划支撑项目4项；获得河北省科技成果奖5项；获得河北省科技进步三等奖3项，唐山市科技进步奖3项；唐山市技术创新优秀项目1项；获得授权发明专利3项、实用新型专利9项；参与行业标准制定3项，制定企业标准4项。并且各项科技成果均应用于公司主导产品中，提高了产品使用性能，推动了公司科技进步。

七、服务领域

公司在加大研发投入的同时，以用户的需求为导向。经过二十几年的发展，我公司已具备年生产炼钢用耐材、炼铁用耐材、工业炉用耐材二十大类八十多个品种共计27余万吨的能力，年营业收入近10亿元。

公司业务团队具有16年丰富的钢包整体承包经验，市场以唐山为中心，辐射全国。整体施工承包客户26个，其中上市公司4个，大型国企3个。优质的客户资源为公司长足发展奠定了坚实基础。目前公司已成为华北地区最大耐火企业。

公司生产经营一直坚持产品质量优良化、原料能耗节约化、生产过程环保化、产品使用无害化。优良的产品质量、成熟的施工总承包经验和完善的售后服务，赢得了众多客户的好评。从销售布局来看，已形成了省内市场与省外市场齐头并进、中国市场和海外市场交相辉映的市场格局。省内客户立足唐山，囊括秦皇岛、邯郸、邢台、承德、保定，省外用户覆盖天津、山西、河南、吉林、福建等地；海外销售业务辐射美国、韩国、朝鲜、印度、新加坡、澳大利亚、日本、越南和马来西亚等国。

通达耐火技术股份有限公司

一、历史沿革

通达耐火技术股份有限公司为北京金隅集团股份有限公司控股子公司，位于中关村国家自主创新示范区核心区。公司前身是始建于1981年的北京市海淀通达浇注料厂。2006年，北京金隅集团出资设立北京通达耐火技术有限公司，持有其100%股权。2010年公司名称变更为通达耐火技术股份有限公司，后经几次股权变动，至2013年形成现股权结构，北京金隅集团股份有限公司，持股比例92.83%，为控股股东；北控高科技发展有限公司，持股比例4.17%；中国中材国际工程股份有限公司，持股比例3.00%。

在新型耐火材料领域，形成了基础研究、工程设计、产品研发、规模化生产和专业化技术服务的完整体系，是目前国内规模最大、产品品种最全、服务领域最广的绿色高温新材料专业设计、研发、制造、服务商之一。广泛服务于建材、冶金、电力、石化、航空航天等国民经济基础行业和垃圾焚烧、余热发电等新兴环保产业，在业界卓有盛誉。目前，公司有5家分子公司，分布于京晋豫黔鲁等地，工程服务基地遍布全国。

二、企业概况

通达耐火技术股份有限公司现注册资本2.85亿元，2018年，公司总收入9.75亿元，年末总资产15.66亿元。公司一直秉承“科技兴企服务高温行业、创新发展引领绿色耐材”的发展理念，以产学研紧密合作为基础、以市场需求为导向，紧紧围绕冶金、水泥、石化、电力、环保等耐材领域，开展涵盖“设计—研发—制造—施工—咨询—维保”各环节的耐火原料、制品和工程技术的研究与开发工作，切实解决企业创新发展中的难题和瓶颈，坚定不移地为高温行业创造节能减排、增产增效价值，公司多项重要技术达到国际领先水平，在创新驱动发展的道路上越走越宽广。公司大力推进行业标准的制定，通过不定形耐火材料分类标准、火力发电厂锅炉耐火材料技术条件、耐磨耐火材料国家标准、水泥回转窑用耐火材料使用规程和二代水泥窑用耐火材料等国家和行业标准的制定，促进耐火材料质量优化，全面延长使用寿命，降低生产成本，提高设计、施工技术和生产管理水平，降低能源和耐火材料的消耗量，不仅实现了企业在同行业中的技术领先地位，而且有力地推动了耐火材料行业的绿色、环保、节能、可持续发展。

公司及子公司巩义通达中原耐火技术有限公司均为国家认定高新技术企业（子公司“通达工程”系中关村高新技术企业），同时为北京海淀区创新企业，拥有行业领先的研发中心。2005年被认定为北京市级企业工程技术研究中心，2006年获国家人事部批准设立博士后科研工作站，2009年获得国家级企业技术中心认定，2012年设立院士专家工作站，2013年成为建筑材料行业水泥窑无铬耐火材料工程技术中心，2013年被认定为北京市专利示范单位（更名“北京市知识产权示范单位”），2014年被评为北京市优秀院士专家工作站，2015年成为北京市高新技术成果转化示范单位。公司现有两个国家认可实验室（CNAS L3340、CNAS L2741），并与各科研院所、行业协会合作在公司建立了北科大研究生教育基地、武科大国家重点实验室培育基地北京研发中心、中国高温材料行业协会培训中心等，打造了以企业为主体、以市场为导向、产学研相结合的技术创新体系。

三、主要产品及工艺装备

公司装备有国内领先、国际先进的耐火材料管控一体化自动生产线，国内首条高规格的铝矾土均质料生产线，拥有德国进口的高温烧成窑炉和先进的高温材料专业预砌平台。

公司通过自主研发，获得国内先进水平的绿色、节能、环保系列耐火材料产品，现有服务于国民经济基础行业（建材、冶金、电力、石化等领域）的25个系列300余种产品，各类产品设计产品合计产能23.5万吨/年。主要有：

（1）建材领域水泥回转窑用耐火材料。公司致力于水泥窑全窑耐火材料研发、制造、配套与服务，整体使用效果较好，在行业内处于先进水平，其中，水泥窑用高耐磨耐碱浇注料经北京建材行业协会鉴定，整体技术达到国际先进水平；余热发电用高耐磨陶瓷涂抹料经中国建材行业联合会组织的鉴定，整体技术达到国际先进水平；抗碱耐磨快速修补耐火材料经中国建材行业联合会组织的鉴定，整体技术达到国际先进水平；新型干法水泥窑用高温带耐火砖无铬化配套方案（方镁石-复合尖晶石砖+塑性相复合低导硅莫砖）经中国建筑材料联合会鉴定，整体技术达到国际先进水平，制备水平达到国际领先水平，方镁石复合尖晶石砖项目获得河南省科技进步二等奖；窑口和喷煤管长寿命耐火材料关键技术及仿真设计项目经中国建材行业联合会组织的鉴定，整体技术达到国际先进水平。

（2）冶金领域炼铁用耐火材料。公司打造全新“通达炼铁耐材系统”，其中陶瓷杯制品凭借其优良的抗碱、抗渣性能，满足强化冶炼，降低能源消耗，大幅提高高炉使用寿命，该产品目前国内大高炉市场占有率超过30%，于2000年被鉴定为国内先进技术水平，2011年12月被河南省名牌战略推进委员会评为河南省名牌产品称号。用于高炉风口的刚玉氮化硅制品为国家火炬计划项目，鉴定结果为填补国际空白，国际领先水平，高纯全红柱石经河南省科技厅组织鉴定，技术水平达到国际先进水平，并被评为河南省优质产品；高炉出铁沟浇注料产品，经北京建材联合会鉴定，整体技术达到国内先进水平。

（3）垃圾焚烧炉用耐火材料。公司积极研究垃圾焚烧炉损毁机理，形成了集优化炉衬设计、耐火材料配置及产品开发为一体的整体服务体系，各产品均达到行业领先水平。炉排式垃圾焚烧炉用耐火材料技术集成与产业化制备项目经中国建筑材料联合会鉴定，整体技术达到国际领先水平。

（4）石化行业用耐火材料。公司根据石化行业高温及强酸腐蚀的富氧燃烧特性，研发具有含铁低、耐酸蚀、耐磨的隔热衬里，产品整体技术达到行业领先水平。

（5）新兴领域。公司致力研发推广新兴高温环保节能领域用耐火材料，如干熄焦炉整体配套耐火材料、危废处理窑炉整体配套材料，目前均得到应用，技术水平达到国内先进水平。

四、机构与人事

公司已形成小集团模式，北京总部职能是公司战略发展中心、市场营销中心、技术研发中心、运营管理中心、财务监管中心。分子公司职能定位包括利润中心、生产制造中心、成本控制中心、技术服务中心和施工支持中心（工程公司）。

公司总体采用“财务型管控+操作型管控”相结合的管控模式，主要由公司总部负责资金统一收支、资产监管和内控建设。经营管理坚持“六统一”原则，即：市场销售实行统一营销、分业管理，生产任务实行统一计划、订单管理，物资采购实行统一招标、分别采购，财务管理实行统一结算、预算管理，技术研发实行统一研发、基地应用，人力资源实行统一配置、分级管理。

公司现有3个子公司，2个分公司。其中子公司为北京通达耐火工程技术有限公司、巩义通达中原耐火技术有限公司、阳泉金隅通达高温材料有限公司；分公司为：通达耐火技术股份有限公司淄博分公司、通达耐火技术股份有限公司贵阳分公司。

公司秉承“以人为本”的人才管理理念，通过“博士后科研工作站”等平台引进人才，利用“研发双通道”“科技创新奖励”等制度激励人才，应用党建思想教育、专业技术培训、管理能力训练等方式培养人才，打造了一支忠诚、干净、担当、高效的高素质、专业化、复合型人才队伍。截止到2018年底，公司拥有员工856人，其中大专以上364，大学本科学历156人，硕士研究生40人，博士研究生11人，高级工程师10人。

五、科研成果

公司践行“以人为本、科技兴企”的发展理念，打造了一支强大的人才队伍，科技活动人员占员工总数的50%以上，硕士以上人才近40名，其中博士10名。通过发挥自主创新优势和产学研联合创新优势，公司每年均有一批专有、专利型技术和产品通过鉴定，推向市场，服务于客户取得良好的企业效益和社会效益。公司的快速发展更多地来源于发展中的科技和创新含量，通过科技与管理、服务的创新，向客户提供集耐火方案设计、耐火材料研发、耐火产品制造、耐火整体配套与耐火安装服务于一体的“通达·耐火系统”，紧跟国际主流服务模式，为客户提供“一站式”服务并创造增量价值，充分体现了公司核心竞争力。

公司一直非常重视科技创新工作，在投入大量资金进行自主立项研究的同时，更是积极争取国家和行业的支持，目前已承担参与国家“十二五”到“十三五”期间国家重点研发计划项目课题6项，获得省部级以上（含行业）奖70余项，先后主持和参与起草了约40项国家与行业标准，专利申请140余项，有效专利90项，并在业内率先通过ISO9001、ISO14001、OHSAS18001等国际体系认证。

武汉钢铁集团耐火材料有限责任公司

一、公司简介

武汉钢铁集团耐火材料有限责任公司（以下简称“武汉耐材”）是中国宝武集团有限公司的一级、全资子公司，是国内主要的钢铁行业用耐火材料研发、设计及生产制造基地及钢铁工业用耐材综合服务商。

武汉耐材专注耐材行业60余年，伴随宝武发展，适应钢铁冶炼工艺技术进步，通过在产品、技术、服务、管理、客户、资金、人才等方面系统能力的构建，逐步形成了“全系列耐材产品制造能力、总包技术集成服务能力、品牌优势及较强的平台资源整合能力”三大核心能力，始终坚持“诚信、协同、创新、共享”的核心价值观，为客户创造价值，促进各利益相关方共同成长。

二、历史沿革

武汉耐材创建于1957年，其前身为武钢集团耐火材料厂，主要为原武钢集团钢铁主业配套耐火材料。1998年，变更公司形式注册成立有限责任公司同年在国内首推耐火材料整体总承包模式，使国内耐材行业商业模式发生转变。2002年，与维苏威合资成立武钢维苏威高级陶瓷有限公司（目前该公司已成为维苏威公司在全球最大的滑板制造基地）。2007年，与维苏威合资成立了武钢维苏威高级连铸耐火材料有限公司，生产连铸三大件。2016年，吸收并入宝武集团。2018年，成为宝武集团的一级子公司。

三、企业概况

截至2018年末，武汉耐材注册资本4.09亿元人民币，总资产8.5亿元，收入15.7亿元。

经过60余年发展，武汉耐材已形成了包括定形耐材制品、不定形耐材产品、钢水控流功能耐材在内，产品涵盖高炉、转炉、RH精炼炉，鱼雷罐、铁包、钢包、中包等钢铁冶炼全流程10余个系列、140余个耐材品种；并已形成了包括高炉、转炉、RH精炼炉，鱼雷罐、铁包、钢包、中包等钢铁冶炼的全流程总包的经营业绩及成熟经验；形成了集总包队伍、产品、装备、技术服务、工程管理、维护支持于一体的系统集成技术及总包服务能力，目前武汉耐材总包业务收入占公司总收入90%以上。

四、员工情况

通过多年努力、建设打造了一支思想纯洁、目标坚定、视野开阔、勇于开拓、敢于承担、群众拥护上级放心、懂经营、善管理的干部队伍。建设打造了一支年轻有为、忠诚可靠、技术娴熟、能打硬仗的员工队伍。截至2018年底，公司员工数792人。其中无机非金属材料专业本科及以上学历员工63人，其中硕士26人，博士2人。

五、技术水平

专注耐材行业60年，拥有全系列耐材产品生产技术，具备钢铁冶炼全流程总包技术集成服务的经营业绩及成熟经验，拥有国家一级窑炉砌筑及维护的总包资质，形成了具有自主知识产权的高炉、转炉、RH精炼炉，鱼雷罐、铁包、钢包、中包等钢铁冶炼全流程耐材总包技术集成能力，其中转炉系列处于行业领先水平，钢水控流系列处于国际领先水平。

武汉耐材拥有“湖北省认定企业技术中心”、湖北省高温陶瓷材料技术中心及“国家CNAS认可实验室”，与武科大、华科大、武汉理工、宝武集团中央研究院等高校和研究机构进行广泛合作，建立了强大的产、学、研、用一体化的综合研发平台，与科研院所有良好的技术合作。

获授权发明专利92项、技术诀窍16项、国家标准8项、行业标准5项（占国内耐材基础类标准总量43%）、企业标准17项、质量标准2项，湖北省发明专利3等奖3项。

无锡市南方耐材有限公司

一、历史沿革

无锡市南方耐材有限公司坐落于江苏省宜兴市阳羡生态旅游区——湖父镇，公司创建于1958年，原为江苏省陶瓷公司下属国有企业，1996年改制为股份制企业。

经过六十多年的变革和发展，现公司下设子公司为宜兴市连铸耐火材料厂有限公司。公司占地面积18万平方米，资产总额5.3亿元。公司现已发展成为研发设计、科技创新、生产制造、安装施工、整体承包、服务培训的综合型连铸用功能耐材生产企业。

二、基本情况

无锡市南方耐材有限公司目前是国内连铸用功能耐材主要生产企业之一，国家火炬计划宜兴非金属材料产业基地骨干企业、江苏省陶瓷产品出口基地骨干企业，是国内钢铁行业连铸用功能耐火材料制品主要供应商，是行业内具有一定影响的科技创新型企业、国家高新技术企业。

公司产品曾先后获得冶金工业局科技进步二等奖、国家科技进步二等奖，公司为全国重合同、守信用企业、3A级信用企业，无锡市重点培育和发展的国际知名品牌，专利、标准、商标（品牌）

“三位一体”的知识产权优势企业。“火轮牌连铸用铝碳质耐火制品”“南耐牌洁净钢用连铸功能耐火材料”获江苏省名牌产品，火轮牌商标为江苏省著名商标。

随着进入新时代发展时期，依据工业和信息化部《耐火材料行业规范条件》颁布，以及国家供给侧改革和“一带一路”政策的实施影响，公司提出了“以客户为中心，以服务为导向，以质量为保证”的新时期新思路，着重深入了解客户需求，完善服务体系，丰富产品系列，满足钢铁行业对连铸用功能耐材产品越来越精细化的要求。

公司在新时代经营发展过程中，引进实施了精益化生产管理模式，各部门、各生产车间实行6S管理，进一步完善公司环境，提高产品质量，持续改善，科学健康发展成为公司立足国内，看向国际的新起点。公司产品畅销钢铁行业以及机械、电子、化工、建材等行业，并出口美国、欧洲、俄罗斯、日本、韩国、中东及东南亚。

三、主要产品及工艺装备

无锡市南方耐材有限公司以研发、生产、销售连铸用功能耐火材料制品为主，并承担实施相应的设计安装、施工服务等整体承包方案。主要产品有：

（1）炼钢区域功能耐材，包括：转炉、电炉供气元件、整体出钢口、钢包上下水口、滑板、钢包透气砖、水口座砖等；

（2）连铸中间包区域功能耐材，包括：长水口、整体塞棒、中间包滑板、中间包水口、浸入式水口、座砖等；

（3）高炉出铁沟系列、中间包系列耐材及各种不定形耐火材料；

（4）各种窑炉耐火材料、轻质节能耐火材料等。

公司积极引进国内外先进技术和设备，近年来累计投入资金8000多万元，实施新技术连铸耐材工艺生产线技改项目，新添置了从德国进口的平面数控磨床、美国进口的冷等静压机，国内先进的自动化程度高的造粒生产线等关键的研发、检测、生产设备，为企业的研究开发、生产制造注入了新的活力。主要装备包括：全自动隧道式干燥器、快速烧成梭式窑6座，进口冷等静压机1套，国产冷等静压机6台；全自动配料线1套，程控（原料）造料线6套；德国、国产磨床10台等；连铸功能耐材生产线6条。2018年按照国际一流标准新建的连铸三大件功能耐材生产线已经正式投入生产，三大件功能耐材制品的质量和产量得到进一步完善提升。

四、机构与人事

无锡市南方耐材有限公司为股份有限公司，最高机构是股东大会。公司设董事会，董事长路济民同志。下设职能部门包括：办公室、人力资源部、生产部、质量部、账务部、供应部、技术中心、化验检测中心、安全环保部等。

公司现有职工600人，企业管理人员68人，其中科技人员有80人，管理人员、技术开发人员、生产人员、销售人员分别占企业总数的11%、13%、68%、6%，其他人员2%。

五、企业管理

无锡市南方耐材有限公司在长期发展中凝聚了一支核心管理团队，以耐材行业内的科技人员为核心，充分发挥团队合作精神，与公司战略发展观相一致，团结进取，在耐材行业发展进程中积累了丰富的实践经验，并形成相应理论和具有自身特色的管理模式，促进了公司持续健康发展。

公司在管理体系建设上，完善了市场营销、科研开发、生产安全、设备能源、技术质量、财务成本和人力资源等专业管理体系，推行精益化管理模式，注重治理架构和企业管控建设，实施6S生产管理，现场管理评价等。公司先后通过了ISO9001：2015《质量管理体系》的认证；ISO14001：2015《环境管理体系》的认证；GB/T 28001—2011《职业健康安全管理体系》认证。

六、研发创新

无锡市南方耐材有限公司在发展过程中，始终坚持于耐火材料新技术、新产品的研发和生产应用，始终坚持走自主科技创新发展道路，并与宝钢研究院、武汉科技大学等单位开展深入的产学研合作，形成了极具竞争力的科研开发体系。

公司在发展中尤其重视科技创新，以科技创新、产品革新为支撑点，建设成立了江苏省连铸用功能耐材工程技术研究中心。技术中心形成以新材料、新技术、无机非金属材料为主体且各学科综合发展的专家群体，以及多层次的研发队伍。公司多次参与国家耐材的研发以及新标准的起草和制定，并一贯注重知识产权的申报、保护，目前公司拥有自主发明专利 11 项，实用新型 7 项，江苏省高新技术产品 5 个。公司先后承担了国家“八五”“九五”重点耐材科技项目和“十二五”国家科技支撑计划项目，开发的连铸用高耐蚀水口，不吹氩防堵塞浸入式水口、钢包透气砖、高耐磨长寿命滑板、金属陶瓷结合免烧低碳滑板砖、低热导抗热震连铸功能水口等一系列连铸功能耐材，产品分别被认定为江苏省高新技术产品、江苏省名牌产品、国家级新产品，并列入国家火炬计划项目；现公司在研各级科技项目 6 项，研发费用占企业总销售收入的 6%以上。

七、销售与服务

无锡市南方耐材有限公司历经多年研发、生产连铸用功能耐材制品的历程，建立了优质的国内、国外客户网络，为几十家大中型、特大型钢铁企业长期供应连铸用功能耐材，及中间包整体承包或功能耐材分包服务。尤其是在国内大型特大型转炉，有着良好的使用业绩和承包业绩，连铸三大件在宝钢占有优势份额。

公司产品分别在宝钢、首钢、湛江、马钢、鞍钢、本钢、天钢、太钢、沙钢等全国大中型钢铁企业使用，并远销欧美、俄罗斯、日本、韩国、中东及东南亚，为客户提供了优质产品和完善服务。多年来，被宝钢、首钢、马钢、本钢等钢铁企业评为 A 级合格供应商、特级供应商等称号。

无锡市南方耐材有限公司经过几十年的辛勤耕耘，现已发展成为国内主要的生产连铸用功能耐材龙头企业之一，公司未来将继续依托科技创新，增强综合实力，开发新材料，研发新产品，适应新时代钢铁行业连铸技术发展的新要求，为广大客户继续提供优质耐材新产品和服务。

营口金龙集团

一、历史沿革、基本情况

营口金龙集团是集科、工、贸为一体的大型镁质耐火材料生产企业，位于中国著名的镁都——大石桥市。所处地理位置优越，交通便利。其前身是营口县家用电器材料厂，始建于 1979 年。随着企业的不断发展壮大，1986 年更名为营口市镁碳砖厂，1993 年更名为大石桥市耐火材料公司，1997 年 10 月组建成为营口金龙集团。集团现有员工近 1500 人，工程技术人员近 200 人，具有助理工程师以上职称人员 68 人，其中高级工程师 8 人，拥有资产总额近 16 亿元，占地面积 45 余万平方米。

集团核心单位是大石桥市金龙耐火材料有限公司，并拥有中日合资营口黑崎播磨耐火材料有限公司、中韩合资营口光阳耐火材料有限公司、中德合资营口雷法耐火材料有限公司、中日合资营口和泉耐火材料有限公司四家中外合资企业。拥有大石桥市金龙耐火材料有限公司、营口东方耐火材料有限公司、大石桥市和鑫电熔镁砂厂等十个内资企业，是中国目前规模较大的镁质耐火材料生产基地之一。

集团公司于 1997 年、2003 年和 2009 年先后通过了 ISO 9001 国际质量管理体系认证、ISO 14001 国际环境管理体系认证和 OHSAS 18001 国际职业健康安全管理体系认证。企业历年来先后被评为“全国用户产品质量满意、售后服务满意示范单位”、省首批“清洁生产试点单位”“辽宁省绿化先进单位”“省花园式工厂”“省级企业技术中心”“省级企业工程技术研究中心”等。2006 年被环境保护部授予“国家环境友好企业”荣誉称号；公司生产的“钢友”牌镁碳砖被国家质检总局授予“国家免检产品”称号、被省质量技术监督局授予“辽宁省名牌产品”称号；并连年被营口市、大石桥市人民政府评为“守合同、重信用”单位。

二、主要装备及产品

集团拥有先进的生产设备，包括：12 台大功率电熔镁砂炉；2 条不定形耐火材料生产线；6 条隧道窑；1 条预制砖生产线；4 条镁碳砖系列生产线；拥有压砖机共 70 多台套，其中 2000t 液压机 3 台，1000t 以上抽真空压机 5 台；并拥有破粉碎加工、配料混练、成型干燥、包装等设备两百多台套。在研发试验及检化验方面拥有各类先进齐全的设备、设施，主要有弹性模量检测设备、X 射线荧光光谱分析仪（含熔片机、压片机等配套设施）、红外光谱分析仪、X 射线衍射仪、动态回转法抗渣蚀试验炉、产品无损超声波探伤仪、导热系数测定仪、高温抗折试验机、高温真空气氛炉、热膨胀率检测仪、耐磨蚀试验机、抗氧化试验炉、热震稳定性测试炉、高温荷软蠕变仪、激光粒度分析仪、气孔率、体密检测仪、高频红外线碳硫分析仪、重油、树脂分析仪等30多台（套）。

金龙集团是以生产镁碳砖、铝镁碳砖等免烧系列产品；镁砖、镁铝尖晶石砖等烧成砖系列产品及各种不定形耐火材料为主的企业。其产品主要应用于冶金、建材等行业。其中镁碳砖、铝镁碳砖等不烧砖年生产能力25万吨，镁砖、镁铝尖晶石砖等烧成砖年生产能力16万吨，电熔镁砂年生产能力8万吨，其他不定形耐火材料年生产能力8万吨。企业研究中心的成立，提高公司技术研发的能力，并且借助中外合资公司之力，积极引进消化吸收国际先进的技术。现已研制开发了镁钙碳砖、无碳钢包砖、镁铝尖晶石砖、镁铁铝铬砖、电熔再结合镁铬砖、镁锆砖、中间包涂抹料、镁质喷涂料、镁质和镁钙质干式料、钢包整体浇注料等系列产品，并陆续在冶金、建材等高温设备上投入使用，取得了较好的效果，深受国内外用户青睐。

公司产品除销往国内首钢迁安钢铁公司、首钢京唐钢铁公司、包头钢铁公司、南京钢铁公司、唐山钢铁公司、日照钢铁公司等十几家大中型钢铁企业以及安徽海螺集团、中国建材集团公司、中国材料科工集团等大型水泥企业外，还大量出口到日本、德国、韩国、法国、波兰、荷兰、瑞典、澳大利亚、芬兰、美国、俄罗斯、新西兰、越南、乌克兰等三十几个国家和地区。

三、机构与人事

营口金龙集团下设企管、人事、经理办、财务、技术、质控、销售（含出口和内销）、设备、采购等职能部门，各部门设有部门主管，并由分管的副总经理直接领导。各职能部门建立健全的部门的规章制度以及工作职责，由各部门主管负责部门间的互相沟通和衔接，确保公司生产经营的顺利进行。

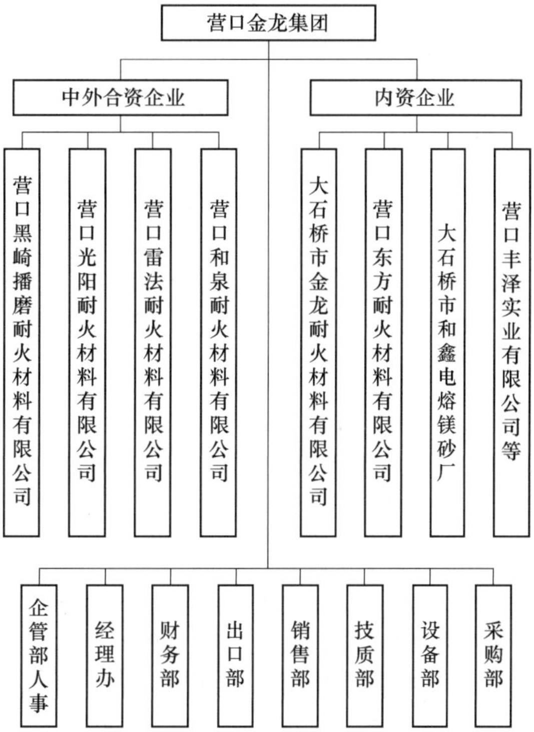

四、企业管理

集团公司的企业管理主要体现在以下几个方面：

（1）狠抓质量管理、注重生产细节、打造卓越精品。产品质量对于企业的重要性是至关重要的，为了保障产品的质量安全，在实际的生产过程中，严格按ISO 9001国际质量管理体系标准执行，通过对原料、混炼、半成品和成品等一系列工序的严格检查，确保不合格品不进厂、不转序、不出厂。通过检查对比和试验调整在工作中积累大量数据来进行分析和改进，为质量品质管理提供了有力的保证。

（2）增强节能意识，提高自动化水平，节约生产成本，不断改善环境，打造节能环保绿色耐材。能源是企业发展过程中最重要的资源，为了进一步有效地节约能源，降低生产成本，提升工作效率和员工的薪资福利待遇。集团根据市场的形势变化和发展，全面实现集团车间生产工作的转型，推行单机核算制度。该制度在实际生产中，具备降低能源消耗、缩短劳动时间、提高个人收入，并实现多劳多得，能有效确保公司在经济危机和市场迭起纷杂的变化中，时刻保持其先进性、创新性和稳定性；认真执行ISO 14001国际环境管理体系标准要求，加大生产现场的环保除尘设施的投入，环保设施的安装不仅可以回收利用粉尘，降低资源浪费，而且净化了环境，保证了国家对环保的要求；自动化生产线的投入，彻底地改变了原有车间用人成本高的现状，有效降低空气粉尘和污染，增加产品质量的稳定性，提高工作效率。

（3）严抓安全管理、提升安全意识、树立安全形象。认真执行OHSAS18001国际职业健康安全管理体系标准。

公司主要从以下几方面严抓安全管理：一是认真、深刻地去领会安全生产的重要性，建立、健全安全生产管理制度，加强安全生产培训及考核力度，有针对性地对所有新入职员工进行全面的培训；二是在生产操作过程中要求员工严格遵守公司的各项操作规程并配备安全保护用品，号召广大员工深入地去学习和了解安全知识，只有在深刻地领会和了解它的基础上，我们安全生产的首要前提才算落实；三是生产车间的各班、组长必须对所有新入职员工要进行生产技术交底，多进行规范性操作培训，并且要进行考试和评比；四是进一步完善安全生产责任制，广泛、深入地开展安全生产宣传、教育、培训工作，加大安全生产的监督和检查力，认真整治安全事故隐患，按“三不放过”原则一抓到底，决不允许下不为例。

（4）加强国内外市场开发、向技术支持和产品服务转型。在市场的开发方面，公司积极自主并同国内外合作伙伴合作，努力开拓市场，创造了一个崭新业绩。在全体员工的不懈努力与奋斗下，公司在耐火行业整体萎缩、后起之秀奋起直追的危机形式下，依然积极有为地开拓了新市场、赢得了新口碑、树立了新形象。公司耐材产销量逐年增加，现已由20年前年销不到5万吨到现在年销30多万吨水平。

在客户实行整体承包模式的发展形式下，公司成立了从设计、砌筑到使用维护全方位的售后服务队伍。几年来随着市场不断扩大，售后服务工作也在逐渐加强，技术人员到客户指导和跟踪产品的使用情况，其队伍不断扩大，现已有200多人常驻钢厂服务。我们力争通过自身的努力让顾客得到最优质的产品和服务。

五、科研成果

近几年集团获得了三项国家发明专利，两项科技进步奖。

1. 国家发明专利

国家发明专利包括：

（1）高温烧成镁碳砖。公司经过一年多试验，研究出高温烧成镁碳砖，该产品具有高温抗折强度高、膨胀系数小，抗侵蚀性好的特点，同时减少了对环境的污染。该产品采用特殊工艺，经高温烧成，在使用中基本无污染，是未来耐火材料制品的发展趋势。

（2）高钙镁钙碳砖。高钙镁钙碳砖是一种MgO-CaO为主要矿物组成的耐火材料，采用高钙镁钙砂和电熔镁砂制成。高钙镁钙砂中CaO的熔点高达2570℃，属强碱性，从冶金角度看镁钙砂热力学上的稳定性好、不污染钢水、能捕捉钢水中的非金属夹杂，保持钢水的洁净；同时高钙镁钙砂呈明显的蠕变性能、线膨胀小、高温韧性及可塑性好，可提高砖的抗剥落性和热震性并防止脱碳，提高其使用寿命。

（3）自动称重给料机。该自动给料机可通过螺旋送料及变频自动控制装置实现精确控制给料，进而实现自动称重，具有称重精度高、效率高、人工少、劳动强度低等优点。

2. 科技进步奖（分获省、市科技进步奖）

科技进步奖包括：

免烧无碳钢包砖。由于钢铁行业的生产技术不断提高，以及高纯净、低碳钢的发展，原来所使用的钢包镁碳砖、铝镁碳砖满足不了新的要求，钢铁企业提出了钢包用耐材无碳化的要求。目前国外低碳钢生产用钢包大都采取整体浇注，国内钢铁企业大多不具备整体浇注条件。为了解决这一难题，我公司以企业技术中心为核心，经过试验，开发出无碳不烧钢包衬砖。该砖不含碳，具有高温抗折强度高、膨胀系数小，抗浸蚀性好的特点。满足了炼纯净钢，低碳钢，超低碳钢的要求，同时提高钢包的使用寿命，满足了钢铁企业的需求。

3. 其他科技项目

其他科技项目包括：

（1）烧成镁白云石砖。随着炼钢技术的发展和对钢质量的重视，对钢水浩净度的要求越来越高。精炼炉如AOD炉内衬用耐火材料在保证使用寿命的前提下正向碱性化，即尽量减少污染钢水，甚至能起到一定的净化钢水作用的方向发展。由于含钙无炭耐火材料——镁白云石砖能满足上述要求，因此被很多用户所采用，由于我国镁白云石矿产资源十分丰富且质量好，纯度高，完全能满足生产该耐火材料需要，这就更加有必要充分利用资源满足用户需求，生产该品种耐火材料。然而该产品由于极易水化问题，生产和运输十分困难，我国目前仅有为数不多的几个企业可以生产。但仅仅限于CaO含量（质量分数）25%之内的，这远远满足不了用户对 CaO 含量（质量分数）达 30%以上，甚至 55%～60% CaO 含量（质量分数）的产品需求。为此我公司瞄准这一世界一流产品，充分利用大石桥当地资源，研发镁白云石砖系列产品。

（2）优质镁铝尖晶石砖。随着水泥生产技术的发展，环保要求的不断提高，其窑炉对耐火材料要求也越来越高。针对这一特点，我公司充分了解了国内外的需求，引进了德国雷法耐火技术公司专利产品技术并结合公司现有条件和当地原料资源情况开发了优质镁铝尖晶石砖，用于大型水泥回转窑工作衬，并取得成功。其使用效果比国内同类产品提高 30%～50%，不仅替代进口，而且大量出口到欧美及世界各地。

六、服务

随着集团公司不断扩大，逐渐加大售后服务工作的力度，使我公司产品质量、服务、价格及交付产品各方面不断得到用户满意。根据我公司外销产品量大及员工实际情况，我公司的售后服务工作分为内销和外销两部分。内销由技质部及销售部协调日常管理，主要用户设办事处常年进行现场跟踪服务，同时对产品在使用过程中的信息随时反馈到公司；外销由技质部和出口部进行日常管理，同时公司每年不定期走访国外用户及派技术人员到用户处跟踪服务，加大与国外用户面对面的接触，不断了解客户对我公司产品及服务等方面的需要，同时也了解国外的信息与新技术，提高我公司的产品质量和服务质量。

“以客户需要为起点，以客户满意为终点”是我公司的服务方针，提高服务速度和顾客满意度是我们售后服务的一个重要方面，做到更好、更快、更专业，是我们的责任，产品和服务是企业的生命。公司十分重视产品质量及售后的跟踪服务，力争通过自身的努力让顾客得到最优质的产品和一流的服务。

营口青花集团

一、历史沿革

营口青花集团是伴随着改革开放发展起来的大型非公有制企业，其创立者——青花峪村二小队全体村民，在脱贫致富的探索中披荆斩棘、励精图治。经过三十多年的打拼，已然打造出中国碱性耐材行业企业领军企业之一——营口青花集团。

1984 年 5 月 25 日，在政府的支持下，营口县青花镁矿成立，小队长王守彬出任矿长。原第二小队的农业以农场形式划归镁矿直接管理，务农的社员和做工的社员一律以工分的形式按劳计酬，把农业生产与青花镁矿融为一体，实现了由农业向工业转化的第一次改革。

1985 年 10 月 1 日，第一座重烧镁砂窑点火成功，正式投入生产，年产 1 万吨镁砂，盈利 10 万元。到 1986 年又相继建设 3 座竖窑，可年产镁砂 4 万吨。

1988 年，青花镁矿与日本某企业合资，组建年产 2 万吨的中档镁砂厂——营口青花镁矿有限公司，是辽宁省内首家与外商合资的乡镇企业，创造了改革开放初期民企发展史上的奇迹。

1991 年，原营口青花镁矿更名为营口青花镁矿总公司，一改“卖原料”的状况，更新升级产品，带领农民走出了一条科技兴厂的新路。

1994 年，青花镁矿总公司成为省内第一家获得国家批准的有自营进出口权的乡镇企业，为企业产品自营出口创汇铺垫了一条绿色通道。

1996 年 12 月 20 日，营口青花集团有限公司成立。

1999 年 1 月 1 日，由省市县三级政府按政策要求成立了改制领导小组，对青花进行企业改制。依照领导小组的意见进行股权确认，最终有 196 名社员成为股东，结束了工分计酬，实行工资制度，企业由集体企业转为股份制企业，现代企业经营管理管理体系建设完成。

二、企业概况

青花集团现有员工 4000 多人，占地面积 400 万平方米。集团下辖辽宁青花耐火材料股份有限公司、营口青花耐火材料股份有限公司、营口青花石硼窑业有限公司、营口青花工业炉窑有限公司、营口青花集团进出口有限公司、上海青花二耐耐火材料有限公司、辽宁岫岩青花耐火材料有限公司、辽宁岫岩青花矿业有限公司、太仓青花二耐耐火材料有限公司、营口青花房地产开发有限公司、营口青鑫矿业有限公司、营口恒泰矿业有限公司、大石桥市青花小额贷款股份有限公司、辽宁青花耐火材料研究院十四家子、分公司。

青花集团采取“统一规划、统一投资、统一建设、统一管理、统一标准”的“五统一”原则，锁定“信息化、自动化、现代化、智能化”目标，以信息化带动工业化、以工业化促进信息化，为青花实现超常规发展铺平道路。

目前，集团拥有由德国和日本引进的，在全国耐材行业领先的现代化全自动生产线，其系列耐火产品完全适应国内钢铁、有色冶炼、建材、轻工等行业需要。拳头产品——镁钙砖更是进入宝钢、首钢、鞍钢、太钢、酒钢、西南不锈、江苏德龙、东北特钢等五十余家大型钢铁企业，并出口到欧美、日、韩、俄罗斯等40多个国家和地区。

近年来，青花集团坚持习近平总书记提出的“既要金山银山，也要绿水青山”清洁生产理念。按国家《环保法》的要求，进一步提高和强化了企业的环保意识，积极落实环保部门对企业的各项环保指标，累计投入环保整改治理资金1.4亿元，加大力度在五处施工现场同时开展环保工作专项整改，目前已实现了达标。企业的环保改造升级不仅改善了生产环境，也进一步增加企业的核心竞争力。

青花集团在做好自己、依法生产、依法纳税的同时，积极主动背负社会责任，捐资助学、安置国有企业下岗职工及适龄就业青年等，履行一个大型企业的回馈社会的职责。企业成立三十四年来，青花集团为地域经济的发展起到了重要的推进作用。据不完全统计，青花集团累计实现销售收入402亿元，各种税金累计实现54亿元；出口创汇79223万美元；曾先后被国家六部委评定为“国家大型企业”，被国家授予“自营出口先进企业”“出口创汇先进企业”“优秀乡镇企业”“贯彻执行商检法先进单位”等光荣称号。曾入选全国民营企业500强，连续十年被辽宁省工商局评为“守合同、重信用企业”，被国家工商总局评为全国“守合同、重信用”企业，连续多年被中国耐火材料行业协会评为中国耐火材料行业企业信用等级AAA级企业称号。

企业通过了GB/T 19001—2008/ISO 9001：2008质量管理体系认证、GB/T 24001—2004/ISO 14001；2004环境管理体系认证；GB/T 28001—2001职业健康安全管理体系认证。

三、主要产品及工艺装备

青花集团现拥有矿山6座，重烧镁砂窑12座，轻烧镁砂窑96座，电熔镁砂窑26座，高纯合成镁砂窑6座、镁碳砖生产线5条，有1850℃超高温隧道窑22座，有从德国、日本进口的2000～3600t液压机10台，同时配备了强力混砂机，机器人等先进设备，其装备达到世界耐材行业的先进水平。

青花集团以碱性耐火材料和各种不定形耐火材料为主导产品，是集研发、生产、销售、售后现场跟踪服务于一体的国家大型企业，各种耐材产品年生产能力达到200万吨，其深加工能力和技术水平居国内同行业领先地位，部分产品达到国际先进水平，是亚太地区规模较大的碱性耐火材料生产基地。

青花集团主要产品包括散状耐火材料、不定形耐火材料、碱性定形制品、不烧砖、烧成砖、镁钙砖、镁碳砖、镁铝尖晶石砖等几十个品种，服务于国内外知名的钢铁、建材、有色、轻工等行业。其中，镁钙砖具有自主知识产权。公司还根据各服务对象的不同，为客户提供包括窑炉设计、耐材优化、耐材的分析研发、技术咨询、配置、供货、安装施工、技术改造、售后跟踪、后期维护的一站式综合服务，在业内树立了良好的口碑。

四、机构与人事

青花集团通过引进专业化人才，引进国内外先进技术和管理理念，不断优化、强化管理，打造了一支勤劳拼搏、忠诚担当、开拓进取的管理团队，正是这支有战斗力的队伍，使青花由小到大、由弱到强。

对于集团下辖的辽宁青花耐火材料股份有限公司等十四家子公司，集团把生产处、设备处、供应处、销售处、进出口有限公司、耐火材料研究设计院、财务处、人资行政管理中心八个职能管理部门分为事业战略、竞争战略和功能战略构成的三大板块。这三大职能板块构成了集团的战略管理中心、市场开发管理中心、技术创新管理中心、投融资管理中心、企业文化和品牌管理中心，通过企业集团管控体系建设提高集团整体竞争力。总公司对子公司、子公司对项目部的管理模式，包括业务管理、经济管理以及效绩考核方式等。

五、科研成果

近年来，青花集团始终秉承“以科技为先导，研发为动力”的科学理念，针对市场需求致力于研发高科技含量、高附加值的新产品，先后取得十几项科研专利，三十多个产品被评为国家高新产品。其中“烧成浸渍白云石砖生产技术”获国家专利，镁铬砖、镁白云石砖、镁碳砖、镁尖晶石砖获省市科技进步奖，镁碳砖系列产品获国家免检产品荣誉，“高级含碳砖”“浸渍镁白云石砖”“优质镁铬砖”等一批产品被国家科技部火炬高新技术产业中心评定为高新技术产品。

辽宁青花耐火材料研究设计院是集团下辖的省级科研机构，集科研、检测、培训等多项功能于一体，被国家评为“国家中小企业公共服务示范平台”，并分别被辽宁省政府、省经委、省财政厅、省地税局评定为“辽宁省省级企业技术中心”“辽宁省省级企业工程技术研究中心”“博士后科研基地”。

青花集团还非常重视与高校的科研合作，先后同辽宁科技大学共同研究菱镁矿的开发、研究原料的等级提升、研究无铬化产品的开发，同北京科技大学和东北大学联合进行技术攻关，为高校科研提供生产实践基地的同时，也提升了青花集团整体的科研水平。

浙江红鹰集团股份有限公司

一、历史沿革

浙江红鹰集团股份有限公司自 1978 年至今经历了四十多年的历练，从濒临倒闭的湖州保温材料厂发展成一家集冶金、高新材料、贸易、餐饮和农业等多个领域的综合型企业。公司位于风景秀丽的太湖南岸湖州经济开发区，地理位置优越，杭宁高铁、杭宁、申嘉湖、申苏浙皖高速公路和 318 国道穿越而过，交通便捷。

公司前身是湖州砂石英厂里的一个车间（成立于 1978 年），连续亏损，资不抵债。1983 年，虞炳泉厂长凭着特有的智慧和胆识，通过不断观察、调研，反复摸索、分析，觉得耐火材料是钢铁行业必需消耗品，一定有广阔的前景。他带领 46 个农民，花了 35 万元买下了该村办保温厂，开始了人生创业征途。

1985 年，在宝钢的大力支持下，共同研制冒口绝热板。凭着产品过硬的质量和诚信的服务，宝钢终于接纳了这家村办小厂。1986 年，红鹰正式与宝钢结盟。产品经宝钢现场考察、试验评比、国外检测后正式被国内一流钢铁企业录用，从此获得了打入中国钢铁行业的通行证，开始了第一次的跨越发展，步入良性循环轨迹。在纷繁复杂的市场竞争中获得了宝贵的生存空间，一个濒死的企业在虞炳泉厂长手里神话般地活起来，利润年年递增。生产的多个产品替代进口产品，填补了国内空白。

1991 年开始与上耐二厂联合研发不定形耐火材料；1993 年在宝钢的引荐下与美国 Quipley 合资创办湖州铭德耐火材料有限公司；1994 年成立湖州红鹰企业集团有限公司；2001 年在湖州市政府的号召下，收购了湖州饭店、丁莲芳千张包子店、周生记馄饨店等 5 家国有困难企业，跨行业经营，开启重振百年老字号之路；同年 11 月走出国门，在越南成立南鹰耐火材料有限公司，成为浙江省首批走出去发展的典范；2004 年在湖州长兴煤山镇选址，与宝钢合资成立湖州浙宝钙业科技股份有限公司；2005 年成立浙江红鹰集团股份有限公司；2006 年与香港德晖集团合资成立湖州铭德特种材料有限公司（现变更为浙江铭德新材料科技有限公司）；2015 年跟随宝钢的步伐，在湛江省东海岛成立湛江红鹰铭德新材料科技有限公司。至今拥有境内 17 家及境外 3 家下属单位。

二、基本情况

公司以品牌培育、技术创新、体制改革、信息化为手段，以创名牌为增加竞争优势、增加出口创汇、提高综合效益为抓手，以促进企业与时俱进、跳跃式发展为目标。在各级部门的大力扶持和指导下，通过全体员工努力拼搏，使一个接管时规模弱小、品种单一、资不抵债、濒临倒闭的村办小厂扭亏为盈，逐年稳步发展壮大。历经了从小到大、从单一产品到系列产品，从简单到高新技术、从低附加值到高附加值、从环保钉子户到环保达标的艰难企业、稳步上升的发展过程；2018 年实现销售收入 11.69 亿元。

2000 年在红鹰集团研究所基础上被批准创建为省级企业技术中心。企业技术中心全面负责企业的技术和产品的开发，由公司董事长亲自担任技术中心主任，配备了一支通过内培外引，不断充实壮大的高素质科技队伍，聘请浙大、洛耐院、武汉科大等大学、研究所的耐火材料、冶金方面的专家担任顾问。

2013 年被批准为省级企业研究院，通过与大专院校和科研院所的技术交流、科技合作，努力将其最新科技成果消化吸收并加以创新，尽快将其科研成果转化为生产力。同时积极参与国际技术交流与合作，引进技术、工艺、产品并进行消化、吸收，为我所用，且有创新。公司每年投入的技术开发经费占该年度销售收入的4%以上，做到按时足额到位，为年年有新产品开发成功并被应用提供资金保障。近年来，开发的多项新产品均处于国内领先水平，具有广阔的市场前景。

近年来公司获得全国文明单位、高新技术企业、省著名商标、省知名商号、省创新型试点、省专利示范企业、省工商企业信用AAA级守合同重信用单位、技术创新企业、诚信民营企业、科技创新先进企业、工业行业龙头企业、省级企业研究院等诸多荣誉。先后通过了质量管理体系、环境管理体系和职业健康安全管理体系的认证。公司以“三部二室一中心”现代企业管理模式，对产品质量、服务质量以及环境体系实行全面监控，确保产品质量。

三、主要产品及工艺装备

公司主要生产五大系列60多个品种的保温、耐火材料。保温材料主要有轻质绝热板、中间包硅质绝热板、镁质绝热板、复合型绝热板等；耐火材料主要有高炉、转炉、电炉、钢包和中间包用镁碳砖、炉底料、小炉盖、喷补料、喷涂、手涂料、浇注料及不同类型的预制件产品等。不少产品填补国内空白，达到国内领先水平，其中耐用电炉喷补料已被评为国家重点新产品并列入国家“火炬”项目；复合型绝热板也被列入国家级“火炬”计划等。

公司一直以来注重科技创新，加强科学管理，对原有的落后设施设备进行了改造及淘汰，加大技改投入，进行高起点的技术改造，同时引进了先进的生产设备，目前主要生产装备有：HY20000 2条全自动不定形耐火材料生产线；1台1000t摩擦压力机；电加热烘烤炉1座；低温烘烤炉5座。另外有高温抗折仪、常温抗折仪、常耐压试验机、分光光度机、高中低温试验炉、整套化学分析仪器。还专门从日本引进了一套具有国内先进水平的中试设备。具备各种耐火材料生产及化学分析和物理检测能力。整体装备具有国内先进水平，具备年生产15万吨耐火材料的生产能力。

工艺装备实行机械化、自动控制一体化：不定形耐火材料生产采取微机控制自动化配料、混合、自动包装系统。

镁碳质不烧耐火材料的原料破粉碎工艺安装除尘设备，采用细碎式颚式破碎机、立式冲击破碎机、振动圆锥破碎机、MTM中速T形磨粉机等先进高效破粉碎设备。

烧成耐火材料生产的配料采用微机控制自动化配料系统；混合采用倾斜式混合机、SXG系列旋移式混合机等先进高效混料设备；成型采用电动程控螺旋压力机，全自动液压压力机。对现有双盘摩擦压力机进行改造升级为电动程控螺旋压力机。对原料破粉碎必须安装除尘设备。鼓励采用细碎式颚式破碎机，立式冲击破碎机，振动圆锥破碎机、MTM中速T形磨粉机等先进高效破粉碎设备；配料采用微机控制自动化配料系统；混合采用行星式混合机、SXG系列旋移式混合机等先进高效混料设备；成型采用电动程控螺旋压力机，全自动液压压力机。对现有双盘摩擦压力机进行改造升级为电动程控螺旋压砖机或半自动及全自动液压压力机。烧成采用新型节能全自动梭式窑、新型节能全自动隧道窑等先进烧成设备。

其他特种耐火材料的生产配料采用微机控制自动化配料系统；机械成型采用电动程控螺旋压力机，全自动液压压力机，对现有双盘摩擦压力机进行改造升级为电动程控螺旋压砖机或半自动液压压力机；烧成采用新型节能全自动梭式窑、新型节能全自动隧道窑等先进烧成设备。

原料生产的工艺安装除尘设备，采用细碎式颚式破碎机、立式冲击破碎机、振动圆锥破碎机、MTM中速T形磨粉机等先进高效破粉碎设备。

公司通过技术改造、技术创新，进一步提升装备的技术水平，提高资源、能源利用率，降低生产成本，降低设备的能耗，改善企业形象，提高企业市场竞争力，增加企业经济效益。同时提倡绿色采购、绿色生产、绿色运输，减少产品生产、运输过程中造成的污染，为同行业和周边企业提供示范带动作用，有利于促进行业和区域的发展。

四、机构与人事

“企业是船，人才是帆”，人才是决定技术创新能力的关键因素。人才的积蓄最终决定着企业技术创新的实力，实施技术创新工程，关键是人才公司在引进人才的同时，充分发挥现有人才的作用，为所有人才营造宽松的学术氛围，提供公平竞争的土壤。既充分保证外引人才的需求，同时采取相应措施，稳定内部原有人才，造就合理、公平的工作环境，对现有人才和引进人才一视同仁。既重视高层次人才，让他们充分发挥引领作用；也关注和规划构成团队稳定基础的梯级人才和普通员工的职业生涯，充分调动现有人才的积极性，发挥他们的聪明才智，形成各层次人才优势互补，相互促进，形成合力，共同发展，达到人才使用效益的最大化。

建立人才激励机制，使人能尽其才。企业参与市场竞争，要生存，要发展，离不开稳定的人才队伍，因此在人才的使用上，公司建立了“事业留人，感情留人，政策留人”的用人机制。为他们营造一个尊重、和谐、进取的环境，让他们去发挥、去创造；让员工参与到企业管理中去，充分发挥员工的聪明才智，调动积极性，实行自我管理；敞开渠道，鼓励员工为公司的发展献计献策，只要有利于公司的发展壮大，有利于提高公司的经济效益，按贡献大小给予不同的奖励。使每个员工产生一种归属感和成就感，充分发挥自己的才能，使他们感到公司不仅仅是发挥才干的地方，同时也是他们提升才干的地方。做到公司与员工在利益上的双赢。

五、企业管理

在管理方面，公司聘请专业技术人员指导，保证生产参数的稳定。具有健全的管理制度，成熟的生产工艺，完善的生产设备，使产品制造水平外观质量和可靠性等方面有较大的提高。大力推进技术创新并加速产品结构的调整加强新产品开发，提高开发速度，更好地满足市场需求，提高市场竞争力。

2018 年，公司面对生产原材料价格不断上涨、产品销售市场价格下压、产品生产标准门槛的抬高等不利因素的多重挑战，着力于节能减耗降成本，努力克服资金困难。因此在内部大力开展厉行节约活动，从节约一张纸、一度电、一个螺丝做起，加大现场管理的监督力度，严格管理，精心计算，从而有效地减少了原材料浪费和资金流失，做到开源节流。

为了积极响应国家“节能减排”“循环经济”的号召，公司自成立以来一直致力于节能技术创新工作，认识到环保工作的重要性，在现有的基础上进一步借助外部力量全面深入推行清洁生产，对厂区内的固体垃圾、废水废物等回收利用，再度回用于生产，避免了物料的消耗和浪费。

公司十分重视品牌的培育，制定发展规划和措施，打出自己的品牌，创出自己的名牌。于 2000 年建立了自己的网站——www. chinahongying. com 及在国内外耐火材料网站中注册宣传。不仅能最大限度整合企业内、外部资源，对各种资源进行有效的规划管理，使决策依据更充分，决策结果更合理，将整体管理水平提高到一个动态即时管理的层次，以实现红鹰飞遍全球的发展战略。

“红鹰”是本公司品牌的名称，“红鹰”彰显了胸怀高远的心胸和气魄，红色与黑色的搭配表现出的红鹰形象，凸现了中国式的审美特色，表达了鲜明的特色，拥有一种感染人的力量，是红鹰集团的生命图腾。

六、科研成果（含专利、商标等）

公司十分注重科技创新，近年来投入大量资金，不断扩大科研队伍，积极地与武汉科技大学等国内科研机构和高校进行产、学、研一体化合作，组建了省级研究中心和红鹰耐材研究院。目前拥有各类技术人才近 300 人，每年承担国家和地区科研开发项目多项。

公司还专门配备了一支技术力量雄厚、相关专业齐全的科技研发队伍，工程技术人员占企业总人数 31%以上。另外还外聘了武汉科大、浙大、洛耐院、钢研所等耐材、炼钢方面的专家及国外国际著名耐材专家指导、合作开发高新技术产品。积极与用户及同行业企业，如宝钢、杭钢等国内大中型钢厂以及美国辉瑞企业、日本黑琦窑业株式会社等国际权威耐材企业等合作。及时了解国内外钢厂对耐材的新需求，借鉴经验长处，尽早研制开发出适时的新产品提供给冶金企业现场使用。同时中心人员与冶金企业技术人员共同现场跟踪，掌握第一手资料，使产品性能得到最大限度的改进，使科研开发更适合生产应用的市场需求。

七、服务领域

耐火材料是高温技术领域的基础材料。耐火材料应用较为普遍的是在各种热工设备和高温容器中作为抵抗高温作用的结构材料和内衬。

公司经过四十多年的历练，形成了具有自身特点的产品技术体系，陆续研制出一批具有国际先进、国内领先水平的中间包、钢包、电炉、转炉、RH 炉用耐火材料；拥有多项突破性技术，在全国行业名列前茅。获得授权国家专利 104 项，星火博览会银奖，浙江工业大学银奖。公司拥有先进的生产工艺及检测设施和设备，技术与钢铁企业同步，具有较强的科学研究和技术开发能力，具备耐火材料区域承包的能力（如电炉耐火材料设计和总承包，AOD 炉耐火材料设计和总承包，钢包耐火材料设计和总承包，中间包耐火材料设计和总承包等），并积累了丰富的现场施工经验。公司产品分为两大类，即定形产品和不定形产品，定形产品主要有镁碳砖；镁钙砖；铝镁碳砖；耐火预制件；中间包绝热板；大型钢锭保温绝热板等；不定形产品主要有高炉、转炉、电炉、混铁炉、钢包等喷补料系列；中间包涂料系列；冶金辅料产品主要有：石灰、石粉、高钙活性石灰、炼钢脱硫剂等。产品具有性能稳定，使用寿命长，抗侵蚀性好等优点，深受宝钢、京唐钢铁、邯钢、天津钢厂等 20 多家国内大中型钢铁企业的青睐。与中国的钢铁航母——宝武结为长期战略合作伙伴，并远销蒙古、东南亚、欧美等多个国家和地区。

浙江湖州父子岭耐火集团有限公司

一、历史沿革

浙江湖州父子岭耐火集团有限公司成立于 2001 年 12 月 14 日，公司位于长兴县夹浦镇父子岭村，其前身为长兴父子岭村 1978 年建立的以生产黏土砖、轻质砖和高铝砖为主的村级集体企业耐火材料厂，1986 年转产镁碳砖、铝镁碳砖和镁铝碳砖，1991 年父子岭村成立镁质材料厂，1994 年两厂合并成立集团有限公司，2000 年由村集体企业转制成民营企业，2001 年 12 月 14 日更名为浙江湖州父子岭耐火集团有限公司。公司为民政福利企业，享受国家规定的税收政策。公司创始人、实际控制人及法人代表为王柏成，占股 74.78%。

二、企业概况

至 2018 年末，公司注册资本 3600 万元，总资产 4.30 亿元，销售收入 4.15 亿元。公司占地面积 107 亩，建筑面积 42600 平方米。公司生产的大、中、小转炉、电炉、精炼炉和钢包衬砖二十多个品种，三百多个不同规格耐火砖和不定形耐火材料，年生产能力为镁碳砖、铝镁碳砖和镁铝碳砖 10 万吨和不定形耐火材料 2 万吨。

三、主要产品及工艺装备

公司是中国耐材之乡——长兴县，当地镁碳系列耐火产品生产的代表生产厂家及龙头企业，公司主要产品镁碳砖经原冶金工业部国家耐火材料检测中心历年抽检均高于 YB/T 4074—91 中的 MT18A 指标，1998 年通过了 ISO 9002 国际质量体系认证，2004 年通过 ISO 14001 环境质量管理体系认证。公司“丰达”品牌已被认定为全国著名商标及国家免检产品。公司本着“依托科技、勇于开拓、立足国内、跨出国门”的企业精神，始终坚持质量为企业的生命，用一流的产品，满意的服务来不断开拓新领域。公司拥有为大转炉生产炉衬砖的 1600t 级压砖机 1 台，1000t 级 4 台，630t 级 12 台，400t 级 2 台及相应的磨粉碎机设备，并配有较先进的计量和物理、化学检测全套设备仪表及小型试验工厂。公司创新耐材营销新模式，即集供砖、砌筑、维护、确定包/炉龄和拆包/炉等于一体的“一条龙”承包方式，充分发挥产品的抗侵蚀性能、抗渣性能、耐急冷急热性能等方面的优点。公司产品年销量列华东地区十强，浙江省耐材行业前列，产品经销全国二十二个省、市和两个自治区 90 多家大中型钢铁企业。2014 年公司响应县域内耐火行业整治行动，逐步完成了对企业的机器设备、厂房及产品工艺进行升级换代，实现了生产作业的自动化、标准化和环保化，给每台压力机配置了全自动生产线，将原材料搅拌工序实现封闭搅拌，达到整治目标和环保标准。并对原有窑炉进行改造，将原有煤窑改造成电窑，有效降低了原来以煤烧制方式带来的污染。

四、科研成果

公司为浙江省科技型中小企业及国家高新技术企业，现有高、中、初级职称的专业技术人员 54 人，经过多年的技术积累及研发，拥有各项专利 20 余项，公司还与洛阳耐火材料研究总院和北京钢铁研究总院及宝钢集团建有长期技术协作关系，保证了公司产品质量稳定和对新产品开发上的技术支持。过硬的产品质量和满意的售后服务赢得国内近百家客户的好评并建立了良好的合作伙伴关系。

浙江自立控股股份有限公司

一、历史沿革

浙江自立控股股份有限公司（以下简称“自立控股公司”）是在上虞市自立工业新材料有限

公司基础上改制设立的股份有限公司，其前身为上虞特种耐火材料厂。

上虞特种耐火材料厂创立于1985年，2002年由国企改制为上虞市自立工业新材料有限公司；2006年成立绍兴上虞自强高分子化工材料有限公司（以下简称“自强高分子”）；2007年，公司成立研究所，控股江苏永和耐火材料有限公司；2008年，成立湛江自立高温材料有限公司；2010年，公司经过股份制改造，成立浙江自立股份有限公司（以下简称“自立股份”）；2013年，成立浙江自立氧化铝材料科技有限公司（以下简称“自立新材”），并于2017年1月23日起在全国股转系统挂牌公开转让；2014年，成立第一家海外公司美国自立有限责任公司；2015年成立浙江自立高温科技有限公司（以下简称“自立高温”）；2017年底，自立股份根据自身发展规划，与自立高温进行重组，将耐火材料相关经营性资产及业务、负债等转移至自立高温名下；2018年7月更名为浙江自立控股股份有限公司。2019年，自立控股名下子公司自立高温拟上市，自立控股将其名下自立新材股份转让给自立高温。

二、基本情况

自立控股总部位于浙江省绍兴市上虞区百官街道百谢路338号，是一家集耐火材料、高档氧化铝原料、精细化工产品设计、制造、销售及服务为一体的综合型公司。公司注册资本18000万元整，2018年实现不含税销售收入23.6亿元人民币，纳税1.6亿元人民币。

自立控股下辖3家全资子公司，4家控股子公司，5家孙公司，2家参股公司。公司现有浙江上虞、江苏江都和广东湛江三个制造基地，耐火材料制品生产能力29万吨/年，板状刚玉生产能力10万吨/年，结合剂3000吨/年，各类微粉1.4万吨/年，酚醛树脂2万吨/年。年产2500吨精细陶瓷用原料和多品种精细陶瓷制品项目已于2019年4月投入生产。

公司耐火材料制品以国内外优秀钢铁企业为终端客户，为国内各大钢厂提供耐火材料的设计、生产、仓储、配送、砌筑施工、施工设备管养、维运管理、用后耐材资源综合利用等全程服务，同时产品出口美国、日本、韩国、澳大利亚等国家。公司烧结板状刚玉客户覆盖率居于国内同行前列，并逐步出口美国、日本、韩国、西亚、中东和欧洲。

公司坚持自主创新和技术协作相结合，以技术、品质和服务赢得市场。设有独立的技术中心和研究所，配备了完善的研发和检测设备，通过了省级技术中心和研究中心认证。公司坚持以“创意、诚意、善意积极参加世界产业之发展，求得人与自然环境和谐共生，公司与社会共同繁荣”为企业经营宗旨，实现社会责任。公司积极开发长寿命、低污染、节能环保型耐材，并推进资源再生利用，2018年自立高温公司成功入选全国“绿色工厂”名单，成为钢铁行业用耐火材料领域首家“绿色工厂”。

公司重视信息化和自动化的发展应用，积极推进两化融合，走新型工业化道路。

三、主要产品及工艺装备

自立控股是一家集耐火材料、高档氧化铝原料、精细化工产品设计、制造、销售及服务为一体的综合型公司。公司的主要产品有：

（1）定形耐火材料。镁碳砖、铝碳化硅碳砖、镁尖晶石砖等。

（2）不定形耐火材料。各种散装料、冲击区预制块、挡渣堰板、RH环流管和浸渍管、电炉炉盖等。

（3）功能性耐火材料。透气砖、座砖、滑板等。

（4）耐火材料用原料。烧结刚玉、活性氧化铝微粉、各种尖晶石微粉、莫来石陶瓷原料微粉、铝凝胶微粉结合剂、高强度镁质结合剂、分散性氧化铝微粉等。

（5）精细陶瓷用原料及多品种精细陶瓷制品。高纯微晶氧化铝粉原料、ZrO_2陶瓷、Al_2O_3陶瓷、ZTA陶瓷研磨衬和球、半导体行业用ZTA陶瓷基板及一批军工所需用CaF_2、MgO材质的特种陶瓷坩埚等。

（6）高性能酚醛树脂。

此外，公司现正在建设连铸三大件产线，进一步拓展产品种类。

公司耐火材料产品立足宝武钢铁集团，服务于国内外各大优秀钢铁企业；耐火材料用原料应用于钢铁冶金、水泥、石灰、玻璃、石化等领域；精细陶瓷产品应用于钢铁冶金、重金属冶炼、半导体行业、军工及核工业等领域。高性能酚醛树脂应用于耐火材料、铸造、玻璃钢、建筑、建材保温、汽车机构件、树脂砂轮、电器制品、生活用具等。

自立控股坚持自主创新，节能降耗，积极推

进各产线技改项目，采用先进设备工艺，以确保产品质量稳定，效率提升。公司装备了2500吨/3600吨全自动液压机、1600吨抽真空压力机、超高温梭式窑、爱立许（Eirich）混料机等先进生产设备及工艺完善的生产线，借助于自主开发的企业数字化综合管理运行系统IMSDO（Integrated Management System of Digitized Operation）对生产过程进行管控。公司装备了高温重烧试验炉、X射线荧光光谱仪、X射线衍射仪、原子吸收分光光度计、碳硫分析仪、扫描电子显微镜等先进检验设备保证生产产品的质量检验及研究所产品研发使用。

四、机构与人事

自立控股的最高权力机构为股东大会。公司设董事会，对股东大会负责。董事会成员5人，其中董事长1人，并兼任总经理。监事会成员3人，其中职工监事代表1人。

公司目前拥有员工共1750人，其中技术人员174人，约占员工总数的10%，博士及以上11人，硕士15人，售后服务人员421人，约占员工总数的24%。

五、企业管理

自立控股以“技术领先，致力于质优产品；绿色耐材，致力于美好环境；以人为本，致力于员工安康；诚信守法，致力于不断进步”为质量环境职业健康安全方针。公司通过了ISO 9001、ISO 14001、OHSAS 18001认证，并通过了能源管理体系及两化融合管理体系认证。公司自主开发的企业数字化综合管理运行系统IMSDO（Integrated Management System of Digitized Operation）对生产过程进行管控。该系统通过高度定制化的实施方式，结合了多种物联网传感技术，达到了对人、机、料、法、环等核心生产要素的全面覆盖。在此基础之上，该系统搭建分布式计算架构，采用基于谷歌TENSORFLOW的机器学习框架，实现对耐材产品全生命周期的大数据分析，为提升钢产品质量、接轨钢厂智慧制造提供耐材数据平台及相关服务。公司的智慧制造生产体系在同行业中处于领先水平。

公司以技术、品质和服务赢得市场，通过技术进步发展长寿命、无污染、功能化、节能环保型先进耐材，为钢铁冶炼及钢产品质量服务，并积极推进资源再生利用。2012年通过了省级技术中心和研究中心认证，2014年获得省级研究院称号。2016年，公司设立浙江省博士后工作站，2018年成立院士专家工作站。与宝钢中央研究院、武汉科技大学、中科院上海硅酸盐研究所等建立了长期良好的合作关系，经营、技术、管理、服务等创新带动了企业的可持续发展。

公司坚持由“产品制造商”向“整体承包商”，由“产品价值”向“服务价值”转型的战略思想，致力于为客户提供专业解决方案，提供设计、生产、仓储、配送、砌筑施工、施工设备管养、维运管理、用后耐材资源综合利用等全程服务，实现了从钢铁行业用耐火材料产品制造商向服务运营商的转变，成为中国耐火材料行业中技术领先、服务领先的代表型企业之一。

自立控股以“以创意、诚意、善意，积极参与世界产业之发展，求得人与自然环境和谐共生，公司与社会共同繁荣”为宗旨，突出以人为本的管理和教育，努力培育积极向上、锐意进取的企业精神，形成了以“责任”为核心的企业文化。公司注重产品质量、环境友好和用户发展，工厂对工作区域内粉尘、噪声等进行检测和管控，积极为员工创造充满人文关怀的工作环境。2018年，自立控股主体生产工厂浙江自立高温科技有限公司申请重点行业清洁生产审核，2019年2月份通过审核。2018年2月公司生产工厂获得国家工信部认证为国家级“绿色工厂示范单位”，成为钢铁行业用耐火材料领域首家“绿色工厂”。同时，公司通过并实施了一系列的节能环保项目，其中刚玉工段投资建设脱硝项目，助力绿色环保。

面向未来，全体自立员工正朝着“更好的耐材，更好的服务，更好的环境”目标而努力，致力于成为“国际知名、国内一流”的耐材企业而奋进。

六、科研成果

自立控股坚持自主创新道路，其名下自立高温和自立新材均为国家高新技术企业，公司拥有各项技术专利109项，其中发明专利38项，实用新型68项，软件著作权3项；制定国家标准15项，行业标准5项，团体标准3项。有多个产品荣获国家级和省科技进步奖，“钢铁冶金储运与精炼设备炉衬材料长寿高效技术”项目荣获了2008年度国家科技进步二等奖殊荣，“洁净钢冶炼用耐火材料关键技术与工业应用”项目荣获了2011年度国家科技进步二等奖殊荣，“钢铁冶金RH炉内衬用节能环保型新材料”荣获国家火炬计划产业化示范项目证书。

七、服务领域

自立控股的耐材板块目前为中国宝武集团最大的耐火材料供应商之一，也是马钢、鞍钢、首钢、重钢的耐材主要承包商和供应商，产品出口日本 JFE、日本制铁、韩国 POSCO、韩国现代制铁、美钢 USS、台湾中钢和中龙钢铁等国际市场。自立新材已经成为国内烧结板状刚玉主要供货商，客户覆盖率居于国内同行前列，并逐步向美国、日本、韩国、西亚、中东和欧洲出口。酚醛树脂产品除供自立高温使用外，其客户还包括父子岭耐火集团、无锡南方、湘钢瑞泰、迪尔富斯研磨、白鸽磨料磨具有限公司等。

郑州振东科技有限公司

一、历史沿革

郑州振东科技有限公司创建于 1988 年 8 月 18 日，由侯振东、毛喜民、刘大圈三位创始人自筹资金 5000 元，在河南省新密市曲梁乡草岗村侯振东自家的责任田上创建了振东科技的前身——郑州矿务局磨料磨具厂。该磨具厂于 1998 年 10 周年之际改名为“郑州振东耐磨材料有限公司”，2012 年 1 月，更名为现在的“郑州振东科技有限公司”。

二、企业概况

公司注册资金 3.5 亿元，占地面积 380 多亩，建筑面积 11 万平方米，主要生产设备 400 多台(套)，年产钢包用各种耐火材料 25 万吨。近十年来，公司主营业务收入连年保持快速增长态势，2015 年进入“全国耐火材料行业百强”，销售收入在全国耐材企业排第 19 名；2016 年荣获“河南省民营企业纳税 100 强”荣誉，是新密市唯一一家进入百强的企业。2018 年，公司工业总销售额超 8 亿元，主营业务收入 6.88 亿元，其中高新技术产品收入 4.27 亿元，纳税 6400 多万元，纳税额全省耐材行业排名第二，连续七年在郑州地区耐材行业纳税排名第一。

目前，振东科技公司是国内钢铁行业钢包用耐火材料主要生产企业之一，专业为钢包提供优质耐材产品以及系统解决方案。在我国炼钢炉外精炼钢包用耐材领域处于领先地位，在全国钢铁行业享有较高知名度，是安钢、宣钢、九江、敬业、燕钢、柳钢等三十多家大中型钢铁企业的主要供应商。经过三十多年的奋斗与拼搏，振东科技已从最初的作坊式小厂发展成为郑州市耐材行业的龙头企业，河南省高新技术企业，河南省首批知识产权优势企业，河南省制造业信息化重点示范企业，河南省 50 户高成长型高新技术企业，河南省优秀耐火材料企业，以及全国耐火材料百强企业。公司是中国耐火材料协会副会长单位、河南省耐火材料协会副会长单位、新密市耐火材料会长单位，是工业和信息化部首批认定的 19 家“耐火材料规范企业”之一，并于 2019 年 7 月获得工业与信息化部认定的绿色制造企业，荣获“国家绿色工厂”称号。

公司大力调整和优化产业结构，先后投入巨资，用于技术与装备改造以及生产环境和厂区环境改造，大大减轻了工人的劳动强度，提高了生产效率。公司投资 1000 多万元新上了管理（ERP）和制程（MES）信息化项目及混合料自动化生产线，极大地提升了产能和效率。安装了脉冲袋式除尘器 25 台，解决了粉尘污染问题，生产车间安装了中央空调系统和自动喷淋系统；新建了污水处理系统，环保清洁车、洒水车昼夜值班，使清洁生产达到国内同行业先进水平。2018 年公司投资 5000 余万元进行智能化、自动化生产技术改造，投资 300 多万元对厂区绿化，实现了花园工厂绿色制造。

公司以效益为中心，以市场为导向，在充分掌握市场需求的前提下，坚持以钢包用耐火材料为主营业务方向，开发新型透气砖、上下水口产品以及滑板项目，以自动化、信息化建设为发展目标，完善信息化全过程的内部管理模式，充分发挥自身在生产管理和成本控制上的竞争优势，建设主业突出、技术先进、结构合理、服务全面、机制灵活，具有较强市场影响力的钢包用耐材的生产企业，努力使公司成为我国钢包用耐材行业的领跑者。未来三年，公司将围绕发展战略，充分发挥公司在钢包耐材市场的知名度、市场覆盖率等多方面的优势，持续优化产品结构，深化企业管理，扩大绿色制造规模，打造振东科技的形象，在保持主营业务方向的基础上开拓经营思路，拓展业务链，积极开发新的利润增长点。

三、主要产品及研发装备

公司产品主要有两大系列，一是炼钢用耐火

材料系列产品，主要有镁碳砖、铝镁碳砖、铝镁尖晶石砖、超低碳镁碳砖、超低碳镁铝碳砖、刚玉预制块、刚玉机制砖、水口砖、水口座砖、透气砖、透气座砖、滑板砖以及各种配套用不定形耐材等；二是炼铁用耐火材料系列产品，主要有矾土—碳化硅—碳砖、矾土—碳化硅砖、刚玉—碳化硅砖以及配套的不定形耐材。

公司主导产品镁碳砖和铝镁碳砖2003年以来曾连续被评为“河南省名牌产品”，水口砖被评为河南省“高新技术产品”，主导产品市场份额全省排名第一。公司承包钢厂的钢包吨位从50t到300t，产品系列从定形到不定形，从含碳到无碳，从常规产品到功能性产品均有覆盖，可适应不同吨位和不同精炼方式钢包的使用要求。

公司的研发中心主要检测仪器和试验装备有中频感应动/静态抗渣试验炉、高温荷软测定仪、全自动抗热震试验仪、高温重烧实验炉、抗折/抗压试验机、恒加载压力试验机、数显陶瓷抗折仪、热膨胀测定仪、高温箱式电炉、电热恒温干燥箱、电光分析仪、可见分光光度计、高温定碳仪、颚式破碎机、震动磨粉机、高温烧成窑炉、气体输送及自动配料系统、全自动液压成型系统、窑炉尾气处理系统和在线监测系统等。

四、机构与人事

振东科技董事会成员4人，其中董事长1人，副董事长3人，总裁1人，总经理1人。公司下设十部一室两中心，十部有财务部、工程部、技术部、生产部、质检部、ERP部、人力资源部、储运部、安环部和后勤部；一室为公司办公室；两中心为研发中心、生产指挥中心。

公司始终以“回报祖国、奉献社会、富裕职工”为企业宗旨；以“树形象、争一流、创品牌”为战略方针；以“活着就是奉献、奉献才有价值、堂堂正正做人、脚踏实地干事”为人生哲学；以“优待遇、严纪律、保质量、创效益”为管理模式；以“牢记六化、遵守厂纪、爱岗敬业、光明磊落、努力拼搏、再创佳绩”为员工誓言，管理上实行新六化——思想现代化，管理信息化，生产机械化，技术领先化，质量稳定化，环境清洁化；以上企业文化充分体现了“大家干企业，企业为大家”、以“人”为企业之本的思想理念。

公司始终认为，开发“人”的资源可以为企业创造价值，以振东文化培育人，以振东科技凝聚人，以业绩考核人，以学习提高人。给员工提供一个有利于价值发挥的公平环境，赋予员工责任的同时进行相应的授权，保证员工在充分的授权内开展自己的工作，并通过制定科学有效的激励机制来调动员工的积极性，激发员工在实现自我价值的同时为企业创造价值。截至2018年12月31日，公司有员工1200名，各类技术人员280名，其中中高级技术人员16名，知名专家5名。

五、企业管理

公司在企业管理上，建立专项专题攻关小组，建立先进的人力资源和管理制度。建立现场服务经理责任制，外部事务协调组和外事办远程视频会议制度，把现场服务与公司的生产无缝对接，简单快捷地把客户现场的需求快速高效的转化为公司的生产力，提高以市场为导向的执行力。把公司内部管理延伸到现场施工服务管理，建立一条完整的闭环管理系统。建立一套良好的工作流程和管理制度，从钢厂信息勘察、工艺设计、成本核算、投标、到产品生产、交付、修砌、使用、反馈改进，再生产。做好公司的技术团队和技术工人的沟通协调，数据化管理，使每种材料的加入量都精确控制，碾料时间、加压力度和次数利用电脑程序模块化控制，使工艺能得到准确有效的执行。做好产品系列的配套计划，利用网络信息化管理技术，把用户库存和公司库存，在途运输等建立完整的数据链，根据现场实际每种砖型使用量，随时调整生产和库存量，确保产品完整配套，满足使用，尽量压缩库存量，降低资金占用。

振东科技坚持以顾客和市场为导向，在国内设有20多个办事处。借助互联网信息技术与本土化营销网络，加强与客户的工作交流、技术研讨、流程对接、工艺改进，把耐材的工艺和钢包的使用条件紧密结合，了解使用现场冶炼钢种和渣的成分、温度、品种钢产量、钢包的周转率、精炼方式、精炼比例，及时与客户沟通，实现耐材和使用条件的同步匹配。根据客户需求提供个性化服务，针对不同客户的冶炼条件，制定与之相适应的产品系列。以多元化的产品和服务适应各种钢包和钢种冶炼。同时公司不断加强市场的工作力度，准确把握市场变化，有针对性地加强市场宣传，不断改进和更新服务手段，提高市场的占有率。

六、研发及成果

郑州振东科技有限公司作为一家集技术优势和产品优势为一体的高新技术企业，与国内多家科研院校建立了密切的合作关系，坚持走产、学、研一体化道路。公司拥有省级企业技术中心，2018年以来，企业投资650多万元用于重建1930多平方米的研发大楼，包括常温/高温实验室、理化检测中心、办公室、资料室、学术报告厅、大中小会议室等，满足各种规格的学术报告以及学术交流活动。另外，实验设备齐全，满足耐火材料的研发、检测。同时还有郑州市工程技术研究中心、郑州市和河南省两级院士工作站、河南省博士后研发基地（在建）等多个研发平台。同时，公司不断从外面引进科研人才，招收新毕业的大学生，不断充实研发队伍，为提升企业科技创新能力和市场竞争能力，实现可持续发展打下了良好的基础。

近几年来，经过技术研发人员的不懈努力，先后开发新产品有防氧化涂料、轻烧刚玉预制块、抗热震钢包透气砖、无碳尖晶石砖等产品，已在十几家国内大中型钢铁企业应用，取得了满意的使用效果。目前公司拥有授权专利120项，其中发明专利12项，实用新型专利108项。企业是国家标准GB/T 2997—2015《致密定形耐火制品—体积密度、显气孔率和真气孔率的测定》、GB/T 22589—2017《镁碳砖》、GB/T 30873—2014《耐火材料抗热震性试验方法》、冶金标准YB/T 370—2016《耐火材料荷重软化温度试验方法（非示差—升温法）》、YB/T 4671—2018《钢包喷注料》标准起草单位。

七、企业愿景

2019年是公司第七个五年计划开局之年，全体职工将在以侯振东董事长为首的管理团队带领下，“树形象、换面貌；保稳定、促发展；抓科研、增效益”，团结拼搏、砥砺奋进、创新驱动、绿色发展，为实现销售额突破十亿元的目标而努力奋斗！

振东科技的使命是：致力于为钢铁行业提供最优质的产品和最满意的服务。

振东科技的愿景是：把公司建设成为现代化的一流企业。

振东科技的核心价值观是：诚信、奉献、务实、创新、超越、共赢。

中钢集团耐火材料有限公司

一、历史沿革

中钢集团耐火材料有限公司（简称中钢耐火公司）前身是洛阳耐火材料厂，始建于1958年，是新中国成立后我国为发展冶金工业自行设计、建设的第一座大型耐火材料厂，是国家“一五”期间重点项目之一，是入选中国520家重点企业的唯一耐火材料企业。2006年8月加入中钢集团，成立中钢集团耐火材料有限公司。

二、基本情况

中钢耐火公司经过60余年的发展，已成为集产品设计、研发、生产、炉窑设计、耐材配置、施工及系统集成服务为一体最具竞争实力的大型国有企业。公司产能20余万吨，主要生产各种定形和不定形耐火材料，产品包括硅质系列、高铝质系列、碱性系列、碳化硅系列、高纯氧化物系列定形及不定形耐火制品六大系列。产品广泛用于冶金、建材、有色、电力、机械、轻工、石化等行业，畅销全国各地并远销世界五大洲40多个国家和地区。

中钢耐火公司特别重视科技创新，是河南省高新技术企业，拥有国家认可的耐火材料实验室及绿色节能新型耐火材料工程国家地方联合实验室，河南省工程技术研究中心和洛阳市工程技术研究中心、有色金属炉窑及高温材料创新专家工作站。作为国内第一家大型耐火材料综合性生产企业，一直是国家、行业耐材标准的主要起草者、制定者之一，承担了国家“六五”“七五”“八五”“九五”等多项耐材科技攻关项目，其中90多项新产品、新技术获国家及省部级科技进步奖和优秀新产品奖。近年来参与形成的国家或行业标准30余项，拥有发明专利和实用新型专利56项，其中发明专利24项，实用新型专利32项；获得河南省科技进步奖5项，先后主持国家火炬计划、“十二五”国家科技支撑计划等20余项，国家、省、市级科研项目，荣获国家级、省级、市级科技成果奖励60项。9种产品获得河南省名牌产品称号，为我国耐火材料事业及高温工业的发展做出了积极的贡献。公司生产的优质玻璃窑硅砖获得耐火材料质量最高奖——银质奖；大型焦炉用耐火材料关键技术研发及系列化产品应用研究获得2017年冶金科学技术奖一等奖。公司被评为耐火材料行业企业信用AAA级企业，2018年中国建材服务业100强企业，河南省高新技术企业，河南省十佳科技型最具影响力企业。公司具有完善的质量、环境和职业健康安全、能源管理体系，并获得了四个体系的认证证书。

中钢耐火公司截至2018年12月31日，注册资本金43106万元，其中中国中钢股份有限公司现金出资41606万元人民币，股权占比96.52%；洛阳市国资国有资产经营有限公司现金出资1500万元人民币，股权占比3.48%。（中钢耐火公司于2019年6月发生股权变更，注册资本金47106万元，其中：中国中钢股份有限公司现金出资41606万元人民币，股权占比88.33%；中国冶金科技成果转化有限公司现金出资4000万元人民币，股权占比8.49%；洛阳市国资国有资产经营有限公司现金出资1500万元人民币，股权占比3.18%。）

截至2018年12月31日，在职职工合计2212人（含劳务派遣工152人），其中大学以上学历463人，硕士及以上学历16人，经过多年的发展，形成了一支具有较高的政治素质，过硬的业务技能，良好的文化修养的人才队伍。

公司愿景是：打造中国节能环保高温材料基地，成为中国耐材最强最优企业和全球耐材的引领者。

公司核心价值观是：诚廉、创新、卓越、和谐。

三、主要产品及工艺设备

公司主要生产各种定形和不定形耐火材料，产品有高铝质系列、硅质系列、碱性系列、碳化硅系列、高纯氧化物等定形及不定形耐火制品等六大系列。其分别为：

（1）高铝质系列产品广泛应用于钢铁行业的高炉、热风炉和石灰窑，建材行业的水泥窑和陶瓷窑、有色冶炼的焙烧炉等。

（2）硅质系列主导产品广泛应用于钢铁、有色、建材等行业，在国际上处于领先地位。

（3）碱性系列产品广泛用于重有色冶炼炉、石灰窑、钢铁行业外精炼炉、大型干法水泥回转窑、玻璃窑蓄热室等领域。

（4）碳化硅系列产品主要应用于钢铁、电解铝行业。

（5）高纯氧化物系列广泛用于水煤浆加压气化炉、渣油气化炉、循环流化床锅炉、炭黑反应炉、有色及建材等高温窑炉。

（6）不定形耐火制品主要应用于钢铁等行业，技术水平国内领先。

公司拥有各种生产耐火材料的生产设备4000多台（套）。其中有78台电动程控螺旋加压机；德国引进爱立许R15型混砂机；28条（座）超高温隧道窑和梭式窑。其中有国内最长的202.5m隧道窑，德国引进的世界上控制系统最先进、容积最大的176立方米全自动梭式窑及节能高温隧道窑。

中钢耐火公司耐火材料质量检测检验实验室，拥有各类先进的检测仪器设备120台（套）。实验室检测设备齐全、装备精良，建立有符合ISO/IEC17025：2017标准的实验室管理体系，拥有健全的物理检验、化学分析方法标准系统，包括DIN、EN、ASTM、JIS等世界先进方法标准系统。有从日本进口的具有高性能的X荧光光谱仪、激光粒度仪，德国进口的XRD衍射仪，美国LECO公司的定氮仪，国产的全自动荷重蠕变测试仪、全自动高温热膨胀仪、原子吸收光谱仪、高频红外碳硫分析仪等在耐火材料品质检验和科研开发工作中发挥了巨大的支撑平台作用。而且具备出具签署国际互认协议的90个国家和地区耐火材料产品《检验报告》资质，对出口产品可直接办理海关报检手续。

四、机构与人事

中钢耐火公司按《中华人民共和国公司法》注册成立，公司股东为：中国中钢股份有限公司和洛阳市国资国有资产经营有限公司，按出资比例行使表决权；公司不设董事会，公司不设监事会，设监事一人。设执行董事一名，为公司法定代表人，现任执行董事薄钧，兼任公司总经理和党委书记；副总经理5名，党委副书记、纪委书记1名，总经理助理2名。

中钢耐火公司下设25个二级单位、部门，其中：职能部室10个、主业分厂8个、专业部室5个、保障单位2个。

五、企业管理

中钢集团耐火材料有限公司已拥有整套较为完善的管理体系，先后通过了GB/T 19001—2016/ISO 9001：2015质量管理体系、GB/T

24001—2016/ISO 14001：2015 环境管理体系、GB/T 28001—2011/OHSAS 18001：2007 职业健康安全管理体系和 GB/T 23331—2012 idt ISO 50001：2011 能源管理体系认证，公司在内部推行精细化的管理模式，十分关注治理架构、企业管控的建设，完善的 6S 管理制度、生产现场管理评价体系等，加强了对经营中的人员、设备、材料、方法等要素的有效管理，对每个生产环节和生产岗位都要求持续有效的改进提高，在生产效率上得到提升。

六、科研成果

中钢耐火公司坚持以科技为先导，产业为支撑，持续提升技术创新能力，加强科技成果转化，促进中国高温工业的技术进步。中钢耐火公司是河南省高新技术企业、2018 年中国建材服务业 100 强企业，也是入选中国 520 家重点企业的唯一耐火材料企业。成立六十余年来，中钢耐火公司为钢铁、有色、建材等高温工业提供各类耐火材料近 1000 万吨，为中国铝硅系列、硅质系列、碱性系列及非氧化物系列等耐材的开发、生产、推广应用，做出了巨大贡献。许多耐材填补国内空白，尤其是硅质、碱性耐材的技术研究，一直在引领着该领域国内技术的走向。作为国内第一家大型耐火材料综合性生产企业，一直是国家、行业耐材标准的主要起草者、制定者之一，承担了国家“六五”“七五”“八五”“九五”耐材技术攻关项目，为耐材的引进、消化吸收及国产化做出了显著的成绩，为我国耐火材料事业及高温工业的发展做出了重要贡献。中钢耐火公司目前拥有各项有效技术专利 56 项，其中发明专利 24 项，实用新型专利 32 项。获得河南省科技进步奖 5 项，先后主持国家火炬计划、“十二五”国家科技支撑计划等 20 余项国家、省、市级科研项目，荣获国家级、省级、市级科技成果奖励 60 项。拥有国家认定的工程实验室、国家（CNAS）认可的耐火材料质量检测检验实验室、省级工程技术研究中心、省级工程实验室、省级企业技术中心、有色金属炉窑及高温材料创新专家工作站。

七、服务领域

中钢耐火公司年产能 20 余万吨，广泛用于冶金、建材、有色、电力、机械、轻工、石化等行业，产品畅销全国各地并远销世界五大洲 40 多个国家和地区，在国内外市场上享有良好的品牌信誉是国内耐火材料品种最全、配套能力最强的国有耐火材料企业。

经过六十余年的发展，已成为集产品设计、研发、生产、窑炉设计、施工、耐材配置及系统集成服务为一体的最具竞争实力的大型企业。上百种牌号的产品可以为客户提供更充分的服务，并具备窑炉设计、施工、耐材供应总承包能力。同时，公司于 2016 年被中国耐火材料行业协会授予 AAA 级信用企业，2017 年、2018 年被中国建材协会授予中国建材服务业 100 强企业，提升了公司品牌形象和行业地位。

近年来，中钢耐火公司全面推进耐火材料的节能减排绿色环保工作。公司率先在宝钢推广使用了 21 世纪大型焦炉用节能环保复合材料和高导热硅砖，在钢铁和水泥行业替代对环境有污染的含铬耐火材料，且在宝钢湛江钢铁一期工程项目中被评为优秀供应商。

中钢耐火公司拥有一支经验丰富的设计团队。具有应用三维软件整套设计 RH 炉、转炉、鱼雷罐等窑炉炉衬及高炉、热风炉组合砖的设计能力和丰富经验，可承担各种高温炉型的炉衬设计。

中钢耐火公司拥有一支经验丰富的售后服务团队。通过 60 余年的发展已建立起完善的售后服务体系及各行业专业化售后服务队伍，致力于为客户提供有关耐材的技术指导及解决方案。

面对未来，中钢耐火公司以“十三五”五大发展理念为宗旨，以耐材行业绿色节能环保低碳发展为引领，立足高温工业，适度拓展相关多元业务，打造中国高温工业用耐火材料系统集成综合配套和耐材解决方案工程技术服务商，推进高温材料全面创新驱动，实现绿色、低碳、可持续发展。

中国耐火材料行业重点院所、高校简介（按拼音字母排序）

中钢集团洛阳耐火材料研究院有限公司

一、历史沿革

中钢集团洛阳耐火材料研究院有限公司（以下简称“中钢洛耐院”）隶属于中国中钢集团公司。始建于1963年，1988年6月，经冶金工业部批准，更名为“冶金工业部洛阳耐火材料研究院”，为原冶金工业部直属重点科研院所。1998年3月，冶金工业部撤并为国家冶金工业局后，中钢洛耐院隶属国家冶金工业局直接领导。1999年7月1日，根据科学技术部、国家经济贸易委员会科研机构转制方案，中钢洛耐院转制为科技型企业，整体进入中国钢铁工贸集团公司，并于2001年3月5日，更名为“洛阳耐火材料研究院”，登记注册为企业法人。2004年4月26日，更名为“中钢集团洛阳耐火材料研究院”；2008年3月25日，改制并更名为“中钢集团洛阳耐火材料研究院有限公司”。

二、基本情况

中钢洛耐院是中国耐火材料专业领域的大型综合性研究机构，也是我国耐火材料行业技术、学术、信息和服务中心。1999年转制为高科技企业，业务范围涵盖科研开发、中高端耐火材料产品及高温仪器设备生产、工程设计与总承包、产品质量监督检测、技术服务、行业服务和人才培养等多个业务领域。

依托中钢洛耐院建有先进耐火材料国家重点实验室、耐火材料国家工程研究中心、国家级企业技术中心、耐火材料产业技术基础公共服务平台（省部共建）等多个国家级的创新、服务平台；国家耐火材料质量监督检验中心、国家进出口商品检验局耐火材料认可实验室、中国耐火材料标准化委员会、中国金属学会耐火材料分会、中国耐火材料行业协会技术质量标准部、耐火材料行业生产力促进中心等行业机构均挂靠在中钢洛耐院；编辑出版有全国中文核心期刊《耐火材料》、英文 China's Refractories 和《耐火材料信息》等刊物。2010年牵头成立了河南省耐火材料产业技术创新战略联盟，2011年又牵头成立了全国范围的耐火材料产业技术创新战略联盟。

中钢洛耐院2008年获河南省创新型企业；2011年被认定为国家创新型企业和国家火炬计划重点高新技术企业，2008年、2011年、2014年、2017年四次被河南省认定为高新技术企业；2012年，被认定为国家技术创新示范企业；2016年，被认定为首批河南省创新龙头企业。中钢洛耐院是国务院授予的第二批硕士学位授予单位，并与北京科技大学联合申请了无机非金属材料学博士学位授予权。建立了博士后科研工作站，与中科院上海硅酸盐研究所联合成立了河南省高性能碳化物材料院士工作站。

中钢洛耐院现有职工523人，其中教授级高工35人、高工179人、工程师126人。学历与学位结构为博士15人、硕士115人、大学本科216人。拥有享受国务院政府津贴专家11人；中原学者1名；河南省杰出贡献奖获得者1名；入选“新世纪百千万人才工程”国家级人选2人；拥有博士研究生导师2人，硕士研究生导师10人。组建有10个不同方向的创新团队，其中功能耐火材料、复合材料、不定形耐火材料、节能耐火材料团队为河南省创新型团队。中钢洛耐院还荣获科技部颁发的“十一五”国家科技计划执行优秀团队奖。建院以来取得各种科研成果559项，其中荣获国家技术发明奖和部省级科技进步奖245项。

中钢洛耐院的使命是：“引领行业技术进步，为高温工业创造价值”。

中钢洛耐院的愿景是：“成为高端产品、工程与技术服务为一体的高温材料领域国际一流的企业”。

中钢洛耐院的价值观是：“担当奉献，客户至上；创新创效，追求卓越”。

三、主要产品及工艺装备

中钢洛耐院主导产品有碳化硅系列制品；连铸

用功能耐火材料如浸入式口、长水口、塞棒、钢包透气砖、定径水口；水煤浆加压气化炉用高纯氧化物制品、高纯刚玉制品；优质不定形耐火材料；无碱玻纤池窑用致密氧化铬砖和致密锆英石砖；陶瓷纤维及制品；耐火材料检测仪器设备等。

中钢洛耐院依托工程研究中心建设有3个生产厂区，现有7个验证平台，拥有复合材料、高级氧化物材料、功能耐火材料、不定形耐火材料、耐火陶瓷纤维、高温陶瓷窑具、高温检测仪器、超硬材料、包装材料等9大类，18条生产线，产品规模达6万吨/年，产品服务于冶金、有色、石化、陶瓷、建材、电力、环保、机械、医疗等多个行业。品牌（LIRR）在耐火材料相关行业中享有很高声誉。

中钢洛耐院销售网络遍及国内32个省市自治区直辖市及特别行政区，与全球56个国家和地区建立了广泛的贸易和技术合作伙伴关系，销售足迹遍及亚洲、欧洲、美洲、大洋洲和非洲。氮化硅结合碳化硅制品年生产能力达30000吨，国际市场占有率达45%；水煤浆加压气化炉用高级氧化物制品国内市场占有率达60%。产品技术达到国际先进或领先水平，为高温工业节能降耗及新工艺的实施做出了积极贡献。

中钢洛耐院企业技术中心是我国耐火材料行业科研条件和手段最完善的技术中心之一。现有科研专用实验楼面积6000平方米，各类中试场地10000余平方米，拥有耐火材料工艺实验、性能测试和各种模拟试验、结构分析测试等科研开发设备1000余台套。

四、机构与人事

中钢洛耐院是根据公司法注册的国有独资公司，不设董事会，设执行董事（兼法定代表人）、党委会和院务会，负责公司的日常经营决策和日常运营管理。企业上级主管部门（股东）——中钢科技发展有限公司负责中钢洛耐院重大事项的决策审批。

中钢洛耐院目前共有7个职能部门，13个二级经营单位，2个全资子公司，1个控股子公司和2个参股子公司。

五、企业管理

中钢洛耐院发展的总体战略是：以科技研发为核心，以产品和技术服务为支撑，将中钢洛耐院打造成为集高端技术产品、工程与技术集成服务为一体的生产服务型高科技企业，引领全球高温材料领域发展（简称“一核两翼”）。中钢洛耐院将以科技创新为核心，业务发展主要围绕产品与技术服务两个维度展开，实现产品结构层次化、差异化发展、技术服务多元化拓展。通过业务的不断多元发展，最终实现盈利模式从过去单一的材料销售为主向“技术+管理+资本”的多元化方向转变。

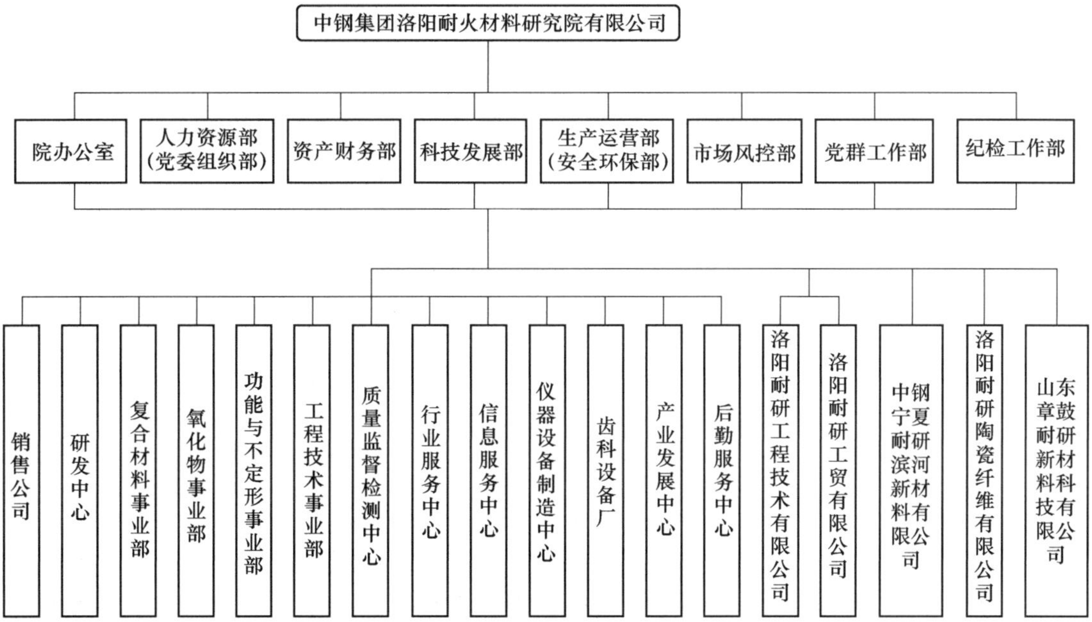

中国洛耐院组织机构图

中钢洛耐院拥有一整套较为完善的管理体系。先后通过了ISO 9001：2016国际质量体系、GB/T 24001—2016环境管理体系和GB/T 28001—2011职业健康安全管理体系认证，是耐火材料行业内首家通过质量、环境和职业健康安全管理体系“三合一”认证的单位。公司在内部推行精细化的管理模式，十分关注治理架构、企业管控的建设。完善的5S管理制度、QC小组、生产现场管理评价体系等，加强了对经营中的人员、设备、材料、方法等要素的有效管理，对每个生产环节和生产岗位都要求持续有效的改进提高，在生产效率、产品质量上得到提升。

中钢洛耐院十分重视信息系统的建设运行。1998年开通了院对外网站（www.lirrc.com和www.lirr.com.cn），并经过3次改版优化；2003年建设了院局域网。2008年开始实施第一代ERP系统，实现了采购、销售、生产、发运、财务等一体化。

中钢洛耐院为河南省优秀高新技术企业和出口重点企业、工商免检企业和省级守合同重信用单位，是AAA信用等级企业，拥有建材（玻璃、陶瓷、耐火材料工程）、冶金行业（焦化和耐火材料工程）乙级工程设计资质、建筑行业丙级工程设计资质和乙级工程咨询资质。

六、科研成果

2011年以来，中钢洛耐院发挥行业引领作用，加强创新平台建设，加大科技创新投入，科技开发成绩显著，科研成果产业化步伐加快，自主创新能力逐步提升，企业核心竞争力进一步提高。先进耐火材料国家重点实验室、河南省高性能碳化物材料院士工作站、海智工作站、耐火材料新技术与关键制造工艺智能化河南省工程实验室、中原学者李红霞科学家工作室、耐火材料产业技术基础公共服务平台（省部共建）等先后落户我院，河南省创新型科技团队增至4个，与南钢集团、沈阳铝镁设计研究院、太钢不锈钢、郑州大学、武汉科技大学、濮耐集团等单位签订战略合作协议。

2011年以来，共承担省部级以上项目53项，其中国家级项目25项；获得省级鉴定成果11项，国家、省部级奖励14项，其中“冶金功能耐火材料关键服役性能协同提升技术及在精炼连铸中的应用”获国家技术发明二等奖；“现代煤气化装置用关键耐火材料研发及工业化应用集成技术”“钢铁冶金高温装置用新型节能环保耐火材料的研究与应用”“梯度功能耐火材料研究开发”分别获2018年、2016年和2013年河南省科技进步一等奖。制修订标准54项；获得授权专利207项，其中发明专利119项；截至2018年底企业拥有有效专利207项，其中发明专利119项，实用新型专利88项。荣获国家重点新产品项目4项；发表论文400余篇，其中SCI、EI收录80余篇。

七、服务领域

中钢洛耐院始终以顾客为关注焦点，开发开拓，创新集成，努力为顾客提供优质产品和满意的服务。中钢洛耐院拥有全球最大的氮化硅结合碳化硅生产基地，常年不间断地向欧洲、中东及东南亚地区的电解铝行业的大型企业提供其所需的基建产品，已经成为这一领域中多数大型企业的常年供货商，构建起了优质的客户网络。国内客户主要分布在西北、西南、东南等地，借力于稳定的产品质量和良好的技术服务，也与客户建立了稳固的客户关系。目前客户企业的规模普遍较大，多为大型国有独资企业或是技术含量高的外资企业。随着国家“一带一路”倡议的推行，我院的优质产品将会在“一带一路”沿线国家及东南亚增加销量，国外市场潜力大。

中钢洛耐院是我国耐火材料行业技术、学术、信息和服务中心。行业服务能力在逐年持续提升，目前为中小企业服务的方式主要有提供资源共享，即：向中小企业开放实验室研发设备、检测设备，为企业提供研发平台；技术合作包括技术转让、技术咨询和技术开发等，为中小企业解决技术难题；质量检测；人才培养；学术交流；信息、标准服务；工程设计、工程咨询等服务。转制以来共为行业和高温工业用户提供了大量的技术开发、工程设计、技术咨询、技术成果转让等技术服务，服务企业数多达700余家，四技合同数达1300多份，对耐火材料行业的发展和技术进步做出了重大贡献。

未来，中钢洛耐院将逐步调整产业结构，贯彻落实“一核两翼”发展战略，重点发展节能、环保领域的新材料产品；逐步调整经营模式，延伸产品的服务链条，由单一的产品供应向综合型服务转化，制造业服务化。争取2020年，新产品占整体收入的比重超过40%，企业盈利能力和管理效率明显提升，成为国际节能、环保高温材料领域著名的服务商。

中国钢研新冶高科技集团有限公司特种陶瓷与耐火材料事业部

一、历史沿革

新冶高科技集团有限公司特种陶瓷与耐火材料事业部（原冶金部钢铁研究总院第九研究室）隶属于国资委管辖的国家大型科技型企业中国钢研科技集团有限公司（原冶金部钢铁研究总院）。事业部成立于1952年，前身是新中国成立前旧中国钢铁工业试验所四大研究室之一。

1999年第九研究室归属于钢铁研究总院工程技术中心，2002年8月16日，又随工程技术中心整体并入新冶高科技集团有限公司。2011年4月被北京市科委认定为特种陶瓷与耐火材料北京市重点实验室，成立了由公司内外专家组成的学术委员会。2011年，新冶集团成立党委，事业部成立了独立党支部。

1952年成立之初，工程技术人员和技术工人总共只有10余人，高级工程师1人，工程师4人，其余为技术员和工人，实验设备简陋。第一个五年计划期间，耐火材料事业部得到了很大发展，充实了一批大学生和中专毕业生，同时招收了一批学徒工，扩大了科研队伍。到1955年成立综合研究所时，全室人员已增加到70多人，各种工艺装备和检测手段相继建立，并建成了小型耐火工业试验厂，为工业性试验提供了条件。1958年成立钢铁研究院时，人员增加到100余人，达到全盛时期。科研任务除一般耐火材料，还增加了特种耐火材料，特别是开创了特种氧化物材料的研究，获得过多项国家科学技术奖和发明奖。

二、基本情况

特种陶瓷与耐火材料事业部设有工艺研究实验室和物理检测实验室。另外，依托中国钢研科技集团设有国家冶金精细品种工业性试验基地、连铸技术国家工程研究中心、国家非晶微晶合金工程技术研究中心、国家钢铁材料分析测试中心等9个国家级研究中心开展工作。

近年来，事业部的经济效益呈现出逐年增长的趋势，2001年9月通过ISO9001质量管理体系的认证。

从2000年起，在国家的支持下，事业部先后获得了两项科技部“科技型中小企业技术创新基金”项目支持，建立了“优质功能耐火材料中试线”和“超高温氧化锆陶瓷发热材料和电炉”两条生产线。生产线的建立，为事业部产品生产规模的扩大，新产品的研制与开发以及经济效益的增长创造了良好的条件。2007年在河北省涿州市钢研精品基地投资建立了特种耐火材料和高温热工炉窑生产厂，厂房建筑面积6800平方米。

近几年，事业部又承担了国家专项项目，添置了系列陶瓷部件研发装备，包括高端陶瓷零部件成型、烧结、加工和检测等设备。主要研究方向和内容包括：

（1）IC装备用高端陶瓷零部件。如AlN陶瓷静电卡盘、Al_2O_3陶瓷静电卡盘、SiC陶瓷方镜等。

（2）陶瓷产品。如AlN陶瓷产品。可用于集成电路用散热基板、激光器用散热件、半导体行业用喷嘴、ZrO_2陶瓷手机背板、B_4C/SiC复合装甲片和铝基SiC等材料，在电子封装、航空航天、军事、汽车等领域具有广泛的应用前景。

目前，事业部有职工32人，技术人员占70%，其中教授级高级工程师2人，高级工程师8人，工程师7人。事业部培养陶瓷与耐火材料领域的硕士研究生，具有授予硕士学位的资格，已先后培养了近20名硕士研究生。

三、主要产品及工艺装备

目前，生产的主要产品包括炼钢、炼铁、连铸、钢包用耐火材料，如转炉和电炉用供气元件，钢包及钢包精炼用透气砖和座砖，电炉出钢口用填充料，出钢口，挡渣塞，高炉Si_3N_4-SiC砖砌泥，高炉炉衬砌泥，高炉炉衬用修补用压入料，高炉铁沟用高铝碳化硅质捣打料及浇注料，高炉碳质捣打料，连铸中间包用CaO过滤器，复合陶瓷棚板，氮化硼水平连铸用分离环及制品，喷砂用高耐磨喷嘴，真空熔炼高温合金用$Mo-Al_2O_3-ZrO_2$、$Mo-Al_2O_3$质测温套管，金属熔液定氧用ZrO_2固体电解质，氧化锆发热体，以及特种氧化物及非氧化物陶瓷制品。

在高温炉窑和工程方面的产品包括步进炉、推钢炉、辊底炉、转底炉等各种燃气加热炉，氧化或还原气氛、真空或压力非标电炉，超高温（>2000℃）电炉等。

四、机构与人事

特种陶瓷与耐火材料事业部为非法人公司，

上级主管部门（股东）是新冶高科技集团有限公司。事业部现设1名总经理和2名副总经理，下设办公室、功能材料部、不定形耐火材料一部、不定形二部、特种陶瓷部、窑炉部和热工装备部等7个部门。

五、企业管理

2000年初，为了全面提高产品质量和管理水平，特种陶瓷与耐火材料工程事业部进行了ISO 9001质量管理体系认证工作。

2001年9月，通过了ISO 9001：94版的质量管理体系认证，初步建立了生产管理体系。

2002年，又完成了ISO 9001：2000版的认证转版工作，共制定和修改了24个生产管理文件。通过ISO 9001质量管理体系认证工作的契机，完善了管理制度，强化了内部管理，规范了产品的生产工艺，使产品的质量明显提高，有效地控制了生产成本。2011年9月30日根据中国钢研集团有限公司关于职业健康安全管理体系工作要求，依据GB/T 28001—2001《职业健康安全管理体系规范》、OHSAS 18001：2007《职业健康安全管理体系要求》及《中国钢研科技集团有限公司职业健康管理手册》，实施了更加系统化、规范化并持续改进职业健康安全绩效管理体系（OHSMS）。2013年按照集团公司管理提升的要求，生产基地全部实现了6S现场管理。

2014年11月12日，由事业部起草，编号YB/T 4440—2014的“转炉、电炉供气元件”冶金行业标准通过了国家工信部正式批准，标准水平被评为国际先进水平，2015年4月1日出版开始正式实施。

事业部所属新冶高科技集团有限公司具有冶金行业甲级工程设计资质、建筑行业乙级工程设计资质和甲级工程咨询资质。

六、科研成果

特种陶瓷与耐火材料事业部依托中国钢研和新冶高科技集团的综合学科优势，着眼于钢铁工业新技术、新工艺及国民经济发展急需的高级特种陶瓷材料和耐火材料的应用研究与基础研究，着手于材料的优选、产品结构的合理与先进生产工艺的现代化，在降低成本、提高效能和延长寿命等方面下功夫。

2001年以来共承担了国家级的重点科研课题5项，获得国家科技进步二等奖1项；省、部级科技进步奖一等奖2项；获得专利17项，其中发明专利11项；发表论文70余篇。

2010年与攀枝花钢铁公司合作的“攀钢半钢炼钢转炉炉龄综合技术研究”项目获得四川省科技进步一等奖；与北京科技大学合作的“电弧炉炼钢复合吹炼技术的研究与应用”分别获得2015年冶金科学技术一等奖和2016年国家科技进步二等奖。

七、服务领域

服务领域主要包括：

（1）特种陶瓷与耐火材料联合研究与开发，技术咨询与应用。

（2）推广冶金炉底吹技术。为客户提供转电炉底吹供气元件、供气阀门站和自动控制系统的设计、制造和服务的全套解决方案。

（3）玄武岩纤维生产技术。连续玄武岩纤维作为新型无机非金属材料之一被列入国家新材料产业“十二五”发展重点。事业部技术团队通过实验研究、工艺改进及装备研发，开发了低成本、高适应性的玄武岩连续纤维的生产技术，提高了玄武岩连续纤维的产品性能。

（4）油页岩干馏提油技术。油页岩属于非常规油气资源，以资源丰富和开发利用的可行性而被列为21世纪非常重要的接替能源。技术团队利用冶金行业多年蓄热式燃烧技术和应用经验，针对油页岩干馏工艺流程的特点，研发了适用于石油化工行业的蓄热式加热炉系统，突破了油气混合加热的核心关键技术，解决小颗粒油页岩的干馏问题，解决了油页岩干馏提油工艺所面临的重要难题，可应用于干馏系统的蓄热式热风炉EPC总包工程服务。

（5）生物质热解综合利用技术。开发了适用于生物质综合利用的气体热载体技术，采用热载体热解方式，利用生物质提取生物质炭和生物质气进行综合利用。生产过程无“三废”排放，具有绿色环保特点，符合国家循环经济发展原则。此外，可将生物质热解产物MCX结合天然矿物等制成土壤改良剂，创新型的运用至农林业，在改善贫瘠土地，促进农作物生长等领域均起到了良好的效果。

（6）转底炉直接还原技术。开发了转底炉直接还原工艺，提供钒钛磁铁矿、红土镍矿以及冶金尘泥等转底炉直接还原成套技术与装备。针对各种低品位复合矿（镍、钒、钛等元素的复杂难处理矿物)、钢铁冶金尘泥(含锌、铅、砷等杂质)及尾矿，利用转底炉直接还原工艺优势，或选择性还原，或高温回收，实现资源综合利用。

中冶焦耐工程技术有限公司

一、历史沿革

中冶焦耐工程技术有限公司（英文缩写ACRE，以下简称“中冶焦耐”）现隶属于中国五矿集团有限公司。中冶焦耐始建于1953年，前身为原重工业部成立的鞍钢黑色冶金设计公司。1958年经原冶金工业部批准，鞍山焦化耐火材料设计院正式挂牌，为冶金工业部直属重点科研院所。1962年鞍山焦化耐火材料设计院更名为鞍山焦化耐火材料设计研究院。1984年改为事业单位企业化管理，实行自收自支。1998年冶金工业部撤销，改为国家冶金工业局，鞍山焦化耐火材料设计研究院随即转属于国家冶金工业局。1999年底，国家冶金工业局撤销，国家将鞍山焦化耐火材料设计研究院划归中国冶金建设集团直属。2000年5月，更名为鞍山焦化耐火材料设计研究总院。2001年初，以完成工商注册为标志，鞍山焦化耐火材料设计研究总院由事业单位转制为科技型企业。2004年10月，鞍山焦化耐火材料设计研究总院改制为中冶焦耐工程技术有限公司。2006年5月，经国资委和国家工商总局批准，中冶焦耐所属的中国冶金建设集团公司更名为中国冶金科工集团公司，进入董事会规范运作试点后又更名为中国冶金科工集团有限公司。2012年中冶焦耐实现战略迁移，整体自辽宁省鞍山市迁移至辽宁省大连市高新园区。2015年12月，经报国务院批准，中国冶金科工集团有限公司整体并入中国五矿集团有限公司成为其全资子企业，中冶焦耐现隶属于世界500强企业——中国五矿集团有限公司。

二、公司简介

中冶焦耐工程技术有限公司业务领域涵盖炼焦化学、耐火材料、石灰、自动控制、市政工程与环境工程等，为客户提供项目规划、咨询、设计、工程监理、设备成套、工程总承包、技术服务等工程建设和运行维护的项目全过程解决方案和服务。

在中国勘察设计行业“百强”企业排名中，中冶焦耐多年位列前二十名，在国内焦化、耐火材料领域持续保持技术引领、高端服务的“产业升级创新者”地位，是中国冶金建设国家队焦化、耐火材料与石灰单元的唯一成员单位，承担着引领中国焦化、耐火材料设计建设向更高水平发展的国家责任。公司拥有甲级工程总承包资质、甲级工程设计资质、甲级工程监理资质、甲级环境污染治理资质、甲级环境影响评价资质、甲级建筑行业工程设计资质、甲级工程造价咨询资质以及国家授予的对外经营权。

截至2019年12月，中冶焦耐共申请专利2138件（PCT专利1件、发明专利1001件、实用新型专利1134件、外观设计专利2件）；拥有有效专利1059件（发明专利251件、实用新型专利806件、外观设计专利2件）；办理计算机软件著作权登记28项；开发具有自主知识产权的专有技术100余项（通过冶金行业协会认定13项；拥有注册商标3件）。

中冶焦耐通过了ISO 9001：2015质量管理体系、GB/T 24001—2016环境管理体系、GB/T 28001—2011职业健康安全管理体系、GB/T 29490—2013知识产权管理体系以及GB/T 23001—2017信息化和工业化融合（两化融合）管理体系认证。中冶焦耐的管理体系是以项目管理为中心，从立项、决策、筹资、组织、实施直至建成后评估，实施科学有效的质量、进度、费用、安全等综合管理，为用户提供E、EP、EPC、EPCM、EPS等多种类型的技术和管理服务，实现项目良好的经济效益和社会效益。

中冶焦耐的企业使命是：把中冶焦耐建设成中国焦化耐火工程技术的中心，把中冶焦耐打造成世界的名牌。回报股东，关爱员工，报效祖国，奉献社会。

中冶焦耐的核心价值观是：以人为本，追求个人与公司的共同发展。

中冶焦耐的发展总战略是：面向国内国际两个市场，以工程技术为基础，以工程总承包和装备制造为主业，以人才和技术为核心竞争力，创新提升，做强做大，持续发展，长富久安。

中冶焦耐的发展愿景和总目标是：建设一流的国际化工程公司。

三、机构与人事

中冶焦耐目前共有11个专业设计室，5个事业部，3个全资子公司以及3个控股子公司。

作为国家级技术创新示范企业，中冶焦耐在耐火材料领域拥有国家级企业工程技术研发中心；拥有通过了中国实验室认可（CNAS）和实验室资质认定（CMA和CAL）双重资质的耐火材料产品质量监督检验中心；主管主办《耐火与石灰》，是全国唯一全面报道耐火材料及石灰领域的科研、生产、使用及发展的国家级科技期刊。成立了耐火与石灰事业部，可为业主提供耐火材料及石灰项目技术咨询、工程设计、工程监理、设备成套、工程总承包等工程建设、开工运维等全流程技术服务。

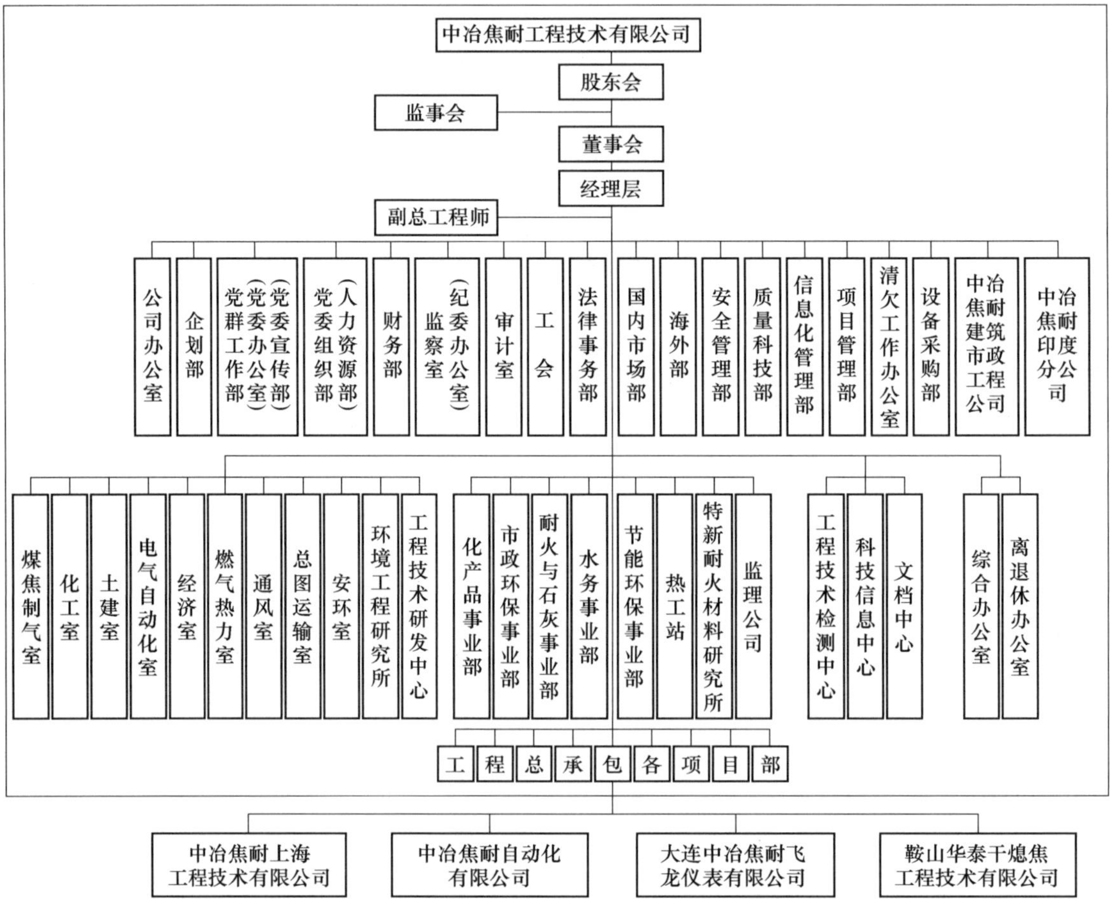

中冶焦耐工程技术有限公司组织机构图

公司现有员工1200余人，其中国家级工程设计大师1人，省级勘察设计大师4人，行业首席专家1人；国家注册工程师近400人，教授级技术职称200余人，高级技术职称600余人；工程设计、技术咨询和技术研发团队共900余人。从事耐火材料及石灰领域咨询与设计的人均工作经验超过15年，90%以上的工程师从事过大型项目的设计工作。

中冶焦耐承担的主要社会职务有中国冶金建设协会常务理事单位、中国金属学会常务理事单位、中国耐火材料行业协会副会长单位、中国石灰协会副会长单位、中国勘察设计协会常务理事单位、中国国际工程咨询协会理事单位。

四、科技成果

截至2019年12月，中冶焦耐的科研开发和技术进步成果如下：

（1）获国家级科技进步奖11项（国家科技进步一等奖1项，“高纯高密度优质镁砂新工艺技术与高温竖窑”项目获国家科技进步二等奖）、冶金行业特等奖1项、冶金行业科技进步奖98项；获国家级协会优秀设计奖18项、冶金行业协会优秀设计奖122项；获国家级协会工程咨询奖6项、冶金行业协会工程咨询奖21项；获国家级协会工程总承包奖9项、冶金行业协会工程总承包奖21项；其他各级各类奖项37项；

（2）获中国专利金奖1项、中国专利优秀奖4项，获国家知识产权示范企业称号；获集团公司技术发明奖2项；

（3）主、参编国际标准2项、国家标准37项、其他行业、地方、团体标准47项；

（4）完成了1000多个设计咨询项目和130多个工程总承包项目（工程总承包项目总投资已超过500亿元），其中焦炉2000余座（年产能超过4亿吨）、耐火厂300余家（年产能超过800万吨）、石灰窑400余座（年产能超过6000万吨）。

五、业务范围

中冶焦耐在我国耐火材料工业的发展进程中发挥了举足轻重的积极作用，取得了可喜成就。

现如今中冶焦耐具有耐火材料领域全面、成熟、先进的设计技术，涵及国家发展改革委发布的《产业结构调整指导目录（2019年本）》中涉及钢铁鼓励类的焦炉、高炉、热风炉用长寿节能环保耐火材料生产工艺；精炼刚用低碳、无碳耐火材料、保温材料及高效连铸用功能环保性耐火材料生产工艺。

中冶焦耐先后设计了国内多条大中型硅砖、黏土砖、高铝砖以及莫来石砖等硅铝系耐火制品生产线，镁砖、镁铬砖等碱性耐火制品生产线，镁碳砖、铝碳砖、铝碳锆等含碳耐火制品生产线，连铸三大件（塞棒、长水口及浸入式水口）、滑动水口等功能耐火材料生产线，同时具有真空油浸系统设计经验，以及绝热板、轻质高铝砖、轻质漂珠砖等隔热耐火材料设计技术。

通过大量的工程实践、自行研发和与高等院校及国外工程公司合作，中冶焦耐拥有丰富的不定形耐火材料及预制件生产线的工程设计和建设经验，充分掌握了炮泥、散料、灌浆料等不定形耐火材料、建筑材料以及焦炉用上升管、焦炉用炉门砖、喷枪、水口、挡渣墙、透气砖、CaS罩预制件的工艺技术。

中冶焦耐具有高铝熟料煅烧，电熔刚玉、湿法合成莫来石等硅铝系耐火原料生产工艺的成熟设计经验；具有高纯镁砂、电熔镁砂、焚烧白云石、烧结镁铬砂等碱性耐火原料生产工艺的成熟设计经验。通过国外技术引进和自主研发相结合，中冶焦耐设计了辽镁公司海城高纯镁砂年产量5万吨焙烧生产线；承担了近年来规模最大的海城海鸣矿业高端镁砂加工项目的工程设计：利用浮选、多层炉轻烧、球磨选粉、高压压球机成球、高温竖窑煅烧工艺生产高纯镁砂技术。

中冶焦耐的冶金石灰技术，也是随着我国钢铁工业的不断发展壮大起来的，已掌握世界上各种先进石灰窑炉技术，拥有完全自主知识产权的全系列回转窑和双膛竖窑技术，以工程设计和总承包形式为国内外客户建设的石灰窑炉数量超过400座，石灰总年产能超过6000万吨，极大地推动了我国冶金石灰技术的发展。

近几年，中冶焦耐积极践行“绿色发展和智能制造”的发展理念，依托丰富的工程经验和技术储备，先后为重点客户解决了环保治理问题，为行业及地方主编“大气污染物排放标准”，助力耐火材料行业实现快速转型升级。中冶焦耐在建设一流的国际化工程公司的道路上，以焦化和耐火材料的投资、建设、运营及全方位服务为主业，以创新奋斗型人才队伍和独占鳌头的技术为核心竞争力，做强做优，坚持为中国耐火材料工业的发展而担当社会责任。

北京科技大学

北京科技大学于1952年由天津大学（原北洋大学）、清华大学等6所国内著名大学的矿冶系科组建而成，现已发展成为以工为主，工、理、管、文、经、法等多学科协调发展的教育部直属全国重点大学，是全国首批正式成立研究生院的高等学校之一。1997年5月，学校首批进入国家“211工程”建设高校行列。2006年，学校成为首批“985工程”优势学科创新平台建设高校。2014年，学校牵头的，以北京科技大学、东北大学为核心高校的“钢铁共性技术协同创新中心”成功入选国家“2011计划”。2017年，学校入选国家“双一流”建设高校。2018年，学校获批国防科工局、教育部共建高校。

建校六十七年来，学校逐步形成了“学风严谨，崇尚实践”的优良传统，为社会培养各类人才20余万人，大部分已成为国家政治、经济、科技、教育等领域尤其是冶金、材料行业的栋梁和骨干。党和国家领导人罗干、刘淇、徐匡迪、黄孟复、范长龙、郭声琨、刘晓峰等都曾在校学习，另有38名校友当选为中国科学院或中国工程院院士，一大批校友走上了省长、市长的领导岗位，一大批校友担任中国一重、鞍钢集团、宝武集团、中国铝业、中国五矿、中国钢研和中国黄金等国家特大型企业的董事长或总经理。学校被誉为“钢铁摇篮”。

学校位于高校云集的北京市海淀区学院路，占地约80.39万平方米（包括管庄校区），校舍建筑总面积97万平方米（包括管庄校区）。学校现有1个国家科学中心，1个“2011计划”协同创新中心，2个国家重点实验室，2个国家工程（技术）研究中心，2个国家科技基础条件平台，2个国家级国际科技合作基地，50个省、部级重点实验室、工程研究中心、国际合作基地、创新引智基地等。特别是2007年，学校作为第一所教育部直属高校牵头承担了国家重大科技基础设施项目——重大工程材料服役安全研究评价设施，并负责筹建国家材料服役安全科学中心。图书馆实体馆藏230万余册（件）。定期出版《工程科学学报》《北京科技大学学报（社会科学版）》International Journal of Minerals，Metallurgy and Materials《思想教育研究》《物流技术与应用》《金属世界》《粉末冶金技术》等学术刊物。

材料科学与工程学院于1996年10月由材料科学与工程系、金属压力加工系、表面科学与腐蚀工程系、冶金系的铸造教研室合并组建而成。1998年12月，应用科学学院的材料物理系和物理化学系无机非金属材料部分并入材料科学与工程学院，成立了材料物理系、金属材料系、无机非金属材料、功能材料与表面技术系、粉末材料系、表面科学与腐蚀工程系、金属压力加工系、铸造研究所等8个系（所）。2001年3月，8个系（所）重新整合，成立了材料学系、材料加工与控制工程系、材料物理与化学系、无机非金属材料系、粉末冶金研究所、功能材料研究所、腐蚀与防护中心、实验测试中心等4系2所2中心。2008年12月，根据学校的发展规划，以材料学院的2所2中心为主构建了新材料技术研究院。材料学院即形成了现在的架构，下设材料学系、材料加工与控制工程系、材料物理与化学系、无机非金属材料系、粉末冶金与先进陶瓷研究所。

材料科学与工程学科是首批国家一级重点学科和国家一级学科博士点，所属的3个二级学科也全部是首批国家重点学科、长江学者奖励计划特聘教授设岗学科，具有硕士学位和博士学位授予权，并设有博士后科研流动站。在2003和2007年教育部的一级学科评估中，分别排名第3（高校排名第2）和第2。2006年在中国管理科学研究院的《中国大学评价》中，排名第1。美国汤森路透公司ESI（Essential Science Indicators）2000～2010数据检索，我院材料科学与工程学科全球排名16，进入该学科领域的1%。2011年据美国ESI数据检索，我校材料学科SCI论文数量一直稳居全球该学科领域的前1%，2010年全球排名16位，2011年排名13位。10余个学会及其二级学会挂靠我院材料科学与工程学科。如中国腐蚀与防护学会及其近10个二级学会。

无机非金属材料是除有机高分子材料和金属材料以外的所有材料的统称。主要研究无机材料的声、光、电、磁、热等性能。新型无机非金属材料是新能源、电子信息、航空航天、生物医学以及环境保护等高技术领域发展的支撑；传统无机非金属材料则涉及国家基本建设所必须的基础材料，量大面广，其质量和性能的提升将产生重大的经济效益和社会效益。《中国大学评价》的统计表明，我校无机非金属材料工程专业连续8年全国排名第一。该专业有中国科学院院士1人，教授12人，副教授7人，博士生导师12人，教育部新世纪优秀人才计划入选者3人，北京市科技新星计划入选者3人，北京市优秀人才计划入选者2人。同时聘请了英国、美国、日本等国外著名大学的知名学者担任兼职教授。

本专业承担了包括“973”计划、“863”计划、国家科技支撑计划、国家自然科学基金和国际合作等研究项目在内的大量国家和大型企业的研究项目。有3个国家、省部级重点实验室，同时与大型企业合作建设有本科生和研究生实习基地，拥有配套齐全的教学和科研平台，为国家和企业重大工程技术问题的解决和人才培养发挥了重要作用，获得了包括国家发明一等奖、二等奖在内的多项国家、省部级奖励。所培养的研究生在Advanced Materials，APL等国际著名刊物发表高水平的学术论文。

在陶瓷和耐火材料领域，用新理论新工艺新技术对传统耐火材料进行了改造，主要成果包括：氮化硅材料制备新技术、氮氧化物的金属燃烧反应合成技术、γ-型莫来石的合成技术、氮化硅铁的性能优化及利用技术、棕刚玉原料深度利用技术、corex炉气化炉拱顶及整体结构设计、新一代大型高炉用高性能污水炮泥性能提升和RH用耐火材料开发技术、新型环境友好金属—非氧化物[Al_4O_4C、$(Al_2OC)_x(AlN)_{1-x}$、Si_3N_4、SiC、Sialon、AlN多形体、MgAlON、Ti(C,N)]—氧化物复合耐火材料制备技术、固体废弃物、尾矿资源的综合利用技术、水泥生产流程无铬化工艺技术、水煤浆加压气化炉用无铬耐火材料的制备技术等。

面向新世纪，学院的发展目标是：建成学科方向齐全、综合实力雄厚、国内前茅、国际上有重要影响的人才培养、基础研究与技术创新的高水平研究型学院。

河南工业大学高温耐磨材料河南省工程实验室

河南工业大学（Henan University of Technology）位于河南省会郑州市，是河南省重点建设高校。建校以来，学校秉承“明德、求是、拓新、笃行”的校训，大力弘扬“崇尚科学、勇于探索、报国兴学、自强不息”的工大精神，坚持“育人为本、质量立校、特色发展”，在人才培养、科学研究、社会服务和文化传承创新等方面做出了重要贡献。从1956年建校至上世纪末，为中央部属院校；1959年开展本科教育，1981年开始研究生教育；1998年划归河南省管理；2010年，河南省人民政府和国家粮食局签约共建河南工业大学。经过半个多世纪的建设，形成了以工学为主，工学、理学、经济学、管理学、法学、文学、艺术学和农学等多学科协调发展的办学格局，具备学士、硕士、博士三级人才培养体系，入选国家首批“2011协同创新计划”、教育部“中西部高校基础能力建设工程”和“卓越工程师教育培养计划”，建有“食品科学与工程”博士后科研流动站和两个国家工程实验室，已经成为全国粮食行业、磨料磨具行业和河南省重要的人才培养、科学研究基地。

学校办学特色鲜明，学科优势突出，拥有全国最完整的粮油食品学科群和实力雄厚的超硬材料学科群。现有20个教学单位，68个本科专业，18个硕士一级学位授权点，113个硕士二级学位授权点，拥有6个类别的专业硕士学位授予权，5个国家级特色专业，3个国家级卓越工程专业，3个国家级综合改革试点专业，11个省级特色专业，6个双学位专业，18个省级一级重点学科，涵盖99个省级二级重点学科。学校具有同等学力申请硕士学位授予权和高校教师硕士学位授予权。现有教职工2177人，副高级职称以上912人，专任教师1600余人，博士597人。教师队伍中享受国务院政府特殊津贴专家21人，百千万人才国家级人选1人，全国优秀教师6人，河南省中原学者1人，省级特聘教授10人，校级特聘教授4人，河南省政府特殊津贴专家1人，省部级优秀教师、优秀专家、教学名师、有突出贡献专家等90余人，省学术技术带头人、青年骨干教师、杰出人才创新基金获得者等140余人。建有“食品科学与工程”博士后科研流动站，目前进站博士后人员9名。学校具有副教授任职资格评审权。

河南工业大学材料科学与工程学院已有50多年发展历史，材料科学与工程专业是河南工业大学特色专业之一。多年来，在全国磨料磨具、超硬材料行业形成了自己的优势。学院拥有一支结构合理的师资队伍，荟萃了一批行业知名的专家学者。现有教授22人，副教授、高级工程师、高级实验师27人，博士后2人，博士43人，硕士生导师28人，具有硕士及以上学位者占专任教师的88%。现有材料学硕士点及材料学省级重点学科，有多个省级材料研究机构如高温耐磨材料河南省工程实验室、河南工业大学高温耐磨材料研究所、重点学科超硬材料开放实验室、河南省高校超硬材料及制品工程技术中心、郑州超硬材料协同创新中心、郑州市（中意合作）清洁能源重点实验室。具有实验室面积16000平方米，仪器设备1200余台套，总价值2000余万元。学院具有良好的办学条件，近年来先后承担国家科技重大专项、国家自然科学基金项目、河南省科技重大专项、省杰出人才基金项目共12项，省部级科技攻关项目68项，企业合作项目76项。出版教材、著作18部，近年来在国内外著名刊物上发表论文400余篇，其中被SCI、EI收录73篇。申请国家专利18项，其中授权3项发明专利，1项实用新型专利。获省部级科技进步奖8项。

高温耐磨材料河南省工程实验室是2012年9月经河南省发改委批准组建，依托河南工业大学材料科学与工程学院，由九三学社河南省委、河南能源化工集团与河南工业大学联合共建的创新平台。目前工程实验室面积达2000m^2，实验仪器价值1000多万元。仪器精度高，功能强大，能完成高水平的科研项目。建有“材料制备实验室”“常温性能检测实验室”“高温性能检测实验室及显微结构分析实验室”。

材料制备实验室主要有无机材料粉体的加工、混合、造粒、成型及破碎机、粉磨机、混合机、造粒机、压力机、振动台及切磨车加工设备等；

常温性能实验室为耐火材料的常温性能实验检测，包括：力学性能综合试验机（耐压强度、抗折强度）、常温耐磨实验机、体积密度和显气孔率检测仪等。

高温性能实验室为耐火材料的高温性能实验检测，包括各类高温电炉、气氛控制炉、高温综合力学性能试验机、高温耐磨试验机、热重分析仪、抗爆裂炉等。

结构实验室主要有扫描电镜（含能谱和电子背散射衍射系统）、光学显微镜、X-射线衍射仪等设备。

实验室定位于高温耐磨材料的基础研究、新材料开发、工程模拟、产业化推广及应用为一体的科研机构。立足河南，服务全国，面向世界。力争在平台建设、人才队伍建设、核心技术及创新体系建设等方面有新的突破。主要研究方向如下：

（1）高温耐磨新材料设计与制备技术；

（2）高温耐磨材料生命周期变化与仿真技术；

（3）高温耐磨材料绿色制造技术；

（4）高温耐磨材料性能表征和评价方法。

工程实验室有专、兼职教学科研人员10余人，中青年占到总人数的80%，队伍年龄搭配合理，人才结构搭配合适。其中教授5人、副教授5人、讲师2人；具有博士学位教学科研人员10人，形成了一支学术带头人、中青年学术骨干为主的学术队伍。多人担任研究生导师及中国金属学会耐火材料分会委员、中国硅酸盐学会耐火材料分会理事、全国耐火材料标准化技术委员会委员、中国耐火材料行业协会专家等。负责《无机非金属材料工艺学》《无机材料物理化学》《超硬材料制备》《材料科学与技术基础》和《陶瓷材料学》等专业主干课程的教学。承担十余项省部级重点科研项目，其中耐火材料方面的项目主要有："炼钢连铸用滑板水口功能耐火材料绿色制造技术研究""改性板状刚玉颗粒对烧成 Al_2O_3-C 滑板结构和性能的影响""铝粉包覆板状刚玉颗粒的制备及其对 Al_2O_3-Al-C 耐火材料性能的影响""低蠕变长寿莫来石—堇青石窑具的研制""废弃含碳耐火材料资源化关键技术及其应用研究""金属铝纤维增强堇青石陶瓷的研究""铝工业废弃物的稳定化处理及应用研究"。发表学术论文100多篇。申请/授权发明专利20余项。

河南科技大学材料科学与工程学院

河南科技大学（简称河科大，英文简称：HAUST）坐落于"千年帝都，牡丹花城"、中原城市群副中心城市——洛阳，是国家国防科工局与河南省人民政府共建高校、国家中西部高校基础能力建设工程支持高校、教育部本科教学水平评估优秀高校，也是河南省重点建设的三所综合性大学之一、"丝绸之路大学联盟"理事高校、全国深化创新创业教育改革示范高校和国家级专业技术人员继续教育基地。学校1952年创建于首都北京。1956年，应国家工业基地建设布局的需要迁至洛阳，后更名为洛阳工学院，隶属于国家机械工业部。1998年，划转至河南省管理，实行中央与地方共建。2002年，河南省委、省政府为优化全省高等教育结构布局，报经教育部批准，由洛阳工学院、洛阳医学高等专科学校、洛阳农业高等专科学校合并组建河南科技大学。学校是河南省重点建设的三所综合性大学之一，与国家国防科工局共建高校和国家中西部高校基础能力建设工程支持学校。学校占地面积4600余亩，有开元、西苑、景华和周山4个校区，其中开元校区占地面积3660余亩。现有全日制普通本科生、研究生、留学生共41000余人，非全日制成人教育生23600余人。学校涵盖理、工、农、医、经、管、文、法、史、教和艺术学等11大学科门类，设有31个学院，97个本科专业。其中14个本科专业、5个硕士专业获批省级以上"卓越工程师、卓越医生、卓越农林人才、卓越法律人才培养计划"；拥有4个博士学位授权一级学科，2个博士后流动站；有38个硕士学位授权一级学科，12个专业学位研究生招生类别；有28个河南省一级重点学科，三个国家"十三五"国防特色学科。学校现有国家级教学团队、特色专业、专业改革综合试点、精品（资源共享）课程、精品视频公开课、双语教学示范课、实验教学示范中心等本科教学工程项目17个，教育部"长江学者和创新团队发展计划"项目1个，省部级教学团队、特色专业、精品课程等质量工程项目98个；有教授、副教授等高级专业技术人员1012人，具有博士学位的教师1195人；拥有双聘院士9人，"中原学者"3人，"百千万人才工程"入选者3人，省特聘教授14人，享受国务院政府特殊津贴专家46人，省学术技术带头24人。学校有12个河南省特聘教授设岗学科，46个国家级、省部级重点实验室、工程技术（研究）中心和人文社科研究基地，2个河南省协同创新中心。近五年来，学校先后承担国家重大专项、国家重点研发计划、国家“973”计划、“863”计划、科技支撑计划（包括子项）等项目32项，国家自然科学基金、国家社会科学基金等项目333项；获国家科学技术奖6项，省部级科技进步奖、优秀社科成果奖等140项；《河南科技大学学报》自然科学版是全国中文核心期刊，被评为教育部“全国高校优秀科技期刊一等奖”。

河南科技大学材料科学与工程学院的前身是洛阳工学院机械系，成立于1958年，并开始招收本科生，1983年起招收硕士研究生，具有一级学科博士学位授予权和一级学科博士后流动站。材料科学与工程学院是河南省材料科学研究领域的优势单位，长期以来，学院遵循“突出特色，提高水平，直接为行业和地方经济建设服务”的指导思想，立足河南、面向全国，致力于材料科学与工程领域新材料、新技术、新工艺的研究开发，形成了特色鲜明的科学研究方向。学院拥有国家、省部级研究平台15个，国家级教学团队1个，教育部长江学者和创新团队发展计划入选团队1个，河南省创新型科技团队7个。

学院拥有25000m^{2}实验室，教学实验仪器设备总值6000余万元，近年来，先后承担国家“863”计划、国家“973”计划、科技部重点研发计划、国家自然科学基金、河南省重大科技攻关、河南省杰出人才创新基金、河南省杰出青年科学基金等省部级以上重大科研项目100余项，获国家和省部级科技奖励80余项、国家发明专利600余项，在一些研究领域达到国际先进水平和国内领先水平。2013年、2016年和2017年，三次获得国家科技进步二等奖。学院现有教职工140人，其中专任教师127人，博士92人，硕士30人，博士占师资总数72.4%，博士生导师24人，硕士生导师68人，教授37人，副教授、高级工程师39人，讲师、工程师23人。拥有国家百千万人才工程3人，中原学者3人，教育部新世纪人才1人，河南省教学名师3人，河南省特聘教授1人，河南省讲座教授3人，省部级专家、学术带头人18人。学院一贯重视本科人才培养，经过60年的发展，已积累形成一套行之有效的产学研用合作的高级工程技术人才培养模式。毕业生深受用人单位欢迎，初次就业率高于国内同类专业平均水平。学院本科毕业生约1/3考取国内重点院校研究生，还有部分毕业生出国深造。在广大教职工的共同努力下，材料学院近几年取得了丰硕的科研成果。目前承担国家863、973项目、国家自然科学基金等国家级项目12项、河南省杰出人才创新基金、河南省杰出青年基金、河南省高校创新人才基金等省部级科研项目43项，年均科研经费800余万元。获河南省、原机械工业部和兵器工业部等省部级科技进步奖17项。河南省自然论文一等奖15项、二等奖26项。科研鉴定65项。近年来，在国内外学术刊物和学术会议上发表论文近900篇，其中300余篇被国际四大检索系统收录，出版学术专著及教材15余部，申请国家专利40余项，已获得发明专利9项，实用型专利20余项。近3年来，学科点科研成果被企业采用12项，技术转让费1121万元，为企业创造经济效益达1.60亿元以上。

河南科技大学无机非金属材料工程专业是根据社会需求，结合中西部地方产业和本校条件于2001年成立的专业。专业2012年入选河南省卓越工程师培养计划，2013年获批河南省特色专业。专业所在的材料科学与工程学科是原机械部、河南省第一层次重点学科和国防特色学科，为学校最早取得硕士点学科之一（1986年），拥有材料科学与工程一级学科博士授权点（2013）和博士后科研流动站（2014）。有国家大学生实践教育基地、重型装备工程实践教育中心等17个国家、省部级实习、实训和教学科研创新基地。专业现有专任教师22人，来自企业、行业的兼职教师23名。其中，教授3人、副教授10人，占比59%；具有博士学位18人，占比82%；有海外学习和受教育经历8人，占比36%；具有工程背景14人，占比64%。享受国务院政府特殊津贴专家1人，河南省学术技术带头人1人、河南省特聘教授1人、河南省教育厅学术技术带头人1人，河南省高校青年骨干教师1人。师资队伍结构合理、教学科研水平高，工程能力强。

无机非金属材料工程专业现为博士学位、硕士学位授权专业，河南省特色专业，河南省卓越工程师计划培养专业。在长期办学过程中，本专业形成了“平台+特色”（四个基础平台+两个特色模块）的多元化人才培养模式，专业结合中原地区产业优势，在耐火材料、光伏材料和电子陶瓷等方面专业人才培养上形成了鲜明的专业特色。近三年培养本科生209人，已累计培养本科毕业生1100余人；近三年平均一次就业率保持在94%以上，已成为中原地区乃至全国无机非金属材料领域高级工程技术人才的培养基地。

无机非金属材料工程专业的主要科研方向为环境友好、资源节约型高温材料和新型陶瓷材料。环境友好、资源节约型高温材料旨在开发和应用在生产制备、筑衬施工、使用和维护过程中节能，材料和人力消耗少，无有害排放和污染的新型无机非金属材料，满足高温工业用。对于能源、原料资源、环保、洁净钢冶炼等挑战，该研究方向有重要现实意义。新型陶瓷材料主要研究微波介质陶瓷、压电陶瓷和高温高强泡沫陶瓷等功能陶瓷。目前承担国家自然基金项目3项，河南省杰出青年科学基金、河南省高校创新人才基金、河南省科技攻关等省级项目20余项。在国内外发表学术论文100余篇，其中被SCI、EI收录40余篇。申请国家发明专利30余项。获河南省科技进步二等奖等奖项5项。

河南科技大学高温材料研究院是以满足高温工业尤其是冶金工业用高温材料为主要研究对象，包括新型合成耐火原料、不定形耐火材料、耐热工业陶瓷等的组成、结构、性能与应用效果之间的关系和相关应用技术。该院的使命是在高温材料的研发和应用上多出成果，大力开展产学研合作，促进成果转化为生产力，为本校无机非金属材料专业的人才培养提供支撑。

华北理工大学
（无机非金属材料工程专业）

华北理工大学材料科学与工程学院无机非金属材料工程专业，起源于1958年开设的硅酸盐专业，目前有齐全的专业门类和高水平的教学与研究平台。拥有材料科学与工程硕士学位授权一级学科及材料工程领域工程硕士学位授予权。材料科学与工程学科为河北省博士授权单位支撑学科，材料学学科为河北省重点学科。

专业有国家级无机非金属材料实验教学示范中心及河北省实验教学示范中心、河北省无机非金属材料重点实验室、河北省工业固废综合利用工程技术研究中心、唐山市无机非金属材料重点实验室、唐山市功能高分子材料重点实验室、唐山市环境功能材料重点实验室等教学和科研机构。

目前专业从事耐火材料研究教师9名，其中专任教师7人，专任教师中具有博士学位5人，正高职教师5人，硕士生导师5人，40岁以下5人，河北省三三三人才1人。

专业树立质量观念、特色观念和素质教育观念，坚持科研与教学协调互动，注重理论与实践有机结合，顺利通过本科教学工作审核评估、材料科学与工程学科学位点水平评估和合格评估。在全国第四轮学科评估中，材料科学与工程学科为华北理工大学9个上榜强势学科之一。《无机材料科学基础》为河北省精品课程。《无机材料热工基础》为校级优秀课程。

近年来，专业依托“河北省无机非金属重点实验室”“河北省耐火材料工程技术中心”，立足冶金行业，跟踪高温材料学科前沿，开展耐火原料制备技术、耐火材料高温服役应用和保温隔热材料制备技术研究，加强高温结构材料新技术开发与转化，实现了较快发展。先后承担国家自然科学基金项目3项，河北省自然科学基金项目6项，河北省军民融合项目1项，校企合作项目6项。获得河北省技术发明二等奖1项，河北省科技进步奖三等奖一项，唐山市科技进步奖一等奖一项，授权发明专利6项。并在本科生和研究生培养上成绩显著，获校级优秀硕士学位论文奖多人，河北省大学生挑战杯科技竞赛一等奖1项。

在镁质耐火制备中，创新性提出采用葡萄糖作为镁质干式料结合剂。在镁质原料制备方面，进行$MgO-NiO-TiO_2$新材料的设计和性能研究，获得抗渣蚀能力强、抗渗透性能好、抗水化能力强的镁质合成熟料，揭示了熟料致密化机理，确定了熟料的最佳组成和合成工艺条件，并将$MgO-NiO-TiO_2$熟料成功应用于镁质浇注料中。

在透气材料方面，研制刚玉—莫来石质透气芯材料，揭示颗粒级配与透气材料性能的关系规律，确定了最佳的颗粒配比，研制成功只需低温烘烤后就可直接使用的中间包透气材料；研制了镁橄榄石质中间包弥散式透气砖。

在耐火材料设计理论与制备技术方面，为解决高碳含量碳复合耐火材料极不利于洁净钢冶炼和绿色环保方面的要求，研究中充分利用氧化锆、锆酸钙优良特性及结构调控，提出复相改性与热失配综合控制技术思路，揭示了Mg-Ca-Zr-O系无碳净钢钢包内衬材料中$CaZrO_3$的生长与烧结机理及其复相材料结构控制机制。

在保温隔热材料制备技术方面，运用材料仿生设计理念，依据北极熊多腔中空毛发赋予其优异保温隔热性能的生物现象，提出陶瓷绝热纤维仿生多腔中空结构设计构思；采用静电纺丝技术，利用相分离原理，成功制备仿生多腔中空结构的氧化铝、氧化锆、莫来石、镁橄榄石和锆酸镧等陶瓷隔热纤维。同时，采用溶胶-凝胶自组装技术合成出适用于主动热防护的高红外发射率的 $MoSi_2$ @ SiO_2 粉体，利用高温固相法合成出堇青石体系的高辐射率红外辐射材料。

协办了首届中国冶金炉料交易洽谈展览会，有多名教师与研究生先后参加了历届武汉耐火材料学术年会、全国耐火材料青年学术报告会和第七届国际耐火材料会议，并多次应邀做口头学术报告。其中，研究生刘盼获得厚植奖学金 1 次。

专业积极与高校及公司交流，与国内企业，唐山国亮、唐山瑞兴等耐材公司建立长期稳定的合作，申报并获批了“河北省耐火材料工程技术中心”，设立了“国亮奖学金”“瑞兴奖、助学金”社会奖学金。

辽宁科技大学

（无机非金属材料工程专业）

辽宁科技大学无机非金属材料工程专业是学校具有鲜明特色的教学、科研单位，在学校的发展与建设中具有重要地位，无机非金属材料工程专业所属辽宁省镁质材料工程研究中心是辽宁省镁质材料产业技术创新战略联盟落户依托单位。辽宁省镁质材料工程研究中心主要承担高温材料、菱镁矿选矿提纯、镁化工、镁建材四大方向人才培养和科学研究工作。无机非金属材料工程专业现有教职工 30 余人，专业教师 22 人，其中具有博士学位 9 人，教授 7 人，副教授 8 人，具有博士学位 9 人，具有博士后经历的 2 人，国家级耐火材料专家 2 人，省级耐火材料行业专家 6 人，二级教授 2 人，博士生导师 2 人，硕士生导师 16 人，还聘任国内外知名学者兼职教授 12 人。中心现有二级学科博士点 1 个、一级学科硕士点 1 个、二级学科硕士点 3 个。

无机非金属材料工程专业是学院以高温材料为特色的主体专业，主要承担博士、硕士研究生、本科生、非学历工程技术人员四个层次的人才培养任务，每年招收博士、硕士、本科生 160 余名，每年为耐火材料企业培训工程技术人员 100 名左右。

无机非金属材料工程实验中心具有齐全的高温材料研究与检测设备。目前，承担国家、省、市企业各类科研项目百余项，其中国家“十二五”科技支撑项目 6 项。曾获国家级星火计划奖 1 项，省部级科技进步一等奖 4 项、二、三等奖 11 项及多项市级奖，省部级教改一等奖 2 项、二、三等奖 3 项，撰写专著及主编教材 8 部等，发表论文 500 余篇，获授权发明专利 21 项。近年来，围绕钢铁冶金、建材、有色金属等领域用高温材料进行广泛、深入、系统研究开发，尤其新型碱性耐火材料成果显著，和全国几十家企业有科技开发合作关系，为企业创造了可观的社会和经济效益。

无机非金属材料工程专业树立质量观念、特色观念和素质教育观念，坚持科研与教学协调互动，注重理论与实践有机结合，顺利通过本科教学工作审核评估、材料科学与工程学科学位点水平评估和合格评估。实施了“无机非金属材料专业卓越工程师培育计划”，年培养毕业本科生一百三十余人、研究生 30 人左右。在本科生和研究生培养上成绩显著，获辽宁省优秀硕士 3 人、中国冶金教育学会优秀硕士论文奖 1 人。大学生创新创业竞赛获国家级 trizs 创新方法大赛二等奖 1 项、三等奖 1 项，大学生创新计划项目实现国家级奖励的突破。选派优秀青年教师赴日本、英国、清华大学、北京科技大学等访学交流，获辽宁省先进工作者 1 人，辽宁省“双千计划”中青年拔尖人才 1 人。

在平台建设及项目合作方面，近年来，专业依托“辽宁省镁质材料工程研究中心”“辽宁省镁资源与镁质材料工程研究中心”“辽宁省镁质材料公共研发平台”“辽宁省镁质材料产业技术创新战略联盟”“对接海城菱镁新材料产业集群”“大石桥镁产品及深加工产业集群”和“辽宁镁产业协同创新中心”等七大科研平台，深度整合资源，实现了快速发展。先后承担、完成国家科技支撑计划项目、国家自然科学基金重点项目等省部级及以上项目 14 项，与鞍钢、太钢、攀钢等单位开展合作研究 100 余项，经费 2000 余万元，授权发明专利 21 项。

在耐火材料基础理论研究方面，承担“低品位菱镁矿制备镁质复相耐火材料基础研究”“镁基复相耐火材料烧结与热稳定耦合机理及调控研究”

"元介孔 SiO_2 超级隔热基体材料的结构调控、钛掺杂行为及作用机理研究""石墨碳毡在液流电池应用及机理研究"项目获批国家自然基金资助，"竖式连续化生产新型石墨化电煅炉"项目获省科技进步三等奖；与聚龙集团合作，共同研发新型保温墙体材料。开展合成高纯镁橄榄石研究，采用菱镁矿尾矿、滑石等廉价材料通过高温煅烧合成高纯镁橄榄石，可以应用于转炉永久层砖、中间包永久层浇注料、玻璃窑蓄热室砖、中间包涂抹料、中间包挡渣墙以及复合砖绝热砖等。开发不烧镁钙材料，具有耐高温、抗侵蚀、热力学稳定性好的优良性能及净化钢水的功能。在生产洁净钢方面，特别是在不锈钢的冶炼中，有着其他耐火材料不可比拟的独特作用，其化学组成（质量分数）为 MgO 50%～80%，CaO 20%～50%。物理性能指标为：体积密度 3.00～3.10g/cm^3；显气孔率 8%～12%；常温耐压强度 40～85MPa；常温抗折强度 10～14MPa。

菱镁矿窑炉创新技术方面，从事"菱镁矿高效制备重烧氧化镁新技术研究"和"菱镁矿高效制备重烧氧化镁绿色生产装备研制"。研究了压力条件下块状菱镁矿的烧结机理，得到了在竖炉生产过程中块状菱镁矿分解、烧结过程中体积、气孔、晶粒等变化规律；解决了相应关键技术和瓶颈问题，首次设计、建成大型全密闭哑铃结构自动化清洁生产重烧氧化镁竖炉，实现重烧氧化镁连续高效生产，优质品率提高 25%，节能 25%以上；实现菱镁矿碎矿利用率 100%，有利于重烧氧化镁产业高效益发展；重烧镁砂生产过程中烟气中粉尘浓度 28mg/m^3，优于任务书规定的指标，固体排放物实现 100%有效利用。

在校企合作、校地合作方面，加强与政府、协会的合作、与辽宁省工特办、鞍山市政府、海城市政府、大石桥市政府、宜兴市丁蜀镇政府、辽宁省非金属矿协会等部门紧密联系，申报科研项目。紧紧跟踪辽宁菱镁行业发展形势，积极参与重大关键技术问题、瓶颈问题、环保问题的调研、论证及项目实施，如菱镁矿三大窑炉改造等。参与完成中国耐火材料行业"十三五"发展规划，主持完成辽宁省镁质材料行业"十三五"发展规划，鞍山菱镁产业升级发展实施方案的制定。举办国内菱镁行业人才培训班 3 次，共计 200 余人，组织召开鞍山地区菱镁行业升级发展座谈会 10 余次，服务地方菱镁产业经济建设和平台建设。与吉林大学于吉红院士合作筹集省重点实验室，围绕无机合成材料方面开展合作。与清华大学谢志鹏教授合作，开辟镁质陶瓷新方向，选拔优秀硕士生与清华大学联合培养。与南京航空航天大学余红发教授团队合作，成立镁建材研究所。加强与企业的联系与合作，先后与辽宁中镁控股股份有限公司共建镁质高温材料研发中心。

辽宁科技大学与浙江自立、山东圣川两家耐火企业联合主办首届东北地区氧化铝基耐火材料技术与应用交流会，承办辽宁非金属矿工业协会一届六次理事会暨专家委员会成立大会；主办辽宁科技大学 2017"新型功能材料与镁基功能材料"学术年会，主办"第七届中国辽宁（营口大石桥）国际镁质材料（创新成果）博览会"等大型国际国内会议，扩大专业的影响。与海城峰驰集团共建辽宁科大—峰驰镁建材研究院，并成立辽宁科大峰驰镁建材有限公司，探索校企合作新模式。

武汉科技大学

（无机非金属材料工程专业）

武汉科技大学材料与冶金学院无机非金属材料工程专业，1961 年开始招收本科生，1986 年获材料学硕士学位授予权，1998 年获材料学博士学位授予权，2005 年、2010 年分别获材料科学与工程一级学科硕士、博士学位授予权，2009 年设立材料科学与工程博士后流动科研站，是国家重点（培育）学科、原冶金部及湖北省重点学科和优势学科、湖北省"楚天学者"首批设点学科、国家级高等学校特色专业建设点、湖北省本科品牌专业。

专业建有在耐火材料与钢铁冶金交叉领域唯一的国家重点实验室——省部共建耐火材料与冶金国家重点实验室，建有"高温材料与炉衬技术国家地方联合工程研究中心""中央与地方共建材料结构与性能基础实验室""中央与地方共建先进耐火材料制造技术专业实验室""湖北省材料学基础实验教学示范中心""高温材料与炉衬技术湖北省工程研究中心""武汉市耐火材料与高温陶瓷工程技术研究中心"以及经中国实验室国家认可委员会认可的"湖北省耐火材料产品质量监督检验站"。本专业以耐火材料为特色，经过半个多世纪的建设，已成为我国从事耐火材料专门技术人才培养及科学研究的重要基地，在耐火材料领域综合水平处于国内领先地位，在国际上有较大影响。

专业目前已经形成了一支年龄结构、学历结构和职称结构合理、朝气蓬勃、富于创新的师资队伍。现有教师56名，其中专任教师41人，专任教师中具有博士学位38人、正高职教师25人、博士生导师15人、40岁以下20人。享受国务院及政府津贴的专家4人，国家“千人计划”专家3人，教育部新世纪人才1人，湖北省百人计划高层次人才2人，湖北省“楚天学者计划”特聘教授5人，湖北省新世纪高层次人才工程2人，省部级以上有突出贡献的中青年专家4人。全国师德标兵1人，湖北省五一劳动奖章3人，湖北省五四青年1人，宝钢优秀教师奖3人，湖北名师工作室1人。10余位教师在国内外各类学术团体中任职。

专业树立质量观念、特色观念和素质教育观念，坚持科研与教学协调互动，注重理论与实践有机结合，顺利通过本科教学工作审核评估、材料科学与工程学科学位点水平评估和合格评估。建有教育部面向冶金行业复合型人才培养模式创新实验区，实施了“无机非金属材料专业卓越工程师培育计划”，探索新工科人才“创意—创新—创业”教育体系，试行国际化培养机制，提高学生国际化视野。建立无机非金属材料工程专业课程群跨学科国家级高等学校教学团队，《耐火材料工艺学》为国家级精品资源共享课程，《硅酸盐物理化学》为省级精品课程。年培养毕业本科生一百余人、研究生50人左右。在本科生和研究生培养上成绩显著，获湖北省优秀硕士、博士学位论文奖多人、中国冶金教育学会优秀硕士论文奖1人，美国大学生数学建模竞赛和交叉学科建模竞赛二等奖1项，创业典型1人，等等。材料科学与工程学科在第四轮全国高校学科水平评估中位列参评高校的第35名，进入B等级，入选湖北省国内一流学科建设行列，材料科学学科排名进入ESI前1%。

近年来，专业依托“省部共建耐火材料与冶金国家重点实验室”，立足冶金行业，注重跟踪学科前沿，围绕我国耐火材料和冶金中的共性基础理论与所面临的节能降耗与资源环境问题，开展耐火材料设计理论与制备技术、耐火材料高温服役行为及功能化、特色冶金资源高效利用方向的前瞻性和基础性研究，加强具有自主知识产权的高性能耐火材料新技术开发与转化，实现了快速发展。实验室先后承担、完成国家“973计划”“863计划”、国家重点研发计划、国家军工重点项目、国家自然科学基金重点项目等省部级及以上项目196项，与宝武、马钢、攀钢等单位开展合作研究300余项。四年来，获得国家和省部级奖励30余项，其中国家技术发明二等奖2项，国家科技进步二等奖1项，省部级一等奖11项，出版专著及教材12部，授权发明专利286项，实用新型专利28项，国际发明专利1项，软件著作权5项。

在耐火材料设计理论与制备技术方面，在耐火材料低碳化、轻量化、不定形化和低温催化合成非氧化物方面的研究取得了重大进展。为解决碳复合耐火材料低碳化与热震稳定性和抗渣渗透性的矛盾，实验室发现了陶瓷相/纳米碳异质结构，提出纳米碳杂化协同增强和陶瓷相原位控制技术思路，揭示了低碳复合耐火材料中多维增强相的生长机理和控制机制。其成果在马钢、武钢等滑板、塞棒、出钢口及VOD钢包炉上试验，取得显著效果。首次提出重质耐火材料轻量化概念，发现多孔骨料/基质特殊界面的增强作用。完成了轻量刚玉骨料的生产，相关产品已经在钢包等上使用。提出“自”结合传统耐火材料烧成制品不定形化，利用耐火材料自身结构和遗传特性，研制了氧化硅结合硅质浇注料、黏土结合硅酸铝质不烧砖、氧化镁微粉结合镁质浇注料，其性能与烧成制品相当，为解决传统耐火材料制品烧成中能耗高、污染大等问题提供了条件。同时，针对不同工况条件对不定形耐火材料，特别是在线造衬不定形耐火材料的结合系统和流变性能要求，提出溶胶-凝胶可控促凝的成套技术，开发出满足高炉本体内衬热态在线维修造衬用Al_2O_3-SiC-C喷射料、炉缸用早强Al_2O_3-SiC-C泵送料、压入料及灌浆料，并推广应用。针对超高温陶瓷材料存在烧成温度高、周期长、能耗大，产品形貌难以控制，无法得到大量晶须等问题，实验室系统开展了高效纳米催化剂的合成及其低温催化制备ZrB_2等非氧化物、原位生成Si_3N_4等非氧化物晶须的研究工作。制备了一系列双金属和三金属纳米催化剂。提出了微波溶胶-凝胶低温合成非氧化物耐火材料超细粉体、微波熔盐法低温合成非氧化物耐火材料超细粉体和低温催化氮化、催化碳化制备非氧化物耐火材料的新方法，低温催化制备氮化物、硼化物及其复合粉体。

在耐火材料高温服役行为及功能化方面，创新性地提出“液相隔离层”理论，其工作获得

2011年国家科技进步二等奖。在此基础上，发明了一种可应用于超洁净钢和高温合金冶炼的致密颗粒氧化钙的制备技术，用该方法制备的颗粒氧化钙不但使用温度高和高温性能稳定，而且抗水化性能好。提出控制 Al_2O_3-C 耐火材料在连铸过程中的氧化铝碳热还原反应速率的措施，为高性能连铸用关键耐火材料的制备和提升洁净钢冶炼技术提供理论依据。揭示了复杂服役条件下炉衬构件交变应力损伤机理，实现了炉衬构件冲蚀损伤预测，形成了面向多种损伤形式的炉衬系统化设计技术，实现了其渣蚀过程中相组成、分布及其“界面隔离层”的预测与有效控制。进一步探索电磁效应引起的耐火材料与熔渣间作用的新机制和新现象，提出电磁下耐火材料与熔渣界面行为的调控及其场防护作用。

在特色冶金资源高效利用方面，针对宜昌镁橄榄石矿物特性，合作在宜昌建有尖晶石-碳化硅-碳砖和镁橄榄石-碳砖的中试线、在无锡建有连铸中间包用镁橄榄石干式振动料的中试生产线、在北京建有转炉热态修补料生产线。制定了《转炉热态修补料》和《耐火材料用烧结镁橄榄石》行业标准。同时，电熔制备出镁橄榄石匣钵，应用于工业合成钴酸锂的推板窑中。改进后的电熔镁橄榄石匣钵最高使用次数为100次，一般使用次数为70～80次，而日本莫来石—堇青石匣钵的一般使用次数为20～30次。攻克了高钛型高炉渣“提钛成本高、钛回收率低、污染环境及尾渣无法利用造成环境严重二次污染”等重大技术难题，使高钛型高炉渣的高附加值综合利用率达到95%以上，实现了高钛型高炉渣的整体、无二次污染的规模化消纳及高附加值资源化综合利用。将钛铁合金冶炼所产生的 Al_2O_3-CaO-TiO_2 系固体废弃物资源进行低成本纯化除杂后，应用到耐火浇注料中，在中间包、钢包、铁沟、炮泥、提钒炉内衬、水泥回转窑、有色冶炼炉等得到推广应用。

专业每年主办和承办有关国内外学术会议。2014年主办国际耐火材料论坛，2015年中国—奥地利耐火材料国际论坛，2016国际耐火材料论坛，2017武汉耐火材料学术年会，第四届中国耐火材料生产与应用国际大会，2018武汉耐火材料学术年会，第二届先进材料及界面国际会议，中—奥研究生学术论坛等国际国内学术研讨会。四年来组织学术讲座256场，接待参观访问161次，967人次。

专业积极与国内外学术机构和企业建立合作关系，加强与美国、德国、英国、奥地利、巴西、法国、加拿大、韩国、日本等国家和中国香港地区高校、公司进行广泛的学术交流，与宝武、攀钢、濮耐、瑞泰科技、北京利尔等国内大中型企业建立了稳定的合作伙伴关系。与德国弗莱贝格工业大学陶瓷所、岩土所及冶金所分别签订共同筹建国际联合实验室协议，与莱奥本矿业大学及德国弗莱贝格工业大学达成建立材料学科专业双学位意向，与奥地利雷奥本矿业大学联合申报了湖北省引智基地，与印度加尔各答国防科工委陶瓷—耐火材料研究院达成中国—印度耐火材料合作研究与人才培养意向，申报并获批了湖北省耐火材料与冶金国际科技合作基地。与国内知名企业共建了17个产学研联合研究中心或实验室，成立了“武科大—宜兴陶瓷与耐火材料研究院”“武科大淄博高性能耐火材料研究院”“武科大—宝钢技术耐火材料联合实验室”，设立了“利尔奖学金”“濮耐奖学金”“科力生奖学金”“厚植奖学金”“Felix Trojer 奖励基金”“斯曼奖学金”等社会奖学金。

专业具备检测所有耐火材料和冶金辅助材料、碳素材料的化学组成、物理性能、结构和使用及损毁分析的质量检验监督资质，内设化学分析实验室、常温性能检测实验室、高温性能检测实验室和微观结构综合分析实验室，拥有百余台国内外先进的检测仪器和设备。四年来自主研发和研制自制耐火材料高温综合力学性能试验机、自制抗CO、抗水蒸气、高温耐磨试验机、自制连续进样高温抗折仪，微机控制透气度仪等设备，设备总价值超过9000万元，制定并通过审定了8项国家标准、8项行业标准、1项团体标准，合作申报并获批国际标准1项，申请国际标准2项，检测和检验水平在国内耐火材料检验机构中处于领先地位。

专业将充分利用省部共建耐火材料与冶金国家重点实验室、高温材料与炉衬技术国家地方联合工程研究中心平台，发挥学科优势，不断探索，锐意进取，努力使专业成为耐火材料与冶金领域基础理论研究与应用技术的辐射中心，引领行业技术进步，为国家节能减排和可持续发展及地方经济建设做出新的、更大贡献。

西安建筑科技大学
（材料科学与工程专业）

西安建筑科技大学的材料科学与工程专业前

身可追溯到1956年并校时开设的“混凝土及建筑制品工艺”专业和1970年开设的“水泥”及“耐火材料”专业。20世纪专业名称分别调整为“硅酸盐工程”专业和“无机非金属材料”专业，2002年提升为材料科学与工程专业，并按一级学科招生和培养。本专业立足西部，面向全国，培养具有良好的人文社会科学素养和职业道德，掌握材料科学与工程的基础理论和专业知识，具有在材料科学、材料工程及材料应用等领域从事工艺设计、技术开发、生产管理、科学研究及教学等方面解决本专业复杂工程问题工作能力的、适应社会发展需求的、以及跨文化交流的创新性应用型高级专门人才。

经过60余年的建设与发展，该专业拥有材料科学与工程一级学科博士点，材料学、材料物理与化学、资源循环科学与工程及建筑材料4个二级学科博士点，2009年设立材料科学与工程博士后科研流动站，是教育部无机非金属材料专业教学指导委员会主任委员单位（2013~2017年）。目前，材料科学与工程专业（无机非金属材料）是国家重点（培育）学科、原冶金部及陕西省重点学科和优势学科、国家级高等学校特色专业、陕西省本科名牌专业。2007年获准省级“材料工程领域人才培养模式创新实验区”，2008年获准教育部“材料工程领域人才培养模式创新实验区”称号，2010入选国家首批“卓越工程师教育培养计划”，2012年入选国家级“专业综合改革试点”项目，2015年首次通过教育部工程教育专业认证，2018年顺利通过教育部工程专业认证复评。

专业树立质量观念、特色观念和素质教育观念，坚持科研与教学协调互动，注重理论与实践有机结合，顺利通过本科教学工作审核评估、材料科学与工程学科学位点水平评估和合格评估。建设有建筑材料系列课程省级教学团队，《材料工程基础》《材料科学基础》《土木工程材料》等6门省级精品资源共享课程。年培养毕业本科生近三百人、研究生80人左右，作为国家重点学科培育学科和陕西省重点学科，在第四轮学科评估中位列前30%（B等级），2017年入选陕西省一流专业。

专业目前已经形成了一支年龄结构、学历结构和职称结构合理、朝气蓬勃、富于创新的师资队伍。专业共有专任教师和实验人员68人，其中专业教师55人、专职实验技术人员13人，具有正高级职称12人、副高级职称19人，副高级职称以上人数占总人数的45.6%。师资队伍中，中国工程院院士1人，全国先进工作者1人，国家有突出贡献的中青年专家1人，入选“国家人事部百千万人才工程”第一、二层次人选1人，陕西省“三五人才工程”第一层次人选1人，享受国务院特殊津贴1人，“全国杰出专业技术人才”称号1人，陕西省优秀教师1人，宝钢教育奖获得者3人，济南泉城学者1人，10余名教师在国内外学术机构中任职。

专业建设有生态建筑材料国家地方联合工程中心、教育部生态水泥工程研究中心、陕西省新型干法水泥工程研究中心、陕西省生态水泥混凝土工程技术研究中心、陕西省建材冶金循环经济工程技术协同创新中心和中英水泥基材料联合实验室等科研平台、陕西省硅酸盐学会会长单位、中国散装水泥协会生态修复材料专委会会长单位、国家级建材甲级设计院、陕西省循环经济工程技术院、陕西省建筑工程材料质量检测中心。

专业设有无机非金属材料实验中心，面积约5630平方米，下设材料工程实验室、建筑材料实验室、高温陶瓷实验室，以及学校5大主题场馆之一的材料与矿物标本陈列馆，2014年获评国家级无机非金属材料实验示范中心。中心是以水泥、建筑材料、耐火材料等无机非金属材料为主，是突出行业特色的无机非金属材料类综合实验室，拥有全数字化核磁共振谱仪、扫描电子显微镜、X射线衍射分析仪、X射线荧光光谱仪、同步热分析仪、激光粒度分析仪、图像分析仪、粉体综合性能测试仪、电感耦合等离子发射光谱仪、氧化锆高温电炉（氧化气氛2000℃）、冷等静压成型设备（300MPa）等大型分析测试仪器，设备台套数共计2547件，设备总价值4000余万元。承担着材料科学与工程、资源循环科学与工程、功能材料、纳米材料专业等材料类相关专业的教学、科研任务。

材料科学与工程学院在科学研究方面取得了丰硕成果，形成了新型干法水泥工艺理论与技术、粉体工程、新型超细粉磨技术、工业废弃物资源化、高强与高性能混凝土、陶瓷基复合材料、高温陶瓷耐火材料、新能源材料、磁性材料、功能复合材料、纳米材料等研究方向。近年来，西安建筑科技大学材料科学与工程学院主持承担国家重大科技专项项目、国家科技支撑计划项目、国家重大战略咨询研究项目、重大水专项课题合作单位项目、国家自然科学基金项目及各类省部级重大重点科研计划等项目82项，企业委托重大横向课题147项。项目合同总金额14459万元，科研到款13164万元，专任教师人均科研经费126.8万元；获得的重要科学奖励22项，出版专著、教材30余部，授权国家发明专利198项，近五年发表高水平SCI论文114篇。

1. 研究方向一：材料工程理论与装备

依托“国家干法水泥回转窑预分解技术研究推广中心”“陕西省新型干法水泥工程研究中心”、粉体工程综合实验中心以及高固气比悬浮预热与快速反应热态试验平台、气固流场动态压力测试系统、烟气成分在线分析系统等基础研究平台，开展无机非金属材料制备过程节能减排的基础理论研究、高效节能绿色制造工艺技术与装备的研发，创立了高固气比悬浮换热反应理论，发明了高固气比悬浮预热反应新工艺——XDL水泥熟料煅烧新工艺技术，建立包括技术研发、装备制造、工艺设计和市场推广的成果转化体系，将XDL水泥熟料煅烧新工艺技术在国内近20余条不同规模的水泥生产线上推广应用，开创了世界水泥生产的领先水平，在业内引起广泛关注。该成果2006年获陕西省科学技术一等奖，2011年入选中国高等教育十大科技进展。

2. 研究方向二：资源循环理论与技术

针对国家生态文明建设和发展循环经济的需求，依托陕西循环经济工程技术院、教育部生态水泥工程技术研究中心、生态建筑材料国家地方联合工程技术研究中心、陕西省生态水泥混凝土工程技术中心和陕西省建材冶金循环经济工程技术协同创新中心等平台，长期致力于固体废弃物资源化利用和生态建筑材料绿色低碳制备的基础理论研究和技术设备的开发与推广、循环经济产业发展关键技术与政策体系的研究与决策咨询工作。近年来本方向先后承担国家重点研发计划、国家科技支撑计划、国家重大水专项课题、国家自然科学基金、国家战略咨询研究项目、陕西省重大科技创新专项等，在冶金工业固废、能源工业固废和城市固废的资源化利用和绿色胶凝材料的制备方面积累了丰富技术开发与推广经验。科研成果《冶金渣大规模替代水泥熟料制备高性能生态胶凝材料技术研发与推广》荣获2017年度国家科技进步二等奖。

3. 研究方向三：新型生态建筑材料

针对绿色建筑的需求，重点开展全生命周期内低能耗、无污染、环境友好高强高性能混凝土、新型混凝土外加剂、轻质节能墙体材料的相关基础理论与产品研发工作。主要包括：针对结构工程对高强高性能混凝土的技术需求，以提高混凝土强度及耐久性为目标，研究各种混凝土性能改善技术，针对建筑对功能材料日益增长的需求，开展防水、保温、透水等功能建筑材料的研究，针对建筑材料在长期服役期间发生的表面疏松、剥落、微裂缝等问题，引入功能性微生物，构建可根据外界环境变化激发功能菌诱导形成碳酸钙等材料从而自主修复建筑材料的生物智能自修复体系。

4. 研究方向四：高温结构材料理论与应用

针对钢铁冶金、建筑材料、石油化工等工业对高温结构材料提出的耐高温、抗氧化、抗侵蚀、抗热震等苛刻要求，开展高温陶瓷、耐火材料基础理论及新产品的开发研究工作。重点解决纳米粉体在耐火材料中应用的高成本、难分散、易腐蚀等瓶颈问题，发展绿色先进耐火材料，实现高温工业低碳、节能减排、绿色制造。研究成果获陕西省科学技术进步三等奖1项。

为满足航空、航天、兵器等前沿高技术对电磁波透过/吸收/屏蔽功能材料提出的耐高温、高可靠性、高力学强度、抗化学腐蚀、多功能等苛刻要求，开展高温结构型电磁功能材料基础与应用研究。开展陶瓷基复合材料微结构与性能关联性研究，建立陶瓷基复合材料透波、吸波、电磁波屏蔽功能与力学性能协同优化方法。研究成果获陕西省高校科学技术二等奖1项。

为促进学术交流、活跃学术气氛，本专业积极主办和承办相关学术会议。近几年先后主办中英水泥混凝土材料可持续发展论坛，承办第七届国际耐火材料学术会议，第一、二届秦巴论坛、第三届中国固废处理与生态材料学术与技术交流会等学术会议，邀请国内外50余名专家学者到学院交流讲学，就相关领域的科学研究和工程技术人才培养改革与我院教师展开深入交流和研讨。

在未来本专业将继续发挥学科优势，不断探索，锐意进取，努力成为国内耐火材料与建筑材料领域基础理论研究与应用技术的辐射中心，引领行业技术进步，为国家节能减排和可持续发展及地方经济建设做出新的更大贡献。

郑州大学材料科学与工程学院

（材料科学与工程专业、高温功能材料河南省重点实验室）

郑州大学是国家首批“世界一流大学建设高校”“211工程重点建设高校”和“部省合作共建高校”。

郑州大学材料科学与工程学院成立于2001年，由原郑州大学材料系、原郑州大学建筑工程学院（部分专业）、原郑州工业大学材料系、原郑州工业大学数理力学系（部分专业）合并组建，是郑州大学重点建设的工科院系之一，多次被评为全国教育系统先进集体。学院设有材料科学与工程、包装工程和材料化学3个本科专业和1个中外合作办学专业（材料科学与工程）。其中，材料科学与工程专业是国家级特色专业和河南省首届名牌专业，设有无机非金属材料、高分子成型与模具、高分子材料、金属材料与成形加工4个专业方向。学院设有材料科学与工程一级学科博（硕）士点；材料物理与化学、高分子化学与物理、材料学、材料加工工程4个二级学科博士点。

2016年材料科学与工程学院通过工程教育专业认证（华盛顿协议），并成功入选河南省优势特色学科建设工程（双一流）一期建设学科名单，被评为A类。材料学科进入ESI全球排名前1%。材料加工工程为国家级重点学科。

学院现有教职工183人，其中教授58人，副教授68人，具有博士学位教师116人。其中，两院院士2人，国家“千人计划”专家5人，国家杰出青年科学基金获得者1人，国家级突出贡献专家2人，国家“百千万人才工程”第一、二层次人选2人，国务院学位委员会学科评议组成员1人，国家级教学名师1人，享受国务院政府特殊津贴专家7人。

现科研基地包括：国家橡塑模具工程研究中心，材料成型过程及模具教育部重点实验室，河南省高温功能材料重点实验室，河南省低碳及环境材料国际联合实验室，河南省生物资源与材料国际联合实验室，河南省绿色包装材料与制品工程研究中心，河南资源与材料产业协同创新中心等。

无机非金属材料方向是作为国家级特色专业的郑州大学材料科学与工程专业的主要方向之一。本方向目前有教师人数38人，其中教授占比34%，副教授占比50%，80%以上为博士。高温功能材料（耐火材料）是优势特色教学科研方向，郑州大学高温材料研究所/河南省高温功能材料重点实验室由已故中国科学院院士、耐火材料界首席科学家钟香崇教授于2000年创建，河南省、郑州市和郑州大学共同投入经费两千余万元，现为河南省重点实验室、河南省及郑州市科技创新团队。高温材料方向现有固定及客座科研人员19人，每年招收博士研究生3~5名，硕士研究生8~12名。

河南高温材料重点实验室设立了“开放课题”和“郑州大学钟香崇研究生奖学基金”。实验室总面积2500平方米，包括常规实验室、高温性能实验室、结构分析实验室、化学分析实验室和高温模拟实验室，其中高温模拟实验室900平方米。现有固定及客座科研人员15人，每年招收博士研究生2~3名，硕士研究生8~10名。目前学术委员会主任为中国工程院院士周国治教授，实验室主任为郑州大学马成良教授。

实验室特色为立足我国耐火材料资源优势，自主创新地研究开发有中国特色的优质合成耐火原料和高效制品，重点研究材料高温使用性能与材料组成、结构的关系，及其高温使役过程的损毁机理。主要研究方向包括：

（1）中国特色耐火原料的开发和高效应用；

（2）氧化物与非氧化物复合材料；

（3）不定形耐火材料和节能隔热材料；

（4）高温功能材料及智能制造。

郑州大学高温材料研究所成立18年以来，共培养了108名研究生（19名博士生，89名硕士生），发表论文300多篇，专利授权50余项。完成国家级项目30余项，获得国家、行业及河南省科技进步奖10余项。

近年来，郑州大学高温材料研究所围绕河南省科技发展规划中“新材料”领域提出的“新型耐火材料”这一重点，立足河南省耐火材料资源、产业优势和科研平台，大力开展协同创新、产学研合作。努力实现耐火材料领域国内领先、国际知名、有特色、出成果、出效益、出人才的目标。

中国地质大学（北京）材料科学与工程学院

（耐火材料和陶瓷方向）

中国地质大学（北京）的前身是1952年由北

京大学、清华大学、天津大学和唐山铁道学院等院校的地质系（科）合并组建的北京地质学院。1960年被评为“北京市文教战线红旗学院”，跻身于64所全国重点高校行列。1970年迁校，1978年在邓小平同志直接关怀下，在北京原校址恢复办学。1987年成立中国地质大学，在京汉两地相对独立办学，是我国首批试办研究生院的33所高校之一，并首批进入“211工程”“985”优势学科创新平台建设行列。2000年2月，中国地质大学由国土资源部整体划转教育部管理。2005年3月，大学总部撤销，京汉两地独立办学。2006年9月，教育部和国土资源部共建中国地质大学。2017年9月，学校入选世界一流学科建设高校。学校现有中国科学院院士8人。在数十万名毕业生中，有37人成为两院院士，200余人成为省部级以上劳动模范。

中国地质大学（北京）材料科学与工程学院依托我校自1952年逐步建立的地质、资源、环境、地质工程等优势学科的实验岩石学、应用矿物学、矿物晶体结构与晶体化学等学科方向的厚重积累，以材料科学与工程一级博士点学科建设为主旨，与化学、化工、物理、环境科学与工程等学科逐渐交叉、融合、创新，日益发展壮大。学院前身是始建于1993年的材料科学系，于1999年经过院系调整成立了材料科学与工程学院。2015年起我院牵头并作为主要成果支撑单位的材料学科进入了ESI全球排名前1%。学院现有博士后流动站2个，博士学位授权点3个，硕士学位授权点4个，工程硕士授权点2个，本科专业3个；其中，国家级重点学科1个，国土资源部重点学科1个，北京市重点学科1个，国家级特色本科专业1个。建院以来，已培养了大批博士、硕士及本科毕业生，他们在新材料、新能源、资源综合利用、环保、化工、矿物加工、新型建材、国土资源、冶金等行业的机关、企业、高校及科研院所发挥着重要作用。学院现有教职工54人。学院教师队伍100%具有博士学位，2/3以上具有海外留学经历，具有高级职称者占88%。有教育部“新世纪人才”3名，“跨世纪优秀人才基金”获得者1名；全国百篇优秀论文获得者1名，全国百篇优秀论文提名奖获得者1名；青年地质学家“金锤奖”获得者2名和“银锤奖”获得者1名，“黄汲清青年地质科技奖”获得者1名，侯德封青年地质学家奖1人，“霍英东青年教师教学奖”获得者1名，北京市教学名师2名，“北京市优秀教师”称号获得者1名，“北京市师德先进个人”称号获得者1人，北京市“科技新星”获得者2人。建设有北京市级优秀教学团队1个、校级科技创新团队1个。

材料科学与工程学院积极探索，不断改革创新，取得了一批有代表性的教学、科研成果。近年来，我院获国家优秀教学成果二等奖1项、北京市优秀教学成果一、二等奖2项；公开出版专著、教材30余部，其中1本教材入选国家级精品教材，4本教材入选北京市精品教材，1门课程入选北京市精品课程。多年来连续被评为学校教学管理先进单位。科研方面已完成国家级、省部级及企业委托科研项目数百项，在研项目150余项，多项成果获省部级奖励。发表SCI论文900余篇，居全校各学院第二，人均第一，授权发明专利和科技成果转化在全校名列前茅。结合学科建设和学院发展，近年来对实验室布局进行了规划与调整，建立了由若干个先进材料实验室、材料加工实验室、材料物理性能表征实验室、材料化学实验室、材料设计与模拟计算实验室等组成的材料学教学、科研平台。优化整合专业实验室，成立了“材料学实验教学中心”，并被评为校级实验教学中心。学院牵头建有“非金属矿物与固废资源材料化利用北京市重点实验室”“全国循环经济工程实验室”“矿物岩石材料开发应用国家专业实验室”，共建“水资源与环境工程北京市重点实验室”、北京市“固体废物处置科技创新研发基地”、北京市“珠宝与矿物材料实验教学示范中心”等科研和教学平台。

耐火材料和陶瓷方向有约10位年富力强的教授/博士生导师/副教授组成的教师队伍，相关教师博士毕业于清华大学、哈尔滨工业大学、北京科技大学、北京航空航天大学等高校，有着与剑桥大学、牛津大学、伦敦大学学院、美国密西根大学、新西兰奥克兰大学、澳大利亚西澳大学等国外高校的访学交流经历，负责《无机非金属材料工艺学》《材料科学与工程专业导论》《材料导论》《材料科学与技术基础》和《陶瓷材料学》等专业主干课程的教学。相关教师多次被评为学校“我爱我师”及“研究生教学名师”，并担任中国硅酸盐学会耐火材料分会副理事长、中国硅酸盐学会特种陶瓷分会理事，中国硅酸盐学会固废分会技术委员会副主任，全国材料科学技术名词审定委员会特聘专家，以及国家相关部委在资源高效综合利用、节能减排环保等方面项目和科技奖励评审专家委员，该方向研究成果获得省部科技进步二等奖3项。已发表SCI/EI刊源学术论文300余篇，申请/授权发明专利50余项。

目前，主持负责在研“十三五”国家重点研发计划“固废资源化”重点专项2018年度项目《大宗低阶固废规模化制备高值矿物材料关键技术》，同时负责课题《陶瓷固废微结构屏蔽调控制备耐高温材料研究及示范》研究（2018年12月至2021年12月）。主持负责完成“十二五”科技支撑项目《优势非金属矿产资源高效综合利用技术研究与示范》研究，并负责课题《低耗能高温非金属矿物聚合材料技术研究与示范》。主持负责完成国家自然基金重点项目《非氧化物复相耐火材料的免烧成技术及性能研究》和面上项目《典型耐磨耐火材料高温冲蚀磨损行为及性能优化的基础研究》《用高 Al_2O_3 粉煤灰制备的Fe-Sialon在高炉用泡泥中作用行为的基础研究》《不连续金属塑性相（Fe/Mo）复合耐高温气固两相流冲蚀磨损Sialon基材料的基础研究》等10多项基金项目，及负责完成国家2009年“863”重点项目《新型轻质绝热耐火砖》子课题研究等。

展望未来，任重道远。材料科学与工程学院将结合国家双一流（一流大学、一流学科）建设项目的实施，以矿物材料、陶瓷与耐火材料、高分子复合材料、纳米功能材料、资源综合利用为主要发展方向，发展壮大有地大特色的材料学科，建设有特色的材料学品牌专业，探索有特色的院系管理新机制，培养有特色的材料学创新型人才，在我国材料科学与工程、高温材料技术、资源综合应用、循环经济、节能环保等领域做出越来越大的贡献。

第七篇

行业协会概况

中国耐火材料行业协会

中国耐火材料行业协会（The Association of China Refractories Industry，ACRI，以下简称协会）1990年10月8日正式成立，是由中国耐火材料行业的相关企业、事业单位、社团组织及个人自愿结成的全国性、行业性社会团体，是非营利性社会组织，具有法人资格。协会会员分布和活动地域为全国（中国境内）。协会的宗旨是：团结本行业的各方面力量，积极为耐火材料企业和耐火材料行业健康可持续发展服务。贯彻安全生产、安全发展、安全第一，以人为本、预防为主的方针；预防和治理污染、保护环境；根据高温工业发展要求，提升耐火材料工业发展质量和效益。

协会遵守宪法、法律、法规和国家政策，践行社会主义核心价值观，遵守社会道德风尚，自觉加强诚信自律建设。

协会坚持中国共产党的全面领导，根据中国共产党章程的规定，设立中国共产党的组织，开展党的活动，为党组织的活动提供必要条件。

协会的登记管理机关是民政部，党建领导机关是国务院国有资产管理委员会党委（及中国钢铁工业协会党委）。协会接受登记管理机关、党建领导机关、有关行业管理部门的业务指导和监督管理。协会负责人包括：会长、副会长、秘书长。协会的办公地点设在北京市。

中国耐火材料行业协会的业务范围（职能）如下：

（1）深入开展行业调查，研究行业发展问题，积极向政府及其部门反映行业会员诉求，提出行业发展和立法方面的意见和建议。

（2）协调会员关系，制定并监督执行行规公约，实施行业自律，规范企业行为，协调会员争议，维护公平竞争和市场经济秩序，协助政府监督会员依法经营和活动，查处会员违法行为，大力推动行业诚信建设，建立行业自律机制，维护会员合法权益。

（3）根据授权进行行业统计；收集、分析、发布耐火材料行业信息，依照有关规定创办行业出版物和网站，开展咨询活动，为会员提供国内外技术、市场、管理、人力资源开发等多方面、多层次的信息服务。

（4）受政府委托承办或根据市场和行业发展需要组织耐火材料产品展销会、展览会，举办报告会、研讨会、科技成果推广会等活动，促进本行业的产品销售与技术交流合作，参与国内外耐火材料领域产品市场建设。

（5）加强与国际同行业相关组织的联系，开展对外经济技术交流与合作；发展对外出口、利用外资、引进技术等工作，帮助会员开拓国际市场。

（6）积极参与相关法律法规、宏观调控和产业政策的研究；经政府有关部门批准，参与制订、修订行业标准、团体标准和行业发展规划、行业准入条件，组织科技成果评价，促进行业发展。

（7）经政府有关部门授权参与新技术推广，事故认定等相关工作，引导企业不断优化产品结构，提高行业自我发展能力。

（8）组织耐火材料行业的人才、技术、职业、管理、法规等培训，指导协助会员改善经营管理。

（9）主动参与协调对外贸易争议，积极组织会员做好反倾销、反补贴和保障措施的应诉、申诉等相关工作，维护正常的进出口经营秩序；建立预警机制，保护本行业经济运行安全。

（10）经政府有关部门批准，积极参与耐火材料领域重大投资和技术改造项目的前期论证工作。

（11）发展耐火材料行业和社会公益事业。

（12）承担法律法规授权、政府部门委托的其他符合本会宗旨的工作。

中国耐火材料行业协会现有（第七次会员代表大会）会员单位391个，理事189个，常务理事63个。

中国耐火材料行业协会通过会员代表大会选举产生理事；理事会选举产生常务理事、会长、副会长和秘书长；协会聘任副秘书长；协会下设生产装备部、科技环保部、信息统计部、市场协调部、原料开发部、国际合作部和协会办公室等7个工作机构；协会秘书处负责协会的日常工作。

中国耐火材料行业协会历届理事会机构成员名单

（按姓氏笔画为序）

第一届 （1990～1994年）会长、副会长、秘书长

会　长：

施振权　洛阳耐火厂　厂长

副会长：

冯昆豪　上海耐火厂　厂长
刘月溪　首钢耐火厂　厂长
邢守渭　洛阳耐火材料研究院　院长
李成安　鞍钢耐火材料公司　经理
周季楠　北京建材研究院耐火研究　所长
陶若璋　冶金部生产司耐火材料处　处长
黄景祖　辽宁镁矿公司　经理
藏宝常　中国日用玻璃协会　会长
魏　同　鞍山焦化耐火设计研究院　副院长

秘书长：

马炳初
许兆权

第二届 （1994～1998年）会长、副会长、秘书长

会　长：

施振权　洛阳耐火厂　厂长

副会长：

王宗展　辽宁镁矿公司　经理
任德和　中国建筑材料研究院耐火所　所长
刘修和　山东耐火原材料公司　经理
邢守渭　洛阳耐火材料研究院　院长
沈一戎　上海泰山耐火厂　厂长
侯春福　首钢耐火厂　厂长
陶若璋　冶金部生产协调司基本材料处处长
戴尔敏　鞍钢耐火材料公司　经理
藏宝常　中国日用玻璃协会　会长
魏　同　鞍山焦化耐火设计研究院副院长

秘书长：

陶若璋（兼）

第三届 （1998～2003年）会长、副会长、秘书长

会　长：

陶若璋　中国耐火材料天元公司　董事长

副会长：

王守彬　营口青花集团公司　经理
王金相　洛阳耐火材料研究院　院长
刘爱国　唐钢耐火材料公司　经理
刘修和　山东耐火原材料公司　经理
吕道生　北京首钢第一耐火厂　厂长
孙炜明　辽宁镁矿公司　经理
张佳科　鞍钢耐火材料公司　经理
沈一戎　上海泰山耐火材料公司　经理
施振权　洛阳耐火材料公司　经理
龚海涛　无锡苏嘉镁碳砖公司　经理
曾大凡　中国建材院陶耐所　所长
魏　同　鞍山焦化耐火设计研究院　副院长

秘书长：

陶若璋（兼）

第四届 （2003～2007年）会长、副会长、秘书长

会　长：

陶若璋

第一副会长：

彭志立　洛阳耐火材料有限责任公司董事长

副会长：

王守彬　营口青花集团公司　经理
田学光　武汉钢铁集团耐火材料有限公司董事长
龙远才　攀钢冶金材料有限责任公司　总经理
刘修和　山东耐火原材料公司　经理
张佳科　鞍钢耐火材料公司　总经理

李红霞　洛阳耐火材料研究院　院长
侯　谨　包钢新型耐火材料公司　经理
蔡承佑　中冶建设集团鞍山焦化耐材研究总院　副院长

秘书长：

徐殿利

第五届　(2007~2011 年) 会长、常务副会长、副会长、秘书长

会　长：

田学光　武汉钢铁集团耐火材料有限公司　董事长

常务副会长：

徐殿利

副会长：

方元德　山东济南镁碳砖厂有限公司　董事长
王长民　攀钢冶金材料有限责任公司　总经理
王守彬　营口青花集团公司　董事长、总经理
王柏成　浙江湖州父子岭耐火材料有限公司　董事长
王景斌　营口金龙耐火材料公司　董事长
冯运生　北京通达耐火技术股份有限公司　董事长
全　跃　辽宁省人民政府镁资源保护办公室　主任
刘百宽　濮阳濮耐高温（集团）股份有限公司　董事长
刘修和　山东耐火原材料公司　总经理
刘爱国　唐山时创耐火材料有限公司　董事长
何著胜　海城市后英经贸集团有限公司　总经理
李红霞　洛阳耐火材料研究院　院长
李国志　中冶焦耐工程技术有限公司　副院长
李国富　洛阳耐火材料有限责任公司　总经理
邱明金　鞍钢集团耐火材料公司　总经理
周福仁　海城市西洋镁矿有限公司　董事长
武本有　山西盂县西小坪耐火材料有限公司　董事长
鹿成滨　山东鲁阳股份有限公司　董事长
龚海涛　江苏苏嘉集团新材料有限公司　董事长
路济民　无锡南方耐火材料有限公司　董事长
魏国钊　郑州东方企业集团有限公司　董事长

秘书长：

徐殿利（兼）

第六届　(2011~2015 年) 会长、常务副会长、副会长、特聘副会长、秘书长

会　长：

王守彬（轮值）　营口青花耐火材料股份有限公司　董事长、总经理
刘百宽（轮值）　濮阳濮耐高温材料（集团）股份有限公司　董事长

常务副会长：

徐殿利

副会长：

王守业　中钢集团洛阳耐火材料研究院有限公司　执行董事
王长民　攀钢冶金材料有限责任公司　总经理
王柏成　浙江湖州父子岭耐火集团有限公司　董事长
王景斌　营口金龙耐火材料集团公司　董事长
方元德　山东济南镁碳砖厂有限公司　董事长
冯运生　通达耐火技术股份有限公司　董事长
刘　伟　山东耐火材料集团有限公司　董事长
李国志　中冶焦耐（大连）工程技术有限公司　副总经理
何著胜　海城市后英经贸集团有限公司　董事长
武本有　山西盂县西小坪耐火材料有限公司　董事长
黄志明　武汉钢铁集团耐火材料有限责任公司　总经理
路济民　无锡南方耐火材料有限公司　董事长
薄　钧　中钢集团耐火材料有限责任公司

执行董事
魏国钊　郑州东方企业集团有限公司
董事长

特聘副会长：

马列鹰　浙江自立股份有限公司　董事长（增补）
史大业　辽宁省非金属矿工业协会　理事长（增补）
李广达　海城华宇耐火材料有限公司
总经理（增补）
全　跃　辽宁省人民政府工业特种资源保护办公室　主任
靳亲国　河南省耐火材料行业协会　会长
曾大凡　瑞泰科技股份有限公司　董事长
赵继增　北京利尔高温材料股份有限公司
董事长
张雪松　江苏苏嘉集团新材料有限公司
总裁
邱明金　鞍钢集团耐火材料公司　总经理
周福仁　海城市西洋镁矿有限公司　董事长
鹿成滨　山东鲁阳股份有限公司　董事长

秘书长：

陈建雄

第七届　（2015～2019 年）会长、副会长、特聘副会长、秘书长

会　长：

冯运生（轮值）　通达耐火技术股份有限公司
董事长
刘　伟（轮值）　山东耐火材料集团有限公司
董事长

副会长：

薄　钧　中钢集团耐火材料有限公司
执行董事
陈建雄　中国耐火材料行业协会
洪学勤　武汉钢铁集团耐火材料有限责任公司　总经理
侯振东　郑州振东科技有限公司　董事长
黄振球　江苏嘉耐高温材料有限公司
董事长
李广达　海城华宇耐火材料有限公司
董事长
李红霞　中钢集团洛阳耐火材料研究院有限公司　院长
刘百宽　濮阳濮耐高温（集团）股份有限公司　董事长
刘丰强　攀钢冶金材料有限责任公司
董事长
鹿成滨　山东鲁阳股份有限公司　董事长
马列鹰　浙江自立股份有限公司　董事长
王守彬　营口青花耐火材料股份有限公司
董事长
杨开保　马钢股份有限公司耐材公司
总经理
杨晓春　唐山时创耐火材料有限公司
总经理
曾大凡　瑞泰科技股份有限公司　董事长
张雪松　江苏苏嘉集团新材料有限公司
总经理
赵继增　北京利尔高温材料股份有限公司
董事长

特聘副会长：

程念生　贵州省耐火材料行业协会　会长
方元德　山东济南镁碳砖厂有限公司
董事长
何宪超　海城市后英经贸集团有限公司
董事长
霍　平　山西省耐火材料行业协会　会长
靳亲国　河南省耐火材料行业协会　会长
李国志　中冶焦耐工程技术有限公司
副总经理
路济民　无锡南方耐火材料有限公司
董事长
王柏成　浙江湖州父子岭耐火集团有限公司
董事长
王景斌　营口金龙耐火材料集团公司
董事长
武本有　山西盂县西小坪耐火材料有限公司
董事长
姚令春　浙江省耐火材料行业协会
常务副会长
张国栋　辽宁省非金属矿工业协会
常务副会长
张继明　山东省耐火材料行业协会
常务副会长

秘书长：

徐殿利

河南省耐火材料行业协会

一、行业情况

河南省耐火材料企业有1400余家，原料企业600余家，从业人员约25万人。2015年至今，河南省耐火材料以市场为导向，以技术升级为主题，强化节能减排，促进结构调整，坚持绿色生产，增强了综合实力。耐材产业已为河南的特色优势产业，主体企业凸显做精、做专、做强，耐火原材料产量基本平稳。2018年，河南耐火原材料生产总量约2200万吨，销售额超过1000亿元，继续保持了生产总量、科技创新、产品配套等方面的国内领先优势。

1. 耐火材料发展态势平稳，品种结构调整成绩显著

目前，河南耐火材料已广泛应用于高温工业、国防军工、新能源及环保等新型产业，备受政府有关部门重视。耐火材料高技术、高附加值品种明显增多，材质从氧化物发展到氧化物与非氧化物复合，所用原料从天然原料为主发展到天然原料与人工合成原料并重，不定形耐火材料占整个耐火材料的比例已达45%以上，居全国各省市之首；高性能、功能性、复合型、环保型、节能型耐火材料产量显著增多，用于军工、石油、节能、环保等产业的新材料逐年增加，水泥窑衬用含铬材料已全部用镁铝尖晶石、镁铁尖晶石等材料替代，高温工业集约化整体承包能力全面提高，结构调整成效显著，涌现了一批如濮耐、利尔、中钢、瑞泰、通达、西保等产品独具特色、综合实力强、经济效益好的大型优秀企业（集团）。

2. 技术装备水平明显提升，企业绿色化智能化初步实现

电磁螺旋压砖机、全自动液压机等设备在河南耐材企业得到了较普遍应用，节能效果显著。以自动化压机、高温节能窑炉、机械手工序自动化、环保治理等方面为主进行了改造，提升了河南耐材整体装备水平，促进了行业整体技术进步。目前，窑炉已全部改为天然气或电为洁净能源，自动化水平明显提高，减少了排放。濮阳濮耐、中钢耐火、中钢耐研院、河南特耐、郑州振东、河南鑫诚、三门峡刚玉、河南熔金、金鑫恒拓等15家耐材企业获得了工信部行业准入公告。河南瑞泰、郑州瑞泰等企业洁净有序，被评为绿色生产示范企业。

3. 自主创新能力持续加强，技术成果丰硕

随着国家科技体制改革，取得了多项成果和专利技术，对河南耐火材料工业产品结构调整发挥了重要作用。目前河南耐火材料已拥有80余家国家高新技术企业，2家国家创新型试点企业，2个省部级重点实验室，1个耐火材料国家质量监督检测中心，有80余个国家、省、市级工程技术研究中心、企业技术中心或工程研究中心，完善建立了自主创新研发平台。有1600余项发明专利和实用新型专利，拥有了多类产品生产核心技术；200余项产品技术成果获得了国家、省、市科学技术进步奖或技术革新奖，持续科技创新推动了河南耐材工业发展。

4. 产业群体优势明显，形成一批优势企业和特色鲜明企业

产品全面，独具特色，相互配套，在新密、巩义、登封等地，已为当地的主要支柱产业；全省有河南特耐、河南五耐、郑州振东、郑州安耐克、郑州华威、河南熔金、河南和成、郑州远东、河南鑫诚、郑州赛沃、河南宏达、郑州汇特、郑州振中、济源炉业、登峰熔料、焦作北星、登封昊南、郑州豫兴、郑州真金、金鑫恒拓、河南安瑞、河南海格尔、偃师光明、河南中原特耐、郑州建信、郑州玉发、郑州新光色、郑州华祥、郑州华宇、河南竹林、巩义神南、巩义金岭、东方安彩、河南天祥、河南新拓、登封东华、河南兴亚、南阳开元等50余家创新能力强、经济效益好、年销售额在亿元以上的优秀企业。

二、协会工作

河南省耐火材料行业协会（以下简称协会）

于1989年成立。30年来，在各级政府部门的指导下，协会发挥了桥梁纽带作用，按照协会章程和行业发展需要，每年至少召开一次全省耐火材料行业工作经验交流会，传达政府政策，交流科技成果，请专家做动向报告，引导企业做精做专，做出特色。同时每年不定期召开理事会，研究行业的热点共性关键问题；和政府有关部门保持联系，先后多次接受省发改委、省工信厅、省科技厅和郑州市工信局、市发改委等部门委托，组织编制了各阶段河南耐火材料发展规划、科技发展规划、新材料战略研究、郑州市新型耐材产业集群发展规划，配合省工信厅运行局进行行业经济运行分析，组织了河南耐火材料单位产品能耗标准等多项工作，并及时向政府有关部门提出建议。

协会坚持每月编写一期简报，目前已368期，另有协会网站和微信平台，宣传了政府的有关政策，反映了行业情况，交流了技术动向及创新经验。结合行业发展情况，及时与省内外同业协会及企业的联系与沟通，同时多次组织耐火原料和耐火产品展销及技术交流与合作活动，做到了相互借鉴、相互启发，加强合作，相互支持，共同提高。

2016年起，协会开展了行业科技成果评定及技术革新奖评选工作，引导企业技术创新，助推了河南及郑州耐火材料的产业集群发展。多年来，协会还针对各阶段的行业热点问题，开展调查研究，组织研讨交流，及时召开河南耐协理事（扩大）会或专题会议，总结交流行业形势及各企业生产经营情况，交流经验，相互借鉴，取长补短，稳定发展。

2017年起，协会深入企业，对白刚玉、亚白刚玉、致密刚玉、棕刚玉、锆刚玉等各类原料产品及黏土砖、高铝砖制品等能耗做了重点调研和数据整理，协助有关部门组织制定发布了河南省耐火材料单位产品能耗限额标准和刚玉单位产品能源消耗限额标准，对推动耐材行业淘汰落后、节能减排、绿色发展起到了重要作用。

2018年起，协会密切关注学习环保深度治理的有关政策，深入企业调研，积极宣传环保法规、政策和绿色发展理念，加强了对企业的帮助引导，为企业提供政策指导、技术咨询和信息服务，协助企业提高污染防治水平，同时，向政府有关部门反映企业的愿望和诉求，积极争取有关政策。目前，深入贯彻生态文明思想，树立和落实绿色发展理念，坚持科学的治污方法，推动耐材全方位深度治理，已成为行业刻不容缓的重大任务，协会将继续做好有关工作。

2019年，根据郑州市人民政府有关文件精神，在有关部门的支持下，协会参与并协调组建成立了郑州高温新材料创新中心，将围绕行业共性关键技术的开发、应用及成果转化开展有关工作。

辽宁省非金属矿工业协会

辽宁省非金属矿工业协会（LNMIA）是由辽宁省境内从事非金属矿开采、加工、销售以及设备制造等相关行业的企业自愿组成全省性行业协会，并经政府社团登记管理机关核准注册登记，具备法人资格的非营利性社会组织。协会现设有五个行业分会：分别是镁质材料行业分会、硼行业分会、滑石行业分会、膨润土行业分会和琥珀（煤精）行业分会，正式会员288家，其中镁质材料行业分会会员135家。自成立以来协会始终坚持服务于我省非金属矿行业企业，充分发挥政府与企业间的桥梁和纽带作用，维护国家利益，遵守国家有关法律、法规和政策，维护行业和会员单位合法权益，促进我省非金属矿工业健康发展。

2015年至2018年辽宁省镁质耐火材料行业生产经营运行情况及协会开展的主要工作概况如下。

一、行业概况

1. 菱镁矿资源状况

辽宁省是中国菱镁矿储量最集中地区，主要分布在海城、大石桥、岫岩、凤城、宽甸、抚顺、辽阳等地区，截至2018年底全省菱镁矿储量26.05亿吨，占中国储量的83.95%，占世界储量的22.4%。是国内最大的耐火材料生产基地，产品质量、档次居全国同行业前列，部分产品达到国际先进水平。

2. 菱镁矿生产情况

辽宁省年开采菱镁石生产规模2271.05万吨，实际开采量年均超过1500万吨。镁质耐火材料制品（包括各类镁砂）产量2015年1326.8万吨，2016年1390万吨，2017年1151.1万吨，2018年1300万吨。

3. 镁质材料出口情况

辽宁省镁质材料产品主要出口日本、美国、欧盟、东南亚等100多个国家和地区。根据统计2015~2018年我省年均出口镁质耐火材料（包括各类镁砂）250余万吨。其中，年均出口镁砂等镁质耐火原料150余万吨，年均出口镁质耐火制品100余万吨。

二、协会概况

辽宁省非金属矿工业协会根据《辽宁省非金属矿工业协会章程》的规定，经辽宁省民政厅批准后，于2018年12月21日在大连召开第二次会员大会及第二届理事会第一次会议。会员大会总结了第一届理事会工作，并按照《辽宁省非金属矿工业协会章程》进行了换届选举。

换届大会选举何宪超等91名同志组成了第二届理事会，选举会长何宪超、王洪涛（轮值），秘书长张国栋，副会长27名。

三、2015~2018年协会镁质材料行业分会主要工作

1. 加强协会自身建设

（1）协会在理事会领导下，不断加强自身建设，坚持辽非协统一指导、协调下的行业分会工作机制，并充分发挥分会的主观能动作用。完善人事管理制度和工作分工细则，成立四部一室，即镁质材料产业部、硼及膨润土产业部、滑石及宝玉石产业部、信息部、办公室，加强了对协会人员的管理和对会员权益的保障与服务。

（2）建立三会一体制度。在本届理事会期间，我协会逐步建立了由理事会、监事会、专家委员会三会一体的运行架构，充分发挥协会在会员企业、政府、高校和研究所间的桥梁纽带作用。

（3）加强协会秘书处管理，提供管理水平和业务能力。协会的业务和财务工作由秘书处集中管理，监事会监督，本届理事会期间，秘书处重点提升对各行业分会业务能力，完善协会各项章程制度，完善档案和财务管理，会员档案统一管理，严格保密，会费统一收缴，项目资金专款专用，财务账目明晰、资金使用合理。

（4）坚持党的领导，加强协会党建工作。2017年3月，我协会在省民政厅社会组织党委的正确领导和大力支持下，建立了中共辽宁省非金属矿工业协会党支部委员会，成立以来通过党支部的积极探索及全体党员的努力，党员管理及党建工作稳步有序，扎实有效地开展，使协会在党的领导下有序开展各项工作，推进行业健康发展。

2. 深入开展调研，察实情，破难题

四年来，协会为促进我省镁质材料产业发展，多次组织行业专家开展行业企业调研工作，多次邀请政府相关部门及企业家召开座谈会，及时掌握行业新变化、新特点，及时了解镁质耐火材料行业市场变化及新技术、新产品，了解企业发展面临的困难及存在问题，共同商讨解决办法，推动行业平稳健康发展，并为行业企业提供专业咨询，课题研究等技术服务。

2016年取消镁砂出口配额后的行业新形势下，为稳定行业发展，协会积极跟踪事态发展，并和省工特办一起召开了由18家省内镁砂出口企业负责人参加的座谈会。听取企业意见，了解企业心声，配合省工特办分析当前形势，研究应对措施，发挥协会作用，加强行业自律，维护出口秩序，保障我省镁质材料行业平稳健康持续发展。

2017年我省非金属矿行业又面临巨大的环保压力和严峻挑战，协会联合省工特办、省环保厅、省知识产权局、海城和大石桥政府以及辽宁科技大学、沈阳工业大学等高校和中冶焦耐等设备制造企业，分别在沈阳、大连、海城、大石桥多次召开镁质耐火原料相关窑炉环保指标考核座谈会、辽宁镁质耐火材料环保技术交流会，研究应对措施和窑炉烟气脱硫脱硝等环保技术及装备瓶颈问题，推介环保新技术、新工艺，为行业主管部门和生产企业指明方向，避免企业盲目投入所带来的经济损失。

3. 起草行业规划，推进产业联盟

2015年我协会受辽宁省工业特种资源保护办公室委托，起草《辽宁省镁质材料行业“十三五”发展规划》。结合行业调研、专家及企业座谈等形式，收集基础素材、行业数据和相关资料，充分

听取各方面意见和建议，保证了规划的顺利出台并发挥行业指导作用。

协会积极配合建立辽宁镁质材料产业联盟工作，与联盟成员单位及时沟通，了解经济运行情况，协调解决有关问题，引导产业联盟发挥好自身作用。并参与鞍山市经信委关于菱镁行业发展文件的起草工作；组织联盟企业就行业内某些关键技术进行技术交流。在辽宁镁质材料产业联盟和辽宁省镁质材料产业技术创新战略联盟运行方面，多次与辽宁省经信委、科技厅和各市地有关部门进行沟通和技术交流，发挥联盟的独特作用。

4. 搭建行业交流平台，扩大行业企业宣传

第七届中国辽宁（营口，大石桥）国际镁质材料（创新成果）博览会（以下简称“镁博会”）于2016年9月26日至28日在镁质材料的主产地营口隆重开幕。展会由辽宁省人民政府工业特种资源保护办公室、营口市人民政府、中国非金属矿工业协会、中国菱镁行业协会、辽宁省非金属矿工业协会等14个单位主办、协办、承办。以“绿色、创新、协调、发展”为主题，力求继续打造工业特种资源领域的知名品牌展会。第七届“镁博会”邀请国内外专家学者近70人，汇集了行业100余家重点企业，取得了圆满成功，得到了企业认可，政府满意，受到了各界人士的好评。

协会积极组织我省镁质材料行业企业参加省内外相关交流会。如河南、辽宁、山东、山西、浙江及贵州六省耐火材料行业协会联合主办的耐火材料新知识讲座论坛；2017年我协会在大连协办由英国工业矿物公司举办的世界镁砂会议等。协会还积极推荐行业内优秀企业和行业领军人才参加全国非金属矿行业先进企业、优秀企业家、优秀科技人才、青年领军人才评选活动。

5. 开展技术交流，推动窑炉改造、助推行业进步

四年来，协会通过组织省内外专家和企业家高峰论坛和技术交流会等形式推动行业转型升级工作。先后多次召开行业高峰专家论坛和技术交流会，介绍行业先进窑炉技术和先进装备并在行业内进行推广。针对海城、大石桥镁质材料行业发展状况及行业发展瓶颈问题，召开转型升级、创新发展专家研讨会。邀请行业内镁耐火窑炉、镁建材、镁化工、镁陶瓷、镁合金专家做报告。

2017年是辽宁环保治理和煅烧原料窑炉升级重要一年，我协会联合有关政府部门、科研院校和企业家，收集大量窑炉环保数据，配合辽宁省出台适合镁质材料行业发展的新的环保标准；研究镁质材料行业环保技术及装备瓶颈问题，推介环保新技术、新工艺；推动我省镁质材料行业煅烧原料窑炉升级换代。

辽宁省耐火材料行业，只要坚持自主创新，坚持科学发展，坚持产业结构调整，坚持资源有效合理利用，辽宁必将成为镁质耐火材料最为强大和活力的地区。

山东省耐火材料行业协会

一、基本情况

山东省耐火材料行业协会（以下简称山东耐协）经山东省民政厅批准于1998年12月19日正式成立。具有社会团体法人资格。

山东省是我国重要的耐火材料生产基地之一，产量一直列河南、辽宁之后排第三位。从2011年开始耐材主产地淄博市组织了耐火材料工业现状大调查，调查结果显示，行业“小散乱污”突出，部分企业工艺装备落后，能源消耗高，环境污染较重。并专门下发《关于加大节能减排力度，促进耐火材料行业结构调整的意见》意见要求：严格控制新上耐火材料生产项目，“十二五”期间产能由500万吨压减到300万吨。到2017年淄博市又发布了《关于进一步推进耐火材料行业精准转调工作的通知》进一步明确提出了“三个一批”即关停一批、就地改造一批、搬迁入园一批。明确产能由300万吨压减到150万吨，建设博山、淄川、周村三个工业园区，每个园区各30万吨，共90万吨，其他就地改造60万吨。因为淄博市是山

东省的耐火材料主产地，所以淄博市压产能，直接影响到山东省耐火材料制品产量。山东省耐火制品产量从2011年的最高值466.5万吨逐年下降，2018年山东省耐火材料制品产量234.2万吨，与2011年相比减少232.3万吨，降低了近50%，压产能，精准转调效果显著。

二、协会理事会名单、协会领导班子成员名单

山东省耐火材料行业协会2015年8月2日召开第四届会员大会暨四届一次理事会。

1. 四届理事会理事

四届理事会理事名单如下：

山东耐火材料集团有限公司
山东省冶金工业总公司科技和规划部
山东鲁阳股份有限公司
济钢集团耐火材料有限公司
国家陶瓷与耐火材料产品质量监督检验中心
济南鲁东耐火材料有限公司
淄博裕民耐火材料科技股份有限公司
淄博八陡耐火材料有限公司
淄博工陶耐火材料有限公司
济南新峨嵋实业有限公司
淄博市鲁中耐火材料有限公司
山东鲁桥新材料股份有限公司
山东万乔集团有限公司
山东金都大展集团有限公司
山东百瑞耐火材料有限公司
淄博华庆耐火材料有限公司
山东八三特种耐火厂
山东中凯高温材料有限公司
济南大学材料科学与工程学院
山东工业职业学院
淄博桑德机械设备有限公司
山东耐材集团鲁耐窑业公司
淄博永安达耐材科技股份有限公司
淄博天炬耐火材料有限公司
淄博明宝耐火材料有限公司
潍坊华美精细技术陶瓷股份有限公司
淄博耀东耐火材料有限公司
青岛西海岸高新材料有限公司
山东中耐高温材料有限公司
山东省耐火材料行业协会

2. 四届理事会

会长、副会长、秘书长、副秘书长、监事名单如下：

会　长：刘　伟
副会长：马中军　封立杰　方元德　陈维国
徐新洲　张敦新　高建立　王立平
李咸伦　张继明
张　胜（2018年4月21日）
秘书长：张继明（兼）（2015年8月2日~2018年4月21日）
孔凡茂（2018年4月21日起）
副秘书长：王　磊　孙　敏　曹　伟
监事会监事：王　磊　孔凡茂　孙　敏

三、协会的主要工作成果

1. 落实好工信部制定的耐火材料行业规范条件

规范条件就是要发挥市场的规范作业，使市场竞争有序化，对不符合规范条件的企业要整改，即使通过努力也无法达到的要淘汰出局，这样有利于行业管理，有利于技术进步。协会在接到文件后，立即印发各会员单位并要求各会员单位引起重视，专人负责，对照条件找差距，查出问题立即整改，并在每年的理事会上作为一项重点工作部署落实，先后由六个重点企业将材料上报地方经信部门。2017年山东耐材集团鲁耐窑业公司的两条生产线通过工信部的审核公告。2018年又有一家上报工信部。

2. 组织开展企业精细化管理活动

协会认识到当前会员企业普遍存在重投资、上项目，轻管理，企业现场管理水平不高，企业财务管理体系建设滞后，资金链风险压力较大，管理信息化水平不高，协会要求通过精细化管理，提高企业核心竞争力，补齐耐火材料行业管理短板。

3. 打好耐火材料行业污染防治攻坚战

污染防治已成为中央今后三年要重点抓好的三大攻坚战之一，协会根据地方政府的要求，督促会员单位及时完成煤改气，窑炉、压机的节能改造，脱硫脱硝设施的安装运行。到2017年初国家、省均没有耐火材料行业大气污染排放的标准，

只能参照执行其他工业窑炉标准。刘伟会长亲自主持了省内重点耐材企业环保治理座谈会，并讨论了山东耐火材料行业大气污染物排放标准建议，上报省政府、省环保厅。省环保厅2017年9月份下发了耐火材料行业单列考核的征求意见稿。2018年7月3日省环保厅和省质监局联合发布《山东省建材工业大气污染物排放标准》其中包含了耐火材料工业排放限值。2019年1月1日起执行，山东耐火材料行业的污染防治工作走在了全国的前列。

4. 积极参与了六省协会组织的耐火材料新知识讲座

积极参与了六省协会组织的耐火材料新知识讲座，每期有一个重点，耐火材料节能减排和铝土矿开发应用技术交流；耐火材料企业转型升级论坛；推动耐火材料产业绿色健康发展；新时代耐火材料产业发展高峰论坛等。

5. 搞好调查研究，积极为会员单位服务

每年围绕省、市政府的工作要点，深入会员单位调查了解会员诉求，帮助会员单位提高认识，把思想统一到政府的中心工作上来，并且把会员单位的困难和问题及时反映给政府有关部门。如中央环保督查组进入山东前，对搬迁入园企业一刀切，先停产，后搬迁。但园区基础设施不具备搬迁条件，协会及时向市有关部门反映，对达标排放的可以继续生产，后来市里接受了协会的建议，协会也督促会员单位抓紧环保整治，确保达标排放。

6. 认真完成了中国耐协交办的统计工作任务

统计工作是协会工作的基础性工作，每年理事会都作为协会的一项重要工作进行部署，要求各会员单位一定要准确、及时上报耐火材料制品产量月报、年报。较好地完成了中国耐协交办的统计工作任务。还不定期地对单个品种的生产能力进行了调研。

浙江省耐火材料行业协会

浙江省耐火材料行业协会（以下简称浙耐协），是由浙江省从事耐火材料生产的企业自发组建而成，于2009年经浙江省民政厅、省经信委批准，具备法人资格的非营利性社会团体。浙耐协成立以来，加强行业自我服务、自我管理、自我完善，以切实维护经营者合法权益，坚持为会员服务为宗旨，全心全意做好各项工作。浙江耐材产品主要应用在钢铁、建材、电力、化工、电子等领域，是我国耐火材料主产区之一。

浙耐协现设有会长1人，常务副会长2人，副会长13人，专职秘书长1人，专职工作人员2人，现有会员单位178家。地址为浙江省长兴县太湖资本广场A座702室。

其中，会长、常务副会长、副会长、秘书长、秘书处名单如下：

会　长：王柏成

常务副会长：马列鹰　姚令春

副会长：盛树堂　刘　伦　虞炳泉　陈根财　司凤年　朱国平　佘云锋　张阿强　严掌贵　吴汉章　谈利强　沈军华　朱晓明

秘书长：姚令春

秘书处：路丽娜　董雅燕

协会围绕行业改革发展和生产经营中心，认真组织开展了以下工作：

（1）加强会员之间沟通，走访企业互动交流。协会的一项重要工作在于通过平时对企业的走访和对本行业的掌握情况，为政府做好参谋。不定期走访会员单位，通过走访企业、座谈交流、车间视察等，详细了解企业订单、质量、技改、市场、服务等，协会更好了解了耐火行业的发展状况。帮助会员单位解决生产中存在的实际问题。改变以往工作思路，积极通报当前情况，贯彻各级部门的相关政策和规定。

（2）协会协助长兴县政府完成耐火产业转型升级。2014年5月长兴县启动了耐火产业转型升级工作，两年时间，耐火企业装备得到提档升级，产品不断创新创优，管理逐步步入正轨，耐材产业凤凰涅槃，实现了华丽转身。全县耐火企业原有 291 家，关停并转了 129 家，规范提升 162 家，共淘汰设备 1.1 万余台（套），腾出土地 820 亩，腾出能耗空间 2.5 万吨标煤。162 家保留企业户均设计产能达到6100 吨/年，提高了 2700 吨/年，增长近八成；人均产值达到 149.46 万元，增长 157.02%；企业亩均产出税收达到 9.71 万元/亩，提高 43.85%。

（3）加强省际行业交流，学习各地先进经验。多次接待来自山东、河南、辽宁等地的耐火协会、县市领导等与耐材行业相关的人员到我协会考察调研耐火材料发展情况等。通过实地考察和听取介绍，来访人员对近年来浙江耐火材料行业转型升级所取得的成绩表示赞同，认为浙江在这些工作中走出了自己的特色之路，这些好的经验和做法对各地耐材行业接下来的转型升级和今后相关工作的开展有较大借鉴作用，可继续加强交流合作，推动共赢发展。

（4）协会主办、承办、协办了多次国家级行业相关会议及展览，并积极组织会员单位参加会议，为会员企业构建技术交流平台，提供优质、高效服务。

新常态下耐火材料行业转型升级研讨会、耐材行业在线供应链金融电子交易平台推介会、全国耐火原料学术交流会暨展览会、浙江及河南、辽宁、山东、山西、贵州六省耐火材料行业协会联合主办的六省会议，全国不定形耐火材料学术会议、国家耐材协会会长会议、第一届中国（长兴）耐火原料交易洽谈会等，每次会议的举办给企业、高校及科研院所等共同搭建一个相互学习、相互交流的平台。协会多次举办金融服务交流会，2018 年为企业融资 1600 余万元。

协会协助中国耐火材料行业协会组织专家委员会的专家对长兴县耐火材料转型升级示范区进行了评审验收工作。评审团对长兴耐火行业转型升级工作取得的成绩表示充分肯定，并授予长兴中国耐火行业转型升级示范区称号。

（5）举办高层次高规格的耐材培训。浙江省耐火材料行业协会多次举办浙江耐火材料行业人员研修班，其中赴洛耐院培训学习 4 次，武科大培训学习 2 次。特别是浙江省耐火材料行业协会与中国耐材协会联合主办的“第四期耐火材料综合知识培训班”于 2017 年 8 月中旬在浙江长兴举办，得到了长兴县政府的大力支持，来自河南、山西、江苏、河北、湖南、福建、上海、浙江湖州及长兴地区的近 150 名学员参加了培训。给参加培训的企业管理人员提供了学习新知识的便利条件，搭建了业内同仁互相沟通的平台。

（6）加强政企沟通互动，发挥桥梁纽带作用。协会成立以来一直秉持服务企业的宗旨，积极与政府各职能部门沟通协调，做好企业与企业之间、企业与政府之间的信息沟通。深入贯彻工业和信息化部关于促进耐火材料产业健康可持续发展的若干意见，推进《建材行业规范公告管理办法》的有效实施。宣传贯彻工信部《若干意见》和《规范条件》精神，实施《管理办法》是最近一个时期耐火材料产业发展和行业协会工作的一项十分重要的任务。工信部公示的第一批符合规范条件生产线名单的 19 家企业 40 条生产线中有浙江自立股份有限公司的 3 条生产线，目前协会已经协助父子岭耐火集团、云峰炉料、明天炉料、锦诚新材、宏丰炉料、红鹰集团、金汇华、立鑫高温等企业提交申报资料。希望借《规范条件》的实施和管理办法的落实，浙江省的耐火材料行业能够在“十三五”期间切实提高产业生产水平和创新能力，创建一流的企业、开发一流的技术、生产一流的产品、营造一流的环境，早日实现由大变强的发展目标。

（7）加强协会平台建设，提升服务企业水平。在协会各方的努力下，协会创办的《浙江耐火》通讯，定期向会员企业和各政府职能部门传递行业资讯，反映和沟通本行业的动态信息，为企业经营和政府决策提供信息参考。由协会协办的杂志并向洛阳耐火材料研究院下属杂志订购《耐火材料信息》，每月期刊通过协会免费发送给所属会员单位，将国内外最新技术信息、采购信息、研发信息，以最快时间发布给企业，让企业充分了解行情和最新的技术，帮助企业及早应对，做出相应的对策。协会微信群，将工作信息交流空间从现实延伸到微信，便于大家在“指尖交流互动”中推进了会员单位的学习交流，加快了各项制度的落实与信息的传播。利用移动 mas 短信平台向会员企业及时发出通知并提供耐火材料最新动态及相关信息。协会的微信公众号，多了一道信息发布平台，以少量而精致的资讯推送，高效互通，关注阅读人数累计增长，打造出更具影响力的协会形象。

（8）协会努力做好产业人才的“输送带”。由浙江省耐火材料行业协会牵头的耐火材料行业的地校人才合作接洽会多次在长兴举行，与武科大、太原理工大学等院校交流人才智力需求，地校企各方互动交流洽谈，各方代表签署协议，达成了地校共建人才战略联盟、行业协会与校方人才智力协作、校企共建实习就业基地等合作协议。强强联合、共建共享，既是协会与院校全方位深层次合作的需要，也是更好地服务浙江省耐火材料产业发展的需要。浙江省耐火材料行业协会是企业和科研院校的服务者，将努力做好产业人才的“输送带”。

奋进新时代，需要掌舵者，阔步新征程，呼唤领路人。浙江耐协将继续以深入贯彻落实工业和信息化部关于促进耐火材料产业健康可持续发展的若干意见为主线，深化耐火材料行业供给侧结构性改革，不断加强企业转型升级，提高产业集中度、创新驱动、增强综合竞争实力，节能减排、推进绿色耐材战略，加强服务企业，为实现浙江省耐火材料工业高质量发展而努力，大胆探索，推进耐材产业优化升级，努力适应国家智能制造发展方向。

河北省耐火材料行业协会

河北省耐火材料行业协会，是由河北省从事耐火材料生产的企业自发组建而成，于2017年经河北省民政厅批准，具备法人资格的非营利性社会团体。河北省耐火材料行业协会现有会员单位96家，会长由唐山时创高温材料股份有限公司董事长吴喜民和唐山市国亮特殊耐火材料有限公司董事长董国亮轮值担任，中国耐材之窗网总裁赵冬莲担任常务副会长，卜景龙担任驻会副会长。

河北省是我国高铝砖的发源地和滑动水口产品最大的生产基地，曾为新中国钢铁工业研发、设计、生产出第一批高铝砖，并获得了冶金部银质奖。截至2018年，河北省共有500余家耐火材料生产企业。其中，不定形耐火材料产量约占70%，主要产品有：铁沟浇注料、炮泥、钢包浇注料、中间包干式料等；定形耐火制品有滑板水口、镁碳砖、透气砖、黏土砖、高铝砖、轻质隔热保温砖、陶瓷纤维制品、碳化硅制品等。

近年来，河北省耐材企业集中度及规模大幅提高，涌现出了一批技术力量和生产实力雄厚的企业，如，唐山时创高温材料股份有限公司、唐山市国亮特殊耐火材料有限公司、唐山鑫源炉料有限公司、唐山市瑞兴炉料有限公司、唐山首尔耐火材料有限公司、河北丰能耐火材料股份有限公司、河北北方窑业工程有限公司等。唐山银耐联电子商务有限公司在耐火材料电子交易方面取得了重大突破，成为电子商务领域的领军企业。

山西省耐火材料工业协会

山西耐火材料工业协会第一次会员大会于2013年12月6日召开，2014年2月13日山西省民政厅批复，准予成立登记。按照《山西省耐火材料工业协会章程》的规定，至2018年2月份，省协会第一届理事会任期满四年，经省民政厅批准，山西省耐火材料工业协会2018年2月1日召开第二次会员大会及第二届理事会第一次会议，进行了换届选举，组成了第二届理事会，选举产生新任会长、副会长、秘书长。

2015年至2018年山西省耐火材料行业生产经营运行情况及省耐火材料工业协会开展的主要工作概况如下。

一、行业概况

1. 耐材企业总数、产量

截至2018年12月，全省在市场监督管理机关注册登记耐火材料生产经营企业389户，其中，规模以上企业75户。据山西省统计局统计，全省耐火材料制品总产量2015年260.05万吨，2016年286.28万吨，2017年1059.93万吨，2018年604.73万吨。

2. 重点主产区

2018年阳泉市铝矾土产量210万吨，实现销售额25亿元，实现税收2.8亿元；2018年阳泉郊区耐材产量（不包括矾土）94万吨，其中定形制品54.8万吨，不定形制品39.2万吨，实现销售收入20.7亿元，上缴税费2.38亿元。产量、收入、税费均增幅21%左右；孝义地区2018年耐火材料铝矾土销售收入55.72亿元，纳税3.12亿元。

3. 重点企业

山西禄纬堡太钢耐火材料有限公司、山西盂县西小坪耐火材料有限公司、中国有色集团晋铝耐材有限公司、孝义市和中兴矿产有限公司、阳泉金隅通达高温材料有限公司、山西高科耐火材料股份有限公司、山西昊业新材料开发有限公司、山西天坤特种材料有限公司（山西道尔耐火材料有限公司）8户重点耐材企业年度生产经营统计情况为：2015年，合计产量38.65万吨，销售收入86590.15万元，利润7742.59万元，年末应收货款59130.36万元；2016年，合计产量40.53万吨，销售收入97400.00万元，利润-2230.14万元，年末应收货款30522.44万元；2017年合计产量55.19万吨，销售收入127500.00万元，利润7870.00万元，年末应收货款29100.00万元；2018年，合计产量48.72万吨，销售收入140433.47万元，利润8462.37万元，年末应收货款28115.82万元。

二、协会情况

1. 山西省耐火材料工业协会2015年至2018年机构、人员（换届、变更）概况

按照《山西省耐火材料工业协会章程》的规定，至2018年2月份，省协会第一届理事会任期满四年，为此，经山西省民政厅批准后，山西省耐火材料工业协会第二次会员大会及第二届理事会第一次会议2018年2月1日在太原召开。

会议选举会长、副会长、秘书长名单如下：

会　长：霍　平

副会长（14名，排名不分先后）：

李永全　任晓军　任茂勇　任建全　武晓煜
郝良军　梁智军　魏泽培　王宏刚　李高平
闫承华　阮克胜　赵才福　段劲州

秘书长：武晓煜

聘任副秘书长：李肇喜　赵　刚

2. 2015年至2018年主要开展的几项工作

2015年至2018年主要开展的几项工作包括：

（1）认真完善相关基础条件，评估为省直社会组织4A等级。2018年5月21日山西省民政厅召开会议公告年度山西省直社会组织评估等级结果，山西省耐火材料工业协会获得山西省民政厅颁发的《中国社会组织评估等级4A级》等级证书和牌匾。

2017年10月山西省民政厅安排开展评估工作后，省耐材协会十分重视，按照要求将工作总结等十余份参加评估的申报资料向省民政厅评估委员会呈报。呈报相关资料经初审后，省民政厅评估委员会委托第三方机构采取资料审查、实地走访、听取汇报、分项计分等方式进行严格审查评估，最后由复核委员会对评估结果复核，复核无异议后由省民政厅向社会公示，公示完毕，公告评估结果。

本次评估结果有效期为五年，省民政厅向获得3A等级以上的社会组织召开大会授牌，并对获得4A以上评估等级的社会组织名单上报国家民政部。

（2）深入企业调研，撰写调研报告，积极向省政府及有关部门反映会员诉求，得到会员好评。省耐材协会为促进我省耐材工业的发展，十分关注我省耐材行业出现的新情况、新变化、新特点及会员反映的热点问题。为此，每年多次组织工作人员到我省重点耐材企业，座谈访问、走进现场、深入调研。每年调研后撰写2~3份调研报告，呈报省政府及有关部门，争取政策支持。

2015年上半年，省协会深入耐材企业进行广泛调研，起草了“山西省耐火材料产业现状及建议”专题报告，向省政府主管领导及省经信委等主管部门呈报，引起关注。在山西省“十三五”新型材料发展规划中明确提出：“发挥我省高铝耐

火黏土资源优势，打造阳泉、吕梁两大新型耐火材料产业基地……。”上述规划意见，为我省耐火材料企业带来重要政策机遇。山西省“十三五”新型材料发展规划中将耐火材料的发展列入重点支持项目，省协会积极呼吁有一定的推动作用。

2017年，先后撰写调研报告三份。4～5月，撰写了“山西省铝土矿资源及资源对耐火材料企业的困扰与建议”，呈送省经信委等政府部门；10月初，撰写了“关于贯彻（山西省大气污染防治2017年行动计划）促进耐材行业规范发展有关问题的情况反映”，调研报告及时呈报中耐协、省环保厅、省经信委、省发改委、省建材协会，主动反映当前我省耐材行业的变化和耐材企业生产经营中的困难与诉求，得到相关部门的重视；10月中、下旬，山西省、河南省、贵州省三省耐材协会联合，在我省吕梁市的孝义、交口，阳泉市的盂县对重点企业进行专题调研。调研后，综合三省铝矾土市场出现的新变化和这些新变化对全国铝矾土市场的影响，整理调研报告，供政府部门参考，为耐材企业组织生产，提供相关信息。

2018年对耐材会员企业在生产经营中的困难，进行专题调研，积极主动发声，向政府反映企业诉求。当年4月向省经信委、向环保厅呈送专题报告，提出“区别对待，支持使用清洁能源的企业依法生产”“取缔与规范相结合，全面准确贯彻国家大气污染治理的有关规定”等三项建议。

2018年12月9日，对盂县路家村镇万丰耐火材料厂在生产经营中出现较大困难，我会经调研核实，按照全国民营企业座谈会和山西省支持民营企业发展大会的精神，向盂县人民政府提出妥善处理相关事宜的两条意见，既督促企业补办有关用地手续，也积极为企业其他合理诉求发声。

（3）联合组织洽谈会，为企业搭建交易平台。2018年7月25日，在中国耐火材料行业协会的指导下，山西省耐火材料工业协会、河北省耐火材料行业协会联合主办，银耐联、山西道尔耐火材料有限公司承办的第二届铝矾土交易洽谈会暨银耐联（中国耐材之窗网）第三届交易洽谈会在孝义召开。来自山西、河南、贵州等铝矾土主产区的供应商代表和全国各地的用户代表欢聚一堂，共同商讨、探索铝矾土合作新模式。

（4）以积极支持协助企业参加《耐火材料团体标准》《行业规范公告管理办法》《行业企业信用等级评价》三项重点工作为抓手，不断增强我省企业软实力，提高市场竞争力。

四年来，紧紧抓好上述各专项工作的落实。

一是省协会积极推进耐火材料团体标准的起草申报工作，支持、协助有条件的企业积极申报。2017年，中国有色集团晋铝耐材有限公司负责起草的《铝电解槽用边框防渗浇注料》团体标准和《铝电解抬包用不粘铝砖》团体标准，已由团体标准制定工作领导小组成员及标准化技术委员会确认。

二是继续落实工信部《耐火材料行业规范条件（2014年本）》和《耐火材料行业规范公告管理办法》。2016年6月26日，省协会向省经信委呈送《关于贯彻工信部〈耐火材料行业规范条件（2014年本）〉和〈耐火材料行业公告管理办法〉的有关情况及建议》的专题报告，积极协调开展工作。截至2018年底，山西禄纬堡太钢耐火材料有限公司的申报资料业经县、市经信局、省工信厅审核后报国家工信部；另有山西盂县西小坪耐火材料有限公司等3家企业也向当地经信局递交相关报告和提出意向。

三是开展耐火材料行业企业信用等级评价工作。2016年，我省盂县西小坪耐火材料有限公司、中铝集团晋铝耐材有限公司、山西高科耐火材料股份有限公司、山西禄纬堡太钢耐火材料有限公司获得耐火材料行业第二轮第一批信用等级评价AAA级企业。2017年10月，山西吴业新材料开发有限公司也被评定为信用等级评价AAA级企业。

（5）邀请专家做专题讲座，组织企业工作交流，拓展工作思路，相互学习借鉴，促转型发展。四年来，省协会每年都要组织专家讲座、经验交流。其间，共聘请外省、本省大专院校专家、教授、特聘顾问做专题讲座12人次，企业交流经验7人次。

2016年1月8日，为促进耐材企业绿色生产，特邀请武汉善达化工有限公司董事长张意、北京天净美华公司董事长罗坚博士就企业生产设备更新，脱硫脱硝，清洁生产做专题讲座；2018年2月1日，省协会召开第二届理事扩大会后，邀请北科大孙加林教授、太原理工大高峰教授，北方窑业总经理姚文博就我省耐材行业发挥资源优势、推进转型升级、践行绿色发展，做了专题报告。

（6）召开相关企业座谈会，研究应对美国加征额外贸易关税相关措施。美国时间2018年9月17日，美国政府宣布将自2018年9月24日起对2000亿美元中国输美产品加征10%关税，2019年1月1日起再提升至25%。其产品目录中包括耐火材料制品。美国加征关税将对我国制造业（包括耐火材料工业）造成重大损失。因所公布的加税清单涉及我省部分耐火制品出口美国的相关企业，为捍卫企业合法权益，省耐火材料工业协会当年10月16日在太原市召开相关企业负责人座谈会，与会企业负责人交流了情况，研判了形势，统一了认识，会议形成三项措施，为我省相关企业应对美国额外加增关税的贸易保护政策有积极的意义。

2018年10月18日，省耐协向中耐协、山西省经济和信息化委员会、山西省商务厅、阳泉市政府、孝义市政府、省建材协会呈报《应对美国额外贸易关税，山西省耐协相关企业座谈会纪要》的报告。中国耐材之窗网行业动态专栏2018年10月19日和中国建材报耐火材料专栏11月24日分别刊登了《山西省耐材协会商讨应对美国额外贸易关税》的工作信息。

（7）认真做好统计报表汇总及报送工作，省协会统计工作被上级多次表扬。

当前，在耐材产业生产经营遇到许多困难的情况下，促进企业科学、合理组织生产，行业生产运行的统计和分析工作就更显得重要。为此，省协会十分重视这项工作，积极督促、协调报表的统计、汇总，在各企业的共同努力下，我省统计工作多次得到中耐协的表扬，在2016年中国耐火材料协会召开的统计工作总结表彰会上，我省协会作了统计工作经验交流发言，受到参会人员好评。在中耐协召开的2018年耐材行业生产统计总结工作会议上，省协会此项工作再次受到上级表扬，同时，山西禄纬堡太钢公司等企业的11名同志被中耐协评为统计工作先进工作者。

（8）做好其他日常、综合、社会服务等项工作。

一是继续完善省协会网站、微信平台建设，积极为会员企业提供相关信息服务。2015年以来，省协会先后设立省耐火材料协会网站、微信平台，为会员提供良好的信息服务。四年期间，在省协会网站、微信平台共公布、传达、交流、转载相关政策、文件51份（条）、耐火材料新知识信息229余条、市场购销信息310余条、产品介绍39条等，受到会员及广大耐材企业的欢迎。

二是积极筹备成立省协会党支部。根据《中国共产党章程》和中办印发的《关于加强社会组织党的建设工作的意见（试行）》、省委办公厅印发的《关于加强和改进社会组织党的建设工作的实施意见（试行）》有关规定，我会2017年11月已向省民政厅综合党委呈报建立党支部的申请报告。相关筹备工作正在认真准备中。

三是发挥社会组织作用，建立联合扶贫养殖基地。我会十分重视发挥社会组织的作用，积极开展参与脱贫攻坚工作。经积极筹备，山西省耐火材料工业协会驻交口县联合扶贫养殖基地2018年7月26日在交口县温泉乡隆重揭牌成立。

湖南省耐火材料行业协会

湖南省耐火材料行业协会成立于2013年7月份，会员单位为35家，全部为单位会员，无个人会员。会长单位为湖南湘钢瑞泰科技有限公司，公司总经理唐安山同志担任会长。

湖南省耐火材料产业在全国耐火材料产业来说算很小的一部分，但也有其独有的特点，具体为以下几个方面：

（1）全国主要的锂电池生产用莫来石—堇青石匣钵生产基地；

（2）全国堇青石、莫来石、莫来卡特重要的原料生产基地；

（3）湖南省有世界著名的硅火泥之乡——醴陵；

（4）有全球一流的感应炉配套用耐火材料；

（5）有针对钢铁冶炼及各种高温窑炉配套的全流程所有耐火材料的生产产品提供；

（6）有丰富的土状石墨资源。

2018年协会主要做了如下几个工作：

（1）组织各会员单位进行学术交流及专业、设备技术方面的培训工作；

（2）积极组织会员单位申报政府各类资金及荣誉奖励项目；

（3）及时了解和传递国家相关产业政策，引导会员单位严格按国家政策要求实施经营工作；

（4）建立理化检测设备会员共享模式；

（5）组织会员单位与用户单位直接对接；

（6）建立耐火材料专家库，解决会员单位技术问题；

（7）组织会员单位形成耐火材料互售及联盟，大家抱团取暖，共同发展；

（8）推进互联网采购和销售。

湖南省耐火材料产业在湖南省经济建设中起到了一定的作用，但体量还是太小，除了会长单位2018年产值超6亿元外（为湖南省最大的耐火材料生产基地），其他耐火材料企业产值达1亿元及以上的不到十家，大部分在几千万元。行业的发展扩大一直是我们协会努力的方向。

贵州省耐火材料行业协会

贵州省耐火材料行业协会［Association of Guizhou Refractories Industry（缩写AGRI）］是由贵州省内耐火材料领域相关的企、事业单位自愿结成的行业性的、全省性的、非营利性社会组织。目前贵州省耐火材料行业协会有会员单位41家，年产能达到100万吨耐火材料原料及制品。

一、贵州省耐火材料行业协会成立

贵州省耐火材料行业协会于2014年10月22日经贵州省民政厅核准成立。2018年4月25日贵州省耐火材料行业协会第二届理事会一次会议选举产生协会第二届管理机构。其中，会长、名誉会长、常务副会长、副会长、秘书长和副秘书长名单如下。

会长：郑　杰

名誉会长：程念生

常务副会长：张书军

副会长：赖学著　李大华　张成行　黄道伦
刘　江　谢先足　陈玉英　Jean-yves

秘书长：刘显斌

副秘书长：王国书

二、贵州省耐火材料行业协会工作摘要

贵州省耐火材料行业协会成立以来，在省民政厅、省经信委的关心和指导下，在各副会长和会员单位的支持下，结合贵州耐材企业的实际主要开展了以下工作：

（1）借协会成立之际，邀请了国内知名的耐材企业领导、专家来贵阳与我省的耐火材料企业就贵州耐火材料行业发展进行座谈，取得不错的效果。

（2）协会连续五年组织贵州耐材企业参加由河南、山西、山东、辽宁、浙江、贵州六省协会联合主办的铝硅质耐火材料交流会暨耐材展览会。

（3）经与中国耐火材料行业协会领导沟通，2015年中国耐火材料行业协会会长工作会在贵阳召开，来自全国的参会代表在会议期间，受海美斯邀请到企业指导，并与我协会部分企业代表座谈。

（4）经协会程念生会长与中国标准委员会仇所长沟通，邀请仇所长到贵州与我省的耐火材料企业就棕刚玉能耗标准制定进行交流。交流结束后，受企业的邀请，仇所长一行还到七砂、三山等刚玉生产企业考察参观。

（5）经协会与中国金属学会耐火材料分会（中钢洛耐院）协商，由贵州耐火材料行业协会、贵州省海美斯科技有限公司与中国金属学会耐火材料分会2017年在贵阳联合主办了全国不定形耐火材料讨论会，来自全国的参会代表有300多人共聚一堂，就不定形耐材进行讨论。我协会还邀请了省经信委主管领导徐荣巡视员、西南能矿集团领导到会，分别向大家介绍贵州工业发展方面的政策和我省铝矿资源利用的情况。

（6）我协会一直坚持协会成立的初衷，时时与国内各省的协会保持联络，组织我省的耐材企业参加国内同行业交流会、博览会；经过交流，希望能引进先进的生产技术和管理理念，促进大家的发展。

（7）协会还保持与相关的政府部门针对耐材企业的一些政策进行沟通。为企业与政府主管部门牵线搭桥，同时也根据实际情况向政府部门提出耐材企业的合理请求，使政府相关部门与耐材企业进行恳谈，最终大家达成一致的意见。2015年由清镇市国土局和清镇市生态局联合成立的矿

产品管理中心就矿产品相关税收一事的解决。

（8）2015年协会受贵州达众第七砂轮有限公司、贵州省海美斯科技有限公司、清镇同辉矿业有限公司委托，与省经信委主管领导吴仕飞总工程师在省经信会议室就各家企业的发展进行汇报交流。

（9）2017年邀请银耐联电子交易平台黄少宁副总到贵阳与贵州的耐材企业就耐材销售进行介绍和交流。

（10）贵州的铝土矿资源丰富，协会经与政府部门、企业之间协调，满足贵州的耐火材料企业在生产上原料的需求。

（11）协会积极参与推进我省耐火材料企业生产的提升改造，特别是在脱硫脱硝的改造。截至2019年6月我省耐火材料企业90%以上的已经完成脱硫脱硝改造。

此外，协会充分利用贵州的资源优势，中国耐火材料行业协会搭建的交流平台，加大与国内外同行业组织间的联系和沟通，积极开展交流合作。为更多的贵州耐材企业开拓市场创造条件，提供服务。

营口市耐火材料行业协会

营口市耐火材料行业协会成立于2002年5月25日。是由营口地区各耐火材料领域的企、事业单位及相关行业的企业、事业单位、大专院校、科研院所等自愿组成的行业协会，并经政府社团登记管理机关核准注册登记，具备法人资格的非营利性社会组织。

一、行业概况

营口是中国东北近代史上第一个对外开埠的口岸，依托营口港，是“一带一路”倡议中的重要节点城市，是国务院批准设立的辽宁自贸区（营口片区）。营口大石桥市“依镁而立，因镁而兴”镁产业历史悠久，镁资源丰富。菱镁矿保有储量19.4亿吨，白云石矿储量20亿吨，是全球菱镁矿主要产地之一。镁制品深加工能力，技术装备水平在国内处领先地位，部分装备和产品达到国际先进水平。

营口市耐火材料规模以上企业500多家，营口青花集团、金龙集团、嘉晨集团等企业在国内外同业中具有一定知名度和影响力。营口地区耐材企业技术先进、装备精良（自动化程度），深加工能力和工艺、技术在国内均处于领先地位，一些装备达到国际先进水平。镁质产品品种齐全，科技含量高、附加值高，一些产品达到国际领先水平。

主产地大石桥市是辽宁省十二大示范产业集群之一，被国家科技部认定为“可持续发展试验区”，被国家工信部评为新型工业化产业示范基地，辽宁省政府授予“辽宁省出口基地”，被中国耐火材料行业协会认定为“全国镁质耐火材料生产和出口基地”，素有“中国镁都”之称。镁产业已成为地域经济发展的支柱产业。

全市有国家级高新技术企业10家，科研机构36家（其中：省级工程技术研究中心7家）。在已开发的产品中，国家和省级科技计划58项；获省部级科技进步奖、优秀新产品奖和专利奖69项；与北京科技大学、大连理工大学、辽宁科技大学、东北大学等14家高校和科研院所建立了全面科技合作关系。252家企业与国内高校院所及大型企业集团建立了长期技术协作关系。

企业分别承接科技部国家级火炬计划镁碳砖、镁钙砖、镁铬砖项目；国家863计划“低品位菱镁矿高效利用关键技术与装备”项目；国家重点支撑计划“菱镁矿高效利用绿色生产技术”项目和“悬浮闪速制备高活性轻烧氧化镁新流程开发与示范”项目，以及已投产的自主研发和引进先进技术及装备的回转窑利用废弃粉矿生产高纯氧化镁和二氧化碳示范项目、环保节能型煅烧菱镁矿粉新技术项目。

营口市镁产业现已形成以精深加工为主，以大中型企业为龙头的产业集群，主要生产轻烧镁粉、烧结镁砂、电熔镁砂、白云石砂、镁质合成砂、镁碳砖、镁钙砖、镁铝尖晶石砖、镁质复合材料、滑板砖、连铸三大件、不定形耐火材料等产品。产品广泛应用于冶金、建材、有色冶炼、化工、轻工等行业，产品远销世界50多个国家和地区。

二、协会情况

营口市耐火材料行业协会拥有会员110家，会长王治洋，副会长王鹏、孙朝英、秦世旭、武仲丹、付常浩、赵晴晔、董波、李季、蒋勇、蒋政飞、廉守峰、袁善菊、董宏宇、史树威、刘绍英、张志东、张鑫、卢德斌、刘欣雨，秘书长王沈鹏。

协会主要工作为以党的路线、方针、政策为指导，以为企业服务、为行业服务、为政府服务、为社会服务为宗旨，认真履行社会责任，发挥在政府和企业之间的桥梁和纽带作用。客观及时反映会员单位的愿望和诉求，维护行业利益和会员的合法权益，规范运作，引导会员单位自觉遵守国家的法律法规和产业政策，搞好行业自律。组织开展调查研究和咨询服务、人才培训、技术信息交流，促进行业科技进步和管理水平提高，实现地区耐火材料行业健康、可持续发展。

协会先后被国家民政部授予“全国先进民间组织”，辽宁省政府授予“辽宁省出口基地”，营口市委、市政府授予“文明单位”，省民政厅授予“省示范社团”“省先进社团”，营口市民政局授予“先进行业协会”“中国社会组织评估5A”等荣誉称号。

三、未来发展方向

调整产品结构、致力科技创新、顺应绿色环保、服务下游行业。主要围绕镁耐材、镁化工、镁建材、镁合金等几个方面。努力打造世界级镁质材料产业精深加工基地、科技创新基地、出口基地、产业服务聚集地。

1. 镁耐材

主要发展优质、高效、环保、节能、长寿、功能性耐火材料，提高为高温工业整体服务水平，延长产业链，完善产品种类，提供整体承包服务，促进企业实现由生产型向生产服务型转变。

2. 镁化工

大力发展新材料、新产品，重点开发新技术与新装备，向高纯、高附加值、专用化、功能化、系列化的方向发展，发挥化工技术适应性强的优势，主要开展低品位菱镁矿、粉矿等加工，利用技术研究，扩大产品应用范围。

3. 镁建材

充分发挥菱镁产品节能低碳、防火保温、绿色环保、轻质高强等独特性能优势，研发和生产高科技含量、高性能、高附加值产品。优先发展具有高质、高强、多功能等主要特征的镁质绿色建筑材料。

4. 镁合金

重点开发面向航天航空、军工、车辆领域的新型、实用、加工成本低的镁合金板材、型材及其零部件，研究成果向高品质、高附加值、高科技含量、高市场竞争力转变，产业化向符合低碳经济要求的节能、低排放、清洁、安全、可循环利用转变。

新密市耐火材料行业协会

新密市耐火材料行业协会，在市委市政府、市工业信息化局、市千亿耐材办、市民政局的正确领导下；在中国耐火材料行业协会和河南省耐火材料行业协会的工作指导下，按照协会章程积极传达政府有关方针政策，完成市委、市政府交办的工作。围绕行业热点问题，经常开展行业技术经验交流，及时了解掌握耐材行业的市场动态，推广新技术、新设备，引导行业调整产品结构，推进节能减排，安全生产，发展循环经济，积极开展技术交流，使行业平稳可持续发展，满足工业需要。

一、行业概况

新密市位于河南省省会郑州西南30公里处，是河南省改革开放发展特别试点县（市），扩权县（市）之一，河南省加快城镇化进程重点县（市）、对外开放重点县（市）之一。

新密市耐火材料工业是新密市最具特色、最有影响的传统支柱产业，起源于1958年，经过60多年的建设和发展，产品涵盖钢铁、水泥、有色、玻璃、石化等9大门类，占河南省和全国的比重分别达30%和15%，其中水泥、玻璃行业用耐材占全国的50%，先后被命名为“国家耐火材料产业基地”“省级耐火材料高新技术特色产业基地”“河南省新型耐火材料出口基地”“河南省知名品牌示范区”，着力打造“国家千亿级新型耐材产业基地”。新密市矿产资源丰富，种类繁多，分布广，储量大，品位高。已探明矿藏有25种，其中煤炭储量50亿吨，石灰石储量50亿吨，工业硅储量10亿吨，铝矾土储量1.5亿吨，丰富的矿产资源为耐材工业发展奠定了雄厚的物质基础。产品质量、档次居全国同行业前列，部分产品达到国际先进水平。

目前，全市共有各类耐火材料企业305家，从业人员8万余人。拥有中国驰名商标2项（耐都公司、真金公司），省著名商标32个，名牌产品23个，质量诚信A等企业11家、其中3A企业1家，标准化良好行为企业6家，计量合格确认企业11家，创新型企业28家，“绿色工厂”企业1家，院士工作站5家，各级研发中心57家（其中省级11家、郑州市级46家），高新技术企业16家，已创成省级高新技术企业12家，郑州市市长质量奖1家（安耐克），上市企业4家（安耐克、瑞泰、华威、汇特），在区域性股权市场挂牌融资52家，挂牌排名位居郑州市前列，先后涌现出了振东科技、华威耐材、郑州瑞泰、东方集团、汇特耐材、万力实业等一大批优秀骨干企业。2015年，实现销售收入841.6亿元，增速12%，出口创汇0.86亿美元；2016年原有390家耐材企业通过综合整治和市场清退，最终保留305家，关闭85家；实现销售收入821.9亿元，增速-1.9%，出口创汇0.45亿美元；2017年实现销售收入871.4亿元，增速5.9%，出口创汇0.81亿元；2018年实现销售收入827.22亿元，增速-5.07%，出口创汇0.47亿美元。

二、协会情况

由市委市政府组织耐火材料生产企业和相关大专院校、科研院所、事业单位及个人自愿组成的非营利性社会团体。拥有会员132家，设有会长1人，第一届由时任新密市政府副市长王明安担任，第二届现由郑州振东科技有限公司董事长侯振东担任。设有六个行业分会，分别为钢铁分会、水泥分会、玻璃分会、石化分会、电力分会、原材料分会。秘书长由黄耀锋担任。协会本着围绕铝、硅、镁、锆质行业的发展规划开展工作，深入实施创新驱动，优化产品结构、淘汰落后产能，着力节能减排，规范市场秩序、增强保障能力，扎实推动耐火材料工业健康稳定发展。其中包括：

（1）调整产品结构，促进行业发展。2015年以来，协助推进实施重点耐材建设项目134个，完成固定资产投资280亿元。郑州方信新材料年产10000吨电熔刚玉砖和6000吨烧结锆质砖建设项目、郑州东方安彩耐火材料有限公司年产10000吨电熔砖建设项目、郑州康宁特公司年产1500套SCR脱硝催化剂成套设备生产线等一大批省、市重点项目已陆续建成投产，夯实了耐材行业作为我市工业的支撑地位；以国家耐火材料产业基地为依托，大力发展集办公、中试研发、技术培训、产品展示为一体的多功能、综合性发展业态，鼓励有条件的企业向平台型企业转变，企业整体发展水平明显提升；围绕密州大道南延，以超化、来集为依托，加快建设步伐，着力打造“亮、绿、净、美”的耐材专业园区。

（2）联合重组有序推进。按照“政府引导、企业自愿、政策推动、分步实施”的原则，大力推动联合重组，提高产业集中度。河南火宝与瑞泰科技重组成立郑州瑞泰，在同行业企业中异军突起；郑州华威、汇特公司与濮耐股份完成兼并重组，实现上市；东升新材料、盛巍电熔在上海股权交易中心挂牌；烨达新材在北京新三板挂牌上市。截至目前，累计52家耐材企业在多层次资本市场挂牌上市，挂牌排名位居河南省前列。远东公司被确定为省重点上市后备企业，进入股改阶段；康宁特环保等企业在“新三板”挂牌工作进展顺利，凯翔实业等重点企业基本完成股改程序。

（3）推进清洁生产全面开展。贯彻落实《中国制造2025》，加快构建高效、清洁、低碳、循环的绿色制造体系，我市耐材行业以大气污染防治攻坚战为契机，率先开展绿色制造发展工作。目前，我市耐材企业全部使用天然气、电力等清洁能源进行生产，年减少燃煤约200万吨，减排二氧化硫16640吨、氮氧化物21485吨、烟尘10750吨，单位能耗和PM2.5、PM10指标连年下降，厂区厂貌，职工身心健康水平得到普遍的提升。郑州瑞泰科技股份有限公司荣获第一批国家级绿色工厂示范单位，是全国耐材行业唯一一家荣获“绿色工厂”荣誉称号的企业，成为耐材行业绿色制造的先进典范。

（4）开展调查研究，协调解决行业问题。协会与千亿耐材办与市科工信局等有关部门会同专家多次深入行业进行调研，了解企业生产经营状况，针对共性问题制定对策，为企业把好脉、定好位，为行业把准方向。通过深入调研，协会更加了解我市耐材企业面临的困难和需求，更加明确了为企业服务的路径，同时，也提高了向有关方面反映耐材企业诉求的话语权。

（5）发挥行业网站、公众号作用，推广行业信息。协会网站充分发挥覆盖广、快捷的优势，全面准确的刊登各种信息，及时发布各类通知、公告、文件、新闻动态、行业信息、市场动态等；并且协会收集会员企业的各类信息，将企业产品类型、品名、特点、价格及售后服务、联系方式等推荐公布，为促进产品的销售，提供一个有益、便捷信息平台。

协会总群（初期以群聊形式），目前成员 280 人；微信公众号发布各类信息 2600 余条，也得到广大会员、企业家的关注，目前，近 700 人加入此平台，并积极发布各类供求信息，交流信息涉及省市耐材企业转型升级、企业经营策略、有关高端人士经济新思维、大众创业、万众创新思路等，其中较多有益、有价值的信息得到大家认可、赞许。

（6）积极参加承办各类耐火材料知识讲座和会议。2016 年 4 月参加承办“第十三期耐火材料新知识讲座暨耐火材料企业转型升级论坛”，2017 年 1 月参加协办“新常态下耐火材料行业技术与发展研讨会”，2017 年 6 月参加协办“第四届中国耐火材料生产与应用国际大会”，2018 年 5 月参加“新时代耐火材料产业发展高峰论坛”，2018 年 6 月参加协办“2018 中原新材料高峰论坛”。

宜兴市耐火材料行业协会

宜兴市耐火材料行业协会成立于 1997 年 9 月，同年 10 月加入中国耐火材料行业协会。目前协会拥有会员单位 83 家，设有会长 1 人，由江苏嘉耐高温材料有限公司董事长黄振球担任，名誉会长 1 人，副会长 8 人，秘书长 1 人。

协会成立 20 多年来，始终立足宜兴本地实际，着眼行业发展大局，坚持科学发展观，在维护行业权益、推进有序竞争、搭建合作平台、促进行业可持续发展等方面发挥了积极作用。其中包括：

（1）加强运行监测，搞好行业分析。当前全市耐材行业主要呈现三大特点，一是经济总量持续增长。从经济指标看，2018 年，全市规模以上耐材企业共 53 家，实现工业总产值 65.36 亿元、销售 62.01 亿元、利税 7.98 亿元，分别增长 11.4%、9%和 28.8%；2019 年 1~9 月，实现工业总产值 54.42 亿元、销售 49.71 亿元、利税 5.18 亿元，同比分别增长 15.7%、10.2%和 1.8%。从产品产量看，2018 年全市耐材产品各品种实现总产量 72.8 万吨，增长 13.9%；2019 年 1~9 月，实现总产量 66.8 万吨，同比增长 19.92%。二是企业运行质态较优。主要反映在亩均税收上，从我市 2014 年工业用地调查反馈情况看，当时全市 50 家规模以上耐材企业亩均税收为 11.5 万元，高出全市平均（7.49 万元）4.01 万元；从 2018 年全市工业绩效评价反馈情况看，全市 53 家规模以上耐材企业亩均税收 14.97 万元，增长明显，均位于全市重点行业前列。三是行业发展前景较好。主要体现在以下三个方面：

1）客户优势。我市重点骨干企业的主要客户集中在大型钢厂、水泥厂、电厂、石化企业等，并且基本上都是一些央企、国企。经过近年来的整治整合，这些行业目前发展势头较好，带来我市耐材企业在可预期的将来发展空间仍然还是比较大的。

2）技术优势。53 家规上企业中有 19 家是高新技术企业，拥有有效发明专利 75 件，分别占全市总量的 6.5%和 11.3%。无锡南耐集团、诺明高温、市耐火材料公司、宜刚耐火等 10 多家重点骨干企业还主持或参与过国家专业标准的制订，细分产品特色优势比较明显，有一定的行业“话语权”。

3）后劲优势。近年来，全市耐材企业都比较重视技术创新、产品开发和项目投入，自 2018 年以来，几乎所有规上企业都有后劲投入项目，总投资规模约 12 亿元，虽然总量不大，但相比整个耐材行业 65 亿元的总经济规模，投资比例是还比较高的，居全市各行业前列，这也在较大程度上支撑了全市耐材产业的持续健康发展。

（2）抓好平台建设，促进交流合作。主要体现在以下三个方面：

1）加强检验检测平台建设。江苏省陶瓷耐火材料产品质量监督检验中心围绕宜兴耐材高质量发展的要求，进一步提升了自身检验检测的资质能力，实验室面积由2017年的1500平方米增至现在的4000平方米，新增了X射线荧光光谱分析仪、X射线衍射分析仪、电感耦合等离子体发射光谱仪等一批国内外先进的检验检测仪器设备，检测设备的总值达1500多万元，现有97只产品通过了实验室资质认定（CMA）、207项参数获得了实验室认可资质（CNAS），其中，通过美国ASTM标准资质认定达10多项，检验检测范围覆盖耐火材料、陶瓷、建材等产品，检验检测的资质能力满足了全市耐火材料生产企业对检验检测工作的需求，2019年，共为耐材生产企业和耐材用户提供耐火原料、耐火制品的检验检测达3600多批次。

2）加强科技研发平台建设。武汉科技大学宜兴陶瓷与耐火材料研究院，以武汉科技大学省部共建耐火材料与冶金国家重点实验、无锡市宜兴市场监管局“江苏省陶瓷耐火材料产品质量监督检验中心”为依托，以武汉科技大学、无锡市宜兴市场监管局、丁蜀镇人民政府为主要支撑和承办单位，围绕宜兴地区陶瓷与耐火材料产业的发展，构建了政、产、学、研科技创新服务体系，加强了研究院的平台建设、企业调研与对接、项目合作与成果转化、人才培训、国行标制定修订等方面的工作。其中，组建了碳复合耐火材料、玻璃窑用高性能耐火材料、轻质隔热材料等研发团队、不定形耐火材料研发团队，为宜兴耐材行业的科学发展、创新发展提供了坚强的科技保障。

3）加强对外技术交流合作。近年来，江苏诺明等企业通过与武汉科技大学、南京工业大学等学校的合作，成功申报了一批省市科研项目、先后引进了无机非金属材料专业毕业生20多名；宜兴摩根热等企业通过与全国耐标委的合作，成为全国耐标委委员单位，成立了“全国耐标委高温隔热耐火砖工作组”，先后主导、参与国行标制定修订10多个；2019年4月，宜刚耐火作为《耐磨耐火材料》国家标准主要修订单位，协助全国耐标委在宜兴承办了《耐磨耐火材料》国家标准修订研讨会；江苏嘉耐、无锡南耐以其自身的实力，成为国家耐火材料行业协会副会长单位。

（3）强化协调服务，推进行业发展。主要体现在以下三个方面：

1）加强对上争取。最主要的成效是在2017年全省推进“两减六治三提升”工作过程中，无锡市政府准备将全区域范围内的城市建成区内的所有耐材企业全部进行关停。由于因多种因素，宜兴市的城市建成区范围涵盖了一个国家级经济开发区的大部分和一个省级开发区的全部区域，而其中几乎包含了全市大部分重点骨干耐材企业。为此，经我们强烈建议，最终无锡市认可，需进行关停的企业仅限于无锡市区，这为我市耐材企业的发展创造了良好的空间和机遇。

2）加强横向协调。最显现的是在推进全市工业窑炉“煤改气”过程中，全市需改造的共38家企业49台窑炉，其中耐材企业涉及10家20台。我们重点是强化了与港华燃气公司的协调对接，确保在企业窑炉改造过程中能及时接通天然气，不影响企业正常生产。

3）加强培训学习。通过多种渠道多种形式，重点加强了企业高级经营管理人才、科技人才、检验检测人员等方面教育培训工作，取得了较好成效。

伊川县耐火材料商会

伊川县耐火材料商会成立于2016年10月，经伊川县民政局登记备案的群众团体，接受伊川县民政局的监督和管理，是伊川县工商联合会领导下的行业性、非营利性的会员组织，由非公有制耐火材料及相关产业的企业经营组织组成。

伊川县耐火材料商会由洛阳科丰冶金新材料（集团）有限公司、洛阳盛铁耐火材料有限公司、洛阳博巨冶金辅料有限公司等57家公司组成。商会以支持服务为基础、以创新发展为目标、以回报社会为愿景；帮助政府宣传政策，规范企业行为；帮助企业了解市场，寻找投资机会；遵守宪法法律、法规和国家政策，遵守社会道德风尚；坚持以人为本，引进儒商理念，促进民营企业科学持续稳定发展，走中国特色社会主义道路，为伊川县和谐社会建设发挥作用。

伊川县耐火材料商会企业主要产品有炼钢用保护渣、冶金辅料、干式料、浇注料、自培电极材料、炮泥和醇基涂料等9大系列30多个品种，年产量达到230万吨，产值18亿元，年上缴国家税收7000万元，可安排当地5000名贫困户群众就业，是伊川县民营经济的重要组成部分。

第八篇

行业媒体

《耐火材料》(双月刊)

《耐火材料》杂志创刊于1966年，由中钢集团洛阳耐火材料研究院有限公司主管、主办，是中国唯一报道国内耐火材料科研、生产和应用情况及国外耐火材料科学技术发展动向的中文专业学术技术期刊。《耐火材料》是一本侧重于应用技术的杂志，直接为耐火材料及相关行业如冶金、建材、石化、电力、机械、环保、军工等行业的决策、规划、设计、科研、生产、使用和教学服务。读者对象为上述行业从事管理、研发、生产、使用、销售、教学等工作的工程技术人员及教师、学生。

《耐火材料》杂志自1992年以来连续8次被评为中文核心期刊，曾先后被美国的《工程索引(EI)》《化学文摘(CA)》《剑桥科学文摘(CAS)》和《乌利希期刊指南》、荷兰Elsevier的《斯高帕斯数据库(SCOPUS)》、俄罗斯的《文摘杂志(化学卷)》等国际知名数据库收录；目前被《中国学术期刊网络出版总库》(中国知网)、《中国核心期刊(遴选)数据库》(万方数据)、《中文科技期刊数据库》(维普网)和超星全文收录，也是《中国学术期刊影响因子年报》的统计源刊。

《耐火材料》杂志在历届科技期刊质量评比中，多次荣获省部级优秀科技期刊一等奖或二等奖，并且自2008年以来连续5届被评为“河南省一级期刊”。

多年来，在《耐火材料》杂志上刊登的耐火原材料，生产、检测和加工设备及窑炉类广告，已成为广大耐火材料生产厂家选购的重要信息平台，杂志社的广告刊户超过150家。耐火材料杂志社还连续多年被评为河南省广告业“守法经营，优质服务”先进单位、洛阳市广告先进单位等，在获得显著社会效益的同时，取得了较显著的经济效益。

《耐火材料》为双月刊，大16开，正文96页；国内外公开发行，邮发代号36-19；刊号：CN 41-1136/TF，ISSN 1001-1935。

《耐火与石灰》

《耐火与石灰》(原《国外耐火材料》)创刊于1964年，由中冶焦耐工程技术有限公司主管、主办，2007年更名为《耐火与石灰》。

《耐火与石灰》是全国唯一全面报道石灰领域及耐火材料科研、生产、使用及发展的国家级科技期刊。杂志为双月刊，大16开，国内公开发行(邮发代号：8-29)。

《耐火与石灰》是中国学术期刊综合评价数据来源期刊、中国核心期刊遴选数据库收录期刊，被中国期刊网、中国学术期刊(光盘版)全文收录。

《耐火与石灰》的办刊宗旨为：打造耐火材料与石灰行业学术、技术交流平台，传播先进行业技术；通过多方融合、共同合作，推动行业技术进步，提升行业技术水平。

期刊定位为：重点关注工程设计、技改创新、生产应用领域，做耐火材料和石灰行业权威性的专业技术期刊。

近年来，《耐火与石灰》通过升级网站(www.acre.com.cn)和创办“耐火与石灰”微信服务号等方式为广大读者提供了更为便捷的信息服务，提升了期刊的影响力。

《耐火材料信息》（月刊）

《耐火材料信息》杂志于1985年由国家冶金工业部批准创办，是我国耐火材料行业内唯一的一份以专业技术信息、行业综合信息报道为主的刊物。创办时名为《耐火信息》，为报型出版物，半月一期，2002年更名为《耐火材料信息》，改为刊型出版物，每月一期，2019年改为全彩色印刷。《耐火材料信息》面向全国耐火材料行业及其上下游行业发行，发行范围覆盖国内耐火材料行业及耐材用户，如钢铁、水泥、陶瓷、玻璃、有色金属、石化、磨料等企事业单位，并赠送相关高校、科研单位及行业内知名专家、学者。目前已出版600多期。《耐火材料信息》最早由冶金工业部主管、洛阳耐火材料研究院主办，现由中钢集团洛阳耐火材料研究院与中国耐火材料行业协会联合主办。

《耐火材料信息》立足于宣传党和国家的产业、技术经济政策，重点报道耐火材料行业的技术信息、市场信息等各种信息，传递国内外耐火材料技术发展动态，企业生产经营动向等。目前开设的主要栏目有专家特稿、经济政策、行业动态、国外文献快递、海外资讯、世界文献题录、标准化工作、会议消息、原料及装备新技术等。

《耐火材料信息》创办三十多年来，及时传达国家和各级政府有关耐火材料的政策、规定，传递企业的科研、生产信息，成为行业内有影响力的信息媒体，获得了行业领导、企业及读者的好评，为促进我国耐火材料技术交流和进步发挥了较大作用。

《China's Refractories》（中国耐火材料）（季刊）

《China's Refractories》（中国耐火材料），1992年经国家科委批准创刊，由中钢集团洛阳耐火材料研究院有限公司主管、主办，是目前中国耐火材料行业对国外发行的唯一的英文杂志，主要报道当前中国耐火材料的发展现状，包括耐火原材料的研发、生产工艺及应用方面的新进展，耐火材料的基础研究，以及耐火材料的装备情况等。

《China's Refractories》现为季刊，全刊彩色印刷，年发行量近2000册，订户主要分布在中国、美国、波兰、印度、荷兰、法国、德国、伊朗、巴西、俄罗斯、阿根廷、秘鲁、越南、奥地利、日本、英国等二十几个国家和地区，受到海内外耐火材料及钢铁、水泥、陶瓷等行业的研发、生产、使用和销售人员的欢迎。

《China's Refractories》自创刊以来，始终以追求杂志的内在质量为目标，以服务行业为己任，所刊登的文献被著名检索期刊《Chemical Abstract》《Cambridge Scientific Abstracts》《Elsevier Scopus》和《Abstract Journal》等收录，并被国内“中国知网”“万方数据库”“维普网”和超星全文收录。

《耐火材料技术》（季刊）

《耐火材料技术》（季刊）创刊于1990年，是由中国建材联合会耐火材料分会与中国硅酸盐学会耐火材料分会联合主办。本刊设有研究与探讨、译文、信息速递板块，并于2019年第1期增设“名人堂”板块，对耐火材料领域的专家、企业家进行详细介绍。本刊主要报道国内外耐火材料领域最新研究成果与生产情况，并定期进行专辑出刊，于2015年第2期出版“水泥工业节能减排、征收节支专辑”、2019年第1期出版“一带一路专辑”，为耐火材料相关企业提供宣传平台，在耐火材料行业学术交流和信息沟通方面发挥了重要作用。

中国耐材之窗网

中国耐材之窗网（www.fm086.com）于2003年创建运营，是中国耐火材料行业协会唯一指定的官方网站，是集数据服务、营销服务、技术服务、交易服务于一体的综合性耐火材料行业电子商务平台。

网站设置耐火原料、耐材制品、冶金辅料、生产装备、耐材下游（钢铁建材）等五大资讯频道四十余个服务专栏，注册用户数万家，遍及产业链的上中下游企业、科研院所、协会组织，服务已经全面渗透到企业的原料采购、生产管理、技术研发、产品销售、物流管理、品牌营销等每个环节。

2016年，中国耐材之窗网电子交易平台—银耐联上线运营，探索全流程的电子交易服务。如今，银耐联形成了撮合交易、担保支付、交易规则、诚信体系、智慧物流、检验检测有机融合的高效服务生态。中国耐材之窗网已经成为耐火材料行业企业获取信息、开展电子商务的重要互联网窗口。

中国耐材之窗网先后获评：商务部“国家电子商务示范平台”，工信部“制造业与互联网融合发展工业电子商务示范平台”，交通运输部“无车承运人试点平台”，河北省电子商务“十三五”规划重点平台，河北省服务名牌等荣誉。未来，中国耐材之窗网将持续为打造高效在线供应链、实现耐火材料行业高质量发展贡献力量！

中国耐火材料网

www.nhcl.com.cn

中国耐火材料网（www.nhcl.com.cn）由中钢集团洛阳耐火材料研究院主办，是国内集行业机构、行业信息和期刊文献和为一体的综合服务网站。

网站依托四大行业组织，内容包括：中国耐火材料行业协会的各类文件、通知和动态等；全国耐火材料标准化技术委员会的国际标准、国家标准、行业标准和团体标准的制修订情况等；中国金属学会耐火材料分会的学术活动、冶金青年科技奖和青年人才托举项目的评选通知等；国家耐火材料质量监督检验中心的检验委托单下载、检验进度查询等。

网站还依托中钢洛耐院、耐火材料国家工程研究中心和先进耐火材料国家重点实验室的技术资源优势，和《耐火材料》《China's Refractories》及《耐火材料信息》等媒体资源优势，为行业用户提供国内耐火材料科研、生产、装备和应用情况及国外耐火材料科学技术发展动向。

网站及时发布耐火材料行业及相关行业动态、供求信息、招标动态、企业动态、海外动态、会议展览等热门信息。

易 耐 网

易耐网（www.easynai.com）于2017年正式上线成立，运营至今已受到业界的普遍认可，是优质的耐火材料服务平台。易耐网为耐火材料基础创建了六位一体的服务模式，是涵盖了交易基地、电子商务、行情资讯、仓储物流、金融等业务的综合性电子商务平台。

平台以质量和信誉为出发点，让每一位会员企业得到优质的服务，为耐火材料行业保驾护航。成立至今注册用户已达一千多家、交易金额超5亿元、相关资讯报告数千篇，在耐火材料平台中已然站稳一席之地。

2019年平台开始在河南巩义、浙江长兴、辽宁营口等地分别筹建原材料交易基地，其中巩义区耐火材料交易基地已于2019年8月份正式运行，基地常备耐火原料50余种，基地与现场仓库互为依托，产品质量、价格双重保证，为其周边的耐火企业带来极大便利。

原料交易基地是易耐网的核心交易平台，其所销售的耐火材料全部经过易耐网的严格检测认证。基地产品质量稳定，价格合理，为需方提供了“阳光透明、保质保量”的供给服务，成立运行至今已与100余家企业建立了合作，合作中易耐网交易基地以诚信的态度赢得大家的一致认可。

易耐网成立已有两年时间，先后获得了中关村高新技术企业、双软企业称号。提升服务质量，增强综合实力，易耐网将会为整合材料行业零碎的生产资源，规范行业的发展秩序的目标而不懈努力！

第九篇

附录

2015~2018年获国家专利的耐火材料产品目录

序号	单 位	专利名称	专利号	专利类别	授权时间
1	鞍山市奥鞍耐火材料有限责任公司	一种带筛分装置的混炼机	第5087777号	实用新型	2016.03.20
2	鞍山市奥鞍耐火材料有限责任公司	一种喷补装置	第5595856号	实用新型	2016.10.05
3	鞍山市奥鞍耐火材料有限责任公司	一种蓄热式格子体砖	第5329825号	实用新型	2016.06.29
4	鞍山市奥鞍耐火材料有限责任公司	一种RH精炼炉浸渍管	第5292321号	实用新型	2016.06.15
5	鞍山市奥鞍耐火材料有限责任公司	一种电加热供暖锅炉蓄热式衬砖	第5447221号	实用新型	2016.08.17
6	鞍山市奥鞍耐火材料有限责任公司	一种有色冶炼炉风眼结构及有色冶炼炉	第5087963号	实用新型	2016.03.30
7	鞍山市奥鞍耐火材料有限责任公司	一种RH精炼炉用浸渍管	第2442307号	实用新型	2012.10.03
8	鞍山市奥鞍耐火材料有限责任公司	一种新型低导热水泥回转窑炉用衬砖	第7003927号	实用新型	2018.02.23
9	鞍山市奥鞍耐火材料有限责任公司	有色冶金炼炉风眼	第4511909号	外观设计	2018.02.09
10	鞍山市奥鞍耐火材料有限责任公司	一种新型石灰窑炉用衬砖及整体组合结构	第7086257号	实用新型	2018.03.16
11	鞍山市奥鞍耐火材料有限责任公司	一种新型水泥回转窑炉用低导热衬砖	第7235168号	实用新型	2018.04.17
12	鞍山市奥鞍耐火材料有限责任公司	一种RH炉环流管衬砖及整体组合结构	第7327999号	实用新型	2018.05.11
13	鞍山市奥鞍耐火材料有限责任公司	一种有色冶炼炉氧枪口砖整体结构	第7327860号	实用新型	2018.05.11
14	宝山钢铁股份有限公司	一种$MgO-Al_2O_3$质高温热态修补材料及其使用方法	201310712289.5	发明	2017.06.06
15	宝山钢铁股份有限公司	一种防偏流浸入式水口结构	201620093159.7	发明	2016.08.24

续表

序号	单位	专利名称	专利号	专利类别	授权时间
16	宝山钢铁股份有限公司	一种含低碳内孔体的浸入式水口	201510097585.8	发明	2018.10.02
17	宝山钢铁股份有限公司	焦炉用高导热硅砖及其制备方法	201310146445.6	发明	2016.03.23
18	宝山钢铁股份有限公司	一种熔融还原炉出铁口用捣打料	201310022284.X	发明	2015.08.26
19	宝山钢铁股份有限公司	一种高炉炉缸维修用环保型碳质压入料	201210027086.8	发明	2015.04.01
20	宝山钢铁股份有限公司	一种焦炉炭化室炉墙用超高导热硅砖及其制备方法	201410631575.3	发明	2016.06.08
21	北京利尔高温材料股份有限公司	一种复合整体塞棒及其制作方法	ZL 201210553827.6	发明专利	2015.08.05
22	北京利尔高温材料股份有限公司	一种钢包无碳预制块的制备方法	ZL 201410429697.4	发明专利	2016.03.02
23	北京利尔高温材料股份有限公司	一种精炼钢包渣线工作层用浇注料、制备方法及其应用	ZL 201410542418.5	发明专利	2016.05.04
24	北京利尔高温材料股份有限公司	一种浸入式水口本体材料	ZL 201410397338.5	发明专利	2016.05.04
25	北京利尔高温材料股份有限公司	一种钢包工作层用防爆浇注料的加工方法	ZL 201310050108.7	发明专利	2016.05.18
26	北京利尔高温材料股份有限公司	一种连铸中间包稳流器及其制备方法	ZL 201310050129.9	发明专利	2016.05.18
27	北京利尔高温材料股份有限公司	一种耐用型碱性喷补料及应用	ZL 201410429283.1	发明专利	2016.08.24
28	北京利尔高温材料股份有限公司	一种含铝铬渣的铝尖晶石碳砖及其制备方法	ZL 201410842687.3	发明专利	2016.08.24
29	北京利尔高温材料股份有限公司	一种钢包包底用 Al_2O_3-CaO-C 砖及其制备方法	ZL 201510640063.8	发明专利	2017.09.26
30	北京利尔高温材料股份有限公司	一种工业窑炉用轻质投射耐火材料及其制备方法与应用	ZL 201510532609.8	发明专利	2017.10.10
31	北京利尔高温材料股份有限公司	一种连铸中间包防增氮长水口	ZL 201510544048.3	发明专利	2017.10.27
32	北京利尔高温材料股份有限公司	一种镍铁包用脱硫枪浇注料、其制备方法及应用	ZL 201510117012.7	发明专利	2017.01.25
33	北京利尔高温材料股份有限公司	一种铁包用防粘渣喷涂料及其使用方法	ZL 201410398195.X	发明专利	2017.01.04
34	北京利尔高温材料股份有限公司	一种橄榄砂质预制件及其制备方法	ZL 201510526916.5	发明专利	2018.01.30

续表

序号	单　　位	专利名称	专利号	专利类别	授权时间
35	北京利尔高温材料股份有限公司	一种用于中间包的干式振动料及其制备方法	ZL 201510531853. 2	发明专利	2018. 05. 22
36	北京利尔高温材料股份有限公司	一种钢包渣线部位环缝的修补方式	ZL 201610873252. 4	发明专利	2018. 08. 21
37	北京利尔高温材料股份有限公司	一种连铸中间包包盖浇注料及其制备方法	ZL 201610963737. 2	发明专利	2018. 12. 11
38	北京利尔高温材料股份有限公司	一种侧开孔浸入式水口内衬	ZL 201520289441. 8	实用新型	2015. 12. 09
39	北京利尔高温材料股份有限公司	一种钢包水口座砖	ZL 201420455249. 7	实用新型	2015. 01. 14
40	北京利尔高温材料股份有限公司	一种连铸中间包浸入式水口的烘烤装置	ZL 201420821186. 2	实用新型	2015. 06. 10
41	北京利尔高温材料股份有限公司	一种连铸中间包用挡渣墙	ZL 201420456188. 6	实用新型	2015. 01. 14
42	北京利尔高温材料股份有限公司	一种脱硫搅拌器	ZL 201420826496. 3	实用新型	2015. 06. 10
43	北京利尔高温材料股份有限公司	一种中间包挡渣墙装置	ZL 201420820344. 2	实用新型	2015. 06. 10
44	北京利尔高温材料股份有限公司	一种组合式钢包冲击区预制块砖	ZL 201420456071. 8	实用新型	2015. 01. 14
45	北京利尔高温材料股份有限公司	中间包包盖	ZL 201420826484. 0	实用新型	2015. 06. 10
46	北京利尔高温材料股份有限公司	钢包透气砖	ZL 201520788247. 4	实用新型	2016. 02. 17
47	北京利尔高温材料股份有限公司	中间包稳流器	ZL 201520788263. 3	实用新型	2016. 02. 17
48	北京利尔高温材料股份有限公司	薄板坯浸入式水口成型模具	ZL 201520790882. 6	实用新型	2016. 02. 17
49	北京利尔高温材料股份有限公司	一种离线钢包烘烤器	ZL 201520289409. X	实用新型	2016. 03. 02
50	北京利尔高温材料股份有限公司	浇注钢包的包底结构	ZL 201520788807. 6	实用新型	2016. 03. 02
51	北京利尔高温材料股份有限公司	连铸用长水口	ZL 201520788261. 4	实用新型	2016. 05. 04
52	北京利尔高温材料股份有限公司	连铸中间包挡渣板	ZL 201520788794. 2	实用新型	2016. 08. 03
53	北京利尔高温材料股份有限公司	一种防烧损脱硫喷枪的喇叭口形喷口	ZL 201620251206. 6	实用新型	2016. 08. 24

续表

序号	单　位	专利名称	专利号	专利类别	授权时间
54	北京利尔高温材料股份有限公司	一种电熔镁砂熔炼炉用电极棒	ZL 201620878860. X	实用新型	2017. 01. 18
55	北京利尔高温材料股份有限公司	一种铁水包用扒渣头	ZL 201621081331. 3	实用新型	2017. 03. 29
56	北京利尔高温材料股份有限公司	一种一罐制铁水包	ZL 201621081333. 2	实用新型	2017. 03. 29
57	北京利尔高温材料股份有限公司	一种用于浇钢用的中间包	ZL 201621139705. 2	实用新型	2017. 08. 22
58	北京利尔高温材料股份有限公司	一种连铸中间包加强衬板	ZL 201621144037. 2	实用新型	2017. 08. 22
59	北京利尔高温材料股份有限公司	一种高寿命 LF 精炼炉盖	ZL 201621099632. 9	实用新型	2017. 03. 29
60	北京利尔高温材料股份有限公司	一种摩擦压砖机用模板	ZL 201621081332. 8	实用新型	2017. 03. 29
61	北京利尔高温材料股份有限公司	一种电熔镁砂的生产装置	ZL 201620879172. 5	实用新型	2017. 09. 01
62	北京利尔高温材料股份有限公司	一种钢包包壁工作衬	ZL 201621144334. 7	实用新型	2017. 08. 22
63	北京利尔高温材料股份有限公司	一种防水轻质耐火砖	ZL 201621140421. 5	实用新型	2017. 11. 17
64	北京利尔高温材料股份有限公司	一种电熔镁砂熔炼炉用电极棒	ZL 201620878860. X	实用新型	2017. 01. 18
65	北京利尔高温材料股份有限公司	一种机压砖生产专用的自动磅料机	ZL 201721407821. 2	实用新型	2018. 06. 05
66	北京利尔高温材料股份有限公司	一种防剥落耐用型 CAS 精炼罩下罩	ZL 201721407835. 4	实用新型	2018. 07. 20
67	北京利尔高温材料股份有限公司	一种长寿命低成本复合塞棒	ZL 201820303000. 2	实用新型	2018. 09. 28
68	北京利尔高温材料股份有限公司	一种矩形中间包弯挡墙	ZL 201820302990. 8	实用新型	2018. 09. 28
69	北京利尔高温材料股份有限公司	一种高寿命低成本复合结构钢包保温盖	ZL 201820304457. 5	实用新型	2018. 09. 28
70	北京利尔高温材料股份有限公司	一种低成本中间包一体化稳流器	ZL 201820302988. 0	实用新型	2018. 09. 28
71	北京利尔高温材料股份有限公司	一种连铸控流用整体塞棒	ZL 201820302987. 6	实用新型	2018. 12. 21
72	北京联合荣大工程材料股份有限公司	一种水基转炉大面自流料及制备方法	ZL 201210214225. 8	发明专利	2015. 04. 08

续表

序号	单　　位	专利名称	专利号	专利类别	授权时间
73	北京联合荣大工程材料股份有限公司	一种氮气保护铁沟及氮气保护方法	ZL 201410473071. 3	发明专利	2016. 08. 17
74	北京联合荣大工程材料股份有限公司	一种水冷型储铁式铁沟及冷却方法	ZL 201410543191. 6	发明专利	2016. 06. 15
75	北京联合荣大工程材料股份有限公司	一种高炉高位管道湿法喷注系统及方法	ZL 201410706057. 3	发明专利	2016. 04. 06
76	北京联合荣大工程材料股份有限公司	一种结合剂、包含该结合剂的炮泥以及炮泥的制备方法	ZL 201510515349. 3	发明专利	2017. 06. 13
77	北京联合荣大工程材料股份有限公司	一种氮气保护铁沟	ZL 201420533067. 7	实用新型	2015. 01. 21
78	北京联合荣大工程材料股份有限公司	一种水冷型储铁式铁沟	ZL 201420594673. X	实用新型	2015. 04. 08
79	北京联合荣大工程材料股份有限公司	一种高炉高位管道湿法喷注装置	ZL 201420734574. 7	实用新型	2015. 04. 08
80	北京联合荣大建材有限公司	轨道填充、二次灌浆用环氧灌浆料的制备与施工方法	ZL 201310477527. 9	发明专利	2016. 05. 11
81	北京联合荣大建材有限公司	一种低温脱硫烟囱内衬防腐方法及耐酸喷注料	ZL 201410193204. 1	发明专利	2016. 03. 16
82	大石桥市宝鼎耐火材料有限公司	固定浮动模套真空成型压砖机	ZL 201620950012. 5	实用新型	2017. 03. 01
83	大石桥市宝鼎耐火材料有限公司	环保型镁碳砖热处理窑	ZL 201720614051. 2	实用新型	2018. 01. 05
84	大石桥市宝鼎耐火材料有限公司	耐火材料用连续式多砖定重给料装置	ZL 201721016398. 3	实用新型	2018. 03. 16
85	大石桥市宝鼎耐火材料有限公司	垂直气流耐火材料烧成隧道窑	ZL 201721016397. 9	实用新型	2018. 05. 01
86	海城利尔麦格西塔材料有限公司	一种高热震性镁尖晶石耐火材料及其制备方法	ZL 201510363696. 9	发明专利	2017. 03. 22
87	海城利尔麦格西塔材料有限公司	一种利用镁碳残砖制取的镁碳砖及其制备方法	ZL 201511023064. 4	发明专利	2018. 11. 09
88	海城利尔麦格西塔材料有限公司	一种电熔镁砂熔炼电炉的炉底结构	ZL 201620601624. 3	实用新型	2016. 12. 28
89	海城利尔麦格西塔材料有限公司	一种连铸中间包用镁碳砖抗冲击板预制件	ZL 201620435982. 1	实用新型	2016. 11. 30
90	海城利尔麦格西塔材料有限公司	一种镁碳砖成型模具	ZL 201621168699. 3	实用新型	2017. 05. 03
91	海城利尔麦格西塔材料有限公司	一种镁碳砖粉料运料装置	ZL 201621168701. 7	实用新型	2017. 05. 03

续表

序号	单　位	专利名称	专利号	专利类别	授权时间
92	海城利尔麦格西塔材料有限公司	一种制备镁碳砖粉料的成套装置	ZL 201621168700. 2	实用新型	2017. 05. 24
93	海城利尔麦格西塔材料有限公司	一种混练镁碳砖泥料湿碾机用水冷系统	ZL 201721570185. 5	实用新型	2018. 09. 04
94	海城市中兴镁质合成材料有限公司	一种与制备电熔镁砂的自动卸料装置配合的湿碾机	ZL 201621161658. 1	实用新型	2017. 05. 10
95	海城市中兴镁质合成材料有限公司	一种制备电熔镁砂熔镁炉除尘成套装置	ZL 201621159558. 5	实用新型	2017. 05. 10
96	海城市中兴镁质合成材料有限公司	一种制备电熔镁砂的自动卸料装置	ZL 201621163807. 8	实用新型	2017. 04. 19
97	海城市中兴镁质合成材料有限公司	一种制备电熔镁砂的熔镁炉	ZL 201621159549. 6	实用新型	2017. 04. 19
98	海城市中兴镁质合成材料有限公司	一种电熔镁砂制备成套装置	ZL 201621208292. 9	实用新型	2017. 05. 03
99	河南熔金高温材料股份有限公司	碳纳米管结合含氮化硅铁的滑板砖的制备方法	ZL 201510576523. 5	发明专利	2018. 06. 08
100	河南熔金高温材料股份有限公司	一种转炉挡渣滑动水口装置	ZL 201610717959. 9	发明专利	2018. 02. 13
101	河南熔金高温材料股份有限公司	一种风动加压钢包滑动水口机构	ZL 201510704597. 2	发明专利	2017. 08. 01
102	河南熔金高温材料股份有限公司	添加钛的金属结合滑板及其生产方法	ZL 201310365196. X	发明专利	2015. 10. 28
103	河南熔金高温材料股份有限公司	添加氧化铬的滑板耐火材料及其生产方法	ZL 201310365156. 5	发明专利	2015. 08. 19
104	河南熔金高温材料股份有限公司	含不定形硼的不烧金属结合铝碳锆质滑板水口耐火砖及其生产方法	ZL 201210229417. 6	发明专利	2015. 05. 27
105	河南熔金高温材料股份有限公司	无水泥结合的刚玉质预制件及其生产方法	ZL 201210229468. 9	发明专利	2015. 04. 15
106	河南熔金高温材料股份有限公司	钢包机构曲柄支架可调节定位装置	ZL 201820424293. X	实用新型	2018. 11. 20
107	河南熔金高温材料股份有限公司	一种推拉式钢包上水口安装定位装置	ZL 201721839693. 9	实用新型	2018. 11. 16
108	河南熔金高温材料股份有限公司	新型组合水口砖	ZL 201720909692. 0	实用新型	2018. 03. 02
109	河南熔金高温材料股份有限公司	一种可抑制高温裂纹的钢包水滴形滑板砖	ZL 201720180363. 7	实用新型	2018. 03. 02
110	河南熔金高温材料股份有限公司	专用磨制夹具	ZL 201720909796. 1	实用新型	2018. 03. 02

续表

序号	单　　位	专利名称	专利号	专利类别	授权时间
111	河南熔金高温材料股份有限公司	新型钢包复合滑板砖	ZL 201720909797.6	实用新型	2018.03.02
112	河南熔金高温材料股份有限公司	旋转工作台	ZL 201720705939.7	实用新型	2018.01.09
113	河南熔金高温材料股份有限公司	高效改进快换上水口	ZL 201720705940.X	实用新型	2018.01.09
114	河南熔金高温材料股份有限公司	新型滑动水口成型捣打工具	ZL 201720705942.9	实用新型	2018.01.09
115	河南熔金高温材料股份有限公司	高效氧化锆滑板磨制夹具	ZL 201720705944.8	实用新型	2018.01.09
116	河南熔金高温材料股份有限公司	滑动水口成型自动捣料装置	ZL 201720705943.3	实用新型	2018.01.09
117	河南熔金高温材料股份有限公司	新型钢包座砖成型模具	ZL 201720187596.X	实用新型	2017.10.17
118	河南熔金高温材料股份有限公司	一种新型钢包滑板复合装置	ZL 201720180441.3	实用新型	2017.09.29
119	河南熔金高温材料股份有限公司	新型钢包上水口	ZL 201720187597.4	实用新型	2017.09.29
120	河南熔金高温材料股份有限公司	一种塞拉式钢包上水口快速拉拔装置	ZL 201720180370.7	实用新型	2017.09.29
121	河南熔金高温材料股份有限公司	转炉挡渣滑动水口装置	ZL 201620931071.8	实用新型	2017.02.08
122	河南熔金高温材料股份有限公司	新型出钢口锆板滑板砖	ZL 201620360142.3	实用新型	2016.09.21
123	河南熔金高温材料股份有限公司	新型组合式钢包滑板砖	ZL 201620360141.9	实用新型	2016.09.21
124	河南熔金高温材料股份有限公司	钢包下水口压料装置	ZL 201520683407.9	实用新型	2016.03.09
125	河南熔金高温材料股份有限公司	新型组合水口压盒装置	ZL 201520471663.1	实用新型	2016.02.24
126	河南熔金高温材料股份有限公司	一种新型滑板铸孔模具	ZL 201520471665.0	实用新型	2015.12.02
127	河南熔金高温材料股份有限公司	吹氩水口钻孔装置	ZL 201520344895.0	实用新型	2015.10.28
128	河南熔金高温材料股份有限公司	新型钢包座砖	ZL 201520344911.6	实用新型	2015.10.28
129	河南熔金高温材料股份有限公司	一种可抑制高温裂纹的钢包水滴形滑板砖（德国专利）	202018103967	实用新型	2018.07.18

续表

序号	单　位	专利名称	专利号	专利类别	授权时间
130	江苏嘉耐高温材料有限公司	一种回收精炼废渣生产钢水覆盖剂的方法	ZL 201510099384.1	发明	2017.07.07
131	江苏嘉耐高温材料有限公司	蓄铁式出铁沟进行铁水预脱磷喂料机及其预脱磷方法	ZL 201510265250.2	发明	2017.08.15
132	洛阳利尔功能材料有限公司	一种多晶硅还原尾气回收利用的方法及系统	ZL 201410112982.3	发明专利	2016.03.30
133	洛阳利尔功能材料有限公司	一种多晶硅冷氢化的运行方法	ZL 201410118505.8	发明专利	2016.02.17
134	洛阳利尔功能材料有限公司	一种熟料砖块的分层扒料装置	ZL 201820589442.8	实用新型	2018.12.07
135	洛阳利尔功能材料有限公司	一种熟料砖块的自动扒料装置	ZL 201820589441.3	实用新型	2018.12.07
136	洛阳利尔功能材料有限公司	一种白刚玉冶炼专用接包装置	ZL 201820657483.6	实用新型	2018.12.07
137	洛阳利尔功能材料有限公司	一种干式节能型白刚玉冶炼电弧炉炉体	ZL 201820656419.6	实用新型	2018.12.07
138	洛阳利尔功能材料有限公司	一种具有除尘功能的自动扒料装置	ZL 201820657232.8	实用新型	2018.12.07
139	洛阳利尔功能材料有限公司	一种倾倒式冶炼炉除尘系统专用的旋转密封装置	ZL 201820744026.0	实用新型	2018.12.07
140	洛阳利尔功能材料有限公司	一种固定耐火纤维模块的锚固螺栓	ZL 201820611535.6	实用新型	2018.12.14
141	洛阳利尔功能材料有限公司	一种倾倒炉的炉盖	ZL 201820611534.1	实用新型	2018.12.14
142	洛阳利尔功能材料有限公司	一种电动抗折试验机	ZL 201820630827.4	实用新型	2018.12.14
143	洛阳利尔功能材料有限公司	一种真空耐火材料检测箱	ZL 201820631880.6	实用新型	2018.12.14
144	洛阳利尔功能材料有限公司	一种白刚玉生产用运料装置	ZL 201820725849.9	实用新型	2018.12.14
145	洛阳利尔功能材料有限公司	一种白刚玉生产用除铁装置	ZL 201821264103.9	实用新型	2018.12.18
146	洛阳利尔耐火材料有限公司	一种高铬砖涂层的制备方法	ZL 201310386272.5	发明专利	2015.04.08
147	洛阳利尔耐火材料有限公司	一种耐火自流浇注料	ZL 201310683613.5	发明专利	2015.05.20
148	洛阳利尔耐火材料有限公司	一种凝胶结合低温烧成透气砖及其制备工艺	ZL 201310501781.8	发明专利	2015.08.19

续表

序号	单　　位	专利名称	专利号	专利类别	授权时间
149	洛阳利尔耐火材料有限公司	一种钢包精炼辅助吹氩装置	ZL 201410493857. 1	发明专利	2016. 05. 18
150	洛阳利尔耐火材料有限公司	一种抗热震镁尖晶石砖及其制备方法	ZL 201510009015. 9	发明专利	2016. 07. 06
151	洛阳利尔耐火材料有限公司	一种分段式水煤浆加压气化炉向火面砖及其制备方法	ZL 201410747195. 6	发明专利	2017. 02. 01
152	洛阳利尔耐火材料有限公司	一种 RH 精炼炉炉底捣打料	ZL 201410428469. 5	发明专利	2017. 01. 25
153	洛阳利尔耐火材料有限公司	一种带标识的气化炉下部渣口的制备方法及其砌筑方式	ZL 201410747227. 2	发明专利	2017. 02. 24
154	洛阳利尔耐火材料有限公司	一种用于水煤浆气化炉拱顶的胎具	ZL 201410540500. 4	发明专利	2017. 10. 13
155	洛阳利尔耐火材料有限公司	一种分体式透气砖定位吊装工具	ZL 201610731257. 3	发明专利	2018. 06. 06
156	洛阳利尔耐火材料有限公司	一种低密度耐火纤维涂抹料及其制备方法	ZL 201510961885. 6	发明专利	2018. 06. 22
157	洛阳利尔耐火材料有限公司	一种铬铝碳砖及其制备方法	ZL 201510964882. 8	发明专利	2018. 06. 22
158	洛阳利尔耐火材料有限公司	一种水煤浆加压气化炉保护托砖板渣口结构	ZL 201420489864. X	实用新型	2015. 02. 04
159	洛阳利尔耐火材料有限公司	一种气化炉耐火衬里结构	ZL 201420489839. 1	实用新型	2015. 01. 07
160	洛阳利尔耐火材料有限公司	一种连铸中间包挡渣墙	ZL 201420488405. X	实用新型	2015. 01. 07
161	洛阳利尔耐火材料有限公司	一种 RH 环砖装卡工具	ZL 201420539806. 3	实用新型	2015. 01. 14
162	洛阳利尔耐火材料有限公司	水煤浆加压气化炉用耐火衬砖的砌筑结构	ZL 201420640940. 2	实用新型	2015. 01. 22
163	洛阳利尔耐火材料有限公司	一种防护型水煤浆加压气化炉渣口结构	ZL 201420641109. 9	实用新型	2015. 03. 11
164	洛阳利尔耐火材料有限公司	一种气化炉烧嘴室砖砌筑胎具	ZL 201420539805. 9	实用新型	2015. 04. 08
165	洛阳利尔耐火材料有限公司	一种水煤浆加压气化炉向火面砖的砌筑结构	ZL 201420641203. 4	实用新型	2015. 03. 11
166	洛阳利尔耐火材料有限公司	一种钢包用防漏钢分体式透气结构	ZL 201520177866. X	实用新型	2015. 09. 16
167	洛阳利尔耐火材料有限公司	一种安全分体式透气套砖	ZL 201520011179. 0	实用新型	2015. 08. 19

续表

序号	单位	专利名称	专利号	专利类别	授权时间
168	洛阳利尔耐火材料有限公司	一种防护型 RH 炉合金加料口结构	ZL 201520615642.2	实用新型	2016.01.06
169	洛阳利尔耐火材料有限公司	一种新型四喷嘴气化炉托砖板耐火砖搭肩结构	ZL 201520615431.9	实用新型	2016.02.10
170	洛阳利尔耐火材料有限公司	一种 RH 用环砖磨削工具	ZL 201520777352.8	实用新型	2016.02.10
171	洛阳利尔耐火材料有限公司	一种 RH 浸渍管环砖放置用内卡工具	ZL 201520777373.X	实用新型	2016.02.10
172	洛阳利尔耐火材料有限公司	一种气化炉耐火砖预砌辅助工具	ZL 201520777364.0	实用新型	2016.02.10
173	洛阳利尔耐火材料有限公司	一种钢包用透气砖芯	ZL 201521058407.6	实用新型	2016.03.30
174	洛阳利尔耐火材料有限公司	一种四喷嘴气化炉托砖板耐火砖搭肩结构	ZL 201521058406.1	实用新型	2016.06.08
175	洛阳利尔耐火材料有限公司	一种四喷嘴气化炉的筒体、拱顶向火面交接处耐火砖结构	ZL 201521058418.4	实用新型	2016.06.08
176	洛阳利尔耐火材料有限公司	一种 RH 精炼炉下部槽结构	ZL 201521058411.2	实用新型	2016.08.10
177	洛阳利尔耐火材料有限公司	一种气化炉用锥底部位的向火面砖结构	ZL 201521024641.7	实用新型	2016.06.08
178	洛阳利尔耐火材料有限公司	一种新型气化炉拱脚结构	ZL 201521024649.3	实用新型	2016.06.08
179	洛阳利尔耐火材料有限公司	一种四喷嘴对置式水煤浆加压气化炉塞头砖	ZL 201521024637.0	实用新型	2016.06.08
180	洛阳利尔耐火材料有限公司	一种防止内衬砖下沉的 RH 浸渍管结构	ZL 201521024675.6	实用新型	2016.07.06
181	洛阳利尔耐火材料有限公司	一种分体透气砖砖芯拉拔装置	ZL 201620949122.X	实用新型	2017.02.22
182	洛阳利尔耐火材料有限公司	一种透气砖钢套压紧装置	ZL 201620949114.5	实用新型	2017.03.08
183	洛阳利尔耐火材料有限公司	一种气化炉内径测量工具	ZL 201720100420.6	实用新型	2017.09.15
184	洛阳利尔耐火材料有限公司	一种 RH 精炼炉用耐火砖的砌筑结构	ZL 201620949772.4	实用新型	2017.03.29
185	洛阳利尔耐火材料有限公司	一种气化炉快速下渣锥底结构	ZL 201720103109.7	实用新型	2017.10.24
186	洛阳利尔耐火材料有限公司	一种 RH 精炼炉下部槽的砌筑结构	ZL 201720431973.X	实用新型	2017.12.19

续表

序号	单位	专利名称	专利号	专利类别	授权时间
187	洛阳利尔耐火材料有限公司	一种提高外装式分体透气砖芯热换效率的装置	ZL 201720432038.5	实用新型	2017.12.19
188	洛阳利尔耐火材料有限公司	一种水煤浆加压气化炉用热偶砖	ZL 201721067084.6	实用新型	2018.04.30
189	洛阳利尔耐火材料有限公司	一种环流管的组合式绝热复合层	ZL 201721529210.5	实用新型	2018.06.19
190	洛阳利尔耐火材料有限公司	一种精炼炉自流成型的合金溜槽	ZL 201721529258.6	实用新型	2018.06.19
191	洛阳利尔耐火材料有限公司	一种绝热复合镁尖晶石砖	ZL 201721529264.1	实用新型	2018.06.19
192	洛阳利尔耐火材料有限公司	一种内衬砌筑灰缝控制工具尺	ZL 201721114433.5	实用新型	2018.04.27
193	马鞍山利尔开元新材料有限公司	一种机压无碳刚玉尖晶石钢包衬砖及其制备方法	ZL 201310483743.4	发明专利	2015.06.17
194	马鞍山利尔开元新材料有限公司	一种滑板挡渣出钢转炉机构	ZL 201310455486.3	发明专利	2015.07.29
195	马鞍山利尔开元新材料有限公司	一种钢水包滑动水口机构	ZL 201310314529.6	发明专利	2015.06.17
196	马鞍山利尔开元新材料有限公司	一种转炉出钢口安装装置及出钢口安装方法	ZL 201410303490.2	发明专利	2015.11.18
197	马鞍山利尔开元新材料有限公司	一种钛铝酸钙-高铝矾土改性耐火材料及其制备方法和应用	ZL 201510013589.3	发明专利	2016.06.15
198	马鞍山利尔开元新材料有限公司	转炉挡渣机构的高效风冷结构	ZL 201511031345.4	发明专利	2017.10.10
199	马鞍山利尔开元新材料有限公司	一种可快速在线更换的转炉挡渣装置及其安装方法	ZL 201511032345.6	发明专利	2017.12.22
200	马鞍山利尔开元新材料有限公司	转炉挡渣机构的新型油缸	ZL 201510839612.4	发明专利	2018.10.09
201	马鞍山利尔开元新材料有限公司	一种钢包滑动水口闸阀机构	ZL 201420675018.7	实用新型	2015.04.22
202	马鞍山利尔开元新材料有限公司	一种转炉滑板挡渣机构	ZL 201420583008.0	实用新型	2015.01.14
203	马鞍山利尔开元新材料有限公司	一种改进型转炉挡渣闸板系统	ZL 201520746862.9	实用新型	2016.01.13
204	马鞍山利尔开元新材料有限公司	钢包滑板凸台面平行度检测尺	ZL 201520955446.X	实用新型	2016.05.11
205	马鞍山利尔开元新材料有限公司	一种 ZrB_2-SiC 复合粉体改性转炉挡渣用滑动水口外水口砖	ZL 201621166351.0	实用新型	2017.05.24

续表

序号	单　位	专利名称	专利号	专利类别	授权时间
206	马鞍山利尔开元新材料有限公司	一种含有 ZrB_2-SiC 复合粉体的转炉挡渣用下滑板砖	ZL 201621167816.4	实用新型	2017.05.25
207	马鞍山利尔开元新材料有限公司	一种高寿命合金钢模具	ZL 201621146134.5	实用新型	2017.08.22
208	南京联合荣大工程材料有限责任公司	带有内嵌水冷却系统的高炉出渣沟	ZL 201310407060.0	发明专利	2015.05.20
209	南京联合荣大工程材料有限责任公司	一种带有内嵌式水冷却系统的高炉出渣沟	ZL 201310408399.2	发明专利	2016.06.01
210	南京联合荣大工程材料有限责任公司	一种热风炉炉顶耐热内衬的压入式修补方法	ZL 201510819703.1	发明专利	2018.02.06
211	南京联合荣大工程材料有限责任公司	一种用于炼铁系统的捣打料	ZL 201510836915.0	发明专利	2018.03.09
212	南京联合荣大工程材料有限责任公司	一种更换式高炉出铁沟	ZL 201510791191.2	发明专利	2018.04.10
213	南京联合荣大工程材料有限责任公司	一种耐火原料以及包含该原料的高炉压入料	ZL 201510831554.0	发明专利	2018.04.10
214	南京联合荣大工程材料有限责任公司	一种解决高炉炉底漏煤气的结构及修补方法	ZL 201610900204.X	发明专利	2018.12.11
215	南京联合荣大工程材料有限责任公司	一种卡位复合式电弧炉炉顶预制件	ZL 201520917090.0	实用新型	2016.06.01
216	南京联合荣大工程材料有限责任公司	一种更换式高炉出铁沟	ZL 201520917961.9	实用新型	2016.06.01
217	南京联合荣大工程材料有限责任公司	一种具有冷却功能的高温溜槽	ZL 201520916905.3	实用新型	2016.06.01
218	南京联合荣大工程材料有限责任公司	一种解决高炉炉底漏煤气的结构	ZL 201621126614.5	实用新型	2017.05.03
219	南京联合荣大工程材料有限责任公司	一种高炉出铁沟主沟水冷器件	ZL 201621125384.0	实用新型	2017.05.03
220	南京联合荣大工程材料有限责任公司	钢包包沿预制块及钢包包沿结构	ZL 201820246573.6	实用新型	2018.10.16
221	南京联合荣大工程材料有限责任公司	电炉小炉盖	ZL 201530461076.X	外观设计	2016.08.03
222	南京联合荣大工程材料有限责任公司	钢包沿砌筑块	ZL 201830067035.6	外观设计	2018.09.21
223	濮阳濮耐高温材料（集团）股份有限公司	吹气元件及复合吹气砖	201520670527.5	实用新型	2015.12.16
224	濮阳濮耐高温材料（集团）股份有限公司	一种复合结构整体塞棒	201520479549.3	实用新型	2015.11.25

续表

序号	单　位	专利名称	专利号	专利类别	授权时间
225	濮阳濮耐高温材料（集团）股份有限公司	一种复合结构长水口	201520400917.0	实用新型	2015.10.21
226	濮阳濮耐高温材料（集团）股份有限公司	弥散狭缝透气砖　俄罗斯	151208	实用新型	2015.03.27
227	濮阳濮耐高温材料（集团）股份有限公司	复合结构钢包水口	201520266465.1	实用新型	2015.10.21
228	濮阳濮耐高温材料（集团）股份有限公司	转炉砌筑施工用升降平台	201520210713.0	实用新型	2015.07.29
229	濮阳濮耐高温材料（集团）股份有限公司	一种复合结构浸入式水口	201520073326.7	实用新型	2015.06.17
230	濮阳濮耐高温材料（集团）股份有限公司	一种陶瓷棒气幕挡墙	201520068125.8	实用新型	2015.06.17
231	濮阳濮耐高温材料（集团）股份有限公司	一种复合结构的电弧炉顶盖	201520058505.3	实用新型	2015.06.17
232	濮阳濮耐高温材料（集团）股份有限公司	透气砖芯拔出装置	201420259953.5	实用新型	2015.01.07
233	濮阳濮耐高温材料（集团）股份有限公司	高耐磨高抗热震性耐火材料及该材料制作的炉口预制件	201310361449.6	发明	2015.05.13
234	濮阳濮耐高温材料（集团）股份有限公司	一种碳复合耐火材料的制备方法及其得到的产品	201310051738.6	发明	2015.05.13
235	濮阳濮耐高温材料（集团）股份有限公司	一种抗渗透型中间包轻质涂料及其制造方法	201410537990.2	发明	2016.03.02
236	濮阳濮耐高温材料（集团）股份有限公司	一种树脂结合的中间包轻质涂料及其制备方法	201410512572.8	发明	2016.03.02
237	濮阳濮耐高温材料（集团）股份有限公司	一种高吹通率透气砖及其制造方法	201410094948.8	发明	2016.03.02
238	濮阳濮耐高温材料（集团）股份有限公司	一种钢包衬	201620371344.8	实用新型	2016.10.12
239	濮阳濮耐高温材料（集团）股份有限公司	一种复合保温板	201620370196.8	实用新型	2016.12.14
240	濮阳濮耐高温材料（集团）股份有限公司	转炉出钢口滑动水口控渣出钢装置　土耳其	TR2016/01216.Y	实用新型	2016.10.21
241	濮阳濮耐高温材料（集团）股份有限公司	物体安装定位装置	201620136132.1	实用新型	2016.08.17
242	濮阳濮耐高温材料（集团）股份有限公司	带有防歪斜装置的异型砖砌筑所形成的墙体结构	201620021064.4	实用新型	2016.07.27
243	濮阳濮耐高温材料（集团）股份有限公司	转炉出钢口滑动水口控渣出钢装置　乌克兰	106619	实用新型	2016.04.25

续表

序号	单　位	专利名称	专利号	专利类别	授权时间
244	濮阳濮耐高温材料（集团）股份有限公司	转炉出钢口滑动水口控渣出钢装置	201520835021.5	实用新型	2016.03.02
245	濮阳濮耐高温材料（集团）股份有限公司	一种大通气量弥散透气砖	201520821852.7	实用新型	2016.03.02
246	濮阳濮耐高温材料（集团）股份有限公司	一种大通气量复合弥散透气砖	201520825379.X	实用新型	2016.03.02
247	濮阳濮耐高温材料（集团）股份有限公司	一种弥散透气砖	201520819368.0	实用新型	2016.03.02
248	濮阳濮耐高温材料（集团）股份有限公司	供气元件及复合供气砖	201520670526.0	实用新型	2016.01.06
249	濮阳濮耐高温材料（集团）股份有限公司	透气元件及复合透气砖	201520672155.X	实用新型	2016.01.06
250	濮阳濮耐高温材料（集团）股份有限公司	上水口拔出装置	201520574306.8	实用新型	2016.01.06
251	濮阳濮耐高温材料（集团）股份有限公司	供气元件、复合供气砖及复合供气砖的制备方法	201510551081.9	发明	2017.03.08
252	濮阳濮耐高温材料（集团）股份有限公司	吹气元件及复合吹气砖及复合吹气砖的制备方法（二维）	201510551127.7	发明	2017.03.08
253	濮阳濮耐高温材料（集团）股份有限公司	一种能提高镁铁砖高温抗折强度的镁铁砖制备原料及镁铁砖制备工艺	201510044937.3	发明	2017.04.12
254	濮阳濮耐高温材料（集团）股份有限公司	后入顶针式拉拔机构及后入顶针式钢包上水口热更换装置	201720210907.X	实用新型	2017.10.03
255	濮阳濮耐高温材料（集团）股份有限公司	一种冶金容器炉衬结构	201720053116.0	实用新型	2017.10.03
256	濮阳濮耐高温材料（集团）股份有限公司	转炉出钢口滑动水口控渣出钢装置　韩国	200483728	实用新型	2017.06.12
257	濮阳濮耐高温材料（集团）股份有限公司	转炉出钢口滑动水口控渣出钢装置　俄罗斯	171970	实用新型	2017.06.27
258	濮阳濮耐高温材料（集团）股份有限公司	转炉出钢口滑动水口控渣出钢装置　伊朗	93366	发明	2017.09.03
259	濮阳濮耐高温材料（集团）股份有限公司	分体式转炉滑板	201720210906.5	实用新型	2017.12.05
260	濮阳濮耐高温材料（集团）股份有限公司	吹气元件及复合吹气砖及复合吹气砖的制备方法　俄罗斯	2659507	发明	2018.07.02
261	濮阳濮耐高温材料（集团）股份有限公司	一种新型自开浇中间包开浇管	201820108809.X	实用新型	2018.08.21

续表

序号	单　位	专利名称	专利号	专利类别	授权时间
262	濮阳濮耐高温材料（集团）股份有限公司	一种节能型多功能耐火材料喷涂机	201820131868.9	实用新型	2018.09.21
263	濮阳濮耐高温材料（集团）股份有限公司	一种钢包工作衬警示砖	201820121985.7	实用新型	2018.08.24
264	濮阳濮耐高温材料（集团）股份有限公司	一种修补后的钢包衬结构	201820109038.6	实用新型	2018.08.21
265	濮阳濮耐高温材料（集团）股份有限公司	一种炼铁用复合铝碳化硅砖	201820131867.4	实用新型	2018.10.09
266	濮阳濮耐高温材料（集团）股份有限公司	一种防渗防脱落铁水包包底砖	201820116873.2	实用新型	2018.08.21
267	濮阳濮耐高温材料（集团）股份有限公司	一种钢包包沿锁紧砖	201721071968.9	实用新型	2018.08.21
268	青岛正望钢水控制股份有限公司	一种模铸用保护套管	ZL 201420585803.3	实用新型	2015.02.11
269	青岛正望钢水控制股份有限公司	一种具有抽气功能的异形保护套管	ZL 201520518276.9	实用新型	2015.12.02
270	青岛正望钢水控制股份有限公司	大型铸件用氩封环管	ZL 201520536425.4	实用新型	2015.12.02
271	青岛正望钢水控制股份有限公司	一种多级密封式长水口	ZL 201520536284.6	实用新型	2015.12.02
272	青岛正望钢水控制股份有限公司	一种组合式夹具	ZL 201520618466.8	实用新型	2015.12.23
273	青岛正望钢水控制股份有限公司	一种新型薄板坯连铸用浸入式水口	ZL 201520635174.5	实用新型	2015.12.23
274	青岛正望钢水控制股份有限公司	一种修磨工具	ZL 201520635173.0	实用新型	2015.12.30
275	青岛正望钢水控制股份有限公司	一种新型防堵浸入式水口	ZL 201620509203.8	实用新型	2016.11.23
276	青岛正望钢水控制股份有限公司	一种新型等静压橡胶模具用密封工具	ZL 201620509180.0	实用新型	2016.11.23
277	青岛正望钢水控制股份有限公司	一种锥头塞棒	ZL 201621073733.9	实用新型	2017.03.15
278	青岛正望钢水控制股份有限公司	一种具有花洒式出口的浸入式水口	ZL 201721544598.6	实用新型	2018.08.24
279	青岛正望钢水控制股份有限公司	一种高温密封接头装置	ZL 201721544597.1	实用新型	2018.08.24
280	青岛正望钢水控制股份有限公司	一种连铸防卷渣塞棒	ZL 201820463213.1	实用新型	2018.11.16

续表

序号	单位	专利名称	专利号	专利类别	授权时间
281	青岛正望钢水控制股份有限公司	一种双辊薄带连铸浇铸系统以及布流器	ZL 201820463212. 7	实用新型	2018. 12. 04
282	山东九龙新材料有限公司	一种不烧砖铁水罐配方及其制备工艺	ZL 201310304409. 8	发明专利	2015. 05. 27
283	山东九龙新材料有限公司	利用冶金废渣作为原料的环保型无水炮泥配方及方法	ZL 201410281071. 3	发明专利	2017. 05. 31
284	山东九龙新材料有限公司	立式耐火砖磨削系统	ZL 201410338351. 3	发明专利	2016. 07. 06
285	山东九龙新材料有限公司	利用窑炉余热制备磷酸二氢铝溶液的装置	ZL 201720425049. 0	实用新型	2017. 11. 24
286	山东九龙新材料有限公司	窑炉余热利用烘干装置	ZL 201720426137. 2	实用新型	2017. 12. 05
287	山东九龙新材料有限公司	窑炉余热利用加热装置	ZL 201720425545. 6	实用新型	2017. 11. 24
288	山东九龙新材料有限公司	废弃物再生工艺材料配比系统	2017SR251995	软件著作	2017. 06. 09
289	山东九龙新材料有限公司	钢包浇注料生产控制系统	2017SR241910	软件著作	2017. 06. 07
290	山东九龙新材料有限公司	工业固体废弃物综合利用服务平台	2017SR252005	软件著作	2017. 06. 09
291	山东九龙新材料有限公司	窑炉温度控制系统	2017SR254363	软件著作	2017. 06. 12
292	山东九龙新材料有限公司	高强耐磨浇注料生产控制系统	2018SR600501	软件著作	2018. 07. 31
293	山东九龙新材料有限公司	耐火砖中温烘烤自动控制系统	2018SR600553	软件著作	2018. 07. 31
294	山东九龙新材料有限公司	固体废弃物粒度控制软件	2018SR600562	软件著作	2018. 07. 31
295	山东九龙新材料有限公司	耐火材料自动配比控制软件	2018SR600560	软件著作	2018. 07. 31
296	山东九龙新材料有限公司	炮泥结合剂加热控制系统	2018SR600496	软件著作	2018. 07. 31
297	山东耀华特耐科技有限公司	循环流化床锅炉风室用高抗热震性涂抹料及其生产工艺	ZL 201410147991. 6	发明专利	2015. 09. 23
298	山东耀华特耐科技有限公司	硅酸盐废弃物为原料的轻型耐磨耐火浇注料及其制备方法	ZL 201410006321. 2	发明专利	2017. 12. 12
299	山东耀华特耐科技有限公司	循环流化床锅炉用轻型耐磨耐火可塑料及其制备方法	ZL 201410006281. 1	发明专利	2017. 06. 27

续表

序号	单 位	专利名称	专利号	专利类别	授权时间
300	山东耀华特耐科技有限公司	一种锅炉衬里材料的快速修补方法	ZL 201410147992. 0	发明专利	2017. 04. 26
301	山东耀华特耐科技有限公司	一种全自动耐火可塑料生产设备	ZL 201510987329. 6	发明专利	2017. 12. 12
302	山东耀华特耐科技有限公司	高强耐磨浇注料生产线的物料混合设备及其加工工艺	ZL 201610241937. 7	发明专利	2018. 08. 14
303	山东耀华特耐科技有限公司	高强耐磨浇注料的全自动生产线及其生产工艺	ZL 201610241938. 1	发明专利	2018. 07. 17
304	山东耀华特耐科技有限公司	高强耐磨浇注料生产线的除尘降尘设备及其降尘工艺	ZL 201610241933. 9	发明专利	2018. 01. 19
305	山东耀华特耐科技有限公司	高强耐磨浇注料生产线的自动包装设备及其包装工艺	ZL 201610241934. 3	发明专利	2018. 08. 10
306	山东耀华特耐科技有限公司	高强耐磨浇注料生产线的高效投料设备及其生产工艺	ZL 201610241939. 6	发明专利	2018. 02. 16
307	山西高科耐火材料股份有限公司	精炼钢包用小型预制块的生产模具及其使用方法	ZL 201610607452. 5	发明	2018. 07. 13
308	山西昊业新材料开发有限公司	一种异型坯连铸中间包快速更换水口装置	ZL 201510709518. 7	发明	2018. 01. 02
309	山西昊业新材料开发有限公司	一种异型坯连铸中间包快速更换水口用多功能连接板	ZL 201510711168. 8	发明	2017. 11. 07
310	山西昊业新材料开发有限公司	一种中间包水口旋转快速更换机构	ZL 201620863857. 0	实用新型	2017. 01. 04
311	山西昊业新材料开发有限公司	一种钢包包壁用无碳机压砖及其制备方法	CN106747509A	发明	2017. 05. 31
312	上海利尔耐火材料有限公司	一种电弧炉内衬用镁碳砖及其制造方法	ZL 201410480173. 8	发明专利	2016. 06. 29
313	上海利尔耐火材料有限公司	一种中间包永久层浇注料及其制备方法	ZL 201410390903. 5	发明专利	2016. 03. 02
314	上海利尔耐火材料有限公司	一种高强度中间包稳流器	ZL 201620964373. 5	实用新型	2017. 03. 29
315	上海利尔耐火材料有限公司	一种高强度的中间包挡渣坝	ZL 201620963125. 9	实用新型	2017. 07. 04
316	上海利尔耐火材料有限公司	一种具有导流孔挡板的中间包挡渣坝	ZL 201620963098. 5	实用新型	2017. 07. 04
317	上海利尔耐火材料有限公司	一种具有浇注停止标志的中间包挡渣坝	ZL 201620964374. X	实用新型	2017. 03. 29
318	上海利尔耐火材料有限公司	一种具有高度分档凸起的中间包挡渣坝	ZL 201620964319. 0	实用新型	2017. 07. 04

续表

序号	单　位	专利名称	专利号	专利类别	授权时间
319	上海利尔耐火材料有限公司	一种T型中间包冲击区用长寿命稳流器	ZL 201720046188.2	实用新型	2017.08.29
320	首钢集团有限公司	一种搅拌头防粘渣涂料	201410538999.5	发明	2016.08.03
321	首钢集团有限公司	一种方镁石镁铝尖晶石砖及其制备方法	201510698457.9	发明	2017.03.29
322	首钢集团有限公司	一种预判钢包水口自开率的检测方法	201410031209.4	发明	2016.06.29
323	首钢集团有限公司	螺旋输料器及缓冲泥料压注机	201521089892.3	实用新型	2016.06.01
324	首钢集团有限公司	耐火材料的半热态抗热震性实验装置及其方法	201410743830.3	发明	2017.03.01
325	首钢集团有限公司	一种提高烧结机导料槽寿命的方法	201310476382.0	发明	2015.05.27
326	天津瑞利鑫环保科技有限公司	一种除尘灰冷固球生产系统及工艺	ZL 201710350504.X	发明专利	2018.08.28
327	天津瑞利鑫环保科技有限公司	一种氧化铁筛分装置	ZL 201720552656.3	实用新型	2017.12.22
328	天津瑞利鑫环保科技有限公司	一种混碾搅拌机送料结构	ZL 201720551681.X	实用新型	2017.12.22
329	天津瑞利鑫环保科技有限公司	一种压球机的出料结构	ZL 201720551693.2	实用新型	2017.12.22
330	天津瑞利鑫环保科技有限公司	一种除尘灰成品球筛分返回装置	ZL 201720551695.1	实用新型	2017.12.22
331	天津瑞利鑫环保科技有限公司	生产除尘灰冷固球的混合料备料装置	ZL 201720551696.6	实用新型	2017.12.22
332	天津瑞利鑫环保科技有限公司	一种除尘灰冷固球的压球及筛分系统	ZL 201720551675.4	实用新型	2017.12.22
333	天津瑞利鑫环保科技有限公司	一种除尘灰冷固球生产系统	ZL 201720551816.2	实用新型	2017.12.22
334	天津瑞利鑫环保科技有限公司	一种转炉除尘灰料仓及传送装置	ZL 201720551680.5	实用新型	2018.02.27
335	天津瑞利鑫环保科技有限公司	一种转炉除尘灰料仓	ZL 201720551663.1	实用新型	2018.02.27
336	天津瑞利鑫环保科技有限公司	一种氧化铁筛分料斗	ZL 201720552668.6	实用新型	2018.02.13
337	天津瑞利鑫环保科技有限公司	一种冷固球团原料的混合搅拌料仓进料结构	ZL 201720552645.5	实用新型	2018.01.05

续表

序号	单　　位	专利名称	专利号	专利类别	授权时间
338	武汉钢铁集团耐火材料有限责任公司	再生刚玉尖晶石不烧钢包砖	201410223262.4	1	2016.01.13
339	武汉钢铁集团耐火材料有限责任公司	一种炮泥碾泥机取样装置	201520362686.9	2	2015.11.18
340	武汉钢铁集团耐火材料有限责任公司	用于潜入式铁水脱硫器具的热态修补料	201410312076.8	1	2016.04.27
341	武汉钢铁集团耐火材料有限责任公司	复合式钢包永久层浇注体	201510413452.7	1	2017.06.29
342	武汉钢铁集团耐火材料有限责任公司	一种鱼雷罐渣线区修补料	201510484151.3	1	2017.07.04
343	武汉钢铁集团耐火材料有限责任公司	一种透气挡渣塞主体模具	201520618947.9	2	2016.02.17
344	武汉钢铁集团耐火材料有限责任公司	一种挡渣塞用挡渣套模具	201520628018.6	2	2016.02.10
345	武汉钢铁集团耐火材料有限责任公司	中间包盲板用润滑涂抹料及其制备工艺	201410439802.2	1	2016.09.14
346	武汉钢铁集团耐火材料有限责任公司	鱼雷罐罐口浇注料	201410441573.8	1	2016.03.30
347	武汉钢铁集团耐火材料有限责任公司	耐酸防腐碳砖用胶泥及其制备方法	201410471318.8	1	2016.07.06
348	武汉钢铁集团耐火材料有限责任公司	镍铜冶炼酸性废水治理用耐酸防腐碳砖及其制备方法	201410471239.7	1	2015.12.30
349	武汉钢铁集团耐火材料有限责任公司	优化型高寿命低耗材冶炼钢包	201410472204.5	1	2016.03.30
350	武汉钢铁集团耐火材料有限责任公司	提高冶炼钢包使用效率的方法及其高寿命低材耗冶炼钢包	201310454213.7	1	2016.03.30
351	武汉钢铁集团耐火材料有限责任公司	铝铬质接缝胶泥及其制备方法	201310468900.4	1	2015.01.21
352	武汉钢铁集团耐火材料有限责任公司	控制转炉炉身耐火砖砌筑方向尺寸的成型模具	201520781266.4	2	2016.03.30
353	武汉钢铁集团耐火材料有限责任公司	铁水罐永久层复合衬砖及其制作方法	201310491411.0	1	2015.09.23
354	武汉钢铁集团耐火材料有限责任公司	高精度控制成型复合出钢口管砖及其制造方法	201510683162.4	1	2017.10.20
355	武汉钢铁集团耐火材料有限责任公司	分体式电动螺旋压砖机螺杆传动结构	201520869252.8	2	2016.04.20
356	武汉钢铁集团耐火材料有限责任公司	复合式长寿命出钢口管砖	201521071492.X	2	2016.06.29

续表

序号	单　位	专利名称	专利号	专利类别	授权时间
357	武汉钢铁集团耐火材料有限责任公司	改进型复合式钢包永久层浇注体	201521071784.3	2	2016.06.08
358	武汉钢铁集团耐火材料有限责任公司	高稳定性RH精炼炉浸渍管内胆	201521040038.8	2	2016.06.29
359	武汉钢铁集团耐火材料有限责任公司	环保型高寿命RH精炼炉浸渍管	201521043240.6	2	2016.06.29
360	武汉钢铁集团耐火材料有限责任公司	环保防漏式RH精炼炉浸渍管内芯	201510926182.X	1	2018.02.09
361	武汉钢铁集团耐火材料有限责任公司	螺旋压砖机出砖装置	201520996634.7	2	2016.05.04
362	武汉钢铁集团耐火材料有限责任公司	耐火材料制品成型定形复合模具	201520847772.9	2	2016.03.30
363	武汉钢铁集团耐火材料有限责任公司	耐磨型高寿命花键导向装置	201520869171.8	2	2016.04.06
364	武汉钢铁集团耐火材料有限责任公司	铁水罐防粘渣涂抹料	201510738015.2	1	2017.10.20
365	武汉钢铁集团耐火材料有限责任公司	压砖机新型传动装置	201521069047.X	2	2016.07.06
366	武汉钢铁集团耐火材料有限责任公司	用于连铸结晶器的密封胶泥及其制备方法	201410734270.5	1	2017.10.20
367	武汉钢铁集团耐火材料有限责任公司	自动称量送料装置	201521035873.2	2	2016.05.18
368	新冶高科技集团有限公司	一种提高钢包透气砖使用寿命的吹堵装置	CN207537484U	实用新型	2018.06.26
369	新冶高科技集团有限公司	一种全自动氮化隧道炉	CN207540348U	实用新型	2018.06.26
370	徐州苏牌高温新材料有限公司	一种高炉炮泥用多功能压力试验仪	ZL 201610526413.2	发明	2018.09.18
371	浙江湖州父子岭耐火集团有限公司	变斜率一体式镁碳砖	ZL 201621031248.5	实用新型	2017.05.10
372	浙江湖州父子岭耐火集团有限公司	不定形拼接式镁碳砖	ZL 201621031255.5	实用新型	2017.03.09
373	浙江湖州父子岭耐火集团有限公司	三段斜管组合式镁碳砖	ZL 201621022651.1	实用新型	2017.05.12
374	浙江湖州父子岭耐火集团有限公司	一种轻质隔热耐火砖	ZL 201720897469.9	实用新型	2018.02.02
375	浙江湖州父子岭耐火集团有限公司	一种复合镁砂制成的镁碳砖	ZL 201720897468.4	实用新型	2018.01.26

续表

序号	单　位	专利名称	专利号	专利类别	授权时间
376	浙江湖州父子岭耐火集团有限公司	一种非紧锲式镁碳砖	ZL 201621028489. 4	实用新型	2017. 03. 01
377	浙江湖州父子岭耐火集团有限公司	一种耐浸润性流钢砖	ZL 201720819166. 5	实用新型	2018. 01. 09
378	浙江湖州父子岭耐火集团有限公司	一种镁碳出钢口砖	ZL 201621027919. 0	实用新型	2017. 03. 08
379	浙江湖州父子岭耐火集团有限公司	一种偏心式镁碳砖	ZL 201621028186. 2	实用新型	2017. 04. 19
380	浙江湖州父子岭耐火集团有限公司	一种出钢口砖	ZL 201620985588. 5	实用新型	2017. 02. 15
381	浙江湖州父子岭耐火集团有限公司	一种 VOD 炉砖砌钢包结构	ZL 201720819835. 9	实用新型	2018. 01. 09
382	浙江湖州父子岭耐火集团有限公司	一种折弯部连接用镁碳砖	ZL 201621028310. 5	实用新型	2017. 07. 07
383	浙江湖州父子岭耐火集团有限公司	一种耐侵性池壁砖砂型	ZL 201720819866. 4	实用新型	2018. 01. 09
384	浙江湖州父子岭耐火集团有限公司	一种高效再生镁碳砖	ZL 201720897412. 9	实用新型	2018. 01. 26
385	浙江湖州父子岭耐火集团有限公司	一种 VOD 炉真空盖浇注内衬结构	ZL 201720819159. 5	实用新型	2018. 01. 30
386	浙江湖州父子岭耐火集团有限公司	一种新型水口砖	ZL 201620984191. 4	实用新型	2017. 02. 08
387	浙江湖州父子岭耐火集团有限公司	一种水口砖	ZL 201620992801. 5	实用新型	2017. 02. 08
388	浙江湖州父子岭耐火集团有限公司	一种耐剥落性分体结构流钢砖	ZL 201720897499. X	实用新型	2017. 02. 23
389	浙江湖州父子岭耐火集团有限公司	一种环境友好型耐火纤维	ZL 201510863091. 6	发明专利	2018. 03. 16
390	浙江湖州父子岭耐火集团有限公司	一种低导热的玻璃熔窑用轻质耐火材料	ZL 201510864761. 6	发明专利	2017. 09. 19
391	郑州安耐克实业有限公司	高炉热风炉管口组合砖结构	ZL 201310055145. 7	发明专利	2015. 01. 28
392	郑州安耐克实业有限公司	一种热风炉陶瓷燃烧器用莫来石-辊道棒废料-堇青石质制品的制备方法	ZL 201310493501. 3	发明专利	2015. 05. 20
393	郑州安耐克实业有限公司	一种高荷软、低蠕变、高抗热震耐火砖及其制造方法	ZL 201210125704. 2	发明专利	2015. 05. 20

续表

序号	单　　位	专利名称	专利号	专利类别	授权时间
394	郑州安耐克实业有限公司	锥柱复合型拱顶结构顶燃式热风炉	ZL 201310283577. 3	发明专利	2015. 06. 03
395	郑州安耐克实业有限公司	一种互锁式拱顶砖结构	ZL 201520653920. 3	实用新型	2016. 01. 06
396	郑州安耐克实业有限公司	一种导流装置砖型	ZL 201520653847. X	实用新型	2016. 01. 27
397	郑州安耐克实业有限公司	一种Z字形自锁密闭式管道砖	ZL 201520653848. 4	实用新型	2016. 01. 27
398	郑州安耐克实业有限公司	用于炼铁高炉送风支管的耐磨抗热震内衬及其制备方法	ZL 201410560773. 5	发明专利	2016. 05. 25
399	郑州安耐克实业有限公司	一种炼铁热风炉的耐高温抗热震管道及其制备方法	ZL 201410560774. X	发明专利	2016. 08. 24
400	郑州安耐克实业有限公司	一种高炉热风炉用花边格子砖	ZL 201521102031. 4	实用新型	2016. 11. 30
401	郑州安耐克实业有限公司	方便更换的耐火砖模块	ZL 201720116553. 2	实用新型	2017. 10. 13
402	郑州安耐克实业有限公司	防堵塞37孔耐火砖砌体	ZL 201720120875. 4	实用新型	2017. 10. 13
403	郑州安耐克实业有限公司	热风炉拱顶耐火层	ZL 201720116682. 1	实用新型	2017. 10. 13
404	郑州安耐克实业有限公司	热风炉燃烧器喷口结构	ZL 201720116523. 1	实用新型	2017. 10. 13
405	郑州安耐克实业有限公司	维修用耐火砖取砖爪	ZL 201720120876. 9	实用新型	2017. 10. 13
406	郑州安耐克实业有限公司	一种高炉顶燃式热风炉燃烧器喷口砖	ZL 201510533888. X	发明专利	2018. 08. 07
407	郑州建信耐火材料成套有限公司	一种刚玉莫来石隔热复合砖	ZL 201610776630. 7	发明	2019. 02. 15
408	郑州建信耐火材料成套有限公司	耐火材料二次球磨机破碎装置	ZL 201320462151. X	实用新型	2014. 03. 05
409	郑州建信耐火材料成套有限公司	压力机漏油回收装置	ZL 201320462770. 9	实用新型	2014. 01. 01
410	郑州建信耐火材料成套有限公司	压力机驱动装置	ZL 201320462771. 3	实用新型	2014. 03. 05
411	郑州建信耐火材料成套有限公司	压力机安全防护制动系统	ZL 201320462720. 0	实用新型	2014. 03. 05
412	郑州建信耐火材料成套有限公司	隧道窑穹顶结构	ZL 201320462809. 7	实用新型	2014. 03. 05

续表

序号	单 位	专利名称	专利号	专利类别	授权时间
413	郑州建信耐火材料成套有限公司	全自动物料接料分料系统	ZL 201320462831.1	实用新型	2014.03.05
414	郑州建信耐火材料成套有限公司	压力机传动装置	ZL 201320462879.2	实用新型	2014.01.01
415	郑州建信耐火材料成套有限公司	压力机气动制动装置	ZL 201320462880.5	实用新型	2014.01.01
416	郑州建信耐火材料成套有限公司	新型压力机	ZL 201320463000.6	实用新型	2014.03.05
417	郑州建信耐火材料成套有限公司	自动封包统计装置	ZL 201320464686.0	实用新型	2014.03.05
418	郑州建信耐火材料成套有限公司	一种钢带卷收放车	ZL 201320324065.2	实用新型	2014.01.01
419	郑州建信耐火材料成套有限公司	一种磨砖机	ZL 201320324161.7	实用新型	2014.01.01
420	郑州建信耐火材料成套有限公司	一种设置手动压砖装置的合金磨头磨砖机	ZL 201320324162.1	实用新型	2014.01.01
421	郑州建信耐火材料成套有限公司	一种硅酸盖板废水回收系统	ZL 201320324196.0	实用新型	2014.01.01
422	郑州建信耐火材料成套有限公司	一种耐火砖隧道窑余热利用系统	ZL 201320324270.9	实用新型	2014.05.21
423	郑州建信耐火材料成套有限公司	一种电控太阳能采光棚	ZL 201320324304.4	实用新型	2014.01.01
424	郑州建信耐火材料成套有限公司	一种设置有待磨砖引导槽的合金磨头磨砖机	ZL 201320324398.5	实用新型	2014.01.01
425	郑州建信耐火材料成套有限公司	一种设置有圆柱形合金磨头的磨砖机	ZL 201320324414.0	实用新型	2014.01.01
426	中钢集团洛阳耐火材料研究院有限公司	一种刚玉莫来石轻质隔热材料的制备方法	ZL 201310004624.6	发明	2015.02.04
427	中钢集团洛阳耐火材料研究院有限公司	一种耐火纤维弧形板定形托盘及定形方法	ZL 201310004625.0	发明	2015.04.29
428	中钢集团洛阳耐火材料研究院有限公司	酚醛树脂低温石墨化的方法	ZL 201310285733.X	发明	2015.07.22
429	中钢集团洛阳耐火材料研究院有限公司	一种具有梯度功能的高纯氧化锆耐火制品及制备方法	ZL 201310477845.5	发明	2015.09.16
430	中钢集团洛阳耐火材料研究院有限公司	一种连铸用锆碳耐火材料及制备方法	ZL 201310478202.2	发明	2015.05.13
431	中钢集团洛阳耐火材料研究院有限公司	一种镁铝尖晶石质泡沫陶瓷过滤器及其制备方法	ZL 201310539992.0	发明	2015.04.29

续表

序号	单　位	专利名称	专利号	专利类别	授权时间
432	中钢集团洛阳耐火材料研究院有限公司	一种 $Al_2O_3-Cr_2O_3$ 耐火制品及制备方法	ZL 201310713974. X	发明	2015. 07. 22
433	中钢集团洛阳耐火材料研究院有限公司	一种 $Al_2O_3-Cr_2O_3$ 耐火制品的磷熏蒸制备方法	ZL 201310713973. 5	发明	2015. 05. 13
434	中钢集团洛阳耐火材料研究院有限公司	一种微孔化结构的 $Al_2O_3-Cr_2O_3$ 耐火材料	ZL 201310706638. 2	发明	2015. 03. 25
435	中钢集团洛阳耐火材料研究院有限公司	一种莫来石-氧化铝多孔陶瓷的制备方法	ZL 201310704837. X	发明	2015. 05. 13
436	中钢集团洛阳耐火材料研究院有限公司	轻质微孔隔热浇注料及制备方法	ZL 201310705104. 8	发明	2015. 04. 29
437	中钢集团洛阳耐火材料研究院有限公司	一种高温试验仪的动态密闭的自动形变测试系统	ZL 201410047150. 8	发明	2015. 12. 30
438	中钢集团洛阳耐火材料研究院有限公司	碳化硅结合含碳耐火材料及制备方法	ZL 201410116799. 0	发明	2015. 09. 16
439	中钢集团洛阳耐火材料研究院有限公司	一种连铸三大件低压成型用结合体系	ZL 201410117161. 9	发明	2015. 09. 16
440	中钢集团洛阳耐火材料研究院有限公司	一种浇注成型大型自结合碳化硅制品	ZL 201410116797. 1	发明	2015. 09. 16
441	中钢集团洛阳耐火材料研究院有限公司	一种浇注成型大型氮化物结合碳化硅制品	ZL 201410116796. 7	发明	2015. 07. 22
442	中钢集团洛阳耐火材料研究院有限公司	一种非晶钢冶炼炉用石英质耐火浇注料的制备	ZL 201410117714. 0	发明	2015. 11. 25
443	中钢集团洛阳耐火材料研究院有限公司	一种连铸用低碳铝碳耐火材料制备方法	ZL 201410117218. 5	发明	2015. 09. 16
444	中钢集团洛阳耐火材料研究院有限公司	一种耐火材料检测液压样条成型胶套	ZL 201420493977. 7	实用新型	2015. 02. 04
445	中钢集团洛阳耐火材料研究院有限公司	一种高温防护热板导热仪	ZL 201420441609. 8	实用新型	2015. 03. 25
446	中钢集团洛阳耐火材料研究院有限公司	一种高黏度物料搅拌装置	ZL 201420838852. 3	实用新型	2015. 07. 22
447	中钢集团洛阳耐火材料研究院有限公司	一种复合式耐火材料荷重软化温度测试仪	ZL 201520085808. 4	实用新型	2015. 07. 22
448	中钢集团洛阳耐火材料研究院有限公司	耐火材料定形制品的抗热震性能评价装置	ZL 201520208743. 8	实用新型	2015. 09. 16
449	中钢集团洛阳耐火材料研究院有限公司	整体式耐火纤维复合绝热板	ZL 201520235765. 3	实用新型	2015. 11. 18
450	中钢集团洛阳耐火材料研究院有限公司	一种铝铬硅质耐火材料	ZL 201310705438. 5	发明	2016. 02. 17

续表

序号	单 位	专利名称	专利号	专利类别	授权时间
451	中钢集团洛阳耐火材料研究院有限公司	一种功能复合型氧化锆耐火制品及其制备方法	ZL 201410116807. 1	发明	2016. 06. 29
452	中钢集团洛阳耐火材料研究院有限公司	一种梯度功能的钇稳定氧化锆耐火制品	ZL 201410116753. 9	发明	2016. 01. 20
453	中钢集团洛阳耐火材料研究院有限公司	一种复合结构的氧化锆耐火制品	ZL 201410116800. X	发明	2016. 02. 24
454	中钢集团洛阳耐火材料研究院有限公司	一种耐高温纳米孔保温涂料及制备方法	ZL 201410434538. 3	发明	2016. 06. 22
455	中钢集团洛阳耐火材料研究院有限公司	一种气化炉出渣口用耐磨材料	ZL 201410434357. 0	发明	2016. 06. 22
456	中钢集团洛阳耐火材料研究院有限公司	一种梯度孔结构二氧化锆高温隔热材料的制备方法	ZL 201410434394. 1	发明	2016. 07. 13
457	中钢集团洛阳耐火材料研究院有限公司	一种轻质氧化铝空心球隔热制品的制备方法	ZL 201410434384. 8	发明	2016. 04. 20
458	中钢集团洛阳耐火材料研究院有限公司	一种含钛氮化物原位复合铝碳耐火材料的制备方法	ZL 201410434393. 7	发明	2016. 01. 13
459	中钢集团洛阳耐火材料研究院有限公司	一种高温隔热耐火泥浆	ZL 201410434418. 3	发明	2016. 02. 24
460	中钢集团洛阳耐火材料研究院有限公司	一种 $Al_2O_3-Cr_2O_3$ 质耐火骨料及制备方法	ZL 201410728700. 2	发明	2016. 04. 20
461	中钢集团洛阳耐火材料研究院有限公司	一种 $Al_2O_3-Cr_2O_3$ 耐火制品	ZL 201410728912. 0	发明	2016. 04. 20
462	中钢集团洛阳耐火材料研究院有限公司	一种 $Al_2O_3-Cr_2O_3$ 耐火浇注料	ZL 201410728158. 0	发明	2016. 06. 22
463	中钢集团洛阳耐火材料研究院有限公司	一种含氧化铬的锆刚玉砖的制备方法	ZL 201410765619. 1	发明	2016. 08. 24
464	中钢集团洛阳耐火材料研究院有限公司	用于钨钼烧结中频炉的氧化锆空心球隔热制品的制备方法	ZL 201410764296. 4	发明	2016. 08. 17
465	中钢集团洛阳耐火材料研究院有限公司	一种异特形氧化铝空心球隔热制品的制备方法	ZL 201410764225. 4	发明	2016. 04. 20
466	中钢集团洛阳耐火材料研究院有限公司	一种氧化锆纤维板及制备方法	ZL 201520208743. 8	发明	2016. 09. 14
467	中钢集团洛阳耐火材料研究院有限公司	一种膏状陶瓷修补与密封剂	ZL 201510222348. X	发明	2016. 09. 14
468	中钢集团洛阳耐火材料研究院有限公司	烟尘过滤和脱硝一体化烟气处理器件的制备方法	ZL 201510395868. 0	发明	2016. 10. 26
469	中钢集团洛阳耐火材料研究院有限公司	电加热惰性气体保护高温溜槽	ZL 201521011959. 1	实用新型	2016. 06. 29

续表

序号	单　位	专利名称	专利号	专利类别	授权时间
470	中钢集团洛阳耐火材料研究院有限公司	一种组合式环形狭缝透气砖	ZL 201521088692. 6	实用新型	2016. 08. 10
471	中钢集团洛阳耐火材料研究院有限公司	一种测试耐火浇注料爆裂性能的单面加热试验炉	ZL 201620004170. 1	实用新型	2016. 08. 10
472	中钢集团洛阳耐火材料研究院有限公司	一种冷等静压近净尺寸成型模具	ZL 201620024405. 3	实用新型	2016. 08. 17
473	中钢集团洛阳耐火材料研究院有限公司	一种冷等静压模具	ZL 201620024415. 7	实用新型	2016. 08. 17
474	中钢集团洛阳耐火材料研究院有限公司	一种水煤浆加压气化炉保温组合砌体结构	ZL 201620024403. 4	实用新型	2016. 08. 17
475	中钢集团洛阳耐火材料研究院有限公司	一种超高温发热体	ZL 201620024401. 5	实用新型	2016. 08. 17
476	中钢集团洛阳耐火材料研究院有限公司	实验电炉的炉门机构	ZL 201620130930. 3	实用新型	2016. 08. 17
477	中钢集团洛阳耐火材料研究院有限公司	一种高强韧化透气砖	ZL 201620130963. 8	实用新型	2016. 10. 12
478	中钢集团洛阳耐火材料研究院有限公司	一种四喷嘴水煤浆气化炉炉顶	ZL 201620130965. 7	实用新型	2016. 08. 17
479	中钢集团洛阳耐火材料研究院有限公司	一种金属增韧透气砖	ZL 201620154193. 0	实用新型	2016. 08. 17
480	中钢集团洛阳耐火材料研究院有限公司	一种全自动耐火材料空气急冷法抗热震性试验机	ZL 201620283277. 4	实用新型	2016. 10. 12
481	中钢集团洛阳耐火材料研究院有限公司	一种水煤浆气化炉托砖板上部的耐火衬里结构	ZL 201620346492. 4	实用新型	2016. 12. 21
482	中钢集团洛阳耐火材料研究院有限公司	一种水煤浆加压气化炉炉顶用堵头砖	ZL 201620509436. 8	实用新型	2016. 12. 07
483	中钢集团洛阳耐火材料研究院有限公司	一种具有环保防护结构的高温加热炉	ZL 201620655440. 5	实用新型	2016. 12. 21
484	中钢集团洛阳耐火材料研究院有限公司	一种低压铸钢用升液管及其制备方法	ZL 201510395898. 1	发明	2017. 03. 01
485	中钢集团洛阳耐火材料研究院有限公司	一种高导热透气砖	ZL 201620509440. 4	实用新型	2017. 01. 11
486	中钢集团洛阳耐火材料研究院有限公司	一种水煤浆气化炉托砖板热面砖的快速更换结构	ZL 201620509428. 3	实用新型	2017. 01. 11
487	中钢集团洛阳耐火材料研究院有限公司	一种立式高温热膨胀仪的位移测量系统	ZL 201620893336. X	实用新型	2017. 03. 01
488	中钢集团洛阳耐火材料研究院有限公司	一种立式多个大试样高温热膨胀仪	ZL 201620891638. 3	实用新型	2017. 02. 22

续表

序号	单位	专利名称	专利号	专利类别	授权时间
489	中钢集团洛阳耐火材料研究院有限公司	一种多试样高温弹性模量测试仪	ZL 201620931511. X	实用新型	2017. 02. 22
490	中钢集团洛阳耐火材料研究院有限公司	一种浸入式水口成型模具	ZL 201720177322. 2	实用新型	2017. 10. 27
491	中钢集团洛阳耐火材料研究院有限公司	一种浸入式水口	ZL 201510526430. 1	发明	2018. 04. 10
492	中钢集团洛阳耐火材料研究院有限公司	多晶硅铸锭用氮化硅结合熔融石英坩埚的制备方法	ZL 201510899188. 2	发明	2018. 11. 13
493	中钢集团洛阳耐火材料研究院有限公司	一种抗铝合金熔体侵蚀用铸嘴涂料及其制备方法	ZL 201610017097. 6	发明	2018. 06. 26
494	中钢集团洛阳耐火材料研究院有限公司	一种耐火材料抗渣试样及其制备方法	ZL 201610017520. 2	发明	2018. 07. 10
495	中钢集团洛阳耐火材料研究院有限公司	一种采用等静压成型方式制备耐火砖的制备方法	ZL 201610114066. 2	发明	2018. 05. 15
496	中钢集团洛阳耐火材料研究院有限公司	一种碳化硅-六铝酸钙复相多孔陶瓷的制备方法	ZL 201610114069. 6	发明	2018. 08. 17
497	中钢集团洛阳耐火材料研究院有限公司	一种抗碱蒸汽侵蚀的碳化硅隔热材料的制备方法	ZL 201610114067. 7	发明	2018. 09. 11
498	中钢集团洛阳耐火材料研究院有限公司	提高含碳耐火材料抗冲刷性能的复合粉体及其制备方法	ZL 201610114063. 9	发明	2018. 09. 11
499	中钢集团洛阳耐火材料研究院有限公司	一种全自动耐火材料空气急冷法抗热震性试验机	ZL 201610212424. 3	发明	2018. 11. 13
500	中钢集团洛阳耐火材料研究院有限公司	一种莫来石结合碳化硅多孔陶瓷的制备方法	ZL 201610255677. 9	发明	2018. 07. 10
501	中钢集团洛阳耐火材料研究院有限公司	一种梯度多孔碳化硅陶瓷管的制备方法	ZL 201610371755. 1	发明	2018. 05. 15
502	中钢集团洛阳耐火材料研究院有限公司	一种全自动水急冷法抗热震性试验机	ZL 201720506852. 7	实用新型	2018. 01. 26
503	中钢集团洛阳耐火材料研究院有限公司	一种水煤浆气化炉带水冷的渣口砖结构	ZL 201720523125. 1	实用新型	2018. 01. 26
504	中钢集团洛阳耐火材料研究院有限公司	一种水煤浆气化炉带滴水线的渣口砖结构	ZL 201720523116. 2	实用新型	2018. 04. 20
505	中钢集团洛阳耐火材料研究院有限公司	一种水煤浆气化炉渣口砖的滴水檐	ZL 201720523123. 2	实用新型	2018. 01. 26
506	中钢集团洛阳耐火材料研究院有限公司	水煤浆气化炉渣口砖	ZL 201720523129. X	实用新型	2018. 01. 26
507	中钢集团洛阳耐火材料研究院有限公司	一种可控气氛非稳态热线法导热系数测试仪	ZL 201721436603. 1	实用新型	2018. 06. 26

续表

序号	单　位	专利名称	专利号	专利类别	授权时间
508	中钢集团洛阳耐火材料研究院有限公司	一种水煤浆加压气化炉耐火衬里减薄结构	ZL 201721678964. 7	实用新型	2018. 12. 07
509	中钢集团洛阳耐火材料研究院有限公司	一种非对称结构的四喷嘴气化炉用烧嘴组合砖	ZL 201721678965. 1	实用新型	2018. 08. 03
510	中钢集团洛阳耐火材料研究院有限公司	一种非对称结构的气化炉用热电偶砖	ZL 201721678993. 3	实用新型	2018. 08. 03
511	中钢集团洛阳耐火材料研究院有限公司	一种长水口用钢壳	ZL 201721586915. 0	实用新型	2018. 06. 26
512	中钢集团洛阳耐火材料研究院有限公司	一种水煤浆气化炉水平横排渣口结构	ZL 201820048107. 7	实用新型	2018. 09. 28
513	中钢集团洛阳耐火材料研究院有限公司	一种水煤浆气化炉用双层工作面锥底	ZL 201820048116. 6	实用新型	2018. 09. 28
514	中钢集团洛阳耐火材料研究院有限公司	一种水煤浆气化炉带挡渣凸台的锥底	ZL 201820048108. 1	实用新型	2018. 09. 28
515	中钢集团洛阳耐火材料研究院有限公司	一种四喷嘴水煤浆气化炉用复合高铬堵头砖	ZL 201820048106. 2	实用新型	2018. 09. 28
516	中钢集团洛阳耐火材料研究院有限公司	一种耐火材料抗冰晶石烟气侵蚀的试验装置	ZL 201820290679. 6	实用新型	2018. 12. 21
517	中钢集团洛阳耐火材料研究院有限公司	一种防止下沉的悬空耐火衬里组合结构	ZL 201820356867. 4	实用新型	2018. 10. 30
518	中钢集团洛阳耐火材料研究院有限公司	一种功能梯度的四喷嘴气化炉堵头砖	ZL 201820356794. 9	实用新型	2018. 10. 30
519	中钢集团洛阳耐火材料研究院有限公司	一种非中心对称的窑车结构	ZL 201820356796. 8	实用新型	2018. 12. 21
520	中钢集团洛阳耐火材料研究院有限公司	一种冷等静压成型模具	ZL 201820657848. 5	实用新型	2018. 12. 21
521	中钢集团洛阳耐火材料研究院有限公司	一种高温透气度测试仪	ZL 201820196819. 3	实用新型	2018. 10. 30
522	中钢集团耐火材料有限公司	大型超高温隧道窑耐材的施工方法	201110159306. 80	发明专利	2015. 04. 08
523	中钢集团耐火材料有限公司	精炼炉炉衬用超微粉结合抗渗尖晶石砖及制备方法	201110392586. 70	发明专利	2015. 04. 08
524	中钢集团耐火材料有限公司	精炼炉炉衬用金属复合防渗不烧镁尖晶石砖及其制备方法	201110289991. 60	发明专利	2015. 12. 09
525	中钢集团耐火材料有限公司	底吹炉保护隔离装置	201410437538. 90	发明专利	2016. 04. 06
526	中钢集团耐火材料有限公司	焦炉用高导热硅砖	201310146445. 60	发明专利	2016. 03. 23

续表

序号	单　位	专利名称	专利号	专利类别	授权时间
527	中钢集团耐火材料有限公司	一种焦炉炭化室用超高导热硅砖	201410631575.30	发明专利	2016.06.08
528	中钢集团耐火材料有限公司	一种热风炉用硅砖	201510571132.40	发明专利	2017.09.29
529	中钢集团耐火材料有限公司	一种热风炉用硅砖的制备方法	201510571656.30	发明专利	2017.08.25
530	中钢集团耐火材料有限公司	一种铜冶炼溜槽用浇注料	201510629927.60	发明专利	2017.10.20
531	中钢集团耐火材料有限公司	金属镁电解槽用高纯氧化镁干式捣打料	201410143197.40	发明专利	2017.04.12
532	中钢集团耐火材料有限公司	一种金属复合氧化铬砖制备方法	201310645399.40	发明专利	2017.06.06
533	中钢集团耐火材料有限公司	大型焦炉煤气上升管用耐火材料及其制备方法	201310344516.30	发明专利	2017.02.22
534	中钢集团耐火材料有限公司	一种精炼炉环流管耐火材料的快速更换方法	201710354889.70	发明专利	2018.10.23
535	中钢集团耐火材料有限公司	一种碳素炉用抗侵蚀硅砖	201510668428.80	发明专利	2018.03.20
536	中钢集团耐火材料有限公司	一种碳素炉用抗侵蚀硅砖的制备方法	201510668466.30	发明专利	2018.03.20
537	中钢集团耐火材料有限公司	一种 RH 炉真空室次工作层改良结构	201620659573.X	实用新型	2016.12.21
538	中钢集团耐火材料有限公司	改进的铜冶炼浇铸包	201520898575.X	实用新型	2016.03.30
539	中钢集团耐火材料有限公司	一种应用在房屋的自然空调结构	201520760563.0	实用新型	2016.08.03
540	中钢集团耐火材料有限公司	大型炉门预制件连接装置	201720483952.2	实用新型	2017.12.19
541	中钢集团耐火材料有限公司	一种氧化还原口组合砖改进结构	201621450033.7	实用新型	2017.07.07
542	中钢集团耐火材料有限公司	一种用精炼炉浸渍管和环流管的整体式耐火内衬	201720557912.8	实用新型	2017.12.19
543	中钢集团耐火材料有限公司	一种气化炉炉膛的内衬装置	201721033956.70	实用新型	2018.02.23
544	中钢集团耐火材料有限公司	一种高铬塞头砖用预埋吊钩	201721031751.5	实用新型	2018.03.16
545	中钢集团耐火材料有限公司	一种模块式可拆卸的模具芯子	201721033960.30	实用新型	2018.03.16

续表

序号	单 位	专利名称	专利号	专利类别	授权时间
546	中钢集团耐火材料有限公司	一种用于精炼炉浸渍管的环形托砖板	201820022888.20	实用新型	2018.08.24
547	中钢集团耐火材料有限公司	一种冶炼铜的精转炉用风眼砖	201820354742.80	实用新型	2018.10.19
548	中国钢研科技集团有限公司	一种转底炉高温布料装置	CN204188002U	实用新型	2015.03.04
549	中国钢研科技集团有限公司	一种直径40米转底炉—熔分炉联合生产线	CN204185534U	实用新型	2015.03.04
550	中国钢研科技集团有限公司	转底炉烟气余热利用系统和转底炉烟气余热利用方法	201310018509.4	发明专利	2015.07.29
551	中国钢研科技集团有限公司	一种超低膨胀微晶玻璃生产线	201310022632.3	发明专利	2015.08.26
552	中冶焦耐（大连）工程技术有限公司	一种含碳耐火制品颗粒贮存加热装置	201210553020.2	发明专利	2015.01.07
553	中冶焦耐（大连）工程技术有限公司	一种煤粉计量用旋转密封阀	201410653042.5	发明专利	2016.09.07
554	中冶焦耐（大连）工程技术有限公司	一种移动卸料车用除尘风管对接、脱开装置及使用方法	201410692255.9	发明专利	2016.04.06
555	中冶焦耐（大连）工程技术有限公司	一种钝化石灰生产用钝化剂添加装置及其使用方法	201510817725.4	发明专利	2017.12.22
556	中冶焦耐（大连）工程技术有限公司	燃煤套筒竖窑喷吹清堵系统	201410668706.5	发明专利	2016.09.07
557	中冶焦耐（大连）工程技术有限公司	一种KR脱硫剂用石灰粉制备工艺及装置	201410634635.7	发明专利	2017.01.25
558	中冶焦耐（大连）工程技术有限公司	套筒式双膛竖窑	201310579594.1	发明专利	2015.04.15
559	中冶焦耐（大连）工程技术有限公司	自调中摩擦传动石灰回转窑	201310582657.9	发明专利	2015.03.04
560	中冶焦耐（大连）工程技术有限公司	一种用于竖窑的空心筒体及分料装置及使用方法	201310532891.0	发明专利	2015.04.15
561	中冶焦耐（大连）工程技术有限公司	一种热风喷吹散料装置及其使用方法	201610457096.3	发明专利	2017.12.22
562	中冶焦耐（大连）工程技术有限公司	一种炉渣风冷冷却器的冷却装置	201610579789.X	发明专利	2018.01.16
563	中冶焦耐（大连）工程技术有限公司	箱式烧嘴竖窑	201510873595.6	发明专利	2017.09.19
564	中冶焦耐（大连）工程技术有限公司	一种石灰竖窑用双密封卸料方法及装置	201510873938.9	发明专利	2017.10.31

续表

序号	单　　位	专利名称	专利号	专利类别	授权时间
565	中冶焦耐（大连）工程技术有限公司	回字形燃料与助燃空气入窑输送装置	201510874081.2	发明专利	2018.01.16
566	中冶焦耐（大连）工程技术有限公司	一种移动车式自动开袋卸料入仓装置及其使用方法	201510818230.3	发明专利	2017.09.08
567	中冶焦耐（大连）工程技术有限公司	一种通过压力差自动控制的双气幕调温装置及调温方法	201610578647.1	发明专利	2018.08.21
568	中冶焦耐（大连）工程技术有限公司	一种容积可调的排料装置滚筒结构及其使用方法	201610579777.7	发明专利	2018.08.21
569	中冶焦耐（大连）工程技术有限公司	一种大型悬浮窑及其生产工艺	201610910437.8	发明专利	2018.08.21
570	中冶焦耐（大连）工程技术有限公司	一种分段式压力可调刮料装置	201610996106.0	发明专利	2018.11.27
571	中冶焦耐（大连）工程技术有限公司	一种回转烘干机壁的空气喷射装置及工艺	201610966518.X	发明专利	2018.12.11
572	中冶焦耐（大连）工程技术有限公司	一种煤粉计量用旋转密封阀	201420683981.X	实用新型	2015.04.15
573	中冶焦耐（大连）工程技术有限公司	一种移动卸料车用除尘风管对接、脱开装置	201420721016.7	实用新型	2015.04.15
574	中冶焦耐（大连）工程技术有限公司	圆筒型炉衬互锁咬合结构	201420732589.X	实用新型	2015.04.15
575	中冶焦耐（大连）工程技术有限公司	一种钝化石灰生产用钝化剂添加装置	201520944668.1	实用新型	2016.05.11
576	中冶焦耐（大连）工程技术有限公司	一种 KR 脱硫剂用石灰粉制备装置	201420672853.5	实用新型	2015.04.15
577	中冶焦耐（大连）工程技术有限公司	一种轻烧氧化镁超细粉制备装置	201420675056.2	实用新型	2015.04.15
578	中冶焦耐（大连）工程技术有限公司	燃煤套筒竖窑喷吹清堵系统	201420701037.2	实用新型	2015.04.15
579	中冶焦耐（大连）工程技术有限公司	一种热风喷吹散料装置	201620625243.9	实用新型	2016.11.30
580	中冶焦耐（大连）工程技术有限公司	一种回转烘干机壁的空气喷射装置	201621190326.6	实用新型	2017.06.13
581	中冶焦耐（大连）工程技术有限公司	一种具有强化传热、干燥及焚烧效果的回转窑装置	201621180165.2	实用新型	2017.05.17
582	中冶焦耐（大连）工程技术有限公司	一种环锤破碎机的清堵装置	201621140096.2	实用新型	2017.06.13
583	中冶焦耐（大连）工程技术有限公司	一种防止斜溜槽下料偏料的装置	201620625286.7	实用新型	2016.11.30

续表

序号	单位	专利名称	专利号	专利类别	授权时间
584	中冶焦耐（大连）工程技术有限公司	一种通过压力差自动控制的双气幕调温装置	201620772997.7	实用新型	2017.01.11
585	中冶焦耐（大连）工程技术有限公司	一种炉渣风冷冷却器的冷却装置	201620774438.X	实用新型	2017.01.11
586	中冶焦耐（大连）工程技术有限公司	一种容积可调的排料装置滚筒结构	201620781564.8	实用新型	2017.03.22
587	中冶焦耐（大连）工程技术有限公司	一种石灰竖窑用双密封卸料装置	201520988312.8	实用新型	2016.05.11
588	中冶焦耐（大连）工程技术有限公司	多节嵌套筒式料位探测装置	201520988771.6	实用新型	2016.05.11
589	中冶焦耐（大连）工程技术有限公司	回字形燃料与助燃空气入窑输送装置	201520987672.6	实用新型	2016.05.11
590	中冶焦耐（大连）工程技术有限公司	多点均布投料装置	201520989208.0	实用新型	2016.05.11
591	中冶焦耐（大连）工程技术有限公司	一种移动设备进、出料口抑尘密封装置	201521002058.6	实用新型	2016.05.11
592	中冶焦耐（大连）工程技术有限公司	一种分段式压力可调刮料装置	201621261164.0	实用新型	2017.07.28
593	中冶焦耐（大连）工程技术有限公司	一种开启压力可调的烟囱泄爆放散阀	201621259924.4	实用新型	2017.06.13
594	中冶焦耐（大连）工程技术有限公司	压砖机供料仓专用上料装置	201720888290.7	实用新型	2018.02.27
595	中冶焦耐（大连）工程技术有限公司	一种电拖车用轨道定位纠正装置	201721003192.7	实用新型	2018.02.27
596	中冶焦耐（大连）工程技术有限公司	一种可自动调整落料角度的卸料装置	201721007469.3	实用新型	2018.02.27
597	中冶焦耐（大连）工程技术有限公司	一种多层炉空心轴结构及耙臂耙齿的拆卸工具	201720085475.4	实用新型	2017.09.19
598	中冶焦耐（大连）工程技术有限公司	一种耐火材料试验用无配重自动加荷装置	201721289986.4	实用新型	2018.06.22
599	中冶焦耐（大连）工程技术有限公司	一种防堵给料机组	201721003194.6	实用新型	2018.04.13
600	中冶焦耐（大连）工程技术有限公司	一种耐火材料试验用自动加荷装置	201721289988.3	实用新型	2018.05.29
601	中冶焦耐（大连）工程技术有限公司	一种耐火材料试验用下加荷装置	201721290139.X	实用新型	2018.05.29
602	中冶焦耐（大连）工程技术有限公司	一种悬浮窑入窑原料破碎散料结构	201721433945.8	实用新型	2018.06.22

续表

序号	单　　位	专利名称	专利号	专利类别	授权时间
603	中冶焦耐（大连）工程技术有限公司	一种耐火材料热态试验用上加荷装置	201721290433.0	实用新型	2018.05.29
604	中冶焦耐（大连）工程技术有限公司	一种带双向液压推车机的超薄电拖车	201721433915.7	实用新型	2018.06.22
605	中冶焦耐（大连）工程技术有限公司	一种回转窑窑体窜动自动调节装置	201721650447.9	实用新型	2018.08.17
606	中冶焦耐（大连）工程技术有限公司	一种耐火材料试验用试样加荷装置	201721290434.5	实用新型	2018.05.29
607	中冶焦耐（大连）工程技术有限公司	一种可精确调整的窑门自动卡封装置	201721651714.4	实用新型	2018.08.17
608	中冶焦耐（大连）工程技术有限公司	一种电熔镁返回料的处理装置	201721655800.2	实用新型	2018.08.17
609	中冶焦耐（大连）工程技术有限公司	一种耐火砖浸盐工艺用砖坯转运机	201721655841.1	实用新型	2018.08.17
610	中冶焦耐（大连）工程技术有限公司	一种耐火泥浆黏接时间测试仪器	201620863386.3	实用新型	2017.03.22
611	中冶焦耐（大连）工程技术有限公司	一种耐火泥浆黏接时间测试仪	201620864320.6	实用新型	2017.03.22
612	中冶焦耐（大连）工程技术有限公司	一种可换向振动给料装置	201620972897.9	实用新型	2017.03.22
613	中冶焦耐（大连）工程技术有限公司	一种具有防返料功能的推料装置	201621218033.4	实用新型	2017.09.19
614	中冶焦耐（大连）工程技术有限公司	一种移动车式自动开袋卸料入仓装置	201520939651.7	实用新型	2016.05.11
615	中冶焦耐（大连）工程技术有限公司	箱式烧嘴竖窑	201520984682.4	实用新型	2016.05.11
616	中冶焦耐（大连）工程技术有限公司	一种大型悬浮窑	201621140072.7	实用新型	2017.05.17
617	中冶焦耐（大连）工程技术有限公司	耐火材料窑车转运电拖车用斜块式推头推车机	201721785825.4	实用新型	2018.08.17
618	中冶焦耐（大连）工程技术有限公司	一种轻烧氧化镁多层燃烧炉用双层冷却组合耙齿型耙臂	201721809156.X	实用新型	2018.08.17
619	中冶焦耐（大连）工程技术有限公司	一种电加热竖窑	201721765502.9	实用新型	2018.08.17
620	中冶焦耐（大连）工程技术有限公司	一种电拖车用液压推车机	201721779546.7	实用新型	2018.08.17
621	中冶焦耐（大连）工程技术有限公司	隧道式镁质耐火砖浸盐热处理窑	201721784586.0	实用新型	2018.08.17

续表

序号	单　　位	专利名称	专利号	专利类别	授权时间
622	中冶焦耐（大连）工程技术有限公司	一种高纯镁砂竖窑喷淋冷却水枪	201721812563.6	实用新型	2018.08.17
623	中冶焦耐（大连）工程技术有限公司	一种手动调节的均衡布料装置	201520946228.X	实用新型	2016.05.11

耐火材料现行标准（国标、行标）目录

一、基础标准

1 GB/T 2992.1—2011 耐火砖形状尺寸 第1部分：通用砖

2 GB/T 2992.2—2014 耐火砖形状尺寸 第2部分：耐火砖砖形及砌体术语

3 GB/T 10325—2012 定形耐火制品验收抽样检验规则

4 GB/T 10326—2016 定形耐火制品尺寸、外观及断面的检查方法

5 GB 12434—2008 耐火材料企业防尘规程

6 GB/T 13794—2017 标准测温锥

7 GB/T 15545—1995（2004）不定形耐火材料包装、标志、运输、储存和质量证明书的一般规定

8 GB/T 16546—1996（2004）定形耐火制品包装、标志、运输、储存和质量证明书的一般规定

9 GB/T 16763—2012 定形隔热耐火制品分类

10 GB/T 17105—2008 铝硅系致密定形耐火制品分类

11 GB/T 17617—2018 耐火原料抽样检验规则

12 GB/T 17912—2014 回转窑用耐火砖形状尺寸

13 GB/T 18257—2000（2004）回转窑用耐火砖热面标记

14 GB/T 18930—2002（2004）耐火材料术语

15 GB/T 18931—2008 残碳量小于7%的碱性致密定形耐火制品分类

16 GB/T 20511—2006 耐火制品分型规则

17 GB/T 30757—2014 残碳量7%～50%的碱性致密定形耐火制品分类

18 GB/T 30870—2014 特种致密定形耐火制品分类

19 YB/T 060—2018 炼钢转炉用耐火砖形状尺寸

20 YB/T 2217—2018 球顶耐火砖形状尺寸

21 YB/T 4014—1991（2012）玻璃窑用致密定形耐火制品分类

22 YB/T 4016—1991（2012）玻璃窑用耐火制品抽样和验收方法

23 YB/T 4017—1991（2012）玻璃窑用耐火制品形状尺寸 硅砖

24 YB/T 4198—2009（2017）钢包用耐火砖形状尺寸

25 YB/T 4317—2012 连铸保护渣分类

26 YB/T 4318—2012 连铸保护渣包装、标志、运输和储存

27 YB/T 5012—2009（2017）高炉及热风炉用砖形状尺寸

28 YB/T 5018—1993（2012）炼钢电炉顶用砖形状尺寸

29 YB/T 5110—1993（2012）浇注用耐火砖形状尺寸

30 YB/T 5113—1993（2009）盛钢桶内铸钢用耐火砖形状尺寸

31 JC/T 2127—2012 建材工业用不定形耐火材料施工及验收规范

32 JC/T 2196—2013 水泥回转窑用耐火材料使用规程

二、原料标准

33 GB 201—2015 铝酸盐水泥

34 GB/T 2273—2007 烧结镁砂

35 GB/T 2478—2008 普通磨料 棕刚玉

36 GB/T 2479—2008 普通磨料 白刚玉

37 GB/T 2480—2008 普通磨料 碳化硅

38 GB/T 2881—2014 工业硅

39 GB/T 3518—2008 鳞片石墨

40 GB/T 21236—2007 电炉回收二氧化硅微粉

41 GB/T 26563—2011 电熔氧化锆

42 GB/T 26564—2011 镁铝尖晶石

43 GB/T 32832—2016 矾土基耐火均质料

44 YB/T 101—2005 电炉炉底用MgO-CaO

$-Fe_2O_3$ 系合成料

45 YB/T 102—2007 耐火材料用电熔刚玉

46 YB/T 132—2007 电熔镁铬砂

47 YB/T 834—1987 锆英石精矿

48 YB/T 4032—2010（2017）蓝晶石 硅线石 红柱石

49 YB/T 4066—1991 铬精矿

50 YB/T 4131—2014（2017）耐火材料用酚醛树脂

51 YB/T 4216—2010（2017）烧结刚玉

52 YB/T 4449—2014（2017）耐火材料用烧结镁橄榄石

53 YB/T 5057—1993（2017）铝土矿石技术条件

54 YB/T 5179—2005 高铝矾土熟料

55 YB/T 5207—2005（2017）硬质粘土熟料

56 YB/T 5265—2007 耐火材料用铬矿石

57 YB/T 5266—2004 电熔镁砂

58 YB/T 5267—2013（2017）莫来石

59 YB/T 5268—2014（2017）硅石

60 YB/T 5278—2007 白云石

61 YS/T 89—2011（2017）煅烧 α 型氧化铝

62 JB/T 7986—2017 普通磨料 铬刚玉

三、致密定形耐火制品

1. 硅质耐火制品

63 GB/T 2608—2012 硅砖

64 YB/T 4548—2016 蜡石砖

65 YB/T 4076—1991（2017）连铸用熔融石英质耐火制品

66 YB/T 4578—2016 熔融石英砖

67 JC/T 616—2003（2009）玻璃窑用优质硅砖

2. 黏土质耐火制品

68 GB/T 34188—2017 黏土质耐火砖

69 YB/T 4168—2007 焦炉用黏土砖及半硅砖

70 YB/T 5107—2004（2017）热风炉用黏土砖

71 JC/T 496—2007（2017）水泥窑用耐碱砖

72 JC/T 638—2013（2017）玻璃窑用低气孔率黏土砖

73 JB/T 3649.1—1994（2005）电阻炉用耐火制品 粘土质耐火制品

3. 高铝质耐火制品

74 GB/T 2988—2012 高铝砖

75 YB/T 4129—2005（2017）塑性相复合刚玉砖

76 YB/T 4134—2011（2017）微孔刚玉砖

77 YB/T 4381—2014（2017）刚玉—莫来石砖

78 YB/T 4439—2014（2017）加热炉用高铝质锚固砖

79 YB/T 4444—2014（2017）碳素焙烧炉用耐火砖

80 YB/T 4445—2014（2017）石灰窑用高纯莫来石砖

81 YB/T 4549—2016 堇青石—莫来石窑具

82 YB/T 4577—2016 抗渗透高铝砖

83 YBT 4637—2018 莫来石质流钢砖

84 YB/T 4639—2018 热风炉用红柱石砖

85 YB/T 4692—2018 低导热多层复合莫来石砖

86 JC/T 350—2013（2017）磷酸盐结合高铝质砖

87 JC/T 494—2013（2017）玻璃熔窑用熔铸氧化铝耐火制品

88 JC/T 1063—2007 水泥窑用抗剥落高铝砖

89 JB/T 3649.2—1994（2005）电阻炉用耐火制品 高铝质耐火制品

4. 碱性耐火制品

90 GB/T 2275—2017 镁砖和镁铝砖

91 GB/T 22589—2017 镁碳砖

92 YB/T 4116—2018 镁钙砖

93 YB/T 4446—2014（2017）石灰窑用镁铝尖晶石砖

94 YB/T 4499—2016 RH 精炼炉用无铬碱性砖

95 YB/T 4693—2018 活性石灰回转窑用不烧衬砖

96 YB/T 5011—2014（2017）镁铬砖

97 JC/T 497—2013（2017）建材工业窑炉用直接结合镁铬砖

98 JC/T 924—2003（2009）玻璃窑用镁

砖(MgO)≥95%

99 JC/T2231—2014(2017)水泥窑用镁铁铝尖晶石耐火砖

100 JC/T 2272—2014 水泥窑用白云石砖

101 JC/T 2466—2018 水泥窑用镁钙锆质碱性耐火砖

102 JC/T 2467—2018 水泥窑用铁铝尖晶石铸锆刚玉耐火制品

5. 特种耐火制品

103 GB/T 23293—2009 氮化物结合耐火制品及其配套耐火泥浆

104 GB/T 23294—2009 耐磨耐火材料

105 GB/T 30759—2014 高铬砖

106 YB/T 007—2003(2008)连铸用铝炭质耐火制品

107 YB/T 113—1997(2017)烧成微孔铝炭砖

108 YB/T 164—2009(2017)铁水预处理用 Al_2O_3-SiC-C 砖

109 YB/T 165—2018 铝镁碳砖和镁铝碳砖

110 YB/T 4075—2013(2017)锆质定径水口

111 YB/T 4111—2002(2008)铸口砖及座砖

112 YB/T 4118—2016 精炼钢包用透气转和座砖

113 YB/T 4128—2014(2017)热风炉陶瓷燃烧器用耐火砖

114 YB/T 4167—2007 烧成铝碳化硅砖

115 YB/T 4232—2010(2017)球式热风炉用耐火球

116 YB/T 4348—2013(2017)刚玉砖

117 YB/T 4350—2013(2017)铬刚玉砖

118 YB/T4436—2014 顶燃式热风炉烘烤技术规范

119 YB/T 4440—2014(2017)转炉和电炉用透气砖

120 YB/T 4447—2014(2017)干熄焦炉用耐火制品

121 YBT 4636—2018 高炉热风管系用耐火材料

122 YBT 4638—2018 顶燃式热风炉用耐火材料技术规范

123 YB/T 5049—2009 滑板砖

124 JC/T 493—2015(2017)玻璃熔窑用熔铸锆刚玉耐火制品

125 JC/T 495—2013(2017)玻璃熔窑用致密锆英石砖

126 JC/T 925—2003(2009)玻璃窑用烧结AZS砖

127 JC/T 926—2003(2009)浮法玻璃窑用锡槽底砖

128 JC/T 1064—2007(2017)水泥窑用硅莫砖

129 JC/T 2196—2013 水泥回转窑用耐火材料使用规程

130 JC/T 2197—2013(2017)水泥窑用硅莫红砖

131 JC/T 2330—2016 水泥窑用铝碳耐磨砖

132 JB/T 3649.6—1994(2005)电阻炉用耐火制品 抗渗碳质耐火制品

四、隔热耐火制品

133 GB/T 3003—2017 耐火纤维及制品

134 GB/T 3994—2013 粘土质隔热耐火砖

135 GB/T 3995—2014 高铝质隔热耐火砖

136 GB/T 3996—1983 硅藻土隔热制品

137 GB/T 10699—2015 硅酸钙绝热制品

138 GB/T 35845—2018 莫来石质隔热耐火砖

139 YB/T 386—1994(2011)硅质隔热耐火砖

140 JC/T 804—1987(96)水泥窑用陶粒轻质耐火混凝土砌块

141 JB/T 3649.3—1994(2005)电阻炉用耐火制品 粘土质隔热耐火制品

142 JB/T 3649.4—1994(2005)电阻炉用耐火制品 高铝质隔热耐火制品

143 JB/T 3649.5—1994(2005)电阻炉用耐火制品 氧化铝质隔热耐火制品

五、不定形耐火材料

1. 耐火泥浆

144 GB/T 2994—2008 高铝质耐火泥浆

145 GB/T 14982—2008 粘土质耐火泥浆

146 YB/T 114—2016 硅酸铝质隔热耐火泥浆

147 YB/T 134—2015 高温红外辐射环保型涂料

148 YB/T 150—2016 耐火缓冲泥浆

149 YB/T 384—2011 硅质耐火泥浆

150 YB/T 4121—2018 中间包用碱性涂料

151 YB/T 4351—2013 铝碳质泥浆

152 YB/T 4443—2014（2017）碳素焙烧炉用高温胶泥

153 YB/T 4501—2016 耐磨耐火涂抹料

154 YB/T 5009—2011（2017）镁质、镁铝质、镁铬质耐火泥浆

155 JC/T 2159—2012（2017）水泥窑系统用特种耐火胶泥

2. 耐火浇注料

156 GB/T 22590—2008 轧钢加热炉用耐火浇注料

157 YB/T 116—1997（2017）耐热钢纤维增强耐火浇注料炉辊

158 YB/T 4110—2009（2017）铝镁耐火浇注料

159 YB/T 4120—2018 中间包用挡渣堰

160 YB/T 4126—2012（2017）高炉出铁沟浇注料

161 YB/T 4193—2009（2017）抗结皮耐火浇注料

162 YB/T 4194—2018 高炉内衬维修用喷涂料

163 YB/T 4195—2009 防爆裂快速烘烤耐火浇注料

164 YB/T 4197—2009 自流耐火浇注料

165 YB/T 4275—2012（2017）混铁炉用耐火浇注料

166 YB/T 4319—2012（2017）高炉基建用炭质捣打料

167 YB/T 4320—2012（2017）碳素焙烧炉用不定形耐火材料

168 YB/T 4352—2013 耐热混凝土

169 YB/T 4418—2014 出铁沟用再生浇注料和捣打料

170 YB/T 4437—2014（2017）高炉送风支管浇注料

171 YBT4438—2014 硅溶胶结合系列灌注料

172 YB/T 4500—2016 焦炉用大型表面复合预制件

173 YB/T 4576—2016 大型球团回转窑用浇注料及预制砖

174 YB/T 4671—2018 钢包喷注料

175 YB/T 4672—2018 铝硅系轻质喷涂料

176 YB/T 4690—2018 高炉基建用耐火喷涂料

177 YB/T 4691—2018 热风炉基建用耐火喷涂料

178 YB/T 5083—2014（2017）黏土质和高铝质致密耐火浇注料

179 JC/T 498—2013（2017）高强度耐火浇注料

180 JC/T 499—2013（2017）钢纤维增强耐火浇注料

181 JC/T 708—2013（2017）耐碱耐火浇注料

182 JC/T 807—2013（2017）轻质耐碱浇注料

183 JC/T 2160—2012（2017）水泥窑用高强莫来石耐火浇注料

184 JC/T 2382—2016 水泥窑余热发电用耐火捣打料

185 JC/T 2383—2016 水泥窑窑口、喷煤管用耐火浇注料

186 JC/T 2464—2018 水泥窑用干法耐火喷射料

187 JC/T 2465—2018 水泥窑用湿法耐火喷射料

3. 耐火可塑料

188 YB/T 4153—2006（2012）高炉用非水系压入料

189 YB/T 4196—2018 高炉用无水炮泥

190 YB/T 4349—2013 高炉用碳化硅-碳质捣打料

191 YB/T 4502—2016 转炉热态修补料

192 YBT 4640—2018 中间包、感应炉用耐火干式料

193 YB/T 5115—2014（2017）粘土质和高铝质耐火可塑料

六、物理试验方法

194 GB/T 2997—2015 致密定形耐火制品体积密度、显气孔率和真气孔率试验方法

195 GB/T 2998—2015 定形隔热耐火制品体积密度和真气孔率试验方法

196　GB/T 2999—2016　耐火材料　颗粒体积密度试验方法

197　GB/T 3000—2016　致密定形耐火制品透气度试验方法

198　GB/T 3001—2017　耐火材料　常温抗折强度试验方法

199　GB/T 3002—2017　耐火材料　高温抗折强度试验方法

200　GB/T 3007—2017　耐火材料　含水量试验方法

201　GB/T 4513.1—2015　不定形耐火材料　第1部分：介绍和分类

202　GB/T 4513.2—2017　不定形耐火材料　第2部分：取样

203　GB/T 4513.3—2017　不定形耐火材料　第3部分：基本特性

204　GB/T 4513.4—2017　不定形耐火材料　第4部分：浇注料流动性的测定

205　GB/T 4513.5—2017　不定形耐火材料　第5部分：试样制备和预处理

206　GB/T 4513.6—2017　不定形耐火材料　第6部分：物理性能的测定

207　GB/T 4513.7—2017　不定形耐火材料　第7部分：预制件的测试

208　GB/T 4513.8—2017　不定形耐火材料　第8部分：特殊性能的测定

209　GB/T 5071—2013　耐火材料　真密度试验方法

210　GB/T 5072—2008　耐火材料　常温耐压强度试验方法

211　GB/T 5073—2005　耐火材料　压蠕变试验方法

212　GB/T 5988—2007　耐火材料　加热永久线变化试验方法

213　GB/T 5989—2008　耐火材料　荷重软化温度试验方法　示差升温法

214　GB/T 5990—2006　耐火材料　导热系数试验方法（热线法）

215　GB/T 7320—2018　耐火材料　热膨胀试验方法

216　GB/T 7321—2017　定形耐火制品试样制备方法

217　GB/T 7322—2017　耐火材料　耐火度试验方法

218　GB/T 8931—2007　耐火材料　抗渣性试验方法

219　GB/T 14983—2008　耐火材料　抗碱性试验方法

220　GB/T 17601—2008　耐火材料　耐硫酸侵蚀试验方法

221　GB/T 17732—2008　致密定形含碳耐火制品试验方法

222　GB/T 17911—2018　耐火材料　陶瓷纤维制品试验方法

223　GB/T 18301—2012　耐火材料　常温耐磨性试验方法

224　GB/T 22459.1—2008　耐火泥浆　第1部分：稠度试验方法（锥入度法）

225　GB/T 22459.2—2008　耐火泥浆　第2部分：稠度试验方法（跳桌法）

226　GB/T 22459.3—2008　耐火泥浆　第3部分：粘接时间试验方法

227　GB/T 22459.4—2008　耐火泥浆　第4部分：常温抗折粘接强度试验方法

228　GB/T 22459.5—2008　耐火泥浆　第5部分：粒度分布（筛分析）试验方法

229　GB/T 22459.6—2008　耐火泥浆　第6部分：预搅拌泥浆含水量试验方法

230　GB/T 22459.7—2008　耐火泥浆　第7部分：高温性能试验方法

231　GB/T 22588—2008　闪光法测量热扩散系数或导热系数

232　GB/T 24201—2009　高炉炭块抗铁水熔蚀性试验方法

233　GB/T 29650—2013　耐火材料　抗一氧化碳试验方法

234　GB/T 30758—2014　耐火材料　动态杨氏模量试验方法（脉冲激振法）

235　GB/T 30873—2014　耐火材料　抗热震性试验方法

236　GB/T 32283—2015　窑炉上部用耐火材料抗气体腐蚀性试验方法

237　GB/T 32833—2016　隔热耐火砖抗剥落性试验方法

238　GB/T 34186—2017　耐火材料　高温动态杨氏模量试验方法（脉冲激振法）

239　GB/T 34217—2017　耐火材料　高温抗扭强度试验方法

240　GB/T 34218—2017　耐火材料　高温耐压强度试验方法

241 GB/T 34219—2017 耐火材料 常温抗拉强度试验方法

242 GB/T 34220—2017 耐火材料 高温抗拉强度试验方法

243 GB/T 36133—2018 耐火材料 导热系数试验方法（铂电阻温度计法）

244 GB/T 36134—2018 不定形耐火材料 抗爆裂性试验方法

245 YB/T 118—1997（2008）耐火材料气孔孔径分布试验方法

246 YB/T 172—2000（2017）硅砖定量相分析 X射线衍射法

247 YB/T 173—2000（2017）含炭耐火制品常温比电阻试验方法

248 YB/T 185—2017 连铸保护渣黏度试验方法

249 YB/T 186—2014（2017）连铸保护渣熔化温度试验方法

250 YB/T 187—2017 连铸保护渣堆积密度试验方法

251 YB/T 188—2017 连铸保护渣粒度分布试验方法

252 YB/T 189—2014（2017）连铸保护渣水分（110℃）测定试验方法

253 YB/T 376.3—2004（2010）耐火制品抗热震性试验方法 第3部分：水急冷—裂纹判定法

254 YB/T 2203—1998 耐火浇注料荷重软化温度试验方法（非示差-升温法）

255 YB/T 2208—1998（2017）耐火浇注料高温耐压强度试验方法

256 YB/T 2429—2009 耐火材料用结合黏土可塑性检验方法

257 YB/T 4018—1991（2008）耐火制品抗热震性试验方法

258 YB/T 4115—2003（2017）功能耐火材料通气量试验方法

259 YB/T 4117—2003（2017）致密耐火浇注料抗爆裂性试验方法

260 YB/T 4130—2005（2017）耐火材料导热系数试验方法（水流量平板法）

261 YB/T 4161—2007（2017）耐火材料抗熔融冰晶石电解液侵蚀试验方法

262 YB/T 5116—1993（2017）黏土质和高铝质耐火可塑料试样制备方法

263 YB/T 5119—1993（2017）黏土质和高铝质耐火可塑料可塑性指数试验方法

264 YB/T 5180—2005 硬质黏土和高铝矾土熟料杂质检验方法

265 YB/T 5200—1993（2017）致密耐火浇注料 显气孔率和体积密度试验方法

266 YB/T 5204—1993（2017）致密耐火浇注料 筛分析试验方法

267 JC/T 639—2013（2017）玻璃熔窑用耐火材料气泡析出率试验方法

268 JC/T 805—2013（2017）玻璃熔窑用耐火材料中玻璃相渗出温度试验方法

269 JC/T 806—2013（2017）玻璃熔窑用耐火材料静态下抗玻璃液侵蚀试验方法

270 JC/T 808—2013（2017）硅铝质耐火浇注料耐碱性试验方法

271 JC/T 2123—2012（2017）耐火浇注料标准脱模时间试验方法

272 JC/T 2463—2018 水泥窑用耐火材料挂窑皮性静态试验方法

273 JB/T 3648.1—1994 电炉用耐火制品试验方法 定形隔热耐火制品的热震稳定性

七、化学分析方法

274 GB/T 3043—2000（2004）棕刚玉 化学分析方法

275 GB/T 3044—2007 白刚玉、铬刚玉化学分析方法

276 GB/T 3045—2017 普通磨料 碳化硅化学分析方法

277 GB/T 3521—2008 石墨化学分析方法

278 GB/T 4984—2007 含锆耐火材料化学分析方法

279 GB/T 5069—2015 镁铝系耐火材料化学分析方法

280 GB/T 5070—2015 含铬耐火材料化学分析方法

281 GB/T 6609.2—2009 氧化铝化学分析方法和物理性能测定方法 第2部分：300℃和1000℃质量损失的测定

282 GB/T 6609.3—2004 氧化铝化学分析方法和物理性能测定方法 钼蓝光度法测定二氧化硅含量

283 GB/T 6609.4—2004 氧化铝化学分析方法和物理性能测定方法 邻二氮杂菲光度法测定三氧化二铁含量

284　GB/T 6609.5—2004　氧化铝化学分析方法和物理性能测定方法　氧化钠含量的测定

285　GB/T 6609.6—2018　氧化铝化学分析方法和物理性能测定方法　第6部分：氧化钾含量的测定

286　GB/T 6609.7—2004　氧化铝化学分析方法和物理性能测定方法　二安替吡啉甲烷光度测定法二氧化钛含量

287　GB/T 6609.8—2004　氧化铝化学分析方法和物理性能测定方法　二苯基碳酰二肼光度法测定三氧化二铬含量

288　GB/T 6609.9—2004　氧化铝化学分析方法和物理性能测定方法　新亚铜灵光度法测定氧化铜含量

289　GB/T 6609.10—2004　氧化铝化学分析方法和物理性能测定方法　苯甲酰苯基羟胺萃取光度法测定五氧化二钒含量

290　GB/T 6609.11—2004　氧化铝化学分析方法和物理性能测定方法　火焰原子吸收光谱法测定一氧化锰含量

291　GB/T 6609.12—2018　氧化铝化学分析方法和物理性能测定方法　第12部分：氧化锌含量的测定　火焰原子吸收光谱法

292　GB/T 6609.13—2004　氧化铝化学分析方法和物理性能测定方法　火焰原子吸收光谱法测定氧化钙含量

293　GB/T 6609.14—2004　氧化铝化学分析方法和物理性能测定方法　镧—茜素络合酮分光光度法测定氟含量

294　GB/T 6609.15—2004　氧化铝化学分析方法和物理性能测定方法　硫氰酸铁光度法测定氯含量

295　GB/T 6609.16—2004　氧化铝化学分析方法和物理性能测定方法　姜黄素分光光度法测定三氧化二硼含量

296　GB/T 6609.17—2004　氧化铝化学分析方法和物理性能测定方法　钼蓝分光光度法测定五氧化二磷含量

297　GB/T 6609.18—2004　氧化铝化学分析方法和物理性能测定方法　N, N-二甲基对苯二胺分光光度法测定硫酸银含量

298　GB/T 6609.19—2018　氧化铝化学分析方法和物理性能测定方法　第19部分：氧化锂含量的测定 火焰原子吸收光谱法

299　GB/T 6609.20—2004　氧化铝化学分析方法和物理性能测定方法　火焰原子吸收光谱法测定氧化镁含量

300　GB/T 6609.21—2004　氧化铝化学分析方法和物理性能测定方法　丁基罗丹明B分光光度法测定三氧化二镓含量

301　GB/T 6609.22—2004　氧化铝化学分析方法和物理性能测定方法　取样

302　GB/T 6609.23—2004　氧化铝化学分析方法和物理性能测定方法　试样的制备和贮存

303　GB/T 6609.24—2004　氧化铝化学分析方法和物理性能测定方法　安息角的测定

304　GB/T 6609.25—2004　氧化铝化学分析方法和物理性能测定方法　松装密度的测定

305　GB/T 6609.26—2004　氧化铝化学分析方法和物理性能测定方法　有效密度的测定　比重瓶法

306　GB/T 6609.27—2098　氧化铝化学分析方法和物理性能测定方法　第27部分：粒度分析　筛分法

307　GB/T 6609.28—2004　氧化铝化学分析方法和物理性能测定方法　小于60μm的细粉末粒度分布的测定湿筛法

308　GB/T 6609.29—2004　氧化铝化学分析方法和物理性能测定方法　吸附指数的测定

309　GB/T 6609.30—2009　氧化铝化学分析方法和物理性能测定方法　第30部分：X射线荧光光谱法测定微量元素含量

310　GB/T 6609.31—2004　氧化铝化学分析方法和物理性能测定方法　第31部分：流动角的测定

311　GB/T 6609.32—2009　氧化铝化学分析方法和物理性能测定方法　第32部分：α-三氧化二铝含量的测定　X-射线衍射法

312　GB/T 6609.33—2004　氧化铝化学分析方法和物理性能测定方法　第33部分：磨损指数的测定

313　GB/T 6609.34—2009　氧化铝化学分析方法和物理性能测定方法　第34部分：三氧化二铝含量的计算方法

314　GB/T 6609.35—2009　氧化铝化学分析方法和物理性能测定方法　第35部分：比表面积的测定氮吸附法

315　GB/T 6609.36—2009　氧化铝化学分析方法和物理性能测定方法　第36部分：流动时间的测定

316 GB/T 6609.37—2004 氧化铝化学分析方法和物理性能测定方法 第37部分：粒度小于20μm颗粒含量的测定

317 GB/T 6900—2016 铝硅系耐火材料化学分析方法

318 GB/T 6901—2017 硅质耐火材料化学分析方法

319 GB/T 14849.1—2007 工业硅化学分析方法 第1部分：铁含量的测定 1，10-二氮杂菲分光光度法

320 GB/T 14849.2—2007 工业硅化学分析方法 第2部分：铝含量的测定 铬天青-S分光光度法

321 GB/T 14849.3—2007 工业硅化学分析方法 第3部分：钙含量的测定

322 GB/T 14849.4—2014 工业硅化学分析方法 第4部分：杂质元素含量的测定 电感耦合等离子体原子发射光谱法

323 GB/T 16555—2017 含碳、碳化硅、氮化物耐火材料化学分析方法

324 GB/T 21114—2007 耐火材料 X射线荧光光谱化学分析—熔铸玻璃片法

325 GB/T 24193—2009 铬矿石和铬精矿 铝、铁、镁和硅含量的测定 电感耦合等离子体原子发射光谱法

326 GB/T 24220—2009 铬矿石 分析样品中湿存水的测定 重量法

327 GB/T 24221—2009 铬矿石 钙和镁含量的测定 EDTA滴定法

328 GB/T 24222—2009 铬矿石 交货批水分的测定

329 GB/T 24223—2009 铬矿石 磷含量的测定 还原磷钼酸盐分光光度法

330 GB/T 24224—2009 铬矿石 硫含量的测定 燃烧—中和滴定法、燃烧—碘酸钾滴定法和燃烧—红外线吸收法

331 GB/T 24225—2009 铬矿石 全铁含量的测定 还原滴定法

332 GB/T 24226—2009 铬矿石和铬精矿 钙含量的测定 火焰原子吸收光谱法

333 GB/T 24227—2009 铬矿石和铬精矿 硅含量的测定 分光光度法和重量法

334 GB/T 24228—2009 铬矿石和铬精矿 化学分析方法 通则

335 GB/T 24229—2009 铬矿石和铬精矿 铝含量的测定 络合滴定法

336 GB/T 24230—2009 铬矿石和铬精矿 铬含量的测定 滴定法

337 GB/T 24231—2009 铬矿石 镁、铝、硅、钙、钛、钒、铬、锰、铁和镍含量的测定 波长色散X射线荧光光谱法

338 GB/T 32177—2015 耐火材料中 B_2O_3 的测定

339 GB/T 32178—2015 分光法测定含铬耐火材料中六价铬分析方法

340 GB/T 32179—2015 耐火材料化学分析 湿法、原子吸收光谱法（AAS）和电感耦合等离子体原子发射光谱法（ICP-AES）的一般要求

341 GB/T 34175—2017 耐火材料中硫含量的测定

342 GB/T 34176—2017 邻二氮杂菲分光光度法测定耐火材料中的二价和三价铁离子化学分析方法

343 GB/T 34332—2017 菱镁矿和白云石质耐火制品化学分析方法

344 GB/T 34333—2017 耐火材料 电感耦合等离子体原子发射光谱（ICP-AES）分析方法

345 YB/T 190.1—2015（2017）连铸保护渣 二氧化硅含量的测定 高氯酸脱水重量法

346 YB/T 190.2—2015（2017）连铸保护渣 氧化铝含量的测定 EDTA滴定法

347 YB/T 190.3—2015（2017）连铸保护渣 总钙含量的测定 EGTA滴定法

348 YB/T 190.4—2015（2017）连铸保护渣 氧化镁含量的测定 CyDTA滴定法

349 YB/T 190.5—2016（2017）连铸保护渣 氧化钾、氧化钠含量的测定 火焰原子吸收光谱法

350 YB/T 190.6—2014（2017）连铸保护渣 游离碳含量的测定 燃烧气体滴定法和红外线吸收法

351 YB/T 190.7—2014（2017）连铸保护渣 总碳含量的测定 燃烧气体滴定法和红外线吸收法

352 YB/T 190.8—2014（2017）连铸保护渣 铁含量的测定 邻二氮杂菲分光光度法和火焰原子吸收光谱法

353 YB/T 190.9—2015（2017）连铸保护渣 氧化锂含量的测定 火焰原子吸收光谱法

354　YB/T 190.10—2014（2017）连铸保护渣　氟含量的测定　离子选择电极法

355　YB/T 190.11—2014（2017）连铸保护渣　氧化锰含量的测定　高碘酸钠（钾）分光光度法和火焰原子吸收光谱法

356　YB/T 190.12—2014（2017）连铸保护渣　三氧化二硼含量的测定　电感耦合等离子体原子发射光谱法

357　YB/T 190.13—2014（2017）连铸保护渣　二氧化硅、三氧化二铝、氧化钙、氧化镁、全铁含量的测定　波长色散 X 射线荧光光谱法

358　YB/T 4019—2006　轻烧氧化镁化学活性测定方法

359　JB/T 7995—2012　黑刚玉　化学分析方法

耐火材料行业团体标准目录

序号	标准编号	标准名称	实施日期
1	T/ACRI0001—2017	熔铸 α-β 氧化铝流道砖和流槽砖	2017-09-01
2	T/ACRI0002—2017	镁钙碳砖	2017-09-01
3	T/ACRI0003—2017	RH 精炼炉用方镁石—镁铝尖晶石砖	2017-09-01
4	T/ACRI0004—2017	玻璃熔窑用熔铸高锆砖	2017-09-01
5	T/ACRI0005—2017	熔铸锆刚玉莫来石砖	2017-09-01
6	T/ACRI0006—2018	耐火材料工业大气污染物排放标准	2018-04-20
7	T/ACRI0007—2018	铝电解抬包用不粘铝高铝砖	2018-04-20
8	T/ACRI0008—2018	铝电解槽边框防渗浇注料	2018-04-20
9	T/ACRI0009—2018	钢包用镁碳砖	2018-04-20
10	T/ACRI0010—2018	炼钢转炉用镁碳砖	2018-04-20
11	T/ACRI0011—2018	超高功率电弧炉用镁碳砖	2018-04-20
12	T/ACRI0012—2018	合金渣电熔刚玉	2019-03-01
13	T/ACRI0013—2018	铬渣电熔铬刚玉	2019-03-01
14	T/ACRI0014—2018	干式捣打料试样制备用石英质匣钵	2019-03-01
15	T/ACRI0015—2018	水泥窑用复合结构硅莫砖	2019-03-01
16	T/ACRI0016—2018	水泥窑用镁铁尖晶石砖	2019-03-01
17	T/ACRI0017—2018	转炉挡渣滑板砖	2019-03-01
18	T/ACRI0018—2018	钙处理钢用滑板砖	2019-03-01

耐火材料行业企业信用等级评价A级以上企业目录

2011年耐火材料行业获A级以上信用等级单位名单

序号	企业名称	评价等级
1	山东耐火材料有限公司	AAA
2	中钢集团耐火材料有限公司	AAA
3	江苏苏嘉集团有限公司	AAA
4	浙江湖州父子岭耐火集团有限公司	AAA
5	山东圣泉化工股份有限公司	AAA
6	浙江金磊高温材料股份有限公司	AAA
7	大石桥市金龙耐火材料有限公司	AAA
8	浙江红鹰集团股份有限公司	AAA
9	浙江自立股份有限公司	AAA
10	大石桥市荣源镁矿有限公司	AAA
11	唐山市国亮特殊耐火材料有限公司	AAA
12	北京利尔高温材料股份有限公司	AAA
13	郑州安耐克实业有限公司	AAA
14	无锡市南方耐材有限公司	AAA
15	唐山时创耐火材料有限公司	AAA
16	山东大桥耐火材料厂	AAA
17	海城市后英经贸集团有限公司	AAA
18	通达耐火技术股份有限公司	AAA
19	中钢集团洛阳耐火材料研究院有限公司	AAA
20	宜兴市诺明高温耐火材料有限公司	AAA
21	郑州振东耐磨材料有限公司	AAA
22	山东鲁铭高温材料科技有限公司	AAA
23	济南镁碳砖厂有限公司	AAA
24	辽宁丰华实业有限公司	AAA
25	山西盂县西小坪耐火材料有限公司	AAA
26	营口青花耐火材料股份有限公司	AAA
27	武汉钢铁集团耐火材料有限责任公司	AAA
28	卫辉熔金耐火材料有限责任公司	AAA
29	河南省耕生耐火材料有限公司	AAA
30	河南春胜耐材有限公司	AAA

续表

序号	企 业 名 称	评价等级
31	郑州东方企业集团有限公司	AAA
32	郑州市才华耐火材料有限公司	AA
33	武汉武钢北湖冶金材料有限公司	AA
34	海城市西洋镁矿有限公司	AA
35	北京首钢耐材炉料有限公司	AA
36	中铝集团晋铝耐材有限公司	AA
37	无锡市宝宜耐火材料有限公司	AA
38	山西圣火炉料有限公司	AA
39	山东万乔集团有限公司	AA
40	鞍钢附企机电安装工程公司	A
41	淄博泰贝利尔铝镁有限公司	A
42	孝义市豫隆铝业有限公司	A

2012 年耐火材料行业获 A 级以上信用等级单位名单

序号	企 业 名 称	评价等级
1	辽宁群益集团耐火材料有限公司	AAA
2	瑞泰科技股份有限公司	AAA
3	河北瀛都复合材料有限公司	AAA
4	山西高科耐火材料股份有限公司	AAA
5	青岛正望钢水控制股份有限公司	AAA
6	淄博市鲁中耐火材料有限公司	AAA
7	淄博八陡耐火材料有限公司	AAA
8	江苏晶鑫高温材料有限公司	AAA
9	江苏嘉耐高温材料有限公司	AAA
10	江苏恒耐炉料集团有限公司	AAA
11	浙江锦诚耐火材料有限公司	AAA
12	浙江立鑫高温耐火材料有限公司	AA
13	濮阳濮耐高温材料（集团）股份有限公司	AAA
14	开封特耐股份有限公司	AAA
15	河南省伯马股份有限公司	AAA
16	郑州华威耐火材料股份有限公司	AAA
17	郑州振中电熔锆业有限公司	AAA
18	湖南湘钢宜兴耐火材料有限公司	AAA
19	开封和成特种耐火材料有限公司	AA
20	新疆宝安新能源矿业有限公司	AAA

2016年耐火材料行业获A级以上信用等级单位名单

序号	企 业 名 称	评价等级
1	江苏晶鑫新材料股份有限公司	AAA
2	河南熔金高温材料股份有限公司	AAA
3	浙江自立股份有限公司	AAA
4	山西高科耐火材料股份有限公司	AAA
5	河南特耐工程材料股份有限公司	AAA
6	青岛正望钢水控制股份有限公司	AAA
7	辽宁中镁控股股份有限公司	AAA
8	山东耐材集团鲁耐窑业有限公司	AAA
9	濮阳濮耐高温材料（集团）股份有限公司	AAA
10	通达耐火技术股份有限公司	AAA
11	浙江锦诚耐火材料有限公司	AAA
12	辽宁丰华实业有限公司	AAA
13	北京利尔高温材料股份有限公司	AAA
14	大石桥市金龙耐火材料有限公司	AAA
15	郑州振东科技有限公司	AAA
16	中钢集团耐火材料有限公司	AAA
17	辽宁青花耐火材料股份有限公司	AAA
18	唐山时创高温材料股份有限公司	AAA
19	中国有色集团晋铝耐材有限公司	AAA
20	河南和成无机新材料股份有限公司	AAA
21	营口永吉麦格新型耐材有限公司	AAA
22	淄博八陡耐火材料有限公司	AAA
23	山西盂县西小坪耐火材料有限公司	AAA
24	济南镁碳砖厂有限公司	AAA
25	浙江湖州父子岭耐火集团有限公司	AAA
26	辽宁欣立耐火材料科技集团有限公司	AAA
27	山西禄纬堡太钢耐火材料有限公司	AAA
28	武汉钢铁集团耐火材料有限责任公司	AAA
29	山东耐火材料集团有限公司	AAA

2017 年耐火材料行业获 A 级以上信用等级单位名单

序号	企业名称	初评等级
1	北京首钢耐材炉料有限公司	AAA
2	浙江红鹰集团股份有限公司	AAA
3	山西昊业新材料开发有限公司	AAA
4	湖南湘钢瑞泰科技有限公司	AAA
5	唐山市国亮特殊耐火材料有限公司	AAA

企业风采

CHENMING GROUP

海城海鸣矿业有限责任公司

海城海鸣矿业有限责任公司由山东晨鸣纸业集团和辽宁北海实业集团于2012年11月6日共同出资成立，是集菱镁矿开采和深加工于一体的大型综合性项目，公司注册资本2.4亿元人民币，项目一期投资20亿元人民币，是辽宁省政府督办的重点项目之一。

海鸣矿业一期工程引进德国蒂森克虏伯设计及供货的多层炉、压球机、高温竖窑等高端设备，除尘系统采用高效耐高温布袋收尘器，燃料采用清洁能源天然气。一期工程实现了年开采菱镁矿100万吨、年生产高纯镁砂10万吨；实现年利税6亿元人民币，提供劳动就业岗位500余个。目前我公司已全面通过ISO9001:2015质量管理体系认证，同时获得了“辽宁省高新技术企业”等荣誉称号。

海鸣矿业二期项目包括：1、年产10万吨高纯镁砂项目；2、年产20万吨电熔镁（包括：大结晶、普通电熔镁、二钙电熔镁及镁铝尖晶石）项目；3、年产60万吨选矿厂项目；其中，高纯镁砂和电熔镁项目由中冶焦耐（大连）工程技术有限公司进行整体设计，选矿厂项目由北京矿冶研究总院进行整体设计。

同时，晨鸣集团高瞻远瞩，根据当地资源优势继续开发新项目，加大投资力度，在海城地区计划投资55亿元建设玉米深加工发酵和热电联产项目，届时在海城投资额将达到100亿元，实现年利税30亿元，提供劳动就业岗位3500个，并带动农业/食品/物流/化工/包装材料等行业的发展，对促进海城地区的经济腾飞起到重要的作用。海鸣矿业将以高科技、高效益、高环保标准作为企业的发展目标，积极响应国家振兴东北的号召，为辽宁省的经济发展做出巨大贡献。

地　址：辽宁省海城市牌楼镇金堡村　　邮编：114207
联系人：刘永坤　　电话：18266606399
网　址：www.hchmky.com　　邮箱：125602449@qq.com

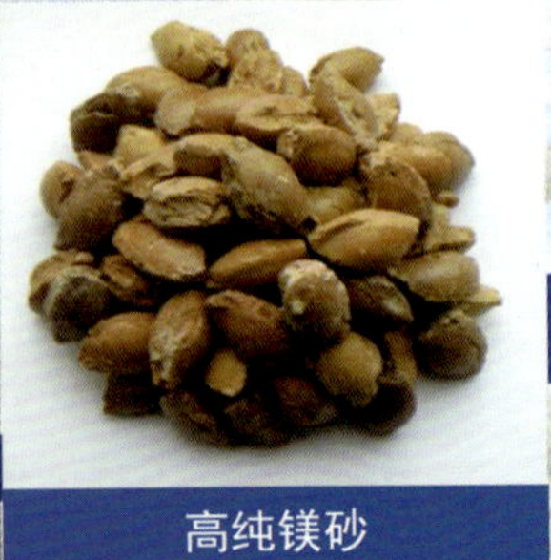

高纯镁砂

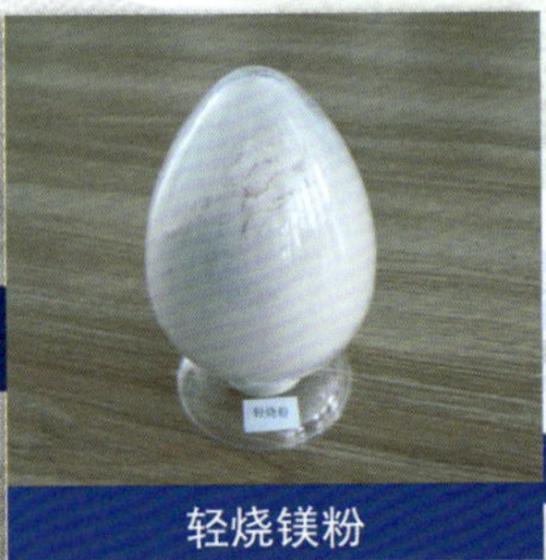

轻烧镁粉

茌平浩鑫实业有限公司

CHIPING HAOXIN INDUSTRIAL CO., LTD.

白刚玉化学性能指标

分析项 / 控制指标 / 产品种类	Al_2O_3 %	SiO_2 %	Fe_2O_3 %	Na_2O+K_2O %	灼减 %
白刚玉块（砂）	≥99.2	≤0.1	≤0.1	≤0.35	0.1
白刚玉细粉	≥99.0	≤0.15	≤0.15	≤0.40	0.1

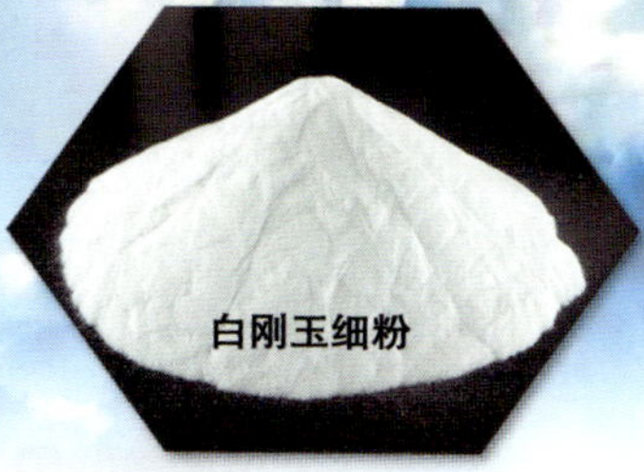

白刚玉物理性能指标

项 目	指 标
颜色	白色
体积密度	≥3.5g/cm^3
真密度	3.9g/cm^3
熔点	2250℃
最高使用温度	1900℃
显气孔率	≤8%

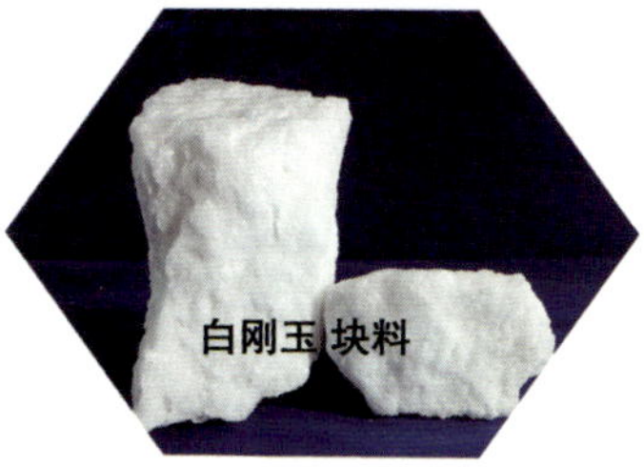

茌平浩鑫实业有限公司创建于2016年1月，是专业研发、生产、销售白刚玉的现代化新兴企业。公司占地200余亩，注册资金2000万元，工程总投资3.81亿元，为目前亚洲白刚玉行业中大型企业。

公司依托茌平特有的铝、电优势，建立生产和技术开发基地。采用当代先进水平的白刚玉生产技术及设备，聘请高级技术和管理人才，按照ISO9002《质量体系-生产和安装的质量保证模式》的要求，建立完善的质量管理体系。生产部现有五个生产车间、一个维修动力车间，采用国内先进的技术工艺生产加工。我们拥有倾倒炉13台，固定炉15台，每日生产量可达800吨，生产现场使用自动化加料，极大地减少了员工劳动强度，减少粉尘污染。使用先进的冷却水温控系统，安装声光报警装置，确保生产安全可靠。破碎工艺使用机械破碎，减少职工劳动强度，提高工作效率。

我们具有雄厚的专业科研队伍，出色的管理队伍，严密的产品质量检测检控手段，确保产品产量稳定，质量可靠。对生产过程进行24小时监控，出现问题立即解决，质检人员现场管理到位，为客户提供优质产品是我们永远不变的追求。

公司地理环境优越，紧邻山东316省道，毗邻济聊馆高速公路、京九铁路，交通运输十分便捷。

公司以人为本，为改善工作环境、防暑降温，在操作室内安装空调、冰箱，让员工在舒适的工作环境中工作。重视员工教育，积极对员工进行培训，让广大员工在工作中不断成长，为企业发展提供足够的人才资源。

公司本着**“感恩、尊重、诚信、共赢”**的宗旨，奉行**“质量求生存，信誉求发展”**的原则，向国内外客户提供最优质的产品和服务。以人才、信息、质量、效率竭力满足白刚玉行业日新月异的发展需要。

电话：0635-7128888　　传真：0635-7129815

网址：www.sdhxsy.com　　邮编：252117

地址：山东省聊城市茌平县韩屯镇东街010号

奥宇石墨集团

奥宇石墨集团在大家的支持下，历经30年的历练，从采矿、选矿、贸易、包装到近几年投资的球形石墨、高纯石墨、石墨烯负极材料、石墨纸、密封材料、低硫超薄石墨纸、超精细球形石墨、低硫膨胀石墨、核能石墨、循环经济的尾矿砂空心砖等，是一个完整的节能、环保、新材料、新能源不可缺少的产业链科技领军企业。企业分布在鸡西、鹤岗和内蒙古。

院士工作站和工程研发中心自主研发的58个专利产品，超薄石墨纸、超精细球形石墨、低硫导热膜、散热膜、核能石墨、石墨烯负极材料、尾矿砂环保砖等7个项目，得到了国家金奖、重点新产品奖、优秀产品奖、科技进步奖并列入火炬计划和“十三五”规划，低铁球形石墨、低硫可膨胀石墨、密封材料、石墨复合板等16项均东北三省领先，其中6个项目得到了国家重点扶持。

奥宇石墨集团正朝着高科技节能的新材料、环保的新能源战略新兴产业和万能的石墨烯方向发展，欢迎有识之士一起把这个在世界上十大产业不可缺少、占八大领先的战略资源、朝阳产业、四个诺贝尔奖的优秀民族品牌弘扬起来，整合资源，造福人类，共创辉煌！扬我国威！

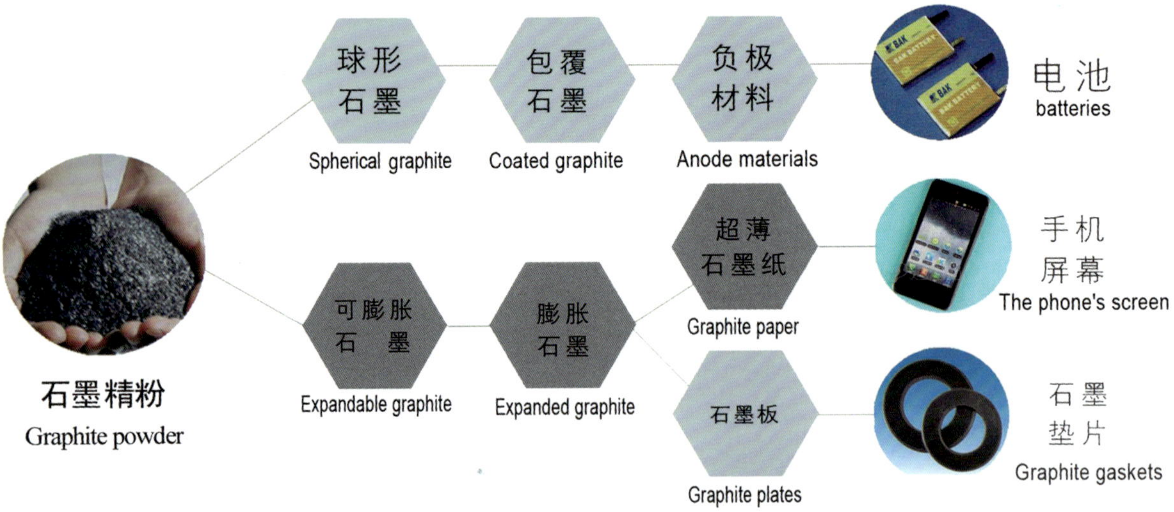

地址：黑龙江省鸡西市鸡冠区西山路78号
电话：+86-467-2355466
邮箱：aoyusm@163.com　网址：www.aoyugroup.cn

萝北奥星新材料有限公司

萝北奥星新材料有限公司成立于2011年8月17日，注册资本40166.7万元人民币，位于黑龙江省鹤岗市萝北县石墨产业园区内。项目总投资5亿元，年产鳞片石墨4万吨、球形石墨1万吨、锂电负极材料4千吨。公司现有员工160余名，其中具有大专以上管理、研发、技术人员45名，是我国石墨行业内仅此一家从石墨选矿到锂电负极材料完整产业链的石墨精深加工中外合资企业，也是国家重点高新技术企业。

在对外产品开发方面，公司早在2013年便与日本丰田合作，共同开发汽车动力电池用锂电负极材料。2014年引入新合作伙伴瑞士阿泰克科技股份有限公司（Adtech Advanced Technologies AG ）成立中外合资企业，外方股东在海内外尤其是欧盟区有着巨大市场销售资源，并掌握着先进的石墨生产设备制造技术，对萝北奥星公司今后发展有巨大帮助。2015年12月获得国家第二批专项建设基金支持，由中国农发重点建设基金有限公司投资5500万元入股萝北奥星。

高新技术企业

证书

企业名称：萝北奥星新材料有限公司　　证书编号：GR201523000141

发证时间：2015 年 10 月 13 日　　有 效 期：三年

批准机关：

石墨粉碎车间

石墨负极材料生产车间

中钢集团耐火材料有限公司

中钢集团耐火材料有限公司（简称中钢耐火公司）前身是洛阳耐火材料厂，始建于1958年，是新中国成立后我国为发展冶金工业自行设计、建设的重点大型耐火材料厂，是国家“一五”期间156个重点项目之一，是入选中国520家重点企业中仅此一家耐火材料企业。2006年8月加入中钢集团，经过60余年的发展，已成为集产品设计、研发、生产、炉窑设计、耐材配置、施工及系统集成服务于一体竞争实力雄厚的大型国有企业。公司年产能20余万吨，主要生产各种定形和不定形耐火材料，产品包括硅质系列、高铝质系列、碱性系列、碳化硅系列、高纯氧化物系列、定形及不定形耐火制品六大系列。产品广泛用于冶金、建材、有色、电力、机械、轻工、石化等行业，畅销全国各地并远销世界五大洲40多个国家和地区。

中钢耐火公司是河南省高新技术企业，拥有国家认可的耐火材料实验室及绿色节能新型耐火材料工程国家地方联合实验室，河南省工程技术研究中心和洛阳市工程技术研究中心。作为国内重点大型耐火材料综合性生产企业，一直是国家、行业耐材标准的主要起草者、制定者之一，承担了国家“六五”“七五”“八五”“九五”等多项耐材科技攻关项目，其中90多项新产品、新技术获国家及省部级科技进步奖和优秀新产品奖。近年来参与形成的国家或行业标准30余项，拥有发明专利和实用新型专利70余项、科技成果奖30余项，9种产品获得河南省名牌产品称号，为我国耐火材料事业及高温工业的发展做出了积极的贡献。公司生产的优质玻璃窑硅砖获得耐火材料质量最高奖——银质奖；大型焦炉用耐火材料关键技术研发及系列化产品应用研究获得2017年冶金科学技术奖一等奖。公司被评为耐火材料行业企业信用AAA级企业，2018年中国建材服务业100强企业，河南省高新技术企业，河南省十佳科技型具有影响力企业。公司具有完善的质量、环境和职业健康安全、能源管理体系，并获得了四个体系的认证证书。

中钢耐火公司以“团结、务实、高效、奋进”的企业精神，致力于为客户提供耐材问题的个性化、全方位解决方案，全面推进耐火材料的节能减排绿色环保工作。公司率先在宝钢推广使用了21世纪大型焦炉用节能环保复合材料和高导热硅砖，在钢铁和水泥行业替代对环境有污染的含铬耐火材料，且在宝钢湛江钢铁一期工程项目中被评为优秀供应商。2018年1月公司所有产品生产线全部入选工信部门《符合耐火材料行业规范条件生产线名单》，标志着中钢耐火公司在各级政府主管部门指导下，加快转型升级、加速创新驱动，瞄准国际标准提升管理，加快推动传统产业向现代化产业跨越有了良好开端。

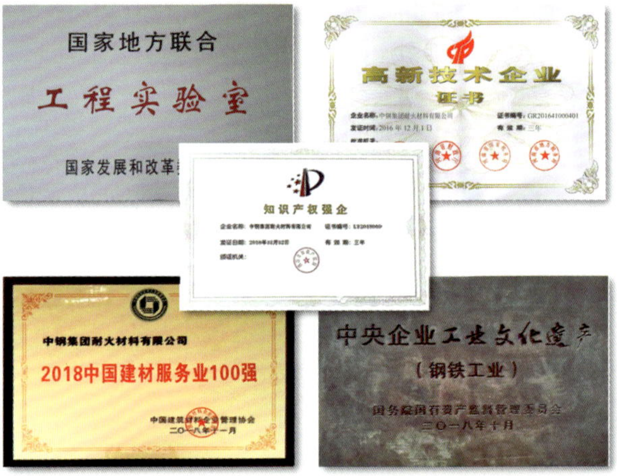

国家联建实验室

公司成型车间

公司烧成车间

公司成品库

地址：河南省洛阳市涧西区西苑路1号
邮编：471039
网址：www.lyrg.com.cn　邮箱：yingxiao@lyrg.com.cn
电话：0379-64208809　传真：0379-64210864

广西扶绥县盛唐矿物材料有限责任公司

GUANGXI SHENGTANG MINERAL MATERIALS CO., LTD.

广西扶绥县盛唐矿物材料有限责任公司（原广西壮族自治区扶绥县昌平建筑材料厂）于1992年建成投产，是集开采、加工、销售“维罗”牌广西维罗白泥（球黏土）于一体的股份制企业，是生产广西维罗白泥（球黏土）的基地。公司现具有年产“维罗”牌广西维罗白泥（球黏土）细粉10万吨、广西维罗白泥（球黏土）原矿20万吨的生产能力。此外，公司还生产方解石粉。

公司地处东盟出口通道（南宁—友谊关）高速公路旁。距首府南宁市60千米、钦州港150千米、防城港170千米、南宁吴圩国际机场40千米、湘桂铁路扶绥车站10千米。水路可直达广州、香港。

公司占地面积13万多平方米。公司拥有开采权的白泥（球黏土）矿山2座，储藏量150万吨；拥有开采权的方解石矿山3座，储藏量50万吨。公司拥有雄厚的人才力量及丰富的矿产资源，为公司今后发展奠定了良好基础。

广西维罗白泥（细粉球黏土）

广西维罗白泥（球黏土）

广西维罗白泥产品说明

广西维罗白泥是一种软质高岭土，也可以叫软质耐火黏土，1992年经我国黏土专家刘长龄甄别后确认维罗白泥就是球黏土，所以现在也有人叫维罗球黏土。维罗白泥（球黏土）主要化学成分为SiO_2（二氧化硅），$w(SiO_2)=45.3\%\sim51.6\%$；$Al_2O_3$（三氧化二铝），$w(Al_2O_3)=26\%\sim36.8\%$；$Fe_2O_3$（三氧化二铁），$w(Fe_2O_3)=0.65\%\sim2.2\%$；$w(K_2O+Na_2O)<1.5\%$。公司现在供应均为特级品：$w(Al_2O_3)\geqslant33\%$、$w(Fe_2O_3)<1.5\%$、耐火度高于1700℃、可塑性指数大于28。维罗白泥（球黏土）是我国目前所发现质量上乘的软质耐火黏土。具有特有的物理性能：可塑性好、流动性好、结合性好、质很纯。矿物成分主要为无序高岭石。矿物颗粒极细，是制造高质量耐火材料及陶瓷（尤其电瓷）器优先选择的黏土，还是塑胶体增强、增白、增塑、增润，防止沉淀聚结的填充剂及功能材料，在某种程度上优于一般高岭石填充剂。

维罗白泥（球黏土）目前在耐火行业主要用在：制作出铁口炮泥、黏土浇注料、喷补料、高级耐火结合黏土、炮泥添加剂等。

公司生产的维罗白泥（球黏土）所含铁质及其他杂质很低，生产产品主要应用在：高级耐火制品、电瓷、陶瓷、橡胶、填充剂、塑料填充剂等。也可根据用户特殊需要生产其他球黏土产品。

公司拥有自己开发的丰富的原料基地，加工产品颗粒微细，小于2μm的矿物含量占90%，为国内所特有超细料。不同土层不同晶形使得球黏土用途更广泛，使用效果更显著。

重质碳酸钙（方解石粉）

重质碳酸钙（方解石）

公司厂房设备

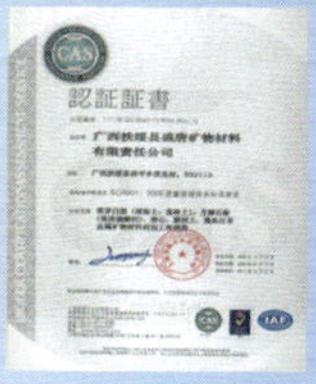

地 址：广西壮族自治区扶绥县昌平乡伏良村 ● **邮 编：**532113 ● **电 话：**0771-7500985 7500983 ● **传 真：**0771-7500985

吕梁弘泽铝质耐材有限公司

吕梁弘泽铝质耐材有限公司是一家以当地铝矾土、陶瓷土等非金属矿物为主要原料，进行科技创新、产品研发的技术型加工制造企业。公司成立于2008年，位于矿产丰富的山西省吕梁市。公司注册资本1100万元，占地面积120亩。现有员工120名，其中教授2名、高级技术人员8名、中级技术人员10名、生产型人才62名。

烧成采用串联燃气梭式窑，节能环保，余热再利用。与普通竖窑相比较，虽生产半连续化，但有周期短，产量大，质量高的优点。烧成温度达1600℃，尾气排放低于100℃，余热充分利用，节能效果明显。

完整的生产链条，通过纵向打通、横向协同的战略布局，充分发挥供应链的优势。公司现有10万吨负压高温梭式窑煅烧生产线；20万吨骨料加工生产线；10万吨均化料生产线；2万吨超细微粉生产线；2万吨不定形浇注料生产线；1万吨环保高炉炮泥全自动生产线。

公司是吕梁市符合国家节能环保政策，允许深加工耐高温耐火材料的企业之一。未来，公司会始终秉承着“抓质量，树品牌，打造百年企业”的经营理念，加大资金和科研的投入力度，不断扩大产能，实现转型，把产品做精做优，把企业做大做强。

负压高温连环梭式窑

年产1万吨环保高炉炮泥自动生产线

年产10万吨均化料生产线

产品介绍

公司主导产品为铝矾土熟料、各种规格的骨料、细粉以及均化料、合成莫来石、耐火浇注料、炮泥等。

公司烧成产品全部为还原气氛烧成且保温时间长、升温速度快，在3～6小时内可升温到1600℃。生料的筛选、独特的烧制工艺，使得熟料的质量更加优于市场其他企业。

规格	Al_2O_3	Fe_2O_3	体积密度
90	≥89.5	≤1.5	≥3.40
88	≥88	≤1.6	≥3.35
85	≥85	≤1.8	≥3.25
83	≥82	≤2.0	≥3.10
80	≥80	≤2.0	≥2.85

均化料

炮泥

莫来石

地址：山西省吕梁市中阳县韩家山村　邮编：033400　网址：www.hzlznc.com

电话：0358-5029591　手机：13834769918　传真：0358-5029591　邮箱：llhzlznc@163.com

山西省孝义市镁铝有限公司

山西省孝义市镁铝有限公司（孝义市红创新材料有限责任公司）始建于1989年，公司注册资本1亿元。主要经营范围为高铝矾土熟料制造，莫来石、均质耐火材料制造。公司各类证照齐全，具备行业要求，是以生产矾土基高密度均化耐火材料而闻名的民营企业。依托高铝、低铁、低钾钠钙镁的孝义铝矾土的资源优势及公司技术、规模综合优势，在多年生产转窑高铝矾土熟料的基础上，于2001年在国内率先开发研制生产出了转窑合成莫来石产品，多年来一直以品优、质稳享誉海内外市场。

公司地处山西省孝义市经济开发区，占地面积9万余平方米。拥有回转窑3条，莫来石制备生产线1条，自动化细粉破碎研磨线2条。目前已经达到了年产高密度均化耐火材料15万吨的生产能力，并且可以加工生产各种粒度、各种包装的骨料及细粉，可满足不同客户的需求。

面对新经济，发展新理念。我们坚持实实在在，心无旁骛，做好耐材原料主业。以打造具有国际竞争力的耐材原料企业为愿景，以精品赢得市场，诚信创造未来为经营宗旨，实现与海内外客户共创、共进、共赢。

地　址：山西省吕梁孝义市梧桐镇中梧桐村
邮　编：032300
联系人：武万鹏 13834017637
传　真：0358-7848072

黄冈市华窑中洲窑炉有限公司

中洲窑炉

黄冈市华窑中洲窑炉有限公司成立于1999年，公司注册资本5168万元，是一家以窑炉科研设计、加工制造、工程总承包一体化为主营业务国家认定的高新技术企业，是窑炉施工“GB/T9001”“ISO14001”“OHSAS18001”三体系认证企业。

公司自成立以来，在全国各大设计院校及有关单位的鼎力支持与合作下，以开发研制适合国情的高质量低能耗的窑炉精品为己任，不断追求与探索，在耐火材料、冶金、陶瓷、化工、有色金属、新型建材等窑炉领域中取得了长足的进步与发展。国家窑炉节能中心、中国硅酸盐学会陶瓷分会窑炉热工专业委员会、中国陶瓷工业协会窑炉及耐火材料委员会、武汉理工大学研究生创新基地等均设在本公司内，大大加强了科研的力量，确保公司科学技术的研发工作保持在国内前沿。

中洲窑炉工业园坐落于湖北省黄冈市西湖工业园区，占地面积120亩，建筑面积6万多平方米，拥有各类加工、制造、检测设备300多台（套）。年生产各类热工设备100余台（套），是国内率先集各式窑炉研发、加工制造、装配于一体的生产基地。公司业务范围辐射全国，产品出口美国、印度、马来西亚、印度尼西亚、俄罗斯、泰国、伊朗、越南等国家和中国台湾地区。在保持日用陶瓷、铝合金轮毂、冶金、化工等窑炉市场权威地位的同时，积极开拓耐火材料、新型建材领域，经过多年的发展，公司成为了山东鲁阳、山东耐材、宜兴摩根、太钢耐火、重钢耐火、瑞泰马钢、湘钢瑞泰、洛阳利尔等公司的稳定供应商。

山东耐材集团鲁耐窑业有限公司
111m隧道窑

山西禄纬堡太钢耐火材料有限公司
40m辊底式热处理窑

山西禄纬堡太钢耐火材料有限公司
128.8m镁钙砖隧道窑

重庆钢铁集团矿业有限公司
84.6m隧道窑

山东鲁阳集团
84m耐火材料隧道窑

宜兴摩根热陶瓷有限公司
106.8m耐火材料隧道窑

郑州建信耐火材料成套有限公司
120m隧道窑

地址：湖北省黄冈市宝塔大道169号　电话（传真）：0713-8691738 8690758
网址：www.zhongzhoukiln.com　邮箱：zhongzhouyaolu@126.com

巩义市第五耐火材料总厂

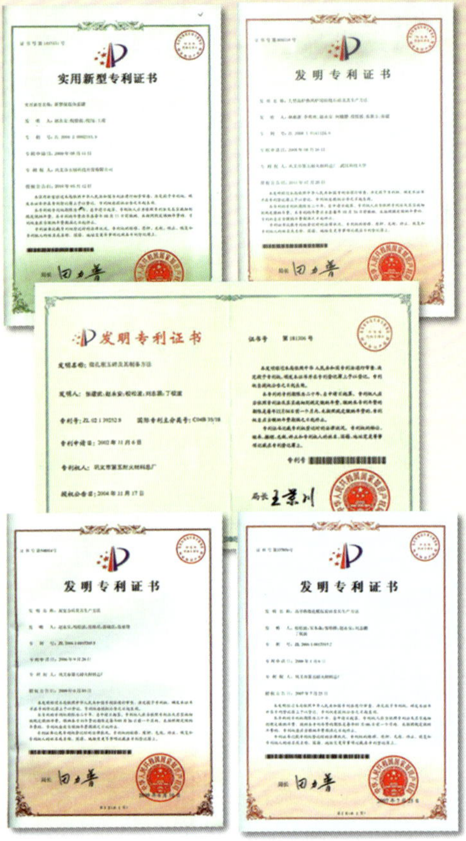

巩义市第五耐火材料总厂是炼铁系统用耐火材料为主的现代化生产企业，始创于1968年，目前下设八个分厂，一个新产品开发研究所和一个理化检测中心，总面积30万平方米，职工1200余人，工程技术人员280余人，大中型设备550余台（套），年产值约3亿元，通过GB/T 19001—2008、ISO9001：2008质量体系认证，可年产各种耐火材料20多万吨。

我公司始终坚持“以质量求生存，靠科技求发展”的经营方针。先后同武汉科技大学、武汉钢铁设计院、洛阳耐火材料研究院、武汉冶金建材研究院、北京科技大学、中冶赛迪、中冶南方等院校和科研院所建立了合作关系，并聘请这些单位的二十多位专家教授担任我公司的总工、技术顾问等职，先后开发出热风炉用低蠕变系列产品、抗热震低蠕变系列产品，铁水预处理用Al_2O_3–SiC–C砖，高炉用微孔模压碳砖、微孔刚玉砖、碳复合砖等具有国际先进水平的产品，其中碳复合砖、微孔刚玉砖、高导热微孔模压碳砖、铁水预处理用Al_2O_3–SiC–C砖等26项产品、技术获得国家发明专利或实用新型专利，还荣获了“国家教委科学技术奖”“国家冶金科学技术奖”“国家星火计划科技成果博览会金奖”等荣誉。

历经多年的积累，我公司已为宝钢、武钢、鞍钢、本钢等大中型钢铁企业的数百座高温窑炉生产了各种耐火材料数百万吨。公司目前具备国内外领先的现代化大型生产装备，所产的专利产品——碳复合砖及安全长寿炉底炉缸结构，更是国内名列前茅，科技含量国际领先，可使高炉一代炉役达到10年以上的使用寿命，为钢铁行业降本增效做出了巨大的贡献。此外，我们还坚持实施立足国内，放眼世界的长远战略，力争以先进的管理理念和优质的产品质量，融入国际贸易市场，产品畅销俄罗斯、哈萨克斯坦、乌克兰、荷兰、巴西、意大利、土耳其、印度、越南等国家。

我公司始终坚持“**块块合格、户户满意、覆盖全国、奋勇争先**”的质量目标，致力于高温窑炉长寿技术及耐材的研发、生产和应用，诚望与新老用户交知心朋友，做合作伙伴，共赢市场，同创辉煌！

地址：河南省巩义市南郊　邮编：451250
电话：0371–56595699　传真：0371–56595558
网址：www.hnwnjt.com　邮箱：29651@126.com

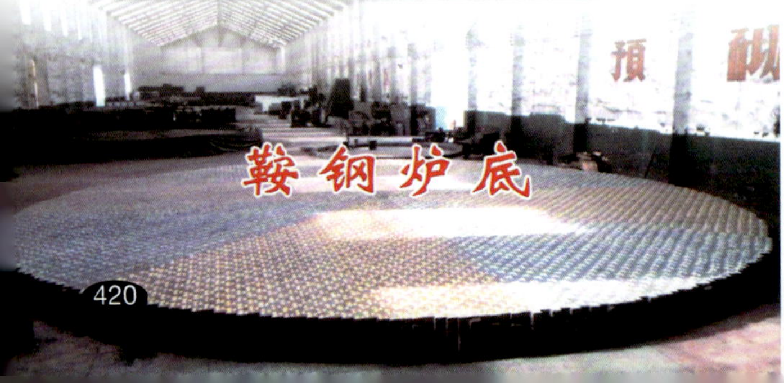

炫坤
Xuankun

河北炫坤耐火材料科技发展有限公司

河北炫坤耐火材料科技发展有限公司，始建于1992年，坐落于千年古县行唐县西北部，占地200多亩，现有员工100多人，固定资产近亿元。距京昆高速口10公里、石家庄国际机场30公里、石家庄高铁站30公里，区位优势突出、交通四通八达。公司拥有两座储量丰富的大型硅石矿山，含硅量高、物理性能好，是制造玻璃窑用优质硅砖和高强度大型焦炉硅砖的理想原料。2015年公司投巨资进行技术改造，新建3条玻璃窑用优质硅砖生产线，目前年产量达3万余吨，产值超亿元，并配套建成国内先进的产品检测中心，是国内同行业中自动化程度高、设备先进、生产环保的企业之一，产品质量达到发达国家同类产品水平。河北炫坤耐火材料科技发展有限公司已成为业内驰名的集原材料开采、产品研发、生产销售为一体的一条龙全产业链现代企业！

在管理上，公司建立起一支年富力强的企业管理团队，拥有大中专毕业生30余名，资历深厚的中高级工程师、技术人员10余名。自成立以来，公司高度重视企业精神文明建设，教育员工以“感恩心做人，责任心做事”。在人才培养上，公司积极开展技术交流、品质创优等活动。在产品的售后服务方面，公司坚持用户走访制度，始终视客户为上帝，让客户满意是炫坤科技矢志不渝追求的目标。

在生产技术上，公司与科研院校建立了长期良好的合作关系，致力于新型、节能、环保、高质量的耐火材料新产品的研究与生产。从原材料检选、自动化制料、制坯、高温烧成到成品包装出厂，炫坤科技都将精益求精的理念贯彻始终，夯实每一个环节，盯紧每一处细节，每一道工序都责任到人，严把产品质量关。

完善的质量管理保障体系，先进的自动化生产线，锻造出优质的产品。为更好地服务广大客户，公司除生产玻璃窑用优质硅砖、焦炉、热风炉用硅砖外，还生产与之配套的硅质不定形耐火材料和零膨胀硅砖。由炫坤科技生产、销售的玻璃窑用优质硅砖、焦炉硅砖、热风炉用硅砖等产品，以含硅高，致密强度好，荷重软化温度高等特性而获得广大用户的一致好评。

二十多年来，河北炫坤耐火材料科技发展有限公司致力于从国内先进向国际先进的跨越发展，实力斩获诸多荣誉（连续十五年被省政府命名为“重合同守信用企业”、连续二十年被行唐政府命名为“行唐县重点保护企业”“行唐县利税大户”），产品畅销印度、东南亚等国家和地区，远销非洲、欧洲。凭借优质的产品，优良的服务，公司知名度和美誉度在国内外市场不断攀升。

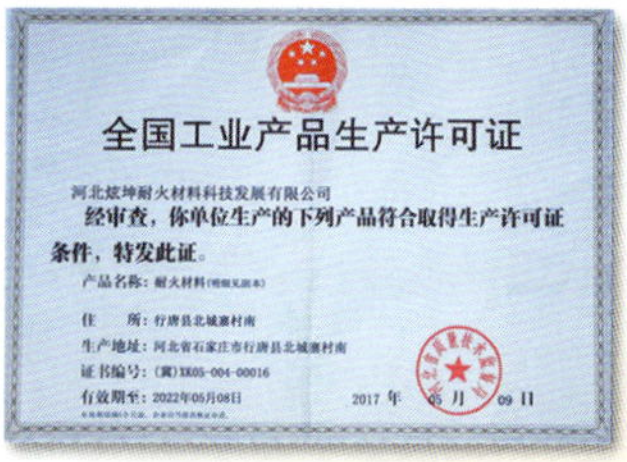

零膨胀硅砖

焦炉用硅砖

焦炉用硅砖

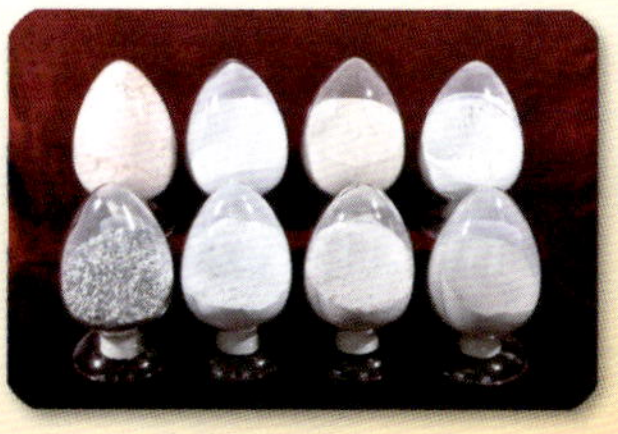
不定形耐火材料

玻璃窑用硅砖

热风炉硅砖

雷总：15175198888　13582012375　电话：0311-82778868　网址：www.xknhcl.com

地址：河北省石家庄市行唐县北城寨村南

丹耐刚玉 DANNAI ALUMINA

江苏丹耐刚玉材料有限公司

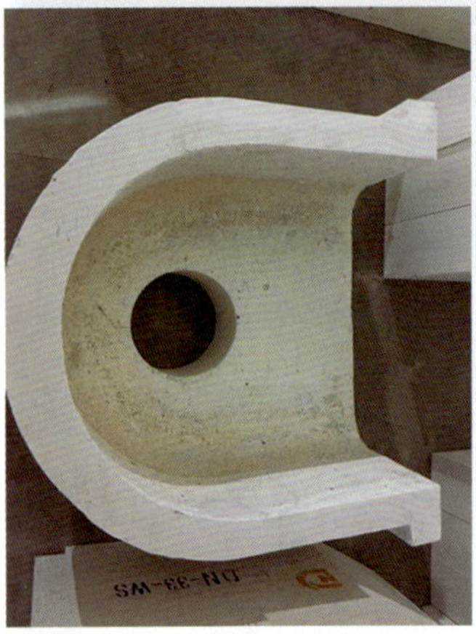

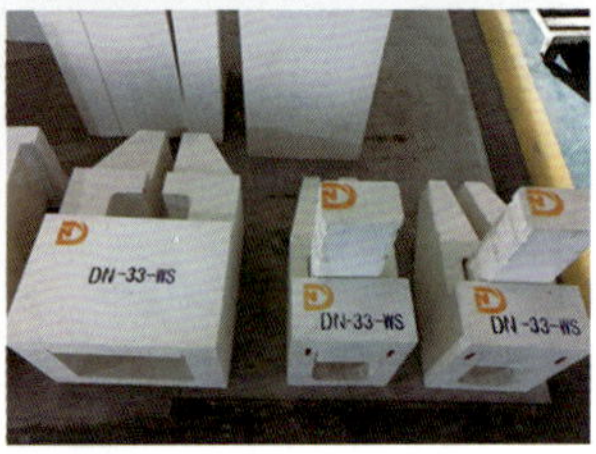

江苏丹耐刚玉材料有限公司于1997年投资4000余万元新建投产，专业生产电熔AZS系列产品和电熔α－β Al_2O_3，β－Al_2O_3产品。现因生产发展需要，公司投资建设新生产线，总占地40000平方米，新建厂房24000平方米。全新的砂型车间采用当今先进的成型设备，拥有先进的喷淋式5吨电弧炉2台，年总生产能力12000吨，更新全部加工设备，拥有行业内先进的加工设备30多台（包括切、磨、钻），并新建850平方米高精度可调式大型预组装平台，可承接大型浮法玻璃窑炉生产、加工、预排。产品广泛用于玻璃窑炉的建设，并出口世界各地。

公司位于长江沿岸，东邻上海190公里，西距南京60公里，占据中国经济发达的长三角地区之优越位置。

我们期待以先进的技术、优质耐用的产品，为玻璃制造业提供全面的技术支持和服务，与新老客户携手共赢，共创辉煌！

地　址：江苏省丹阳市丹北镇(原后巷镇)丹工路
联系人：彭明磊（总经理）
手　机：13951270165
电　话：0511-86312286
传　真：0511-86310088
邮　箱：jsdannai@jsdannai.com
网　址：www.jsdannai.com
邮　编：212312

莱芜兴茂耐火材料有限公司

莱芜兴茂耐火材料有限公司位于山东省莱芜市钢城区里辛工业园，注册资金2000万元，专业从事钢铁、冶金、电力、建材、水泥等行业用浇注料、喷涂料、有水炮泥、免烘烤捣打料、高温耐磨可塑料、无水压入泥浆等耐火材料的研发、生产、销售，承担高温热工装备浇注料的整体设计、安装施工、使用维护与技术服务，并提供一站式整体承包业务，也可按客户要求定制加工各种预制件等。

公司拥有耐火材料专业高级工程师、专业技术工程师数名，专业技术力量雄厚，均具备二十多年的耐火材料研发和应用经验，具有较高的技术造诣和深厚的技术沉淀。公司长期聘请知名耐火材料专家为技术顾问，广泛开展不定形耐火材料领域的技术研发，同时不断引进新技术、新设备、新人才，不断开发创新，公司现拥有国家知识产权部门评审通过的实用新型专利成果5项。并通过ISO9001国际质量管理体系认证,被全国城市工业品贸易中心联合会评定为AAA级信用企业。于2018年8月申报国家高新技术企业。

主要产品

高炉用： 冲渣沟高强耐磨U型预制槽、冲渣沟高强耐磨陶瓷涂料、粒化池高强耐磨涂料、旋风除尘器耐磨浇注喷涂料、热风炉用各种浇注喷涂料、无水炮泥、有水炮泥、免烘烤捣打料、炉身莫来石喷涂料、上升管下降管喷涂料

电炉用： 铬刚玉异型砖、炉墙专用预制件、炉盖浇注料（主要案例：潍坊某钢厂45t热熔渣电炉）

烧结用： 矿槽用高强耐磨料、烟道喷涂料、风箱耐磨涂抹料

炼钢用： 转炉大面补炉料、自流喷补料

锅炉用： 自流浇注料、抹面料、低钙硅酸盐耐火混凝土

球团用： 回转窑整体浇注、篦冷机专用莫来石浇注料、可塑耐磨料

干熄焦用： 牛腿专用修补料、自流浇注料、轻质高强浇注料、耐磨喷涂料

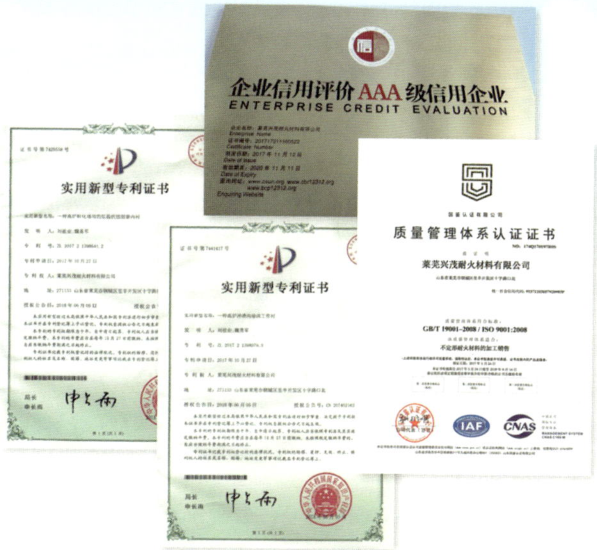

45t熔渣电炉耐材项目竣工

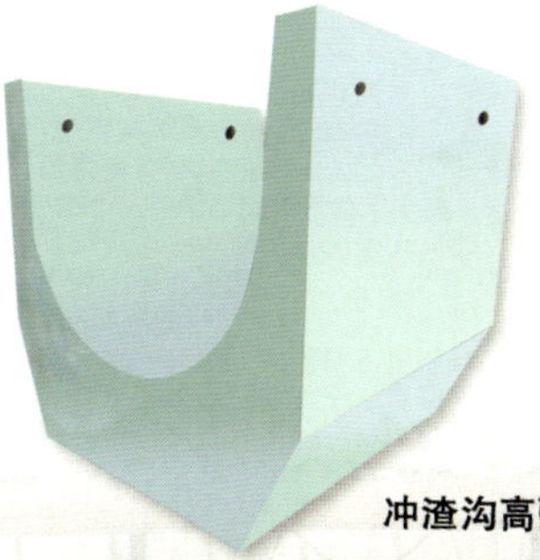

冲渣沟高强耐磨U型槽

质量促进发展　诚信铸就永恒

地址：山东省莱芜市钢城区里辛工业园　邮编：271133
电话：0634-6471177　网址：www.china-naihuo.com
传真：0634-6471460　邮箱：laiwuxingmao@163.com
手机：13696349196　15163452886

洛阳市洛华粉体工程特种耐火材料有限公司

洛華 LUOHUA ®

二级单位洛阳洛华窑业有限公司（资质编号：D341006546）

洛阳市洛华粉体工程特种耐火材料有限公司成立于1990年，于1991年被评定为国家认定的高新技术企业，所生产的产品全部被评定为高新技术产品并获取证书。公司生产的各种不定形耐火材料、各种特种耐火材料以及冶化炉窑的内衬等各种系列产品，共获得47项专利。公司共获得国家各级权威机构的成果鉴定和各种奖励证书36个，所承建的国内外多个大型、特大型炉窑总包工程被树立为行业样板工程和优质工程，完全取代了国外引进技术，被多次审核鉴定为“国际先进，应大力推广”的科技成果。

公司多年致力于各种超细粉及微量添加剂对耐火材料各种产品的品质改善和材料品种创新，针对各种工艺对于耐火炉衬的要求，进行炉衬的优化设计和配置这些应用领域的研究和实践。多年来累计进行设计、改造和建造各种炉窑耐火保温炉（窑）衬近2000座，涉及行业有冶金、化工、建材、电力、国防特种化工、垃圾处理等多种行业，设计和建造的炉窑炉衬除了具有节能环保，节省投资外，还具有显著的扩产、提高设备运行效率和抗灾害能力、长期稳定运行数年或者数十年不用检修的长寿命的特点。

洛阳市洛华粉体工程特种耐火材料有限公司注册资金（净资产）5611万元，公司占地近70亩，有耐火材料生产加工基地两处，分别位于洛阳市高新技术开发区丰李工业园和洛新开发区双向路，共有生产厂房和办公楼4.0万余平方米，公司下属的全资子公司——洛阳洛华窑业有限公司，具有全套专业炉窑建造资质，可以对公司的专利产品进行工程总包。公司的办公总部位于洛阳国家高技术开发区火炬创新创业园C栋501。公司每年进行约10万吨的耐火材料和炉衬工程的总包工程。

洛阳市洛华粉体工程特种耐火材料有限公司（洛阳洛华窑业有限公司）于2001年通过冶金质量论证机构论证，除了享有耐火材料产品研发和生产的质量体系认证外，还享有耐火（炉窑炉衬）的工艺设计和开发的总包的质量体系认证，是全国少有的除了进行耐火材料产品生产之外还可以进行炉衬设计建造的全产业链的耐火材料公司。

其中重要的示范工程业绩为：

1．创新设计和建造了我国国防工业的高活性废水废料高温焚烧炉炉衬，成功取代了苏联进口炉衬技术，用造价十分之一的我公司发明的1500系列耐酸碱侵蚀浇注料取代了价格昂贵的进口安山岩。发明专利号为ZL 2007 1 0055131.X。这一发明现在被有色和化工高温抗侵蚀炉衬广泛采用，已成为我国高温炉衬的基础浇注料之一。

2．成功发明了早强高强度的130MPa以上的LH－1100系列的钢纤维浇注料系列（发明专利号为ZL 01 1 27474.3）。这一系列浇注料成功引入了合适的品种和组分的不锈钢纤维，使共价键的无机非金属材料具有了金属成分和高温状态下的金属性，开创了耐压强度高达130～200MPa，抗折强度高达11～30MPa的耐火浇注料时代，解决了耐火浇注料在实际工程应用中早期强度差无法安全通过烘炉、高温运行中抗热震性能差容易撕裂崩落坍塌等多种性能缺陷。

我公司率先将我国的耐火材料标准成功引入国外引进的大型发电锅炉炉衬当中，成功地取代了从美国、法国、德国、奥地利等国家进口的耐火材料，并且覆盖到所有进口和我国自主研发的几乎所有的循环流化床发电锅炉的耐磨炉衬上。我公司发明的多项发电锅炉专利和所做的示范工程惠及多个各种锅炉工程，使我国率先将锅炉耐磨内衬质保期从不到一年普遍提高到10年以上（我公司所做炉衬示范工程炉衬不大修寿命可达10年以上），由我公司所做的炉衬长期稳定不用检修。如：我公司的循环流化床示范工程将常规的发电厂3炉（指锅炉）2机（指发电机）配置作成为2台锅炉配3台发电机的业绩，国内至今无人超越（河南荥阳第二煤矸石电厂）；如：山西海鑫钢铁集团电厂3台无锡产锅炉已运行11年来炉衬无检修。在1995年，清华大学岳光溪院士和中科院热能所率多位专家到我单位进行了成果鉴定。

3．我公司首先把我公司发明的高强浇注料1500系列耐侵蚀浇注料用于国防化工，取代了价格昂贵的安山岩石。其后，又把该系列加以演化，引入化工行业造气炉、有色铝行业的混合炉和轻氧化铝流态化焙烧炉炉衬中，取代了进口炉衬材料和标准。以我公司的高强耐火材料理化标准取代了进口技术中工艺炉衬耐火材料的含糊不清标准，并且推广到全国各个同类工程建设中作为设计院设计选型标准使用，使该类炉衬全部延续和模仿比照我公司耐火材料体系进行建造，打破了外国技术对我国的封锁。我公司的示范工程使该炉型同样规格在不改变外配置和改变工艺操作制度的情况下产能提高15%～20%以上，大大节省燃料和降低了建设成本，使炉衬的不大修寿命从1年提高到5年至10年以上，产生了极高的应用价值，该技术和示范工程除了获得2008年有色行业科技二等奖外，还进入2006年的国家火炬推广目录（序号：1199，国家火炬项目计划编号：2006GH031199）(见科技成果研发报告、成果鉴定证书和获奖证书）。

4．我公司是率先发明了工频感应系列炉衬耐火材料400系列的单位，我公司为此发明的感应器干式料可以在280℃烧结产生烧结强度，发明的坩埚材料高强耐腐蚀抗电磁污染，使用寿命可达7千余次。这项成果有两个作用：(1)结束了我国依赖反射炉进行锌片熔铸的高粉尘，高有毒烟气污染的历史，开辟了用电炉进行熔锌的工艺熔铸时代；(2)一举打破外国垄断，解决了生产有色合金电炉的炉衬强度和稳定性问题，使电炉寿命达到7万次，扭转了我国每年大量进口合金锌，而又大量出口精锌的困难局面并迅速推广至全国，使我国年产几百万吨金属锌基本95%以上为合金锌，工业、国防意义重大。该项目和示范工程获得2002年有色行业科技进步一等奖。

5．从1999年企业注册开始起，我公司就把耐火材料创新和炉衬结构创新紧紧结合在一起发明了多种组合炉衬结构形式，并且把各种高强浇注料系列引入到各种大型高冶化强度的高温炉衬中，将耐火砖砌炉衬模式改造成为耐火砖—不锈钢耐火混凝土组合炉衬形式，使大型、超大型冶化设备的炉墙孔洞、炉底和炉顶这些容易损坏的部位不但成功地替代了价格昂贵的进口耐火材料，而且开始进行各种大型炉衬的组合模块式改造设计和模块式建造共计20多项。如：长达5年至10年以上的20～80mm超薄水冷壁冶化炉膛浇注料组合炉衬、长达10年以上的达200～700平方米的多孔高温大型吊挂铜、铅、锌、镍冶化炉顶、长达10年以上上100～150m³大型沸腾炉炉衬总成、5～10年高负荷稳定生产的单体设备高达几十米的轻型炉衬的循环流化床造气炉、直径达5米，长度110米，单条窑筒体内衬在1000吨以上的连续运行4年以上一次也不检修的大型高温回转窑，等等。这些炉窑工程涵盖了100余种不同行业不同类型的炉窑种类，均取得显著的延长炉衬使用寿命、提产高效、节能减排、节省检修费用等效果。这些示范工程成功使用，多次受到国家的奖励和表彰，使我公司成为我国少有的可以根据用户要求进行炉衬专业设计和建造的高科技公司。其覆盖的技术和项目和示范工程获得2008年有色行业科技一等奖。

6．2015年，我公司多年研究的“长寿面大型转窑组合炉衬技术”已经成熟，并且开始在多行业多用途回转窑上推广，把传统的砖砌炉衬高温区炉衬不检修寿命从8个月提高到3～5年以上，窑体高温区钢外壳温度降低100℃以上，通过了中国高科技产业化研究院的鉴定，该成果被鉴定为“国际先进，应大力推广”；2016年，该成果通过了国家发改委和国家节能子公司的严格审核鉴定，以四倍至八倍于砖砌炉衬的超长使用寿命和比砖砌炉衬节能近90%的节能效果，列为国务院2016年重点节能推广项目之一。

清华大学热能室主任岳光溪院士和中科院吕清刚教授专门到洛阳为我公司LH－1600钢纤维增强浇注料系列进行技术鉴定和技术推广

中色集团赞比亚谦比希铜熔炼炉（已使用十年以上）

我单位交口肥美化工公司10×2.0knm³/h循环流化床煤气炉示范工程（冷凝器及主炉体）

世界上最大的152m²锌焙烧炉（耐火混凝土框架式结构、整浇炉顶）

缅甸达贡山回转窑

该锅炉是上锅引进的第一台135m/h循环流化床锅炉。我公司建造的水冷壁厚度仅有2.8cm，使用寿命长达5年以上，节煤效果显著

香江万基1400t／d稀相氢氧化铝焙烧炉

电话：0379－64182996　　传真：0379－64213525
地址：河南省洛阳市高新开发区延光路火炬创新创业园C栋501室
邮编：471003
E－mail：Lylhgs@126.com　　网址：www.lyluohua.com

鹤壁中盛冶金工程有限公司

鹤壁中盛冶金工程有限公司是一家从事冶金工程技术研发、冶金工程施工和耐火材料生产销售的高新科技实体企业，是国内领先的冶金工程长寿技术打包服务提供商，是拥有自主知识产权的冶金工程高新技术企业。鹤壁中盛冶金工程有限公司位于国家重点鹤壁高新技术开发区，离京港澳高速鹤壁出口仅1公里，京广高铁鹤壁东站3公里，107国道2公里，京广铁路鹤壁站3公里，鹤辉、鹤濮高速1公里，距离耐材、矿产丰富的太行山脉30公里，优越的地理位置和交通条件为公司提供了高效的物流环境，当地充足的产品原料和生产所需的各种能源为产品的质优价廉提供了可靠保障。

近年来鹤壁中盛不断加强技术进步，与中国科学院过程研究所，洛阳耐火材料研究院，西安建筑科技大学冶金工程学院等国内多家权威科研机构、知名学府紧密合作，长期致力于研发耐火材料方面的前沿科技，形成了依靠耐火材料科技成果来获得快速发展的良好模式，在业界不断发展壮大，近年来已经是跻身于国内冶金喷涂工程行业的领军企业。

鹤壁中盛长期专注于高炉长寿、石灰窑喷涂修复，高效的解决方案和高炉维修工程、工业炉窑工程开发和施工以及相关耐火材料的研发和创新，公司200多名员工全部具有长期的炉窑建设维修工程经验和技术研发实力，其中高级工程师3名，工程师5名，高级工程技术人员30名，公司建立了一整套以高炉热态喷涂为基础的高炉维修工程解决方案，包含了高炉热态湿法喷涂技术、炉缸浇注全部施工方案、冶金陶瓷纤维喷涂技术以及硬质压入灌浆技术等，是在全国范围内用户量较大，覆盖面较广的高新技术产品。秉承为用户创造价值的理念，鹤壁中盛所提供的高炉热态湿法喷涂技术，有效的缩短了施工时间，节约了大量的工程材料，这一重要的创新性技术的有效实施，将高炉炉衬寿命延长到18～24个月，很好地延长了高炉寿命，达到了节能、环保、低碳的理想效果。

鹤壁中盛近年来取得了各项资质证书，安全许可证，质量管理体系，环境管理体系，信用，专利，高新技术企业等。现在全国范围内除西藏、海南没有使用本公司技术外，其他省市均有采用本公司技术的案例。作为一套成熟的高炉长寿解决方案，鹤壁中盛的高炉热态湿法喷涂技术的每一次进步都引领着中国的高炉长寿技术的前沿。经过多年来的发展，已成为了高炉长寿和高效维修工程的先进技术典范，得到了众多钢铁企业用户的广泛认同和采纳。

鹤壁中盛秉承：提供优质工程赢得长久信赖的理念，依靠专业的技术力量和可靠的工程质量为后盾，向中国钢铁产业输出源源不断的高炉长寿技术服务，帮助每个钢铁企业建立和拥有长寿高炉，帮助每个钢铁企业实现真正的炉窑长寿技术应用，并携手与贵公司实现效益双赢。

钢铁厂施工

地址：河南省鹤壁市淇滨区衡山路北段227号　邮编：458030
电话：0392-2218999　传真：0392-2218855　邮箱：h3331656@126.com
手机：13803922955 18803920057 18503920789　网址：www.hbzsly.com

孝义市和中兴矿产有限公司

孝义市和中兴矿产有限公司是以生产高铝砖、环保型无水炮泥、铁沟浇注料、硅铁包浇注料、电解铝行业用耐火材料和相关铝硅系列耐火材料为主营业务，具有安装施工一体化服务功能的企业，是山西省高新技术企业，2012年度被评为省级优秀企业，2015年度被认定为省级矾土加工利用工程技术研究中心，是中国耐火材料行业协会常务理事单位。

公司依托本地优质高铝矾土的资源优势，不断发展，已成为铝硅系耐火材料行业综合实力较强、产品品种齐全、综合服务体系健全、在行业内具有一定影响力的耐火材料企业。

公司以不断的优化创新机制、强化产品的性价比优势、提升市场服务平台为经营目标，注重各种专业技术人才的引进，不断强化与国内具有品牌实力专业的窑炉公司和科研设计院所合作，加强高新技术产品的开发，获得了多项发明专利和实用新型专利，为公司关联产业发展具有持续稳定的优势赢得了广阔的市场空间。

公司已在储铁式铁沟、加热炉、金属镁还原炉、石灰窑、硅铁炉、硅锰炉、电石炉、沸腾炉、碳素焙烧炉、硫化床锅炉、余热发电、垃圾焚烧炉、电解铝、精炼铝、高炉热风炉等耐材总包和工程施工方面取得了长足的进步，为公司新产品、新市场不间断地培育，企业综合实力的稳步提升和发展奠定了坚实的基础，公司已通过ISO9001:2000国际质量体系认证。

公司一贯秉承“实现双赢客先赢”的经营理念，坚持“低成本、高品质、亲和力”为核心竞争力的商务运营路线，将继续为业内精英搭建广阔的市场平台，汇聚更多的能量努力为客户营造更大的利益空间。

储铁式铁沟快干浇注料

产品库

环保型无水炮泥

窑炉砌筑施工现场

地 址：山西省孝义市高阳镇顺光村　　邮 编：032306
电话/传真：0358-7646306
网 址：www.sxxyhzx.com　　邮 箱：sxhzx08@163.com

海城镁矿耐火材料总厂

海镁产品获国家银牌奖

采场

窑炉

海镁总厂是集采矿、轻烧、重烧、制品于一身，具备生产各种耐火材料生产工艺及技术，形成产、供、销于一体的大规模镁质耐火材料生产企业。

海镁总厂具有丰富的菱镁矿资源。矿石质地优良、品位高，且分布集中，矿床大而厚，埋藏浅；开采成本低，经过几十年的发展，已经形成了一定规模。海镁总厂拥有先进的设备，并拥有一批在国内外市场有竞争力的产品和技术，现已开发出各种耐火材料原料的系列产品，在国内居领先水平。有适应市场经济良好的运营机构。有得天独厚的区域优势和良好的开放环境。地理位置优越，交通运输方便。有巨大的发展条件。

海镁总厂的产品主要有：天然菱镁石、电熔镁砂、高纯镁砂、中档镁砂、轻烧镁粉、普通镁砂、浮选精矿、精矿球、普球等。

海镁总厂具有得天独厚的菱镁矿资源，其总储量大约为8.3亿吨，其中$MgO \geqslant 46\%$的优质矿石占48%以上。菱镁矿品位高，储量大。采区主要由下房身采场和金家堡采场组成，采场东西延长3500米，矿体宽500米。矿山开采采取自上而下水平分层、平行推进分段式的露天开采，采场阶段高10～12米，矿山开采全部采用大型机械化作业。目前矿石年开采量为226万吨左右。

海镁总厂有较强销售能力和稳定的销售渠道，企业具有出口权，中国冶金进出口辽宁镁矿公司是海镁的进出口企业，直接办理各种进出口业务。总部设在鞍山，在大连港、鲅鱼圈港和营口港都设有对外办事处。海镁总厂有完善的销售与服务体系，为客户提供全方位的售后服务，最终达到客户满意。

海镁总厂视用户为“上帝”，重合同，守信誉。“海美”牌产品得到了国内外广大用户的认可，畅销国内钢铁、有色、机械、化工、建材等行业，远销欧美、日本、东南亚、香港等二十多个国家和地区。

地址：辽宁省鞍山市海城市牌楼镇　邮编：114207
电话：销售厂长 0412-3773116　　销售公司 0412-3772417　3773104
传真：0412-3772417　网址：www.hc-mag.com　邮箱：haimei@vip.163.com

矿山

海镁采场

LTRCO

山西禄纬堡太钢耐火材料有限公司

山西禄纬堡太钢耐火材料有限公司是中国耐火材料行业大型生产企业之一，是山西省规模领先的耐火材料生产企业，地处太原市阳曲县转型工业园区，是一家集高端耐火材料生产、研发、销售服务为一体的新材料高新技术企业。公司连续多年荣获中国耐材行业AAA级信用企业、太钢文明单位标兵、太钢用户满意耐材企业等称号，是高新技术企业、省级企业技术中心。

公司拥有5条先进、高效、节能、环保工艺生产线，主要有镁钙砖生产线、炮泥生产线、预制件生产线、铁水包砖生产线、废旧耐材生产线等；设备先进，工艺技术成熟，产品质量稳定，属同行业领先水平。

公司是太钢的耐火材料主要生产基地，多年来稳定供应太钢镁钙砖、高炉炮泥、铝碳化硅碳砖、大型预制件等产品，深得用户好评。近年来在保供太钢的同时，积极开发外部市场，公司的产品遍布国内各大不锈钢企业，并进入日本、欧洲市场。

2019年底二期项目投产后，镁钙系列产品年产达到15万吨，炮泥年产达到2.4万吨，其他产品相应扩大产能，公司坚定地朝着十年内建成世界先进的高端耐火材料研发制造基地迈进。

地　址：山西省太原市阳曲县东黄水镇故县村　邮编：030104
联系人：程爱团　手机：18003437838　邮箱：LTRCO.@FOXmail.com
电　话：0351-5568976　传真：0351-5568976　网址：www.tgnaihuo.com

郑州世兴特种耐火材料有限公司

郑州世兴特种耐火材料有限公司位于河南省新密市苟堂镇九龙工业园。东临连霍与京珠高速和京广陇海两大铁路干线，距郑州国际机场及郑州高铁站仅三十余公里。环境优雅、交通便利、资源丰富，为生产优质耐火材料提供了得天独厚的条件。

郑州世兴特种耐火材料有限公司是一家集科、工、贸为一体的实业公司，拥有技术力量雄厚的创新团队，先进的生产设备，得以生产优质产品。历经市场锤炼二十余载，铸就“九龙”品牌成为生产优质耐火材料的知名厂家。公司熔铸生产区拥有三台高性能电弧炉，分别专业生产氧化法熔铸锆刚玉砖AZS-33＃、AZS-36＃、AZS-41＃，年生产量18000吨。通用烧结材料生产区拥有一座高温隧道窑，生产高铝砖系列、低气孔黏土砖系列产品。新材料生产区拥有两台高温梭式窑，生产锆莫来石、锆英石、刚玉莫来石、铬锆莫来石砖。不定形材料生产区，生产AZS、ZS捣打料、热补料及窑炉砖材配套火泥、热补料、过渡料。其产品服务于玻璃、玻纤、电子、搪瓷、陶瓷、化工等行业。

公司秉承“质量为本、信誉至上、服务至诚”的经营理念，始终致力于以诚信的态度迎接客户、优质的质量满足客户、专业的团队服务客户。世兴人全心全意为每一位客户服务。

刚玉莫来石砖

锆莫来石砖

锆英石砖

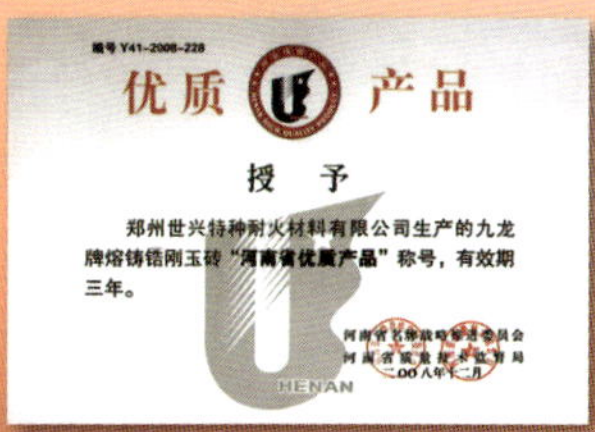

编号 Y41-2008-228

优质 产品

授 予

郑州世兴特种耐火材料有限公司生产的九龙牌熔铸锆刚玉砖“河南省优质产品”称号，有效期三年。

河南省名牌战略推进委员会
河南省质量技术监督局
二〇〇八年十二月

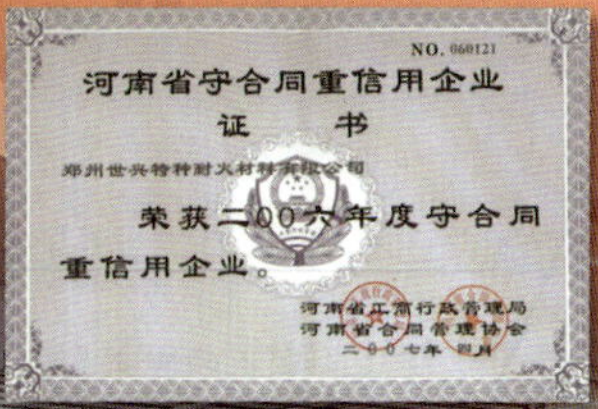

NO. 060121

河南省守合同重信用企业

证 书

郑州世兴特种耐火材料有限公司

荣获二〇〇六年度守合同重信用企业。

河南省工商行政管理局
河南省合同管理协会
二〇〇七年四月

地址：河南省新密市苟堂镇九龙工业园
邮编：452384
电话：0371-69258266 69258528 69258199
传真：0371-69256266
网站：www.zzsxgs.com
信箱：zzsx@zzsxgs.cn

郑州玉发磨料集团有限公司

郑州玉发磨料集团有限公司成立于1987年8月，是集科、工、贸为一体的实业集团，下辖玉发高新材料有限公司、玉发磨料有限公司、玉发精瓷科技有限公司、玉发实业有限公司四个子公司。

公司奉行“务实，创新，发展，共赢”的企业精神，始终遵循“以科技为先导、以质量求生存、以信誉求发展”的企业宗旨，努力追求“产品合格率100%，顾客满意率100%”的质量目标。先后与郑州磨料磨具磨削研究院、中国铝业郑州轻金属研究院、中钢集团洛阳耐火材料研究院、中科院上海硅酸盐研究所、郑州大学、河南工业大学等科研院校建立了友好的合作关系，公司建有河南省企业技术中心和郑州市工程技术中心。

经过二十多年的发展，公司已成为中国规模领先的白刚玉生产企业，是中国磨料磨具协会副理事长单位、全国磨料磨具标准化技术委员会先进委员单位，荣获“全国磨料磨具行业刚玉生产企业十强”“河南省质量信得过单位”“河南省质量信誉双优示范单位”“河南省十佳科技型创新领军企业”“河南省高新技术企业”“中国磨料磨具行业著名产品”等荣誉称号，负责起草修订了GB/T 2479—2008白刚玉磨料国家新标准。

公司主要产品有：白刚玉、致密刚玉、镁铝尖晶石、$\alpha-Al_2O_3$、微钠白刚玉、氧化铝造粒粉、耐磨陶瓷、电子陶瓷等系列产品，其中白刚玉磨料被评为全国磨料磨具行业著名产品，畅销四十多个国家和地区，深受广大客户的青睐，在亚太地区磨料磨具、耐火材料、陶瓷行业享有盛誉。

致密刚玉

镁铝尖晶石

白刚玉

氧化铝

地址：河南省郑州市上街区万泉河路16号
电话：0371-68133666 85706777 68133339 68133899 68133290
传真：0371-68133889 85707222
网址：www.yfml.cn 邮箱：yfml@yfml.com

郑州市鹏翱冶金有限公司

郑州市鹏翱冶金有限公司位于河南省登封市循环工业园区（东华镇南店村）。占地面积443亩，固定资产3.8亿元，流动资金9000万元，注册资金2000万元，登封市历史悠久，矿藏资源丰富，是一座国家旅游名城，登封市循环工业园区更是全国磨料生产基地，这里距世界名刹少林寺15公里，距四通八达的高速公路10公里，交通十分便利。

公司属磨料协会理事单位，是集冶炼、生产、加工、销售为一体的股份制企业。拥有7500 kV·A棕刚玉电弧炉4台，5条巴马克加工制砂线，2套球磨制粉生产线，1套P砂生产线。年产棕刚玉80000吨，生产设备先进，工艺技术过硬，检测、化验设备齐全。于2012年3月通过ISO9001:2008标准认证。“质量为本、求实创新、客户至上、诚实守信”是公司的宗旨；“互惠互利、共同发展”是公司的经营理念。公司愿以优良的产品，优质的服务，优惠的价格供应国内外一切客户。

刚玉块

段砂系列

F砂系列

微粉系列

刚玉炉

制砂线

地址：河南省登封市东华镇循环工业园区
邮编：452481
电话：0371-62726999 62726396
联系人：程吾晨（总经理）15993388888
杨晓铎（销售经理）15516979123
传真：0371-62726788
网址：www.zzpengao.com

浙江康星新材料科技股份有限公司

浙江康星新材料科技股份有限公司位于长兴县虹星桥镇工业园区，成立于2011年7月，公司注册资金1500万元，占地面积12亩，建筑面积8000平方米。公司生产经营的主要产品为：光伏玻璃窑用唇砖、光伏玻璃窑用吊砖、光伏玻璃窑用尾砖、光伏玻璃窑用挡边砖、高强度耐侵蚀烧结锆刚玉莫来石、高强度耐侵蚀锆莫来石、莫来石、硅线石等，年生产能力3200套以上，产品销路市场为国内光伏行业及高档玻璃制造业。2013年公司被认定为浙江省科技型企业，2014年在长兴县耐火行业转型升级中被列为重点转型升级的企业，2015年在浙江股权交易中心成功挂牌上市。2016年获得浙江省高成长科技型中小企业证书，2017年获得高新技术企业证书。2018年荣获湖州名牌产品荣誉。

公司生产的特种新型耐火制品，主要应用于国内外光伏玻璃生产行业。目前，国内光伏玻璃生产企业仅为27家，而本公司的产品已进入国内该领域21家，产品已基本替代进口同类产品，质量受到用户高度肯定。三年来，公司大力发展，通过积极依靠科技进步，不断提升创新能力。2012～2015年自行研发新产品10项，其中，6项列入浙江省省级新产品试制计划，4项列入浙江省省级工业新产品计划，并已全部通过鉴定，技术水平均为国内领先；申请技术专利29项，取得国家知识产权局授权“发明专利证书”6项、“实用新型专利证书”23项；公司已通过ISO9001：2008质量管理体系认证，并按照质量管理体系组织生产。健全的质量管理体系，质量稳定的产品为公司赢得了广大客户的信赖。

公司坚持以质量拓市场，以管理求发展，高起点、高效益科学化的经营理念，以创新求实进取高效的企业精神，来创造更好的经济和社会效益。

地　址：浙江省湖州市长兴县虹星桥工业集中区　邮编：313104
联系人：董苏荣　13666500442　传真：0572-6369066
网　址：m.kangxingnaihuo.com　邮箱：dsr0915@163.com

瑞泰马钢新材料科技有限公司

瑞泰马钢新材料科技有限公司是中国建材集团有限公司旗下的瑞泰科技股份有限公司和马钢（集团）控股有限公司共同出资设立的高新技术企业。公司于2017年5月19日注册成立，坐落于安徽省马鞍山市雨山经济开发区，占地面积约180亩，建设有节能环保型高温材料智能化生产线和高温材料创新中心，总投资5.4亿元，年营业收入近10亿元，实现利税5000万元。

公司具备成熟的钢铁冶炼全流程用节能环保型耐火材料研发、设计、生产、配套供应和综合砌筑、施工服务及废旧耐火材料的回收再利用总承包能力。

下属的高温材料创新中心，致力于先进耐火材料关键技术研发、成果产业化、人才培养等工作，聘请了十多位国内耐火材料知名专家、学者担任技术顾问，有一支较强的科技创新团队，以创新驱动引领公司转型升级，促进产品向高技术含量和高附加值方向发展。

公司秉承“精品制造，精心服务”的理念，致力成为国际先进、国内领先的钢铁工业用耐火材料综合服务商。

电话：0555-2883884
传真：0555-2885237
地址：安徽省马鞍山市雨山经济开发区
邮编：243000
邮箱：rtmg@bjruitai.com

郑州振东科技有限公司

——专注钢包耐材三十年

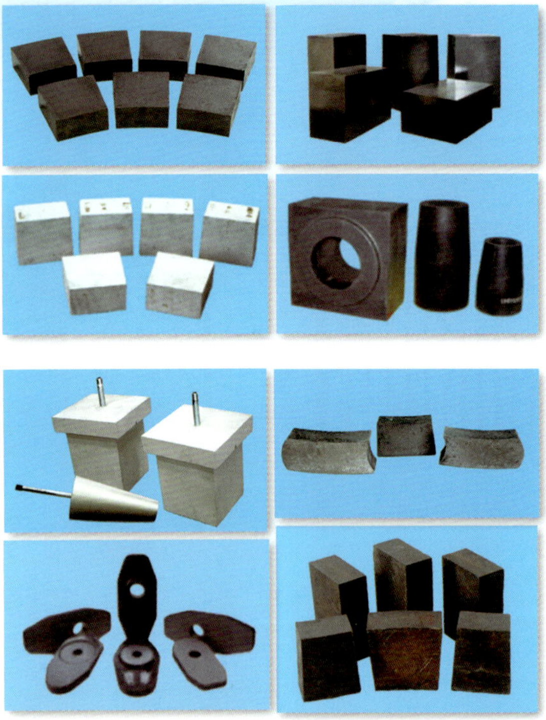

郑州振东科技有限公司创建于1988年8月18日，是集科研、生产、销售、服务为一体的钢铁行业钢包用耐火材料专业生产厂家。公司现有员工1200多名，各类工程技术人员280名，建筑面积36万平方米，主要生产设备200多台(套)，具有年产各种耐火材料20万吨的生产规模，2018年产值将突破8亿元。公司纳税额连续6年在新密市耐材行业名列前茅。

公司一直坚持科技创新，产学研相结合，不断引进先进技术和优秀人才，先后申报国家发明专利22项，国家实用新型专利100项。目前公司产品主要有下列两大系列：

一是钢包砖系列产品。主要有镁碳砖、铝镁碳砖、铝镁尖晶石砖、超低碳镁碳砖、超低碳镁铝碳砖、刚玉预制块、刚玉机制砖、水口砖、水口座砖、透气砖、透气座砖、滑板砖以及各种配套用不定形耐材等。

二是铁水包用铝碳化硅碳砖、铝碳化硅砖、刚玉碳化硅砖以及配套用不定形耐材。

三十年来，公司秉承着“为把公司建设成为现代化的先进企业而奋斗”的目标和“以人为本、以德治厂、诚信经营、科技创新”的主导思想，不断前进。

公司先后被评为全国耐火材料百强企业、河南省高新技术企业、省级企业技术中心、河南省优秀耐火材料企业，2017年12月被评为“耐火材料规范企业”，公司生产的镁碳砖、铝镁碳砖连年被评为“河南省名牌产品”。公司是中国耐火材料行业副会长单位、新密市耐火材料行业会长单位。

公司承包钢包吨位从25吨到300吨，产品系列从定形到不定形，从含碳到无碳，从常规产品到功能性产品均有覆盖，能适应不同吨位和不同精炼方式的钢包。公司有500多名员工全天候从事钢包服务工作。

与振东携手，缔造共同的辉煌！

地址：河南省新密市曲梁产业集聚区
电话：0371-63192888　63192999
传真：0371-63191283
网址：www.zhendongkeji.com/

氧化铝唇砖

郑州东方安彩耐火材料有限公司

Zhengzhou Dongfang Ancai Refractory Co.,Ltd.

郑州东方安彩耐火材料有限公司是一家以研发、生产高档熔铸耐火材料为主的高新技术企业，位于河南省新密市超化镇东方路1号，占地面积50000平方米，总投资90000万元。

主要产品有α－β氧化铝制品及α、β制品及AZS-33＃、36＃、41＃锆刚玉制品等高档熔铸耐火材料，整个生产过程符合环保和清洁生产的要求。产品已先后使用于国内外三百余条浮法生产线和玻璃制品生产线，还与有着雄厚技术实力及丰富浮法线设计和生产经验厂家、玻璃研究所、工程公司、科研机构等保持长期技术服务和协作关系。产品行销全国各地，并出口到美国、意大利、法国、德国、英国、韩国、印度等二十多个国家。

公司坚持以“加大科技投入，拓宽销售渠道，创新经营模式，提升安彩品牌”的发展战略。以“立足当前、展望未来、稳定提高、引进吸收、以新创市、全面带动”为理念。先后获得“河南省高新技术企业”“河南省名牌产品”“河南省耐火材料优秀企业”“河南省优秀科技型创新企业”“年生产能力万吨以上质量信得过企业”“中国工业玻璃协会推荐产品”“质量信得过产品”和“专利重点保护企业”等多项荣誉。2005年通过ISO9000质量管理体系和ISO14000环境管理体系认证。并与郑州大学、武汉科技大学、陕西科技大学、河南科技大学等多家科研院校建立了长期合作关系。筹建了“郑州市熔铸耐火材料工程研究中心”，该研究中心被授予省级企业技术中心。目前已拥有自主知识产权专利五十多项。

公司现有主要生产设备160台(套)，具有国内先进技术水平的电弧炉，生产操作系统均由PLC集成控制，智能自动保存电炉生产过程电压、电流等工艺参数，利用无纸记录仪并对数据进行自动分析。有全自动加料机和半自动吹氧装置。具有国内率先采用的自动、半自动脱箱、保温介质分级、填型等生产线。主要检测设备有X荧光分析仪、高精度电子分析天平以及抗折强度、抗侵蚀、玻璃相渗出温度等先进的化验设备。

2017年，我公司依据郑州市政府打造千亿级耐材基地的规划，按照“三年翻番，五年超越”的总体要求，重新制定了企业发展的布局和市场定位。特聘请旭硝子高工，在原工艺、技术、质量、品牌基础上精益求精。采取整体引进，分段实施，三年完成。在稳定提高国内市场份额的同时，加大创新力度，调整产业结构，每年研发1～2个新产品并实现产业化。将郑州东方安彩打造成为世界先进、国内领先的高档玻璃窑用耐材生产基地，为我国乃至世界玻璃工业的发展做出重大贡献！

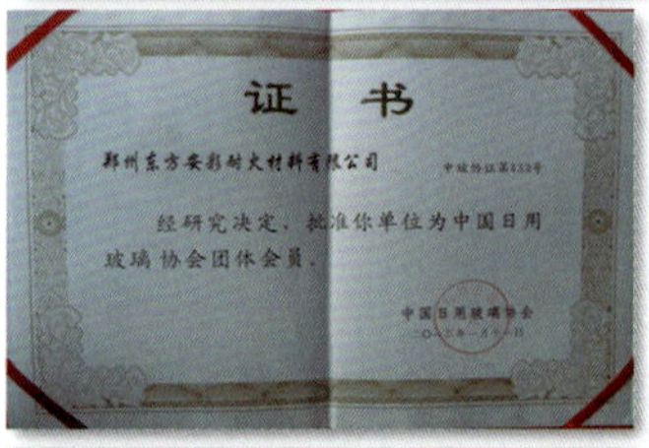

三相电弧炉

熔铸33＃锆刚玉砖

熔铸莫来石砖

地址：河南省新密市超化镇东方路1号　邮编：452375　网址：www.zzacrc.com
电话：0371－69938359　传真：0371－69938573　邮箱：zzacrc@163.com

湖南湘钢瑞泰科技有限公司前身为“湘潭钢铁集团有限公司耐火材料公司”，成立于1954年。公司注册资金8500万元，年生产能力12万吨，是湖南省乃至中南地区规模领先的一家耐火材料生产与研发基地。公司是湖南省耐火材料行业协会会长单位，也是中国耐火材料行业协会理事单位。

公司产品涵盖炼铁高炉、热风炉系统及炼钢转炉、连铸、精炼系统用高炉、热风炉砖、铁水罐（鱼雷罐）砖、炮泥、钢水罐砖、滑板砖、炉外精炼用砖、通用砖、不定形产品等八大系列。公司率先研发的“整体造型，浇筑离心成型”工艺所生产的特异形耐火砖享誉国内外。

公司一直提倡做一个“优秀的综合服务商”，从2004年开始在湘钢炼铁厂试点产品、砌筑、维护总承包的模式，通过十多年的运行培养了一支出色的现场服务队伍，我们将以优质的服务赢得客户的满意，共创合作双赢。

瑞泰科技

RUITAI TECHNOLOGY

单位地址：湖南省湘潭市高新区吉安路　邮编：411102

营销电话：0731-52512588　传真：0731-55573294

公司网站：www.hnxynh.com　邮箱：XSBGGYXNH@163.com

青海西部镁业有限公司

青海西部镁业有限公司是一家高新技术企业，由西部矿业集团有限公司控股(81.47%)，海亮集团有限公司(9.11%)、自然人徐徽(6.22%)、湖南中资科技创业有限公司(2.8%)于2012年2月8日在德令哈市发起成立。公司当前注册资本2.32亿元，厂址德令哈工业园，占地面积600亩，员工350人。

公司拥有10万吨／年高纯氢氧化镁的生产装置，同时配套有7.5万吨高纯氧化镁、1.5万吨高纯烧结镁砂、3.0万吨高纯电熔镁砂生产装置。产品涵盖高纯氢氧化镁(包括D_{50}为1.5μm、2μm、5μm等各种高纯超细氢氧化镁粉体)、高纯氧化镁（包括高纯重质氧化镁、高纯轻质氧化镁及高、中、低活性氧化镁等）、高纯烧结镁砂和高纯电熔镁砂等系列产品，多数产品已走向国际市场。

公司成立之初，以中南大学发明的专利技术为基础，在海西州锡铁山镇建设了盐湖镁资源研究开发实验基地，并建成了千吨级规模的氢氧化镁的工业试验装置，通过反复试验和不断优化，彻底解决了化学合成法制取高纯氢氧化镁的关键技术难题，为困扰青海多年的察尔汗盐湖水氯镁石废弃物资源的综合开发利用提供了一条新途径，受到国家科技部门及地方政府的高度评价和肯定。

2011年3月，10万吨／年高纯氢氧化镁项目在现址开始正式动工建设，与其配套的下游产品项目也于2012年开始规划设计，并于次年3月动工。2013年6月，10万吨／年高纯氢氧化镁项目建成并开始投料试车，通过完善工艺和设备优化，目前工艺流程完全打通，产品质量完全合格，氢氧化镁产品已进入国内外市场，受到广大客户的好评，其中：超细氢氧化镁系列产品远销法国，产品广泛应用于阻燃、医疗、军工、航天航空、新能源等领域。

青海西部镁业有限公司在全力做好目前10万吨／年高纯氢氧化镁系列产品的同时，正在积极筹划未来盐湖镁产业的发展。公司将继续坚持“绿色发展、科技创新”的理念，加快创新驱动、强化企业管理基础，为青海盐湖资源发展做出应有的贡献。

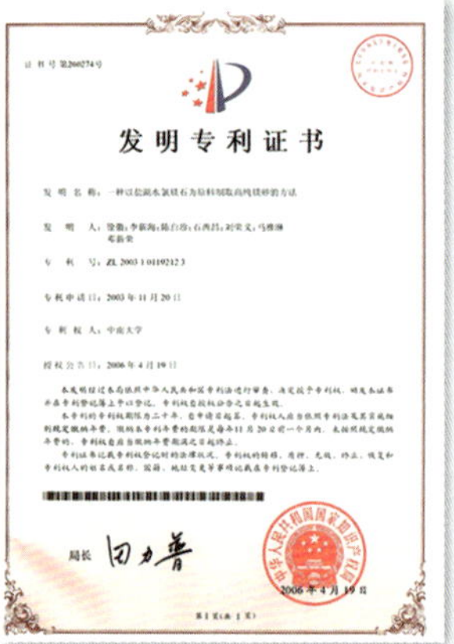
发明专利证书

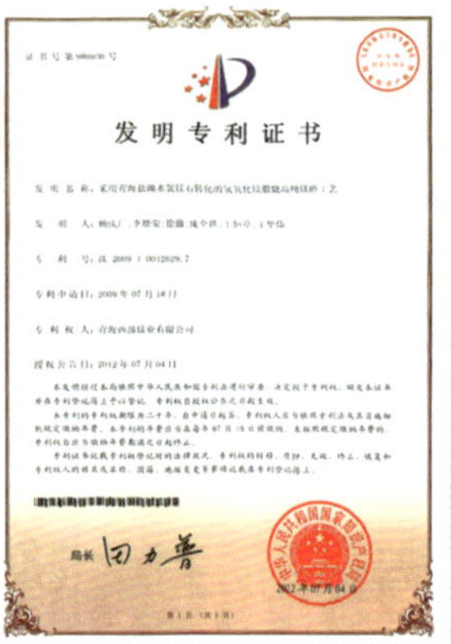
发明专利证书

发明专利证书

地址：青海省海西州德令哈市纬七路工业园区　邮编：817000
电话：0977-8309300　传真：0977-8210999　网址：www.chinawestmg.com　邮箱：sl5546sl@163.com

山东慧敏科技开发有限公司

SHANDONG HUIMIN SCIENCE & TECHNOLOGY CO.,LTD.

杰能王®纳微米高温红外节能涂料

山东慧敏科技开发有限公司自主研发的“杰能王”纳微米高温红外节能涂料，其核心技术为高辐射覆层节能技术，解决了传统红外涂料高温下易脱落的世界性难题，开辟了高炉热风炉节能新途径，具有良好的节能降耗效果，已获得国内外发明专利10项，其中发明专利“带覆层的热交换器”明确阐述，只要在热风炉蓄热体应用高发射率材料均属于发明专利保护范围，我公司享有独家实施权。现已应用于宝武集团、首钢、沙钢、鞍钢、山钢、日钢、安赛乐米塔尔、浦项制铁等国内外70余家钢铁企业的近600座高炉热风炉。

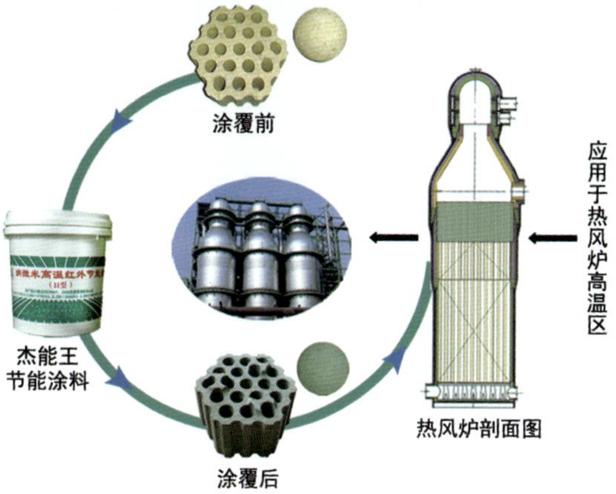

图1 热风炉应用“杰能王”节能涂料示意图

应用效果

- 提高热风炉蓄热能力10%
- 综合节约煤气5%
- 提高风温，提高炉窑热效率
- 改善蓄热体物理性能，延长使用寿命
- 实现吨铁节能效益3元左右

轧钢加热炉高辐射预制块

自主研发的轧钢加热炉高辐射预制块，可降低现场砌筑施工难度，面向炉膛内部的一面呈凹凸形状，增加轧钢加热炉辐射传热面积，在表面涂覆远红外辐射涂料，提高炉膛辐射传热效率和炉窑的工作效率，降低煤气消耗。

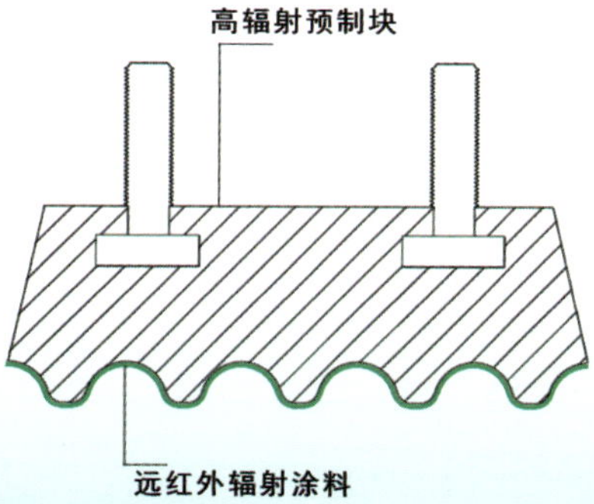

图2 高辐射预制块应用远红外辐射涂料示意图

地址：山东省济南市七里河路2号慧敏科技楼
电话：0531-88061276　联系人：何先生
网址：www.sdhmkj.com
邮编：250100
手机：15863165585
邮箱：sdhmkj001@163.com

手机APP　微信订阅号

营口盛宇耐火材料有限公司总裁　刘刚

营口盛宇耐火材料有限公司

营口盛宇耐火材料有限公司位于美丽富饶的辽东半岛腹地，被誉为“中国镁都”的大石桥市营口经济开发区内，它北接沈阳，南临大连，毗邻沈大高速公路，沈大铁路，营口港，鲅鱼圈港等，交通十分便利。

我公司是以丰富优质的矿产资源为依托，生产镁质系列耐火材料的专业公司。公司现有员工100余人，各类专业技术人员10人，占地面积18676平方米，摩擦制砖机10台，生产镁碳砖、镁铝碳砖，年产量4万余吨，不定形耐火材料4万余吨，有颗粒料加工生产线2条，散状耐火材料生产线1条，连铸“三大件”塞棒、长水口和侵入式水口功能耐火材料生产线1条，公司拥有雄厚的科研力量和先进的检测手段，保证了公司产品的完好质量和性能，从而满足客户的需求。

我公司与唐山福丰钢厂、宝新钢厂、东海钢厂、文安钢厂、福建鑫海钢铁有限公司、山西潞城兴宝钢厂、承德建龙特钢有限公司、无锡新三洲特钢有限公司、秦皇岛宏兴钢铁有限公司、河北兴华钢铁有限公司、首钢贵阳特殊钢有限公司长期合作。从20～120吨共计15台转炉耐火材料整体承包和1台60吨电炉及配套钢包3个。多年来本着互惠互利、共同发展的原则，建立了友好的合作关系。

我公司产品质量好、性能稳定，供货及时，耐火材料消耗低，炼钢成本低，适合大中型转炉使用。售后服务态度及服务质量得到了各钢厂的好评。

公司总裁刘刚先后获得了辽宁省优秀企业家、辽宁民营企业协会副会长的称号；在公司领导的带领下公司产品取得了国家镁碳砖系列产品生产许可证，通过GB/T 19001—2008/ISO 9001:2008质量管理体系认证；营口市耐火材料行业协会颁发的二级优秀供应商、二级优秀承包商的称号，公司取得了辽宁省民营百强企业的荣誉。

公司于2015年引进一台在行业内制造水平较为先进的等静压压力机及配套生产设备，这使得我公司具备生产连铸用功能耐火材料能力。我公司于2016年打开国际市场，先后与印度和巴基斯坦客户确定合作关系。

公司经过十年的努力拼搏，从当初的名不经传的小工厂发展成为现在具备研发新产品和技术革新的现代化企业。

地址：辽宁省营口大石桥经济开发区西外环路西侧　邮编：115100
电话：0417-6972522　传真：0417-6972522　手机：18341741777
网址：www.shengyujituan.com.cn　邮箱：yksy20080808@163.com

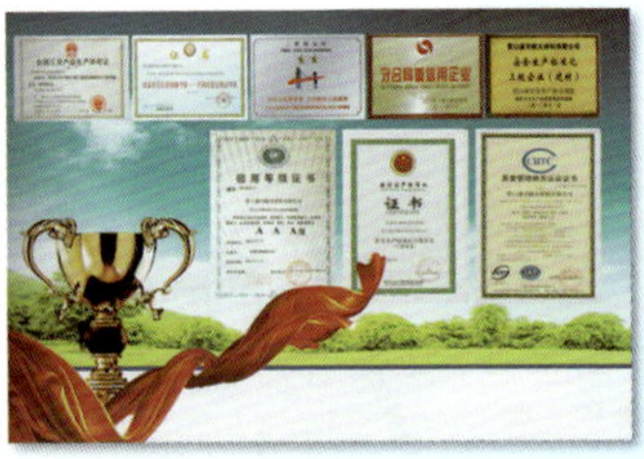

企业荣誉

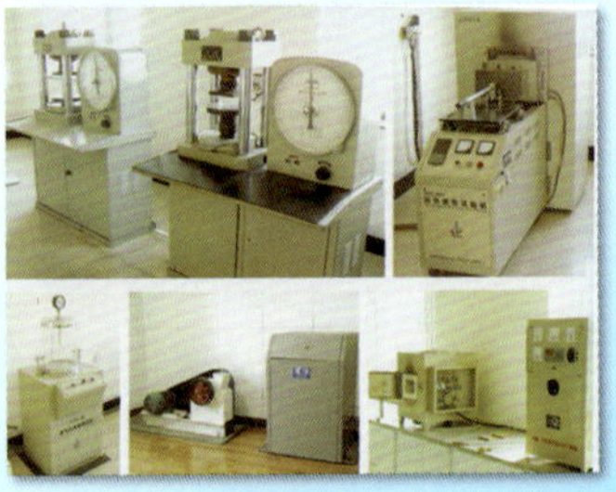

检测设备

生产设备

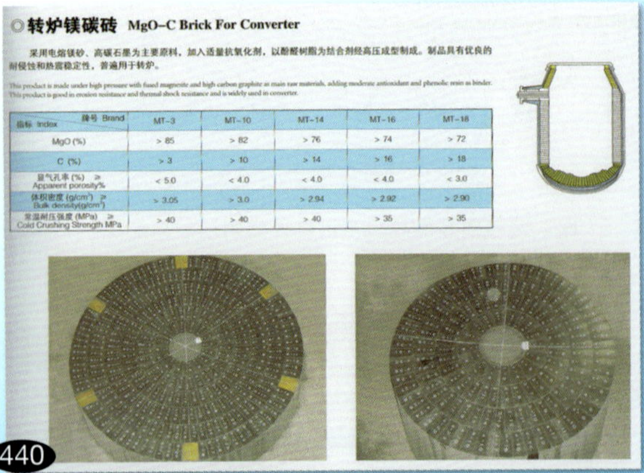

◎转炉镁碳砖 MgO-C Brick For Converter

采用电熔镁砂、高碳石墨为主要原料，加入适量抗氧化剂，以酚醛树脂为结合剂经高压成型制成。制品具有优良的耐侵蚀性和热震稳定性，普遍用于转炉。

This product is made under high pressure with fused magnesite and high carbon graphite as main raw materials, adding moderate antioxidant and phenolic resin as binder. This product is good in erosion resistance and thermal shock resistance and is widely used in converter.

牌号 Brand / 指标 Index	MT-3	MT-10	MT-14	MT-16	MT-18
MgO (%)	> 85	> 82	> 76	> 74	> 72
C (%)	> 3	> 10	> 14	> 16	> 18
显气孔率 (%) ≥ Apparent porosity%	< 5.0	< 4.0	< 4.0	< 4.0	< 3.0
体积密度 (g/cm³) ≥ Bulk density(g/cm³)	> 3.05	> 3.0	> 2.94	> 2.92	> 2.90
常温耐压强度 (MPa) ≥ Cold Crushing Strength MPa	> 40	> 40	> 40	> 35	> 35

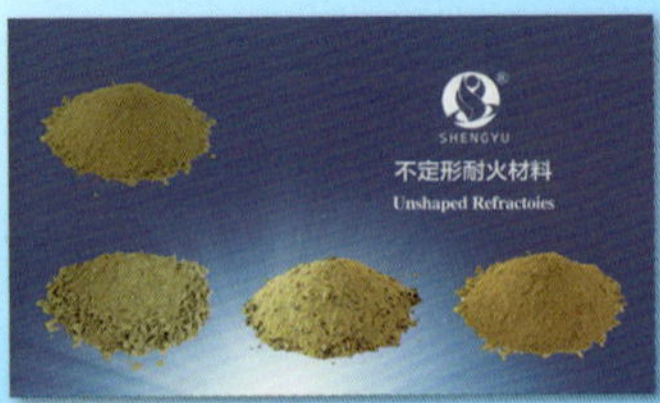

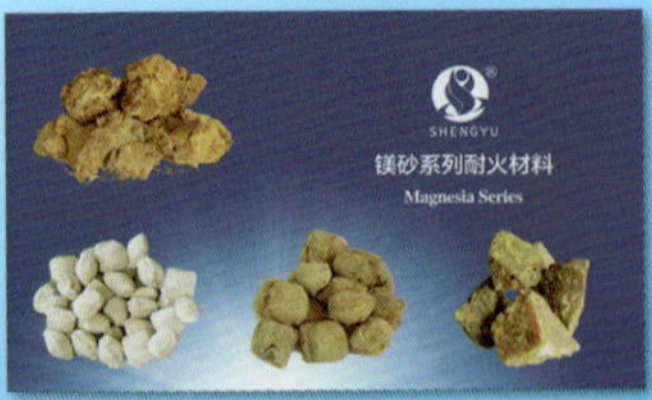

产品展示

郑州振中电熔新材料有限公司

ZHENGZHOU ZHENZHONG FUSED NEW MATERIAL CO., LTD.

郑州振中电熔新材料有限公司位于新密市苟堂镇，占地面积25万平方米，注册资本1250万元，现拥有总资产1.5亿元。公司始建于1987年，经过三十年拼搏，公司现已发展成为一个高生产技术、高科技含量、高附加值电熔氧化锆及锆复合耐火材料有限责任公司。企业现有员工388人，其中从事技术研发65人。公司先后被授予“大型二档乡镇企业”“全面质量管理达标企业”、河南省“一级先进企业”“河南省百强企业”“资源综合利用企业”“专利示范企业”；2008年认定为高新技术企业；2010年公司顺利通过了ISO9001:2008国际质量管理体系认证。2010、2011、2012连续三年被授予“中国建材500强”；公司连年获得“守合同、重信用企业”荣誉称号。

公司主要生产电熔锆质耐火材料可达20000吨，电熔氧化锆作为一种新型材料，由于它具有极高的热稳定性，优良的抗热震性，低热传导性以及化学不活泼性等性能，广泛应用于航空航天、金属冶炼、研磨抛光、高端陶瓷领域。公司研发的氧化锆陶瓷砂，替代了氧化铈稀土材料，实现绿色循环，不产生工业垃圾，广泛用于智能设备的背板抛光，现主要供应富士康、华为、三星等企业；产品市场占有率76%。公司在佛山、潮州、宜兴、淄博等地设有销售网点，产品已销往全国各地，并出口到美国、日本、俄罗斯、德国、意大利、印度尼西亚、印度等国。

公司非常注重科技创新，现已获得21项国家发明专利，实审中发明专利1项，河南省科技成果7项，科技进步奖2项。是2012年《电熔氧化锆》国家标准第一起草单位；2013年《锆精矿》标准第三起草单位；并获得工信部“2012年中国资源综合利用最具影响力企业”“2013年资源综合利用科技一等奖”“2014年中国循环经济一等奖”。2015年成功推出铈稳定氧化锆、高锆研磨砂、熔铸高锆砖等新一代自主专利权的新产品，以打造更具优势的产品占领市场。

李起胜董事长1986年在河南省新密市率先创办了电熔砖生产企业——新密市中原电熔耐火材料厂。多年来，由于技术辐射和人才培养带动，使新密市生产电熔耐火材料厂由一家发展到目前38家、78条生产线，年销售额58亿元以上，仅在新密苟堂镇就有10家生产厂、18条生产线，年销售额近15亿元，被誉为“电熔锆制品生产专业镇”，是新密市经济发展的支柱产业。李起胜现已成为电熔耐火材料行业的领军人物，1993年开始享受国务院特殊津贴奖励；被授予全国乡镇企业家；河南省优秀共产党员；河南省优秀乡镇企业家；河南省劳动模范、十佳民营企业家、十佳扶贫状元；2003年当选为第十届全国人大代表。

地址：河南省新密市苟堂镇　邮编：452384　网址：www.zz-zirconia.com
电话：0371-69251084　传真：0371-69251092　邮箱：zz@zz-zirconia.com

水泥企业生产过程无铬化
整体解决方案专业服务商

由淄博市鲁中耐火材料有限公司和北京科技大学联合攻关，开发的镁铁铝尖晶石砖能完全替代镁铬砖。其性能特点有：

（1）窑皮形成迅速、挂窑皮性能好、窑皮稳定、停窑时不剥落；

（2）抗侵蚀性好、没有碱裂、疏松现象；

（3）温度扫描显示，回转窑筒体温度在220～300℃，比国外同类产品低40℃以上，节能显著。

全陶瓷预热器内筒，专利号：ZL200820016365.3和ZL200820188205.7，2009年5月通过了省科技部门鉴定；镁铝尖晶石砖2011年2月通过省科技部门鉴定，此两项产品，性能达到国际先进水平。

质量第一　顾客至上　每袋每块　不优不付

节能

环保

长寿命

淄博市鲁中耐火材料有限公司

地 址：山东省淄博市淄川区罗村镇聂村
电 话：耐火材料销售部 +86(533)5691136/5691659
传 真：+86(533)5690920/5691508
邮 编：255138
网 址：www.zlnn.com
邮 箱：zilunai@126.com

山东圣川陶瓷材料有限公司

地址：山东省淄博市淄川经济开发区马莲山圣川路6号
电话：+86(533)5416366/5416977
传真：+86(533)5416466
邮编：255100
邮箱：sheng_chuan@126.com

兴亚·能源
BAUXITECHINA

河南兴亚能源有限公司

河南兴亚能源有限公司位于河南省济源市，注册资本6000万元，拥有山西孝义豫隆铝业有限公司和青岛兴亚国贸进出口有限公司两个全资子公司。公司专业生产矾土基高铝均质料和高铝矾土熟料，已通过ISO9001: 2008质量管理体系认证。公司专注于矾土行业十多年，拥有国内均化矾土行业名列前茅的158米高温隧道窑一条，ϕ2.5m×80m回转窑生产线一条和300m^3燃气梭式窑多座，年产优质矾土基高铝均质料10万吨和高铝矾土熟料6万吨，是国内知名的矾土基高档耐火原料生产基地。

本公司生产并销售的矾土基高铝均质料采用精选的高纯矾土原料进行湿法生产，经“三次均化，一次定性”，在隧道窑中高温煅烧而成，本产品体积密度高，显气孔率低，高温抗侵蚀性好，高温体积稳定性优异。Al_2O_3含量为80%～86%的均质料，作为传统倒焰窑和回转窑特级矾土的更新换代产品，已在中国市场广泛使用；Al_2O_3含量大于88%的均质料（烧结刚玉），可以部分替代棕刚玉，极大降低生产成本，已在宝钢、柳钢和马钢等企业使用多年。公司产品已出口到日本、伊朗、土耳其和乌克兰等多个国家。

“因为专一，所以专业”，本公司成立十多年来专一只做铝矾土，长年坚持产学研相结合的创新发展模式，是武汉科技大学的产学研基地和教学实习基地。公司依托武汉科技大学成立了高温材料研究中心，并建立了专业的售后技术服务团队，致力于成为矾土原料全面解决方案供应商。

我们提供给您的不仅仅是优质的原料，还有全方位的售后技术服务！

我们真诚期待与您共同发展，共创未来！

158米全自动高温隧道窑

HC1250全自动液压机

300m^3燃气梭式窑

ϕ2.5m×80m回转窑生产线

联系人：杨亚东 18638900001　罗琼 18839010571

网　址：www.bauxitechina.com　邮箱：xynyxs2012@163.com

「因为专一，所以専業

Since2003 / 十多年来我们只做矾土 /

山东鲁桥新材料股份有限公司

山东鲁桥新材料股份有限公司（前身山东大桥耐火材料厂），地处山东淄博，公司创立于1963年，经过半个多世纪的开拓，已成为集产品设计、研发、生产、施工、陶瓷焊补及窑炉维修等全方位服务于一体的大型的综合耐火材料企业。现有固定资产5亿元，占地面积55万平方米，职工1000多人，其中各类专业工程技术人员268人，并拥有省级耐火材料实验室和专业研发团队，成为国家认定的高新技术企业之一。

公司主要为冶金、建材、有色、电力、化工、市政工程等高温工业窑炉提供优质氧化物及非氧化物的定形、不定形系列耐火材料，年产30万余吨。主导产品主要有铝系、硅系焦化耐材两大系列：焦炉用硅砖、黏土砖，焦炉炉门大型挂釉预制件，超致密高导热硅砖，熔融硅砖，低膨胀无裂纹硅砖，热风炉用硅砖、黏土砖，焦炉用硅火泥及黏土火泥，陶瓷焊补新材料及新技术，硅线石及莫来石砖，高炉用黏土砖等。

鲁桥公司坚持“高端、高质、高效”的发展思路，注重基础管理，建立健全了产品从原料到成品的生产控制体系和产品质量追溯管理系统，运用远程监管系统对每个关键环节实时掌控，优质的产品质量使鲁桥在国内外市场上享有良好的企业信誉和品牌知名度；以持续创新为根本，致力于为客户提供专业化全方位解决方案，与国内外各大钢铁冶金企业及全球知名设计机构建立战略合作关系，进一步积累生产经验，加大产品研发投入力度。其中用于焦炉热修补的零膨胀熔融硅砖达到并超过了国外同类产品标准；高效节能高导热硅砖开拓了耐材新领域，现已在国内大型焦炉上成功得到应用；大型窑炉炉门组件结合当地高品质陶瓷釉，使产品使用性能、环保性能大幅提升；用于铝工业的耐侵蚀硅砖的研发成功，大大延长了高温窑炉的使用寿命；用于工业窑炉的陶瓷焊补技术，可以在不影响窑炉正常运转的前提下对窑炉进行焊补维修，提高窑炉效率并延长操作寿命……采用中国优质的原料，生产的产品优于国家标准，出口产品长年按照德国标准制作，通过德国蒂森克虏伯公司先后为韩国浦项、韩国现代、日本JFE、德国HKM等大型钢厂供货。

控制中心

新材料的研发我们从未停止。鲁桥将秉承“奉献创新、诚信永恒”的经营理念，顺应科技发展趋势，以“成为拥有全球影响力品牌的国际化大公司”为愿景，不断创新，稳步提升，致力于成为行业主导、用户满意的具有雄厚竞争力的耐材解决方案服务商。

窑炉生产线

压力机

外商在检测

地址：山东省淄博市博山经济开发区新材料产业园鲁桥路

网址：www.luqiaochina.com　邮箱：wangtao@daqiaoindustry.com

电话：0533-8174539　传真：0533-8174512　联系人：王涛

辽宁中镁集团

控制室

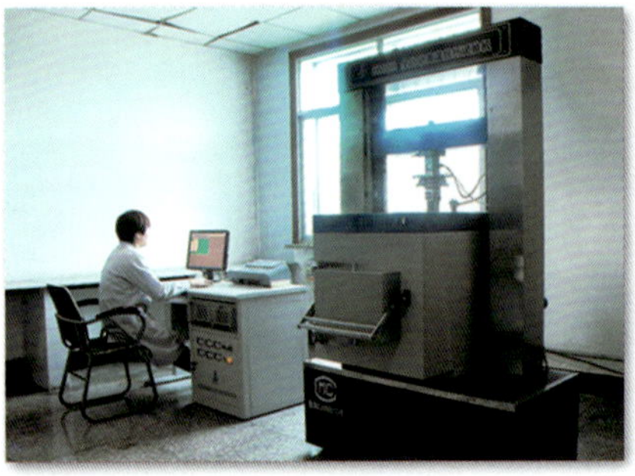

检验中心

海源液压机-2500

海源液压机-3600

辽宁中镁集团成立于1989年，坐落于素有“中国镁都”之称的大石桥，是集耐火材料、储能蓄热材料及装备研发、制造、营销及施工服务于一体的大型企业。公司现有员工1500多人,资产11.8亿元，占地68万平方米，下辖辽宁中镁控股股份有限公司（证券简称：中镁控股　证券代码：831621）、辽宁中镁高温材料有限公司、营口关山耐火材料有限公司、营口中耐装备技术有限公司、营口富电热能技术有限公司、新疆中镁高温材料有限公司、吐鲁番富电热力有限公司、中镁(吉林)新能源热力有限公司、营口中镁假日酒店有限公司。

集团主要产品有镁质原料、烧成及不烧制品、不定形材料、固体相变储能材料、铁基蓄热砖、镁基蓄热砖、高低压电储能成套装备。年产耐火材料35万吨及供暖面积为1800万平方米（相当于5180GJ热量）的电储能装备。产品广泛应用于冶金、建材、有色、化工、特种金属冶炼、清洁能源电储能技术等领域。

耐火材料产品主要销往宝武集团、山东钢铁集团、太钢集团、华菱钢铁集团、建龙钢铁集团等八十多家钢铁企业，还出口美国、韩国、日本、印度、伊朗等十多个国家；储能蓄热材料销往格力电器、长虹集团、苏立电器、安泽电工、露笑科技等清洁能源电器企业；储能成套装备主要用于民用采暖、工业用热水、热风、蒸汽等企业。

集团积极响应国家“一带一路”倡议，利用新疆资源、地理、市场等区域优势，建立新疆镁质耐材产业基地及储能装备产业基地，形成以菱镁矿为主的资源开发，从矿山→原料→产品“全产业链”的经营模式，完善集团菱镁产业结构，已成为公司新的经济增长点，形成了“区域化”发展特色，带动了地方经济的发展。

集团是国家创新型企业、高新技术企业，拥有省级企业技术中心、大学生实验研发培训基地，与中科院金属研究所、华北电力大学、东北大学、辽宁科技大学等大学和研究机构保持长期良好合作关系；还与辽宁科技大学共建镁质高温材料研发中心，形成以博士、硕士等高级技术人才为核心的创新研发队伍，协同创新，共同发展。

集团秉承“水远诚为岸，山高德为巅”的经营理念，在高温材料领域不断开拓创新，荣获国家专利56项，享有自主知识产权新产品多项，其中“节能型-低热导率复合镁钙砖”“电熔再结合镁钙砖”“固体相变储能材料、铁基蓄热材料”、储能装备等具有独特的技术优势，并达到国际先进水平。

集团具有完善的质量保证体系，通过了ISO9001质量体系认证、ISO14001环境管理体系认证、OHSAS18000职业健康安全管理体系认证，获得“全国耐火材料一级优秀承包商”“辽宁省诚信示范企业”“辽宁省现代企业制度首批示范企业”等一系列资格证书和荣誉。

集团始终秉承“质量为本、用户至上”的宗旨，以不懈的努力为客户提供更多高性价比的产品和服务。

包装

隧道窑

料仓

地址：辽宁省营口市南楼经济开发区　邮编：115100　邮箱：lnfcgs2008@163.com
电话：0417-5252893/5252445　传真：0417-5251105　网址：www.zhongmeigroup.com

江苏晶鑫新材料股份有限公司

江苏晶鑫新材料股份有限公司是一家集耐火材料原料研发、生产、销售、服务于一体的国家高新技术企业。公司品牌“晶辉”获江苏省著名商标、名牌产品。公司主营烧结刚玉、烧结莫来石、烧结镁铝尖晶石、氧化铝微粉。

公司自1979年成立以来，始终坚持创新、发展、诚信、和谐的理念，秉承“百年企业”的目标，凭借领先的技术研发、严格的质量管理、独特的营销模式、完善的售后服务享誉行业内外。

公司坐落于中国历史悠久的文化名城——扬州，以江苏晶鑫为主要生产基地，下辖江苏晶辉耐火材料有限公司全资子公司，现有职工175人，发明专利9项、实用新型专利16项，拥有4条完全自主知识产权的高温竖窑生产线，设计年产能11万吨，产品远销21个国家和地区，服务客户超过500家。

公司建成国家认定的博士后科研工作站、省级高温合成材料工程技术研究中心，先后取得数十项科技成果。参与制定《烧结刚玉》《镁铝尖晶石》《莫来石》《刚玉单位产品能源消耗限额》《莫来石单位能源消耗限额》等产品及能耗国家标准或行业标准。通过ISO9001、ISO14001、OHSAS18001、ISO50001四个体系认证。

公司与维苏威、北京利尔、武钢耐火等知名耐材企业结成战略合作关系，共同推进企业发展；与西北工业大学、武汉科技大学、河南科技大学、南京工业大学等知名高校展开深层次合作，共同推进耐火材料科技的发展。

未来，晶鑫将不断挑战自我、推陈出新，与客户一道，共同创造绿色、可持续发展的耐材之路。

地址：江苏省扬州市江都区真武镇杨庄工业区　邮编：225265　邮箱：jsjh@vip.sina.com
电话：(0514)86236078/86278052/86278078　传真：(0514)86278079　网址：www.jsjinghui.com

溧阳市荣鑫环保科技有限公司

竖式天然气蓄热球熔铝炉：江苏上上电缆集团有色型材生产车间

溧阳市荣鑫环保科技有限公司位于溧阳市南渡镇工业集中区，总投资2000万元，占地面积12亩，投资建设836平方米办公楼，1000平方米员工宿舍，4000平方米标准化钢结构厂房。自2008年公司成立以来，公司以稳健发展，不断创新为经营宗旨，拥有技术人员36名，在产品性能和服务上打造行业品牌。

公司主要产品有各种天然气蓄热式熔铝炉、天然气蓄热球型室式加热炉、天然气蓄热球型贯通加热炉、天然气蓄热式台车炉、天然气蓄热式热处理炉、天然气蓄热球型轧钢炉等。本公司还自主研发低水泥烧嘴砖。近年来我公司依托多家科研院所，引进国内外天然气炉窑技术，始终坚持更环保更节能的理念，达到了节能降耗，深受用户好评。

本公司集科研设计、制造、安装、热工调试及技术咨询服务于一体，随着市场的快速发展，荣鑫全体员工不断对天然气蓄热球型炉窑进行研究与创新，为客户提供满意的服务，秉着求实创新，不断开拓的精神，欢迎各界新老客户来公司考察指导，与广大客户一起携手奋斗，互助互利，共创辉煌。

天然气蓄热球型室式炉：江苏金源10吨锤生产车间

产品介绍：

竖式蓄热节能熔铝炉的结构为国内同行业领先，是一种较为理想的连续式熔炼设备。由竖炉、熔炼室、保温炉、独特的联动蓄热燃烧系统、PLC自动控温系统等部件组成。

天然气蓄热球型室式炉属于间歇式加热的炉型，多实行一班或两班操作制度，炉子结构较简单。室式加热炉炉膛不划分温度区段，要求炉温不随时间变化，在计算与鉴定炉子的热工性能时通常假定为恒温炉。

天然气蓄热球型贯通炉配套1吨锻造锤生产前加热，标准工况下，该炉吨钢天然气耗气量在45～70m^3，根据不同厂家生产工艺不同耗气量也不同。

天然气蓄热球大型室式炉：江苏金源4500吨压机车间

天然气蓄热球型贯通炉

地址：江苏省溧阳市南渡镇工业集中区金山路18号　电话：0519-87667088　传真：0519-87667188
王经理　15861118588　1282707796@qq.com　张经理　15861112588　1587446054@qq.com
许经理　13328166566　390089093@qq.com　马经理　13382816868　2393220105@qq.com

淄博桑德机械设备有限公司

淄博桑德机械设备有限公司成立于2007年，是一家致力于高新技术的研发、设计、生产和销售为一体的高科技企业。公司总部位于山东省淄博市高新区创业园内，工厂坐落于世界短篇小说之王——蒲松龄的故乡：淄博市淄川区昆仑镇。现有员工百余人，其中60%以上为大学本科学历。高素质的员工、专业的研发团队以及先进的技术设备，保证了公司为广大客户提供高品质的产品与服务。

公司一贯秉承“科技创造未来，真诚服务客户”的经营理念，深入市场调查，根据市场的实际需求，与国内科研院所合作开发了SD20A、SD20、SDZ系列电动程控螺旋压力机，该压力机是在继承国内外先进技术的基础上，吸收了我国在大功率开关磁阻调速电动机方面的研究成果，将开关磁阻调速电动机的特点和螺旋压力机的要求有机地结合起来，实现了螺旋压力机的数字化控制，推动了我国压力机技术的发展。该压力机对于耐火材料、锻造行业来讲，真正做到了高效、节能、环保、产品一致性好的特点。

SD系列电动程控螺旋压力机已获得国家实用新型专利（专利号：ZL2008 2 0016916.6）。

淄博桑德机械设备有限公司自成立之初，以先进的技术和不断的创新研发立足于市场，产品销售遍布全国，短短的几年时间内，市场占有量超过千台，并先后与北京利尔、北京瑞泰科技、中钢洛耐、日照金马集团、浙江跃进集团、上海保捷、重庆长江轴承等众多集团公司合作。同时，公司实施国际化经营战略，目前产品已经走向国际市场。远销印度、韩国、朝鲜、土耳其等多个国家和地区，出口占有率也居行业前列，始终处于行业市场占有率名列前茅的位置。

淄博桑德机械设备有限公司始终走在行业的前列，公司现为国家高新技术企业，并先后被评定为“山东省中小企业隐形冠军”“山东省装备制造业单项冠军”“山东省装备制造业优秀企业”“淄博市一企一技术创新企业”等，拥有国家发明专利和实用新型专利十几项。在今后的发展中必将不断创新、加强自身实力，为广大客户提供优质的产品和服务，永作国内同行业中的领头军。

地　　址：山东省淄博市高新区创业园B座216室
电　　话：0533-3588208　传真：0533-3588209
联系电话：13953318596
网　　址：www.sunderjx.com
邮　　箱：zbsdjx@126.com

鲁西冶金耐火材料有限公司

鲁西冶金耐火材料有限公司（聊城大学产学研基地）西邻东阿县工业园、国道G105门前通过，是集科研、制造耐火原材料的大中型企业，主要产品有耐火材料及原料系列（炼钢耐材、炼铁耐材、耐火材料添加剂、防氧化涂料等）、树脂系列（热固性酚醛树脂、热塑性酚醛树脂、改性树脂、无水树脂、有机硅树脂、呋喃树脂、水溶性树脂等）等50多个品种。

现与聊城大学合作共同开发技术前沿的树脂结合剂，还有各大院校教授的冶金耐材技术支持，产品质量有可靠的保证，是用户值得信赖的合作伙伴。这将对各种炼铁、炼钢、冶金耐火材料再上一个新台阶奠定基础。“用户就是上帝”是我们的座右铭。展望未来，我们将以更优质的产品、合理的价格、良好的售后服务取信于广大用户，我们竭诚欢迎新老朋友莅临指导、洽谈业务、献计献策、共求发展，让我们在市场的大潮中搏击创新，再创辉煌。

专业环保炮泥树脂及耐材树脂生产厂家

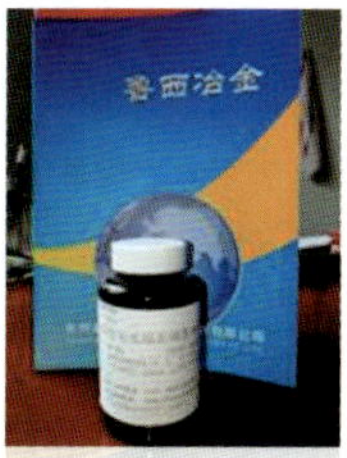

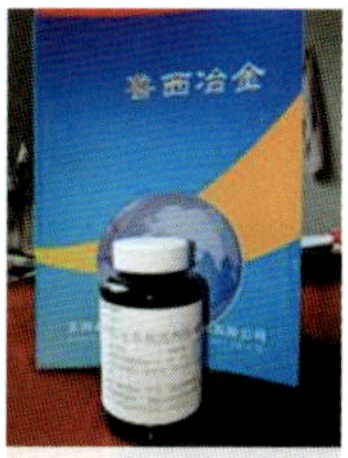

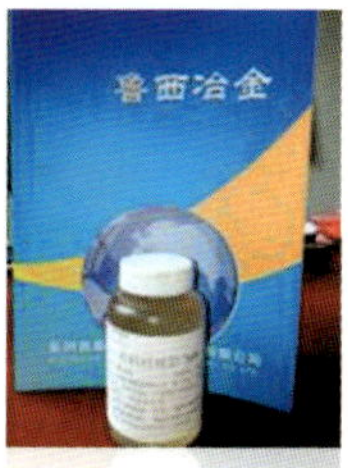

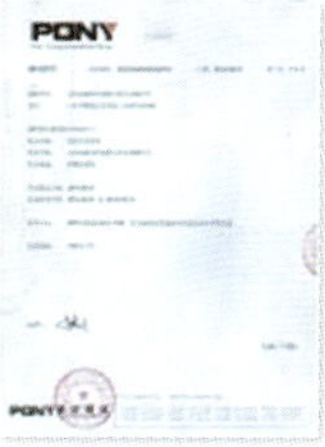

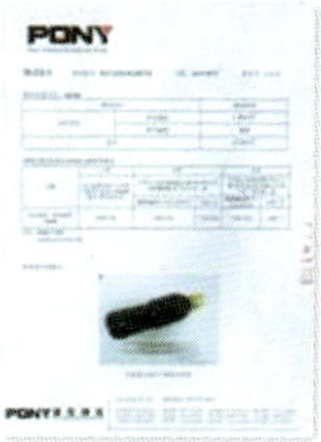

主要产品一览表

产品名称	用途及性能
环保炮泥树脂	环保炮泥专用
有机硅树脂	高档滑板、摩擦材料、不烧碳化硅制品专用
无水树脂	镁钙砖及钙质耐材专用
酚醛树脂	滑板、镁碳砖、铝镁碳砖、捣打料、铝碳连铸三大件、干式料、炮泥、摩擦材料、覆膜砂、铸造材料等各种定形不定形耐材专用
改性树脂	镁碳砖、捣打料、炮泥、大面料、碳素材料专用
油浸滑板树脂	滑板油浸专用，降低滑板气孔率提高强度
滑板油	滑板润滑专用，增加滑板润滑度，提高滑板使用次数
水溶性树脂	岩棉、油井堵水材料专用
耐材及添加剂	复合添加剂、防氧化涂料、不烧碳化硅制品及定形不定形耐材和耐材添加剂等

地址：山东省聊城市东阿县工业园区　　网　址：www.luxiyejin.com
电话：0635-3456816　传真：0635-3456836　联系人：田守忠　手机：13508959442

淄博八陡耐火材料有限公司

淄博八陡耐火材料有限公司成立于1999年，是由1958年建立的“淄博博山八陡耐火厂”改制成立的，公司注册资本1100万元。现有固定资产8000万元，占地面积72800平方米，建筑面积58800平方米，现有员工300余人，其中工程技术人员60人。

公司位于我国玻璃窑用硅砖生产基地的齐鲁故地——孝乡博山。公司生产耐火材料已有30余年的历史，主要产品有“八耐”牌玻璃窑用优质硅砖、焦炉用硅砖、优质硅火泥等产品，均采用国家标准及国际标准生产。公司现拥有两条先进的硅砖生产流水线，年产能力5万余吨，公司玻璃窑用优质硅砖先后获山东省科技进步三等奖和国家科委银奖。公司于2007年投资5000余万元，新上电熔耐火材料生产线，引进国内外先进生产技术与设备，生产33号、36号、41号熔铸锆刚玉砖，畅销国内外，具有年生产5000吨的生产能力。公司拥有自己的“玻璃窑炉耐火材料研发中心”，化验检测设备齐全，为产品质量提供可靠的保障。

公司是国家耐材协会和耐火材料标准修订委员会成员，公司通过了ISO9001质量体系认证，连续多年被评为山东省“守合同 重信用”单位。在国内市场，客户遍布全国20多个省、市，常年用户有400多家，并建立长期战略合作关系。公司拥有自营进出口权，外销韩国、日本、南非、加拿大、美国及欧洲等国家和台湾地区。

历经30多年积累和沉淀，公司技术力量雄厚，在玻璃耐材行业赢得较高的信誉口碑。“八耐”人志愿打造百年企业，每一天都在勤勤恳恳工作，认认真真做事！

地址：山东省淄博市博山区八陡魏家后门81号　邮编：255203　网址：www.zbbanai.com
电话：0533-4591568　4591221　传真：0533-4591568　邮箱：zibobanai@126.com

高能科®

冷水江市高科窑炉耐火材料有限公司

冷水江市高科窑炉耐火材料有限公司成立于2001年，注册资金500万元，现有员工62人，地处湖南中部世界锑都——冷水江市，是中国中南、西南地区独特的生产特种高科技耐火材料的新兴企业，我公司是由原高科窑炉耐火材料厂改制而成，现设有定形和不定形两个生产分厂，年产新型高科特种耐火材料5000吨，普通耐火材料8000吨，产品广泛应用于冶金、建材、化工、电子、陶瓷、轻工、铸造等多个行业，产品主要有各种类型保护渣、特种浇注料及捣打料、引流砂、修补料、喷补料、覆盖剂等系列耐火材料。产品质量过硬，各种类型的耐火材料多次通过国家耐火材料监督检测中心检验合格，并在华菱涟钢、华菱衡钢、冷钢等大型钢铁公司得到广泛应用，公司通过了ISO9001质量管理体系认证，并获得了信用等级AAA级企业。

我公司坚持以质量为本，用户至上为宗旨，根据市场需要不断调整产品结构，开发新产品。同时，与洛耐院、北钢院、武科大、建材院、湖大、矿冶院等科研单位建立技术协作联合体，进一步增强我公司不断开发新产品的技术实力。

我公司将不断地致力于质量管理、人文管理及成本管理，苦练内功，坚持科技兴厂，以质量和信誉取胜，以不断为广大客户提供优质产品和服务为己任，与广大客户一道携手共创新的辉煌！

我们衷心感谢广大用户对我公司的深情厚爱与大力支持。热忱欢迎新老客户光临惠顾。

公司主要产品

公司实验楼

公司生产车间

公司保护渣生产车间

地址：湖南省冷水江市金竹山火车站旁　邮编：417505　网址：www.gkylxcl.com
电话：0738-5611888　5227175　传真：0738-5611888　5227175　邮箱：898977318@qq.com

博赛集团

重庆市博赛矿业（集团）有限公司

棕刚玉段砂

棕刚玉号砂

棕刚玉大块

重庆市博赛矿业（集团）有限公司通过实施“抓大放小”和多次产业结构调整，现已形成年产高铝熟料60万吨、棕刚玉25万吨、氧化铝80万吨、电解铝20万吨及铝材加工12万吨的综合生产能力，在重庆、贵州、四川、广西以及南美圭亚那、西非加纳和新加坡等地区与国家建有十余家生产企业或分公司，产品畅销欧洲、北美、日本、印度等30多个国家和地区以及国内广大市场。其中，博赛生产的高铝熟料和棕刚玉产销量均居国际领先。在国家和重庆市各项权威排名中，博赛集团列中国制造企业500强、中国民营企业300强、中国有色金属企业50强、重庆工业企业20强、重庆民营企业10强。

在国家开始大力倡导“走出去”发展以及重庆打造“内陆开放高地”的战略背景下，博赛集团审时度势，于2006年底以6000万美元收购了南美洲圭亚那合作共和国欧迈矿业公司，获得了2亿吨世界上无可比拟的高铝低铁铝矿资源，占据了40%的国际高铝熟料市场份额，产销量稳居世界前列，让中国人从此拥有该行业在全球市场上的发言权和影响力。经过六年多时间的精心经营和系统运作，博赛集团圭亚那工厂已在当地站稳了脚跟，每年实现数千万美元的利润。

2009年底，在世界金融危机全面爆发之际，博赛集团再次投资3000万美元成功收购世界矿业巨头力拓旗下西非加纳铝矿公司。经过勘探，该铝矿公司拥有世界上名列前茅的高铝低硅铝矿资源1亿吨以上。该矿从2013年起将生产高品位铝土矿250万吨，计划全部运回博赛集团旗下的重庆南川氧化铝厂使用，成为重庆除铁矿以外的第二大进口资源。截至2014年底博赛集团海外总投资额已达1.5亿美元。

值得一提的是，博赛集团于2011年底成功举办了“百亿博赛”庆典活动，成为目前重庆主城区外率先跻身“百亿俱乐部”的区县民营企业。

“十二五”期间，博赛集团还将进一步加大“走出去”发展的步伐，继续充当重庆“走出去”发展的“领头羊”，拟对外投资达20亿～30亿美元，占据重庆“十二五”期间对外投资额的十分之一。其中投资1.5亿美元实施博赛圭亚那工厂现有产能倍增计划是重点。受益于海外事业的发展，博赛到2015年的销售收入将达365亿元，届时实现一天销售一个亿的宏伟目标。

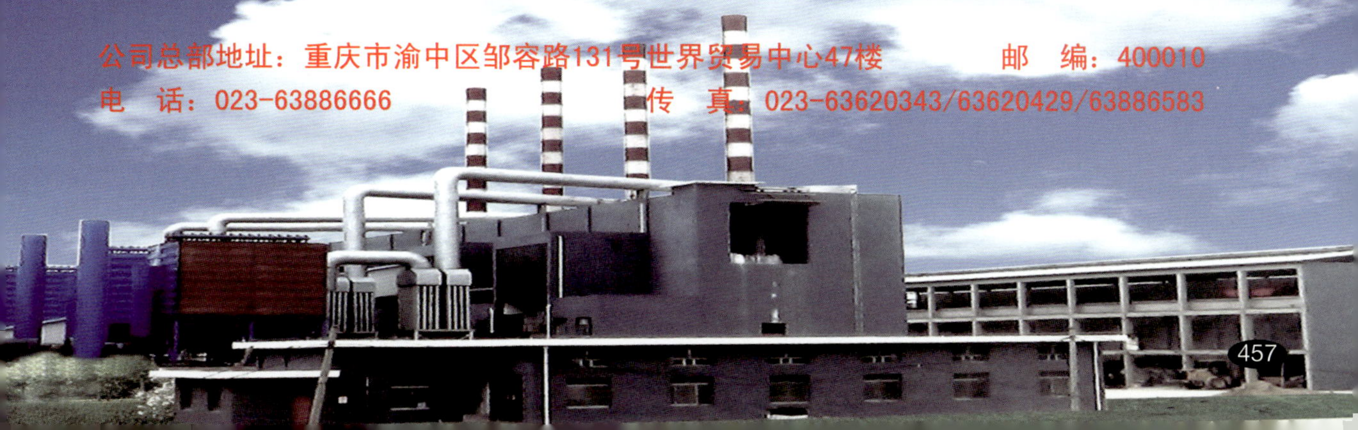

公司总部地址：重庆市渝中区邹容路131号世界贸易中心47楼　　邮　编：400010
电　话：023-63886666　　传　真：023-63620343/63620429/63886583

洛阳特耐窑炉工程有限公司

荧光分析仪

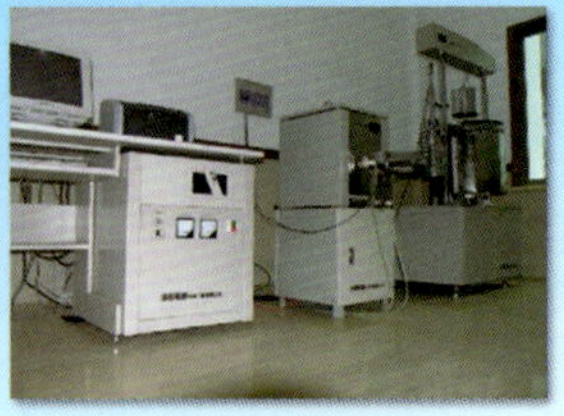

热膨胀测试仪

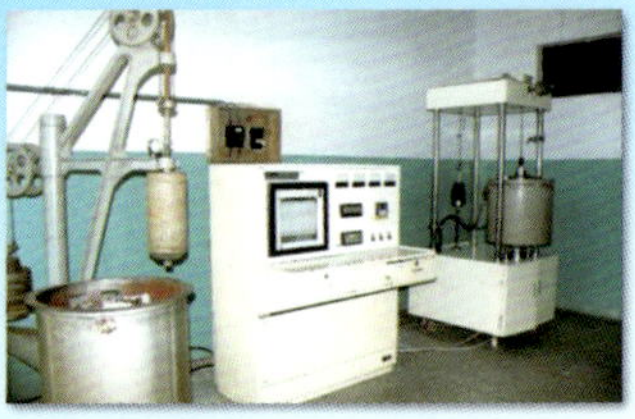

高温荷重软化检测仪

回转窑

洛阳特耐窑炉工程有限公司是从事工业窑炉内衬生产的专业公司，主要从事电力、冶金、石化等行业的高温耐磨不定形耐火材料的研究、开发、生产。其主导产品为循环流化床锅炉、垃圾焚烧炉及水泥窑炉回转窑用耐磨耐火系列不定形材料及制品，所生产的耐磨耐火材料被河南省科学技术部门认定为高新技术产品，公司为省级高新技术企业，公司产品通过了ISO9001国际质量体系认证，处于行业的领先地位。

组织机构

公司采用现代企业的管理模式和生产经营机制，下设营销中心、财务部、技术质检部、生产中心、办公室等，建立了生产、检验、销售、售前、售后服务一条龙的质量保证体系。

技术领域

我们参与编制了《循环流化床锅炉用耐磨耐火砖》《循环流化床锅炉用耐磨耐火浇注料》《循环流化床锅炉用耐磨耐火可塑料》《水泥窑炉耐磨耐火浇注料》产品标准，并通过专家评审，属部级科技成果。经过多年的实践，我们从耐火材料的配置、炉墙结构设计、科学的施工、热处理（烘炉）方案的制定等方面，积累了丰富的经验，我们可针对各炉型及工况提供交钥匙工程和创造性解决方案。

产品的检验

我们的产品检验手段先进，配备有完善的检测设备，有新型耐火材料抗压、抗折、耐磨性能检测仪器，微电脑控制热震稳定性检测仪器等，可对各种耐火材料抗压、抗折、耐磨性、热震稳定性等进行检测。为公司产品的质量稳定性提供了可靠的保证。

公司战略

公司以耐火耐磨材料的开发、生产和技术的提高为基础，以"为用户创造价值""质量为本，遵约守信"为经营理念，通过不断的创新，拓展窑炉衬里防磨技术的应用领域，作为行业里出色的专业公司，我们竭诚为国内外广大用户服务，以回报社会各界的支持与厚爱。我们努力做到"按时向顾客提供无差错的有竞争力的产品和服务，以满足或超越他们的期望"。

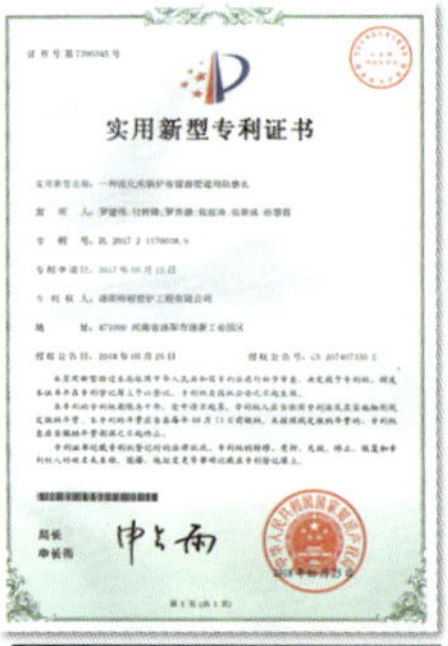

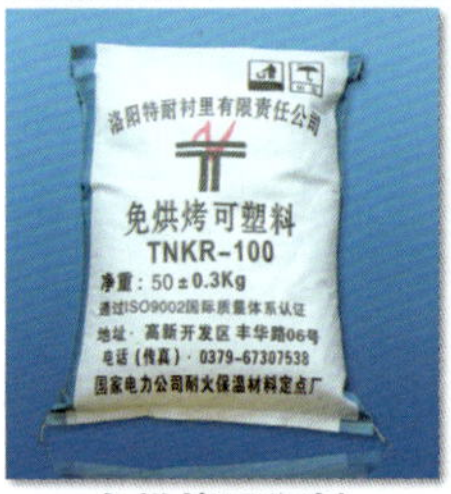

免烘烤可塑料

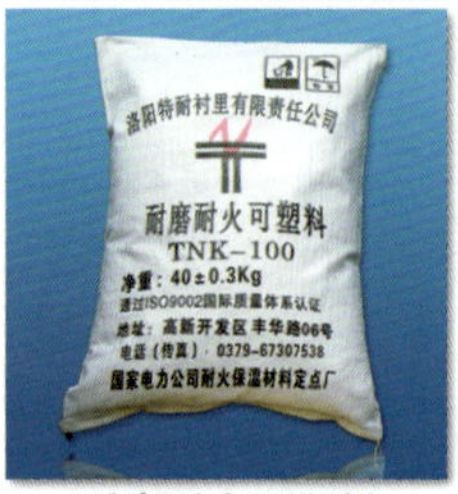

耐磨耐火可塑料

电厂

高温耐磨涂料

点火器耐火材料施工

分离器施工

炉膛耐火材料施工

联系人：付树锋
地　址：河南省洛阳市洛新工业园区
电　话：13598186080、400-1585-966
传　真：0379-69759399

洛阳特耐窑炉官网

山东八三特种耐火材料厂

山东八三特种耐火材料厂，其前身是山东生建八三厂的一个骨干分厂，系国有大型企业，2001年改制为独立法人单位。企业通过质量、环境、职业健康安全三体系认证。

山东八三特种耐火材料厂产品分为两大系列：碳化硅系列耐火材料和炉底辊石墨炭套，其中氮化硅结合碳化硅制品是国内率先研制开发的生产厂家，先后荣获冶金科学技术研究成果奖，冶金科技进步一等奖，国家经贸科技开发成果奖，国家科委进步三等奖，1994年，氮化硅结合碳化硅制品被亚太地区国际博览会评为金奖产品、向欧盟市场推荐产品。

炉底辊石墨炭套，是冷轧硅钢片热处理炉的关键备件，为山东八三特种耐火材料厂率先国产化的石墨深加工产品，低温G处理炭套和中高温P处理炭套相继获得国家发明专利。2016年开始又相继开发出R3型高温干气氛炭套、N P 处理高温湿气氛炭套、DM处理渗氮区高耐磨高抗氧化炭套，用于鞍钢、太钢、宝钢、马钢、首钢等多家大型钢铁企业冷轧硅钢生产线中，已部分和全部替代进口。DM处理高耐磨高抗氧化炭套在宝钢试用，产品性能达到或超过日本炭套水平。

碳化硅系列耐火材料主要包括：氮化硅结合碳化硅制品、赛隆结合碳化硅制品、赛隆结合刚玉制品、工业窑炉用氮化硅板件、匣钵、电解铝槽板、垃圾焚烧炉用氮化硅结合碳化硅制品、粉末冶金用氧化物结合碳化硅制品、碳化硅系列不定形耐火材料，产品远销全国各地，并出口欧、美、亚等国家和地区。

我们厂的质量方针是：**“面向高端需求，持续创新发展，遵守法律法规，免除伤害风险，倡导人文关怀，实现和谐共赢”**。

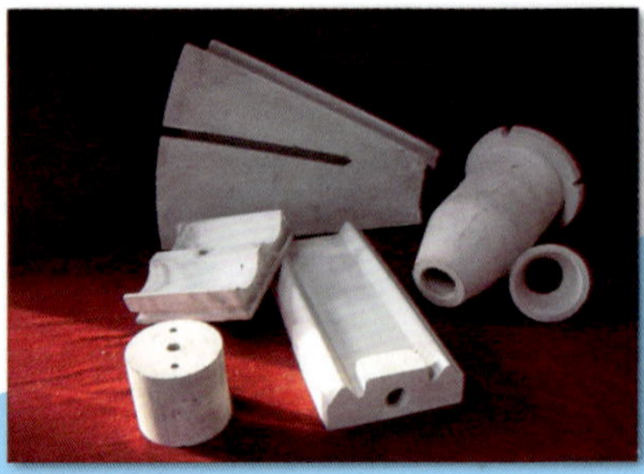

地　址：山东省淄博市周村区王村镇　　邮编：255311

联系人：王景安 18253301918　李玉怀 18253301919　传真：0533-6681896

山东省济宁市新华电力特种材料有限公司

山东省济宁市新华电力特种材料有限公司坐落于济宁市高新技术产业开发区同济工业园内，公司占地面积34665平方米，建筑面积11886平方米，注册资本1200万元。

公司自成立以来，在不断发展壮大的同时，加大开拓市场力度，由小到大，以质量求生存、以信誉求发展；公司现与周边地区建设单位以及中国电建集团核电工程有限公司建立了长期的友好合作关系，先后承接了黄台电厂锅炉保温、锅炉耐火砖砌筑520吨工程，莱芜钢铁股份有限公司炼钢厂22万吨炼铁高炉砌筑工程，济南水泊实业有限公司280吨/日融化玻璃窑砌筑工程，菏泽电厂、龙口电厂锅炉设备管道防腐保温工程，济宁东郊电厂炉墙砌筑、防腐保温工程，里能集团电厂保温防腐工程等各电厂的锅炉砌筑防腐保温工程。公司以“忠实设计、履行合同、服务用户、以质求誉”为宗旨，追求卓越，服务真诚，建设了多项优质工程，成绩显著。

今后，公司全体员工将会继续努力，在各级领导的帮助下，不断开拓市场新领域，以丰富的建设经验、优质的产品质量、先进的施工技术、科学的管理方法、合理的建设工期，竭诚为用户服务。

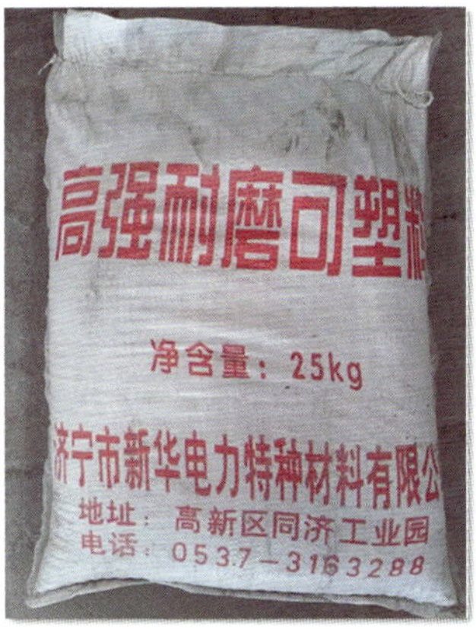

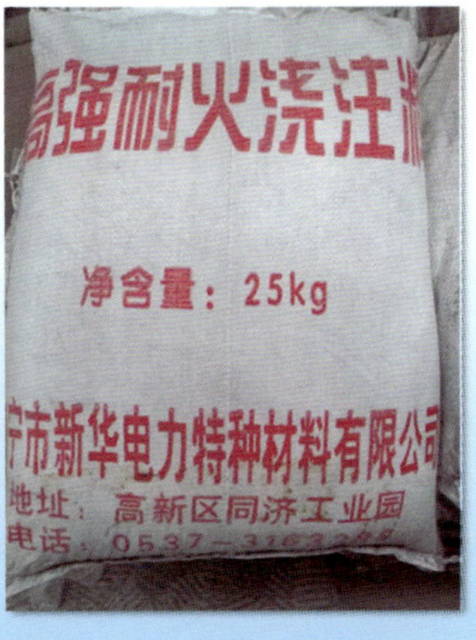

地址：山东省济宁市高新区同济工业园　　邮编：272000　　网址：www.jnxhdl.com
电话/传真：0537-2277908　　联系人：高培启 13605371728　　邮箱：Xhja3208@sina.com

三门峡明珠电冶有限公司

三门峡明珠电冶有限公司是由三门峡黄河明珠（集团）有限公司等法人单位和部分职工出资设立的股份制有限公司，2002年1月1日投入运营以来，主要从事棕刚玉、白刚玉的冶炼、生产和销售。

我公司依托周边丰富的水电、矿产资源和便利的交通，现拥有5000kV·A棕刚玉倾倒炉3台，5000kV·A棕刚玉脱壳炉1台，3600kV·A白刚玉倾倒炉2台，现代化棕刚玉砂生产线2条，白刚玉砂生产线2条。年生产炉料、磨料级棕刚玉50000吨；白刚玉20000吨。产品质量稳定可靠，符合国家标准，产品畅销国内，并且出口到欧美、日本、韩国等国际市场，受到了国内外客户的广泛好评。

三门峡明珠电冶有限公司热忱欢迎国内外客户洽谈业务，共谋发展。优异的品质、优质的服务是我公司对客户的长期承诺。

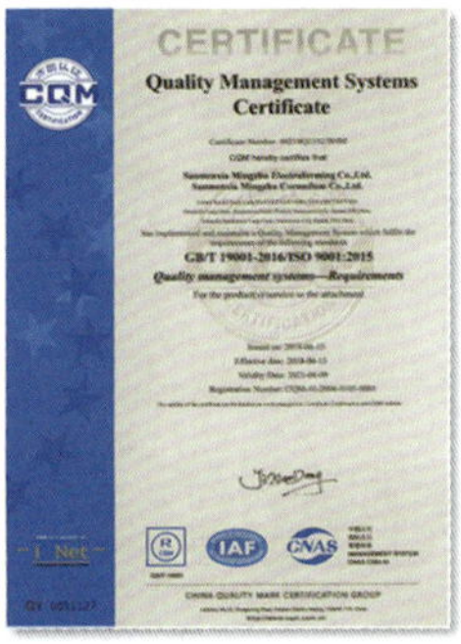

地址：河南省三门峡市大坝
电话：0398-2992059 2992062 2992068
传真：0398-2992062
邮箱：mzdy2000@163.com

黑龙江瑞江顺新材料科技有限公司

黑龙江瑞江顺新材料科技有限公司坐落于黑龙江省穆棱市。穆棱市东与俄罗斯接壤；南连绥芬河、东宁等国家一级口岸；西接闻名遐迩的牡丹江市；北靠中国石墨之都鸡西市，我公司是穆棱市招商引资重点保护企业，与区域“十三五”打造石墨和新材料产业集群规划契合，有着天然的区位优势。

公司主要产品有石墨和碳化硼，我公司生产的天然鳞片石墨严格遵照ISO9002质量体系要求与国际质量管理接轨，可生产各种不同粒度、不同碳量的石墨产品100余个规格，我公司生产的石墨具有鳞片结晶完整、片薄而且韧性好、物理化学性能优良以及具备良好的耐高温、自润、传导、抗热震、耐腐蚀等多种性能。公司技术力量雄厚，生产设备先进，具备12000吨石墨粉的生产能力。

公司有着多年生产碳化硼的经验，我公司的碳化硼主要用于航天、航空、核工业、防辐射、防弹材料，也是耐火材料、耐高温材料、耐磨焊条、制取金属硼化物、硼合金、工程陶瓷、硼钢等制造的主要原材料，碳化硼是硬度非常高的人造磨料之一，其莫氏硬度为9.36，显微硬度为43149.26～52955.95N/mm^2，密度2.52g/cm^3，熔点约为2450℃，与酸、碱溶液不起反应，碳化硼还具有高化学位、中子吸收、无磁性、半导体导电、研磨效率高等特点，硬度仅次于金刚石，适用于硬质合金、刀具、刃具、模具、宝石等精密元件的磨削、研磨、钻孔、抛光等行业。我公司年产碳化硼1000吨，每年出口都在几百吨以上，深受国内外商家的认可和信任。公司可以根据国内、国外客户的不同需求，生产出各种型号的碳化硼产品，物美价廉，根据用户所需可提供GB 2477—83、GB/T 2481—1998、FEPA标准、JIS标准各粒度号碳化硼粉末或商定标准的产品，也可以根据用户的不同要求，研制和开发您所需要的产品。

本公司以更优质的产品质量，更好的服务态度，更高的工作效率，热情欢迎国内外客户来厂光临惠顾，洽谈业务。

石墨产品

天然鳞片石墨（规格表）

-175	+190	+890	+590
-180	+191	+891	+591
-185	+192	+892	+592
-190	+193	+893	+593
-191	+194	+894	+594
-192	+195	+895	+595
-193	+196	+896	+596
-194	+197	+897	+597
-195	+198	+898	+598
-196	+199	+899	+599
-197			
-198	-200 目	-325 目	-291
-199			

碳化硼产品

碳化硼粒度和化学成分表

规格	基本尺寸（μm）	主要化学成分		
		B总%	C总%	B+C%
w1.5(1800#)	1-2	75-78	16-20	91-95
w3.5(1500#)	2.5-3.5			
w5(1200#)	3.5-5			
w7(1000#)	5-7	75-80	17-20	92-95
w10(800#)	7-10			
w14(600#)	10-14			
w20(500#)	14-20	76-80	18-21	93-96
w28(400#)	20-28			
w40(360#)	28-35			
320#	28-40	77-80	19-21	94-96
280#	40-50			
240#	50-60			
220#	55-63			
180#	63-80	78-80	19-22	95-97
150#	80-100			
120#	100-125			
100#	125-160	78-81	20-22	96-99
80#	160-200			
60#	215-315			
46#	315-425			
-325#(0-44μm)	<45	74-80	19-22	93-97
-200#	<70			
60-150#	75-250	77-80	19-21	95-98
40-120#	106-315			

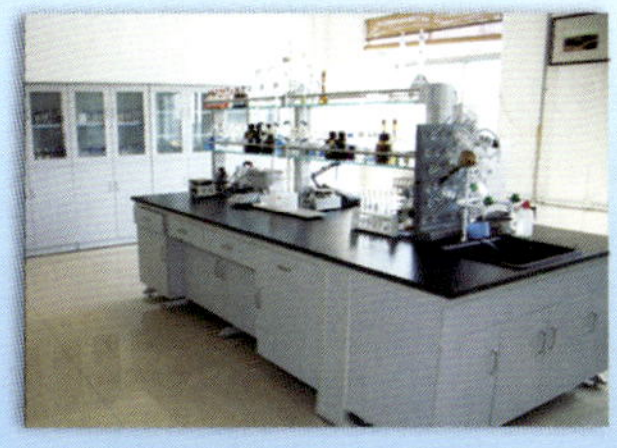

地址：黑龙江省穆棱市穆棱经济开发区　邮编：157516
网站：www.瑞江顺新材料.com　手机：13766667213　13953216370　电话：0453-3046689

山西阳泉华岭耐火材料有限公司

山西阳泉华岭耐火材料有限公司始建于1956年，位于阳泉市白泉工业园区。目前，已形成5万吨的生产规模，是国内、国际石化、冶金、建材、电力用铝硅系耐火制品的重点生产企业之一。

公司主要有低蠕变、红柱石砖、莫来石砖、刚玉莫来石砖等系列产品，其中热风炉用低蠕变高铝砖、高荷软高铝砖获省科技进步二等奖，微膨胀高铝砖列入国家级火炬计划项目，炭素焙烧炉用特种高铝砖已批准国家专利，先后参与了19个牌号产品国家标准的起草。

公司产品主要销往攀钢、武钢、太钢、青海盐化、索通碳素、金隅水泥等大中型企业，35%的产品出口到美国、日本、澳大利亚等国际市场。形成了国内、国际并举的市场体系。

公司十分注重科技队伍的建设，2005年组建了阳泉市耐火材料研究所，并与洛阳耐火材料研究院、武汉科技大学签订了全面技术合作协议，共同组建了“产学研”基地，为企业发展奠定了长期的人才和技术支撑。

随着供给策改革的深化，公司制定了实现三个多元化的发展思路。把握国内、外高温工业发展的动态，持续推动、研发新品，实现产品结构的多元化；拓宽市场领域，形成多行业覆盖，国内、外并举的市场格局，实现市场结构的多元化；积极探索与国内、外知名耐材企业的联合，实现资本结构的多元化，使企业得到快速发展。

华岭公司经过六十多年的发展已形成了一定的规模优势、产品优势、市场优势、人才优势。在各级政府和社会各界的鼎力相助下通过华岭人不懈的努力一定会有较大的发展。

水泥窑用硅莫砖

以硅线石、莫来石、高铝矾土熟料为主要原料和/或其他辅助材料经压制成型后具有高耐磨性的烧成制品。该产品具有常温耐压强度高，高温结构强度好，抗热震稳定性好，并在使用过程中不断形成保护层，适用于过渡带、冷却带、窑口等部位。

水泥窑用抗剥落高铝砖

以阳泉特级矾土熟料为主要原料，辅以添加物，经高压成型、高温烧结而成。产品抗剥落性能强，同时还具有抗钾、钠、硫、氯、碱性盐的侵蚀等功能，是过渡带与分解带的理想材料，还可用于窑门、冷却机等部位。

盛钢桶用高铝砖

以精选的阳泉矾土熟料为主要原料，经高压成型、高温烧结而成，主要矿相为刚玉、莫来石相，具有优良的高温力学性能与抗化学侵蚀性能。其中PZCL-78是一种微膨胀高铝砖，使用过程中的微膨胀性能阻止砖缝的扩大，砌体整体性好。

炭素焙烧炉用高铝砖

该产品是本公司的专利产品，专利号ZL2007101853726。本产品具有低铁、低显气孔率、低蠕变率、高致密度、高荷重软化温度、高热震稳定性，并且具有抗CO渗透、腐蚀的性能。

地　址：山西省阳泉市白泉工业园区　　邮编：045017
联系人：史永记　电话：0353－5057319　传真：0353－5158633

宜兴新威利成耐火材料有限公司

宜兴新威利成耐火材料有限公司是中国稀土控股有限公司的支柱产业之一，是专业从事中、高档耐火材料的研制、开发、生产和施工的全资子公司。公司主要服务于建材、钢铁（RH耐材：镁铬砖系列；鱼雷罐耐材：铝碳砖系列；石灰窑耐材：镁铝系列）、有色冶炼等行业。公司通过ISO9001:2015质量管理体系认证、ISO14001：2015环境管理体系认证、ISO50001:2011能源管理体系认证。

公司高度重视科技创新，先后建立无锡市工程技术研究中心、产品检测中心，并与多家科研院校建立了长期的产学研合作关系，在新品开发、科研成果转化和耐材应用等方面取得了丰硕的成果。其中，开发的玻璃熔窑蓄热室获上海市科技进步奖、中国轻工业科学技术进步奖；特异型蓄热室格子砖获上海市优秀产品三等奖；高档电熔再结合镁质系列、锆质系列、镁铝尖晶石砖系列，不定形系列耐火材料产品被中国建筑材料工业协会定为推荐产品；玻璃窑炉耐火材料被定为国家科技攻关项目；拥有20余项发明和实用新型专利，公司也被认定为“高新技术企业”“国家火炬计划宜兴非金属材料产业基地骨干企业”等多项荣誉称号。公司系中国耐材协会理事单位、江苏省钢铁协会副会长单位、宜兴市耐材协会副会长单位。

本公司产品主要包括：镁砖、镁铬砖、刚玉砖、莫来石砖、镁锆砖、锆英石砖、铬刚玉砖、铝碳砖、高铬砖及相关不定形材料等。

未来，公司依然秉承“与国际接轨、与世纪同行”的理念，着眼全球耐火材料产业的发展趋势，专注于产业的整合与重组。届时，公司将成为集矿产资源、中间冶炼、终端产品、砌筑维护于一体的大型国际耐材产品的制造商和耐材行业解决方案专家，为全球的耐材用户提供更优质的产品和更高效的服务。

地址：江苏省宜兴市丁蜀镇洋岸村　　邮编：214226　　法人代表：蒋才南
电话：0510-87459052　87457101　传真：0510-87459052　87454773
网址：www.cre0769.com　　邮箱：xinwei@glass.com.cn

山东国茂冶金材料有限公司

山东国茂冶金材料有限公司是一家专业服务于冶金行业的股份制企业。公司坐落于山东省淄博市博山区，濒临205国道，交通便利。

公司主要以各种定形和不定形耐火材料生产为主，自2002年开始与北京科技大学、重庆大学、山东科技大学等高校的知名教授和优秀团队合作研发、生产冶金辅料和不定形耐火材料。

公司主要产品系列：连铸结晶器保护渣；钢包和中间包用覆盖剂；炼钢用精炼渣、脱氧剂；中间包、铁水包、转炉用各种不定形耐火材料（含施工）；中间包用挡渣墙、冲击板和其他高温窑炉用预制块；各种高温窑炉和石化、电力行业用不定形耐火材料。

公司一贯坚定不移地将产品质量视为企业的生命。公司的组织机构和全部活动都以提高产品质量和服务质量为出发点。公司生产设备先进，配备了先进齐全的检测设备，研发能力强。从原材料选择、检验和生产全过程都严格按ISO9001质量体系标准控制。

公司聘用多名在连铸方面具有创新水平的专家任技术顾问，与国内多家著名的高校和科研单位密切合作，不断开发适应连铸要求的结晶器保护渣、中包覆盖剂和中包耐材等，满足了板坯、方坯、圆坯等不同坯型、不同钢种、不同拉速的保护渣和中包覆盖剂使用要求。公司配备了专业施工队伍，全面负责中间包、铁水包等现场施工。并不断完善更新生产装备和生产工艺技术。

公司经多年努力，在连铸结晶器保护渣和覆盖剂方面与首钢、首钢迁钢公司、首钢京唐钢铁公司，山钢集团济钢公司、莱钢公司、张钢公司，青岛钢铁公司，南钢炼钢厂等建立了稳定的供货关系。在中间包和连铸三大件承包方面与首钢京唐钢铁公司，南钢炼钢厂、电炉厂，江阴兴澄特钢，山钢集团张钢公司等企业已建立了多年的合作关系，得到了用户的认可，在钢铁企业树立了良好的信誉。

精炼渣

镁质预制块

连铸结晶器保护渣

钢包覆盖剂

电话：0533-4688662　4688800　　传真：0533-4688338　4688003
网址：www.sdgmyj.com　　邮箱：guomaoyj@yeah.net
地址：山东省淄博市博山区白塔镇　　邮编：255202

内蒙古包钢利尔高温材料有限公司

内蒙古包钢利尔高温材料有限公司是由内蒙古包钢钢联股份有限公司、北京利尔高温材料股份有限公司共同出资设立的有限责任公司；公司位于内蒙古自治区包头市稀土高新区希望园区，于2011年6月28日注册成立；公司注册资金壹亿伍仟万元。

公司拥有职工总人数589人，其中研究开发人员28人，占职工总人数的4.75%。公司拥有高级工程师10人（其中硕士4人），工程师8人（其中硕士1人），助理工程师9人。

公司是集耐火材料、冶金辅料的开发、生产、销售、施工及维护、耐火材料的检化验等于一体的国家高新技术企业；是西北地区规模领先的耐火材料研发生产基地，多年来一直是耐火材料行业协会的理事单位。

公司自建立以来一直坚持走专业化的发展道路,以“科技为本，质量取胜”为经营宗旨，开拓进取，务实创新。目前公司主要生产钢铁企业所需的钢包、铁包、鱼雷罐、中间包用耐火材料，高炉用炮泥、铁水脱硫用喷枪、搅拌头等产品，还可进行转炉维护等作业，定形及不定形产品共有近90个品种。2017年12月，公司通过高新技术企业认定，并获得证书。2018年12月，公司通过内蒙古自治区企业研究开发中心认定。

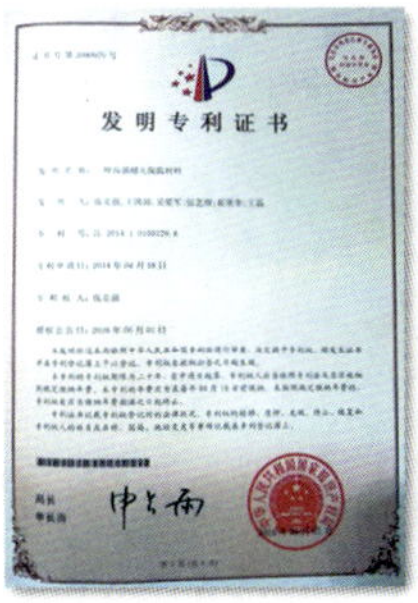

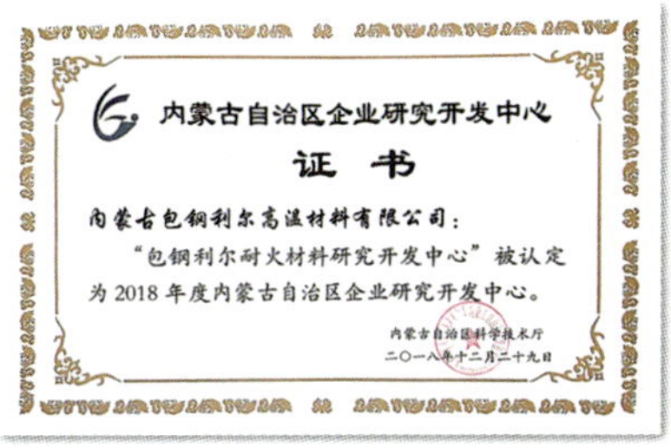

包钢利尔公司近几年自主研发项目简介

经过几年来的努力和发展，包钢利尔公司在鱼雷罐用耐火砖、中包用耐火材料、钢包用耐火材料、铁包用耐火材料等领域建立了完善的材料配套设计体系，具有方案设计、研发、生产、销售、工程实施和售后服务等全方位解决方案。

（1）中间包干式料的研制与应用项目

（2）包壁预制块的研制与应用项目

（3）转炉大面料的研制与应用项目

（4）炮泥的研制与应用项目

（5）脱硫喷枪的研制与应用项目

（6）KR搅拌头的研制与应用项目

（7）中间包挡墙的研制与应用项目

（8）镁铝碳衬砖的研制与应用项目

（9）铁包砖抗剥落性能的改进与应用项目

（10）精炼钢包罐底的改进项目

（11）优质鱼雷罐衬砖的研制与应用

以上项目的成功研制不仅优化了本企业的产品结构，也为保障包钢的钢铁生产做出了相应贡献，目前以上系列产品在包钢市场质量处于领先地位。

废旧耐火材料的回收与综合利用

废旧耐火材料的有效利用，不仅能减少耐火矿物的开采，降低耐火原料生产、制造过程中的费用和能耗，还可节约耐火原料的运输成本，有利于资源节约、节能和环保，降低生产厂家成本，具有显著的经济社会效益。

地址：内蒙古自治区包头市稀土高新区希望铝业北门西100米
电话：0472-6195533　邮编：014010